성평등정책론

김재인 · 곽삼근 · 윤덕경
김원홍 · 김태홍 · 민무숙
변화순 · 송다영 · 유희정
정현주 · 김성경 · 임선희
장혜경 공저(집필순)

교육과학사

서 론

김재인[1)]

> 성평등정책론은 한국여성개발원 연구진들이 중심이 되어 만든 책이다. 여성정책에서 성평등정책에 이르기까지 정부의 가장 근접한 거리에서 정책동향을 파악하고, 정책형성 · 집행 · 평가에 영향을 미치고 있는 연구진들의 시각으로 본 정책서임을 밝힌다.

1. 성평등, 성평등정책이란 무엇인가?

■ 성평등

성평등(gender equality)은 우리사회 모든 삶의 영역에서 실현되어야 한다. 즉 성평등은 사회정의 실현이라는 기본정신에서 출발하며, 남녀 모든 사회구성원이 인간으로서의 존엄을 보장받고 스스로의 능력을 개발, 활용할 기회가 균등히 주어지는 실질적 평등이 실현되는 사회를 의미한다.

성평등(gender equality)은 남녀가 동등한 조건을 가지도록 하는 것이다. 즉 완전한 인권을 실현하기 위해서 그리고 국가, 정치, 경제, 사회 · 문화적 발전에 기여하기 위한 잠재력, 결과로부터 혜택을 받도록 하기 위해서이다. '성평등' 용어는 남녀평등 → 양성평등 → 성인지적 관점 갖기 → 성평등의 순으로 변화되고 있다. 접근 방법에 있어서 약간의 발전적 의미로 사용되고 있기도 하나, 현재 동시에 사용되고 있다.

– 성 중립성은 ① 성별 차이를 제거함으로써 성을 고려하지 않으려는 적극적인 시도이며,

---

1) 김재인 : 이화여자대학교 대학원 문학박사 교육사회학 및 평생교육 전공
한국양성평등교육진흥원 원장(전임)

② 성 역할을 무시하고 이에 주의를 기울이지 않으며 인식조차 하지 않으려는 입장이고, ③ 성 편견으로부터의 자유라는 의미에서의 성 중립을 의미한다.

- 성 민감성은 성의 미묘한 여러 영향들을 고려하는 것을 의미하며, 성을 고려해야 하는 까닭은 여성에 대한 평가가 남성의 기준에 의해 이루어져 온 까닭에 여성의 다름은 열등한 것으로 간주되어 왔기 때문이고, 학문체계에서도 남성의 경험세계를 중심으로 구성되어 있어 여성의 비가시성은 여성의 경험세계에 대한 확인과 새로운 평가도 함께 수반되어야 한다고 보는 것이다.

성 공평(gender equity)은 남녀를 동등한 존재가 되게 하는 과정이다. 정당성을 확실히 하기 위해서, 어떤 분야에서 불평등했던 남녀를 상호 보완해주기 위한 기준을 가지고 보상하기 위한 것이다. 성평등은 equality보다 equity를 성취하기 위한 것이다. equity는 열악한 조건의 사람에게 복지적 혜택을 주어 정상수준으로 끌어올리는 것이다.

성평등은 성차별문화와 교육을 의미 있게 만들고 끊임없이 질문하고 관심을 갖게 하는 방식으로 가설들을 폭로하는 것으로부터 새로운 전략을 찾기 시작하는 것이다. 잠재력을 충분히 실현할 수 있도록 돕는 환경, 21세기를 건전한 사회로 만들기 위해 여성의 가능성을 실현시켜야 할 것이다.

성인지(性認知, gender sensitivity)는 '특정 성별에게 불평등이 발생하지 아니하도록 여성과 남성에게 미치는 영향을 인식 · 반영하는 능력을 증진시키는 것' 즉 '성별 역할과 지위, 입장과 경험을 동등하게 고려하여 성별 차이를 반영하거나 불평등을 시정하는 것'이다.

- 성 인지성(gender awareness)은 여성과 남성의 차이가 학습된 행동을 바탕으로 사회문화적으로 구성, 결정되어졌음을 이해하는 것(an understanding)이다.
- 성 인지력(gender sensitivity)은 현존하는 성차이와 성차별 그리고 성(gender)과 관련된 문제를 인지할 수 있는 능력(the ability)으로 성차별적인 영향을 배제할 수 있도록 하는 데 필요한 통찰력이다.

■ 성평등정책

성평등정책이란 정책과정에 양성의 동등한 참여를 보장하고 여성과 남성의 요구와 관점을 고르게 통합함으로써 의도하지 않은 성차별을 초래하는 일이 없도록 하며 궁극적으로 양성평등에 기여하는 정책이다. 즉 참여의 정책, 남녀의 다른 경험과 상황을 고려하는 정책, 상생의 정책, 남녀통합사회를 목표로 하는 정책이다.

- 편견과 고정관념을 배제하고 남녀간 차이를 고려한다면 정책의 공정성을 높일 수 있다(호주제 폐지 등).
- 남녀의 차이를 고려하는 정책이 효율적이며 양성평등한 결과를 가져온다(양성평등채용목표제, 남녀화장실 좌변기 수량차 – 2004년 1월 공중화장실 설치에 관한 규정은 남녀의 생리적 차이 등을 고려 성인지적 관점에서 정책형성한 대표적 예 등).
- 정책이 상정하는 성별 고정관념을 극복하면 사회의 성평등 감수성이 높아진다(육아휴직제 등).
- 성 인지적 정책은 남성과 여성이 같은 수준의 삶의 질을 향유하도록 하는 것이다.

2. 성평등정책, 왜 필요한가?

성평등정책은 법적 · 정치적 · 사회적 · 심리적 · 문화적인 면에서 다양하게 주어지고, 우선적으로 여성문제에 대한 공공의 인식이 고양되어야 그 실현이 가능하다. 따라서 여성문제에 대해 여성자신들 뿐만 아니라 일반인들의 인식향상이 중요하다. 전통적인 성 차별적 사고와 편견에서의 탈피와 제 사회적 · 심리적인 모순의 제거가 성평등정책의 우선적인 해결과제가 되어야 한다.

여성문제가 정책화되기 위해서는 여성문제가 사회문제로 부각되어야 하고 이에 관한 지침이 정부기관에 의해 공식적으로 결정되어야 한다. 여성문제의 공통개념은 불이익, 불평등, 선택의 부자유라고 할 수 있다. 따라서 여성이기 때문에 받는 불이익의 제거, 성에 기인하는 불평등의 철폐, 여성의 역할에 대한 사회적 고정관념을 불식함으로써 자신의 삶의 형태를 스스로 선택할 자유를 보장하는 것이 성평등정책의 주요 내용이 되어야 한다.

성평등정책은 1945년 광복 이후 요보호 여성을 중심으로 한 최소한의 복지차원에서 여성문제에 대한 접근을 시도했던 데서 비롯되고 있다. 1975년 유엔기구의 '세계여성의 해'를 기점으로 하여 여성문제에 대한 관심이 국가적 차원과 국제적 수준에서 논의되기 시작하면서 여성정책으로, 제2차 여성정책 기본계획을 기점으로 성평등(성 인지적)정책으로 전환되고 있다.

일반화된 성평등정책은 1980년대에 들어오면서부터이다. 1987년 경제사회발전 5개년 계획에 여성개발부문이 포함되는 것을 시작으로 2007년 "함께 참여하고 나누는 성평등 사회"를 비전으로 하는 여성가족부의 제3차 여성정책기본계획(안)이 제시되기까지 여성정책 실행에 대한 평가방안을 강구하면서 양성평등(성 인지적) 정책이 제안되고 있다. 이러한 우리나라의 성평등정책은 유엔의 흐름과도 그 맥을 같이하고 있다. 유엔은 1975년 '세계 여성의 해' 이후 2007년까지 남녀평등이 실현되도록 주요 분야에서 여성문제의 중요성을 인식시키는 데 기여한 결과이기도 하다.

성평등정책은 여성과 남성들의 삶의 질을 향상시키기 위한 것이다. 범 국가적 차원의 성평등정책 계획과 실행을 통해 양성의 문제를 찾아내고, 그 해결방안을 마련해가는 것이 필요하다. 이것이 우리나라 국민들의 삶을 향상시키고 나아가 국가발전에 반드시 필요한 글로벌 인재를 육성하는 길이기 때문에 무엇보다 우선하여 실행되어야 할 정책이다.

3. 성평등정책에 거는 기대는 무엇인가?

성평등정책 패러다임의 전환은 요보호 여성을 중심으로 한 최소한의 복지차원에서 여성문제에 대한 접근에서, 일반여성의 복지 · 인권으로 확대되는 과정을 거쳐 발전되었다. 즉 정책 초점의 변화가 여성중심에서 여성과 남성의 관계 중심으로 전환되었다.

패러다임의 전환을 위해서는 전략적 접근이 필수적이다. 성 주류화 전략은 성 인지통계, 정책의 성별영향평가, 성 인지예산 확충 등을 통해 일반정책에 성(gender) 관점이 삽입되도록 하는 것이다. 이를 위해 정책기구의 정비, 지표 구축 정책 담당자의 성인지력 향상, 정책의 모니터링 평가 등의 요건이 충족되어야 한다.

성 주류화(Gender Mainstreaming)란 여성과 관련된 이슈를 별도의 이슈로 다루는 것이 아니라 여성 이슈를 정책의 주류에 통합시켜 다루어 나간다는 관점이다. 남성과 여성간의 관계에서의 힘의 불균형을 균형 잡히게 하기 위해서는 성역할을 변화시키는 정책이 필요하게 된다. 즉 사회 속에서 여성과 남성이 동등한 지위를 유지하도록 하기 위해서는 여성과 남성의 성역할의 변화를 이끌어내야 하는 것이다.

'여성의 지위향상'이 목적이지만 WID(Women in Development) 접근의 경우 여성의 지위가 조금만 향상되어도 만족하였었다. 그러나 GAD(Gender and Development: GAD) 접근의 입장에서는 여성과 남성은 차이가 있으면 안되며, 궁극적으로 여성과 남성이 동등해질 때까지 문제가 되는 것이다. 이와 같은 문제 해결을 위한 근본적인 전략, 해결방안들이 필요하게 되었으며, 새로운 접근방법들이 대두되게 되었다. 그러나 주류화(Mainstreaming) 접근방법은 여성을 정책에 단순히 참여시키는 것이 아니라 여성이 정책의 주류화에 동등하게 함께 참여하여 새로운 결과를 창출해 내는 것이다.

성 인지 예산이란 여성예산(women's budgets) → 젠더예산(gender budgets) → 성인지 예산(gender-sensitive budgets)으로 명칭이 전환되어왔다. 그리고 성인지 예산이란 공공예산을 편성하고 집행하는 전 과정에 성인지적 관점을 도입하는 것으로, 예산이 남성과 여성의 삶의 차이와 특성을 반영하여 계획, 집행되고, 그 효과가 남성과 여성에게 평등하게 나타나도록 한다(Elson, 1998).

정책의 성별 영향평가(gender impact analysis)는 성 분석(gender analysis) 또는 양성평등 분석(gender equality analysis)과 동일한 용어로 사용되고 있다. 성별영향평가는 정부정책을 포함한 모든 공공정책에 성 관점(gender-based)을 통합시키고자 하는 시도이다. 성별영향평가는 정책의 성 차별성을 제거함으로써 남성과 여성 모두의 만족도를 향상하며, 정책의 활용도 및 효과성을 제고하고, 여성과 남성의 공동참여와 균등한 발전기회를 보장하는 실질적 양성평등 정책 마련에 기여하기 위함이다. 정책의 성별 영향평가는 성 주류화(gender mainstreaming)를 위한 도구이다. 정책형성 단계에서 정책의 수혜자에게 미치는 성별 영향을 고려함으로써 정책기획, 정책집행, 정책평가를 실시하기 위한 도구로 활용된다.

여성의 의식, 요구와 경험을 고려하지 못한 정책의 개발과 집행은 여성은 물론 남성과 우리 사회 전체의 발전에 장애로 작용한다. 이에 정책수요자로서 여성과 남성 둘 다에게 긍정적인 영향을 미칠 수 있는 정책 개발과 집행의 도구로서 성별영향평가의 필요성이 대두되고 있다.

성평등정책의 발전적 상황전개를 위해 해결되어야 할 과제와 함께 정책의 비전을 살펴보면, 모든 국가정책에서의 여성문제의 주류화, 기존 국가기구의 기능 강화 및 성평등정책 담당 행정조직의 주류화를 들 수 있다. 이는 여성정책담당관실 확대 설치, 지방정부 내 성평등정책조정회의체 구성 및 여성정책책임관제도 도입, 모든 국가정책에서의 성 인지적 관점의 통합, 정치 · 정책결정 과정에 여성의 참여 증진을 위한 정책 확대, 성별 분리자료와 통계의 작성 및 활용, 유엔시스템과의 협조체계 구축, 성평등정책 수행평가 및 실질적 성평등정책 개발방안 모색 등이다. 이는 영역별, 지역별 성평등정책 계획, 이행, 수행평가 실시와 실질적 성평등정책 수립방안을 제시하는 것이 중요하다.

4. 성평등정책론에 어떤 영역이 제시되어 있나?

본 성평등정책론에서는 13개 영역을 다루고 있다. 즉 ①여성주의 이론과 성평등정책, ②성평등정책 추진체계와 비전, ③성별영향평가와 성인지 예산정책, ④여성인권증진을 위한 법 및 제도, ⑤정책결정과정에서의 여성대표성, ⑥남녀고용평등과 여성경제활동, ⑦성평등 교육정책과 인적자원개발, ⑧성평등한 가족정책, ⑨여성복지정책, ⑩아동보육정책, ⑪사회문화활동과 여성, ⑫정보화와 여성, ⑬평화통일과 여성 등이다.

여기에서 언급되고 있지 않은 국제협력 등 분야는 다음 기회에 다루어지기를 기대한다. 그리고 현재의 영역들은 앞으로 더 심화시키기를 바라며, 현재 한국여성정책연구원에서 자신의 분야에서 국민의 삶의 질 향상을 위해 또 국가발전에 일익을 담당하고자 오늘도 최선을 다하고 있는 후배들의 몫으로 넘기며, 그들에게 큰 기대를 걸어본다.

차 례

서론 • 3

1 여성주의 이론과 성평등정책 • 15

제1절 정책 추진 경향성 17
1. 여성주의와 성평등정책 연구 • 17
2. 성평등정책 연구의 필요성 • 18

제2절 정책현황 20
1. 정책의 개념 및 특성 • 20
2. 성평등정책의 의미와 기능 • 22
3. 성평등정책의 형성 과정 • 25

제3절 정책과제 및 대안 27
1. 여성운동과 여성주의 이론 • 27
2. 여성주의 이론과 성평등정책 과제 • 30
3. 여성주의 이론의 시사점 • 40

2 성평등정책 추진체계와 비전 • 47

제1절 정책추진 경향성 49

제2절 정책현황 50
1. 추진체계 변화 • 51
2. 정책 패러다임의 전환 • 60

제3절 정책과제 및 대안 90

차 례

CONTENTS

3 성별영향평가와 성인지(性認知) 예산정책 • 105

제1절 정책추진 경향성 ········ 107

제2절 정책현황 ········ 109

1. 성별영향평가 • 109
2. 성인지 예산제도 • 131

제3절 정책과제 및 대안 ········ 144

1. 성별영향평가 • 144
2. 성인지 예산제도 • 146

4 여성인권증진을 위한 법 · 제도 • 153

제1절 정책추진 경향성 ········ 155

1. 여성인권증진을 위한 법 · 제도의 필요성 • 155
2. 주요 여성관련 입법의 추진경향 • 156

제2절 정책현황 ········ 159

1. 헌법의 여성관련규정과 여성발전기본법 • 159
2. 적극적 조치에 관한 입법현황 • 161
3. 성차별금지에 관한 입법현황 • 165
4. 성희롱금지에 관한 입법현황 • 170
5. 여성폭력에 관한 입법현황 • 171
6. 모성보호에 관한 입법현황 • 176
7. 가정과 직장생활의 양립지원에 관한 입법현황 • 178
8. 여성의 복지증진에 관한 입법현황 • 180

제3절 정책과제 및 제안 ········ 181

5 정책결정과정에서의 여성대표성 • 187

제1절 정책추진 경향성 ······ 189
1. 정치부문 • 189
2. 행정부문 • 191

제2절 정책현황 ······ 193
1. 정치부문 • 193
2. 행정부문 • 196

제3절 정책과제 및 대안 ······ 200
1. 정치부문 • 200
2. 행정부문 • 203
3. 맺음말 • 206

6 남녀고용평등과 여성 경제활동 • 211

제1절 정책 추진 경향성 ······ 213
1. 여성고용문제 방임시기 • 213
2. 소극적인 여성고용정책 시행시기 • 214
3. 적극적인 여성고용정책 시행시기 • 215
4. 성인지적인 정책 도입 시기 • 217

제2절 정책현황 ······ 217
1. 여성고용관련 법 제정 및 개정 • 218
2. 여성고용관련 중장기 계획 • 220
3. 최근 여성고용관련 정책 • 224

제3절 정책과제 및 대안 ······ 231
1. 여성 인적자원 활용율의 제고 • 231
2. 출산 · 육아로 인한 경력단절 완화 • 232
3. 비정규직 중심의 여성고용구조 개선 • 233
4. 심한 남녀임금격차와 하위직 위주 취업구조의 개선 • 234
5. 남녀임금차별 해소와 차별구제절차 강화 • 235

차 례

7 성평등교육정책과 인적자원개발 • 241

제1절 정책 추진 경향성 ······ 243

제2절 정책현황 ······ 246

1. 성평등교육 관련법과 추진체계 • 246
2. 성평등교육 촉진 정책 • 250

제3절 정책과제 및 대안 ······ 257

1. 한국 여성교육기회의 발전 • 257
2. 한국 여성교육의 문제점 • 260
3. 결론 • 266

8 성평등한 가족정책 • 269

제1절 정책 추진 경향성 ······ 271

1. 가족정책의 정의 • 271
2. 가족정책의 범주와 방향성 • 272
3. 관점으로서 가족정책의 정의와 전제조건 • 275
4. 가족영향평가 • 277

제2절 정책현황 ······ 278

1. 제1차 건강가정기본계획 (2006~2010)의 정책 비전과 목표 • 279
2. '새로마지 2010' 저출산 · 고령화 대책 • 288
3. 외국의 가족정책 • 290

제3절 정책과제 및 대안 ······ 292

9 여성복지정책 • 299

제1절 정책 추진 경향성 ······ 301

제2절 정책현황 ······ 303

1. 여성복지정책 발전과정과 현황 • 303
2. 여성복지분야별 정책현황과 문제점 • 311

제3절 정책과제 및 대안 ········ 324

10 아동보육정책 • 327

제1절 정책 추진 경향성 ········ 329

제2절 정책현황 ········ 331
1. 정부 보육정책의 추진방향 및 세부목표 • 331
2. 보육현황 • 333

제3절 정책과제 및 대안 ········ 337
1. 보육의 공공성 강화 • 337
2. 보육서비스의 일정수준 확보 • 340

11 사회 · 문화활동과 여성 • 347

제1절 정책 추진 경향성 ········ 349
1. 여성단체 활동 지원 • 349
2. 여성자원활동의 참여 • 350
3. 여성의 문화 활동 참여 • 351

제2절 정책현황 ········ 353
1. 여성단체 활동지원 • 353
2. 여성자원활동의 참여 • 371
3. 여성의 문화 활동 참여 • 379

제3절 정책과제 및 대안 ········ 388
1. 여성단체 활동 지원 • 388
2. 여성자원활동의 참여 • 389
3. 여성의 문화 활동 참여 • 390

차 례

12 정보화와 여성 • 399

제1절 정책 추진 경향성 ········· 401

제2절 정책현황 ········· 402

1. 국가수준의 여성정보화 정책과제 • 402
2. 정부부처별 여성정보화 정책 • 408
3. 지방자치단체의 여성정보화 정책 • 411
4. 여성 정보화 수준과 사업추진 현황 • 412

제3절 정책과제 및 대안 ········· 414

1. 여성의 정보 접근 기반 구축을 통한 저변화 • 415
2. 여성정보화의 전문화를 위한 정책 강화 • 415
3. 여성정보화 정책의 추진력 강화 • 416
4. 여성정보DB와 여성정보네트워크 구축 • 417
5. 여성정보화 환경의 혁신 • 417

13 평화 · 통일과 여성 • 421

제1절 정책 추진 경향성 ········· 423

제2절 정책현황 ········· 425

1. 기본방향 • 425
2. 효과적인 정책수행을 위한 기반구축 • 426

제3절 정책과제 및 대안 ········· 428

1. 실질적 남북통합 이전단계 과제의 지속적 추진 • 429
2. 여성관련 분야별 추진과제 • 431

찾아보기 • 439

제1장 여성주의 이론과 성평등정책

곽 삼 근(이화여자대학교 교육학과 교수)

제1절 정책 추진 경향성

1. 여성주의와 성평등정책 연구

학문의 세계에서 인간에 대한 이해는 다각도로 신행되어 왔으나 이는 남성 이해를 중심으로 전개되어왔다는 주장이 여성주의자들에 의하여 제기되어 왔다. 남성의 시각에서 여성의 삶은 거의 학문세계에 대두되지 못하였거나 또는 기껏해야 왜곡되게 표출되었을 뿐이다. 여성정책연구는 사회의식적이고 가치지향적이며 그 자체의 논리적 체계를 갖고 있다. 정책수립의 기초가 되는 사상적 기초와 사회운동, 그리고 국가의 주축은 남성중심이었다. 기존의 사회와 인간 연구는 남성이 표준이었으며, 여성을 포함한 연구라고 하더라도 여성은 부차적으로 취급되었으므로 여성의 삶과 경험은 학문과 정책 연구에서 배제되어 왔었다. 다시 말해 이제까지 정책은 남성중심의 사회제도와 남성의 삶에 대한 이해 및 연구결과를 바탕으로 전개되어 왔으므로 여성문제 해결에 미흡하였다. 따라서 성평등정책을 연구함에 있어 성평등정책을 형성하는 데 영향을 끼치는 여성에 대한 사고, 여성운동에 대한 이론적 토대를 여성주의적 관점에서 연구하고 검토하는 것은 매우 중요한 작업이다.

여성학은 여성이 역사적, 제도적으로 차별되어 왔다는 인식에서 출발하여 그러한 차별을 없애기 위해 연구나 교육을 행하는 운동으로 정의되는 학문이다. 여성주의의 가장 주요한 논점은 여성이 자신의 삶의 주체가 되지 못하고 항상 '타자'로 취급 되어온 것에 대한 인식에서 출발한다. 즉, 여성주의는 여성이 주체가 되지 못하고 '타자'(Other)로 인식되어온 것에 대한 비판을 수행하고, 여성경험의 주변화를 거부하여, 여성의 자기 긍정성을 확대시킨다. 이제까지 잘 알려져 있지 않은 여성의 역사를 복원해내고, 여성의 경험을 재해석함으로써 여성의 문화를 재구성하고 회복시키는 것은 남성에 의해 들려진 이야기(History)로부터 여성의 역사(Herstory)를 만들어 가는 것과 같은 전폭적인 실천이다(곽삼근, 김현미, 손승영, 이소희, 주은희, 1998). 서구에서 여성학의 설립은 여성주의 운동의 결과이며 여성운동의 전개와 밀접한 관련을 맺는다. 여성이 자아에 대한 긍정성을 회복하고 독립적인 인격을 회복하도록 하기 위해서는 여성 개인과 집단의 노력뿐 아니라 정책・제도의 뒷받침이 필요하다. 성평등정책은 바로 이러한 취지에서 기획되고 추진되었으며, 이를 가능하게 하기 위해서는 총체적이고 체계적인 방식으로 성평등정책을 수립해야 한다. 성평등사회를 형성하는 데 기본틀이 될 성평등정책은 여성주의에서 그 이론적 토대를 찾을 수 있으며, 본 장에서는 여성주의 이론을 고찰함으로써 정책과 이론의 관계를 살펴보고자 한다.

2. 성평등정책 연구의 필요성

우리나라에서 1950년대나 1960년대까지만 해도 여성의 사회적 역할은 매우 제한적이었으며, 여성은 사회 발전의 수혜자로 여겨질 뿐이었다. 그 당시 여성정책은 주로 모성보호와 출산, 양육에 초점을 맞추었으며 가족정책의 일부분으로써 복지의 관점에서 이루어졌다. 1960년대 이후 한국의 여성정책은 초기 경제발전과정에서 공장노동자로 새로이 편입하게 된 여성노동자 보호정책과 미혼모 혹은 성매매 여성을 국가가 보호한다는 의미에서 보호주의적 성격을 띠고 수행되어 왔다. 여기에는 성평등이나 여성인권의 개념은 존재하지 않았으나 1990년대 중반에 이르러 국내외 여성운동의 영향으로 한국 여성정책의 노선은 성평등정책임을 선언하게 되었다(장필화, 2002).

유엔의 강력한 촉구와 세계 각국의 상황변화에 따라 우리나라에서도 국가정책의 한 분야로서 여성정책이 대두되었으나 아직도 여성정책에서 다루는 내용들이 독립적이지 못하고 다른 일반정책들과 연결되어 있다는 면에서 실제 어려움이 많다. 즉 성평등정책에서 다루어지는 제반 내용들은 여성의 고용확대 측면에서는 노동정책, 교육기회의 증진 측면에서는 교육정책, 복지향상과 연관해서는 복지정책, 가정생활 면에서는 가족정책 등 국가정책과의 관련이 불가피한 점이 성평등정책의 특성 중 하나라고 할 수 있다.

학자들이 정책에 관심을 갖고 연구해야 할 필요성은 무엇인가? 정책학의 연구목적은 바람직한 정책의 결정, 집행, 평가에 필요한 철학적 및 과학적 지식을 탐구하여 인간 존엄성의 실현을 위한 정부의 사회경영 능력을 향상시키는 것이라고 볼 수 있다. 학자들이 공공정책에 더 큰 관심을 가져야만 하는 이유는 철학, 과학, 전문실무 및 정치의 측면에서 제시될 수 있는데(박성복, 2000 : 16-19), 이와 같은 맥락에서 성평등정책 연구의 필요성 및 의의를 살펴보면 다음과 같다.

첫째, 철학적인 이유에서 생각해 볼 수 있다. 실증주의의 영향을 받아 학문적 활동의 범위를 경험적 사실의 수집, 서술, 설명, 예측에만 한정시키려는 노력이 오랫동안 지배적이었다. 따라서 "좋은 성평등 제도는 어떠한 것인가", "성평등의 방향은 무엇이 되어야 하는가" 혹은 "성평등에 대한 정의를 어떻게 내릴 것인가" 등의 가치판단을 요하는 문제는 별로 중요성을 갖지 못했다. 그러나 그러한 가치판단적인 문제들은 인간 존엄성의 실현과 밀접한 관계를 갖는다. 성역할 고정관념의 문제, 남성적 가치와 여성적 가치의 조화문제, 여성의 정치·경제적 참여에 관한 문제 등 사회구성원들 간에 가치관의 대립을 나타내며 가치판단을 요구하는 문제에 관해 진지한 학문적 논의가 필요하며 철학적, 규범적인 측면에서의 검토가 필요하다.

둘째, 과학적인 이유를 들 수 있다. 성평등정책 결정의 원인과 결과를 이해함으로써 우리는 사회·경제적 세력들, 정치과정, 그리고 공공정책간의 연계성을 더욱 잘 이해할 수 있게 됨으로써 여성문제에 대한 지식을 향상시킬 수 있고 문제해결에 대한 이론적인 면에서도 발전을 가져올 수 있다.

셋째, 전문 실무적인 이유를 들 수 있다. 성평등정책의 수립과 적용에 있어 실제적인 문제들을 해결하기 위해 여성주의 이론과 지식을 적용시킬 필요가 있다. 가치지향적인 지식과 사실적인 지식은 여성문제를 해결하는 데에 필수적이다.

넷째, 정치적인 이유를 들 수 있다. 정책연구는 철학적, 과학적, 전문 실무적인 목적뿐만 아니라 정치적인 토론에 필요한 지식을 제공하고 정치적인 의식 수준을 높이며 공공정책의 질적 수준을 향상시킬 목적으로 이루어질 수 있다.

Fainstein과 Servon(2005)은 정책입안자들이 왜 성평등 연구를 해야만 하는가를 공복(公僕, public servants)의 관점에서 제시한다. 정책 기획자나 입안자들은 공공의 이익을 위해 봉사하는 직업인으로 인식된다. 서로 상이한 그룹의 공공집단은 사회에서 또는 의사결정과정에서 다른 힘을 지닌다. 젠더라는 렌즈를 통해 볼 때 다른 해결책을 내놓을 수도 있다. 성(sex)은 생물학적인 것이지만 젠더(gender)는 한 문화에서 남자와 여자 사이의 실제적 또는 인식된 차이를 토대로 구성된 연합, 성 정형성 사회적 유형 등을 의미한다. 젠더를 분석의 한 카테고리로 넣으면 오래된 문제를 새로운 시각에서 보게 되고, 기존의 이슈를 중요한 방식으로 재규정하며, 여성을 정책계획의 주체로 뿐만이 아니라 정책계획, 정책결정 과정의 능동적인 참여자로 만들 수 있다. 일상적인 삶속에서 관련되는 정책을 이끌어 내는 것이 필요하며, 정책세계에서 여성들은 '밑바닥에서부터 풀뿌리 방식의 변화'를 가져오는 데 기여할 수 있다(Fainstein & Servon, 2005: 4). 성평등정책의 형성과정에서 여성주의자들의 관점과 주장은 매우 강력한 압력으로 작용하였으며, 오늘날에도 지속적으로 비판적 시각을 제시하며 정책에 영향을 주고 있다.

성평등정책의 논의를 위해서는 무엇보다 먼저 여성집단에 대한 공통의 인식 기반이 필수적이다. 이는 사회에서 여성집단이 보편적으로 공유하는 특성과 세부집단의 특수한 문제들에 대한 분석과 평가를 통해서만 정리될 수 있다. 또한 여성의 동질집단적 성격이 규정된다 하더라도 그 정책의 범위와 영향력은 여성에게만 국한되는 것이 아니라 사회전반적 함의를 갖게 된다. 이를테면 지금까지 사회에서 인력의 기준은 다양한 여성에 의해 보살핌을 받는 개인 남성 노동자 모델을 전제로 하였으므로 여성의 사회참여에 불리하게 작용하였다는 지적이 있다(장필화, 2002: 162). 여성들의 역할이 전통적으로 자녀와 가족을 보살펴왔으며, 오늘날도 이의 제일차적 임무를 담당하고 있으므로 그와 같은 기준 하에서는 여성들의 평등한 사회참여가 불가능하다는 것이다. 보살핌은 경제적 생산 활동에 못지 않은 인간 생존의 필수 덕목이므로, 남녀평등을 추구하려면 인력기준이 남녀모두에게 적용되는 보편적 보살핌 모델로 전환되어야 하며, 이 조건이 충족되어야만 여성 사회참여의 실질적 조건이 확보된다고 할 수 있다. 이러한 맥락에서 노동시장에서의 근로조건은 가족원들의 보살핌제도를 지원해야 하고, 인력개발과 직업훈련과정이 보살핌 제도와 연결되어야 할 필요가 있다. 이제까지 한국 노동시장에서의 근로조건은 가족의 보살핌 요구를 외면하고 오직 산업체의 생산성 요구에만 부응하여 왔고 이에 대응할만한 성평등정책이 미흡하였으며, 그 결과 여성들은 출산을 회피하게 되어 최근 한국은 세계적으로 가장 낮은 출산율을 기록하는 나라가 되었다. 이러한 상황을 타개하기 위해서는 획기적인 보육 시스템이 도입되어야만 하고 이를 국가가 적극 지원해주어야만 한다. 실례로 프랑스에서는 기업이 탁아가 필요한 남녀근로자 가정에게 보육 용역회사와 계약을 맺어 보모를 파견하고 있으며, 국가가 이를 경제적으로 일부 지원해주는 등 가족, 국가, 시장이 보살핌 제도를 유기적으로 운용하면서 여성의 사회참여를 돕고 있다. 한 사회에서의 성평등정책은 여성의 지위를 반영하며, 한 사회가 여성을 어떻게 평가하는가 하는 것을 점검하는 의미를 가질 뿐만 아니라 그 사회가 어떠한 발전상태에 있는가를 가늠하는 잣대로도 간주된다. 한국이 당면한 여성인적자원개발의 비효율적 구조, 저 출산 등의 문제를 지혜롭게 해결하기 위한 합리적 성평등정책을 개발할 수 있도록 관련 연구가 필요하다.

제2절 정책현황

1. 정책의 개념 및 특성

한국의 성평등정책은 국제적 환경변화 및 국내의 다양한 여건변화에 영향을 받아서 변화되어왔다. 최근 남녀평등에 관한 여성관련 연구들은 성인지 관점에서 성평등을 실천할 수 있는 다양한 정책들을 제안하여 왔다. 한 사회의 근간을 이루는 문화, 규범, 제도 등은 끊임없이 변화한다. 이러한 변화는 시대적인 조류, 국가 간의 문화적 교류 등에 의해 자연스럽게 나타나기도 하지만 때로는 인간이 특정한 의도를 개입시킴으로써 나타나기도 한다. 이 중 정책은 후자와 관련된 것으로 인간의 의지를 개입하여 사회를 유지하거나 변화시키고자 하는 것이다.

정책은 그것을 공공분야에 국한시키느냐, 비공공분야까지 포괄하느냐에 따라 개념의 범위에 큰 차이가 생긴다. 공공정책은 개괄적으로 정부가 하기로 혹은 하지 않기로 결정한 모든 것을 의미한다. 정책의 의미는 많은 학자들에 의해 다양하게 정의되고 있다. 아이스턴(Eyestone)은 '정책이란 정부기관과 환경과의 관계'라고 하였으며, 이스턴(D. Easton)은 '정책이란 전체 사회를 위한 가치의 권위적인 배분'이라고 했는데, 이것은 정책의 정치적 성격을 강조한 입장으로서 정책의 공식적 권위성을 그 핵심적인 내용으로 하고 있다. 그 외에도 '정책이란 권위 있는 정부기관이 당위성에 입각하여 사회문제의 해결 및 공익의 달성을 위한 정책 목표와 정책 수단에 대하여 공식적인 정치・행정적 과정을 거쳐 의도적으로 선택한 장래의 행동지침'(박성복, 2000 : 136-137)으로 정의되기도 한다. 대부분의 학자들은 정책 설정과 집행의 주체를 정부로 보고, 정책의 범위를 공공분야로 국한시키고 있다. 이때의 정책이란 공공정책(public policy)을 뜻하는 것으로, 일반인들에게 상식적으로 통용되고 있고 학문적인 연구가 이루어지는 것도 바로 이러한 의미의 정책이다. 노화준(1998: 4)은 정책의 의도나 방향을 설정하는 주체가 정부임을 강조하면서 정책이란 '어떤 특정한 상황 하에서 정부가 어떠한 사회를 어떻게 만들어 가겠다고 하는 정부간여의 행동(action)에 대한, 상호 관련된 일련의 의사결정'이라고 하였다.

이상의 논의를 종합해 볼 때, 정책이란 정부가 권위를 바탕으로 바람직한 상태로 변화하기 위해 인위적으로 개입하는 그 자체 혹은 행동방침이라고 할 수 있다. 여기에서 정부란 물론 행정부뿐만 아니라 국민으로부터 권위를 부여받은 모든 국가기관을 지칭한다.

정부의 행동방침인 정책은 우리의 삶과 어떠한 관계가 있을까? 정책은 사회구성원의 행태를 규제하고 정부관료제를 조직하며 편익을 사회적으로 배분하거나 조세를 거두어들이는 등의 많은 기능을 수행한다. 일상생활의 수준에서 국민들은 정책의 영향을 많이 받고 있다. 정부가 공적인 권위를 바탕으로 하여 수립하는 정책은 일상생활과는 다소 동떨어진, 추상적인 것으로 인식되기 쉽다. 그러나 규제, 보호, 분배 등의 형태로 나타나는 정책은 곳곳에서 찾아볼 수 있다. 쓰레기 종량제, 차량 10부제 등 체감하기 쉬운 것에서부터 금리정책 등에 이르기까지, 부지불식간에 수많은 정책들이 생활에 영향을 미치고 있다(김형열, 2000). 여성 관련 정책인 가족생활관련법, 남녀고용평등법과 여성할당제의 시행 등도 역시 여성의 삶에 직・간접적으로 큰 영향을 미치고 있다.

동일한 정책으로 사회의 모든 구성원들이 혜택을 보게 되는 경우는 드물다. 대부분은 정책으로 인해 혜택을 받는 수혜집단과 손해를 감수해야 하는 희생집단으로 분류되게 마련이다. 따라서 어떠한 성평등정책의 경우 남성들에게 손해가 간다고 문제를 지적하는 사안이 자주 대두될 수 있는 것이다. 중요한 것은 수혜집단의 규모가 커질 수 있도록 정책을 결정하는 것이지만, 아울러 많은 사람에게 피해를 주는 정책을 채택하지 않거나, 정책의 부정적인 영향을 미리 파악하고 수정 · 보완하여 부정적인 영향력을 최소화하는 것이다. 이것은 근본적으로 정책이 지향하고자 하는 상태, 즉 '바람직한 상태'를 누가, 어떤 방법으로, 어떻게 설정하느냐와 매우 밀접하게 연관되는 문제이다. 정책은 개인과 국가의 발전에 크게 기여할 수도 있는 반면, 국민의 생활에 고통을 가져다 줄 수도 있다. 우리 삶에 이렇게 중요한 영향을 끼치는 정책의 특성은 목표지향성과 가치 배분성, 문제해결지향성, 공식적인 강제성과 제약성, 미래지향성을 지니므로(노화준, 1999), 그동안 소외되어 온 집단들의 현실문제를 보다 바람직한 상태로 이끌 수 있다.

정책은 강제성과 제약성이 가장 큰 법률에서부터 가변성이 큰 프로그램 및 기획안에 이르기까지 다양한 유형으로 나타난다(전영평, 2001 : 401). 이 중 법률 및 국가 기구의 형태로 표명된 성평등정책은 여성발전기본법, 가족생활관련법, 노동생활관련법, 인권관련법이 있으며, 여성관련 행정기구로 여성가족부를 들 수 있다.

2. 성평등정책의 의미와 기능

성평등정책은 여성문제를 개인적 차원의 문제로 인식하는 것이 아니라, 사회적 · 국가적 문제로 인식하고 이 문제를 해결하기 위한 선택과 행동계획이라 할 수 있다. 이를 좀더 구체화한다면, 성평등정책이란 한 사회를 구성하고 있는 남녀가 평등해야 한다는 기본 인식하에 국가가 평등을 저해하는 사회제도적 요소들을 제거하고 개선하는 노력을 제도적으로 마련하고 불평등한 상황하에서 여성들이 감수하고 있는 불이익에 대해 국가가 일차적 책임을 짐으로써 여성문제를 해결하고자 하는 행동계획이라 할 수 있다(권영자, 1995).

성평등정책이 한국뿐 아니라 세계 각국의 국가정책의 한 분야로 자리잡기 시작한 것은 1960년대 이후, 특히 1975년의 '유엔 세계 여성의 해' 제정 이후라고 하겠다. 그 이전에도 여성의 문제가 정책과제로 다루어지기는 하였으나 대부분 사회정책 또는 사회복지 정책 내에서 다루어졌었다. 산업화가 점차 가속화되면서 여성에 대한 사회적 위험이 증가하고 여성취업을 둘러싼 비형평성의 문제가 대두되는 등 사회정책 내에서 여성의 문제를 다루어야 할 필요성이 커짐에 따라 여성을 보호하기 위한 여러 정책들이 마련되기 시작하였다.

그러나 사회정책 내에서의 여성문제에 대한 접근은 성차별 내지 성적 불평등의 문제에 대한 정리된 입장을 표출하지 못했다는 비판을 받고 있다. 여성의 삶을 남성의 삶과 다른 것으로 만든 근본적인 사회구조를 변화시키지 못하고 오히려 성차별적 현실을 그대로 잔존시키거나 강화해왔다는 지적이다.

성평등정책은 단순히 '여성을 대상으로 한 정책'으로 이해되는 경우가 많다. 그러나 성평등정책은 여성들에게 인간으로서 누려야 할 보편타당한 권리를 회복시키고, 불평등한 처우를 유발하는 제도 및 환경, 그리고 인식을 개선하여 궁극적으로 양성평등 사회를 지향하려는 취지에서 출발한다(김재인 외, 2000). 성평등정책은 이제까지 여성정책으로 지칭되었는데 이는 상대적으로 여성들이 사회적 불평등을 체험한 집단이기 때문일 것이다.

> 여성정책이란 여성의 기본적인 인권과 남녀동권에 대한 신념을 바탕으로 현 제도를 비판적으로 분석, 조명하면서 성 차이가 차별로 연결되지 않을 수 있는 기준과 대안적 가치체계를 법, 제도, 정치과정에서 실현하려는 목적의식을 가진 정책이다(장필화, 1990).

그 외에도 여성정책의 특성은 가부장제와 남녀평등 사이의 현실에 '국가가 정책적으로 개입하는 것'(장하진, 1998) 또는 '여성의 지위와 권익을 향상시켜 남녀가 평등한 사회를 이루려는 포괄적인 국가의 정책'(김복규, 2000) 등 국가의 개입이 중요 요소로 언급되고 있다. 한편 조형(1999)은 일반 정책 가운데에서 여성의 지위와 권익의 향상이나 남녀 평등사회의 구현을 의도적으로 꾀하지 않는 정책 또는 부정적인 영향을 미치는 정책은 '여성'정책의 범주에서 제외되어야 한다고 주장하였다. 이상에서 살펴본 바 성평등정책에는 필수적으로 여성의 권익, 성평등, 정부 관여가 강조되고 있음을 알 수 있다. 다시 말해 성평등정책은 가부장제와 남녀불평등이라는 현실에 국가가 정책적으로 개입하는 것을 의미한다. 즉 성차별의 해소와 성평등의 실현이라는 이상적 목표를 달성하기 위해 여성 '정책'이란 현실에 기반 하는 것이다. 그러나 우리가 주의해야 할 것은 정책이란 성평등 실현을 위한 하나의 길에 불과할 뿐이지 여성문제 해결의 모든 귀결점은 아니라고 하는 점이다. 여성문제란 구조적 차원에서 해결될 수 없는 사적관계나 의식에 이르기까지 개인적 차원의 문제들을 포괄하고 있다. 그러나 정책은 주로 사회구조나 제도의 수준에서 문제해결의 기반을 제공하는 것이다. 따라서 정책이 양성간의 평등한 사회를 위한 모든 것을 포괄할 수는 없음을 알 수 있다.

오늘날 국가의 역할이 어느 때보다 증대된 상황에서 성평등정책은 여성은 물론 전체 국민의 복지에 커다란 영향을 미치고 있다. 일반적으로 정책은 사회문제 해결을 위한 노력의 산물로써 사회를 재구성하거나 변동을 야기시킬 뿐만 아니라 우리에게 일관성 있는 행동지침을 제시해주고 있다(박성복 외, 2000 : 143-6). 이와 마찬가지로 성평등정책도 이와 같은 특징을 지니며, 그 기능을 간략히 살펴보면 다음과 같다.

가. 여성문제 해결을 위한 노력의 산물이다

현재 우리가 살고 있는 사회에는 해결하여야 할 문제가 무수히 많다. 정부의 능력에 한계가 있을 뿐 아니라 여러 가지 정치적 이유도 있기 때문에 정부가 모든 여성문제를 해결할 수는 없지만, 일단 정부에 의해서 채택된 정책문제가 해결을 위한 하나의 청사진으로 나타난다는 것은 문제 해결을 위한 출발점이라고 볼 수 있다.

나. 일관성 있는 행동지침을 제시해 준다

정책은 그 자체가 하나의 행동노선을 담고 있기 때문에 정책담당자들의 행동을 위한 지침의 역할을 한다. 오늘날 여성문제는 매우 복잡한 성격을 갖기 때문에 그 해결을 위해서는 정부의 여러 부처가 관련되거나 한 부처 내에서도 여러 기관이 관련되는데, 이때 정책은 그들에 대해 행동의 범위와 한계를 정해주는 역할을 한다.

다. 변동을 야기시켜 준다

정부는 정책을 통하여 여성문제를 해결하려 하기 때문에 기존의 환경에 어떤 변화를 야기하려고 한다. 정책을 통해 대부분 사회체제의 근본적인 변혁은 아니더라도 기존 체제의 한계 내에서 끊임없는 변동이 유발된다.

라. 규범적 처방이 된다

정책은 사회에 대한 하나의 가치체계, 목표체계, 행동체계로서 규범적이고 처방적인 기능을 수행하게 된다. 일례로 남녀고용 평등법은 노동시장에서 여성고용의 가치 내지 목표체계가 됨으로써 여성 노동 관련자들의 행동에 직접적인 영향을 미친다는 것을 알 수 있다.

3. 성평등정책의 형성 과정

가. 성평등정책의 형성 요인

성평등정책은 어떠한 과정을 통하여 형성되고 있는가? 성평등정책의 형성과정을 연구한 자료에 의하면, 성평등정책은 사고, 여성운동, 국가의 세 요소가 결합하여 형성된다는 것이다(김은경, 1996). 성평등정책을 연구한 기존의 접근 방식은 주로 법률에 따라 성평등정책을 서술적으로 분류하거나, 여성관련 법률안의 입안에서부터 개정되는 과정을 분석하거나, 외국의 여성주의 이론을 한국에 적용시키는 예가 많았다. 성평등정책결정에 관한 논문에서는 주로 여성단체의 이익집단으로서의 활동에 초점을 두어왔고, 여성의 지위에 대해서는 한국의 가부장제 사회에서의 여성과 현대사회의 여성을 비교하거나 지위변화과정을 시대순으로 서술하는 방식의 연구가 대부분이었다.

성평등정책을 어떻게 분류하는가에 따라 정책 수립에 영향을 끼치는 요소의 강조점이 다를 수 있다. 김은경(1996)은 여성정책을 여성의 활동범위에 따라 세 가지 영역인 1) 정치적 지위와 관련한 여성정책 2) 사회적 지위와 관련한 여성정책 3) 가정 내 지위와 관련한 여성정책으로 분류하였다. 신제도주의적 접근으로 불리는 이 분류에서 그녀는 여성정책 수립에 영향을 끼치는 주요요인을 사고(Ideas), 사회운동(여성운동), 국가(대통령)로 보고, 이러한 요인이 여성정책 형성에 미치는 영향을 분석하였다. 사고는 사람들의 인식을 변화시키고 이는 차츰 새로운 관습이 되고, 여성운동은 이러한 비공식적 제도를 법적 구속력이 있는 공식적 제도로 옮기려는 운동을 전개하면서 국가와 상호작용을 하게 되고 이 과정에서 법적 구속력을 갖는 공식적 제도가 형성된다. 또한 공식적 제도는 일반적인 사고와 생활형태의 변화를 일으키게 된다. 이와 같이 성평등정책의 형성과정을 볼 때, 사고 · 국가 · 사회가 상호작용하여 새로운 관습, 문화를 형성하고 이러한 비공식적 제도가 결국 여성에 대한 정책이나 법이라는 공식적 제도에 영향을 미치게 되며, 이러한 공식적 제도 역시 사회전반에 영향을 미치는 상호관계에 놓이게 된다는 것을 알 수 있다. 그렇다면 지금까지 한국의 성평등정책에 영향을 끼친 사고, 여성운동, 국가권력의 이론적 토대는 무엇인가? 여러 가지 영향 중 가장 직접적으로 연구 가능하고 논의할 수 있는 요소는 여성주의 이론의 영향력이다.

나. 정책에 대한 여성주의적 접근

정부의 성평등정책이 여성의 문제를 다루고 여성주의 이론의 영향을 받는다는 것은 무엇을 의미하는가. 여성주의와 사회정책의 관계는 어떠한 과정을 거치면서 발달하여 왔나 고찰해보자. 여성을 배려하는 정책의 역사는 그리 오래되지 않는다. 이를 테면 Williams(1989: xi)는 사회정책이 성과 인종의 이슈를 간과하여왔음을 지적하고 있으며, 특히 다음과 같이 네 가지 실패를 제시하고 있다. 첫째, 복지제공에 있어서 여성의 경험과 투쟁을 인식하는데 실패하였고, 둘째, 국가복지 제공에 있어서 성차별주의와 인종차별주의를 감안하지 못하였고, 셋째, 여성억압과 복지국가간의 관계를 분석하는 데 실패하였고, 넷째, 요구에 대응하는 전략과 분석을 토대로 진보적 복지전략을 제시하는 데 실패하였다는 것이다. 복지국가에 대한 여성주의 비평의 발달은 1960년대와 1970년대 사회 안전, 주택, 건강보호, 아동보육, 교육, 훈련 및 취업기회 등과 관련하여 여성의 권리를 위한 투쟁과 캠페인으로부터 출발되었다.

Fainstein(2005: 124)은 여성주의와 정책에 대하여 이론적인 쟁점을 중심으로 비판적 논의를 전개하고 있다. 특히 주요 쟁점으로 제시하는 것은 의사결정과정에의 여성의 참여 부족, 문화적 규범에서 여성의 일에 대한 가치 폄하, 여성들에게 합당한 서비스를 제공하지 못하는 시정부의 문제, 빈곤의 여성화에 대한 무감각과 안일 등을 제시하고 있으며, 이들 쟁점은 현재 한국 사회에서도 논의되어야 할 정책과제이다.

미국에서 초창기 여성주의 정책분석 연구들의 공헌에 주목할 필요가 있다. 1977년에 Elizabeth Wilson의 여성과 복지국가(Women and the Welfare State), Jen Dale과 Peggy Foster의 페미니스트와 국가복지(Feminists and State Welfare), 그리고 1986년에 Gillian Pascal의 사회정책: 페미니스트 분석(Social Policy: A Feminist Analysis) 등은 사회정책에서 국가와 가족의 관계, 가족 내외에서의 재정적, 정서적 신체적 관계 등에 대한 분석 자료들을 제시해주었다. 이 연구들은 사회정책 분석에서의 주요 질문 영역들을 제시해주었는데, 새로이 제기된 문제들은 보살핌의 이슈, 종속, 요구, 일과 수입의 관계, 복지제공에서 수혜자와 제공자의 관계 등이다. 뿐만 아니라 이 연구들은 그 후 가부장제와 자본주의 및 국가의 관계에 대한 이론적인 질문들을 제기해주는 토대가 되었다고 할 수 있다.

정책에서 여성의 삶은 중심에 놓여야 함에도 불구하고, 이 당연성은 실천되고 있지 않았다. 이것은 경제, 정치, 교육, 문화의 모든 영역에서 적용된다. Kathleen Staudt(1988: 101)는 여성의 일은 가정에서 이루어지는 사적인 것으로 간주되고 있지만, 사실은 경제의 핵심을 이루고 있다고 주장한다. 그녀는 방글라데시, 필리핀 등 각국 여성들이 밤낮 없이 일하는 것을 제시하며, 이는 농업, 산업의 중심을 이루는 것은 물론이며 때로는 비공식적 경제(informal economies)라고 불리고 있다.

한 사회의 문화적 변화는 성정책에 큰 영향을 끼칠 수 있다. 이를 테면 Conway, Ahern, Steuernagel(1999)은 미국의 제2대 대통령인 존 애덤스와 42대 대통령인 빌 클린턴의 부인들의 문화적 차이를 비교하면서, 1770년대와 1990년대 여성의 교육과 문화적 수준의 변화, 그리고 정책참여를 비교 고찰하는 과정에서 이를 잘 보여주고 있다. 과거에는 여성들에게 주어졌던 사회적 기대와 역할로 인하여 자신이 원하는 것은 남편을 통하여서만 의견 표출이 가능하였다. 그러나 수준 높은 교육을 받은 요즘의 여성들은 자신의 커리어를 성공적으로 갖고 있는 경우가 많다. 커리어를 갖는 여성들에게 결혼이란 가정적 책임과 전문직적 책임을 동시에 통합적으로 수행할 것을 기대한다. 따라서 성평등정책은 가정과 직업을 양립하는 데에 적극적 관심을 두어야만 한다.

여성들의 생활은 이제 정책에서 핵심적 이슈로 등장하여야만 한다. Buker(1999)는 정책에 밀접하게 관련되는 논의를 법, 과학 그리고 포스트모던간의 대화라는 관점에서 접근하였다. 이러한 접근으로부터 그는 정의, 진리, 윤리라는 세 가지 축을 통하여 정책을 간파하였으며, 정책은 이 세 요소에 깊이 의존하고 있다고 하겠다. 예를 들면 포스트모던의 윤리적인 관점에서 무엇보다 중요한 것은 다양하게 존재하는 소수집단들도 우리 사회의 일부로서 인정하여야 하고, 이들에 대한 민감성을 보여주어야 한다는 점이다. 사람들이 말하는 것을 중요하게 여기고 그들에 대한 답변이 중요하며, 이러한 것이 삶을 더 풍요롭게 해준다는 사실을 상기해야 한다. "정책이라는 것은 의회, 재판정 또는 국가에 있는 것이 아니라 우리 생활의 일상적인 상호작용에 있다"고 Buker(1999: 205)는 주장한다. 여성들에게 중요한 것은 정치적 삶을 온전한 시민으로서 재형성하여야 하며, 여성들의 정치적 행위는 여성들의 정치적 시민성을 재구성할 것이라는 것을 깨닫는 것이다. 이를테면, Ungerson(1987)은 남을 돌보는 일이 대부분 여성들에 의한다는 것은 여성적 특성과 어떠한 연관이 있는가에 관심을 두어야 한다고 주장한다. 우리는 젠더 관점에서 일을 담당하는 사람들의 성별을 분석하는 것은 어떠한 의미를 지니고 있으며, 그들의 성별은 어떠한 영향을 끼치고 있는지 등에 대하여 분석할 필요가 있다.

제3절 정책과제 및 대안

1. 여성운동과 여성주의 이론

여성주의란 무엇인가? 남성과 여성을 불문하고 많은 사람들이 여성주의에 대해서 오해하는 경향이 있다. 여성주의가 무엇이냐는 물음에 상당수의 사람들은 '여권운동'이라는 공통된 대답을 하지만, '여권운동'의 정의는 사람마다 다르다. 어떤 이에게는 참정권을 부여하고 가업에서 해방하라는 식의 소극적인 의미로 사용될 수 있는 반면에, 어떤 이에게는 남성적인 경향을 모두 부정하고, 남성이 주도적으로 만들어 놓은 사회제도, 지식체계 등의 모든 뿌리를 완전히 거부하는 강경한 의미이기도 하다. 그렇기 때문에 여성주의에 관한 의견은 서로 다르고, 같은 생각을 가진 여성이라 할지라도 어떤 이는 자신이 여성주의자라고 말하는 반면에, 어떤 이는 자신은 여성주의자가 아니라고 말하는 사람이 있다. 그만큼 여성주의는 한 마디로 정의하기 어렵다(Mitchell and Oakley, 1986). 곽삼근(1998)은 여성주의란 여성이 단지 그녀가 지닌 성별 때문에, 여성이라는 이유로 사회적으로 불이익을 받고 있다는 것에 대한 믿음이며, 이것을 믿는 사람이 여성주의자라고 정의하고 있다. 그러나 이는 매우 포괄적인 개념 정의라고 할 수 있다. 실제로 여성주의는 매우 다양한 관점으로 분류될 수 있으며, 이 관점에 따라 여성주의자들 사이에서도 대립적인 의견 충돌이 있기도 하다.

여성주의는 다양한 사상적 배경에 따라 여러 갈래로 분류된다. 여성주의를 크게 두 가지 접근법으로 보면, 진보주의와 급진주의로 나뉠 수 있다. 통(Tong, 1998)은 여성주의를 매우 세부적으로 분류하여 자유주의 여성주의, 급진적 여성주의, 마르스크주의 여성주의, 사회주의 여성주의, 정신분석 여성주의, 젠더 여성주의, 실존주의 여성주의, 포스트모던 여성주의, 복합문화 여성주의, 글로벌 여성주의, 에코 여성주의 등으로 분류하였다. 그러나 전통적으로 기존의 여성주의를 이루는 큰 틀은 자유주의, 마르크스 · 사회주의, 급진주의이며(Jaggar & Struhl, 1978), 근대 이후 여성주의로 포스트모던 여성주의와 생태여성주의를 들 수 있다.

20세기 후반 포스트모더니즘이 전 세계의 사상적 조류를 다시 한번 흔들면서 여성주의 운동에도 영향을 미치게 되었으며, 이는 여성운동 전반에 새로운 패러다임을 탄생시켰다. 포스트모더니즘은 기존의 모더니즘을 대체하고 모더니즘의 전체주의적, 획일주의적, 관료주의적인 경향을 거부한다. 이는 진리에 대한 상대주의도 불러일으켜, 지식의 정당성 문제를 이끌어왔고, 문화와 삶의 다양한 모습에 대한 논쟁을 가져왔으며, 포스트모더니즘이 궁극적으로 주장하는 것은 하나의 절대적인 세계관이란 존재하지 않는다는 것이다.

포스트모더니즘의 이러한 특성은 기존의 여성운동에도 영향을 주었다. 기존의 여성운동이 제도적인 입장을 취하거나(자유주의적 관점), 지배계급에 대항해서 여성 노동력의 쟁취를 주장하거나(마르크스주의적 관점), 혹은 반(反)남성주의적인 입장(급진주의적 관점)을 취하기도 했다. 그러나 문제는 모든 여성들을 하나의 패턴으로 묶어낼 수 없다는 것이다. 모든 여성의 사회경제적인 지위가 같은 것이 아니며, 같은 성 역할을 하도록 강요당한 것도 아니다. 결정적으로 모든 여성의 삶은 각각의 경험에 따라 다르다는 것이 여성주의 안에서 또 다른 여성들간의 갈등을 불러일으켰다. 그들은 포스트모더니즘의 다양성과 다원성을 기치로 여성운동 내에서도 획일성을 거부하며 다양성을 주장한다.

여성주의의 흐름을 제1의 물결, 제2의 물결, 제3의 물결로 구분하여 고찰하는 견해도 있다(Lorber, 2001). 제1의 물결중심 여성주의에서 강조되었던 여성운동의 핵심은 여성차별철폐였다. 그들은 오늘날에는 당연시 되는 '권리'를 위해 싸웠다고 볼 수 있다. 즉, 투표하고, 재산과 자본을 소유하고, 상속받고, 돈을 벌어 소유하고, 대학에 가고, 전문적으로 공인된 직업을 갖는 것 등을 추구하였다. 교육에서의 성차별, 취업에서의 성차별 철폐 운동을 가능하게 하였다. 참정권은 제1물결 페미니즘에서 여성해방의 주요 목표였으며 19세기 후반에 인정되었던 자산, 수입과 고등교육에 관한 권리는 여성들에게 경제적으로 독립할 기회를 주었다. 제1물결 여성주의 운동과 이를 계승한 운동은 많은 이론적 정치적 차이를 갖고 있다. 남녀차이의 문제와 남녀가 본질적으로 같기 때문에 동등하게 대우해야 하는지 혹은 본질적으로 다르기 때문에 공평하게 대우해야 하는지의 문제는 여전히 논쟁 중에 있다. 또한 여성주의 정치를 통하여 최대의 노력을 기울여야 하는 영역이 "공적영역(일과 정부)의 문제인지 혹은 사적영역(가족과 섹슈얼리티)의 문제인지"도 논의해야 할 주요 과제이다(최은정 외, 2005: 28). 제2의 물결은 1960년대 이후의 사회조류를 반영하는 민권운동 차원에서의 여권신장, 가부장제적인 사회 규범개혁과 여성의 의식화가 주류를 이루고, 이것을 상징하는 것이 바로 "사적인 것은 정치적인 것(The personal is the political)"이라는 강령이다. 남성은 제1의 성이고 여성은 항상 제2의 성으로 간주되는데, 보브와르가 남성의 지배와 여성의 종속은 생물학적인 현상이 아니라 사회적 산물이라고 주장한 것은 상당한 파급효과를 가져왔다. "여성으로 태어나는 것이 아니라 여성으로 되어간다. 여자답다고 묘사되는 이러한 산물을 생산해내는 것은 문명이다"(de Beauvoir, 1953: 267)라는 주장은 당대에 획기적인 바람을 일으킨 것이다. 페미니즘은 남성에 비해 사회적으로 불리한 여성의 위치에 지속적으로 주목하고, 개인상호적 · 정치적 · 법적 해결책을 제의함으로써 사회변화에 상당히 기여했다. 그러나 남녀불평등의 원인에 대하여는 제1물결 페미니즘에서 보다도 합의가 이루어지지 못하고 있으며, 다양한 여성주의 해결책이 제시되고 있다. 따라서 성평등정책도 매우 다양한 관점에서 모색되고 있다고 하겠다. 불평등의 원인을 보다 깊이 이해하고 있기 때문에 여성주의자들의 목소리도 더 다양해질 수밖에 없었던 것이다.

제3의 물결 여성주의는 신세대 여성들이 주축을 이루는 여성주의로서 여성운동이 어느 정도 성과를 얻었다는 전제 아래, 경제적 불평등, 인종적 편견극복 등의 쟁점을 갖고 문화적 · 정치적 다양성을 존중하는 여성운동을 실천하는 조류이다. 성, 섹슈얼리티와 젠더에 대해서 이분법적 대립, 즉, 여자와 남자, 동성애와 이성애 등의 대립에 도전하는 주류에서 벗어난 페미니즘으로 간주된다. 제2의 물결중심에서 "사적인 것은 정치적인 것"이라는 강령을 내세웠다면, 제3의 물결중심에서는 "차이는 정치적인 것(The difference is the political)"이라는 강령을 내세운다. 여성주의 물결의 변화는 정책의 기조에 자연스럽게 영향을 끼치고 있으며, 각각의 여성주의 이론은 성불평등의 원인과 해결에서 상이한 관점을 제시하기도 한다.

2. 여성주의 이론과 성평등정책 과제

정치운동으로서의 여성주의의 목표는 여성과 남성이 더 평등해지도록 하는 데에 있다. 이 절에서는 성(sex)과 젠더를 구분해서 사용하는 것이 필요하다. 젠더 불평등은 특정 사회의 경제구조와 사회조직, 그리고 그 사회내의 특정 집단의 문화에 따라 다양한 형태를 띤다. 여성들은 대개 같은 일이나 유사한 일에 대해서 적은 임금을 받고, 특히 최고 직위로의 승진 기회에 제한을 받는 경우가 많다. 최근 여성주의자들이 젠더 불평등에 대하여 강조하는 점은 이것이 개인적인 문제가 아니라 사회구조에 뿌리 깊게 배어 있다는 점이다. 젠더 불평등은 결혼과 가족의 조직, 일과 경제, 정책, 종교, 예술과 기타 문화적 산물, 그리고 사용하는 언어에 깊이 내재되어 있다. 따라서 성평등을 위해서는 개인적인 해결책이 아니라 사회적인 해결책이 필요하다는 것이다(Lorber, 2001; 최은정 외, 2005)

이러한 젠더 불평등에 관한 논의는 몇 세대 여성주의 연구자들과 학자들의 업적을 종합하여 보여준다. 여성주의 이론은 다양한 형태로 만연되어있는 젠더 불평등의 원인을 설명하고 해결책을 제시하기 위하여 발전되었다. 젠더와 성의 개념은 다음과 같다.

젠더(gender)라는 개념은 사회문화적 관점에서 사용되고 개인의 정체성, 성별화의 사회과정을 통해서 젠더 구분과 역할은 경제, 가족, 국가, 문화, 종교와 성별화된 사회질서인 법과 같은 주요한 사회제도 속에 내재되어 있으며, 여성(woman) 남성(man)은 젠더를 언급할 때 사용된다.

성(sex)은 생물학적 관점에서 유전, 호르몬, 환경과 행위의 복잡한 상호작용을 중심으로 남자(male), 여자(female)와 간성(intersex)은 성을 언급할 때 사용된다.

여성주의 이론은 다양하게 발전하여 왔는데, 여성주의 이론을 토대로 불평등을 해결하기 위한 개선방안이나 정책이 나오게 되므로 어떠한 관점에서 불평등의 원인을 부각시키는가 하는 여성주의 이론은 매우 중요한 위치를 점한다. 여성주의는 여성이 남성에 비해 사회적 지위가 더 낮고 혜택을 더 적게 받는 주요 원인을 어떻게 보느냐에 따라 몇 가지 유형으로 분류되고 있다.

Lorber(2001)는 지난 반세기의 여성주의는 성 불평등의 원인을 어떻게 해결하는가에 따라 세 개의 범주로 나누어질 수 있다고 하였다. 이러한 범주를 젠더 개혁(reform), 젠더 저항(resistance), 젠더 반란(rebellion) 여성주의로 분류하여 제시한 바 있다. 그러나 여기에서는 최근의 경향성을 반영하여 젠더 평화(peace) 여성주의를 추가하여 고찰한다. 젠더 개혁 여성주의는 기존의 성별화된 사회질서의 구조 내에서 여성과 남성의 지위를 동일하게 하기 위해서 투쟁하는데, 예를 들면 더 많은 여성들이 사회적으로 주요한 지위를 차지하기를 바라는 것이다. 젠더 저항 여성주의는 성별화된 사회질서 특히 섹슈얼리티, 폭력과 문화적 표현에서 여성이 받는 억압과 착취에 대항해서 투쟁한다. 젠더 반란 여성주의는 사람들을 두 개의 성별로 나누는 기반에 의문을 제기함으로써 성별화된 사회질서 구조에 도전한다. 젠더 평화 여성주의는 생명의 살림을 중심으로 전 지구적 질서의 재편을 추구한다.

전체적으로 각 여성주의 유형에서 나온 정책은 그 여성주의의 이론적 논지에 따라 강조점이 달라진다고 할 수 있다. 젠더 개혁 여성주의는 젠더 불평등의 원인을 가족과 경제에서 여성의 일에 초점을 둔다. 젠더 저항 여성주의는 여성에 대한 폭력과 성적 억압, 그리고 지식과 문화 생산에서 여성의 경험이 드러나지 못함을 비판한다. 한편 젠더 반란 여성주의는 불평등한 젠더 질서를 만들고 유지하는 과정과 상징을 해체한다. 이들 중 젠더 개혁 여성주의는 제2물결 여성주의에 그 이론적 근거를 두고 있으며, 그들의 정책은 현실적이고 오늘날 젠더 불평등을 해결하는 데 가장 유용한 방법을 제시할 것으로 기대된다.

가. 젠더 개혁 여성주의 유형

1) 자유주의 여성주의

자유주의 여성주의나 사회주의 여성주의 같은 젠더 개혁 여성주의는 일의 세계와 경제적 자원의 분배에 공식적 비공식적으로 만연해 있는 차별관행을 드러내고 이의 해결책을 제시하고자 하였다. 젠더 개혁 여성주의는 여성의 가치가 남성과 동등하게 평가되고, 인간의 잠재력을 발휘하며 마음껏 자신의 삶을 살 수 있기를 바라며, 추구하는 목표는 삶의 모든 영역에서 여성과 남성이 동등하게 참여하고 그들이 하는 일에 대하여 동등한 인정과 보상을 받도록 하는 데에 있다.

자유주의 여성주의 이론은 서구에서 자유주의 정치사상이 발전되어 가던 17, 18세기부터 '인간'의 개념에서 여성은 배제되어 왔다는 점을 거론하며 논의의 출발점으로 삼고 있다. 서구 자유주의 사상이 가장 바람직한 사회로 규정하고 있는 개인의 자율과 자아성취를 보장하는 사회에서 언급하고 있는 개인이란 백인 중산층의 남성을 기준으로 상정하고 이야기하는 것이며 모든 계층의 여성은 여기에서 제외되었다. 여성들은 인간의 권리와 자유를 외치는 사회에서 '인간'이라는 범주에 속하지 못하였다. 이에 대해 문제를 제기한 여성주의자로서는 1792년에 「여성 권리의 옹호」(A Vindication of the Rights of Woman)를 쓴 메리 울스톤크래프트(Mary Wollstonecraft)인데, 그녀는 여성들도 감성적 존재일 뿐만 아니라 남성들처럼 이성적이고 합리적인 존재로서 자율적인 결정권을 갖고 행동하여야 한다고 주장하였다. 그녀의 글은 여성들의 정치적, 경제적 자유를 위한 호소문이라기보다 오히려 여성들도 남성들과 똑같이 합리적인 인간으로서의 본성을 공유하고 있다는 주장을 표명한 글이다. 하지만 그녀는 여성들이 남성들로부터 경제적으로 독립하는 것이 여성에게 필요하다는 것을 인정했지만 그러한 상태를 성취할 수 있는 구체적인 방안은 제시하지 못했다.

19세기 영국의 자유주의 사상가 존 스튜어트 밀(John Stuart Mill)과 헤리엣 테일러 밀(Harriet Taylor Mill) 두 사람은 울스톤크래프트와는 달리 우리가 성평등 내지 성 정체성에 따른 정의를 확보하기 위해서 사회는 여성들에게 남성과 똑같은 교육을 제공해야 함은 물론 똑같은 시민으로서의 자유와 경제적 기회를 제공해야 한다고 주장하였다(곽삼근 외, 1998). 20세기에 들어와 이 계열의 대표적인 저작으로는 1963년에 발표된 베티 프리단(Betty Friedan)의 「여성의 신비」가 있다. 프리단은 이 책에서 여성들이 전통적인 아내와 어머니 역할에서 만족을 얻을 수 있다는 생각은 미국 백인 중산층 주부들로 하여금 공허하고 비참한 느낌을 갖도록 했다고 주장했다. 자유주의 입장에서 볼 때 공적, 사적 영역의 구별이 성역할에 따른 고정관념으로 귀결되는 것은 비판받을 일이며 동등한 기회만 보장된다면 남성과 여성 모두 선택할 자유가 있다고 주장한다. 그러나 개인의 자율성이 우선시되므로 한계가 있을 수밖에 없었던 것이다.

자유주의 여성주의는 남녀간의 법적인 평등, 동일 노동과 동일 임금, 평등 교육 및 고용의 기회 등을 추구하며, 이러한 측면에서 성평등정책 형성에 큰 영향을 끼쳤다고 볼 수 있다. 자유주의 여성주의자들은 밀 이래로 주장되어 온 평등사회가 실현되지 않은 까닭은 자유주의 이념에 결함이 있어서가 아니라 그 이념이 충분히 적용된 적이 없었기 때문이라고 주장한다. 이들은 성에 대한 고정관념과 편견에 주목하고, 여성들도 사회에 동등하게 참여할 수 있다고 주장한다. 따라서 이들은 여성의 정치적인 참여나 제도적인 기회균등에 관심이 많고, 이를 위한 법적·제도적인 투쟁에 주력한다. 또한 지금까지 남성과 동등한 제도적 보장을 받지 못한 부분에 대해서 항의하고 이를 개선하고자 한다. 이 입장을 지지하는 학자들은 비교적 현실에 대해 낙관적이며 점진적 변화를 통해 여성들의 지위를 향상시키고자 한다. 따라서 남녀평등을 위한 자유주의 여성주의자들의 이념을 보다 적극적으로 성평등정책에 반영해야 하는 과제가 남아 있다.

2) 마르크스 · 사회주의 여성주의

마르크스주의 여성주의 이론은 자본주의 사회구조가 여성억압의 근본원인이라고 보고 있으며, 여성억압과 여성 종속을 가장 잘 설명해주는 범주로써 계급을 들고 있다. 여기에서는 부르주아 여성들이 프로레타리아 여성들과 똑같은 종류의 억압을 경험하지 않을 것이라고 생각한다. 마르크스주의자들은 여성종속이 사유재산제의 도입으로부터 시작되었다고 생각하고 있으며 계급갈등을 인식하는 것이 중요한 관건이라고 생각한다. 그렇지만 여성의 지위와 기능을 설명하는 궁극적 요소로 계급을 중요시하는 마르크스주의 이론은 자본에 의한 여성억압과 여성 종속만을 설명함으로써 남성에 의한 여성억압이라는 성차에 의한 억압은 간과하고 있다.

사회주의 여성주의 이론은 성별과 계급의 두 요소가 여성억압과 여성종속의 설명에 거의 동등한 역할을 한다고 본다. 작업장과 가정간의 이분법을 배격하며 현 자본주의 사회의 착취제도를 지탱해 나가는 데 있어 여성의 가사노동을 사회기능적으로 이해하는 일이 매우 중요하다고 본다. 그러므로 현재의 가족제도에 대해서 가장 심오하게 이론적으로 비평을 해온 사람들도 사회주의 여성주의자들이다. 사회주의 여성주의 이론에서는 여성억압이 충분히 이해되려면 가부장제와 자본주의 모두가 별개의 현상으로 분석되고 난 이후에 다시 변증법적으로 서로에게 연관된 현상으로 분석되어야 한다고 주장한다.

마르크스 · 사회주의 여성주의자들은 마르크스 이론에 충실하여 성별 불평등이 자본주의 체제에 기인한다고 전제한다. 즉, 이들은 여성을 또 하나의 피지배계급으로 본다는 것이다. 마르크스주의 여성주의자들에 의하면 여성 불평등의 핵심적인 원인은 자본주의에 기인하며, 자본주의가 존재하는 한 여성의 불평등은 해소될 수 없다고 주장한다. 자본주의는 여성들을 '노동예비군'으로 분류하며, 교육이 여성의 불평등을 재생산하는 기재로 사용된다고 주장한다. 따라서 이들은 여성의 권익을 위해서는 자본주의를 붕괴하는 것이 우선이라고 여기고, 이를 위해서는 남성들과의 연대도 불사한다. 현대사회에서 사회주의 여성주의자들의 관심은 여성의 경제활동과 관련이 있다. 직업적 선택을 특정 영역에 한정시키도록 한다거나 가정에서 어머니 역할에 따른 노동의 성별분업을 재생산하고 있는 양상, 이를 부추기는 사회 및 교육제도 등은 개혁되어야만 한다는 것이다. 여성이 가족 내에서 남성과 평등해지기 위해서는 가사노동의 산업화와 사회화를 이루어야 한다고 주장한다. 마르크스주의 여성주의자들은 만일 여성의 지위와 기능들이 사회적 노동현장에서 변하기 시작한다면 가정에서 여성의 지위와 기능들도 변하리라 믿고 있다. 여성들의 경제력에 따라 여성종속 여부가 결정되고 있다는 이들의 주장은 성평등정책에 큰 시사점을 주고 있다.

나. 젠더 저항 여성주의 유형

급진적 여성주의, 정신분석학적 여성주의, 관점 여성주의 같은 젠더 저항 여성주의는 남성의 지배가 강하기 때문에 중립적 젠더 질서를 이룰 수 없다고 주장한다. 젠더 평등은 결국 여성이 남성처럼 되는 것, 즉, 일을 더 중시하고 감정에 좌우되지 않는 것을 의미한다. 그들은 여성의 경험을 바탕으로 한 관점의 중요성을 강조한다. 여성의 관점에서 젠더질서를 검토함으로써, 그들은 조직, 제도, 그리고 남성이 여성의 삶을 통제하도록 하는 가부장제라는 일상의 관행 가운데 감추어진 관계를 가시화시킨다. 젠더 저항 여성주의는 여성의 보살핌, 감정적 지원과 모성능력의 가치를 인정하고, 여성의 몸에 대한 자존심을 독려하며, 또한 여성들이 어떻게 성폭력에 대항해서 스스로를 보호할 수 있는가를 가르침으로써 여성에 대한 부정적 평가에 대항하는 것이 중요하다고 강조한다(Lorber, 2001).

급진적 여성주의는 가부장 사회가 여성의 몸을 통제하고자 시도하는 방법에 초점을 맞춘다. 이러한 통제가 출산, 피임, 낙태의 형태를 취하든지 아니면 여성들에 대한 성폭력의 형태를 취하든지 간에 그것은 여성억압과 여성종속의 실상을 그대로 재현하는 권력행사이다. 왜냐하면 자신의 몸에 대한 지배력을 박탈당하는 정도만큼 그 개인은 자신의 인간성도 박탈당하게 되기 때문이다.

이 이론의 가장 대표적인 인물로는 「성의 변증법」(The Dialectic of Sex)을 저술한 슐라미스 파이어스톤(Shulamith Firestone)이 있는데 그녀는 체계적인 여성억압의 기원을 성의 생물학적 불평등에서 찾고 있다. 즉 여성은 출산기능 때문에 생존을 위해 남성에게 의존해야 한다는 것이다. 마르크스 여성주의 이론에서는 경제적 지위에 따른 계급투쟁에만 관심을 갖고 있는데 비해 이 급진적 여성주의 이론에서는 성적 지위를 계급의 결정요소로 제시하고 있다. 그리고 이러한 생물학적 불평등으로부터 비롯되는 성별분업을 계급적 분업보다 여성억압의 기본적인 요소로 파악하고 있다.

급진적 여성주의 이론에서는 여성이 아닌 남성들이 남성의 필요, 욕구, 관심사를 만족시키기 위해 여성의 몸을 통하여 여성의 성(female sexuality)을 어떻게 교묘하게 통제, 조정하여 왔는가를 드러냈다. 그러므로 이제 여성들이 해야 하는 작업은 여성들의 몸과 성을 여성의 시각에서 재구성하는 것이라고 주장한다. 급진적 여성주의 이론의 공헌은 여성들이 공유할 수 있는 경험, 즉 여성의 몸을 통한 여성성에 관한 것과 과거 남성주의적 시각에서 부정적인 것으로 인식되던 것을 찬양하고 여성적인 힘의 원천으로 의식을 바꾸어 놓은 것이라고 할 수 있다. 케이트 밀레트(Kate Millet) 가 「성의 정치학」(Sexual Politics)에서 보여 준 것처럼 현재의 성에 대한 인식은 가부장문화에서 핵심이며 결정적인 역할을 담당하고 있으므로 광범위하고 근본적인 문화비판을 요구하고 있다.

급진적 여성주의자들은 남성중심의 사회구조가 근본적으로 변화해야만 여성종속의 해결이 가능하다고 주장한다. 급진주의 내에서도 여러 집단이 있지만, 이들의 공통적인 특성은 남성적인 가부장제도를 거부하고 반남성적인 태도를 가진다는 것이다. 이들은 이 세계는 남성들에 의해 지배되었고, 인류의 지식체계부터 종교, 사회제도에 이르기까지 남성적인 권력이 작용하지 않는 곳은 없다고 말한다. 역사는 남성들의 활동을 중심으로 쓰여진 이야기이며, 당연히 여성은 역사 속에서도 비주류로 그려질 수밖에 없었다. 또한 지식과 도덕체계도 남성들의 사고유형을 중심으로 전개되어왔다. 급진주의 여성주의자들은 이러한 남성 중심적인 메커니즘을 분석하고 드러나지 않은 억압들을 밝히고자 하면서 이들은 자유주의 여성주의와 마르크스주의 여성주의를 모두 비판한다. 이들에 따르면, 자유주의 여성주의자들은 사회적인 제도와 기회의 균등이 성차별을 완화할 것이라는 순진한 믿음을 가지고 있으며, 결국 사회적 제도개선이 이뤄진다고 해도 이는 겉으로 드러나는 현상일 뿐이지, 사회가 가지고 있는 내재적인 개선은 이뤄지지 않는다고 비판한다. 또한 사회주의 여성주의자들은 여성의 평등을 자본주의에만 초점을 두고 또한 자본주의의 타파를 위해 남성들과의 연합을 불사하는 면에서 급진주의자들로부터 비판받고 있다. 급진주의 여성주의자들은 지식의 남성독점과 남성중심의 성 정치학을 타파하기 위한 사회구조와 제도의 개혁을 강조한다는 측면에서 성평등정책의 방향에 대하여 본질적인 질문을 던져주고 있다.

다. 젠더 반란 여성주의 유형: 포스트모던 여성주의

다문화주의 여성주의, 포스트모던 여성주의 같은 젠더 반란 여성주의는 여성과 남성, 여자와 남자, 이성애와 동성애간의 범주를 다양화하고 경계를 무시함으로써 직접적으로 젠더 질서에 도전한다. 이분법에 의문을 제기함으로써 젠더 반란 여성주의는 한 집단이 상대 집단에 비해 합법적인 비호를 받는 것에 반대한다. 1980년대 이후 여성주의자들이 성, 섹슈얼리티, 젠더 같은 범주를 해체함으로써 우리가 당연하게 여기는 것이 어떻게 젠더 질서를 유지시켰는가를 보여주었다.

포스트모던 여성주의는 '프랑스 여성주의'라고 불릴 정도로 프랑스 여성들에 의해서 주도되어 왔다. 특별히 그 시작이 된 것은 1949년 프랑스의 시몬느 보봐르의 <제2의 성>에서 출발하였다고 볼 수 있다. 여기서 보봐르는 '여성의 경험'이 남성들이 만들어 놓은 학문과 문화와 일치될 수 없음을 드러냈다. 그리하여 남성들의 시각과 다른 여성들 나름대로의 삶의 경험을 탐색하기 시작했다.

일반적으로 포스트모던 여성주의는 구조주의와 모더니즘의 이분법적인 사고의 틀을 거부하며, 지금까지 하나의 시각으로 여성의 억압과 종속을 설명하고자 했던 기존의 여성주의는 이분법적인 사고를 가지므로 이 같은 하나의 이야기로써는 가부장적 사회에서 여성이 처한 상황을 제대로 설명할 수 없다고 주장한다. 한 사회 안에 공존하는 여성들은 각기 다른 계급적, 인종적, 사회경제적, 경험적인 상황들을 소유하고 있다. 백인여성이 흑인여성의 삶을 이해할 수 없으며, 지배계층의 여성이 피지배계층 여성의 삶을 포괄할 수 없다. 따라서 종전의 메타담론화한 보편주의적이고 본질주의적인 여성주의는 이런 면에서 비판된다(이은선, 1993).

포스트모던 여성주의는 지배질서의 유형을 비판하면서 여성적인 것과 타자의 가치를 향상시키고자 한다. 즉, '나'를 중심으로 타자를 대상화하고 파악하며 그들을 정복함으로써 세계를 경영하려는 근대성을 비판한다. 포스트모던 여성주의에서는 이 근대성을 곧 남성 중심의 패러다임으로 지적한다. 이러한 근대성에서 여성은 항상 감성적 존재이며 '타자'로서 주변화 대상화되어 왔던 것이다.

한편 포스트모던 여성주의에서는 여성의 성차별적인 경험이나 전통적인 성역할에 의한 경험이 더욱 적극적으로 평가될 수 있다. 왜냐하면 여성적인 것에 대한 말살이나 부정이 여성들이 원하는 정치적 힘을 키우기 위한 필요불가결의 요소만은 아니기 때문이다. 몇몇 유형의 여성주의자들은 자궁제거운동을 벌이면서 여성의 출산자체가 여성의 삶을 억압하고 남성과 동등하지 않은 지위를 갖게 한다고 주장했었다. 그러나 생물학적으로 '여성적인 것'을 지니는 것이 오히려 여성의 권력을 창출시키는 원천이 될 수 있다. 생물학적인 여성의 토대를 지니는 것이 오히려 여성의 힘 갖추기를 위한 주요 요소가 된다. 여성이 '여성의 것'의 생물학적인 상징인 '자궁'을 소유하고 있기에 그 여성이 정치적 권력을 자동적으로 상실하는 것은 아니다. 이미 구미에서는 근대 여성주의로부터 여성성의 재현에 대한 논쟁이 일어나고 있다. 포스트모던 여성주의는 자궁제거의 정치생물학적 여성주의나 가부장제 제거의 여성정치권력적 여성주의는 기본적으로 근대 여성주의의 잔재들이며, 자본주의에 기초한 서구 중심의 여성주의로서 사상이 다양성이나 인종, 문화의 차이를 무시하는 획일적인 근대성의 여성주의라고 비판한다.

이런 포스트모던 여성주의의 논쟁을 가능하게 만들어준 여성운동의 제3의 물결 세력들의 원조로서 나오미 울프(Naomi Wolf)가 있다. 그녀는 여성들이 과거와는 달리 스스로 사회, 문화, 정치, 교육 등의 각 분야에서 상당할 정도로 힘을 얻었고 실제로 여성들의 힘을 보여준 것도 사실이라고 강조했다. 더 이상 여성을 사회의 희생자로 강구하는 것 자체가 여성주의를 궁지로 몰고 갈 위험이 있다고 강조함으로써 새로운 여성주의를 역설했다. 그리어(Greer)는 <완전한 여성(The whole woman)>에서 남녀평등의 이면을 예리하게 분석하고 있다. 그녀는 여성이 "남성과의 평등추구가 오히려 여성들로 하여금 남성을 모방하려는 결과를 낳게 했으며, 성해방의 문제 역시 이상하게도 여성들이 성적으로 적극적이어야 한다는 식으로 여성들에게 새로운 성의 억압을 초래했다"고 지적하고 있다. 결국, "여성의 가치를 지키기 위해 여성 스스로(일부 여성운동가들에게) 다시 분노할 때"란 것이 그녀의 주장이다.

여성에 대한 이해에 있어서 맥락을 같이 하면서도 그것을 실현하기 위해 아예 새로운 여성주의를 내세우는 포스트 여성주의자들도 있다. <새로운 여성주의(The new feminism)>이라는 저서에서 월터(Walter)는 기존의 여성주의가 일종의 낭만적인 감상주의에 빠져있음을 경고하고 있다. 과거의 제2물결 여성주의는 '사적인 것이 바로 정치적인 것이다'라는 강령 속에 함몰된 채, 여성주의를 너무 왜소하게 만들었다고 비판한다. 그녀의 주장에 따르면 모든 여성이 똑같은 방식으로 생활하지 않는 이상 여성주의는 모든 여성을 하나로 구속할 수 없으며 여성주의의 주체와 여성주의자들이 여성이어야만 한다는 것도 잘못되기는 마찬가지라는 것이다. 여성이라는 생물학적인 조건은 여성의 힘을 상징하는 원천이지, 결코 여성주의자들의 혁명을 방해하는 적이 아니라고 주장한다.

일련의 주장이나 이야기를 통해서 포스트모더니즘은 여성적인 '차이'를 있는 그대로 문화적으로 표현하고 그것의 위치설정을 제대로 인정하는 것이 오히려 더 성평등적이라고 간주한다. 그래서 포스트모던 여성주의는 여성과 남성간의 차이를 사회, 정치적인 차별화로 악용하는 것을 반대하고, 그 대신 남녀간의 생물학적인 차이를 사회, 정치, 문화적으로 인정하는 것으로부터 시작한다. 기존의 근대 사회는 여성을 향해 서로가 생물학적 다름의 차이로 인해 서로 다른 사회적인 역할을 부여받는 것은 당연하다고 간주했다면, 포스트모더니티의 사회는 남녀간의 생물학적인 차이는 극복될 성질이 아니며 서로가 조화되어야한다고 본다.

포스트모던 여성주의는 성평등정책에 매우 복합적이고 함축적 이론적 틀을 제시해주고 있다. 우선 기존의 서구 중심 이론과 실천에 대응하는 지역의 특수성을 반영 할 수 있게 해주고, 여성성을 긍정적인 가치로 볼 수 있게 인도한다. 여성이란 어디까지나 구성된 범주이므로 여성범주를 구성해내는 사회문화적, 언어적 요소에 주목하도록 해준다. 여성들의 다양한 인식과 경험이 소중한 학습의 소재로 여성에 관한 지식을 형성하는데 기여하고 있고, 그동안 들리지 않고 보이지 않았던 목소리들이 점차 학문세계에 등장하고 있으며, 한 가지 틀에서 모든 것을 설명하는 방식은 붕괴되고 다양성을 강조하도록 유도하였다. 결과적으로 포스트모던 여성주의자들은 '여성다움'으로 다시 되돌아가는 것이 바로 여성의 개별적 다양성과 여성이 원하는 문명의 양성성을 살리는 길이며 그 길로 되돌아가는 것이 여성주의가 갈 방향이라고 본다. 기존의 근대 여성주의가 남성지배에 대한 이분법적인 대결과 투쟁의 결과로 여성으로서의 인간적인 정체성을 찾아내는 데는 어느 정도의 성과를 올렸지만, 인간으로서의 양성성을 '완성'해 나가는 데는 실패했다는 것이다. 이분법적인 사고를 배격하고 성평등정책에서도 선택의 가능성과 다양성을 확대할 수 있는 방향의 설정을 시사하고 있다.

여성과 남성이 지위와 권력에서 왜 그렇게 불평등한가에 대한 보다 발전된 분석과 설명이 가능하게 되면서 여성주의 이론도 변화되어왔다. 여성주의자들은 한 범주로서의 남성에게 특권을 부여하지 않으며, 그들에게 한 범주로서의 여성에 대해서 행사할 수 있는 권력도 부여하지 않는 그러한 사회질서를 원한다. 오늘날 여성주의자들은 젠더 중립 평등 또는 젠더가 고려된 형평을 선택해야하는 딜레마에 빠지게 된다. 평등을 주장하는 여성주의자들은 여성과 남성이 실제로 서로 변화가능하기 때문에 동등하게 대접 받아야 한다고 한다. 젠더 형평을 주장하는 여성주의자들은 여자와 남자간의 생리학적 생식력의 성 차이에 초점을 맞추고 그들을 사회적으로 동등하게 대하는 방법을 모색한다. 결국 우리는 젠더 혹은 여성 가운데 무엇을 논의해야 하는가의 과제를 안고 있다.

평등과 형평 개념 모두가 완전한 여성주의 정책을 위해서 필요하다. 상호 모순되는 것 같지만 사람들은 법 앞에 평등하게 대우받아야 하며, 동시에 집단과 개인이 가진 서로 다른 사회적 위치에 기인한 혜택과 불이익에 관심을 기울여야 한다. 때로는 사람들을 형평에 맞게 대하기 위해서는 그들을 다르게 대접해야 하기도 한다(Lorber, 2001). 이렇게 상반되어 보이는 듯한 여성주의자 정책의 목표는 행동전략에서 갈등이 있을 수 있으나, 모든 여성주의의 궁극적인 목표는 젠더가 차별과 불이익보다는 각자의 의미를 최대한 지니는 다양한 특성을 발휘하는 세계를 만드는 데 있다.

라. 젠더 평화 여성주의 유형

앞에서 고찰한 세 개의 젠더이론은 모두 성별간 불평등에 대한 원인과 대책을 중심으로 전개된 것이다. 한편 지구 환경의 위기와 자연 생태계의 파괴가 인간의 생명을 위협할 정도로 진전되는 시대가 도래하면서 여성주의는 새로운 전기를 맞게 된다. 그동안 자연을 정복하고 착취하였던 모습에 대한 반성적 성찰을 계기로 자연 지배라는 남성성에 대한 대안으로 자연과의 평화라는 여성성을 강조하게 된 것이다. 여기에서는 이를 젠더 평화 여성주의로 명명하여 살펴본다. 이것을 주창한 이론으로는 생태여성주의를 들 수 있으며, 주창자들은 여성과 자연을 분리하고 배제시키는 가부장적 세계관과 사회구조가 근대성의 중심에 엄존하며, 이것이 자연착취와 여성억압을 낳는 근본원인이라고 파악한다. 생태여성주의(Eco Feminism)는 생태학과 여성주의가 만나 생겨난 말이다(Rae, 1994: 23). 근대적 패러다임과는 달리 자연을 모든 생명체를 낳고 부양하는 어머니로 보고 이 상처 입은 어머니 자연과 공존할 수 있는 대안적인 삶의 유형을 모색하는 것이기도 하다(마리이 미스외, 2000).

생태여성주의라는 용어 자체는 '지구상에서 인간의 생존을 보장해 줄 생태학적 혁명을 일으킬 만한 여성의 잠재력'을 표현하기 위해 1974년 프랑스의 작가 프랑수아 듀봉(Francoise d'Eaubonne, 1980)에 의해 고안되었다. 생태여성주의는 여성과 자연의 연관성에 대한 깨달음에서 나온 것이다. 여성운동이 무르익어 가던 1970년대에, 여성들은 여성에 대해 '타자'(the other)로 규정하는 사회문화적 관습과 질서가 자연 역시도 타자화(他者化), 곧 대상화하고 있음에 주목하고 여성 억압과 자연 억압을 '쌍둥이 억압'으로 명명하기 시작했다(Merchant, 1992 : 185). 이처럼 관심의 지평이 넓어지자, 여성주의자들은 여성차별(sexism)과 자연차별(naturism), 그리고 인종차별(racism)과 계급차별(classism)이 서로 동떨어진 문제가 아니라 구조적으로 맞물려 있는 복합적인 문제임을 각성하게 된 것이다. 또한 이 네 가지 억압의 뿌리에 가부장주의가 놓여 있음을 통찰할 수 있었다. 특히 가부장주의의 다양한 표현들 중에도 인간의 현실을 이원화(二元化)하여 한 쪽이 다른 쪽보다 더 높고 우월하다고 보는 위계체제적 이원론이 문제의 핵심이라는 것이다. 이러한 분석에 근거하여 생태여성주의는 총체적인 생명의 해방을 목표로 삼는다.

카렌 워렌(Warren, 1996)은 생태학적 문제들은 오직 여성주의적 관점을 포함할 때에만 해결될 수 있다고 주장한다. 요컨대, 생태여성주의는 결국 여성과 자연의 종속성을 밀접하게 동일시하고, 생태학적, 여성주의적 원리에 따라 사회를 변혁시키도록 요구하는 이론과 실천이라고 할 수 있다. 여성주의와 생태운동은 각각 여성과 자연에 대한 지배와 착취를 벗어난 새로운 가치창조와 사회구조를 제안한다는 점에서 평등주의적 관점을 갖는다.

생태 여성주의 이론은 과거 전통 여성주의자들이 생각하지 못하였던 생명의 문제를 거론함으로서 성평등정책에 또 하나의 새로운 과제를 안겨주고 있다. 사회의 개혁 및 변화의 출발점으로 현재 여성노동이 주로 행해지는 가정 또는 재생산 영역에 주목하고 있다. 다만 여성을 해방시키기 위하여 가정 영역을 사회화할 것인지 아니면 사회 영역을 가정화(또는 비공식화) 할 것인지에서는 이견을 보이고 있다. 또 생태 여성주의 이론에서는 여성과 자연의 파괴를 야기하는 원인이 가부장제적 구조와 밀접한 관계를 가진다고 생각한다. 이때의 가부장제적 구조라 함은 차별적이고 도구주의적인 가치관을 주된 내용으로 하고 있다. 또한 생태 여성주의 이론은 대안적인 세계질서와도 연결되어 있다. 이러한 세계는 그동안 여성주의 문화 작품들이 그려낸 여성해방의 유토피아적 대안사회에 그 뿌리를 두고 있으며, 이 대안적 세계를 건설하는 이념적 원리는 바로 여성성이다. 이 여성성은 대안세계에서의 분권화, 비위계성, 직접 민주주의구조, 지역 의존적 경제, 가부장제로부터의 해방 등으로 확대되어 질 수 있다. 자연 및 사회 문제에 대한 여성들의 해결방식이 친자연적이고 평화 지향적이란 점에서 주목을 받고 있다. 생태 여성주의 관점에서 변화와 개혁을 위한 성평등정책은 무엇보다 모든 생명의 가치를 평등하게 존중할 것을 요구한다. 여성성을 사회의 전 분야에서 표면화시키고 지배와 정복 추구를 벗어나 조화와 상생의 원리를 실천할 수 있는 풍토를 형성하기 위한 정책을 수립하는 것이 주요 과제일 것이다. 한국이 세계적으로 가장 심각한 저출산의 시대에 직면하고 있다는 것은 한국사회 가부장성의 폐해를 입증해 주는 자료이다. 젠더 평화 여성주의 패러다임에 있어서 생명에 대한 보살핌을 정책의 최우선으로 추진해야 한다는 생태 여성주의 주장은 아무리 강조해도 지나치지 않다.

3. 여성주의 이론의 시사점

성평등정책에 영향을 끼치는 요인은 국내외의 사회정치적 환경과 사고, 여성주의 이론과 여성운동, 국가 등 다양한데, 본 장에서는 여성주의 이론을 중심으로 살펴보았다. 그동안 성평등정책에 대한 관점은 수혜자인 여성을 대상으로 한다는 복지적 차원에서 접근하다가 성평등이라는 인권적 차원으로 변화하여왔다. 성평등 실현이라는 정책적 과제는 사회정책적 과제로서만이 아니라 인권, 경제개발, 사회개발 등 국가정책의 본질적 문제들과 연계되어 있다. 성평등정책에서 성 주류화를 위한 접근이 시도되고 있는 추세이며, 모든 국가정책 영역에서 성 의제를 주류로서 다루어야 한다는 인식이 확산되고 있다.

성평등정책은 여성뿐 아니라 모든 국민들의 삶에 직접 간접으로 영향을 끼치고 있으며, 성평등정책연구는 일반 행정분야의 연구가 남성중심의 사고에서 추진되어왔던 것과 같은 방식으로 추진되어서는 곤란하다. 남성중심 사고의 일례로 지금까지 사회에서 인력의 기준은 다양한 여성에 의해 보살핌을 받는 개인 남성 노동자 모델을 전제로 하였고, 이는 여성의 경제활동 참여에 불리하게 작용하였다는 것을 제시할 수 있다. 여성들은 전통적으로 자녀와 가족을 보살펴왔는데, 보살핌은 경제적 생산 활동에 못지않은 인간 생존의 필수 덕목이므로, 양성평등을 추구하려면 인력기준이 남녀모두에게 적용되는 보편적 보살핌 모델로 전환되어야 한다는 주장에 관심을 기울일 필요가 있다.

여성주의 이론과 여성운동은 성평등정책 형성에 체계적 영향력을 끼쳐왔으며, 향후 성평등정책은 여성주의 이론이 어떠한 변환을 맞는가에 따라 그 추이를 가늠할 수 있다. 성평등정책의 방향을 여성주의 이론의 동향을 토대로 살펴볼 수 있으며, 앞서 고찰한 젠더 개혁 여성주의와 젠더 저항 여성주의, 젠더 반란 여성주의, 그리고 젠더 평화 여성주의 관점에서 성평등정책의 방향을 제시하면 다음과 같다.

첫째, 젠더 개혁 여성주의자들의 공헌으로 교육과 직업에서 성평등이 단계적으로 실천되어왔으나, 정치 및 경제 활동에서 여성의 참여수준은 아직도 저조한 상태이므로 보완적 노력이 요구된다. 자유주의 여성주의자들이 사회적 활동에서의 성평등을 주창하고 이를 제한하는 다양한 장애를 제거할 것을 요청한 것은 오늘날 한국 사회에서도 지속적으로 주목하여야 하는 영역이다. 여성은 국가의 귀중한 인적자원으로서 한국은 여성 인력 활용을 극대화해야 하는 시점에 있다. 그러나 자유주의와 사회주의 여성주의자들의 주장처럼 아직도 여성들은 사회문화적 또는 제도적으로 교육의 기회나 직업 선택에서 제한을 받고 있어 이를 보완하기 위한 성평등정책이 필요하다. 따라서 여성들이 교육과 직업을 평등한 여건에서 획득할 수 있을 때까지 젠더 개혁 여성주의 관점의 성평등정책을 추진하여야 할 필요가 있다. 교육과 직업의 기회 평등에서 결과의 평등으로 이어갈 수 있는 성평등정책이 요망된다.

둘째, 젠더 저항 또는 반란 여성주의 관점에서의 성평등정책은 무엇보다 여성개인의 인권과 다양성을 존중하고 장려하는 차원에서 성평등을 지향해야 할 것이다. 성평등은 인권의 문제로서, 사회정의를 위한 조건이고, 평등, 발전, 평화를 위해 필요한 기본적인 선행조건이다. 따라서 모든 여성의 인권과 기본적인 자유의 실현은 성평등정책의 기본 전제라고 할 수 있다.

지금까지의 여성인권은 주로 공적 영역에 대해서 관심이 있었다. 그러나 많은 여성들의 삶의 현장이 사적인 영역에서는 아직도 인권의 침해를 받고 있다는 비판이 강하다(김선욱, 1996). 공과 사는 얽혀 있으므로 인권은 국가적인 차원에서뿐만 아니라, 가정적 차원에서도 보호되어야 한다는 주장에 귀를 기울여야 할 것이다. 따라서 정치, 경제에서부터 건강, 기술, 자원에 이르기까지 여성의 법적 자유와 권리가 실제적인 생활 속에서 향유되어야 한다. 구체적으로 모든 형태의 성희롱, 착취, 인신매매의 제거, 여성의 권리를 침해하는 전통・관행・편견을 불식하고, 여성에 대한 모든 형태의 차별 금지를 촉구할 뿐만 아니라 보건 및 가족복지 서비스의 증진, 여성에게만 행해지고 있는 인권침해의 폐습에 대한 인식 및 조사 등이 필요하다. 아울러 다문화주의의 관점을 적극 수용하여 사회적 성적 소수집단에 대한 정책적 배려도 요청된다.

셋째, 성평등정책은 젠더 평화 여성주의 관점에 귀를 기울이고 생명존중, 생태계의 조화와 균형을 지향할 것이 요청된다. 세계적으로 지구환경 위기의 시대에 지속가능한 개발에 관심이 집중되고 있으며, 성평등정책도 이러한 측면을 선도적으로 적용할 것이 필요하다. 생명을 존중하고 양보다는 질을 더 중요시하고, 생산보다는 소비에 더 관심을 기울이며, 환경보호 차원에서 균형 있고 지속가능한 발전을 추구하지 않으면 안된다. 그러한 세계를 만드는 데에는 여성 특유의 관점과 특성이 적극 개입될 것이 요구된다. 환경정책에 여성의 적극적인 참여는 환경보전, 에너지, 보건 및 건강, 교육 등의 문제해결에 기여하게 될 것이다. 이제 능률과 생산 중심의 경제체제는 소비와 생명존중의 새로운 패러다임으로 전환되어야만 할 것이다.

만일 여성운동이 여성분리주의 시각으로 편중된다면 전체 인류복지나 생태계 보호로 여성의 일상적 삶의 질을 높여가기보다는 소수의 한정된 여성문제에 집중하는 경향을 보일 수 있다. 따라서 인간사회중심의 성분리주의적 입장보다는 생태계 전체를 중심으로 하는 생태사회통합적인 전략을 활용하여 균형을 추구하는 것이 필요하다.

요 약

본 장에서는 성평등정책에 영향을 끼치는 여성주의 이론과 여성운동을 고찰하였다. 성평등정책에 대한 이해를 돕기 위하여 성평등정책 연구의 필요성, 정책의 개념 및 의의, 성평등정책의 특성과 기능을 소개하였고, 성평등정책의 근간이 되는 사고와 사회(여성)운동을 여성주의적 관점에서 고찰하였다. 다양하게 변화하고 있는 여성주의 이론을 소개함으로써 성평등정책의 이념과 목적의 토대를 살피며, 향후 성평등정책의 방향과 과제를 여성주의적 관점에서 모색하였다.

여성주의는 성 불평등의 원인을 어떻게 해결하는가에 따라 몇 개의 범주로 나누어질 수 있다. 이러한 범주를 젠더 개혁, 젠더 저항, 젠더 반란, 젠더 평화 여성주의로 분류하여 고찰하였다. 젠더 개혁 여성주의는 기존의 성별화된 사회질서의 구조 내에서 여성과 남성의 지위를 동일하게 하기 위해서 투쟁하고, 젠더 저항 여성주의는 성별화된 사회질서 특히 섹슈얼리티, 폭력과 문화적 표현에서 여성이 받는 억압과 착취에 대항해서 투쟁한다. 젠더 반란 여성주의는 사람들을 두개의 성별로 나누는 기반에 의문을 제기함으로써 성별화된 사회질서 구조에 도전한다. 젠더 개혁 여성주의는 젠더 불평등의 원인을 가족과 경제에서 여성의 일에 초점을 두고, 젠더 저항 여성주의는 여성에 대한 폭력과 성적 억압, 그리고 지식과 문화생산에서 여성의 경험이 드러나지 못함을 비판한다. 젠더 반란 여성주의는 불평등한 젠더 질서를 만들고 유지하는 과정과 상징을 해체한다. 이들 범주에 속하는 각각의 여성주의를 구체적으로 살펴보면 다음과 같다.

자유주의 여성주의는 남녀간의 법적인 평등, 동일 노동과 동일 임금, 평등 교육 및 고용의 기회 등을 추구하며, 이러한 측면에서 성평등정책 형성에 큰 영향을 끼쳤다고 볼 수 있다. 마르크스 · 사회주의 여성주의자들은 마르크스 이론에 충실하여 성별 불평등이 자본주의 체제에 기인한다고 전제한다. 성별 불평등의 핵심적인 원인은 자본주의에 기인하며, 여성이 가족 내에서 남성과 평등해지기 위해서는 가사노동의 산업화와 사회화를 이루어야 한다고 주장한다. 급진적 여성주의는 가부장 사회가 여성의 몸을 통제하고자 시도하는 방법에 초점을 맞추어 이러한 통제가 출산, 피임, 낙태 또는 여성들에 대한 성폭력의 형태를 취하든지 간에 그것은 여성억압과 여성종속의 실상을 그대로 재현하는 권력행사라고 본다. 왜냐하면 자신의 몸에 대한 지배력을 박탈당하는 정도만큼 그 개인은 자신의 인간성도 박탈당하게 되기 때문이다. 급진주의 여성주의자들은 지식의 남성독점과 남성중심의 성 정치학을 타파하기 위한 사회구조와 제도의 개혁을 강조한다는 측면에서 성평등정책의 방향에 대하여 본질적인 질문을 던져주고 있다.

포스트모던 여성주의는 구조주의와 모더니즘의 이분법적인 사고의 틀을 거부하며, 지금까지 하나의 시각으로 여성의 억압과 종속을 설명하고자 했던 기존의 여성주의는 가부장적 사회에서 여성이 처한 상황을 제대로 설명할 수 없다고 주장한다. 포스트모더니즘은 여성적인 '차이'를 있는 그대로 문화적으로 표현하고 그것의 위치설정을 제대로 인정하는 것이 오히려 더 성평등적이라고 간주한다. 기존의 근대 사회는 여성을 향해 서로가 생물학적 다름의 차이로 인해 서로 다른 사회적인 역할을 부여받는 것은 당연하다고 간주했다면, 포스트모더니티의 사회는 남녀간의 생물학적인 차이는 극복될 성질이 아니며 서로가 조화되어야 한다고 본다. 따라서 포스트모던 여성주의는 성평등정책에 매우 복합적인 이론적 틀을 제시해주고 있다. 기존의 근대 여성주의가 남성지배에 대한 이분법적인 대결과 투쟁의 결과로 여성으로서의 인간적인 정체성을 찾아내는 데는 어느 정도의 성과를 올렸지만, 인간으로서의 양성성을 '완성'해 나가는 데는 실패했다는 것이다. 이분법적인 사고를 배격하고 성평등정책에서도 선택과 다양성을 확대할 수 있는 방향을 택할 것을 시사하고 있다.

생태 여성주의는 여성과 자연을 분리하고 배제시키는 가부장적 세계관과 사회구조가 자연착취와 여성억압을 낳는 근본원인이라고 파악한다. 여성주의와 생태운동은 각각 여성과 자연에 대한 지배와 착취를 벗어난 새로운 가치창조와 사회구조를 제안한다는 점에서 평등주의적 관점을 갖는다. 생태 여성주의 이론은 과거 전통 여성주의자들이 생각하지 못하였던 생명 문제를 거론함으로써 성평등정책에 또 하나의 새로운 과제를 안겨주고 있다. 사회의 변화 및 개혁을 지향하는 생태 여성주의 이론은 대안적인 세계관과도 연결되어 있으며, 이 대안적 세계를 건설하는 이념적 원리는 바로 여성성이다. 모든 생명의 가치를 평등하게 존중하고 여성성을 중심으로 지배와 정복 추구를 벗어나 조화와 상생의 원리를 실천할 수 있는 풍토를 형성하기 위한 정책을 수립하는 것이 주요 과제이다.

성평등정책은 여성뿐 아니라 모든 국민들의 삶에 직접 간접으로 영향을 끼치고 있으며, 성평등정책연구는 일반 행정분야의 연구가 남성중심의 사고에서 추진되어왔던 것과 같은 방식으로 추진되어서는 곤란하다. 앞서 언급한바와 같이 여성들은 전통적으로 자녀와 가족을 보살펴왔는데, 보살핌은 경제적 생산 활동에 못지않은 인간 생존의 필수 덕목이므로, 사회발전과 인력기준이 남녀모두에게 적용되는 보편적 보살핌 모델로 전환되어야 한다는 주장에 관심을 기울일 필요가 있다. 특히 최근 부상하고 있는 젠더 평화 여성주의 관점에서 생태 여성주의 주장에 귀를 기울여야 하며, 성평등정책은 획일적이고 이분법적인 사고를 벗어나 생명존중, 조화와 균형을 통한 형평성을 지향할 것이 요청된다.

연구 및 토의과제

1. 일반적으로 정책은 왜 연구할 필요가 있으며, 인간의 삶에 어떻게 영향을 끼치는지 또 그것은 우리들의 생활과 어떻게 연관되고 있는지를 실제 사례를 찾아내어 제시하며 토의해보시오.
2. 성평등정책의 형성에 영향을 끼치는 요소들은 무엇이며, 성평등정책은 어떠한 기능을 갖는지 설명해보시오.
3. 여성주의 이론에는 어떠한 유형이 있는지 조사해 보시오. 또한 젠더 불평등의 원인을 무엇으로 보는가에 따라 이론이 어떻게 유형화 되고 있는지 조사해보고, 이들이 성평등정책연구와 여성의 실제 삶을 향상시키는 데에 어떠한 기여를 할 수 있는지 논의해 보시오.
4. 여성주의 이론의 변천과정을 토대로 향후 여성주의와 성평등정책은 어떠한 방향으로 전개되어야 한다고 생각하는지 토의해보시오.

참·고·문·헌

곽삼근 · 김현미 · 손승영 · 이소희 · 주은희(1998).「일상의 여성학」. 박영사.

권영자(1995). "한국의 성평등정책에 관한 연구 – 평등 · 참여 · 복지를 중심으로".「여성연구」. 47, pp. 87-112.

김복규(2000). "우리나라 여성정책의 변화와 발전과제".「한국행정학회 2000년도 기획세미나국제포럼 발표논문집」. pp. 1-16.

김선욱(1996).「21세기의 여성과 여성정책」. 박영률출판사. pp. 37-43.

김은경(1996). "한국의 여성정책 형성에 관한 분석 – 국가, 사회 그리고 국내 · 외 사고의 영향을 중심으로.". 연세대학교 대학원 석사학위 논문.

김재인 · 김성경 · 권미수(2000).「여성정책 평가모형 개발」. 한국여성개발원.

김형열(2000).「정책학」. 법문사.

노화준(1998).「정책학 원론」. 박영사.

마리아 미스 · 반다 나시바(2000).「에코여성주의」. 손덕수 외(역), 창작과 비평사.

모저(1993).「여성정책의 이론과 실천」. 장미경, 김기선미, 오정진 역(2000). 문원출판사.

박성복 · 이종렬(2000).「정책학 강의」. 대영문화사.

여성특별위원회(2000).「OECD 여성정책 장관회의 참가보고서」. 여성특별위원회.

이은선(1993). "특집1 : 포스트모더니즘과 교육철학적 대응/ 포스트모더니즘과 여성주의 그리고 교육".「教育哲學」. 11, pp.43-66.

장필화(1990). "여성정책을 위한 기초적 검토 – 여성학적 시각에서".「여성학논집」. 제7집.

장필화(2002). "21세기 여성정책의 비전과 여성의 사회참여". 아시아 대도시 여성정책 국제심포지움. 서울 여성플라자. (2002년 9월). pp. 4-6.

장하진(1998). "새 정부의 여성정책: 여성정책의 발전적 방향". 공개토론회 : 새 정부의 여성정책. 한국여성유권자연맹.

전영평(2001). "여성차별과 여성 정책의 문화적 분석".「한국행정학회 2001년도 춘계학술대회 발표논문집」. pp. 383-405.

조우철(2002). "행정개혁과 공공영역의 변화 : 여성정책의 영역에 관한 연구".「한국행정학회 2002년도 하계학술대회 발표논문집」. pp. 765-779.

Acker, S. (1987). Feminist theory and the study of gender and education. *International Review of Educatio, 33,* pp. 419-435.

Buker, Eloise A. (1999). *Talking Feminist Politics: Conversations on Law, Science, and the Postmoder.* New York: Rowman & Littlefield Publishers, Inc.

Clare Ungerson(1987). *Policy is personal : sex, gender, and informal care.* London : Tavistock.

Conway, Margaret M., Ahern, David W., Steuernagel, Gertrude A. (1999). *Women & Public Policy: A Revolution in Progress*(2nd Ed.). Washington, D. C.: A Division of Congressional Quarterly Inc.

de Beauvoir, Simone(1953). *The Second Sex*(Trans. by H. M Parshley). New York: Knopf.

Fainstein, Sussan S. (2005). Feminism and Planning: Theoretical Issues. In Fainstein & Servon (Ed.). *Gender and Planning: A Reader,* New Jersey: Rutgers University Press.

Fainstein, Sussan S. & Servon, Lisa J. (Ed.)(2005). Introduction: The Intersection of Gender and Planning, In Fainstein & Servon(Ed.). *Gender and Planning: A Reade.* New Jersey: Rutgers University Press.

Friedan, Betty(1974). *The Feminine Mystique.* New York : Dell.

Jaggar, A. & Struhl, R. (1978)(Eds). *Feminist frameworks.* New York: McGraw-Hill.

KWDI(2002). 『ANMC21 Symposium on Mainstreaming Women's Social Participation』.

Lorber, Judith(2001). *Gender inequality: feminist theories and politics*(2nd ed.). 최은정 · 임소희 · 임혜련 · 정광숙(2005)(옮김). 「젠더 불평등: 페미니즘 이론과 정책」. 일신사.

Merchant, Carolyn(1980). *The Death of Nature: Women, Ecology and the Scientific Revolution.* San Francisco: Harper & Row.

Mitchell, J. and Oakley, A. (eds.)(1986). *What is Feminism?.* Oxford: Basil Blackwell.

Mill, H. T. (1970). "Enfranchisement of women", in John Stuart Mill and Harriet Taylor Mill, *Essays on Sex Equality*, Alice S. Rossi(eds.). Chicago : University of Chicago Press, pp. 89-122.

Mill, J. S. (1970). "The subjection of women", in John Stuart Mill and Harriet Taylor Mill, *Essays on Sex Equality*, Alice S. Rossi(eds.). Chicago : University of Chicago Press, pp. 123-242.

Miller, G. T. Jr. (1982). *Living in the Environment.* Belmont, CA: Wadsworth.

Rae, Eleanor(1994). *Women, the Earth, the Divine*. New York: Orbis Books.

Staudt, Kathleen(1988). *Policy, politics & gender : women gaining ground.* West Hartford, Conn. : Kumarian Press.

Taloy, M. C. (1984). *Erring-A Postmodern Altheology.* Chicago & London : The Univ. of Chicago Press.

Tong R. P. (1998). *Feminist thought : a more comprehensive introduction*(2nd ed). Boulder, Colo. : Westview Press, 1998.

Williams, Fiona(1989). *Social Policy: A critical Introduction: Issues of Race, Gender and Class.* Cambridge, UK: Polity Press.

Wollstonecraft, M. (1975). *A Vindication of the Rights of Woman.* Carol H. Poston(eds), New York : W. W. Norton.

제2장 성평등정책 추진체계와 비전

김 재 인(전 한국양성평등교육진흥원 원장)

제1절 정책추진 경향성

성평등정책은 국가가 헌법상의 평등권 명령을 실행하기 위한 정책으로서, 이 평등권은 우리사회에서 모든 삶의 영역에서 실현되어야 하는 것이다. 따라서 성평등정책은 사회정의 실현이라는 기본정신에서 출발해야 하며, 남녀 모든 사회구성원이 인간으로서의 존엄을 보장받고 스스로의 능력을 개발, 활용할 기회가 균등히 주어지는 실질적 평등이 실현되는 사회를 목표로 한다.

성평등정책은 법적 · 정치적 · 사회적 · 심리적 · 문화적인 면에서 다양하게 주어지고, 우선적으로 여성문제에 대한 공공의 인식이 고양되어야 그 실현이 가능하다. 따라서 여성문제에 대해 여성자신들 뿐만 아니라 일반인들의 인식향상이 중요하다. 전통적인 성 차별적 사고와 편견에서의 탈피와 제 사회적 · 심리적인 모순의 제거가 성평등정책의 우선적인 해결과제가 되어야 한다.

여성문제가 정책화되기 위해서는 여성문제가 사회문제로 부각되어야 하고 이에 관한 지침이 정부기관에 의해 공식적으로 결정되어야 한다. 여성문제의 공통개념은 불이익, 불평등, 선택의 부자유라고 할 수 있다. 따라서 여성이기 때문에 받는 불이익의 제거, 성에 기인하는 불평등의 철폐, 여성의 역할에 대한 사회적 고정관념을 불식함으로써 자신의 삶의 형태를 스스로 선택할 자유를 보장하는 것이 성평등정책의 주요 내용이 되어야 한다.

1945년 광복 이후 여성문제의 해결은 전쟁미망인 등 요보호여성을 대상으로 하는 복지적 차원에서 접근하였다. 1975년 '세계여성의 해'를 기점으로 하여서는 여성문제를 보호가 아닌 평등차원으로 접근하였고, 최근에 이르러서는 양성평등적 접근을 시도하고 있다.

일반화된 성평등정책은 1980년대에 들어오면서부터이다. 제6차 경제사회발전 5개년계획(1987~1991)에 '여성개발부문'이 포함되었으며, 제7차 경제사회발전 5개년계획(1992~1996)에서도 '여성개발부문'이 삽입되었다. 그리고 1995년 제4차 북경 여성회의 이후 1995년 10월 대통령 직속 자문기구였던 세계화추진위원회는 '여성발전 10대 과제'를 발표하였으며, 정무장관(제2)실에서는 1997년 '제1차 여성정책기본계획(1998~2002)'을 제시하고 있다. 여성부는 2002년 '제2차 여성발전기본계획 : 10대 과제(2003~2007)'를 제시하고, 여성정책 실행에 대한 평가방안을 강구하면서 양성평등(성인지적) 정책이 제안되고 있다.

이러한 우리나라의 성평등정책은 유엔의 흐름과도 그 맥을 같이하고 있다. 유엔은 1975년 '세계 여성의 해' 이후 유엔여성 10년(1975~1985) 설정, 1979년 유엔의 여성에 대한 모든 형태의 차별철폐협약의 제정, 1980년 코펜하겐 국제회의와 1985 나이로비 미래전략의 이행을 촉진하기 위한 실천전략을 다루고 있다. 1995년 북경회의에서 채택된 행동강령(Platform for action)은 나이로비 미래전략의 종합평가와 검토에 근거하여 2000년까지 남녀평등이 실현되도록 주요 분야에서 여성문제의 중요성을 인식시키는데 기여한 결과이기도 하다.

그동안 유엔의 여성의 실질적 평등을 위한 국가기구 설치 권장과 함께 많은 국가들이 정치적 결정과정에 여성정책적 관심을 관철시키는 과제를 수행하는 기구를 설치해왔다. 또한 유엔은 2000년 'Beijing+5 : 미래의 활동과 주도권(Future Activities and Initiatives)'회의를 통해서도 '태도와 실행, 거버넌스, 동맹과 협력, 사회경제적 정의, 평화구축(attitudes and practices; governance; alliances and coalitions; social and economic justice; peace-building)' 등의 주제에 대한 이행을 촉구해나가고 있다.

본 장에서는 성평등정책의 흐름을 생성과정과 정책이행 계획 및 현황을 중심으로 살펴보기 위해 추진체계 변화와 정책 패러다임의 전환과정을 알아보고자 한다. 패러다임의 전환을 위해서는 국내외 상황으로 분류, 제시하되, 국내 상황은 여성정책이행 계획 및 현황은 제6차 경제사회발전 5개년 계획(1987~1991), 제7차 경제사회발전 5개년 계획(1992~1996), 제1차 여성정책 기본계획(1998~2002), 제2차 여성정책기본계획(2003~2007), 제3차 여성정책기본계획(안)(2008~2012)을 통해 살펴보고자 한다. 끝으로 성평등정책의 비전에 대해 논의하되, 성평등정책의 문제 및 과제를 살펴보고 비전을 제시코자 한다.

제2절 정책현황

성평등정책은 여성과 남성들의 삶의 질을 향상시키기 위한 것이다. 범 국가적 차원의 성평등정책 계획과 실행을 통해 양성의 문제를 찾아내고, 그 해결방안을 마련하기 위한 방안을 강구해나가기 위해 국가기구의 역할과 기능은 무엇보다 중요하다.

1. 추진체계 변화

가. 행정기구 및 제도[1)]

여성정책에 대한 패러다임의 변화가 우리나라 여성정책의 현실에 어떻게 투영되어 나타나는가를 살펴보기 위해서 그동안 여성정책의 변화를 주요 담당 부서, 주요 도구와 수단이 무엇인가를 통해서 구체적으로 살펴보고자 한다.

1) 주요 담당부서

1988년 정무장관실이 발족하기 전에 여성정책의 영역을 주로 담당하였던 중앙행정기관은 현재의 보건복지부로 1948년 사회부 소속의 부녀국으로부터 출발한다. 따라서 보건복지부의 연혁을 통해서 여성정책을 주로 담당하였던 중앙행정기관에서 여성정책 담당조직의 변천의 대략을 알 수 있고, 1988년 국무총리 직속 정무장관 제2실이 발족되면서 보다 포괄적 수준에서 여성정책이 다뤄지기 시작하였다고 볼 수 있을 것이다. 이하에서는 우리나라 여성정책 담당부서가 어떻게 변화・발전되어 왔는가를 해방이후 여성정책 담당부서의 변천－부처의 하부조직 형태, 여성장관 형태, 위원회 형태(조우철, 2000), 그리고 여성정책 전담부서 형태－을 통해서 살펴보고자 한다.

<표 2-1> 중앙행정기관의 여성정책담당부서 변천

연도	소속	담 당 부 서		
		실 수준	국 수준	과 수준
1946	보건후생부	-	－부녀국	
1948	사회부	-	－부녀국	
1950	사회부	-	－부녀국	－부녀과
1963	보건사회부	-	－부녀국⇒부녀아동국	－모자보건과 신설
1970	보건사회부	-	－부녀아동국	－아동과 －부녀과
1981	보건사회부	-	－부녀아동국⇒가정복지국	－부녀과⇒부녀복지과 개칭 －가정복지과 신설

1) 김재인・조연숙(2002), 「여성정책 수행평가에 관한 연구」, 서울: 한국여성개발원, 김재인(1997), “한국의 여성정책”, 일본오짜노미즈여자대학 여성연구소, 「여성정책」, pp.1-32 의 내용을 발췌, 정리한 것임.

1988	국무총리직속 정무장관 제2실 발족			
1997	보건복지부	사회정책심의관실	가정복지국	부녀복지과⇒ 여성정책과 개칭
1998	대통령직속 여성특별위원회 설치, 6개 부처 여성정책담당관실 설치			
2001	-여성부 신설 -여성정책책임관 지정			
2005	-여성가족부 신설 -여성정책담당관실 1개 부처 추가(국방부) 총 7개 부처			

자료: http://www.mohw.go.kr/복지부역사 재구성.
http://www.mogef.go.kr

가) 부처의 하부조직 형태

해방이후 우리나라 여성정책 담당기구의 기원은 1946년 보건후생부(보건사회부의 전신)의 부녀국이라 할 수 있다. 그 후 1948년 사회부의 부녀국과 보건국의 보건과에서 생활개선, 문맹퇴치 등 부녀 계몽사업과 윤락녀, 미혼모, 모자가정 등 요보호 여성의 복지사업 중심으로 수행되었다. 이러한 잔재는 지방자치단체의 여성정책 추진기구에 그대로 남아 있다.[2] 제3공화국에 들어서면서 정부는 보건사회부의 노동국내 기준과에 여성과 소년의 노동에 대한 특별보호라는 항목을 첨가하면서 그 기능을 확대하였고, 1970년대부터는 경제성장에 따라 여성 노동자의 수요가 증가함에 따라 여성 고용복지에 관심을 가지게 되었으나, 부분적・제한적 관심에 불과하였다. 1980년대에 들어서 국무총리 산하에 여성정책심의위원회가 설치되어 여성문제에 관한 기본계획과 종합정책수립, 관계 행정기관의 여성분야 시책의 종합・조정, 여성의 사회참여 증대, 여성의 지위에 관한 사항을 심의・조정하였으나, 그 권한에 있어서 미약한 자문위원회에 그쳤다.

2) <표> 지방자치단체 여성정책담당기구

지역	국 수준	과 수준	지역	국 수준	과 수준
서울	여성정책관		경남	보건복지여성국	여성아동과
부산	보건복지국	여성정책과	경북	사회복지여성국	여성정책과
인천	사회복지여성국	여성복지과	전남	복지여성국	여성정책과
대구	보건복지국	여성정책과	전북	복지여성국	여성정책과
대전	복지국	여성정책과	충남	여성정책관	
광주	시민복지국	여성정책과	강원	환경복지국	여성복지과
울산	보건복지국	가정복지과	충북	여성정책관	
경기	여성정책국(본청)	여성정책과	제주	보건복지여성국	여성정책과
	여성국(2청사)	여성복지과			

자료: 한국여성단체연합(2002), 『16개 광역시도 2001 여성정책 평가』에서 재구성.

나) 여성장관 형태(정무 장관)

1988년 노태우 정부가 출범하면서, 제2의 정무장관을 임명하여 여성정책을 전담하도록 하였다. 이는 정부 내 여성정책을 전담하는 국무위원이 최초로 임명됨으로써 여성정책 추진에 있어 새로운 진전을 가져온 것이라 할 수 있다(조우철, 2000). 또한 그동안 여성정책이 부녀복지의 테두리에서 크게 벗어나지 못하였던데 비해 정부가 여성정책을 총괄하도록 하였다는 점에서 큰 발전이라 할 수 있다(조진우, 2001).

그러나 이 정무장관(제2)실은 독립된 형태의 집행기구를 갖지 못하고 소속직원 20명으로 장관을 보좌하도록 하고 있어 그 기능과 역할에 있어 큰 한계점을 지니고 있었다.

다) 위원회 형태-대통령직속 여성특별위원회

여성특별위원회는 정무장관실제도의 문제점을 보완하여 1998년 정부조직 개편 시 위원회로 개편되었다. 국무총리실 소속이 아니라 대통령 직속으로 권한을 보강하고자 하였고, 15인으로 구성된 합의제 행정기구로서 위원장, 상임위원1인, 비상임위원 13인(법무부, 행정자치부, 교육부, 농림부, 인적자원부, 노동부 – 당연직, 민간위원 7인 – 위촉직)으로 구성되어 있고, 여성특별위원회의 활동을 지원하는 사무처를 두었다.

여성특별위원회는 소관업무가 정부조직법에 근거하고 대통령에 의하여 세부적으로 규정됨으로서 과거 정부장관 제2실 때보다 진보하였으며, 중앙행정기관 및 지방자치단체와의 연계망이 여성발전기본법에 의하여 제도화됨으로써 여성정책 추진의 체계가 확립되었다는데 그 의미를 찾을 수 있다(조우철, 2000).

라) 전담부처 형태-여성부

위원회 형태의 여성정책 부서는 그동안 거듭된 진전을 가져왔음에도 불구하고 여러 가지 한계를 갖고 있다. 여성정책기구의 구조적 문제로서, 행정위원회로서 성격 모호, 제도적 안정성 결여, 정책수행 조직 역량의 부족, 고유 업무의 결여와 기능상 문제로서 조정기능의 형식화, 차별피해 구제제도의 한계, 모니터링 기능의 결여 등(조우철, 2000)을 들 수 있다. 이와 같은 한계와 함께 정부가 여성문제를 보다 적극적으로 해결하기 위해서는 입법권한과 집행권한이 모두 부여된 행정부처 형태의 필요성 제기로부터 2001년 1월 여성부가 탄생하였다.

여성부는 여성정책을 시행하는 기관으로 소관 법률안을 발안하고 이를 운영할 수 있는 권한을 갖게 되었다. 여성부 소관 법률로는 여성발전기본법, 남녀차별금지및구제에관한법률 등 기존 여성특별위원회가 운영하던 두 개 법률 외에 가정폭력방지및피해자보호등에관한법률, 윤락행위등방지법, 일제하일본군위안부에대한생활안정지원법 등 네 개의 법률이 포함되었다. 이와 같이 여성부는 성 주류화를 위한 법률발안권과 집행권을 가진 행정부처로 여성정책의 주류화 이념을 법제화하고 이를 집행할 권한까지 갖춘 기구라는 점에서 그 의의가 있다고 할 수 있다(조진우, 2001).

마) 확장부처 형태-여성가족부

전담부처 형태에서 입법권한과 집행권한을 추가하여 확대된 부처로 거듭나고 있다. 즉 보육정책과 가족정책을 추가하여 2005년 6월 여성가족부로 전환되었다.

여성가족부는 성인지적 정책을 시행하는 기관으로 소관 법률안을 발안하고 이를 운영할 수 있는 권한과 집행업무를 확대하게 되었다. 여성가족부 소관 법률로는 여성발전기본법 등 기존 여성특별위원회가 운영하던 법률 외에 가정폭력방지및피해자보호등에관한법률, 일제하일본군위안부에대한생활안정지원법 등 네 개의 법률이 포함되었다. 이와 같이 여성가족부는 성 주류화를 위한 법률발안권과 집행권을 가진 행정부처로 여성정책의 주류화 이념을 법제화하고 이를 집행할 권한까지 갖춘 기구라는 점에서 그 의의가 있다고 할 수 있다(여성백서, 2005).

2) 성평등정책 기구도

1980년대에 들어오면서부터 마련된 여성정책 관련기구들을 보면, 1983년의 한국여성개발원 설립, 동년 국무총리 정책자문기관으로 여성정책심의위원회 설치, 1988년의 국무총리 직속의 정무장관(제2)실을 여성으로 임명하여 여성정책을 조정하도록 하여 사회, 문화에 관한 업무중 여성, 아동, 청소년 노인문제와 문화예술에 중점을 두도록 하였으며, 가정복지국을 함께 두었다. 1994년의 여성특별위원회(국회)가 설치되어 입법기관인 국회 내에서 여성문제를 종합적으로 다룰 수 있도록 하였고, 이는 2001년 상설기구인 여성위원회, 2005년 여성가족부와 함께 '여성가족위원회'로 명칭을 변경, 운영하고 있다.

1997년 정무장관(제2)실, 2001년 대통령 직속 여성특별위원회는 폐지되고, 2001년 1월 여성부가 신설되었으며, 이에 앞서 1998년 6개 부처(행정자치부, 법무부, 교육부, 보건복지부, 농림부, 노동부)에 여성정책담당관실이 설치, 운영되어 여성문제의 해결을 위한 조정, 실행을 함께 해나가고 있으며, 2006년 1월 국방부에 추가됨으로써 7개 부처로 증가되었다.

각 부처 여성정책담당관의 경우, 기획관리실에 위치하고 있다가 현재 부처별로 다양한 변화 속에 있다. 법무부 정책홍보관리실 여성정책담당관과 노동부 고용평등심의관실 여성고용팀은 그대로 존속하고 있으나, 교육인적자원부는 평생학습국 여성교육정책과로, 농림부는 농업구조정책국 여성정책과로, 보건복지부는 인구아동정책관실 인구여성정책팀으로 바뀌었다. 그리고 최근 행정자치부가 참여여성팀을 접고, 지방행정본부 지방인사여성제도

팀에 여성담당관을 두는 것으로 결정하고 있다. 보건복지부가 기존 5명에서 인구여성정책팀 2명으로 축소시킨 경우에 이어 두 번째 변화이다. 여성 중심업무에서 양성평등 업무로 바꾸어가는 시점에서 팀의 축소는 여러 가지 해석을 가능케 한다. 첫째, 팀원 축소 그대로의 해석으로 업무 축소, 둘째, 성인지적 정책업무를 각 팀에서 담당하게 하는 방안의 일환 등이다. 방향전환이 미래지향적으로 이루어져, 그동안 쌓아온 노력들이 헛되지 않도록 하는 것은 현 정책결정자들의 책무일 것이다.

2003년 41개 부처에 '여성정책책임관'을 고위직으로 두어 성인지적 정책업무가 보다 활성화되도록 구조를 갖춘 것은 다행한 일이 아닐 수 없다. 최근 각 부처는 성별 분리통계, 성별영향평가, 성인지 예산 책정 등의 정책을 실행하도록 여성가족부와 국회 등으로부터 요구받고 있다. 여성정책담당관은 해당 부처에서 성인지적 시각을 확산시키는 거점이 되도록 그 역할과 권한이 주어져야 하고, 성 주류화 전략의 중심에서 협력자, 조력자의 역할을 담당해야 한다.

중앙행정기관에 여성정책담당관 제도를 두는 것과 함께 여성정책 협조부서를 지정・운영(여성발전기본법 제9조/ 시행령 제6조－47개 부처・청)토록 하고 있다. 또한 2002년 12월에 개정된 여성발전기본법에 의거, 국무총리 소속 하에 여성정책조정회의를 신설(여성발전기본법 제11조)하고, 중앙행정기관에 여성정책책임관제도를 도입, 운영(제12조)하고 있다. 여성정책조정회의는 여러 행정기관에 관련되는 여성관련 업무 및 정책을 조정하는 제도적 장치로서 여성정책에 관한 '기본계획 및 시행계획에 관한 사항, 2개 이상의 행정기관에 관련되는 여성정책의 조정에 관한 사항, 여성정책의 평가 및 제도에 관한 사항'을 심의・조정하게 된다.

2003년 각 부처의 기획조정실장으로 하여금 여성정책책임관을 맡게 하고, 여성정책책임관회의를 여성부에서 주최하여 여성정책 업무에 대한 논의를 통해 여성정책의 활성화, 주류화를 도모토록 하고 있다.

(1) 성평등정책기구 간 연계도

성평등정책 관련 기구 간 연계도를 보면 다음과 같다.

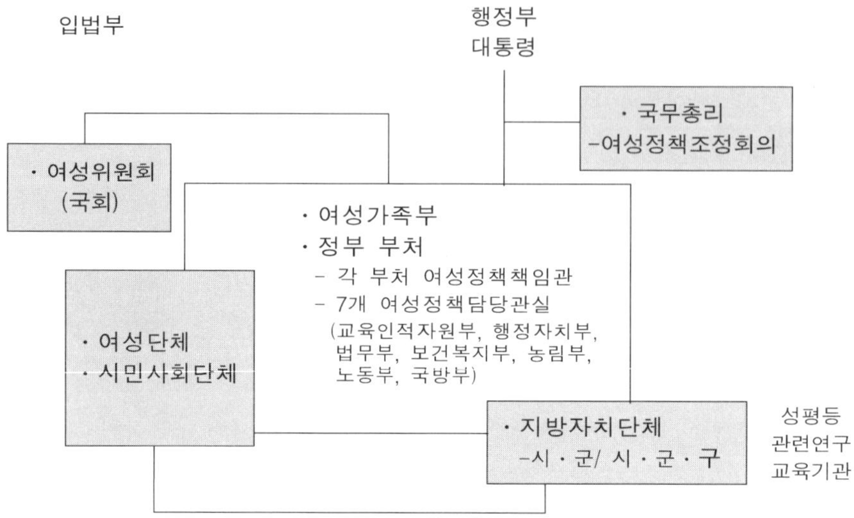

▌그림 2-1▌ 여성정책 관련 기구 간 연계도

입법부인 국회 내에 여성위원회가 있어 여성들의 의견을 대변하고 여성정책을 심의하며, 여성의 지위향상을 도모하는 정책의 입법화를 위해 노력한다. 여성단체 등은 여성들의 의견을 모아 자신들이 원하는 일이 정책화될 수 있도록 하기 위해 여성위원회 등을 통해 의견을 개진한다.

행정부에는 국무총리를 위원장으로 하는 여성정책조정회의가 있어 여성의 자아실현과 지위향상을 위해 중요하다고 생각될 때에는 과제를 심의, 이행을 위한 기반을 제공하고, 여성부가 이를 주관한다. 여성부는 여성정책의 개발, 이행을 위해 각 부처와 민간으로부터 들어오는 의견을 수렴하고, 각 부처의 여성관련 정책 개발 및 이행상황을 점검하고 조정한다. 그리고 7개 부처에는 여성정책담당관실이 있어 여성정책의 실행을 도모하고, 각 부처 여성정책책임관으로 하여금 해당 부처의 성평등정책 업무를 총괄토록 하고 있다.

(2) 여성가족부 조직도

2005년 6월에 발족한 여성가족부는 정책홍보관리본부, 여성정책본부 2본부를 두고 있으며, 보육정책국, 가족정책국, 권익증진국 3국과 홍보관리관 그리고 여성인력기획관을 두고 있다. 성평등정책을 총괄 조정하고 있는 여성가족부 조직을 보면 다음과 같다.

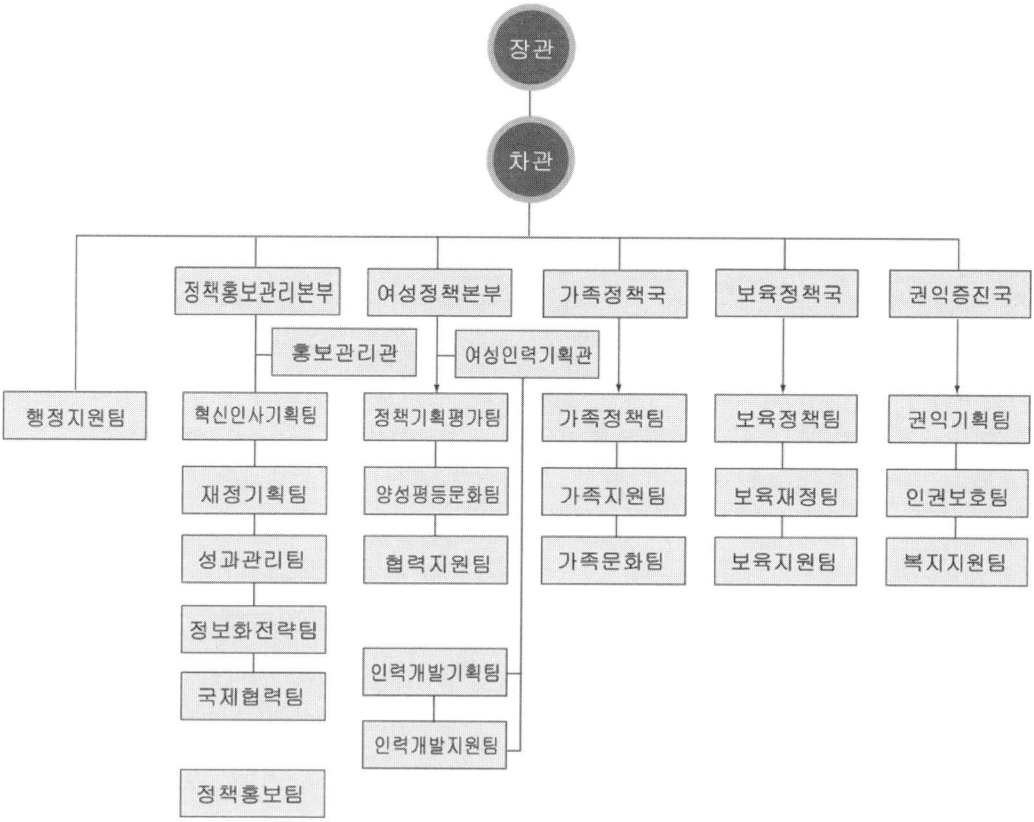

|그림 2-2| 여성가족부 조직도

자료 : http://www.mogef.go.kr

나. 관련법

1) 법 · 제도의 제·개정

여성문제의 해결을 위한 여성정책의 주요 도구와 수단이 되어 왔던 것은 무엇보다도 법 · 제도의 제정을 들 수 있다. 여성관련 법 · 제도는 그 자체로 여성정책에 대한 지속적이고 광범위한 선언적 의미를 가지며, 여성관련 법 · 제도의 제정 및 개정은 여성문제의 해결 및 여성의 지위향상 등 여성발전과 관련한 주된 도구와 수단이 되고 있다.

그동안 우리나라 여성관련 법 · 제도의 제 · 개정 실적을 살펴보면, 1950년대 이전을 포함하여 1950년대 총3건으로 1948년 성차별금지와 여성근로에 대한 특별보호를 명시하고 있는 헌법제정, 1953년 근로기준법의 여성보호규정 신설, 1958년 가족법 중 친족과 상속을 제정한 것을 들 수 있다. 1960년대와 1970년대에는 윤락행위등방지법의 제정(1961), 가족법

제1차 · 2 개정(1962, 1977)이 있다. 1980년대 들어서면서 여성관련 법 · 제정 수가 크게 증가하고 있는 것을 알 수 있는데, 이는 1975년 UN 국제기구의 '세계여성의 해'의 영향을 받은 까닭이라고 해석된다. 즉, 1980년 헌법을 개정하여 양성평등규정을 신설하였고, 1985년 유엔여성차별철폐협약의 국내효력이 발생, 그 이듬해에는 모자보건법을 전면 개정하였다. 1987년에는 다시 헌법을 개정하여 여성고용차별금지와 모성보호, 여성복지와 권익향상에 관한 규정을 신설하였다. 같은 해 동성동본혼에 관한 특례법 제정과 남녀고용평등법 제정이 이루어졌다. 1989년에는 모자복지법 제정, 공무원임용시험령을 개정하여 성별제한 모집을 철폐하였다.

1990년대에는 여성관련 법 · 제도의 제 · 개정이 더욱 많이 이루어져 여성정책의 실현을 위한 법 · 제도적 수단의 활용이 활발히 이루어지고 있음을 알 수 있다. 1990년대에는 특히 영유아보육법, 여성발전기본법, 가정폭력관련법, 남녀차별금지및구제에관한법률이 제정되었고, 소득세법, 공무원법, 윤락행위등방지법, 남녀고용평등법, 공무원임용시험령 등이 개정되었다. 특히 1999년 남성의 군가산점제가 위헌이라고 결정됨에 따라 군가산점제가 폐지되게 되어 여성의 공조직의 진출이 더욱 높아지게 되는 기회가 마련되었다.

2000년대에의 변화[3]를 보면, 「교육기본법」(2000.1.28)의 남녀교육평등증진규정 신설, 「국제사법」(2001.4.7)의 여성차별적 규정 폐지, 「방송법」(2001.1.12)의 성차별 · 성폭력조장금지규정 신설, 「모자복지법」의 「모 · 부자복지법」(2002.12.18)으로의 전환 등도 활발하게 이루어졌다. 그 외 「여성농어업인육성법」(2001.12.31)과 「여성과학기술인 육성 및 지원에 관한 법률」(2002.12.18)이 제정되었다. 한편, 「공무원임용시험령」(2002.12.16)이 개정되어 양성평등채용목표제가 실시되도록 하고, 「남녀고용평등법」, 「근로기준법」, 「고용보험법」(2001.8.14)의 개정으로 남녀고용평등과 모성보호 및 육아지원 강화의 토대를 마련하였다.

여성대학교수 및 대학인사위원회의 여성위원 비율을 확대하기 위해 「교육공무원법」(2003.7.25)을 개정하였다. 「정당법」(2004.3.12)의 개정은 비례대표의 여성공천비율을 상향조정했고, 이후 여성공천할당제의 법적 근거는 「공직선거법」(2006.4.28)으로 변경되었다. 아울러 「정당자금법」(2006.4.28)의 개정으로 일정비율 이상 여성을 공천하는 정당에 보조금을 지급하도록 하였다. 고용분야에서는 「여성과학기술인 육성 및 지원에 관한 법률 시행령」(2003.7.30)이 마련되었으며, 「남녀고용평등법」(2005.12.30)의 개정으로 여성고용촉진을 도모하였다.

「성매매알선 등 행위의 처벌에 관한 법률」과 「성매매방지 및 피해자보호 등에 관한 법률」

3) 김엘림(2003), 「남녀평등과 법」, 서울: 한국방송통신대학교출판부.

(2004.3.22)의 제정되었으며, 호주제폐지를 골자로 하는「가족법」(2005.3.31) 개정을 공포하였다.

보육지원과 모성보호 및 돌봄노동지원의 강화를 위한 정책이「영유아보육법」(2004.1.29)의 개정으로 마련되었고,「정부조직법」(2004.3.11, 2005.3.24)의 개정으로 영유아보육의 주무부처가 여성부로 이관하여 여성가족부로 개편되었다. 이를 위해「건강가정기본법」(2004.2.9),「저출산 · 고령사회기본법」(2005.5.18)이 제정되었다. 참여정부는「국가인권위원법」(2005.7.29)에 성희롱의 개념이 규정되었다. 또한「여성발전기본법」(2005.12.29)이 개정되어 양성평등교육 및 성희롱예방교육에 관한 규정이 신설되었다.

그밖에「근로기준법」,「남녀고용평등법」,「고용보험법」(2005.5.31),「성폭력범죄의 처벌 및 피해자보호 등에 관한 법률」(2003.12.11, 2005.3.24, 2005.8.4),「성매매방지 및 피해자보호 등에 관한 법률」(2005.12.29),「가정폭력범죄의 처벌 등에 관한 특례법」(2005.1.27, 2005.3.31, 2006.2.21),「가정폭력방지 및 피해자보호 등에 관한 법률」(2004.1.20, 2006.4.6),「일제하일본군위안부피해자에 대한 생활안정지원 및 기념사업 등에 관한 법률」(2005.7.29)이 개정되었다.

2) 성 관점의 도입

제6, 7차 사회경제발전5개년 계획에 여성부문이 독립된 정책영역으로 발전하였기는 하지만 여성발전기본법이 제정되기 전까지 우리나라에서 여성정책의 주요 도구와 수단은 법 · 제도 등을 통해서 이루어졌다고 할 수 있다. 이는 앞서 제시한 것처럼 여성정책 관련법의 제 · 개정 실적을 보면 잘 알 수 있다. 특히 법은 공공적 목적을 위해 일반 대중을 강제할 수 있는 효력을 갖기 때문에 공공의 목적달성을 위한 정책도구의 주된 수단이 되어 온 것이 사실이다. 그러나 법이나 제도만으로는 모든 영역에서 여성과 남성의 평등한 관계를 달성하는 데 한계를 갖는다. 특히 우리나라는 전통적으로 가부장적 가족문화를 기반으로 하고 있기 때문에 우리 의식 가운데 여성과 남성이 평등한 관계보다는 불평등한 수직관계를 가정하고 있는데서 기본적인 한계를 갖고 있다. 이러한 측면에서 성 관점의 도입을 위한 다양한 도구와 수단이 마련되어야 할 필요성이 있는 것이다.

제1, 2차 여성정책기본계획에서도 정책에 성 관점을 도입하고 있으며, 특히 제2차 여성정책기본계획에서는 주요 정책과제로 양성평등 관점의 도입을 논하고 있음을 알 수 있다.

3) 성 분리통계 자료의 확보

성 분리통계는 여성과 남성의 현재적 상태를 상대적 비교개념으로 볼 수 있는 수단으로 여성과 남성의 평등한 관계의 모색을 위해 필요한 기초 자료이다. 1994년부터 이와 같은 성별 분리통계의 확보를 위하여 한국여성개발원에서 「여성통계연보」를 매년 발간하고 있다. 이와 같은 이와 같은 성별분리 통계의 사용은 여성정책을 성 관점에서 파악하고 수립할 수 있는 기초 자료를 제공한다.[4)]

2. 정책 패러다임의 전환

가. 성평등정책 패러다임의 전환[5)]

성평등정책은 요보호 여성을 중심으로 한 최소한의 복지차원에서 여성문제에 대한 접근을 시도했던 데서 비롯되고 있다. 1975년 유엔기구의 '세계여성의 해'의 제정을 시작으로 하여 여성문제에 대한 관심이 국가적 차원과 국제적 수준에서 논의되기 시작하면서 여성정책으로, 제2차 여성정책 기본계획을 기점으로 성평등(성인지적)정책으로 전환되고 있다.

1) 성평등정책 개념의 변화

성평등정책은 부녀복지정책에서 여성정책으로, 또 양성평등(성인지적) 정책으로 발전되어왔으며, 학자마다 다양한 개념으로 설명하고 있다. 손봉숙(1996)은 여성정책이란, 정치·경제·사회·문화 등 모든 분야에서 여성의 지위와 권익을 향상시켜 남녀가 평등한 사회를 이룩하려는 포괄적인 국가정책으로 정의하고 있다. 권영자(1995)는 여성정책을 정치, 경제, 사회, 문화 등 모든 분야에서 여성의 지위와 권익을 향상시켜 남녀평등사회를 이룩하려는 포괄적인 국가정책으로 국가가 평등을 저해하는 사회제도적 요소들을 제거하고 개선하려는 노력을 제도적으로 마련하고 불평등한 상황 하에서 여성들이 감수하고 있는 불이익에 대해 국가가 일차적 책임을 짐으로써 여성문제를 해결하고자 하는 행동계획으로 설명한다.

여성가족부가 정의하고 있는 양성평등(성인지적) 정책이란 정책과정에 양성의 동등한 참여를 보장하고 여성과 남성의 요구와 관점을 고르게 통합함으로써 의도하지 않은 성차별을

---

4) 성별 분리 통계자료의 확보를 위해 지방자치단체에서도 여성통계 자료집의 발간이 추진되어 왔다. 한국여성단체연합이 전국 16개 광역시도 자치단체의 여성통계 및 백서 발간 실적을 조사한 바에 따르면, 16개 광역자치단체 가운데 9개 자치단체에서 여성통계를 자체적으로 발간하고 있는 것으로 조사되었다. 또한 여성백서는 16개 자치단체 가운데 5개 자치단체에서 여성백서를 발간하고 있는 것으로 조사되었다(한국여성단체연합, 2002).

5) 김재인·조연숙(2002), 「여성정책 수행평가에 관한 연구」, 서울: 한국여성개발원의 내용을 발췌, 정리한 것임.

초래하는 일이 없도록 하며 궁극적으로 양성평등에 기여하는 정책이다. 즉 ① 편견과 고정관념을 배제하는 정책으로는 호주제 폐지 등이 있으며, ② 남녀의 차이를 고려하는 정책으로는 양성평등채용목표제와 남녀화장실 좌변기 수량 차 등이 있고, ③ 성별 고정관념을 극복하기 위한 정책으로는 육아휴직제 등이 실행되고 있다.

한편 여성발전기본법에서 제시되고 있는 성평등정책은 남녀평등의 촉진, 여성의 사회참여 확대 및 복지증진에 관한 대통령령이 정하는 정책(여성발전기본법 제3조 제1항)으로 정의하고, 여기서 대통령령이 정하는 정책 12가지로 ① 교육에서의 남녀평등 및 남녀차별의식의 개선에 관한 정책, ② 정책결정과정의 여성참여 확대에 관한 정책, ③ 고용상의 남녀차별 해소에 관한 정책, ④ 여성고용촉진 및 안정에 관한 정책, ⑤ 여성보건 및 모성보건에 관한 정책, ⑥ 보육시설에 관한 정책, ⑦ 저소득 모자가정의 여성, 미혼모, 가출여성 등 요보호여성 및 노인여성의 복지증진에 관한 정책, ⑧ 농어촌여성의 복지증진에 관한 정책, ⑨ 성폭력 및 가정폭력의 예방에 관한 정책, ⑩ 가사노동가치의 평가 등에 관한 정책, ⑪ 여성분야 국제협력에 관한 정책, ⑫ 기타 여성의 권익증진에 관한 정책이 포함되고 있다. 따라서 여성정책의 구체적인 내용은 이러한 여성정책 내용을 포함하고 있다. 다른 한편, 유엔이 추구하는 여성정책의 개념은 '사회, 문화, 정치, 공적생활, 교육, 고용, 보건, 금융과 사회보장, 농촌관계법' 등에 있어서의 남녀평등의 실현을 위한 적극적 조치를 포함한 포괄적 개념으로까지 확대하여 자리 잡게 되었으며, 이제는 인권문제를 적극적으로 포함하고 있다.

이러한 여성발전기본법은 성평등정책의 나아가야 할 방향을 제시하고, 이 법에 기초하여 1997년 제1차 여성정책기본계획이 수립되었다. 즉 21세기 새로운 사회는 여성의 역할증대를 요청하고 있고, 이러한 변화에 대응하기 위해 여성의 역할을 재정립하고 우리 사회체계의 효율성과 통합성을 높이기 위한 정책적 대응노력의 일환으로 1995년 여성발전기본법이 제정되었고, 이 법에 기초하여 기본계획이 마련되었다. 이 기본계획은 여성발전을 촉진시키기 위한 정부의 종합적 · 국가적 계획이라 할 수 있다.

2) 정책 초점의 변화 : 여성중심에서 여성과 남성의 관계 중심으로

가) 여성, 요보호 여성의 복지

역사적으로 정책대상으로서 '여성'이 고려의 대상이 되기 시작한 것은 극히 최근의 일이다. 1948년 대한민국의 헌법 제정이후의 여성정책의 변화를 보면, 초기 여성정책의 초점은 여성 일반이 아니라, 주로 요보호여성에 대한 최소한의 인간다운 생활을 유지하기 위한 복지적 차원에 있었다고 할 수 있다. 이것은 우리나라 여성복지행정의 역사적 파악을 통해서 알 수 있는데, 해방 후부터 1950년까지 주로 동별 강연, 좌담, 강습 등을 통해서 생활의 합리화, 문맹퇴치 등이 전개되었고, 그 후 6.25전쟁으로 전쟁 피해여성에 대한 보호사업과 그 자녀를 보호하는 여성복지에 중점이 두어졌다. 1961년 11월 윤락행위등방지법이 제정됨으로써 그 후 윤락여성에 대한 최소한의 복지차원의 보호가 이루어졌다. 이러한 요보호여성에 대한 최소한의 복지차원에서의 여성정책은 1970년대까지 지속되었다. 이 시기를 계몽기, 전재여성보호위주기, 요보호여성 선도 위주기라고 부른다(김태진, 1999).

나) 여성, 일반여성의 복지, 인권으로 확대

여성정책의 초점이 윤락여성, 미혼모 등의 특정 여성계층 대상에서 일반여성으로까지 확대되기 시작한 것은 1980년대 들어와서야 비로소 이루어졌으나 여전히 정책의 초점은 요보호여성을 포함한 양 여성계층에 있었다. 즉 1980년대부터 경제개발과 더불어 무작정 상경하는 가출여성들을 대상으로 하는 직업보도 프로그램이 활발해졌으며, 미혼모의 증가와 국가의 모자시설에 대한 지원이 이루어졌다. 한편, 일반여성들의 능력개발과 능동적인 사회참여 유도 및 건전가정 육성을 또 하나의 목표로 삼게 됨에 따라 모든 여성의 문제를 다루는 것으로 확대되었다. 1983년 '한국여성개발원'이 설립되었고, 1987년 '남녀고용평등법' 제정, 1989년 '모자복지법' 제정, 1989년 '가족법' 개정 등 여성정책의 범위가 확대되었다. 또한 1990년대에는 가정폭력 및 성 폭력 피해여성에까지 여성정책의 범위가 확대되는 등 여성의 개인적 문제를 공공적으로 해결하려는 일환으로서 각종 상담기관과 시설이 확충되고 있다. 이에 따라 성폭력범죄의 처벌 및 피해자보호등에 관한 법률이 제정(1994년)되었고, 윤락행위등방지법의 전면 개정(1995), 장애인 · 노인 · 임산부 등의 편익증진 보장에 관한 법률의 제정(1997), 가정폭력 방지 및 피해자보호등에 관한 법률의 제정(1997), 가정폭력범죄의 처벌 등에 관한 특별법의 제정(1997) 등이 마련됨으로써 여성정책의 내용이 다양화 · 확대되었다.

다) 여성, 양성에 대한 고려, 삶의 질

1990년대 이후 우리나라 여성정책의 초점은 그 내용과 범위가 확대되는 등 변화되고 있는 것이 사실이다. 특히 1995년 북경세계여성대회 이후 '성 주류화'에 대한 본격적인 논의와 함께 UN 등 국제사회에서 여성지위의 계량화와 여성지수의 개발이 이루어짐에 따라 여성정책의 내용과 범위가 내실화되고 있다. 실제로 1995년 말 「여성발전기본법」이 제정되고 이 법에 기초하여 1997년 '제1차 여성정책기본계획'이 마련되어 1998년부터 2002년 현재까지 수행되고 있는데, 이 기본계획을 자세히 살펴보면 여성정책의 내용이 어떻게 변화 · 발전되고 있는지를 파악할 수 있다. 즉, 그동안 여성정책의 내용은 주로 여성 중심의 정책으로 정책

대상으로서 '여성'에만 초점을 두었는데 반해, 이 기본계획의 세부 시책과제들은 남성과의 관계, 즉 양성평등을 달성하기 위한 구체적인 시책들이 제시되고 수행되고 있는 것이다.

성 주류화의 중요성이 강조되고, 새로운 여성발전을 위한 전략으로 성(gender) 중심의 접근을 기본방향으로 하는 성 주류화 지침이 마련됨에 따라서 여성정책의 내용에도 많은 변화가 이루어지고 있다. 예를 들면, 제1차 여성정책기본계획의 20대 정책과제에 따라 분류한 144개 세부정책과제 중 여성중심의 정책과 젠더 중심의 정책으로 구분한 결과 약 32%의 세부정책과제만이 성(gender) 중심 혹은 양성에 기초한 정책으로 분류되었고, 나머지 65% 이상의 정책이 여성중심의 정책으로 분류되었다.[6] 이 가운데 '성 차별적 법 · 제도 및 의식개선', '남녀평등을 위한 여건 조성' 등의 정책과제 부분은 성(gender) 중심의 정책과제가 우세하여 양성지향의 정책으로 볼 수 있을 것이다.

구조적으로 남성에 대한 여성의 상대적인 지위가 열악한 환경에서 이와 같은 여성중심의 여성정책에 대한 필요성이 여전히 크기 때문에 여성중심의 정책내용의 주류를 이루고 있는

6) < 표 > 제1차 여성정책기본계획에 나타난 여성정책의 초점

20대 정책과제	총 과제수 (A)	여성중심 정책	젠더중심 (B)	비고 (B/A*100)
01. 사회전반의 성 차별적 법 · 제도 및 의식개선	12	1	11	91(%)
02. 정책결정과정에 여성참여 확대	9	2	7	77.8
03. 고용기회균등기반의 확립	6	4	2	33.3
04. 여성고용의 촉진	12	11	1	9.0
05. 직장-가정양립 지원체제 확립	8	6	2	25.0
06. 여성근로자의 근로여건 개선	4	4	-	-
07. 남녀평등교육을 위한 여건 조성	6	-	6	100.0
08. 여성전문인력의 적극적 양성	9	6	3	33.3
09. 여성의 사회교육지원	5	5	-	-
10. 여성의 건강증진 및 성비불균형 해소	6	3	3	50.0
11. 보육사업의 확충 및 내실화	8	8	-	-
12. 여성 농어업인의 부담완화와 권익신장	9	5	4	44.4
13. 요보호여성의 복지증진	7	7	-	-
14. 고령화시대의 여성복지 증진	8	8	-	-
15. 여성에 대한 폭력의 근절	6	3	3	50.0
16. 여성의 문화활동 활성화	4	3	1	25.0
17. 여성자원봉사활동 등 시민운동 지원	6	6	-	-
18. 여성단체활동지원	5	5	-	-
19. 여성의 국제협력 강화	7	4(중복)	4	57.1
20. 통일에의 기여	6	6	-	-
계	143	97	46	32.2

자료: 김재인 · 조연숙(2002), 「여성정책 수행평가에 관한 연구」, 서울 : 한국여성개발원/ 김양희 · 민무숙 · 장영아 외(2001), 「여성정책기본계획의 실효성 제고방안 연구」, 서울 : 여성부.

것이 당연하나 이와 같은 결과를 볼 때, 여전히 여성중심의 여성정책들이 주류를 이루고 있음을 알 수 있다. 이러한 여성정책 내용은 지방자치단체의 경우에도 똑같이 적용될 수 있다. 여성정책기본계획의 대부분은 각 지방자치단체에 그대로 적용되어 구체적인 실천계획으로 활용되어 실천하고 있기 때문이다.

나. 국내 정책이행 상황

1) 제6차 경제사회발전 5개년 계획(1987~1991)-여성부문

여성부문은 여성개발을 위한 목적으로 출발하고 있다. 정부의 제6차 경제사회발전 5개년 계획(1987~1991) 중 보건사회부문계획에 속한 여성개발부문은 '건전하고 균형있는 사회발전을 위한 모든 사회구성원이 동등한 지위에서 능력과 적성에 따라 각 분야에 참여하고, 개인의 능력을 최대로 발휘할 수 있는 여건이 조성되어야 함'을 강조하고 있다.

가) 계획의 기본목표와 주요정책방향

(1) 기본목표

여성개발의 기본목표는 여성자신과 가정, 국가 및 사회의 발전에 기여할 수 있는 바람직한 여성상을 구현하는 것이다. 이를 위하여 첫째, 여성의 자아가 실현되고 인간다운 삶을 구현하는 것이며, 둘째, 사회의 기본단위인 가정이 건전하게 형성・유지되도록 하는 한편, 셋째, 국가 및 사회발전에 여성의 참여와 기여를 증대하는 것이다.

여성의 자아실현과 인간다운 삶의 구현은 여성자신의 자각과 노력이 바탕이 되어야 함은 물론 다양화되고 다중화되는 여성의 역할에 대한 사회의 이해와 인식의 변화가 이루어져야 하며, 이러한 여건에서 여성의 발전이 가능하고, 발전된 여성을 토대로 건전한 가정이 형성・유지되며 균형되고 성숙한 국가발전이 이루어질 수 있다.

(2) 주요 시책방향

여성개발정책목표를 달성하기 위한 여성개발계획의 주요시책방향은 다음과 같다.

첫째, 여성인력 활용을 극대화하고, 둘째, 여성의 능력을 적극적으로 개발하며, 셋째, 건전한 가정형성과 여성의 복지를 증진하는 것이다. 이와 함께 이러한 정책방향을 효율적으로 추진하기 위하여 여성발전을 위한 지원체제의 확립이 요구된다.

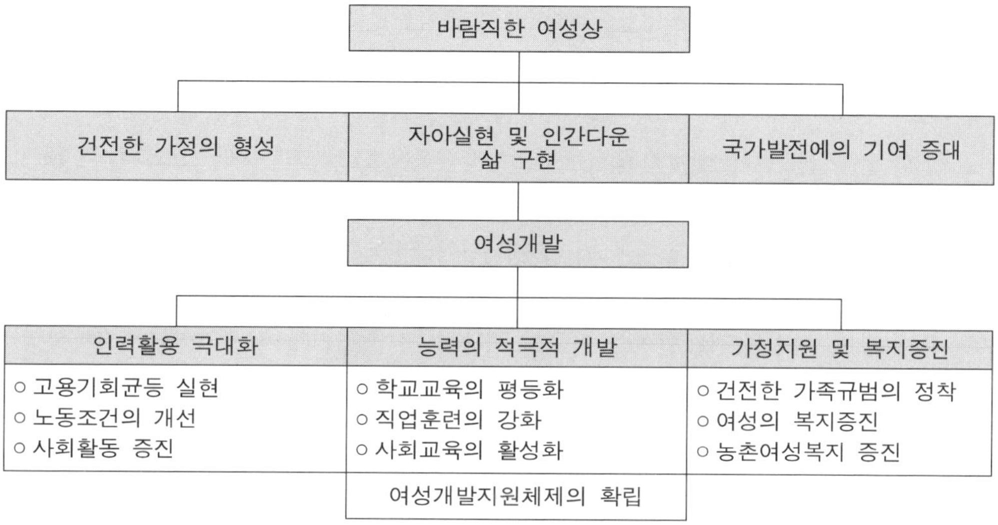

┃그림 2-3┃제6차 경제사회발전 5개년 계획 여성개발부문의 주요시책 방향

자료: 정무장관(제2)실(1987), 「제6차 경제사회발전 5개년계획-여성개발부문」

나) 주요시책별 추진과제

(1) 인력활용

고용기회의 균등실현, 취업여성의 근로조건 개선, 유아보육기관의 확대, 시간제취업 확대방안, 자원봉사활동의 활성화

(2) 능력개발

학교교육의 균등화, 여성직업훈련의 강화, 사회교육기회 확대

(3) 가정지원 및 복지증진

건전한 가족규범의 정착, 여성의 복지증진(모자가정 지원, 윤락여성 및 미혼모 보호사업, 부녀직업 보도기능 강화, 농촌여성의 복지증진), 여성발전 지원체제 확립(새마을유아원 확대, 시범직장유아원 건립, 여성직업훈련원 건립, 여성복지시설 확충, 농촌생활 개선)

다) 정책이행 현황

(1) 교육분야에서는 여학생의 상급학교 진학률이 꾸준히 증가해오고 있다. 특히 특수고등교육기회 확대가 이루어져 여학생들이 세무대학 20명 입학(88년), 경찰대학 5명 입학(89년), 철도전문대학 4명 입학(90년), 농협전문대학 7명 입학(91년)이 이루어졌다. 교육과정에서는

중학교 기술가정통합교과 채택비율이 89년 6.5%(1학년), 90년 7.4%(1학년), 5.5%(2학년)이 되었고, 교과서 삽화에서 남녀비율 균형배치하고, 내용에서 성별 역할분담에 대한 편견 제거를 하고 있다. 사회교육기회 확대를 위해서는 학교단위 주부교실(교실 수 249개소－90년), 여성교양대학 등이 운영되었고, 강사은행(90년 114명) 및 직업교육프로그램 개발(여성소규모경영자교육 등)이 이루어졌다. 내용의 평등을 추구하기 위해 국공립연수원에 남녀차별의식개선교육을 실시하고, 교재 배포 등이 이루어졌다.

(2) 고용분야에서는 고용기회의 균등 실현을 위해 남녀고용평등법을 제정(87년) 및 개정(89년) 하였으며, 여성의 경제활동 참여율도 꾸준히 증가해왔다. 여성직업훈련 강화를 위해 여성전용 직업훈련원을 설치(91년), 정밀측정, 전자, 기계설계, 의상디자인, 귀금속공예, 사무자동화 등 233명을 선발, 훈련시켰다. 또한 공공훈련원의 여성훈련을 강화하여 공공 32개소(28개 직종 2,401명), 사업내 96개소(31개 직종 7,132명), 인정 75개소(35개 직종 3,933명) 등 여성직업훈련생수가 점차 증가추세에 있다. 근로조건의 개선을 위해서는 최저임금제의 실시(88년), 근로기준법 제정(89년), 근로감독관 증원, 영유아보육법 제정(91년) 등이 이루어졌다.

(3) 정책결정분야의 정치참여부문을 보면, 91년도에 실시된 기초 및 광역자치단체 선거에서 지방의회에 진출한 여성의원은 48명이다. 이는 여성들의 정치의식 수준을 제고시킴과 더불어 여성의 정치참여를 촉진, 확대하기 위한 좋은 계기가 되었다. 각종위원회에의 참여는 89년 정부내 각급기관에 국무총리지시로 여성위원의 참여폭을 단계적으로 확대토록 하였으며, 88년 5.5%, 89년 8.1%, 90년 9.0%로 점차 확대되고 있다. 공직에의 여성참여는 89년 국가공무원을 대상으로 한 '공무원임용시험령'을 개정하고 91년 '지방공무원임용령'을 개정하여 성별구분모집조항을 완전히 철폐함으로써 여성의 공직 참여기회 확대를 위한 법제도적 조치를 확고하게 하였다.

(4) 문화 · 사회활동분야에서는 소비자운동, 자원봉사활동이 펼쳐졌고, 여성단체 활동을 통해 건전사회 풍토 조성, 통일문제, 가족법 개정 등의 활동이 이어졌다.

(5) 복지 분야에서는 가족법개정(90년), 모자복지법 제정(89년), 영유아보육법 제정(91년) 등의 작업이 이루어졌고, 모자가정의 복지증진을 위해 보호시설 증설, 자립시설 증설, 시설종사자 증원 등이, 윤락여성 및 미혼모 발생예방을 위해 예방교육(835,350명), 간이부녀상담소 증설(69개소), 부녀직업보도시설 신축 및 보수(8개소), 종사자 증원(376명) 등이 이루어졌다. 농촌여성복지증진을 위해서는 생활개선종합시범마을 지도(5,080마을), 부엌개량(31,916호), 농기계훈련(25,916명), 생활과학기술교육(364,844명), 면단위종합복지관 건립지원(220동) 등의 실현을 통해 가족규범의 정착과 여성복지의 증진을 꾀하였다.

(6) 여성발전지원체제 확립을 위해서는 6공화국 출범과 더불어 발족된 정무장관(제2)실이 정부 내에서 여성문제에 대한 전담부서로 기능을 하게 되면서 여성발전을 위한 지원체제

가 단일화되었다. 그리고 전국 시 · 도별로 여성관련 행정을 전담하는 가정복지국이 신설되었으며, 뒤이어 91년도에는 10만 명 이하의 전국 시 · 군에 가정복지과의 신설로 명실 공히 여성발전을 위한 정부조직 면에서의 지원체제가 구축되었다. 그리고 여성문제에 대한 정책을 심의 · 조정하는 최고기구인 여성정책심의위원회의 기능을 보강하고 활성화하기 위해서 여성전문가의 참여를 확대하는 등 지원체제를 공고히 하였다.

2) 제7차 경제사회발전 5개년 계획-여성부문

여성부문은 제7차 경제사회발전 5개년 계획(1992～1996) 에서도 여성개발계획으로 제시되며, 정무장관(제2)실에서 주관하고 있다. 21세기 초에 선진국 진입을 목표로 하는 우리의 실정에서 사회전반에 걸친 성적 편견은 여성뿐만 아니라 국가경제의 효율성 제고, 여성 인력수급의 원활화를 위해서도 조속히 시정되어야 할 과제로 보고, 여성개발의 실천적 방향의 제시를 위해서 본 계획에서는 여성개발부문의 주요 과제를 교육 · 고용 · 문화 및 사회활동 · 복지 · 국제협력분야로 나누어 각 분야별로 목표를 설정하고 정책방향을 제시하고 있다.

가) 여성개발의 의의와 여건전망

(1) 여성개발의 의의 및 필요성

21세기 초에 선진국 진입을 목표로 하는 우리의 실정에서 사회전반에 걸친 성적 편견은 여성발전 뿐만 아니라 국가경제의 효율성 제고, 여성 인력수급의 원활화를 위해서도 조속히 시정되어야 할 중요 과제이다. 이를 위하여 문화적, 역사적, 사회적 측면에서부터 정치적, 경제적, 교육적, 가정적 측면에 이르는 광범위한 분야에 있어서 개선노력이 병행되어야 할 것이다. 그리고 이는 개인, 가정, 국가의 역할분담이 제대로 이루어질 때 실효를 거둘 수 있을 것이다.

첫째, 교육은 개인이 자아를 실현하고 생산적인 사회성원으로서 사회에 기여하고 사회발전에 일익을 담당토록 한다. 둘째, 고용은 여성의 경제활동 참여를 통해 지위획득과 권리신장을 통한 사회적 공헌을 하며, 사회경제적 발전과 사회구성원으로서의 여성발전 측면에서 여성고용촉진과 노동시장에서의 고용평등을 중시해야 한다. 셋째, 문화 · 사회활동은 공사영역에서의 실질적인 남녀평등이 이루어질 수 있도록 지역사회문제 해결, 사회변화의 원동력으로서의 여성의 잠재력 개발에 힘써나가야 한다. 복지는 전반적으로 여성을 위한 복지서비스 확대를 위한 사회구성원간의 역할분담과 국가의 역할이 동시에 강조되고 있다. 넷째, 국제협력은 동서개방에 따라 더욱 확대될 예정이고, 한국의 유엔가입으로 한국의 국제적 위치가 수혜국에서 공여국으로 전환되는 것 등을 고려하여 여성의 국제 활동에 대한 능동적인 참여를 계획해나가도록 하는데 의의가 있다.

(2) 제7차 5개년계획의 여건전망

- 21세기를 조망하면서 전반적이며 실질적인 여성발전을 위한 '90년대를 설계하는 계획을 각 분야별로 보면 다음과 같다.

· 교육 : 고학력화의 진전

· 고용 : 여성경제활동인구의 증가, 특히 기혼여성 경제활동인구의 증가

· 문화 · 사회활동 : 지역사회발전을 위한 여성의 문화 · 사회활동참여 확대, 제반 사회문제 특히 아동 · 청소년문제, 환경보존문제에의 관심 고조

· 복지 : 인구학적, 사회적 변동 및 여성취업 증가에 따른 가족 및 여성의 복지요구 증대

· 국제협력 : 여성국제협력활동 증진, 국제사회 특히 아 · 태지역에서의 한국여성의 역할 강화

나) 분야별 계획의 기본목표와 주요정책방향

(1) 교육 분야 : 학교교육의 평등화와 사회교육의 내실화

(2) 고용 분야 : 여성고용촉진 및 취업안정기반의 구축, 여성직업훈련기능의 확충, 남녀평등한 고용관행의 확립, 저 혜택 취업여성의 보호 등

(3) 문화 및 사회활동분야 : 주류문화를 창조하는 작업에 여성의 경험세계를 토대로 문화토양 개선과 사회문제 극복에 이바지하도록 하고, 시민운동에서도 여성역량을 강화하여 양성평등사회 실현의 주체가 되도록 함

- 문화 분야 : 바람직한 가족문화 및 자녀교육환경의 정착, 대중매체에 나타나는 성차별적 요소 개선, 여성의 창의력 개발과 창작예술 활동 지원 등
- 사회활동 분야 : 여성의 정치활동 증진을 위한 지원, 소비 · 환경보호를 위한 여성운동 지원, 여성자원봉사활동의 활성화, 여성단체의 활성화 등

(4) 복지 분야 :

- 국민의 사회복지수요의 지속적 증가와 더불어 여성복지부문에서도 복지수준향상 및 사회참여 확대 등의 욕구 증대로 이에 대응하기 위한 복지정책 추진
- 가정복지 증진, 보육서비스의 확대, 요보호 여성을 위한 복지서비스의 확대, 여성복지서비스 전달체계의 확립 등

(5) 국제협력 분야 :

- 우리나라의 유엔가입으로 국제관계는 계속 확대되어 특히 아 · 태지역에서의 참여와 역할이 증대될 조짐임
- 여성발전 및 인류평화를 위한 국제공동사업 참여, 국제협력활동 증진을 위한 관련자료 개발, 국제기구에 한국여성 진출 확대 등

3) 여성 사회참여 확대를 위한 여성정책 : 여성발전 10대 과제

가) 설립배경(세계화추진위원회, 1995.10/ 정무장관(제2)실, 1995/한국여성개발원, 1995)

1995년 대통령 직속 자문기구인 세계화추진위원회는 21세기 세계화 · 정보화시대를 맞아 여성의 사회적 역할과 지위를 향상시키기 위한 세부시책을 마련하고, 정무장관(제2)실을 비롯한 관계 부처 및 관계기관 실무진으로 소위원회를 구성하여 여성의 사회참여를 확대하기 위한 10대 중 · 단기 중점추진과제를 선정하여 각계의 의견수렴과 관계 부처간 협의를 거쳐 세부방안을 마련하였다.

나) 기본방향과 중점 추진과제의 특성

○ 기본방향

여성의 사회참여를 확대시키기 위한 방안은 다음과 같은 기본방향을 토대로 마련되었다.

첫째, 여성의 육아 등 가사활동 부담을 사회가 분담토록 함으로써 여성이 능력과 개성에 따라 사회활동을 추구할 수 있는 사회적 여건을 조성한다.

둘째, 여성의 사회참여에 대한 현실적 제약이 상존하고 있음을 감안하여, 공공부문부터 여성고용을 확대하는 등 여성취업을 유도할 수 있는 제도적 보완장치를 강구토록 한다.

셋째, 정보화시대에 부응하여 여성에게 취업 및 전업에 필요한 기술교육 기회를 다양하게 제공하고, 여성관련 정보활용체제를 구축하도록 한다.

넷째, 성 차별적 관행과 인식을 근본적으로 시정해나가기 위한 법체계 정비 등 여건을 갖추어 나가도록 하는 것이다.

○ 중점 추진과제의 특성

여성발전 10대 과제는 단기과제와 중기과제로 이루어져 있다.

(1) 단기과제

◦ 여성을 가사활동에서 풀어주기 위한 사회적 여건조성

① 민간참여를 통한 보육시설의 확대 및 내실화

② 방과후 아동지도제도 도입

③ 학교급식의 전면적 확대

◦ 여성취업을 촉진하기 위한 보완적 제도장치 마련

④ 여성의 공직참여비율 제고목표 설정

⑤ 공기업 신규채용 시 여성공용 인센티브제도 도입

(2) 중기과제

⑥ 모성보호비용의 사회적 분담방식 확립

◦ 여성취업능력의 개발 및 여성관련 정보이용 여건 개선

⑦ 여성인력 양성체계 확충 · 개선

⑧ 여성관련 정보네트워크 구축

◦ 성차별 관행 및 인식개선을 위한 법 체제 정비 등 여건조성

⑨ 「여성발전기본법(가칭)」제정 추진

⑩ 대중매체를 통한 성차별의식 개선

다) 정책이행 현황

여성발전 10대 과제의 이행은 제7차 경제사회발전 5개년 계획기간 중에 시대적 요구에 맞는 정책과제를 재 책정하여 시행하였으며, 이는 제4차 세계여성회의(1995) 와 맞물려 회의 종료 후 적절하게 이행과제를 제시하고 있다. 여성의 사회참여 확대를 위한 10대 과제 중 '여성을 가사활동에서 풀어주기 위한 사회적 여건조성'을 위한 주제로 설정된 3개 과제는 단시일 내에 정책화가 이루어져 이행되었으나, 그러나 1997년 IMF로 인한 예산의 문제로 뒤늦게 시작한 과제인「방과후 아동지도제도 도입」은 확대되지 못하였다.

그 외 주제인 '여성취업을 촉진하기 위한 보완적 제도장치 마련', '여성취업능력의 개발 및 여성관련 정보이용 여건 개선', '성차별 관행 및 인식개선을 위한 법 체제 정비 등 여건조성'을 위한 7개의 과제 중 특히 괄목할만한 성과는 「여성발전기본법」의 제정(1996.1)이다. 중앙 및 지방정부 여성관련 부서에서는 연도별 여성정책기본계획을 계획, 보고해야 하고, 여성발전기금을 마련하여 여성단체 지원을 통해 여성문제의 해결을 도모하고 궁극적으로 여성의 삶의 질을 향상시키는데 일익을 담당토록 하였다(총 6장 : 제1장 총칙, 제2장 여성정책기본계획 등, 제3장 여성정책의 기본시책, 제4장 여성발전기금, 제5장 여성단체의 지원 등, 제6장 보칙과 36개의 조문, 부칙으로 구성되어 있음). 또한 여성문제 해결을 위한 근간을 마련함으로써 여성발전기본법에 근거하여 여성의 지위향상과 삶의 질을 높이는데 중요한 역할을 하고 있다.

제정 의의를 보면, ① 여성관련 입법과 정책수립의 기본방향이 여성관계 국제조약에 상응하게 정립되었고, ② 여성관련법령과 정책이 일관성 있고 체계적으로 정비되는 계기가 마련되었으며, ③ 국가정책에서 여성정책의 비중이 높아지고 남녀평등과 여성발전을 도모하는 입법과 정책의 추진이 가속화할 전망이다. 그리고 ④ 세계화추진위원회의 여성사회참여 확대를 위한 10대 과제, 제4차 세계여성회의 행동강령, 유엔여성차별철폐협약, 여성관계 법령

에 관한 국가의 이행의지와 실현방법을 표명한 것이며, ⑤ 1995년 9월에 개최된 제4차 세계여성회의 이후 세계에서 가장 빨리 그 회의에서 채택된 행동강령의 이행을 뒷받침하는 입법을 제정한 국가가 되었다. 또한 ⑥ 다양한 분야의 여성에 관한 의제를 포괄적이고 종합적으로 규정하는 여성관계법은 세계에서 유례를 찾기 어려우며, ⑦ 여성의 역할과 능력에 대한 고정관념이 해소되고 기본적 인권으로서의 남녀평등의 중요성에 대한 인식이 확산되는 효과를 기대할 수 있다.

이외에도 「여성의 공직참여비율 제고목표 설정」, 「공기업 신규채용 시 여성공용 인센티브제도 도입」 등은 그 당시에는 재론의 여지를 남겼으나, 최근에 들어와 정책결정이 이루어 이행되어야 한다는 소리가 높아지고 있다. 그리고 중기과제인 「여성관련 정보네트워크 구축」, 「대중매체를 통한 성차별의식 개선」 등의 과제도 그 후 계속해야 괄목할만한 성과를 이루어내고 있다.

4) 제1차 여성정책기본계획

제1차 여성정책기본계획의 틀로서, 목표는 '건강한 가정의 구현과 국가 및 사회발전에 남녀가 공동으로 참여하고 책임을 분담하는 사회시스템 구축'으로 설정하고 있다. 이의 하위목표는 여성발전기본법에 근거하여 남녀평등의 촉진, 여성의 사회참여 확대, 그리고 여성의 복지증진을 설정하고, 이를 달성하기 위한 기본전략으로 6개가 제시되고 있다. 1) 법 · 제도 및 관행의 개혁과 여성의 대표성 제고, 2) 여성고용의 촉진 및 안정을 위한 지원 강화, 3) 여성의 경쟁력 제고를 위한 교육체제 확립, 4) 다양한 여성 · 가정복지서비스 확충, 5) 여성의 문화 · 사회활동 활성화를 위한 기반구축, 6) 국제협력과 통일에의 여성역할 증대를 내용으로 한다. 이와 같은 6대 기본전략 아래 20대 정책과제, 65개 소 정책과제, 그리고 총 144개 세부과제를 포함하고 있어 상위목표로부터 세부과제에 이르기까지 몇 단계의 정책목표와 수단의 계층체계로 연계되어 있다.

자세한 내용을 보면 다음과 같다.

가) 설립배경(정무장관(제2)실, 1997)

세계 각국과 마찬가지로 우리나라는 사회 전 영역에 걸친 근본적인 구조변화가 진행 중에 있으며, 21세기의 새로운 사회는 이에 걸맞는 여성의 역할 증대를 요청하고 있다. 이에 따라 변화에 처해 있는 여성의 역할을 재정립하여 우리 사회체계의 효율성과 통합력을 높이기 위한 정책적 대응노력이 절실한 상황이다.

여성의 지위를 향상시키고 헌법에 규정된 남녀평등이념을 국민생활의 모든 영역에 확대

적용하기 위한 법적 장치로서 여성발전기본법이 제정되었고, 동법에는 여성정책에 관한 기본계획을 5년마다 수립하도록 규정하고 있다.

나) 기본방향과 중점 추진과제의 특성

○ 기본방향

기본계획의 목표는 건강한 가정의 구현과 국가 및 사회발전에 남녀가 공동으로 참여하고 책임을 분담하는 사회시스템 구축을 통해 남녀평등의 촉진, 여성의 사회참여 확대, 여성의 복지증진을 도모코자 하는데 있다.

○ 중점 추진과제의 특성

◦ 법 · 제도 및 관행의 개혁과 여성의 대표성 제고

① 사회전반의 성차별적 법 · 제도 및 의식의 개선, ② 정책결정과정에 여성참여 확대

◦ 여성고용의 촉진 및 안정을 위한 지원 강화

③ 고용기회균등기반의 확립, ④ 여성고용의 촉진, ⑤ 직장 · 가정양립 지원체제 확립, ⑥ 여성근로자의 근로여건 개선

◦ 여성의 경쟁력 제고를 위한 교육체제 확립

⑦ 남녀평등교육을 위한 여건 조성, ⑧ 여성전문인력의 적극적 양성, ⑨ 여성의 평생 교육 지원

◦ 다양한 여성 · 가정복지서비스의 확충

⑩ 여성의 건강증진 및 성비 불균형 해소, ⑪ 보육사업의 확충 및 내실화, ⑫ 여성 농어업인의 부담완화와 권익신장, ⑬ 요보호 여성의 복지증진, ⑭ 고령화시대의 여성복지 증진, ⑮ 여성에 대한 폭력 근절

◦ 여성의 문화 · 사회활동 활성화를 위한 기반 구축

⑯ 여성의 문화활동 활성화, ⑰ 여성자원봉사활동 등 시민운동 지원, ⑱ 여성단체 활동지원

◦ 국제협력과 통일에의 여성역할 증대

⑲ 여성의 국제협력 강화, ⑳ 통일에의 기여

제1차 여성정책기본계획의 20대 정책과제에 따라 분류한 144개 세부정책과제 중 여성중심의 정책과 젠더 중심의 정책으로 구분한 결과 약 32%의 세부정책과제만이 젠더 중심 혹은 양성에 기초한 정책으로 분류되었고, 나머지 65% 이상의 정책이 여성중심의 정책으로 분류되었다. 이 가운데 '성 차별적 법 · 제도 및 의식개선', '남녀평등을 위한 여건 조성' 등

의 정책과제 부분은 젠더 중심의 정책과제가 우세하여 양성지향의 정책으로 볼 수 있을 것이다.

구조적으로 남성에 대한 여성의 상대적인 지위가 열악한 환경에서 이와 같은 여성중심의 여성정책에 대한 필요성이 여전히 크기 때문에 여성중심의 정책내용의 주류를 이루고 있는 것이 당연하나 이와 같은 결과를 볼 때, 여전히 여성중심의 여성정책들이 주류를 이루고 있음을 알 수 있다. 이러한 여성정책 내용은 지방자치단체의 경우에도 똑같이 적용될 수 있다. 여성정책기본계획의 대부분은 각 지방자치단체에 그대로 적용되어 구체적인 실천계획으로 활용되어 실천하고 있기 때문이다.

다) 정책이행 현황

주요성과를 보면 다음과 같다.

(1) 법제도 및 관행의 개혁과 여성의 대표성 제고

- 각 군 사관학교, 경찰대학 등 특수교육기관에 여학생 입학기회 확대(1999)
- '남녀차별금지및구제에관한법률'을 제정(1999)하여 성희롱 등 남녀차별문제에 대한 예방과 구제를 강화하고 사회적 인식 제고
- '남녀차별적 국가법령 및 자치법규 종합정비계획'에 의거 차별적 법령 정비(국적법 등 18개 법령과 자치법규 606개 정비)
- 정부 위원회 여성위원 참여 확대(98년 12.4%→01년 27.7%) 및 여성공무원 채용목표제 실시기간 연장 및 목표비율 상향 조정(02년까지 실시, 20년 목표비율: 5급 20%, 7급 25%, 9급 30%)

(2) 여성고용의 촉진 및 안정을 위한 지원 강화

- 육아휴직장려금 및 여성재고용 장려금 지급대상을 4인 이하 사업장까지 확대(1998)
- '여성기업지원에관한법률'을 제정(1999) · 시행하였으며 여성창업기회 제고를 위하여 '여성전용창업보육센터'의 설치 · 운영
- '여성농업인육성5개년계획' 수립(2000), '여성농어업인육성법' 제정(2001)
- 모성보호관련법 3법 개정으로 출산휴가를 90일로 확대하고 육아휴직 급여 월 20만원 지급 (2001)

(3) 여성의 경쟁력 제고를 위한 교육체제 확립

- 제7차 교육과정에서 '가정', '기술 · 산업' 교과를 '기술 · 가정' 교과로 통합하는 등 양성평등한 교과과정 구성(1999)

- 초중고 여학생, 주부 200만 명 정보화 교육 지원(1998～2001)
- 여학생의 과학기술분야로의 진출유도를 위해 여학생 친화적인 과학프로그램 시범교육 실시(2000～2002)
- Women-net 구축 · 운영으로 정보의 생산과 유통자로서의 여성의 정보화 능력제고와 디지털 여성부 구현(2002)

(4) 다양한 여성가정복지 서비스의 확충 강화

- 농어촌지역 저소득층 만 5세아 무상보육 실시(1999)
- '국민연금법'을 제정, 배우자의 연금분할수급권 인정(1998)
- 성폭력피해자 의료지원체계 개선대책 마련(2001)
- 여성 긴급전화 '1366'의 기능 강화를 통한 성폭력피해자 지원서비스 연계체계 구축(2001)
- 성매매방지종합대책 수립(2002)

(5) 여성의 문화 · 사회활동 활성화를 위한 기반 구축

- 여성평생교육기관 운영 표준 소프트웨어 개발, 여성평생교육정보DB화 등 여성평생교육 지원(2001)
- 여성자원봉사자 상해보험 가입 지원(2001) 등으로 여성의 자원봉사활동 참여여건 조성

(6) 국제협력 활동과 통일에의 여성역할 증대

- '국제전문여성인명록' 발간 및 국제기구 여성전문가 진출 지원, APEC여성자문기구 의장국 활동 수행(2000)
- 제43차 UN여성지위위원회에서 여성정책추진 모범국가로 선정(1999)되고 4년 임기의 여성지위위원회 위원국으로 재선임(2001)
- 여성대상 통일교육 프로그램 강화, 남북한 여성관련 법제 비교연구 등 통일대비 여성정책 연구 수행(1998～2000)

5) 제2차 여성정책기본계획(2003～2007)[7)]

○ 여건전망

가) 세계화(Globalization) 기대와 우려

7) 여성부 · 한국여성개발원(2002),「제2차 여성정책 기본계획 추진방향 및 정책과제 연구」

나) 지식기반경제의 발전

다) 여성의 사회참여 기회확대 및 시민사회구현

라) 노령화 사회의 도래 및 가족구조의 변화

마) 통일여건의 성숙 및 국제교류의 증대

바) 인권 및 환경권의 중요성 부각

○ 2003년~2007년 여성정책 환경분석(SWOT 분석)

장 점	단 점
-여성관련 법률, 정책, 국제조약 -채용목표제 등 적극적 조치 -여성정책추진체계의 기능 강화 -여성인력의 고학력화 -남녀평등의식 고용 -여성운동 성장	-정치 행정부문에서의 여성의 낮은 대표성 -여성의 경제활동 참가율 저조와 비정규직 증가 -고학력 여성인력의 활용 저조 -직장과 가정 양립을 위한 인프라 취약 -여성에 대한 폭력 지속 -시민사회의 여성참여 저조
기 회	**위 협**
-가족형태의 다양화와 평등한 가족문화 확산 -정책의 성 주류화 -정보통신기술의 발전 -직종과 근로형태의 다양화 -여성인적자원에 대한 수요 증대 -지방화 및 분권화 -남북교류 확대	-가부장적 사회문화 및 제도 존속 -역차별 피해정서 확산 -여성계층간 차이심화와 양극화 -고용불안정과 여성빈곤 확대 -성 상품화의 지속 -정책과정에 성인지적 관점 부족

자료 : 여성부(2002), 「(2003~2007) 제2차 여성정책기본계획」, 서울: 여성부.

이는 구체적인 추계치로 제시되어 정확하고 실질적인 여건전망에 근거하여 실질적인 정책과제가 제시될 수 있도록 하는 것이 중요하다. 한국여성개발원에서 제시되고 있는 지표 및 전망치의 예를 보면 다음과 같다.

<표 2-3> 여성정책 여건에 대한 지표 및 전망치

단위 : %

분 야		기준연도		
		1998	2002	2007
인구·가족	출산율	1.47	1.37	1.36
	노령화지수	32.3	38.5	52.3
	노년부양비	9.3	11.1	13.7
	이혼율	31	43	50
정치·행정	국회의원	3.0 (9명)	5.9 (16명)	15.0 (40명)
	5급이상일반직공무원	3.2	3.9	4.7
	정부각종위원회	12.4	33.3	50
경제	여성 경제활동참가율	47.0	48.8	56.0
	여성근로자 비정규직 비율	65.9	67.9	71.5
	경제 잠재성장률	6.7	고성장 5.1 저성장4.4	고성장4.1 저성장3.3
	전문직 여성비율(입법공무원·고위임직원 및 관리자)	5.3	5.9	-
	남녀임금격차(남성100기준)	61.7	62.9	70.6
	국민연금 여성가입률	24.3	31.8	-
교육·사회문화	여성의 고등교육기관 취학률	55.5	62.6	78.2
	여교수 구성비	15.1	16.0	16.1
	초등학교 여교장 구성비	4.9	7.2	19.0
	여성의 평생학습 참여율	13.5	15.2	-
	유아교육·보육 통합 수혜율	25.4	30.7	43.0

※ 2007년 전망치는 현재까지의 추세를 반영하여 계산한 수치로 정책 목표치는 더 높아질 수 있음
자료: 여성부·한국여성개발원(2002), 「제2차 여성정책기본계획 추진방향 및 정책과제 연구」

○ 비전과 목표 : 제2차 계획기간(2003～2007)의 비전과 목표8)

▶ 실질적 남녀평등사회의 실현

- 남녀의 조화로운 동반자관계 형성
- 지식기반사회 여성의 경쟁력 강화
- 사회 각 분야 여성의 대표성 제고
- 여성의 복지증진 및 인권보호 강화

○ 추진전략 : 제2차 계획기간(2003～2007)의 추진전략9)

• 성 주류화(Gender-Mainstreaming) : 성 주류화 정책의 철학과 기조를 바탕으로 정부정책에 양성평등 관점을 통합하기 위한 구체적인 정책과제를 추진, 제2차 기본계획의 정책과제 추진은 성 주류화 전략을 통해서 실질적 남녀평등사회 실현에 기여할 수 있으며, 남녀의

8) 여성부(2002), 「2003～2007 제2차여성정책기본계획」, 서울: 여성부.

9) 여성부(2002), 「2003～2007 제2차 여성정책 기본계획 시안」

사회적 관계를 변화시키는 정책을 포함

• 협력체계 구축(Partnership) : 여성부를 포함한 중앙행정기관과 지방자치단체, 여성단체, 전문 기관 등의 유기적인 협조를 바탕으로 제2차 기본계획의 성공적 추진, 이를 위해 여성부는 정책에 양성평등관점의 통합을 위한 정책분야별 전문가 네트워크를 형성하고 지원하고, 중앙행정기관 및 지방자치단체 간 협조체제를 구축 및 정책형성과정에 여성단체, 전문가 등의 참여확대를 시도해야 함.

○ 정책과제 개발 : 제2차 계획기간(2003～2007)의 정책과제[10)]

1) 정책의 기본구조

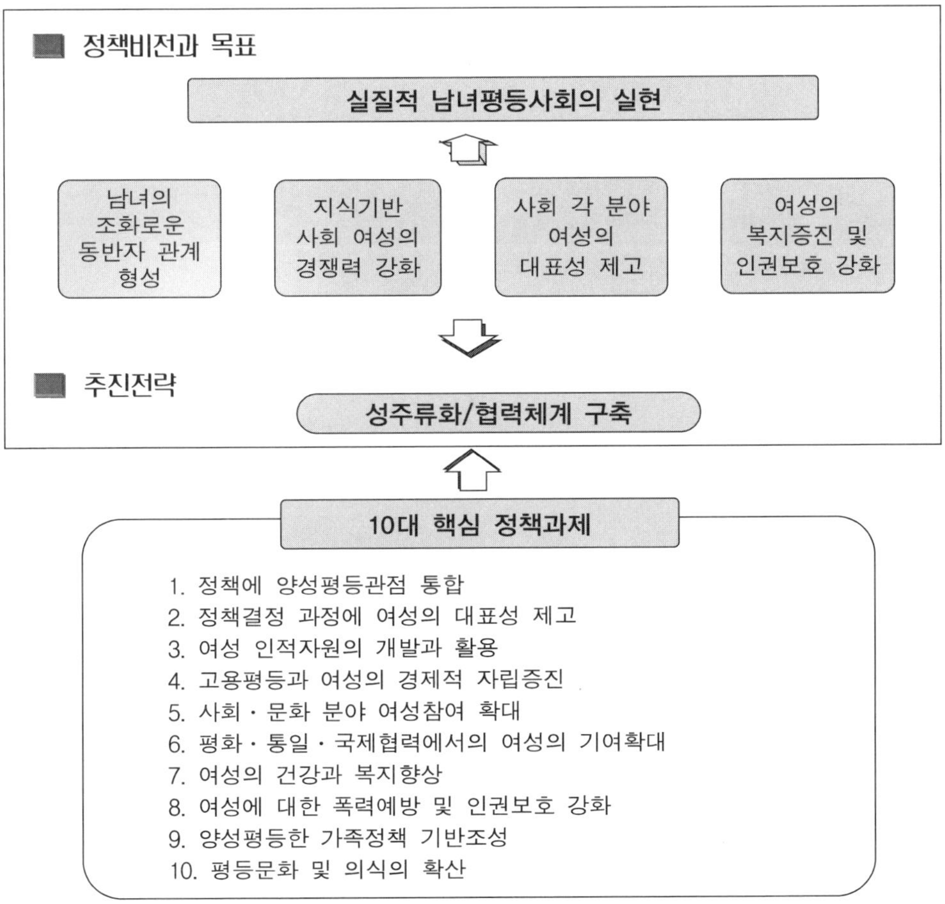

【그림 2-4】 제2차 여성정책기본계획의 기본구조

자료 : 여성부(2002), 「2003～2007 제2차 여성정책기본계획」

10) 여성부 · 한국여성개발원(2002), 「제2차 여성정책 기본계획 추진방향 및 정책과제 연구」

2) 여성정책과제(10대) 및 추진과제(34개)

정책과제	추진과제	정책과제	추진과제
1. 정책에 양성평등 관점 통합	1-1. 여성정책 추진기구 확대 및 성인지적 예산수립 1-2. 정책의 성별분석을 위한 기반조성	6. 평화·통일·국제협력에서의 여성의 기여확대	6-1. 통일대비 여성역량 강화 및 참여확대 6-2. 평화·환경분야에서의 여성 역할 강화 6-3. 여성 국제교류 및 협력 활성화
2. 정책결정과정에 여성의 대표성 제고	2-1. 공공부문 여성의 의사결정 과정참여 확대 2-2. 여성의 정치적 대표성 제고 2-3. 기업의 여성관리직 진출 촉진	7. 여성의 건강과 복지향상	7-1. 여성건강 증진대책 강화 7-2. 여성의 자활능력 제고와 사회보장권 확대 7-3. 여성장애인, 여성노인에 대한 복지서비스 확대
3. 여성 인적자원의 개발과 활용	3-1. 여성의 직업능력개발 기회확대 3-2. 여성 과학기술인력 육성 및 지원 3-3. 여성정보화 촉진 3-4. 여성의 평생교육 참여여건 강화 3-5. 양성평등한 교육환경 조성	8. 여성에 대한 폭력예방 및 인권보호 강화	8-1. 성매매 방지대책의 실효성 제고 8-2. 가정폭력 및 성폭력 근절을 위한 대책 추진 8-3. 남녀차별 및 성희롱 피해의 예방과 구제강화
4. 고용평등과 여성의 경제적 자립 증진	4-1. 가정과 직장양립 지원체계 구축 4-2. 보육서비스의 강화 4-3. 남녀평등한 고용환경 조성 4-4. 비정규직 여성근로자의 근로조건보호와 능력개발 4-5. 여성농어업인의 능력개발 및 전문인력화 4-6. 여성창업지원 및 기업경영 활성화	9. 양성평등한 가족정책 기반조성	9-1. 통합적 가족정책 기반조성 9-2. 양성평등한 가족법·제도 구축 9-3. 가족해체 방지를 위한 대응체계 강화
5. 사회·문화분야 여성 참여 확대	5-1. 여성단체 지원 및 협력강화 5-2. 여성자원봉사 활성화 5-3. 여성의 문화예술 활동 참여 확대	10. 평등문화 및 의식의 확산	10-1. 평등문화의 확산과 정착 10-2. 남녀평등한 미디어 문화의 정착

자료 : 여성부(2002), 「2003~2007 제2차 여성정책기본계획」

제2차 여성정책기본계획은 제1차 여성정책기본계획과는 특화되는 내용을 중심으로 계획되고 있음을 알 수 있다. 즉 '정책에 양성평등 관점 통합' 부문을 두어 '여성정책 추진기구 확대 및 성인지적 예산수립, 정책의 성별 분석을 위한 기반조성' 등을 강조하고, 정책과제 전반에 여성만이 아닌 양성평등을 실현하는 것을 중점내용으로 설정토록 한 점이다. 여성정책은 궁극적으로 양성평등사회의 실현에 목표를 두고 있기 때문이며, 이를 통해서만 남녀 상호간의 발전과 행복이 주어질 수 있기 때문이다.

제6차 경제사회발전 5개년 계획의 여성개발부문에서 제7차 경제사회발전 5개년 계획의 여성개발부문 그리고 제1, 2차 여성발전 기본계획에 나타난 내용을 중심으로 하여 비교해보면 정책의 변화가 이루어지고 있음을 알 수 있다. 즉 남녀평등을 추구하기 위해 불평등한 사회적 상황을 해결하고, 특히 요보호 여성에 역점을 두어 정책을 펼쳐오던 것에서 제2차 여성정책기본계획에 이르러서는 양성평등을 실현하기 위한 실질적 남녀평등사회를 추구해나가기 위해 여성만이 아닌 남녀 모두를 위한 정책을 펼쳐나감으로써 궁극적으로 실질적인 남녀평등을 이루도록 하는 것이다. 특히 정책의 성 주류화를 도모하기 위해 각 정부부처에 여성정책책임관을 지정하여 종합적, 구체적으로 여성정책이 펼쳐질 수 있게 하고 있으며, 여성에 한정된 정책이 아닌 남녀 모두를 위한 일반적인 정책으로 변화를 시도해나가고 있음을 알 수 있다.

6) 제3차 여성정책기본계획(안)[11]

○ 대내외 환경변화와 도전과제

가) 고용 없는 성장과 사회 양극화의 심화
- 고용 없는 성장 속에서 여성 비정규직의 증대
- 양극화와 여성 빈곤 증대
- 사회안전망의 확충, 그러나 제도적 사각지대 잔존

나) 저출산 고령화 추세와 돌봄의 사회화 증대
- 초 저출산 사회, 새로운 사회적 위험의 대두
- 돌봄의 사회화 및 남성의 돌봄 분담 요구 증대
- 일하는 어머니를 위한 지원 필요성

다) 지속가능 성장을 위한 여성 인적자원의 전략적 양성 필요성
- 여성의 경제활동참가율 제고가 지속가능 성장의 문제로 대두
- 여성인력의 전략화 요구 지속

라) 다양성의 증대, 다문화 사회로의 진전
- 이주의 증대와 이주의 여성화
- 소수자 인권과 다양한 문화에 대한 인정 요구

마) 분권화 시대의 새로운 도전
- 지방분권화와 지역 여성정책 역량 강화의 필요성 대두

---

11) 한국여성개발원(2006.12.6), 「제3차 여성정책기본계획(안)(2008~2012) 공청회」, 서울: 한국여성개발원

- 시민사회의 발전과 정책주체의 다원화
- 규제 완화 요구에 부합하는 인센티브 정책의 적극적 활용

바) 새로운 세대, 새로운 정책 고객의 등장

- 새로운 세대의 욕구에 부합하는 정책의 필요성
- 여성 내부의 다양성 증대

○ 제3차 여성정책기본계획(안)의 구조

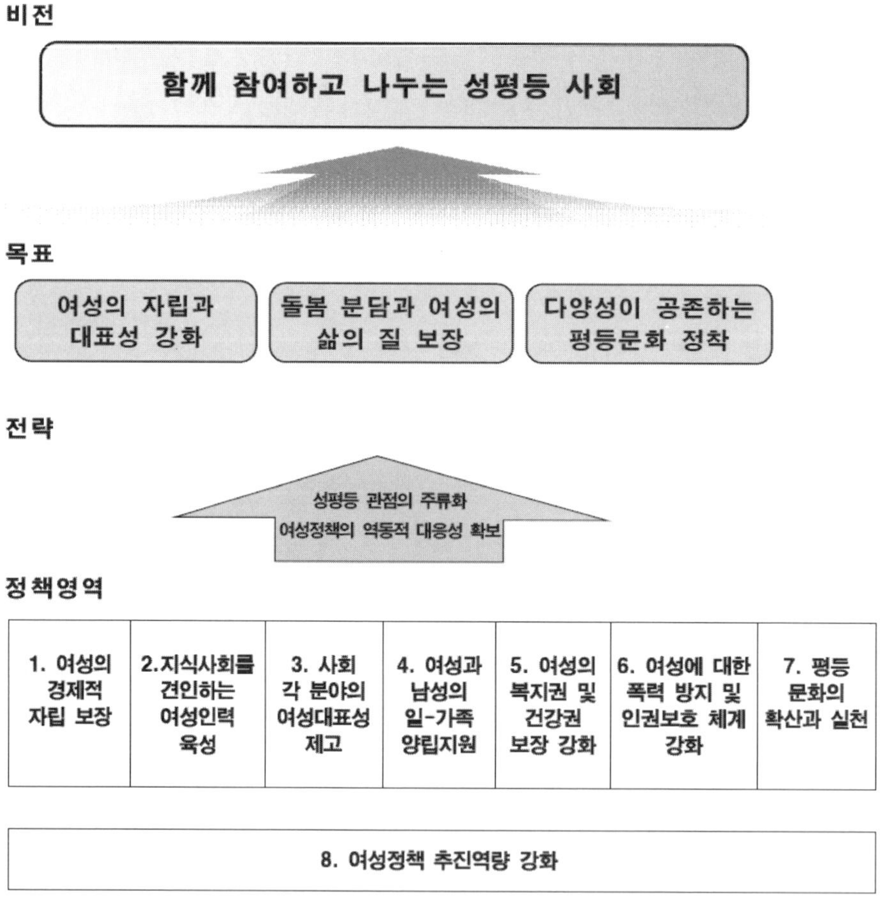

❙그림 2-5❙ 제3차 여성정책기본계획의 구조

자료 : 여성가족부(2006), 「제3차 여성정책기본계획(안) (2008~2012)」, 서울: 여성가족부

여성발전기본법(1995년)에 근거하여 여성정책기본계획이 세워진 제1차(1998년~2002년), 제2차(2003년~2007년), 제3차(2008년~2012년) 기본계획의 비전, 목표, 정책영역 및 과제를 비교해보면 다음과 같다.

○ 제1차, 제2차, 제3차 여성정책기본계획 비교

<표 2-4> 1차, 2차, 3차 여성정책기본계획의 비교

	1차	2차	3차
비전	건강한 가정의 구원과 국가 및 사회 발전에 남녀가 공동으로 참여하고 책임을 분담하는 사회시스템 구축	실질적 남녀평등사회의 실현	함께 참여하고 나누는 성평등 사회
목표	1. 남녀평등의 촉진 2. 여성의 사회참여 확대 3. 여성의 복지증진	1. 남녀의 조화로운 동반자 관계 형성 2. 지식기반 사회 여성의 경쟁력 강화 3. 사회 각 분야 여성의 대표성 제고 4. 여성의 복지증진 및 인권보호 강화	1. 여성의 자립과 대표성 강화 2. 돌봄의 분담과 여성의 사회권 보장 3. 다양성이 공존하는 평등문화 정착
전략	6대 기본 전략(부문)	-성주류화 -협력체계 구축	-성평등 관점의 주류화 -여성정책의 역동적 대응성 확보
정책과제·정책영역	1. 사회전반의 성차별적 법·제도 및 의식의 개선 2. 정책결정과정에 여성참여 확대 3. 고용기회균등기반의 확립 4. 여성고용의 촉진 5. 직장-가정양립 지원체제 확립 6. 여성근로자의 근로여건 개선 7. 남녀평등교육을 위한 여건 조성 8. 여성전문인력의 적극적 양성 9. 여성의 평생교육 지원 10. 여성의 건강증진 및 성비불균형 해소 11. 보육사업의 확충 및 내실화 12. 여성농어업인의 부담완화와 권력신장 13. 요보호여성의 복지증진 14. 고령화시대의 여성복지 증진 15. 여성에 대한 폭력의 근절 16. 여성의 문화활동 활성화 17. 여성자원봉사활동 등 시민운동 지원 18. 여성단체활동 지원 19. 여성의 국제협력 강화 20. 통일에의 기여 및 내실화	1. 정책에 양성평등 관점 통합 2. 정책결정 과정에 여성의 대표성 제고 3. 여성 인적자원의 개발과 활용 4. 남녀고용평등과 여성의 경제활동 참여 제고 5. 사회·문화 분야 여성참여 확대 6. 평화·통일·국제협력에서의 여성의 기여확대 7. 여성의 건강과 복지향상 8. 여성에 대한 폭력예방 및 인권 보호 강화 9. 양성평등한 가족정책 기반 조성 10. 평등문화 및 의식의 확산	1. 여성의 경제적 자립보장 2. 지식사회를 견인하는 여성인력 육성 3. 사회 각 분야의 여성 대표성 강화 4. 여성과 남성의 일·가족 양립 지원 5. 여성의 복지권 및 건강권 보장 강화 6. 여성에 대한 폭력 방지 및 인권 보호 체계 강화 7. 평등문화의 확산과 실천 8. 여성정책 추진역량 강화

자료 : 한국여성개발원(2006.12.6), 「제3차 여성정책기본계획(안)(2008~2012) 공청회」, 서울: 한국여성개발원
주 : 위 표에서 제시된 제3차 여성정책기본계획은 연구 중인 안임.

다. 유엔 및 외국[12)]

1) 유엔의 여성주의적·성인지적 접근과 성 주류화 전략

가) 여성주의적(WID) 관점

1975년 세계여성의 해를 맞이하여 유엔이 여성발전을 위한 프로젝트를 시작하면서 채택한 전략은 '여성주의적 관점', '여성중심의 접근', '발전 속의 여성'(Woman In Development)으로 표현되는 여성발전 전략이다(김재인 · 유희정 · 양애경, 1999).

여성주의적(WID) 접근에서 성평등정책의 주요의 특징은 여성에 대한 차별적 구조를 인식하고 이를 극복하기 위한 현실적 대안으로서 각종 성평등정책과 제도를 통해서 여성지위의 향상을 꾀하고자 하였다는데 의미가 있으나, 여성이 전 사회의 주류에 접근하는 데는 일정한 한계를 갖는다. 이러한 한계는 다음과 같은 여성주의적 접근의 중심시각 및 정책의 초점, 주요 담당 부서, 주요 도구와 수단이 갖는 특성으로부터 비롯된다. 이를 좀 더 구체적으로 살펴보고자 한다.

우선, 여성주의적 접근에서의 중심시각 및 정책의 초점은 사회 속에서 남성과 여성, 그리고 양성간의 관계에 두기보다는 오직 '여성'에 초점을 두고 있다는 점이다. 여성주의적 접근에서 여성정책의 내용은 근본적으로 보수적이며 여성의 전통적 성 역할에 초점을 두고, 여성들이 여성으로서의 역할에서 비롯된 요구를 충족시키는데 관심을 기울이는데 불과하다. 둘째, 주요 담당 부서 역시 여성정책기구들의 예산과 권한이 미미하여 주류 정책부서들로부터 고립되고 주변화되는 경향이 있다고 지적된다(Mosher, 1993). 셋째, 주요 도구와 수단으로서는 차별적인 구조를 변화시키기 위해서 법 · 제도를 중심으로 한 점진적, 단편적인 개혁을 추구하고 고용과 직업훈련, 교육, 각종 서비스 제공, 주택, 법 집행에 있어서 산업재판소의 역할, 지방재판소 그리고 평등위원회의 권한 등이 활용된다.

나) 성인지적(GAD) 관점

여성주의적 관점의 접근의 한계를 극복한 관점이 '성인지적 관점', '성인지 중심의 접근'(Gender And Development)이다. 즉 성인지적 관점(GAD)은 여성주의적 관점(WID)의 개념과 대칭되는 개념으로 여성주의적 접근이 여성에게만 초점을 두고 있다면, 성인지적 접근은 여성과 남성과의 관계에 초점을 두고, 정책의 전 과정에 걸쳐 성 관점(Gender perspective)을 통합할 것을 강조한다.

---

12) 김재인 · 조연숙(2002), 「여성정책 수행평가에 관한 연구」, 서울: 한국여성개발원/ 김재인 · 박성정 · 정경아(2001), 「정책의 성분석 모형개발」, 서울: 한국여성개발원/ 김재인 · 유희정 · 양애경(1999), 「공무원의 남녀평등 교육프로그램 개발」, 서울: 여성부에서 발췌, 요약한 것임.

중심시각 및 정책의 초점, 주요 담당 부서, 주요 도구와 수단을 살펴봄으로써 이것이 갖는 특성으로부터 성인지적 관점(GAD)의 접근의 특성을 도출하고자 한다. 여성주의적(WID) 접근이 가졌던 한계와 문제에 대한 인식으로 성인지적(GAD) 접근의 중심시각 및 정책의 초첨은 보다 확대되고 '여성' 중심이 아닌 '여성'과 '남성'과의 관계지향성으로 변화되는 특징을 갖는다. 주요 도구와 수단은 모든 발전정책이나 프로그램에 남녀의 관점을 고르게 통합시키기 위해서 성 분석(gender analysis)과 정책 담당자들의 성 관점의 반영을 이해할 수 있는 성인지 훈련 등이 제시되고 있다.

다) 성 주류화(GMS) 전략

성 주류화(gender mainstreaming)는 이와 같은 성인지적(GAD) 접근의 일환으로써 실천전략으로 구체화된 것이라 할 수 있다. 즉 1995년 세계여성대회에서 '주류의 모든 영역에서 여성의 발전을 가능하게 하는 전략'으로 성 주류화가 제시된 데 따른 것이다.

이러한 성 주류화의 개념에 대해서 북경 행동강령(1995)에서는 "체계적인 절차와 기재(mechanism)를 향한 도약이라고 하면서, 성(gender) 이슈를 정부와 공공기관의 모든 의사결정과 정책실행에 고려하여야 하는 것"이라고 정의하고 있다. 한편, 유엔경제사회이사회에서는 주류화를 "모든 정치적 · 경제적 · 사회적 영역의 정책과 프로그램에 대한 디자인, 실행, 모니터와 평가에서 여성과 남성의 관심과 경험을 통합함으로써 여성과 남성이 동등하게 혜택 받고, 불평등이 조장되지 않도록 하기 위한 전략이며, 그 궁극적인 목적은 성평등을 이루는 것"으로 정의하고 있다(김재인 · 유희정 · 양애경, 1999/김양희, 2001 재인용).

국제기구의 정의와 연구자들에 의해서 '성 주류화'에 대한 개념정의가 이루어지고 있기는 하지만, 명확하게 성 주류화란 첫째, 사회의 모든 분야에 여성의 양적 · 질적 참여의 확대, 둘째, 모든 정책분야 및 이를 다루는 기관의 성 관점 통합, 셋째, 기존의 남성 중심적으로 조직되어 있는 정부 및 주류영역이 성인지적으로 재편되어야 함을 의미하는 주류의 전환을 포함한다. 남성과 여성의 역할을 고려한다는 것은 여성의 다른 성 역할을 인지하고 이를 적용하고 또한 여성의 참여에 대한 성 정형화에 영향을 주기 위한 전략을 포함하고 있다(김재인 · 유희정 · 양애경, 1999). ,

성 주류화를 돕기 위한 도구에는 성 주류화를 위한 정책기구의 설치, 성 분리 통계와 데이터베이스의 구축, 정책과 프로그램의 성 분석(gender analysis), 성 예산(gender budget) 및 남녀평등교육훈련(gender training) 등이 제시되고 있다. 구체적으로 설명하면 다음과 같다.

(1) 정책기구의 설치

북경행동강령 제201조에서는 여성지위 향상을 위한 국가기구는 "정부 내의 정책조정 중심부서이다. 그의 주된 과제는 범정부 차원에서 모든 정책분야에 성평등 관점의 주류화를 지원하는 것이다"(A National machinery for the advancement of women is the central policy coordinating unit inside the government. Its main task is to support government-wide mainstreaming of a gender- equality perspective in all policy areas.)라고 규정하고 있어 성 주류화의 실천적 접근을 강조하고 있다.

성평등정책의 주류화를 위한 기구가 성공적으로 기능하는데 필요한 사항들을 위치와 자원, 의무 등의 차원에서 정의되고 있다. 먼저, 북경행동강령에서는 성 주류화를 위한 폭넓고 종합적인 의무를 명시하고 있는 한편, 유엔의 여성발전부서(DAW : Division for the Advancement of Women, 1998)에서는 보다 구체적으로 국가차원의 성 주류화를 증진시킬 수 있는 구체적인 전략을 세 가지로 제시하고 있는데 첫째, 모든 정책과 프로그램에 성 주류화를 위한 국가기구의 역할, 둘째, 국가기구와 시민사회의 연계, 셋째, 정부로 하여금 성 주류화와 여성지위 향상에 대해 책임지도록 하는 전략 등을 내용으로 한다.

(2) 성인지(성별 분리) 통계

성인지(성별 분리) 통계 및 지표의 필요성은 유엔을 중심으로 제기되어 1975년 제1차 여성회의에서 채택된 행동강령에서는 "적합한 자료와 정보는 정책을 개발하고 진척상황을 평가하는데, 그리고 사람들의 근본적인 태도를 변화시키고 경제적 변화를 이루어내는데 필수적이므로 여성의 상황에 대한 제반 분야의 자료를 수집하고 분석하는데 최우선권을 두도록" 촉구한 바 있다. 또한 '유엔여성 10년'의 중간점검을 위한 제2차 세계여성회의 결과인 행동프로그램에서는 "모든 자료수집기관들은 그들이 수집하는 모든 자료에 성과 연령별 분류를 하고, 성평등 진전 상황을 모니터하는데 기초가 되는 통계지표들을 개발할 것"을 규정하고 있다.

이와 같이 성 분리 통계에 대한 요구는 정책요구를 파악하기 위해서 뿐 아니라, 정책의 효과를 평가하는 단계에 이르기까지 모든 정책의 전 정책과정에서 필요한 가장 구체적이며 기초적 전략이라 할 수 있다(김양희, 2001).

(3) 성별영향평가(gender impact analysis, 성 분석(gender analysis)

성별영향평가(성 분석 gender analysis)은 기존의 정책과 프로그램, 그리고 각 법 · 제도들이 여성과 남성에게 미치는 차별적 효과를 평가하는 과정으로 이를 통하여 모든 여성정책이 여성과 남성간의 관계의 특성, 그들의 사회적 현실, 삶의 기대들, 경제적 상황 등에 민감하게 되도록 하는데 목적이 있다. 구체적으로 여성과 남성의 역할, 책임, 자원, 우선순위 등이 정책과 어떻게 관련이 있는지를 분석하고, 성별분리통계의 수집을 통해서 정책이 여성과 남성에게 미치는 영향의 차이를 분석하는 것이다.

(4) 성인지 예산(gender budget)

유엔은 2001년 3월 성 이슈(gender issues)와 여성지위 향상을 위한 특별 자문관실은 국가예산에서 성 관점을 주류화 하도록 지침을 제시하였다. 이 성 예산의 목적은 정책과 예산 결정에서 성 관점을 고려하고, 성평등을 위한 정책들에 적절한 자원을 할당하도록 하기 위한 것이다.

이러한 성인지적 예산이 국가에 미치는 효과는 예산을 통한 방법론을 적용함으로써 국가경제정책이 형성을 변화시키고, 예산할당에 뿌리 깊게 내재되어 있는 성적 편견을 확인할 수 있게 되면, 성 불평등을 제거하고 여성을 세력화하는 방향으로 프로그램과 사업을 수정할 수 있게 된다는 것이다.

(5) 남녀평등 교육훈련(gender training)

정책의 성 주류화를 위해서 정책 담당자들의 성인지적 관점에 대한 이해가 필수적이다. 그러나 현실적으로 정책담당자들은 성 관점(gender perspective)에 대한 몰이해로 인해서 정책과정에서의 성 관점을 반영하기 어렵게 된다. 이렇게 정책담당자들의 몰성적(gender-blind) 상태를 벗어나 정책에 대한 성 관점 반영의 중요성을 이해하고, 정책을 기획 · 집행 · 평가할 때 성인지적 관점을 반영할 수 있는 안목과 기술을 쌓기 위해서 훈련이 필요한데, 이를 '남녀평등 교육훈련'(gender training)이라고 한다. 일반적으로 남녀평등교육훈련에서는 여성과 남성의 사회적 역할과 요구, 대표성의 차이를 이해하고, 성에 대한 사회적 편견을 개선하기 위하여 사회적 의미의 성, 즉 젠더 개념을 주요 범주로 설정하여 교육과 훈련의 내용을 구성한다(김재인 · 유희정 · 양애경, 1999). 이상과 같은 여성정책 접근의 특징을 표로 요약하면 다음과 같다.

<표 2-5> 여성주의적(WID) 접근과 성인지적(GAD) 접근

여성주의적(WID) 접근	구 분	성인지적(GAD) 접근 -성 주류화
여성	중심시각	여성과 남성, 양자의 관계
여성	정책의 초점	모든 정책
여성정책부서	주요 담당부서	전부서
부분적, 단편적	정책의 범위	포괄적, 장기적
법 · 제도	도구와 수단	성 분석, 성인지교육 등

2) 제 외국의 여성정책 변화[13)]

가) 스웨덴[14)]

(1) 주요 담당부서

스웨덴에서 정책의 성 주류화를 담당하는 부서는 '성평등부'(The Minister for Gender Equality Affairs)로서 모든 정부정책에 대한 '평등성' 분석을 전담하는 책임부서이다. 여기에는 국무부(a State Secretary), 정치자문단(Political Advisors), 그리고 특정 영역(a special division for these issues)이 포함되어 있다.

이 평등업무부의 하는 일은 다음 몇 가지로 분류해 볼 수 있다. ① 모든 정책분야에 대해서 성 관점(gender perspective)을 통합하고 수행하기 위한 방법들을 개발할 뿐 아니라 중앙적 차원, 지방적 차원에서 양성평등을 위한 임무가 무엇인가를 개발하고 주장하는 것이다. ② 다른 정부부처로부터 온 대안들을 검토하는 일이다. 즉 현안이 되고 있는 법안이나 의회에 보내는 문서들에 대해서 성 관점이 고려되었는지, 또는 국가 부분에 있는 다양한 조직에서 여성과 남성의 공평한 대표를 달성하기 위한 제안들을 검토한다. ③ 의회나 다른 정부기관들에 대한 교육을 주도하는 일이다. ④ 평등기회법(Equal Opportunities Act)과 관련한 문제들 뿐 아니라 평등기회 위원회(Equal Opportunities Commission)와 평등기회 옴부즈만(Equal Opportunities Ombudsman)과 관련한 예산 등의 재원할당 문제를 다룬다. ⑤ EU, 특히 노르웨이반도의 국가들에의 평등문제와 관련된 국제적 조직과의 상호협동에 대한 책임을 갖는다. ⑥ 이들 분야에 있어서 개발업무나 프로젝트에 대한 기금의 적용절차를 다룬다. ⑦ 정부정책과 평등업무와 관련한 정보를 제공하는 등의 업무를 다룬다. 성 주류화와 관련한 스웨덴의 정부 조직도를 보면, 다음 그림과 같다.

13) 김재인 · 조연숙(2002),「여성정책 수행평가에 관한 연구」, 서울: 한국여성개발원에서 발췌, 정리한 것임.

14) http://sweden.gov.se/
http://www.ilo.org/public/english/employment/gems/e대/program/sweden/miec.htm
http://www.naring.regeringen.se/fragor/jamstalldhet

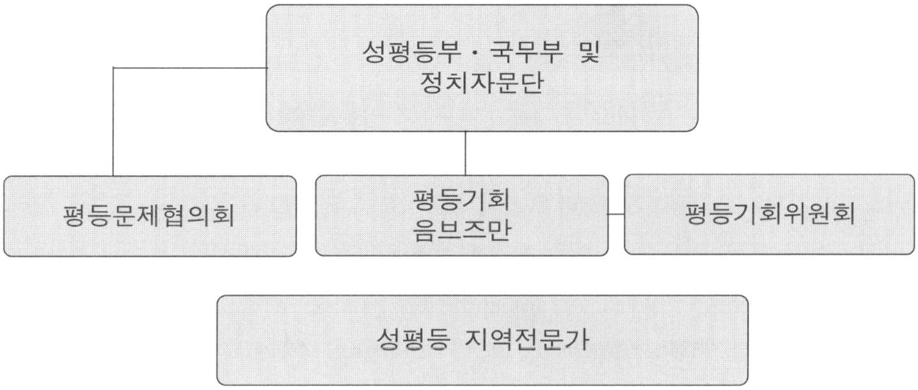

┃그림 2-6┃ 스웨덴의 성 주류화를 위한 조직도

자료 : 김재인 · 조연숙(2002), 「여성정책 수행평가에 관한 연구」, 서울: 한국여성개발원

(2) 주요 수단과 방법

중앙정부적 차원에서 성 주류화를 위한 수단과 방법은 성 분리 통계의 사용, 성평등관점을 통합하도록 지침시달, 예산과정에서의 성 관점, 교육 및 훈련, 다양한 방법의 개발 등을 활용한다.

① 성 분리 통계의 활용: 모든 공식적 통계는 gender로 표시되어야 한다. 이것은 성공적인 성 주류화를 위한 조건이 되는 것으로 의회에 의해 법으로 명문화되어 있다.

② 성평등 관점을 통합하기 위한 지침시달: 공공분야(행정부)에서의 성평등관점을 통합하기 위해서 '적용지침'(appropriation direction)의 형태로 정부에 의해 지침이 주어진다. 이것이 제대로 이루어졌는지를 평가하기 위해 국가 회계 위원회(The National Audit Board)가 정부의 의도대로 어느 기관이 제대로 운영되었는지를 조사한다.

③ 성 예산의 수립: 예산과정에서의 성 관점을 고려하여 양성의 욕구와 수요를 통합하려는 데 목표를 둔다.

④ 남녀평등교육훈련 강화: 성평등성(gender equality)에 관한 지식을 강화한다. 장관이나 정치인, 낮은 계급의 공무원들에게 성평등을 위한 프로그램훈련 운영한다.

⑤ 기타: 다양한 방법을 개발하는데, 1997년에 실세 운영그룹(working group)을 구성하여 성평등성 증진을 위한 방법을 개발하였다. 이러한 운영그룹은 state secretary에 의해 주도되며 성평등성에 대한 이슈화에 책임이 있으며 행정부와 기업, 중앙정부와 지방정부수준에서 행정부로부터 임명된 대표자를 포함한다. 마지막으로 피드백을 위한 평가가 이루어진다.

나) 네덜란드[15)]

(1) 주요 담당부서

네덜란드의 성 주류화와 관련하여 이에 연관되어 있는 부서는 매우 다양하다. 첫째, 사회업무와 평등기회향상 국가위원회(State Secretary for Social Affairs and Equal Opportunities)는 1977년 처음 설립될 당시 여성의 권리를 위한 부서(The State Secretariate for Women's Rights)였으나, 1994년 성(gender) 정책과 주류화를 모니터하는 역할을 갖는 정부 부서로 사회·고용부(the Ministry of Social Affairs and Employment) 내에 설립되었다. 둘째, 평등권리정책의 조정을 위한 부(Department for the Coordination of Equal Rights Policy)는 1982년 처음 설립되었고 평등기회정책의 집행에 책임을 갖는다. 이 기관의 임무와 기능은 ① 여성의 사회적 지위와 그것에 영향을 미치는 요인들에 관한 자료의 평가, ② 평등기회정책의 개발, 집행, 평가, ③ 국가적 정부정책에서 여성의 권리에 대한 조정, 그리고 ④ 각 정부부처에서 평등기회를 추구하기 위한 활동들을 계획할 때 합동 임무계획을 준비하고 조정, 충고하는 역할을 한다. 셋째, 평등기회정책에 대한 부처간 조정위원회(International Coordinating Committee on Equal Opportunity Policy)는 1977년 개별 부처들간을 조정하기 위해 설립되어 다음과 같은 기능과 책임을 갖는다. ① 부처 위원회들간의 정보교환, ② 장관들에 대한 권고, ③ 평등기회의 분야에서 의사결정을 위한 준비작업과 창도적 수단개발을 위한 포럼과 같은 활동을 하고, ④ 평등고용기회 정책과 그것의 내부 부처들간의 일관성을 위한 자문을 주도하며, ⑤ 정부정책과 관련한 대안들을 선택하고, ⑥ 평등기회의 향상에 대한 보고서를 작성하는 임무 등이 포함되어 있다. 이외에도 재분배와 관련하여 미래 시나리오에 대한 위원회(Committee on Future Scenarios for the Redistribution of Unpaid Care), 매일 매일의 일상적 위원회(Daily Routine Committee), 노동 감시(Labour Inspectorate), 중앙인력서비스위원회(Central Manpower Services Board), 근로환경위원회(The Working Environment Council) 등이 있다.

(2) 주요 수단과 방법

네덜란드 역시 성 주류화를 위해 다양한 도구와 수단을 동원하고 있다. 기본적으로 여성과 남성의 평등을 보장하는 법과 제도의 개선, 여성의 대표성 제고, 동일임금 전략, 양성평등의 지침전달 등을 포함하고 있다.

① 1983년 2월 17일 개정된 네덜란드 공화국 헌법은 동등고용기회정책과 관련된 많은 시

15) http://www.ilo.org/public/english/employment/gems/eeo/cover/net_main.htm
http://www.minbuza.nl/english/menu.asp?Key=429297&Pad=257572,428699,428702

행령을 포함하고 있다. 제1조에서 모든 네덜란드 국민은 동등한 환경에서 동등하게 대우하며, 성별, 혹은 다른 내적 요건으로 인해서 차별하지 못한다는 것을 강조하고 있다. 제19조에서는 이들 요건에 의해 편견 없이 직업을 선택할 자유를 갖고 동시에 각 기관들은 충분한 고용기회를 확충할 것을 인정하고 있다.

② 1999~2002년 성주류화에 관한 네덜란드의 정부부처간 계획은 그동안 지불되지 않은 여성의 근로를 사회-경제적 정책의 형성에 통합할 것을 정책화하고 있다.

③ 정치와 행정부분에서 여성의 대표성 제고와 관련하여 남성에 비해 여성의 현재 정치 및 행정에서 차지하는 비율을 기초로 하여 2002년 말까지 의사결정분야에서 여성의 대표성을 증가할 것을 목표로 하고 있다.

④ 동일임금 정책으로 2000년 Equal Pay Action Plan 2000을 공포, 여성의 독립을 보장하기 위한 새롭고 유동적인 지불구조를 제안. 이는 궁극적으로 여성과 남성의 동등한 대우를 위한 임금입법으로서 '캠페인'을 전개하였다.

⑤ 사회업무 · 고용부(Ministry of Social Affairs and Employment)에서는 동등기회 2000에 대한 장기 정책을 제시하였다.

⑥ 2000~2010까지 중기정책으로 여성해방(emancipation) 정책에는 육아휴직, 일, 돌봄과 수입, 세력화와 정책결정, 인권과 여성(Parental leave, Work, Care and Income, Power and Decision-making, Human Rights and Women) 등이 포함되어 있다.

⑦ 성 주류화를 위한 보고서

다) 스위스[16)]

(1) 주요 담당부서

스위스에서 성 주류화를 위한 담당부서는 크게 여성과 남성의 평등을 위한 연방처(Federal Office for Equality between Women and Men)와 여성문제에 관한 연방위원회(Federal Commission for Women's Issues)로 나뉜다.

먼저 연방부처는 1988년 여성과 남성간의 평등을 위한 연방기관을 설립하는 령에 의해 설치되었다. 양성의 평등을 위한 연방부처의 존재는 법률이 인정하는 것으로 내무부(the Department of the interior)의 한 부서로 모든 사회영역에서 성평등성의 원리를 적용할 것을 고무하고, 모든 형태의 직접적 혹은 간접적 차별형태를 제거하는 것을 목표로 한다.

다음으로, 여성문제에 대한 연방위원회는 스위스 연방의회의 동의를 얻어 1976년 조직되었다. 인적구성과 업무는 각계 분야의 전문가와 학자들, 그리고 여성기구의 대표로 구성되

16) http://www.gleichstellungs-controlling.org/english.html

어 평등기회의 달성을 위한 권고와 관찰이다. 또한 법률을 만드는데 있어서 그들의 의견을 피력하고, 일반대중에게 정보를 알리며, 각종 사회운동 및 보고서 작성임무를 맡는다. 이 위원회는 사회에서 여성의 문제를 이슈화하기 위한 안내자로서 그 필요성이 인정되고 있다.

(2) 주요 수단과 방법

연방부처의 성 주류화를 위한 노력들은 소책자를 발간하여 홍보하는 일, 회의개최, 재정적 지원, 세미나 개최 등을 통해서 이루어지고 있다.

① 소책자 발간과 관련하여, 연방부처에서는 여성의 지위향상에 관한 소책자를 발간하고, 여성자신들 뿐 아니라, 기업, 정부, 무역연합과 협회 등에 배포하여 읽도록 하였다. 그것은 모든 사람들에게 양성의 평등을 증진시키기 위하여 실제적 지침을 제공함으로써 여성의 지위향상을 고무시키고자 하는 것이다. ② 정부부처의 후원으로 1980년대 후반이후 두 번의 연례적 회의가 개최된다. 또한 이와 유사하게 스위스 여성주의자 조직이 조직한 모임이 일년에 두 차례에 걸쳐 이루어진다. ③ 1996년 평등법(the Act on Equality)의 수행을 위해서 연방부처는 여성의 고용을 증진시키기 위해서 38개의 프로그램에 대하여 재정적 지원을 하였다.

제3절 정책과제 및 대안

가. 정책과제

여성가족부(2005.6)의 발족과 함께 괄목할만한 여성정책의 향상을 도모하고 있는 우리나라는 유엔의 여성문제 해결을 위한 흐름과 맥을 같이 하면서 여성문제의 해결을 위해 전력하고 있다. 중앙정부 7개 부처에 여성정책담당관실을 두고, 지방정부에서도 여성정책실을 설치하는 등의 괄목할만한 성과를 이루어가고 있다. 그리고 여성정책에서 성(gender)정책으로의 전환을 통해 남성과 여성 모두에게 혜택을 미칠 수 있는 정책을 펼치기 위해 여성정책 기본계획의 내용을 양성평등 관점에서 펼칠 수 있도록 하는 등을 강구해나가고 있다.

여성정책의 발전적 상황을 위해 해결되어야 할 과제와 함께 정책의 비전을 살펴보면 다음과 같다.

1) 모든 국가정책에서의 여성문제의 주류화

여성정책의 실행은 국가의 모든 정책이 결정되고 시행됨에 있어 사전에 정책의 남성과 여성에 대한 영향이 고려된 분석이 이루어짐으로써 모든 정책결정과정에 성 관점을 통합하도록 촉진하는 작업이 필요하다. 즉 (1) 모든 법률 및 정책에 성 관점이 통합되고 있는지의 여부를 검토하는 권한을 국가기구 및 지방자치단체 여성정책 전담 부서가 갖도록 해야 하고, (2) 모든 정부부처의 여성담당관으로 하여금 그 부처의 모든 정책에 대한 여성관점의 검토 권한을 주며, 중앙부서와 협조하여 이에 대한 조정에 응하게 하고 여성부에 보고토록 해야 한다. 그리고 (3) 법률, 정책 등에 성 관점을 통합시키기 위한 입법, 행정담당자들을 위한 교육프로그램 개발하고 실시토록 해야 한다.

이를 위해 여성관련 정책 및 프로그램의 기획과 이행에 효과적으로 사용하기 위하여 정치, 경제, 사회, 문화 등 모든 부문에 있어서 여성의 현실과 문제가 파악될 수 있는 성별 분리 자료와 정보를 생산하고 배포한다. 또한 기존의 모든 분야의 통계업무에 성별 분리를 포함한 성 통계프로그램을 강화해야 한다. 그리고 정부의 각종 통계의 성별 통계화 작업이 이루어지도록 하며, 이를 종합한 여성통계연감을 매년 발간해야 한다. 즉, ① 각 분야의 여성통계를 발간하여 성 분석을 강화하는 지표와 연구방법론의 개발을 지원하고, ② 기존 통계 부서의 통계의 성별분리 통계화 하며, ③ 여성에 대한 통계간행물을 정기적으로 제작하고 배포해야 한다.

2) 기존 국가기구의 기능 강화 및 여성정책 담당 행정조직의 주류화

여성정책의 실행을 위해서는 모든 국가정책에서의 여성의 주류화와 더불어 (1) 국가기구의 기능 강화, (2) 각 정부부처에 여성담당관을 확대 설치, (3) 지방자치단체 여성정책 전담부서 확대 설치 및 여성정책책임관 지정 등을 강구해 나가야 한다.

가) 여성정책담당관실 확대 설치

중앙정부의 6개 부처에 설치된 여성정책담당관실이 해당 부처의 여성정책 활성화에 기여하는 바는 크다. 그러나 그 외 부처에서도 여성정책 관련 업무를 총괄할 부서의 설치되어 여성관련 업무를 분류, 정책화하도록 해야 한다.

1994년 여성정책에 대한 중장기계획의 수립, 시행과 각 부처별로 추진중인 여성정책에 대한 종합조정기능의 강화 및 여성정책추진 부서간의 유기적인 협조체제 확립을 위하여 40개 부처에 여성정책 협조부서를 지정하도록 하는 여성정책 추진에 관한 업무지침이 국무총리지시(1994.7: 제 1994-22호)로 시달된 바 있다. 이들 관계 부처간의 유기적인 협조 및 효율적인 운영을 위하여 점차 여성정책의 중요성이 많은 부처들을 중심으로 전담인력(여성정책담당관)의 배치를 제도화한 바 있다. 그러나 최근 전 부처에서 여성관련 업무가 증가하고 있어 여성정책담당관실의 확대, 설치가 필요한 시점이다.

나) 지방정부 내 여성정책조정회의체 구성 및 여성정책책임관제도 도입

2002년 여성발전기본법의 개정을 통해 중앙행정기관에 여성정책담당관 제도를 두는 것과 함께 여성정책 협조부서를 지정 · 운영토록 하고, 국무총리 소속 하에 여성정책조정회의를 신설하고, 중앙행정기관에 여성정책책임관제도를 도입, 운영하고 있다. 여성정책책임관은 각 부처의 총괄부서장이 맡도록 하고 있으며, 이는 대체로 각 부처의 기획실장으로 보하도록 하고, 여성정책 업무의 종합조정을 하도록 하고 있다.

여성정책의 주류화는 중앙 각 부처 및 지방정부를 중심으로 주도되어야 하기 때문에 중앙정부에서는 각 부처에 여성정책책임관을 지정하여 여성정책을 책임지도록 하고 있는 것처럼, 지방정부에서도 여성정책조정회의체를 구성하고, 여성정책책임관제도를 도입하여 실질적 남녀평등 실현을 위한 정책인 여성정책의 활성화를 도모해나가도록 해야 한다. 이는 유엔에서 권고하고 있는 성(gneder) 관점의 정책화와도 그 맥을 같이 하는 것이다. 여성정책의 실현은 위와 같은 국내 상황의 변화와 함께 유엔기구들과의 연계 하에 협조체계를 구축하여 관련부문의 정보와 네트워크를 강화함으로써 그 기능이 활성화될 수 있다.

3) 모든 국가정책에서의 성인지적 관점의 통합

모든 국가정책에서의 성인지적 관점의 통합은 21세기의 사회에서 살아가는 사람들을 위해 필수적인 일이다. 여성부를 중심으로 하여 중앙 및 지방정부의 여성정책실이 주관부서가 되어야 하며, 해당 부처에서 성인지적 관점의 정책화가 이루어지고 있는지를 점검하고 실행되도록 하는 방안이 강구되어야 한다. 이를 위해 모든 정책의 성인지적 영향에 대한 연구의 강화, 성인지적 통계의 개발, 정책담당자들의 교육프로그램 개발 및 실시 등을 통해 이루어져야 한다.

4) 정치 · 정책결정 과정에 여성의 참여 증진을 위한 정책 확대

구조적 차별의 극복정책을 위해 잠정적 우대조치의 개발, 잠정적 우대조치의 구체적 개발(정치참여 증진을 위한 잠정적 우대 조치, 각종위원회 여성참여 목표율 설정, 여성공무원 평등고용 촉진을 위한 조치, 국제기구 및 외교업무의 여성참여 30% 목표율 설정), 여성의 경력발전 지원정책(정치교육 훈련프로그램의 실시, 여성공무원의 관리자교육 기회 확대 및 교육프로그램의 실시, 여성 국제전문인력 양성프로그램의 실시), 직장과 가정을 조화롭게 양립할 수 있는 지원정책, 여성단체활동의 지원: 여성의 영향력 증진을 위한 정책 등을 통해 이루어져야 한다.

5) 성별 분리자료와 통계의 작성 및 활용

여성관련 정책 및 프로그램의 기획과 이행에 효과적으로 사용하기 위하여 정치, 경제, 사회, 문화 등 모든 부문에 있어서 여성의 현실과 문제가 파악될 수 있는 성별 분리자료와 정보를 생산하고 배포한다. 또한 기존의 모든 분야의 통계업무에 성별 분리를 포함한 성 통계프로그램을 강화한다. 이를 위하여 정부의 각종 통계의 성별 통계화 작업이 이루어지도록 하며, 이를 종합한 여성통계연감을 매년 발간한다. 즉, 각 분야의 여성통계 발간, 기존 통계부서의 통계의 성별 분리통계화, 여성에 대한 통계간행물의 정기제작하고 배포한다.

6) 유엔시스템과의 협조체계 구축

여성향상을 다루는 유엔기구들과의 연계하에 협조체계를 구축하여 관련부문의 정보와 네트워크를 강화한다. 특히 공동 주최의 회의 및 관련 기구의 사무실을 한국에 유치하는 것은 좋은 연계방법이 될 수 있다.

7) 여성정책 수행평가 및 실질적 여성정책 개발방안 모색

가) 영역별, 지역별 여성정책 계획, 이행, 수행평가 실시

(1) 종합적인 여성정책 계획, 이행, 평가틀을 개발하고, 상황에 따라 영역별, 지역별로 필요한 계획, 이행, 평가틀이 개발되어야 한다.

여성정책을 보다 효율적이고 효과적으로 수행하기 위해서는 그에 맞는 여성정책 계획, 이행, 평가틀이 개발되어야 한다. 단순한 정책평가가 아니라 여성정책의 특성에 맞게 개발된 평가틀에 의해 여성정책 이행점검을 실시해야 한다. 영역별, 지역별 종합적인 계획, 이행, 평가틀이 개발된 후, 지역적 특성이나 영역별 특성에 맞는 계획, 이행, 평가틀은 개별적으로 개발되어 운영되어야 한다.

(2) 여성정책의 비전은 다음과 같은 정책운영을 통해 가능하다.

여성정책 수행을 객관적, 과학적으로 점검하기 위한 방안을 보면 다음과 같다.

첫째, 여성정책을 보다 효율적이고 효과적으로 기획, 집행, 평가하기 위해서는 여성문제에 대한 관심이 증대하고 있는 국내 · 외적 상황에 맞추어 여성정책의 내용과 범위를 크게 확대해나가야 한다. 그러므로 제2차 여성정책기본계획을 설정할 때에는 성 관점의 정책이

펼쳐질 수 있도록 해야 한다.

둘째, 여성정책 평가의 적합성을 높이기 위해서는 다양한 대안들간의 논리적 · 이론적 연계성을 갖는 여성정책 수단의 모색이 요청된다. 중장기 계획일 경우, 매해 여성정책 추진실적의 진전도 확보를 위해서는 매해 자체 평가시스템의 도입하는 방안이 제시될 수 있다.

셋째, 여성정책의 남녀평등에의 기여도 확보를 위해서는 현재 여성중심의 시책과제를 성중립적 관점에서 재검토함으로써 보다 성 중립적인 시책개발이 이루지도록 해야 한다.

넷째, 여성정책 수행역량 강화를 위해서 가장 중요한 요소는 관련 기관장의 리더십과 남녀평등의식이다.

다섯째, 관련부처 및 중앙과 지방행정기관간 협조체제가 강화되어야 한다. 여성정책의 수행을 위해서는 관련부처와의 협조 방안 모색이 이루어져야 한다. 즉 여성정책의 수행을 위해서 전 부처와의 관련성을 갖고 이들 부처의 협조가 필요하다. 그리고 중앙행정기관과 지방행정기관간 여성정책 수행을 위한 협조체계 구축을 위해서는 지방자치제의 부활로 각 자치단체의 특성에 맞는 정책의 수립이 가능하게 되었고, 그에 따라 각 자치단체의 특성에 맞는 정책들이 개발되고 추진되고 있는 것이 사실이다. 그러나 여성정책의 수행에 있어 자치단체의 특성사업보다는 중앙정부의 정책에 대한 의존도가 높게 나타나고 있다. 여성정책의 수립 시 중앙정부 차원에서 수행하는 정책과 자치단체의 특성이 포함되어야 할 정책을 구분하는 일이 필요하다. 지방자치단체의 여성정책 수행 여건의 개선을 위해서는 부서간 업무협조체계, 인력 및 예산부족, 주민의 참여부족 등이 향상되어야 한다. 지방자치단체는 직접적으로 시민과 가깝게 서비스를 제공하는 일선 서비스 기관으로 인력 및 예산의 투입이 이루어지는 곳이기 때문이다.

여섯째, 여성자신의 여성정책에 대한 관심과 참여가 증가되어야 한다. 여성 자신의 여성정책에 대한 관심부족 원인과 대책을 마련해야 한다. 여성정책에 대한 관심도나 어떠한 정책이 추진되고 있는지에 대해서는 잘 알고 있지 못한 것으로 나타나 여성의 여성자신의 문제에 대한 관심과 참여 방안이 모색되어야 할 필요성이 강조되어야 할 필요가 있다. 이는 그 원인이 여성자신의 무관심, 홍보부족, 실감할 수 없는 정책 등인지에 대한 조사를 통해서 여성정책의 실효성을 제고할 수 있는 구체적인 전략과 방법들이 모색될 수 있다.

여성정책 및 그 성과에 대한 홍보 전략을 보면, 여성의 참여를 유인할 수 있는 방법 가운데 하나는 여성정책에 대한 적극적인 홍보이다. 여성정책 담당 공무원이 여성정책을 홍보하기 위한 방법으로 인터넷 홈페이지(63.3% 복수응답)이나, 여성당사자가 여성정책 관련 정보를 획득하는 경로는 전문가, 여성 모두 TV, 라디오 등 대중매체를 통한다는 응답(전문가 73.8%, 시민 82.9%) 대부분을 차지하였다. 여성정책을 효과적으로 홍보할 수 있는 수단을 선택하는 것과 동시에 여성이 인지할 수 있도록 지속적인 홍보가 이루어져야 한다.

나) 실질적 여성정책 수립방안 제시

(1) 여성정책 수행의 문제점을 분석하고 과제를 제시해야 한다.

첫째, 여성정책의 진단에서 나타난 다음과 같은 문제점들이 해결될 수 있는 방안을 모색해나가야 한다.

(가) 여성정책의 진단에서 나타난 제1차 여성정책기본계획 등 여성정책에 대한 평가결과를 보면, 여성정책의 문제점은 제1차 여성정책 기본계획 선정 및 구성의 문제를 들고 있었다.

(나) 여성정책 목표의 모호성, 과제명과 내용의 불일치성, 과제이행 및 추진상의 문제, 예산배정의 부적절성 등이 제시되었다.

(다) 여성정책평가를 위한 수행 실적자료 제시와 지방자치단체와의 연계성 부족이 문제로 드러나고 있다.

(라) 여성정책 수행을 위한 일선기관의 업무중복, 관련 부처의 사업추진 의지의 결여 등과 함께 여성정책이 가지고 있는 한계에 기인한 문제 등이 제시되었다.

둘째, 향후 여성정책 수립을 위해서는 영역별 여성정책 종합계획이 다음과 같이 제시되어야 한다.

(가) 여성정책 종합계획 하에서 기본계획이 수립하고, 정책과제 구성상 적절한 과제 제시가 있어야 한다.

(나) 여성정책 수행의 문제에서 드러난 부분에 대한 해결책으로서 시책과제의 명확한 목표설정이 이루어져야 한다.

(다) 시책과제명과 내용의 일치, 정책의 효율적 이행 및 추진방안이 모색되어야 한다.

(라) 시책과제별 적절한 예산배정, 중앙과 지방정부의 담당인력 배치 및 전문성 향상방안 마련 등이 이루어져야 한다.

(마) 시책과제 평가를 위한 충분한 실적자료가 제시되어야 한다.

(바) 여성부의 역할 확대를 통한 여성정책의 활성화 도모하고, 지방자치단체와의 연계성 확보방안을 마련해야 하며, 정책과제의 목표달성을 위한 운영체계를 구축하고, 일선 기관의 업무중복 회피방안 등을 마련해나가야 한다.

(2) 여성정책 수립방안을 제시해야 한다.

여성정책의 중장기 계획수립 방안을 마련하기 위해 여성정책 수행평가를 통해 나타난 문제 및 과제에 근거하여 다음과 같이 제시되어야 한다.

첫째, 사회변화 상황을 예측하고, 여건을 전망하여 여성정책의 비전 및 목표설정을 위한 정책방향을 제시해야 한다.

둘째, 여성정책 추진전략을 제시하여 정책의 효율성을 증가시키고, 성 이슈의 의제화 및 성인지성이 반영되도록 하여 여성정책 단계별 정책개발을 시도해야 한다.

셋째, 여성정책 이행점검틀 · 지표를 개발하고, 여성정책 수혜자의 욕구를 파악해야 한다.

넷째, 여성정책의 성별 영향을 분석하고, 성인지적 정책형성을 도모해야 한다.

다섯째, 여성정책의 적극적 추진을 위한 관련 법 및 조례를 제정하고, 여성정책의 효율적 수행 및 성 관점의 예산 확보해야 한다.

여섯째, 여성정책 담당자의 성인지력을 향상시키기 위한 남녀평등교육훈련을 실시하고, 성 분석가를 양성하기 위한 교육을 실시해야 한다.

일곱째, 여성정책 중장기계획위원회 구성 · 운영, 여성정책 기본계획 홍보 및 관리시스템 구축, 여성정책 모니터링단 설치 지원을 비롯하여 여성정책 기본계획 기간의 효율적 관리가 필요하다.

나. 성평등정책의 비전

성평등정책 수행의 결과로 여성의 정치 및 경제활동에의 참여 등 사회참여 확대와 여성의 정치 · 경제 · 사회적 지위의 향상을 가져왔고 불완전하기는 하지만 여성복지의 향상에 있어서도 어느 정도의 성과를 가져온 것이 사실이다. 그동안 주로 양적으로 확대 · 추진되어온 여성정책의 성과를 바탕으로 질적으로 여성문제에 접근하기 위해 여성정책의 전반적인 흐름을 살펴봄으로써 여성문제를 보다 전략적으로 접근하는데 있어서 요청되는 현재 여성정책 수행에 있어서의 문제점을 도출하고 이에 대한 개선방안을 모색하고, 여성정책의 비전을 제시코자 시도하였다.

성평등정책은 정치 · 경제 · 사회 · 문화 등 모든 분야에서 여성의 지위와 권익을 향상시켜, 남녀평등사회를 이룩하려는 포괄적인 국가정책을 의미한다. 이는 국가가 남녀평등의 실현과 여성문제의 해결이라는 목표아래 여성문제를 개인적 차원의 문제로 보지 않고, 사회 · 국가적 차원의 문제로 인식하여 평등을 저해하는 사회제도적 요소들을 제거하고 개선하려는 행동계획이다.

국가정책으로서 여성정책이 추구하는 바는 여성의 복지를 증진시키고 여성의 삶의 질을 향상시키고자 하는 것이지만, 각 사회가 궁극적으로 추구하는 여성정책의 궁극적 목표가 '남녀평등한 사회의 실현'에 있다고 볼 때, 남녀평등의 이념이나 달성하고자 하는 평등은 법적, 사회 · 경제적, 생물학적 평등을 모두 달성했을 때 그 실현이 가능하다.

성평등정책 발전의 촉진요인은 무엇보다도 변화되고 있는 국내외의 사회적 상황과 그로 인한 여성 자신의 의식과 생활의 향상이다. 그리고 사회변화의 영향을 받은 정부와 여성계가 여성들의 삶의 질을 향상시키고자 하는 의욕을 가지고 적극적인 활동을 펼쳐갈 때 가능해진다. 더구나 여성발전 촉진정책을 펼치고자 하는 정부의 의지는 중요한 요인으로 작용함을 물론이다. 여성자신, 여성계의 적극적인 활동, 사회변화, 정부의 의지 등이 여성관련 국가기구를 확대시키고 여성관련 법을 제정 및 개정하는데 촉진요인으로 작용하여 궁극적으로는 여성의 삶의 질을 향상시킬 수 있는 여성정책을 제시, 시행할 수 있는 힘을 부여한다. 성평등정책 발전은 산업화에 기인하며, 그로 인한 여성들의 사회참여가 중요한 역할을 하고 있다. 그리고 여성의 생활과 의식의 변화, 여성운동의 활성화, 유엔의 여성발전 전략이 여성정책 발전의 촉진요인으로 작용하고 있다. 이와 같은 요인들이 여성관련 행정조직의 확대에 영향을 미치며, 더불어 여성관련 법률의 제정 및 개정에도 영향을 미침으로써 여성정책의 시행요구가 높아지고 있다. 나아가 이는 남녀평등사회의 실현, 여성들의 사회참여 확대를 위한 여건조성 및 여성복지 증진을 위해 중요한 역할을 하고 있음은 주지의 사실이다.

유엔에서는 여성정책의 기본방향을 설정하는데 있어서 「평등」, 「발전」, 「평화」의 세 목표를 세우고 각각의 목표를 실현하기 위한 구체적인 정책들을 제안하였으며(한국여성개발원, 1986), 1995년 제4차 세계여성회의를 통해 성(gender) 관점으로의 정책화를 도모하며, 이를 통해 성 주류화 방안을 강구해가도록 권유하고 있다. 즉 여성발전전략으로서 WID(Women in Development)관점, GAD(Gender and Development)관점의 정책화를 도모하고, 성 주류화(Gender Main- streaming)전략을 통해 남녀가 평등한 상황 속에서 함께 생활하고 활동할 수 있도록 하는 것이다.

성평등정책이 성(gender) 관점에서 수행되기 위해서는 성평등정책의 사적 고찰이 이루어져야 하고, 여성정책 계획 및 이행을 위한 모형이 개발되어야 하며, 여성정책평가를 위한 종합적인 평가틀과 마찬가지로 영역별 평가를 위한 지표 및 척도개발이 이루어져야 하며, 이에 의거하여 종합적인 중장기 계획과 각 영역별 중장기 계획, 또 지역별 중장기 계획이 수립되어야 한다. 즉 21세기를 전망하고, 여성정책의 비전과 목표를 설정하며, 그에 따른 정책과제를 제시함으로써 여성정책의 영역별, 지역별 특성에 따른 정책개발이 이루어져야 한다.

성평등정책이 어떻게 계획되며, 집행되는지의 요소를 점검하고, 성평등정책의 성과와 영향력 요소를 분석하여 우리나라 성평등정책의 평가를 통해 여성정책의 형성과 집행 시 영향을 미칠 수 있어야 한다. 즉 성평등정책 평가는 성평등정책을 평가해봄으로써 그 효율성과 효과성을 점검해보며, 다음의 성평등정책의 계획에 영향을 미칠 수 있도록 하기 위한 작업이다. 그러므로 성평등정책 평가는 성평등정책의 방향, 목표 및 형성, 집행과정, 성과와 영향력을 평가지표와 척도를 통해 과학적이고 체계적으로 평가해보는 것이다. 우리나라가 성평등정책 연구기관과 전담기구 설치 이후 여성정책이 계속 입안되고 이행되어 왔으나, 그동안 평가지표와 척도에 의한 평가작업은 제대로 이뤄지지 않았다는 문제의식과 여성정책의 실행을 지속적, 효율적으로 일관되게 도모해나가기 위해서는 과학적, 체계적 평가모형을 개발하여 평가기준, 평가지표, 평가척도를 구성, 평가해야 한다. 이는 정부 등이 바뀔 때마다 정책도 바뀌는 현실을 뛰어넘는 효과를 가져 올 수 있기 때문에 여성발전을 이룰 수 있는 기초가 될 수 있다.

성평등정책이 사회변화에 따라 다양하게 변화 · 적응하며, 여성들의 요구에 맞는 기능을 수행할 수 있도록 발전하기 위해서는 정책을 수립한 후 평가 작업이 이루어져야 한다. 여성정책을 강화하기 위한 선택, 구체화 시켜야 할 목록, 여성을 위한 성과 등을 중심으로 여성의 요구에 효과적으로 대응하는 방법을 제시하고, 여성들 상호간에 일치와 협력을 도출해낼 수 있도록 하는데 역점을 두어야 한다.

성평등정책을 효과적이고 효율적으로 수행하기 위해서는 정책수혜자들이 변화하는 사회에 대응할 수 있도록 함으로써 자신의 삶의 여건을 전망하고 적응토록 하는데 의의가 있다. 이는 궁극적으로 여성의 삶을 확장시키고, 여성 세력화를 도모하며, 궁극적으로 평등사회를 구현하기 위해 필요하다.

성평등정책은 사회의 흐름을 감안하면서 객관적이고 과학적으로 계획, 이행, 평가되어야 한다. 성평등정책 평가틀이 설정된 후 실행되어야 하며, 이를 근거로 하여 새로운 여성정책이 개발되도록 해야 한다. 즉 성평등정책 평가를 통한 정책개발의 결과는 성 차별적 제한요소가 제거될 수 있는 정책의 입안과 집행 및 평가에도 기여할 수 있는 것이다. 나아가 바람직한 성평등정책 개발방안을 모색해나감으로써 여성뿐만 아니라 남성의 삶의 질을 향상시키기 위해 필요하다.

요 약

본 장에서는 성평등정책의 추진체계와 비전에 대해 살펴보았다. 성평등정책 추진체계는 기구와 관련 법을 통해 알아보았고, 성평등정책 패러다임의 전환을 알아보기 위해서는 국내와 유엔 및 국외 상황을 살펴보았다. 즉 우리나라의 성평등정책이행 계획 및 현황은 제6차 경제사회발전 5개년 계획(1987~1991), 제7차 경제사회발전 5개년 계획(1992~1996), 제1차 여성정책 기본계획(1998~2002), 제2차 여성정책기본계획(2003~2007)을 살펴보았고, 유엔과 제 외국의 성평등정책 구현을 위한 방안을 살펴봄으로써 시사점을 찾고자 하였다. 그리고 성평등정책의 비전에 대해 논의하되, 성평등정책의 문제 및 과제를 살펴보고 성평등정책의 비전을 제시하였다.

이를 자세히 살펴보면 다음과 같다.

1) 성평등정책은 여성문제의 해결을 통해 여성의 삶의 질을 향상시키기 위한 정책적인 접근을 의미하며, 남녀 모든 사회구성원이 인간으로서의 존엄을 보장받고, 능력을 개발 · 활용할 기회가 균등하게 주어지는 평등사회의 실현을 목표로 한다.

2) 성평등정책 행정기구 및 제도의 변화를 보면, 중앙행정기관은 현재의 보건복지부로 1948년 사회부 소속의 부녀국으로부터 출발하여, 1988년 국무총리 직속 정무장관 제2실이 발족되면서 보다 포괄적 수준에서 여성정책이 다뤄지기 시작하였고, 대통령직속여성특별위원회(1998), 여성부(2001)의 신설로 이어진다. 또한 1998년 6개 부처에 여성정책담당관실이 설치, 운영되어 여성문제의 해결을 위한 조정, 실행을 함께 해나가고 있다. 2002년 여성정책조정회의를 신설, 중앙행정기관에 여성정책책임관제도를 도입, 운영하고 있다.

3) 법 · 제도의 제 · 개정을 보면, 1990년대에는 특히 영유아보육법, 여성발전기본법, 가정폭력관련법, 남녀차별금지및구제에관한법률이 제정되었고, 소득세법, 공무원법, 윤락행위등방지법, 남녀고용평등법, 공무원임용시험령 등이 개정되었다. 특히 1999년 남성의 군가산점제가 위헌이라는 결정이 있게 됨에 따라 군가산점제가 폐지되게 되어 여성의 공조직의 진출이 더욱 높아지게 되는 기회가 마련되었다.

4) 성평등정책 패러다임의 전환은 요보호 여성을 중심으로 한 최소한의 복지차원에서 여성문제에 대한 접근에서, 일반여성의 복지 · 인권으로 확대되는 과정을 거쳐 발전되었다. 즉 정책 초점의 변화가 여성중심에서 여성과 남성의 관계 중심으로 전환되었다.

5) 성평등정책 계획을 보면, 제6차 경제사회발전 5개년 계획의 여성개발부문에서 제7차 경제사회발전 5개년 계획의 여성개발부문 그리고 제1, 2차 여성발전 기본계획에 나타난 내용을 중심으로 하여 비교해보면 정책의 변화가 이루어지고 있음을 알 수 있다. 즉 남녀평등을 추구하기 위해 불평등한 사회적 상황을 해결하고, 특히 요보호 여성에 역점을 두어 정책을 펼쳐오던 것에서 제2차 여성정책기본계획에 이르러서는 양성평등을 실현하기 위한 실질적 남녀평등사회를 추구해나가기 위해 여성만이 아닌 남녀 모두를 위한 정책을 펼쳐나감으로써 궁극적으로 실질적인 남녀평등을 이루도록 하는 것이다. 특히 정책의 성 주류화를 도모하기 위해 각 정부부처에 여성정책책임관을 지정하여 종합적, 구체적으로 여성정책이 펼쳐질 수 있게 하고 있으며, 여성에 한정된 정책이 아닌 남녀 모두를 위한 일반적인 정책으로 변화를 시도해나가고 있음을 알 수 있다.

6) 성평등정책의 발전적 상황전개를 위해 해결되어야 할 과제와 함께 정책의 비전을 살펴보면, 모든 국가정책에서의 여성문제의 주류화, 기존 국가기구의 기능 강화 및 성평등정책 담당 행정조직의 주류화를 들 수 있다. 이는 여성정책담당관실 확대 설치, 지방정부 내 성평등정책조정회의체 구성 및 여성정책책임관제도 도입, 모든 국가정책에서의 성인지적 관점

의 통합, 정치 · 정책결정 과정에 여성의 참여 증진을 위한 정책 확대, 성별 분리자료와 통계의 작성 및 활용, 유엔시스템과의 협조체계 구축, 성평등정책 수행평가 및 실질적 성평등정책 개발방안 모색 등이다. 이는 영역별, 지역별 성평등정책 계획, 이행, 수행평가 실시와 실질적 성평등정책 수립방안을 제시하는 것이 중요하다.

연구 및 토의과제

1. 성평등정책의 흐름은 패러다임의 전환을 통해 확대되고 있습니다. 즉 요보호 여성을 중심으로 한 복지차원에서 일반여성의 복지 · 인권으로 확대되는 과정을 거쳐 발전되고 있습니다. 성평등정책 초점의 변화가 어떻게 변화, 발전되고 있는지를 논하시오.
2. 성평등정책이 효율적으로 수행되기 위해서는 중앙 및 지방행정기관에 성평등정책을 수립, 집행하면서 관련 부서의 업무를 통합, 조정할 수 있도록 해야 합니다. 이와 함께 앞으로 성(gender) 시각을 가진 인력양성이 이루어져 정책의 활성화를 도모할 수 있어야 합니다. 이를 위한 관련 행정기구 및 제도의 변화가 여성정책 내용과 함께 이루어져 온 상황을 설명하시오
3. 유엔 및 제 외국 성평등정책의 변화에 대해 아는 대로 설명하고, 우리나라에 미친 영향에 대해 논하시오.
4. 제6, 7차 경제사회발전 5개년 계획에 의거한 여성개발부문과 여성발전기본법에 의한 제1, 2차 여성정책기본계획의 기본 목표와 과제를 비교, 설명하시오.
5. 성평등정책의 문제와 과제를 제시가 무엇인지 설명하고, 성평등정책의 비전에 대한 자신의 견해를 밝히시오.

참 • 고 • 문 • 헌

권영자(1995). "한국의 여성정책에 관한 연구". 「여성연구」. 여름호 통권 제 47호. 서울: 한국여성개발원.

김미경(2000). "여성정책과 정부역할의 변화". 「한국행정학회 2000년도 기획세미나 · 국제포럼 발표논문집」. pp.19-37.

김복규(2000). "우리나라 여성정책의 변화와 발전과제". 「여성정책연구」 제3권. 대구광역시. pp. 11-48.

김선욱(1996). 『21세기의 여성과 여성정책』. 서울: 박영출판사.

김선호 · 조경호(1995). "정책점검을 위한 정책영역별 정책영향지표의 개발에 대한 논의". 「한국정책분석평가학회보」 5. 서울: 서울대학교.

김양희 · 민무숙 · 장영아 외(2001). 「여성정책기본계획의 실효성 제고방안 연구」. 서울 : 여성부.

김엘림(1996). 「여성발전기본법의 내용과 과제」. 서울: 한국여성개발원.

김엘림(2003). 「남녀평등과 법」. 서울: 한국방송통신대학교출판부.

김원홍(1997). 『중앙과 지방의 여성정책 연계추진 방안』. 서울: 한국여성개발원.

김재인 · 김성경 · 권미수(2000). 「여성정책 평가모형 개발」. 서울 : 한국여성개발원.

김재인 · 김원홍 · 양애경 외(2002). 「국민의 정부, 여성정책 성과와 과제」. 서울 : 여성부 · 한국여성개발원.

김재인 · 박성정 · 정경아 · 정윤수(2001). 「정책의 성 분석 모형 개발」. 서울 : 한국여성개발원.

김재인 · 조연숙(2002). 「여성정책 수행평가에 관한 연구」. 서울 : 한국여성개발원.

김정자(1998). "사회정책분석모델에 관한 연구 – 여성정책분석을 중심으로 –". 서울: 이화여자대학교 박사학위 논문.

노화준(2001). 「정책분석론」. 서울: 박영사.

대통령직속여성특별위원회(1998). 「제1차 여성정책기본계획」.

대통령직속여성특별위원회(1999). 「제1차여성정책기본계획 – 1998년도 시행실적 및 1999년도 시행계획」.

대통령직속여성특별위원회(2000). 「제1차여성정책기본계획 – 1999년도 시행실적 및 2000년도 시행계획」.

대한민국정부(1986). 「제6차 경제사회발전 5개년계획(1987 ~ 1992)」.

대한민국정부(1992). 「제7차 경제사회발전 5개년계획(1993 ~ 1997)」.

대한민국정부(1993). 「신경제 5개년계획(1993 ~ 1997)」.

변화순 외(1997). 『여성정책의 현황과 전망 – 21세기를 향한 여성정책』. 서울: 한국여성개발원.

보건복지부 여성정책담당관실(1999). 『보건복지 여성정책 안내』.

보건복지부 여성정책담당관실(1999). 『보건정책과 여성」.

보건사회부(1987). 「부녀행정 40년사」.

보건사회부(2000). 「보건복지여성정책중장기계획」.

세계화추진위원회(1995). 「여성의 사회참여 확대방안」, 세계화추진회의 보고자료.

여성부(1998, 1999, 2000, 2001, 2002). 「여성백서」.

여성부(2001). 「제1차 여성정책기본계획 – 2000년도 시행실적 및 2001년도 시행계획」.
여성부(2002). 「2003 ~ 2007 제2차 여성정책기본계획」.
여성부(2002). 「제1차 여성정책기본계획 – 2001년도 시행실적 및 2002년도 시행계획」.
여성부(2002). 「제2차 여성정책기본계획」.
장하진(2001). "행정기구의 변천과 과제". 「지방행정」. 서울: 대한지방행정공제회.
장하진 · 김재인 · 박성정 외(2002). 「제2차 여성정책기본계획 추진방향 및 정책과제 연구」. 서울: 한국여성개발원.
정무장관(제2)실(1995). 「여성백서」.
정무장관(제2)실(1995). 『여성정책의 추진실적 및 계획』.
조우철(2000). "중앙정부의 여성정책담당기구의 기능에 관한 연구". 「한국행정학회 기획세미나 · 국제포럼」.
조형(1999). "사회변동과정에서의 여성정책 위상과 의미". 서울: 한국여성학회.
한국여성개발원(1993). 「여성정책담당 국가행정기구의 기능강화방안」. 서울: 한국여성개발원.
한국여성개발원(1995, 1998, 2000, 2001, 2002). 「여성통계연보」. 서울: 한국여성개발원.
한국여성개발원(1996). 「북경여성회의 행동강령 이행을 위한 정책과제 연구」. 서울: 한국여성개발원.
한국여성개발원(2006.12.6). 「제3차 여성정책기본계획(안)(2008 ~ 2012) 공청회」. 서울: 한국여성개발원.
한국여성단체연합 정치발전센타(2002). 「16개 광역시도 2001 여성정책평가」. 자료집. 서울 : 한국여성단체연합.
한국여성단체연합(1997). 「1997 15대 대선3당 여성정책 비교 · 평가」. 서울 : 한국여성단체연합.
한국여성단체연합(1998). 「김대중 정부 여성정책 1년 평가 및 정책 제안을 위한 토론회」 자료집.
한국여성학회(1999). 「신정부여성정책의 현황」 제6차 워크샵 자료집. 서울 : 한국여성학회.
행정자치부 여성정책담당관실(1999). 『공무원을 위한 여성정책 결정 가이드』.
행정자치부(2000). 「'99 지방자치단체 여성정책종합평가분석보고서」.
Council of Europe, Gender Mainstreaming: Conceptual framework, Methodology and Presentation of Good Practice: 보건복지부 여성정책담당관실 역. 「여성정책 주류화에 대한 이해와 실천방안」.
Fischer, F. (1995). *Evaluating Public Policy.* Chicago: Nelson-Hall Publishers.
ILO(1995). *Guidelines for the integration of gender issues into the design, monitoring and evaluation of ILO programmes and projects.*
Miller, C. & Razavi, S. (1998). *Gender analysis: Alternative paradigms.* UNDP.
Ministry of Women's Affairs(Netherlands)(1997). *Gender Anaysis.*
Ministry of Women's Equality(2001). Gender Lens : A Guide
Moser, C. (1993). *Gender planning and development.* London: Routledge.
Parker, A. R. (1993). *Another Point of View: A manual on gender analysis training for grassroots workers.* UNIFEM.
Status of Women Canada(1995). *Setting the stage for the next century: The federal plan for gender equality*
Status of Women Canada(1996). *Gender-Based Analysis : A Guide for Policy-Making.*
UN(1998). National Machineries for Gender Equality, United Nations Division for the Advancement of Women Department of Economics and Social Affairs.

UNDP(2001). Learning and Information Pack.
Vedung, Evert(1995). Public Policy & Program Evaluation: 이경옥 옮김. 「정책평가개론」. 서울 : 한울 아카데미.
www.mogef.go.kr
www.swc-cfc.gc.ca
www,mwa.govt.nz.
http://sweden.gov.se/
http://www.naring.regeringen.se/fragor/jamstalldhet
http://www.ilo.org/public/english/employment/gems/eeo/cover/net_main.htm
http://www.minbuza.nl/english/mcnu.asp?Key=429297&Pad-257572,428699,428702
http://www.gleichstellungs-controlling.org/english.html

제3장 성별영향평가와 성인지(性認知) 예산정책

김 재 인(전 한국양성평등교육진흥원 원장)

제1절 정책추진 경향성

최근 들어 성평등정책을 통해 성평등사회 구현을 위한 방안으로 성 주류화 전략이 펼쳐지고 있다. 성 주류화 전략은 성별영향평가를 통해 성인지 예산 책정을 통해, 그리고 이를 위한 성별 분리통계정책을 통해 다각도로 진행되고 있다. 2003년 시작된 제2차 여성정책 기본계획에 나타난 정책에 양성평등 관점통합을 위해 여성정책 추진기구 확대 및 성인지적 예산 수립, 정책의 성별 분석을 위한 기반조성 과제를 제시함으로써 여성에서 양성으로 정책의 초점을 전환, 수행할 계획을 하고 있다.

2006년 중앙정부 및 광역자치단체 및 기초자치단체 등 187개 기관에서 314개 과제분석이 이루어졌다. 2005년에도 여성가족부는 각 부처 및 지방자치단체에게 관련 추출과제에 대한 성별영향평가 시행을 요구했고, 53개 기관(41개 부처, 16개 지방자치단체)에서 참여하였으며, 총 85개 과제에 대한 분석이 이루어졌었다.

성인지 예산은 공공예산을 편성하고 심의, 집행, 결산, 성과평가 등 재정운용 전 과정에 걸쳐 성별영향을 고려하여 국가재정 운용이 양성평등의 증진과 연결될 수 있도록 하는 도구과정이다. 즉 특정 성별에게 불평등이 발생하지 아니하도록 성별 영향을 고려하여 예산안을 편성하는 것으로, 단순히 여성지원 예산이나 여성가족부의 예산을 의미하는 것은 아니다. 2006년 10월 4일 「국가재정법」이 제정되어, 그동안 실행되어왔던 「예산회계법」(1961년)과 「기금관리기본법」(2004년)을 폐지하고, 새로운 재정운용의 틀을 마련하였다. 각 정부부처 및 지방자치단체는 매년 당해연도를 포함한 5회계연도 이상의 기간에 대하여 국가재정운용계획을 수립하고 회계연도 개시 90일 전까지 국회에 제출하도록 하였으며, 성인지 예결산제도를 도입하여 2010회계연도 예결산안부터 적용토록 하고 있다.

성별영향평가는 정책의 성 분석(gender analysis)을 하는 것으로 모든 정책 속에 성 관점(gender-perspective)이 통합될 수 있도록 하기 위한 시도이다. 정책의 전 과정에서 성(gender) 요인이 고려될 수 있도록 하여, 남성은 물론 여성에게도 긍정적인 영향을 미칠 수 있도록 정책이 개발되고 집행되도록 점검하는 과정이다. 즉 사회의 모든 분야에서 여성과 남성이 함께 그리고 동등하게 참여하고 혜택을 받도록 하기 위해 정책들이 여성과 남성에게 어떻게 다르게 영향을 미치고 있는가를 검토하고 고려하는 것이다.

지금까지 정책의 효율성과 효과성을 평가하기 위한 정책평가와 분석이 이루어져 왔지만, 평가 및 분석의 준거로 성(gender)은 적절히 고려되지 못하였다. 여성의 사회적 역할과 활동

범주가 급격히 확대되고, 사회에 대한 기여도 역시 증가하고 있음에도 불구하고, 여성에 대한 전통적 차별이 아직 우리 사회 전반과 국가의 공공 정책 개발에 잔존하고 있다. 사회 현장에서 여성들은 여전히 소외집단이 되고 있으며, 정책결정에서의 소외, 생산자 위치에서의 소외 등과 함께 소득의 상대적 저하, 사회·문화적 후진성 등 사회의 여건이 여성들의 위치를 주변적으로 만들어왔다. 여성들은 사회의 발전을 위해 중요한 일을 수행하면서도 사회인으로서의 긍정적인 정체성을 형성하기 어렵고, 적절한 정책적 지원도 받지 못하는 모순적 상황에 놓여있다. 여성의 의식, 요구와 경험을 고려하지 못한 정책의 개발과 집행은 여성은 물론 남성과 우리 사회 발전에 장애로 작용한다. 이에 정책수요자로서 여성을 적극적으로 고려한 정책의 개발이 요구되며, 그러한 정책개발의 도구로서 성 분석 모형 개발의 필요성이 제기되고 있다.

유엔에서는 세계 각국이 여성정책과 국가발전을 밀접하게 연관시켜 여성의 주류화를 이룰 수 있도록 하기 위해 정책의 성 분석을 중요한 주제로 다루고 있다. 1995년 북경여성회의 이전까지 세계 각국 정부는 여성 발전을 여성의 특수한 문제해결에 의해 해결하고자 하는 WID관점(Women in Development)으로 접근하여 왔다. 그러나 북경여성회의에서 각국의 여성정책의 추진상황을 평가해야 한다는 데 합의하면서 정책의 성 분석의 중요성을 감안하여 실행에 옮길 것을 결의하였다. 그리고 유엔에서는 성(gender)과 발전을 함께 생각하는 접근방식인 GAD관점(Gender and Development)을 택하도록 하여 여성의 주류화를 도모하면서 여성문제를 해결하는 방안을 제안하고 있다. 그 후 캐나다, 뉴질랜드 등 국가에서는 정책의 성 분석틀(Gender-based Analysis)을 마련하고 성 분석지표 및 지침을 개발하여 활용하고 있다.

재정 운영에 대한 구체적인 성인지적 접근을 위해 호주에서는 1983년에 여성예산(Women's Budget)이라는 이름으로 성인지 예산분석이 시작되었는데, 이는 정부(여성지위실, Office of the Status of Women)가 주도하여 모든 부처는 매년 예산 지출의 남성과 여성 각각에 대한 결과를 여성예산서(Women's Budget Statement)의 형태로 출간하였다. 호주의 여성예산조치는 지출 분석에만 제한되었지만 예산정책의 전반에서 모든 정부 부처들의 예산지출에 대한 성별영향을 분석하였다. 호주의 여성예산서는 지출을 1) 여성을 위해서만 사용된 지출, 2) 공공기관에서 평등고용기회를 위한 지출(equal employment opportunity expenditure), 3) 일반 예산 지출(general budget expenditure)이라는 세 범주로 나누었다.[1] 호

1) 김경희·김양희·송인자·이원희·김인순(2006), 「공무원의 성인지 예산 교육프로그램 개발」 연구용역 최종보고서, 서울: 여성가족부(미간행) 자료 인용.

* 호주는 장기간의 노동당 정부의 집권에서 1996년 보수당 정권으로 이양되면서 현재는 일부의 주에서만 여성예산 조치가 시행되고 있다. 호주의 사례는 전형적인 정부 주도형이라고 볼 수 있는데, 정부가 주도

주에서 여성예산을 도입한 초기인 1985~86년의 경우 특별히 여성이나 소녀를 위해 직접적으로 배분된 예산은 전체 예산 분배의 1%이하였다. 호주는 점차 일반 예산의 지출이 여성들에게 미치는 영향에 초점을 두어 분석함으로써 공무원들의 성인지성을 높이는 데 기여하였다. 호주의 여성예산 조치가 보여준 성과 중의 하나는 여성예산보고서를 출간하는 과정에서 경제정책 분야에 성평등적 관점을 통합하도록 한 것이다.

제2절 정책현황

1. 성별영향평가

가. 개념[2)]

성별영향평가(gender impact assessment)는 정책과정에서 여성과 남성의 특성과 사회·경제적 격차 등의 요인들을 분석·평가함으로써 양성평등한 정책이 개발·집행되도록 하는 도구이다. 또한 성별영향평가(gender impact analysis)는 성 분석(gender analysis) 또는 양성평등분석(gender equality analysis)과 동일한 용어로 사용되고 있다. 성별영향평가는 정부정책을 포함한 모든 공공정책에 성 관점(gender-based)을 통합시키고자 하는 시도이다.

성별영향평가는 정책의 성 차별성을 제거함으로써 남성과 여성 모두의 만족도 향상에 기여하여 정책의 활용도 및 효과성을 제고하기 위해 필요하다. 그리고 여성과 남성의 공동 참여와 균등한 발전 기회를 보장하는 실질적 양성평등정책을 마련하기 위한 것이다. 정책의 성별영향평가는 성 주류화(gender mainstreaming)를 위한 도구이다. 정책형성 단계에서 정책의 수혜자에게 미치는 성별 영향을 고려함으로써 정책기획, 정책집행, 정책평가를 실시하기 위한 도구로 활용된다(김재인·박성정·정경아·정윤수, 2001/ 여성가족부, 2006).

우리나라에서는 여성발전기본법 제10조(정책의 분석·평가 등)에서 "국가 및 지방자치

적일 때 전국적인 차원에서 강제력을 가지고 여성예산 조치가 시행될 수 있으나 정부가 바뀔 경우 이 조치가 후퇴할 수 있다는 점을 시사해 주고 있다(김경희, 2005: 3).

2) 김재인·박성정·정경아·정윤수(2001),「정책의 성 분석 모형개발」, 서울: 한국여성개발원/ 여성가족부(2006),「양성평등정책 확산을 위한 성별영향평가 안내서」, 서울: 여성가족부에서 발췌, 인용함.

단체는 소관 정책을 수립 · 시행하는 과정에서 당해 정책이 여성의 권익과 사회참여 등에 미칠 영향을 미리 분석 · 평가하여야 한다."고 명시하고 있는 것에 근거하고 있다. 외국의 경우에는 1995년 제4차 UN 세계여성대회 행동강령으로 정책에 대한 양성평등 관점을 분석의 필요성이 있다고 명시하면서이다. 현재 영국(gender impact assessment), 캐나다(gender analysis), UN, ILO 등 약 40여 개의 국가 또는 국제기구에서 다양한 형태의 성별영향평가(또는 성 분석)가 시행 중에 있다.

성별영향평가는 정책분석에서 그동안 충분히 고려되지 않았던 성 문제를 드러내고자 하는 것이다. 정책분석이 정책개발을 위해 필요로 하는 정보를 제공하는 것이라면, 성별 영향평가는 특히 정책개발에 필요한 성과 관련된 정보를 제공하는 것을 목적으로 한다. 성별영향평가는 성 차별적 사회에서는 정책개발과 집행이 성 중립적일 수 없다고 보고, 정책에 내재해있는 성차와 성 불평등을 드러내서 인식하게 해줌으로써 성평등적 정책이 개발될 수 있도록 하는 데 있다.

여성의 의식, 요구와 경험을 고려하지 못한 정책의 개발과 집행은 여성은 물론 남성과 우리 사회 전체의 발전에 장애로 작용한다. 이에 정책수요자로서 여성 – 여성들의 남성과 차별된 요구와 관심, 삶의 경험 등 – 을 적극적으로 고려하며 남성과 여성 둘 다에게 긍정적인 영향을 미칠 수 있는 정책 개발과 집행의 도구로서 성별영향평가의 필요성이 대두되고 있다.

정책을 성 관점(gender-based)으로 분석하는 것으로, 성차와 성불평등을 드러내서 인식하게 해줌으로써 성평등적 정책이 개발될 수 있도록 하는데 있다.

- 2006년 참여기관은 중앙정부 광역 및 기초자치단체 총 187개 기관, 313개 과제가 분석됨.
- 2005년 참여기관은 57개 기관에 적용(정부부처 41개, 광역시도 16개), 총 53개 기관이 참여(93.0%)→16개 광역지방자치단체는 100% 참여하였으며, 중앙행정기관은 41개 기관 중 37개 기관(90.2%)이 참여함. 평가사례를 보면, 시장의 계단, 건축물의 공간배치, 농기계, 화장실 등임.

여성의 의식, 요구와 경험을 고려하지 못한 정책의 개발과 집행은 여성은 물론 남성과 우리 사회 전체의 발전에 장애로 작용한다. 이에 정책수요자로서 여성-여성들의 남성과 차별된 요구와 관심, 삶의 경험 등을 적극적으로 고려하며 남성과 여성 둘 다에게 긍정적인 영향을 미칠 수 있는 정책 개발과 집행의 도구로서 성별영향평가의 필요성이 대두되고 있다.

나. 발달과정 : 개발정책에서 성 관점 반영의 역사[3)4)]

성별영향평가(gender impact analysis 성 분석)는 정책분석에서 그동안 충분히 고려되지 않았던 성(gender)의 문제를 드러내고자 하는 것이다. 정책분석이 정책개발을 위해 필요로 하는 정보를 제공하는 것이라면, 성 분석은 특히 정책개발에 필요한 성과 관련된 정보를 제공하는 것을 목적으로 한다. 성 분석은 성 차별적 사회에서는 정책 개발과 집행이 성 중립적일 수 없다고 보고, 정책에 내재해 있는 성 차와 성 불평등을 드러내서 인식하게 해주는 것으로, 특히 정책이 남성과 여성에게 어떻게 다르게 영향을 미치는지를 규명하는 데 목적이 있다.

2차대전 이후 개발은 경제건설 및 재건을 강조하였고, 정책형성 과정에서 인간은 경시되었다. 1947년 UN 헌장에 "남성과 여성의 평등한 권리"가 포함되었으나, 이는 개발정책에 거의 반영되지 못하였다. 1970년대부터 개발정책에서 여성이 고려되기 시작하여 현재는 개발의 단순한 수혜자로서만이 아니라 적극적 참여자로서 여성의 위치가 강조되고 있다. 성 분석 개념과 도구도 그러한 개발정책과 여성의 관련성에 대한 인식 증대과정에서 등장하게 되었다. 이하에서는 1940년대 이후 성 분석의 발달과정을 고찰해보기로 한다.

1) 1940년대와 1950년대

"재건과 개발(Reconstruction and Development)"이 이 시기의 주요 개발 패러다임이었다. 즉 제2차 세계대전 이후의 개발은 경제적 인프라 구조에 대한 공적 투자에 집중되었다. 폐허가 된 유럽 경제 재건을 위해 마샬 플랜(Marshal Plan)이 추진되었고, 1948년 브래튼우드 협약(Bretton Woods agreement)으로 개발도상국들의 경제를 재건하기 위한 국제기구들이 설립되었다. 국제금융기금(IMF)과 세계은행(World Bank), UNDP의 전신인 유엔 기술원조 확대기금(UN EFTA) 등이 설립되었다.

여성에 대한 관점은 인프라 구조의 구축에 중점을 두었기 때문에, 남성과 여성을 불문하고 "인간"은 대부분의 논쟁과 정책 형성에 있어서 별로 강조되지 않았다. UN 헌장(1947)에 "남성과 여성의 평등한 권리"가 포함되었지만, 개발 정책을 둘러싼 어떠한 논쟁에도 반영되지 않았다.

---

3) Keays, P. (1998). New York Consultation for UNDP Gender focal points; UNDP (2001). *Learning & Information Pack.* 84-88에서 재정리

4) 김재인 · 박성정 · 정경아 · 정윤수(2001), 「정책의 성 분석모형 개발」, 서울: 한국여성개발원의 연구를 요약, 발췌한 것임.

2) 1950년대와 1960년대

"기본적 요구(Basic Needs)"와 "빈곤 타파(Anti- Poverty)"를 중심으로 하던 이 시기, 여성에 대한 관점은 "인간"이 개발에 영향을 미치는 하나의 힘으로서 고려되기 시작했다. 빈곤 타파 접근에 있어서 여성들은, 가사 노동에 종사하지만 경제적 생산에는 직접적으로 참여하지 않는 아내이자 어머니로 간주되었다. 그녀들은 공적이고 보수가 지불되는 영역에는 존재하지 않는 것으로 가정되었다. 개발은 성 중립적이라고 가정된 지배적인 경제 분석을 여전히 반영하고 있었다.

3) 1960년대와 1970년대

"농촌 개발(Rural Development)"이 이 시기의 주요 개발패러다임이다. 여성에 대한 관점은 농촌 개발에 대한 강조에도 불구하고, 생산 및 사회적 재생산 양 영역에 대한 여성들의 지대한 기여는 정책결정권자들에게 여전히 비가시적인 것으로 남아있었으며, 경제적 통계와 국가 계정(national account)에도 포함되지 않았다. 대부분의 농업 및 지역 개발 프로젝트들은 많은 농부들이 여성이라는 점을 무시하고 생산이 "남성 농부들"에 의해 이루어진다고 가정했다. 보건, 교육, 혹은 사회적 발전과 연관된 프로젝트들이 여성들을 포괄했던 것은 사실이나, 주로 복지적 관점에서 아내나 어머니로서의 여성에 대한 것이었다. 여성들의 무보수 노동과 비공식적 경제 활동은 점진적으로만 가시화되기 시작하였다.

4) 1970년대와 1980년대

"성장과 함께 가는 재분배" 패러다임은 경제 성장에 대한 계속적 강조가 생산성 증대의 결과로서 재분배적 개입을 가능하게 한다는 인식을 반영한다. 여성에 대한 관점은 기존의 개발 과정에 여성을 "통합하는 것(integrating)"은 비록 여전히 주변적이긴 해도 점차 더 많은 관심을 받게 되었다. 이는 때때로 경제적 삶의 "주류"에 여성을 통합하는 것으로 표현되곤 했다. 유급 노동에 대한 여성들의 접근 증가가 강조되었으며, 이는 많은 소득 산출 프로젝트와 소규모의 사업 개발로 이어졌다. 그러나 주변적인 소득 기회로의 여성들의 진입은 대부분의 경우 여성들에게 이중 부담만을 초래했으며, 자녀들의 영양실조를 포함한 여러 가지 가족 내 문제를 증가시켰다.

5) 1980년대

"구조 조정(Structural Adjustment)" 패러다임이 이 시기에는 보수적인 재정적 · 경제적 접근이 선호되었다(미국의 "레이거니즘", 영국의 "대처리즘" 등). 이는 공적 지출을 통제하고 수출 지향형 성장을 통한 부채 상환 능력을 강화시킴으로써 개발도상국에서의 경제적 확장을 최대화하려는 패권주의적 관심을 가지고 있다. 이러한 접근이 전반적 삶의 기준과 빈곤 증가에 미친 영향은 국내총생산(GDP)이 증가된 나라에서조차 심각했다. 빈곤화와 사회적 불안정은 신고전주의 경제학에 대한 의문을 야기했고, 개발의 사회적 측면에 대한 분석을 크게 확장시켰다.

여성에 대한 관점은 보건과 교육 분야에 대한 공적 지출 감소의 사회적 영향에 대한 분석은 생산 활동을 사회적 재생산 활동과 분리시키는 분석적 구분에 도전했고, 구조 조정의 주된 부담이 빈민에게 뿐만 아니라 누구보다도 빈민 여성들에게 부과된다는 사실을 깨닫게 해 주었다. 공적 지출이 중단된 부문들이 여성들의 사회적 재생산 기능을 지원했던 부문들이었다는 점에서, 구조 조정은 심각하게 성별화된(gendered) 것으로 판명되었으며, 그 부정적 효과들은 여성들에게 더욱 영향을 미쳤다.

6) 1990년대

"인간 개발" 패러다임으로 빈곤 문제와 사회적 재생산의 붕괴가 개발 기구들의 정책적 초점이 되었다. 여성에 대한 관점은 성 "평등"과 "여성의 세력화(empowerment)"라는 말이 널리 확산되었다. 그러나 이러한 통찰들을 어떻게 주요 정책으로 연관시키고 성별 격차를 감소시킬 것인가에 대한 이해는 정책 분석에서 대개 취약한 영역으로 남아 있다.

이와 같이 성(gender)은 사회개발에 있어서 점차 중요하게 고려되어야 할 영역으로 인식이 확산되어 왔고, 개발에 성을 고려하기 위한 접근은 개발정책에 여성을 포함시키는 WID 접근에서 여성과 남성의 평등한 관계를 목표로 개발을 추진하는 GAD 접근으로 발전하였다. 그 과정에서 개발정책의 성적 함의를 규명하는 분석 즉, 성 분석의 중요성이 부각되었다. 경제생산에 대한 여성 기여의 비가시성에 대한 지적, 사회적 재생산 활동의 경제적 가치 인식, 구조조정의 성별화된 영향 등 사회경제적 정책의 성 차별적 함의와 영향을 밝히고자 했던 노력들은 정책분석의 새로운 차원으로 성 분석의 중요성과 필요성을 제고하였다.

다. 주요 성 분석틀[5)6)]

성 분석은 발전론의 주변부에서 제한적인 관심을 받아오다가 북경회의 이후 유엔을 비롯한 국제개발기구들의 영향으로 발전계획과 프로그램에서 다양하게 적용되기 시작하였다.

---

5) 김재인 · 박성정 · 정경아 · 정윤수(2001), 「정책의 성 분석모형 개발」, 서울: 한국여성개발원의 연구중 박성정 박사가 정돈한 상황을 요약, 발췌한 것임.

6) 이하의 분석틀들은 UNDP(2001). Learning and Information Pack.에서 주로 인용함.

성 분석은 성 문제에 대한 정의나 발전에 대한 시각, 분석의 범위, 발전기구의 개입에 대한 입장, 그리고 적용사례에서 조금씩 차이가 있다. 성 분석틀은 성 분석 관점을 토대로 분석을 구체적으로 실행하기 위한 도구이다. 따라서 어떤 관점에서 출발하느냐에 따라 분석의 초점, 대상, 범주가 달라지고 각각의 분석틀은 이를 반영한다. 이를 구체적으로 살펴보면 다음과 같다.

1) Harvard 분석틀(Harvard Analytical Framework)

하바드 분석틀은 농촌지역의 사업에 유용한 틀로서 남녀의 차이를 분석한 경험이 별로 없는 사람들이 생산적, 재생산적 작업의 양 측면을 분석하는 데 유용하다. 지역 수준에서 남녀의 활동, 자원과 혜택에 대한 접근과 통제에 대한 자료의 수집, 그들의 성차에 영향을 미치는 요인 분석을 통해 남성은 물론 여성에게도 자원을 분배하고, 보다 더 효율적인 정책 기획에 도움을 주기 위한 것이다. 다음의 네 가지 분석틀은 정책기획과 집행에 관한 충분한 정보와 자료의 토대를 제공할 것이다(Overholt et al., 1991).

가) 활동 분석틀

활동 분석은 노동의 성 분업 개념에 기반을 두고 정책과 관련된 사람들, 여성과 남성이 하는 일을 분석한다. 여성과 정책의 상호관련성을 평가하기 위해서는 여성이 하는 일을 아는 것이 중요하다. 정책기획자들은 자주 여성의 생산자로서의 역할을 인식하지 못해왔다. 정책과 관련된 여성과 남성에 의한 재화와 서비스의 생산적 활동, 그리고 재생산적 활동이 규명되어야 적절한 정책기획이 가능하다(Overholt et al., 1991).

<표 3-1> 활동분석틀

활동	여성	남성
생산 활동 농업: 활동 1/ 활동 2 소득 창출: 활동 1/ 활동 2 고용: 활동 1/ 활동 2 기타:		
재생산 활동물 관련: 활동 1/ 활동 2 연료 관련: 음식 준비: 육아: 건강 관련: 매매 관련(market related) 기타:		

출처: March, C. S. & Mukhopadhyay, M. (1999). A Guide to Gender-Analysis Frameworks, Oxfam; UNDP(2001). Learning and Information Pack에서 재인용. p.41.

나) 접근 및 통제 분석틀

활동을 수행하기 위해 사용할 수 있는 자원과 그것으로부터 받는 혜택이 규명되어야 정책이 여성에 미치는 영향, 여성이 정책에 미치는 영향이 분석될 수 있다. 이때 자원과 혜택에 대한 접근과 통제가 구분되어 분석되어야 한다. 자원에 대한 접근이 반드시 그것을 통제할 수 있는 힘을 의미하는 것은 아니다. 접근은 타인에 의해 결정될 수 있지만, 통제는 상황을 결정할 수 있는 힘을 가졌음을 의미한다. 토지, 노동, 자본, 교육, 수입, 자산, 정치권력 등에 대한 접근과 통제의 분석을 통해 사회구성원의 상대적인 권력을 정확히 평가할 수 있고, 여성과 정책의 가능한 상호작용을 분석할 수 있다(Overholt et al., 1991).

<표 3-2> 자원과 혜택에 관한 접근권과 통제권 분석틀

	접근		통제	
	여성	남성	여성	남성
자원(Resources)				
토지				
기구				
노동				
현금				
교육/훈련				
기타				
혜택(Benefits)				
외부 소득				
자산 소유				
기본 욕구(의식주 등)				
교육				
정치적 권력				
기타				

자료: March, C. S. & Mukhopadhyay, M. (1999). A Guide to Gender-Analysis Frameworks, Oxfam; UNDP(2001). Learning and Information Pack에서 재인용. p.42.

다) 활동 · 접근 · 통제에 대한 영향요인분석

이는 노동의 성 분업, 자원과 혜택에 대한 성별 통제를 결정하는 요소들, 사업에의 참여와 수혜에 있어 남녀의 차별적 기회와 제약을 초래하는 요소들을 규명하는 분석이다. 개인의 역할, 자원과 혜택에 대한 접근과 통제를 결정하는 요소들로는 경제적 조건, 제도적 구조, 인구구조, 사회문화적 요소, 규범, 법률, 교육, 정치적 상황 등이 있다. 정책을 용이하게 하거나 제약하는 이들 결정요소들을 파악할 필요가 있다(Overholt et al., 1991).

라) 정책과정분석(Overholt et al., 1991)

성 분석을 위한 앞의 자료들을 토대로 정책을 점검하는 것을 의미한다. 즉, 정책이 남녀의 활동, 그리고 자원과 혜택에 대한 접근과 통제에 어떻게 영향을 미치는가를 분석하는 것이다. 정책과정 분석에 적용된 활동분석과 접근 및 통제 분석은 바람직한 정책개발의 토대를 제공한다. 좋은 정책은 여성이 수행하는 일, 그 일을 수행하는 상황, 그리고 특권, 권력, 접근, 통제에 대한 실제적 정보를 기반으로 기획된다.

2) Moser의 3중 역할 분석틀(Moser(triple roles) Framework)

Moser 틀은 성 관점에서 정책을 설계하는 것은 기술적이면서도 정치적인 것이라고 보고 있다. 그것은 설계과정에서의 갈등을 가정하고 변혁을 포함한다. 이 틀은 정책설계 과정이나 젠더훈련에 사용될 수 있는 도구들을 제시한다. 그 도구들은 여성의 3중 역할 즉, 생산적, 재생산적, 지역사회적 역할에 대한 분석을 통해 노동의 성별 분업을 가시화하고, 남성의 요구와 다른 여성의 차별적 요구를 드러내고자 한다. 3중 역할의 개념은 여성이 참여하는 일의 범주를 드러내는 데 유용하고, 정책설계 시 역할간의 균형을 고려하도록 한다.

여성의 요구는 현실의 삶의 조건의 개선과 관련된 실제적 요구(practical gender needs)와 여성의 종속적 지위와 사회적 관계를 변화시키고자 하는 전략적 요구(strategic gender needs)로 구분될 수 있다. 실제적 요구와 전략적 요구는 완전히 분리되는 것이 아니라 연속선상에 있는 것으로 이해되어야 한다. 이는 젠더관계에 대한 정책 개입의 영향을 평가하는 데 매우 유용하다.

<표 3-3> 성 역할 및 요구 분석틀

사업	강조된 역할			충족된 성 요구		정책 접근
	생산적	재생산적	지역사회적	실제적 요구	전략적 요구	

자료: Moser, C. (1993). Gender planning and development. p.233; Oxfam(1994). The oxfam gender training manual. p.255에서 재인용

3) GAM 분석틀(Gender Analysis Matrix)

이 틀은 지역수준에서 성차의 규명과 남녀에 대한 정책개입의 서로 다른 영향을 확인하고자 하는 것이다. 분석은 사회의 네 수준 즉, 여성, 남성, 가구, 지역사회 수준에서 노동, 시간,

자원, 사회문화적 요인의 네 영역에 대한 영향을 검토하는 것이다. 분석은 시간에 따른 변화를 보기 위해 반복되어져야 한다. 그러나 이 틀은 거시적이거나 제도적인 분석은 포함하지 않는다.

<표 3-4> GAM분석틀

사업 목표:

	노동	시간	자원	문화
여성				
남성				
가구				
지역사회				

자료: March, C. S., Mukhopadhyay, S. I. (1999). A Guide to Gender-Analysis Frameworks, Oxfam; UNDP(2001). Learning and Information Pack에서 재인용. p.48.

4) Longwe의 평등과 세력화 분석틀(Equality & Empowerment Framework)

이 틀은 정책가들이 여성의 평등과 세력화가 현실적으로 의미하는 것이 무엇인지, 정책개입이 세력화를 어느 정도 지원하는지를 이해하는 데 도움을 준다. 이 틀은 여성의 세력화 수준을 평가하는 데 평등의 5수준 개념을 도입한다. 여성의 세력화는 "여성이 남성과 동등한 기반에서 생산 요소들을 통제하도록 하기 위해 개발과정에서 남성과 동등한 참여와 지위를 확보하게 하는 것"으로 정의된다. 여성의 세력화를 위한 평등의 수준은 다음의 다섯 수준으로 구분된다. 이 평등수준은 위계적인 것으로서 더 높은 수준에 초점을 둔 정책이 여성의 세력화를 증대하기 쉽다.

<표 3-5> 여성의 세력화(평등) 수준 분석틀[7]

사업명:

인식수준 평등수준	부정적	중립적	긍정적
통 제			
참 여			
의식화			
접 근			
복 지			

자료: Oxfam(1994). The Oxfam gender training manual. p.302.

---

7) Oxfam(1994), The Oxfam gender training manual, p.302.

5) 사회관계 분석틀(The Social Relations Approach Framework: SRA)

SRA의 주요 개념들을 보면, 인간복지 증대로서의 개발, 사회적 관계, 제도적 분석, 제도의 이념적 중립성과 독립성에 대한 도전, 제도가 공유하는 사회적 관계의 다섯 가지 측면 등과 성 이슈의 인식과 도입 정도에 따른 성 정책의 구분이다.

① 몰성적 정책(Gender-blind policies): 남성과 여성을 구별하는 데 실패한 정책으로 현존 성별 관계에 입각하고 있고 여성을 배제하기 쉽다.

② 성인지적 정책(Gender-aware policies): 남성은 물론 여성도 개발의 행위자로서 남성과 다른 방식으로 제약을 받고 있다는 것을 인식한 정책. 여성의 요구, 흥미, 우선순위는 남성과 다를 수 있고 때로 충돌할 수 있음을 인식한다. 이 정책은 두 유형으로 구분된다.

- 성 중립적 정책(Gender-neutral policies): 성별 차이에 대한 지식을 주어진 현재의 성별 관계를 기반으로 한 상황에서 여성과 남성 모두의 현실적 요구를 충족하는 데 사용한다.
- 성 특화적 정책(Gender-specific policies): 성별 차이에 대한 지식을 여성이나 남성 어느 한 쪽의 현실적 요구 반영에 사용한다.

③ 성 재분배적 정책(Gender-redistributive policies): 여성과 남성의 평등한 관계를 구현하기 위해 자원과 책임의 현 분배를 변형하는 것을 목적으로 한다. 이 정책은 주로 전략적 이해에 초점을 두지만, 변혁적 가능성을 구축하는 방식으로 현실적 요구를 충족하도록 기획할 수 있다.

○ 여성 세력화 도구 1(Women's Empowerment Tool): 평등의 수준 (Levels of Equality)
- 통제(control): 의사결정과정 및 자원, 혜택에 대한 남녀 통제의 균형 성취를 의미.
- 참여(participation): 의사결정의 모든 수준, 정책개발, 기획과 집행에 남녀 평등한 참여 의미.
- 의식화(conscientisation): sex와 gender의 차이, 사회적 성 역할은 문화적이고 변화할 수 있다는 것을 인식하고, 노동의 성별 분업이 남녀 모두에게 공정해야 한다는 것에 동의하는 것. 어느 한 성이 다른 성을 경제적으로나 정치적으로 지배해서는 안 된다는 성평등에 대한 신념.
- 접근(access): 토지, 신용, 노동, 훈련, 공공서비스와 같은 생산요소들에 대한 여성의 접근의 평등을 의미하며, 기회의 평등과 관련된다.
- 복지(welfare): 소득, 음식공급, 건강관리 등에 있어 남성에 대해 상대적인 여성의 물질적 복지수준을 의미한다.

○ 여성의 세력화 도구 2: "여성의 이슈"에 대한 인식의 수준
- 부정적 수준(negative level): 정책목표에서 여성의 이슈에 대한 언급이 없다. 그 정책은 여성에게 부정적인 영향을 미치기 쉽다.
- 중립적 수준(neutral level): 여성이슈가 포함되었으나 결과가 여성에게 긍정적일지는 의문이다.
- 긍정적 수준(positive level): 정책목표가 여성이슈와 여성지위 향상에 긍정적인 관심을 갖고 있다.
- 이 틀은 기획, 모니터링, 평가에 사용될 수 있다. 그것은 개발정책이 변혁적인 잠재성을 가지는지 아닌지를 판단하고, 여성의 세력화에 대한 관심을 정책화하는 데 유용하다. 이 틀은 정책이 현실적 요구와 전략적 요구를 모두 포함할 수 있음을 시사한다. 그러나 이 틀은 남성과 여성의 관계를 평등 관점에서만 검토함으로써 복잡한 여러 측면을 고려하지 못한다. 다른 형태의 불평등을 고려하지 못함으로써 여성이 동질적 집단으로 간주될 수 있으며, 평등수준의 위계는 세력화가 단선적 과정인 듯한 인상을 줄 수 있다.

6) 성 분석틀의 비교 및 선택 시 고려사항[8)]

각각의 성 분석틀들은 서로 다른 목적을 위해 만들어졌다. 그것은 초기 연구, 설계, 모니터링을 돕고 성과를 평가하는 것까지 포함한다. 분석틀의 기능은 다음과 같다.

- 상황분석(context analysis): 분석틀은 어떤 상황이나 집단의 관계와 역동성을 형성하는 맥락을 고려하는 방법을 제공한다.
- 가시화와 설계(visualisation and planning): 분석틀의 도구(tool)는 의사결정을 돕기 위해 단순화된 양식으로 핵심 사항을 나타내는 방법을 제공한다.
- 의사소통(communications): 도구들은 정보를 공유하고 사람들을 훈련하고 그들이 성 이슈에 민감해지도록 돕는다.
- 모니터링과 평가(monitoring and evaluation): 분석틀의 도구들은 어떤 정책의 장점과 약점을 밝힐 수 있다.

성 분석틀은 개발자의 가치를 반영하고, 그 가치는 궁극적으로 정책에 영향을 미치므로 사용자는 분석틀에 내재된 가치를 잘 아는 것이 중요하다. 예를 들어, Harvard 틀에 내재된 효율성 접근은 자원의 분배 기획 시 여성을 무시하는 것은 비효율적이라는 생각에 근거를 둔다. 이 접근은 보다 광의의 정의나 여성의 세력화와 갈등을 야기할 때도 있다. 효율성 접근은 현재의 성별 관계를 문제삼지 않고, 그 결과 성 중립적(gender-neutral)이거나 성 특정적(gender-specific) 정책으로 이끄는 경향이 있다고 비판된다. 어떤 자원의 분배가 여성에게 해로울지라도 그것이 효율적이라고 판단된다면 그것은 남성에게 더 분배될 것이다. 이 접근에서는 여성을 포함하는 것이 사업을 더 효율적으로 만들지 못한다면, 그것은 추진되어서는 안 되며 정의의 문제는 무시된다. 또 다른 성 분석틀들은 세력화를 목표로 한다. 그들은 여성의 세력화를 통한 성별 관계의 변혁을 강조한다.

성 분석을 수행하기 위해서는 주요 성 분석틀을 이해하고, 해결하고자 하는 문제에 도움을 줄 수 있는 분석틀을 선택해야 한다. 그리고 분석 목적과 범주에 따라 분석틀을 약간 변환시켜 사용하는 것도 물론 가능하다.

---

8) March, C., Smith, I. & Muckhopadhyay, M. (1999). A Guide to gender framework, Oxfam, 22-27; UNDP(2001)에서 재인용.

라. 추진체계 및 평가 유형[9]

1) 추진체계

가) 적용범위

성별영향평가 적용범위는 중앙행정기관 및 지방자치단체이다. 의무 적용기관은 41개 중앙행정기관과 16개 광역지방자치단체이다. 서범적용기관은 기초지방자치단체 중 자발적인 참여를 원하는 기관에만 한정하고 있다.

나) 추진체계

첫째, 성별영향평가 제도운영 및 지원기관은 여성가족부로 (1) 평가지침 및 안내서 개발 보급, 교육과정 운영, 컨설팅 제공, 관련 연구 추진 등을 지원하고, (2) 관련 규정 제정 또는 개정, 평가결과 환류 방안 마련 등의 제도 개선이 이루어지도록 한다. 그리고 (3) 기관별 평가 추진 실적 평가 및 인센티브를 제공하는 등으로 성별영향평가 결과를 종합한다.

둘째, 성별영향평가의 수행은 중앙행정기관 및 지방자치단체이다. 각 부처별 평가 담당부서 및 담당자를 지정하여 운영토록 한다. 그리고 연도별 평가 추진계획 수립 및 결과보고서를 작성토록 하고, 평가 결과 환류를 통해 정책을 개선토록 한다. 또한 자체교육을 실시하는 등의 방안을 강구토록 한다. 그리고 광역지방자치단체는 기초지방자치단체의 평가를 추진 관리토록 한다.

추진체계도를 보면 다음과 같다.

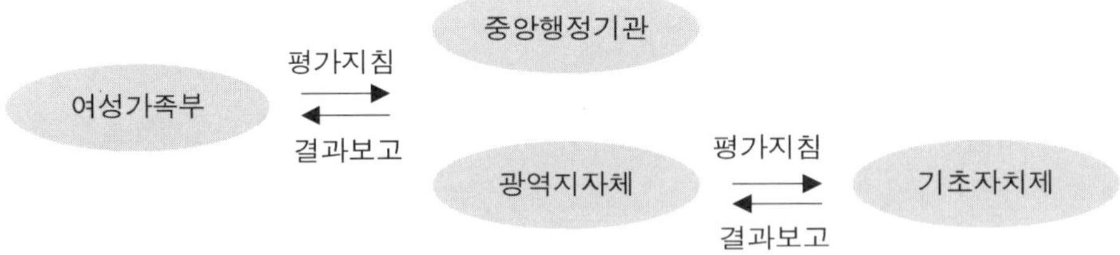

❙그림 3-1❙ 성별영향평가 추진체계

자료: 여성가족부(2007), 「2007년 성별영향평가 지침」

9) 여성가족부(2007), 「성별영향평가 지침」, 서울: 여성가족부.

다) 적용 범위

성별영향평가 담당부서는 여성정책 담당부서가 맡는다. 여성정책 담당부서가 없는 경우에는 정부업무평가 담당부서가 맡는다.

성별영향평가 담당부서의 역할은 기관 내 평가지침 보급 및 성별영향평가 교육 참여를 독려하며, 기관의 성별영향평가 추진계획 수립 및 평가결과를 종합하는 것이다. 과제별 평가계획서 및 결과보고서는 평가대상 과제담당자가 작성한다.

평가 관리책임을 보면, 중앙행정기관은 여성정책책임관이, 지방자치단체는 평가담당부서가 속한 실 국의 장이 진다. 여성정책책임관의 경우에는 소속 기관의 성별영향평가 추진을 주요 임무로 하고 있으므로 적극적인 역할수행이 필요하다.

2) 평가 유형

가) 자체평가와 심층평가

성별영향평가는 자체평가와 심층 평가로 나누어 추진한다. 즉 자체평가는 공무원이 직접 소관 업무에 대해 평가 결과보고서를 작성하는 것이고, 심층 평가는 핵심정책이나 사회적 이슈가 되는 정책을 여성가족부가 연구용역 형태로 추진하는 것이다.

심층 평가 과제 발굴 경로 다양화를 위해 각 기관의 신청, 전문가 의견 수렴, 여성가족부 자체 발굴 등의 과정을 거치고 있다.

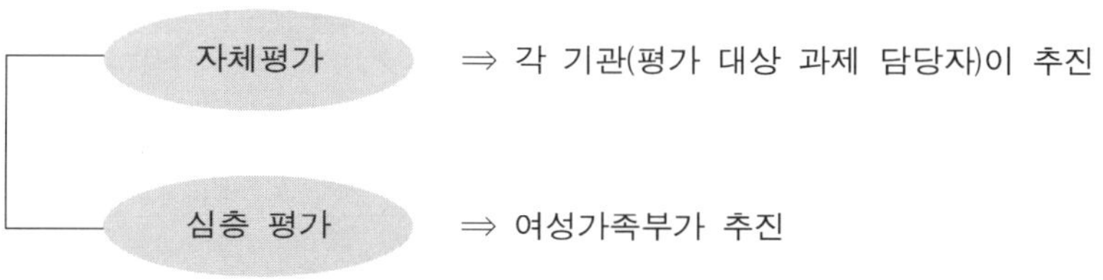

| 그림 3-2 | 성별영향평가 추진체계

자료: 여성가족부(2007), 「2007년 성별영향평가 지침」

나) 평가 대상 정책

성별영향평가 과제 우선선정기준은 관련 통계상 정책수혜도의 성별 격차가 발생하고 있는 정책 또는 향후 성별 격차발생 우려가 있는 정책으로 하고, 수혜 대상 범위가 넓으며 파급효과가 큰 중요 정책을 중심으로 한다. 특히 여성전한척도(GEM) 등 양성평등 관련 국제지표에 영향을 주는 정책, 그리고 예산 규모가 크며 국민적 관심 사항이 되고 있는 정책을 중심으로 하되, 여성만을 대상으로 하는 정책이나 이미 양성평등한 정책효과를 위해 계획, 시행되고 있는 정책은 평가 대상에서 제외(예: 여성취업지원, 모성보호정책 등)한다.

성별영향평가 대상 정책의 예를 보면 다음과 같다.

<표 3-6> 성별영향평가 대상 정책의 예

분야	평가 대상 정책 영역
행정 및 정책결정부문	· 선거관계 법령 제 · 개정 · 공무원 국내외 훈련, 공무원 시험 관리, 사무환경 개선 · 공무원 인사 교류, 파견 및 결원 보충제도 등 · 개방형 직위 운영, 국가 인재 관리 등
경제활동 및 고용부문	· 소득세, 재산세, 소비재 각종 조세 관련제도 · 물가 안정 대책, 소비자 보호정책, 시장경제제도 개선 · 일자리 창출 등 청년실업 대책, 비정규직 근로자 보호 · 직업적응훈련 사업, 자활직업훈련 사업 등
교육 부문	· 초 · 중등학교 인성교육, 교과용 도시개발 등 · 교육 소외계층 지원 등 교육복지정책 · 교원 양성, 연수 등 교원정책 등
복지 부문	· 4대 보험, 각종 보건 · 의료정책, 사회복지전달체계 개선 · 노인 · 장애인 복지, 아동 · 청소년 보호 · 육성, 보육정책 · 기초생활보장제도 운영, 최저생계비 지원 · 사회적 일자리 창출, 자활공동체 육성사업 등
가족 부문	· 취약계층 가족(모 · 부자가정, 미혼모 등) 지원 · 저출산 대비정책, 모자보건정책 · 부부 단위, 가족단위 상담 · 교육사업 실시 등
문화 사회 환경 부문	· 예술 · 문화활동 지원, 생활체육 활성화, 관광 육성사업 · 수도 및 생활하수, 오염 물질의 위해 방지, 폐기물 등 지원 · 재활용정책, 지방의제 21 조례 · 자원봉사자 육성 · 관리정책 등
기타 부문	· 태풍 · 산불 피해 등에 대한 구호 업무 · 탈북자 지원 정책 · 편의시설 설치 관련 법령 및 정책, 농촌 정보화 사업 등

자료 : 여성가족부(2007), 「2007년 성별영향평가 지침」.

마. 평가지표 및 사례

1) 준거와 지표

○ 성별영향평가 모형의 개발방향 및 준거

<표 3-7> 성 분석 모형의 개발 방향

무엇을 분석할 것인가	정책의 전 과정(정책의제설정-정책결정-정책집행-정책평가)을 분석 대상으로 함
무슨 목적으로 분석할 것인가	해당 정책의 성인지적 수준의 원인과 배경을 분석하고 자료와 정보를 생산하기 위함
어떻게 분석할 것인가	기본 원칙은 성(gender)의 차원을 통합함으로써 남성과 여성의 성별 관계를 고려하는 것이나 방법론적 차원에서 여성에 초점을 둠
누가 분석할 것인가	성 분석의 일차적 담당자는 정책담당자로 설정하였으며 해당 정책영역의 전문가, 젠더전문가의 참여가 필요함

<표 3-8> 성 분석의 주요 분석준거

질문	준거
첫째, 이 정책은 과정에 있어서 남성과 여성의 동등하고 능동적인 참여를 도모하고 있는가	1. 여성 이슈의 확인
	2. 여성의 요구 및 자문 반영
둘째, 이 정책은 결과에 있어서 현재의 여성과 남성간의 성 차별적 관계를 개선하는가	3. 정책설계에서의 여성 고려
	4. 정책결과의 성평등성

○ 정책결과를 통한 성별 관계의 평등성 제고

(1) 정책설계에서의 여성 고려

– 정책의 설계와 집행과정은 정책결과의 평등성을 확보하는데 매우 중요하다. 정책대안의 설계나 결정, 그리고 결정된 정책대안에 대해 구체적인 추진계획들이 설계될 때 성인지적인 관점이 준수될 수 있기 위해서는 정책담당자의 성인지성이 매우 중요함. 또한 정책집행 과정에서도 정책담당자가 성인지적 정책목표에 대해 긍정적인 태도를 가지고 다른 공무원이나 이해당사자들의 저항을 극복해 나가면서 강력한 추진 의지를 갖는 것은 성인지적 정책의 성패에 커다란 영향을 미침. 정책담당자의 성인지성이 정책의 성인지적 수준에 미치는 영향에 대한 인식은 국제기구를 중심으로 정책담당자나 개발조직의 구성원들에 대한 젠더 훈련이 부각되는 계기가 되었다고 할 수 있음.

(2) 정책결과의 성평등성

– 정책에 대한 평가결과는 정책의 성인지적 수준을 분석할 수 있는 중요한 렌즈임. 물론 여기에서 말하는 평가결과는 평가에 있어 성인지적 관점이 반영되었다는 것을 전제로 하는

것임. 모든 공공정책의 평가에 있어서 정책을 통해 여성이 실질적인 혜택을 입었으며 남성과 비교한 여성의 상대적 지위가 정치적, 경제적, 복지적인 측면과 같은 다양한 삶의 영역에서 향상되었는지, 이것은 결과적으로 이들 간의 성 차별적 관계의 개선에 기여하였는지 하는 성인지적 관점에서의 평가 기준들이 포함되어야 함.

○ 성 분석 지표

<표 3-9> 여성가족부 성별영향분석평가 지표(2007년)

구분	평가 지표	점검 Point
공통사항	1. 성별분리통계 생산 활용	• 관련 법령 및 지침의 인적 통계 작성 양식에 성별을 구분하고 있는가 • 정책 기획서, 결과보고서에 인적 통계를 성별로 구분하여 사용하고 있는가 ＊ 통계작성 기획, 표본추출, 조사표, 조사, 분석, 공표에 있어 성인지적 관점에서 활용하고 있는가?
〈1단계〉 정책입안 · 결정	2. 정책의 성별 관련성 파악	• 정책과 관련한 여성과 남성의 서로 다른 현실과 요구를 파악하고 이를 기획안에 반영하고 있는가 －시민단체의 요구, 통계상의 만족도 차이 등 확인 • 정책과 관련한 법령, 지침, 기본계획 등에 특정성에 대한 별도의 항목이 있는가 • 정책 대안 마련시 성별을 주요 변수로 고려하는가
	3. 정책입안과정의 양성평등 참여	• 정책의 자문, 심의, 의결 등과 관련된 위원회의 성별위원 비율이 얼마인가 －여성위원 비율이 최소 30% 이상을 만족하는가 ＊ 여성정책기본계획에 따르면 '07년 목표율은 40%임
	4. 예산 편성의 양성평등성	• 예산편성시 성별인원과 성별정책요구에 따라 예산이 책정되었는가 • 수혜도가 낮을 것으로 예상되는 집단을 위한 별도의 예산이 편성되어 있는가
2단계〉 정책집행	5. 정책 서비스 전달 방식의 양성평등성	• 서비스 전달체계(경로)에 따라 정책서비스에 대한 성별 접근도가 다르지 않은가
	6. 정책 홍보방식의 양성평등성	• 홍보 방식에 따라 정책서비스에 대한 성별 인지도가 다르지 않은가
〈3단계〉 정책평가	7. 정책수혜(예산 배분결과 포함)의 양성평등성	• 정책의 수혜자 성비가 정책 대상 모집단과 비교해 형평한가 • 예산 지원금의 규모에서 성별로 편차가 있지 않은가 • 정책 만족도가 성별로 동등하게 나타나는가 • 수혜자와 만족도에 있어 성별 차이가 있을 때 그 원인을 파악하고 있는가 ＊ 수혜자의 증감률 및 취업률 등을 고려
	8. 정책 영향의 양성평등성	• 정책 집행 결과가 양성평등과 여성 사회적·경제적 지위 등의 향상에 기여하는가 • 정책집행의 결과가 향후 유사한 정책의 양성평등성 확보에 영향을 미칠 것인가
	9. 평가결과 정책 개선 방안	• 평가결과 성별 격차가 존재하는 경우 형평성 증진을 위한 정책개선이 충분히 제시되었는가 －법령, 지침 개선안, 예산요구안, 기타 개선안 등

자료 : 여성가족부(2007), 「성별영향분석평가지침」, 서울: 여성가족부.

○ 성별영향평가 추진 체계도

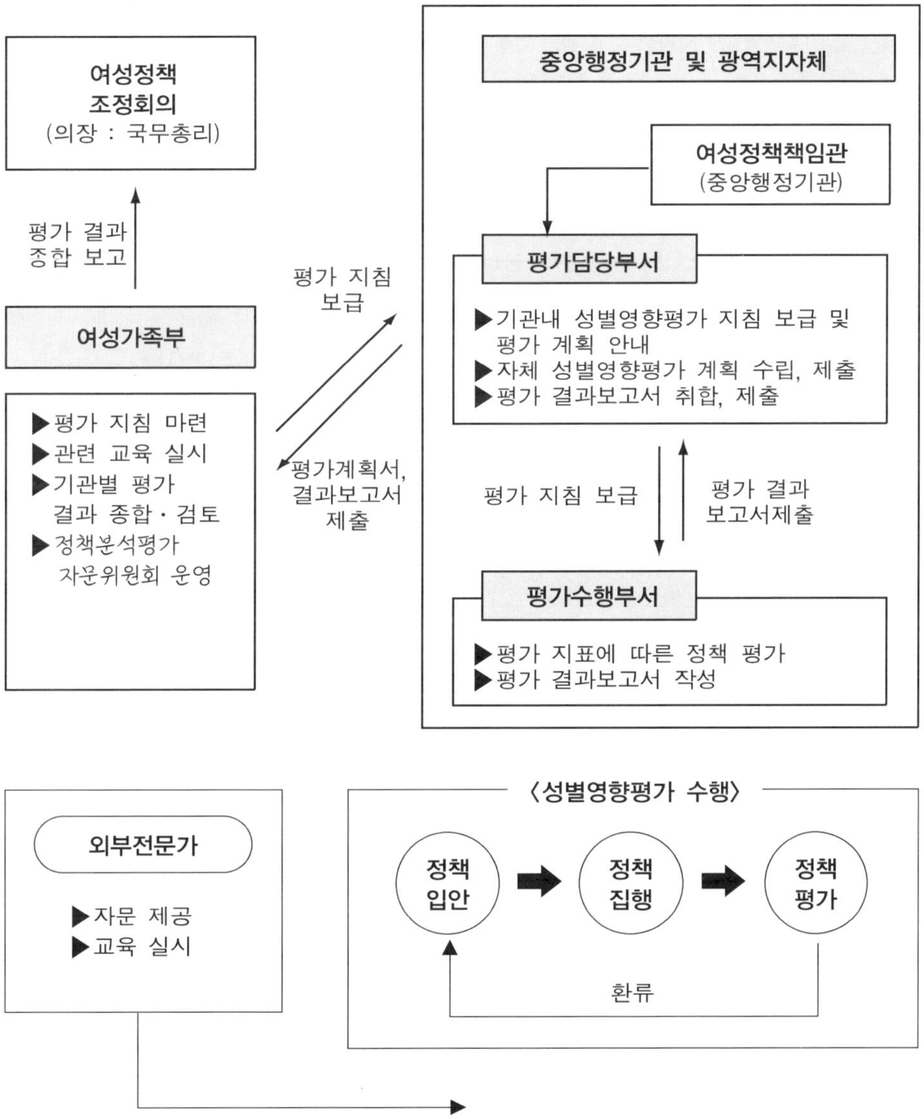

❙그림 3-3❙ 여성가족부 성별영향분석평가 지표(2007년)

자료 : 여성가족부(2007), 「성별영향평가지침」, 서울: 여성가족부.

2) 사례

가) 농업인육성정책[10)]

1단계 : 실태분석으로 여성들의 농업 참여가 높은데 반해, 성별 고정관념으로 후계자 선정, 특수 교육훈련 등의 혜택에서 제외

2단계 : 영향 분석으로 계획단계에서 여성의 요구파악 및 참여 수준이 낮고 정책홍보와 서비스에 대한 접근성이 떨어짐

3단계 : 정책 개선으로 여성의 생활현실을 반영한 서비스의 제공, 성별 고정관념에 의한 교육운영 개선, 여성농업인정책협의체 구성, 관련 조례 개정 등

<표 3-10> 농업인 육성정정책 성별영향분석평가 사례(2005년 지표 기준)

단계	주요 항목(9개)	세부 평가 항목(16개)
1단계 정책 입안 · 결정	1-1. 정책과 관련한 여성과 남성의 요구를 확인하고 기획안에 이를 반영하고 있는가?	‣ 성별이슈 '농가경영주는 남성'이라는 고정관념으로 여성은 후계자 선정 등 각종 혜택에서 소외될 가능성 높음. =〉 농업참여는 높으나 농지소유자는 보통 남편인데서 오는 문제, 여성농업인의 특수한 교육훈련 요구 파악하여 정책에 반영한 흔적 없음
	1-2. 정책 자료에 성별 분리 통계를 수집 · 사용하고 있는가?	‣ 정책과 관련한 성별 통계 및 정보의 확보와 활용 =〉 통계 활용함. (전국)농림업 취업자 중 여성 48% (#도) 농가 여성 중 농업주종사자 49% (#도) 남성취업자 중 농림업종사자 42%, 여성은 5.2%로 더 높음.
	2-1. 정책의 목적 및 수단이 정부의 양성평등 계획 및 방향과 부합하는가?	‣ 정책의 목적과 수단이 정부의 양성평등 방향과 부합여부, 여성 관련 목표 설정 여부 등 －관련정책과의 비교 －성별 교육목표 및 성과지표 설정 여부 =〉 여성농업인 훈련목표치 및 예산계획 설정되었음. 정부의 여성농업인육성5개년계획 및 시행계획, 여성농업인육성법의 정신이 지자체의 농업정책 및 조례에 반영되지 못함.
	3-1. 정책의 자문과 심의 · 의결 과정에 양성의 평등한 참여를 보장하고 있는가?	‣ 농업관련 위원회의 여성참여 수준 =〉 #%로 전국의 36%보다 낮음. ‣ 농협 등 생산자 조직의 여성 참여수준과 지위 =〉 조합원 #%로 전국의 23%보다 낮음.
	4-1. 정책이 여성과 남성에게 미치는 영향을 미리 분석하였는가? 4-2. 정책의 성별 영향에 격차가 존재하는 경우 이를 해결하기 위한 대안을 마련하였는가?	‣ 분석하지 않음.

10) 여성부(2005.3), 「성별영향평가 안내서」.

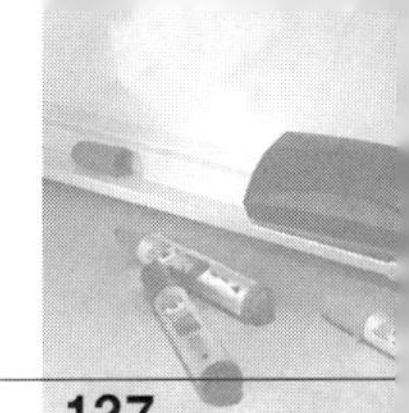

단계	평가 항목	내용
2 단계 정책 집행	5-1. 정책수혜의 성별 편차가 크거나 클 것으로 예상되는 경우에 수혜도가 낮은 집단을 위한 별도의 예산을 책정하고 있는가?	‣ 여성을 위한 사업예산 편성 수준 ‣ 수혜도의 성별 격차가 예상될 경우 그 해결 위한 별도 예산 편성 여부 =〉 단체위탁사업의 경우에 남성단체, 여성단체 위탁으로 각각 별도의 예산 책정함.
	6-1. 서비스 전달 방식이 성별 접근성의 차이를 고려하고 있는가? 6-2. 정책 홍보 방식이 성별 정보 접근성의 차이를 고려하고 있는가?	‣ 정책 서비스 제공 형태(서비스 제공 시간대, 지리적 여건 등)에 여성 접근성 고려 여부 =〉 일부 훈련을 여성농업인 단체에 위탁 주는 것을 제외하고는 별 고려 없음. "집안일 때문에 교육 못 간다" 34%, "멀어서 못간다" 32% =〉 "어디서 언제 무슨 교육 있는지 모르겠다"는 여성농업인이 37%로 교육정보접근도 낮음.
3 단계 정책 평가	7-1. 정책의 수혜도가 성별로 형평하게 나타나는가? 7-2. 정책 만족도가 성별로 동등하게 나타나는가? 7-3. 수혜도 및 만족도에 성별 격차가 나타나는 원인을 파악하였는가?	‣ 성별 정책 수혜도 – 여성후계자 ##명(##%), 남성은 ###명, 여성지원 지원금은 ##% – 최고농업경영자과정 여성 ##% – 각종농업인육성교육 수혜자 중 여성 ##% =〉 농업인지도자 교육과 컴퓨터교육 수혜율은 높으나(각 ##%, ##%) 작물재배(##%), 농업경영(##%), 유통가공판매(##%), 농기계(##%), 재무관리(##%)로 갈수록 낮음 ‣ 성별 정책 수혜도 =〉 성별 통계 부재, 본 연구의 조사 결과 여성의 만족도는 높은 편
	8-1. 정책의 집행결과가 양성평등과 여성지위 향상에 기여하는가? 8-2. 정책이 성역할 고정관념 개선에 기여하는가?	‣ 성별 성과 목표 달성도 =〉 일부는 설정한대로 달성함. 그러나 나머지에서 수혜도의 격차 존재 ‣ 여성능력향상, 사회참여, 양성평등에 미친 영향 (전통적 성역할관을 상정하지 않았는지) =〉 일부에서 성별로 교육자체 분리. 예: 단체위탁사업이 결과적으로 성별 고정관념에 따른 교육 내용의 분리를 초래함. 즉, 남성위주의 단체에 위탁하는 사업은 영농전문기술 중심, 여성단체 위탁사업은 일회성 행사, 지도력 개발 등으로 차이 보임.
	9-1. 정책 효과에 성별 격차가 존재하는 경우 형평성 증진을 위한 정책 개선안을 마련하였는가? 9-2. 정책결과보고서에 성별영향평가를 포함하고 있는가?	‣ 평가결과의 활용과 확산, 향후 정책 환류를 위한 조치의 시행 여부 =〉 성별 평가 및 환류 부재. 단, 위원회에 여성이 참여하여 다소나마 의견 반영
정책 개선	‣ 정책참여 및 수혜 촉진 =〉 반상회, 부녀회, 여성단체 통한 홍보 강화 =〉 부부공동참여를 공문에 명시 =〉 여성의 생활현실을 반영한 서비스 제공 (시간대, 거리 등) ‣ 성별 고정관념에 의한 교육운영 개신 =〉 여성위한 작목재배, 농업경영, 농기계 교육 확대 ‣ 여성농업인정책협의체 쥐 =〉 별도 위원회 또는 농정심의위원회의 분과로 설치 ‣ 관련 조례 개정 =〉 농촌농업기본법, 여성농어업인육성법과 일치하도록 관련 조례에 여성농업인육성조항 삽입 또는 별도의 조례제정	

* 여성가족부 성별영향평가 지표는 2005년 9개 항목, 2006년 8개 항목, 2007년 9개 항목으로 조정 변화됨.

나. 농업인에 대한 정보화 사업

3) 보조 분석틀 활용의 예[11)12)]

---

11) 보조 분석틀은 성 분석을 위한 면담조사 시, 정책담당자가 해당 정책이나 사업이 남성과 여성의 노동, 시간, 자원, 환경, 자원에 대한 접근과 통제의 변화, 그리고 성평등에 미칠 수 있는 또는 미친 영향에 대해 생각하고 기술하는 기회를 제공한다.

12) 1) 사업개요

☞ 농업·농촌 정보화기반 구축

◆ 농촌지역에서 정보이용곤란 등으로 발생하고 있는 지식·정보격차(Digital Divide)를 해소하기 위해 인적·물적 정보화 기반을 확충하고, 실제 농업경영에 도움이 되는 정보(contents)를 내실 있게 제공하여 정보이용 확대 추진

- 농촌지역은 전화국과 가입자(농가)간의 거리가 멀어 데이터 통신은 어려우며 통신요금 부담도 많음. 전자상거래를 하는 신지식 농업인이 농촌의 통신사정이 나빠 사무실을 경북 칠곡에서 대구로 이전한 사례가 있음

◆ 인적기반 확충 : 당초보다 2년 앞당겨 2002년까지 15만명 정보화 농업인 육성(그중 여성 농업인을 30%로)

○ 컴퓨터를 탑재한 버스로 농촌마을을 찾아가는 '이동정보화교육'을 2001년 4월부터 시작

○ 농업인이 전화만 하면 직접 방문하여 컴퓨터 사용상의 애로나 프로그램 사용법을 교육하는 「농업정보 119」 사업을 내실화

- 전국 12개 대학에서 참여중이며, 2001년부터는 농업용 S/W 보급을 통한 농가의 경영데이타 수집까지 수행하고 농업지역개발센터와 연계

○ 중앙단위의 획일화된 교육방식을 지양하고 지방자치단체나 농고 등 지역학교 등을 활용한 특색있는 농업인 정보화교육을 확대 실시

◆ 물적기반 확충 : 농촌의 뒤떨어진 정보인프라를 도시수준으로 개선

○ 정보통신부와 협조로 올해 중에 농촌의 초고속정보통신망(ADSL)을 구축하여 농촌의 정보여건을 획기적으로 개선

○ 2001년 4월부터 농업인을 대상으로 무료 인터넷서비스를 제공하고, 사이버마켓 활성화를 위해 농업인 홈페이지 구축을 지원

- 농림수산정보센터(AFFIS)를 인터넷사업자(ISP)로 확충

○ 신기술·유통정보의 제공을 위해 농업위성방송 등의 방안 검토

○ 산지 생산자단체와 소비자 수요처와의 기업대기업(B to B)간 원활한 전자상거래를 위해 일선 농·축협 등 생산자단체의 정보기반 확충

○ 농업인들의 Cyber 동호회를 확대 발전시키고, 회원간 E-mail 등을 이용한 정보교류 활성화

◆ 정보 확충 : 농업인이 필요로 하는 「돈되는」 정보 제공

○ 가격등락이 심한 배추, 양파 등 5개 채소류의 제값 받기를 위해 관측, 시황, 유통정보 등을 인터넷으로 실시간(Real Time) 제공

- 공영도매시장의 전자경매 시설을 확충하여 경매의 공정성·투명성을 확보하고 관련정보를 수요자에게 즉시 제공

○ 1999년 9월부터 운영중인 농산물통합쇼핑몰(www.acim.or.kr)에 장바구니(통합결재) 기능을 보강하여 One-Stop Shopping 체제 마련

○ 신지식농업인의 지식·기술 등 노하우를 효율적으로 확산·공유할 수 있도록 하는 「농림 지식관리시스템(KMS)」 구축

2) 추진현황

○ 농촌·도시 간 지식·정보격차가 계속 남아 있음

- 농가 PC보급(24%)이 국가전체(52%)의 절반수준이고 인터넷 이용율(7%)도 전체평균 37%에 크게 미달

< 표 3-11> 분석 Tool Ⅰ: 여성의 역할 및 환경에 대한 정책 영향 평가틀

영역 / 수준	변화			
	수행해야 하는 일 (labour)	수행 시간 (time)	활용 자원 (resources)	사회문화적인 환경 (culture)
여성	-정보화교육 받기 -정보통신하기 -(PC가 있다면) 영농 및 생활정보 수집하기 -자녀 및 가족과의 컴퓨터 및 인터넷 활용 관련대화하기 및 자녀이해 가능	-교육시간 약18시간 이상 -연습시간 증가 -농사일 및 가사일 시간 부담 증대 -여가시간 감소	-컴퓨터 -통신시설 -컴퓨터 관련 소프트웨어 -인터넷 정보 활용	-가족에게서 능력을 인정받게 되기 -농업인의 하루생활 시간을 적절하게 조정할 필요성 대두 -여성의 정보의식 및 정보사회에 대한 인식 향상으로 생활환경 변화는 물론 사회활동 증가 -영농결정시스템에의 참여
남성	-정보통신하기 -(PC가 있고, 활용능력 있다면) 영농정보 수집하기 -(PC를 다룰줄 모르면) 배우기 -자녀 및 가족간 대화하기 및 이해 가능	-여가시간 감소 -PC활용시간의 증가	-컴퓨터 -통신시설 -컴퓨터 관련 소프트웨어 -인터넷 정보 활용	-영농에 인터넷 활용 증대 -여성의 정보화교육으로 대화 가능 -영농결정시스템에의 여성참여 인정 -영농역할 분담 등으로 평등한 분위기 확산
가구	-자녀와의 컴퓨터 및 인터넷 등에 대한 대화 가능 -농사일 및 가정관리에 인터넷 활용	-컴퓨터 사용시간 증대 -가족여가 시간 감소	-컴퓨터 -통신시설 -컴퓨터 관련 소프트웨어	-인터넷 중독 등으로 갈등 발생 -문화격차완화 -문화시설 욕구증대 -가사역할 분담요구 증대

○ 통신망 등 농촌지역 정보인프라를 획기적으로 확대
- 초고속통신(ADSL) 서비스 제공: 읍(131개), 면(55개)
  소형장비를 활용하여 읍·면지역 확대 보급(8개 면에서 시범사업 실시 중)
- 농림수산정보망(AFFIS)을 통해 농업정책, 농산물가격, 기상, 의료 및 건강 정보 등 다양한 정보 제공

○ 2002년까지 17만 명에 대해 정보화 교육 실시예정
- 교육계획: (2000) 3만 명 → (2001) 7만 명 → (2002) 7만 명
- 농업인의 정보화 수준에 맞춰 단계별 구분교육을 실시
  초급(회원농협), 중급(시·군 기술센터), 전문(전문교육기관)
- 농업정보119(15천 명), 이동정보화버스교육(4천 명) 등 농업인을 직접 찾아가는 현장교육 확대

○「돈 되는」유용한 정보를 확대 공급해 나가겠음
- 출하지원시스템: 품목확대(5→10), 경매정보, 주산지 작황정보 보강
- 농업인 홈페이지 구축지원 확대: (2000) 306농가 → (2001) 500농가

○ 연도별 농업인 정보화교육 추진목표
- 정보화교육유형: 지자체 기초교육, 농림수산정보센터전문교육, 농업정보119서비스, 이동버스정보화교육, 농협중앙회교육, 정보화공공근로사업(농가방문교육), 농촌현장교육
- 정보화교육현황: 1998년~1999년 52,200명, 2000년 32,256명, 2001~2002년 140,160명으로 총 224,616명에 이름
- 1998~2001년까지는 남녀 혼성으로 교육을 실시하고 있음

			-인터넷 정보활용	-소비욕구증대
지역 사회	-컴퓨터활용에 대한 지역민의 인식 향상 -정보화교육의 필요성 인식 -Cyber Community 형성 (시공간을 초월한 문화 형성) -공공시설의 컴퓨터 설치 필요성 대두 (개인가정의 infra 부족으로)	-컴퓨터 설치시설 (PC방 등)에서의 거주시간 증가	-컴퓨터 -통신(인터넷, 전자 상거래 등)시설 -공공시설내의 컴퓨터방 및 코너(주민대화방) -PC방	-농가홈페이지 증가 -시공간을 초월한 농사 홍보 전략 가능 -도시생활문화와의 동등성 유지 가능 -PC방 등 정보통신 관련 문화시설증대 -공공시설(마을회관, 여성회관, 노인회관 등)의 PC방화 -전자상거래를 통한 농업생산물의 거래 활성화로 부유한 농촌 유지

<표 3-12> 분석 Tool Ⅱ : 자원에 대한 여성의 접근과 통제권한 변화 평가틀

자원 분석		접 근	통 제
변화 평가	개인 및 가족관련 자원 -사적 자산(토지, 집, 가축, 도구 등) -수입(가족의 수입), -저축 -상속(권) -노동(고용계약, 임금교섭, 노동과 여가시간 조정 등)	-컴퓨터, 인터넷, 소프트웨어 접근증대 -수입 및 저축에 대한 접근권 증대	-수입 및 저축에 대한 인터넷을 통한 관리 및 의사결정권 증대 -여가시간 및 노동시간의 탄력적 조정 가능성 증대
	사회·정치적 자원 -보건 및 위생 -교육·훈련 -보육서비스 -은행·신용 대출 -지식·정보·기술 -연료·용수 -정치활동 참여권 (노조, 정당, 단체)	-원하는 교육정보 수집 -다양한 농업정보의 수집 -인터넷 뱅킹 -정보접근 가능성 증대 -다양한 정보 수집으로 사회활동에 대한 접근 및 인식 향상	-정보에 대한 통제력 증대 -지역사회활동, 농업인단체 활동에 대한 참여 및 영향력 증대 -영농의사결정시스템(생산유통, 시장가격, 전망 등)에의 여성 참여 증가 -다양한 정보 수집으로 사회활동에 대한 인식 향상되고 정치 활동 참여가능성 높아짐 -정보화가 가정, 영농활동, 지역사회에 대한 여성의 통제권을 증대시킬 것으로 판단됨.

<표 3-13> 분석 Tool Ⅲ : 정책의 성평등 기여 수준 평가틀

분석 / 수준	평 가
통 제	정보 및 기술에 대한 통제력 증대 국내·외 경제에 대한 신속한 이해를 통해 대처능력 증대 전자상거래를 통한 경제력 향상 가능성 증가 가정, 영농활동, 지역사회에 대한 통제력 증가
참 여	교육 참여 농업정보화정책 참여 정보화 관련 사업 및 전자상거래 참여 영농의사결정 시스템(생산, 유통, 판매 등)에의 참여 지역정보화 관련사업 참여
의식화	사회변화 수용가능성 확대 농업상거래의 중요성 인식 증대 다양한 여성정보에 대한 접근으로 여성의식 향상 부부, 가족간의 동등한 일 분배 등으로 평등의식수준 향상
접 근	교육 정보에 대한 접근 증대 지역사회 어디에서나 정보에의 접근 가능 전국 및 전 세계 시장과의 연계 강화
복 지	새로운 문화 도입으로 지역문화·복지 수준 향상 주민의 복지수준 향상 정보통신 분야에 대한 주민의 관심증대 및 도농간 문화격차 해소

2. 성인지 예산제도

가. 개념 및 필요성

1) 개념

성인지 예산은 여성과 남성 모두를 위한 예산이다. 성인지 예산제도는 정책의 성형평성과 효율성을 높이기 위한 제도로, 예산과정에 성인지적 관점을 통합하는 것이다. 즉 예산과정은 예산안 편성과 심의, 집행, 결산의 4단계로 구성되어 있으며, 예산과정 각 단계마다 성인지적 관점을 통합하여 성평등 효과를 높이기 위한 것이다(김경희 외, 2006).

성인지 예산 사례를 보면 다음과 같다. 화장실 사용의 경우, 용변을 보는 평균시간이 남성(46초)보다 여성(76초)이 더 오래 걸린다. 남녀의 옷과 신체구조, 생리적 요구 등 남녀차이를 고려하여 여성과 남성에게 각각 미치는 영향을 파악하고 정책의 미비점을 보완하여, 공중화장실을 설치할 경우 남성 화장실의 대소변기 수와 여성 화장실의 대변기 수가 최소한 같거나 아니면 여성 화장실을 더 많도록 해야 한다고 제시하고 있다(「공중화장실 등에 관한 법률」 개정, 2006.4.28).

2) 의미

성인지(性認知 gender sensitivity)는 '특정 성별에게 불평등이 발생하지 아니하도록 여성과 남성에게 미치는 영향을 인식 · 반영하는 능력을 증진시키는 것' 즉 '성별 역할과 지위, 입장과 경험을 동등하게 고려하여 성별 차이를 반영하거나 불평등을 시정하는 것'이다. 즉 성인지성(gender awareness)은 여성과 남성의 차이가 학습된 행동을 바탕으로 사회문화적으로 구성, 결정되어졌음을 이해하는 것(an understanding)이다. 그리고 성인지력(gender sensitivity)은 현존하는 성차이와 성차별 그리고 성(gender)과 관련된 문제를 인지할 수 있는 능력(the ability)으로 성차별적인 영향을 배제할 수 있도록 하는데 필요한 통찰력이다.

그러므로 성인지적 정책이란 정책과정에 양성의 동등한 참여를 보장하고 여성과 남성의 요구와 관점을 고르게 통합함으로써 의도하지 않은 성차별을 초래하는 일이 없도록 하며 궁극적으로 양성평등에 기여하는 정책임. 즉 참여의 정책, 남녀의 다른 경험과 상황을 고려하는 정책, 상생의 정책, 남녀통합사회를 목표로 하는 정책이다. 즉 (1) 편견과 고정관념을 배제하고 남녀간 차이를 고려한다면 정책의 공정성을 높일 수 있다(호주제 폐지 등). (2) 남녀의 차이를 고려하는 정책이 효율적이며 양성평등한 결과를 가져온다(양성평등채용목표제, 남녀화장실 좌변기 수량 차 – 2004년 1월 공중화장실 설치에 관한 규정은 남녀의 생리적 차이 등을 고려 성인지적 관점에서 정책형성한 대표적 예 등). (3) 정책이 상정하는 성별 고정관념을 극복하면 사회의 성평등 감수성이 높아진다(육아휴직제 등). 그리고 (4) 성인지적 정책은 남성과 여성이 같은 수준의 삶의 질을 향유하도록 하는 것이다.

이와 같은 성인지적 정책을 집행하기 위해 요구되는 예산 등을 포함한 성인지 예산은 여성예산(women's budgets)→젠더예산(gender budgets)→성인지 예산(gender-sensitive budgets, gender perspective budget)으로 명칭이 변경되어왔다. 성인지 예산(gender-sensitive budget)은 공공예산을 편성하고 집행하는 전 과정에 성인지적 관점을 도입하는 것으로, 예산이 남성과 여성의 삶의 차이와 특성을 반영하여 계획, 집행되고, 그 효과가 남성과 여성에게 평등하게 나타나도록 하는 것을 의미한다(Elson, 1998).

성인지적 예산은 프로그램 예산 기획이나 집행예산과 같은 예산시스템이 아니라, 젠더 격차를 줄이는데 정부 예산 프로그램의 영향을 판단하고 이해를 돕는, 그 결과 성 주류화, 곧 양성평등을 이루는데 요구되는 부가적이고 분석적인 도구이다(Sarraf, 2003). 최초 도입국가는 호주(1984년)이며, 매년 여성예산보고서(women's budget statements)를 발표하고 있다. 현재 40개국 이상이 어떤 형태로든 성인지 예산분석을 수행하고 있다(budlender, 2002).

1995년 북경여성대회에서 채택된 행동강령은 '재정장치(financial arrangements)'라는 제목 하에 성인지 예산을 촉구하고 있다. 2002년 10월 유니펨(UNIFEM)은 2015년까지 모든 국가가 예산과정에 성별 분석 통합을 요청하고 있다.

성인지 예산은 정책에 대한 성별영향평가에 근거하여 예산을 성인지적으로 편성, 집행하는 것으로 이를 위해 필수적으로 성인지적 통계와 지표가 요구되며, 양성평등에 대한 사회적 합의나 시민 및 여성운동의 역할이 중요하다.

성 주류화 6개 주요 전략 중 정책의 성 분석(성별영향평가), 성인지적 예산, 성인지적 통계는 성 주류화 전략의 핵심 영역이다.

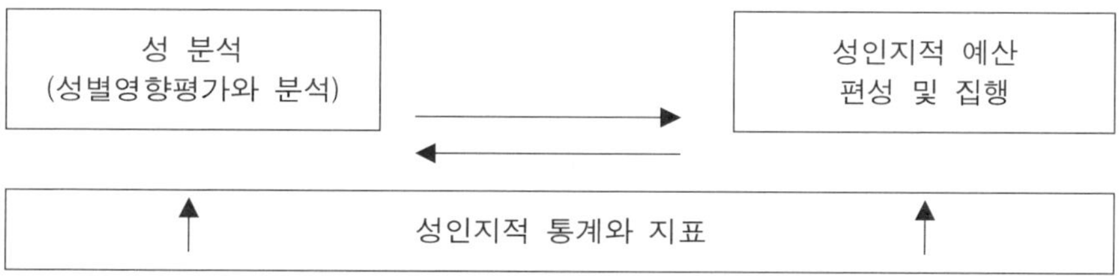

┃그림 3-4┃ 성 주류화 전략 추진체계도

자료 : 한국양성평등교육진흥원(2006), 「성별영향평가」, 서울: 한국양성평등교육진흥원.

3) 필요성[13)]

성인지 예산의 필요성은 굳 거버넌스(good governance)를 만들어내기 위해위한 정책의 성형평성을 제고하는데 있다. 그럼으로써 경제적 효율성을 도모하고, 성과주의 예산에 긍정적으로 기여함과 아울러 성평등에 대한 국제적 공약의 실천을 이루어가기 위해 필요하다.

구체적인 상황을 보면 다음과 같다(김경희 외, 2006).

가) 경제적 효율성

성인지 예산은 자원의 보다 효율적인 활용에 기여하고 있다. 성인지 예산은 정부의 정책개입과 관련한 투입과 활동, 산출, 그리고 영향을 분석하고 공공지출의 효율성과 효과성에 대한 종합적인 피드백을 제공함으로써 제한된 공공자원을 보다 적절하게 활용하고 재정적 성과를 개선할 수 있다.

---

13) 김경희 · 김양희 · 송인자 · 이원희 · 김인순(2006), 「공무원의 성인지 예산 교육프로그램 개발」 연구용역 최종보고서, 서울: 여성가족부(미간행)를 인용함.

나) 성과주의 예산에 긍정적으로 기여

성인지 예산은 해당 사업을 통하여 성평등 증진에 기여할 수 있도록 하는 지표를 설정하여 점검할 수 있도록 함으로써 성과주의 예산 실천에 긍정적으로 기여할 수 있다. 또한 정보에 대한 권리를 보장할 수 있다. 즉 성인지 예산은 공공지출의 투명성과 책무성을 위하여 정확한 기록과 성 분리된 통계, 그 외 객관적인 정보의 제공을 요구함. 이에 따라 예산 관련 정보의 알 권리를 보장한다.

다) 굳 거버넌스

성인지 예산은 예산과정의 성평등한 참여를 중시하고 정책서비스 전달에 따라 여성과 남성의 기회를 동등하게 증진하도록 하는 것이므로 굳 거버넌스에 기여할 수 있다. 성인지 예산은 공공지출의 투명성과 책무성을 위하여 정확한 기록과 성 분리된 통계, 그 외 객관적인 정보의 제공을 필요로 하므로 굳 거버넌스의 기초를 제공한다. 특히 2006년에 제정된 「국가재정법」에 의하면 예산 과정에서 참여를 강조하고 있는 바, 성인지 예산이 확립되면서 예산과정에서 관련 이해당사자들의 참여가 확대될 전망이다.

라) 정책의 성 형평성 제고

국가 재정은 정부의 모든 부처, 모든 부서와 관련되므로 성인지 예산은 모든 부처의 공무원들이 평소 업무에서 성인지적 도구를 적용하는 기술을 개발하는 기회를 제공할 수 있다. 단순히 여성관련 예산을 증액한다는 차원이 아니라 예산의 집행을 통한 여성 관련 정책의 영향효과를 평가하는 수단이 된다.

마) 성평등에 대한 국제적 공약의 실천

성인지 예산을 실천함으로써 북경행동강령이나 유엔 여성차별철폐협약 등 국제규약의 이행을 위한 기본적인 책무를 갖추게 된다. 국가 재정은 정부의 모든 부처, 모든 부서와 관련되므로 성인지 예산은 모든 부처의 공무원들이 평소 업무에서 성인지적 도구를 적용하는 기술을 개발하는 기회를 제공할 수 있다.

나. 제도화 과정

성인지 예산정책에 대한 성별영향평가에 근거하여 예산을 성인지적으로 편성, 집행하는 것으로 이를 위해 필수적으로 성인지적 통계와 지표가 요구되며, 양성평등에 대한 사회적 합의나 시민 및 여성운동의 역할이 중요하다.

우리나라에서 성인지 예산에 대한 논의는 여성가족부에서 제시한 제2차 여성정책기본계획(2003~2007)에 "양성평등 관점의 통합"이 제시되었고, 세부과제로 여성정책 추진기구 확대 및 성인지적 예산 수립, 정책의 성별 분석을 위한 기반조성 등이 제시되면서부터이다.

민간차원에서는 한국여성민우회와 한국여성단체연합 등에서 논의하였으며, 한국여성민우회가 2001년부터 지방자치단체의 성인지적 예산분석을 시작하였으며, 한국여성단체연합은 '성인지적 예산 정책 마련을 위한 청원서'를 제시하고, 2003년 중심과제로 선정하고 있다.

국회 여성위원회는 2002년 10월(제4차 회의) 성인지적 정책운용을 위해 정부의 예산안 편성과정 및 자료 제출 촉구결의안을 의결하였다. 2003년 이후 여성가족위원회 운영위원회, 예산결산특별위원회 등을 중심으로 성인지 예산이 논의되어 왔으며, 2006년 1월 국회 예산결산특별위원회에 '성인지 관련 재정연구를 위한 TF' 구성, 동년 4월 국회운영위원회 법안심사소위를 통과한 '국가재정법(안)' 제16조 예산의 원칙에 '정부는 예산이 여성과 남성에게 미치는 효과를 평가하고 이 평가를 정부의 예산 편성에 반영하기 위해 노력하여야 한다'고 명시하고 있다. 그리고 예산 결산 제출 시 다음과 같이 노력할 것을 명시하고 있다.

(1) 예산서 제출 시 – 예산이 여성과 남성에게 미칠 영향을 미리 분석한 보고서를 작성하여 예산안 첨부서류로 국회에 제출해야 한다.

(2) 결산서 제출 시 – 정부는 예산의 수혜가 여성과 남성에게 동등하게 이루어지고 성차별을 개선하는 방향으로 집행되었는지를 평가하는 보고서를 작성해 결산 첨부서류로 국회에 제출해야 한다.

기획예산처 소관으로 되어 있는 '2004년도 국정감사결과 시정 및 처리 요구사항에 대한 처리결과보고서'에 의하면, '성인지적 관점을 반영할 수 있는 예산편성 방안 마련'이 제시되어 있다. 그리고 향후 추진계획을 보면, 여성가족부와 기획예산처가 협력하여 여성정책 관련 예산변동 추이, 내용분석 등을 통해 예산사업의 성인지성을 심층 분석하도록 되어 있다. 2007년 기획예산처가 마련한 '07년도 예산안 편성지침(안)에 의하면, 사업의 성격상 성별영향에 대한 고려가 필요한 사업은 성별영향을 감안하여 예산을 요구하도록 하고 있다.

지난 6년간 국내에서 성인지 예산이 제도화되는 과정을 표로 정리해보면 다음과 같다.

<표 3-14> 성인지 예산 제도화 과정

주체		내용
행정부	여성가족부	-제2차 여성정책기본계획 성인지 예산관련 조항(2003) -기획예산처에 예산편성 및 집행지침에 성인지력 예산편성을 촉구하는 의견 제시 (2003) -성인지적 예산 분석 지침 수립방안 연구 실시(2003) -4개 부처 '성인지 예산 시범분석' 실시(2004)
	보건복지부	-성인지적 보건복지 예산분석 및 편성집행의 방향 연구보고서 작성(2001)
	기획예산처	-각 년도 예산안 편성지침에 제시 '능력개발 보육 등 여성의 사회참여 확대' 실시(2003년) '보육 등 여성의 사회참여 확대' 실시(2004년) '삶의 질 향상을 위한 보육 지원' 실시(2005년) '성별영향이 중요하다고 판단되는 사업은 성별영향평가 결과를 감안하여 예산 요구'를 명시(2006년) '사업의 성격상 성별영향에 대한 고려가 필요한 사업은 성별 영향을 감안하여 예산을 요구'하도록 명시(2007년)
입법부	의회	-여성위원회 '성인지적 예산편성 및 자료제출 촉구 결의안' 본회의 의결(2002) -국회예산결산특별위원회 '성인지 관련 재정연구를 위한 TF'구성 -국가재정법안에 성인지 예산 관련 조항 포함, 운영위원회 법안소위 통과
여성단체		-한국여성민우회, '지방자치단체 여성정책 예산분석' 활동 전개(2001) -한국여성단체연합, '성인지적 예산정책 마련을 위한 청원서'국회에 제출(2002) -한국여성민우회, '젠더 예산 여성운동' 발간(2003) -한국여성의 전화연합 '지역중심의 여성정책 예산분석 활동' 전개(2003)

자료: 이계경(2005), 「2006년 성인지 예산 편성의 현황과 과제」, 서울: 한나라당 국회예결위/ 이계경(2005), 「2006년 정부예산 중 성인지 예산 얼마나 되나?」, 서울 : 국회/ 이계경(2006), 「2006년 성인지 예산제도의 도입방안」, 서울 : 국회 예산결산특별위원회 성인지 관련 재정연구를 위한 TF/ 김양희 김경희(2006), "성인지 예산 성별영향평가의 연계와 지원방안", 「정부 재정 운영과 성인지 예산 성별영향평가」, 서울 : 한국여성개발원 한국재정학회 등을 활용 재구성함.

이 결의안의 내용은 여성발전을 위한 정책운용을 위해 정부의 예산안 편성과정 및 국회의 예산안 심의과정에 성인지적 관점이 반영되어야 하며, 이를 위해 각 부처는 관련 자료를 여성부 및 국회 여성위원회와 예산결산특별위원회에 제출해줄 것을 촉구하는 것을 골자로 하고 있다.

다. 분류형태 및 분석 방법

1) 분류형태

성인지 예산은 정책에 대한 성별영향평가에 근거하여 예산을 성인지적으로 편성, 집행하는 것으로 이를 위해 필수적으로 성인지적 통계와 지표가 요구되며, 양성평등에 대한 사회적 합의나 시민 및 여성운동의 역할이 중요하다.

성인지 예산은 세입과 세출로 이루어진다. 예산의 편성·심의·집행·결산·성과평가 등 재정운용 전 과정에 걸쳐 성별 영향을 고려하여 국가재정 운용이 양성평등의 증진과 연결될 수 있도록 하는 도구·과정이다. 성인지 예산은 단순히 여성지원 예산이나 여성가족부의 예산을 의미하는 것이 아니다.

예산안 편성 단계는 특정 성별에게 불평등이 발생하지 아니하도록 성별 영향을 고려하여 예산안을 편성해야 한다. 성인지 예산 편성은 재정 운용 전반에 걸친 성별 영향에 대한 인식제고를 위하여 예산안 편성 시 편성지침을 반영하고, 집행한 후, 결산과정에서 성별영향평가를 하여 다음 예산안 편성 시 환류 되도록 해야 한다.

□ 외국

호주의 경우, 성인지 예산 조치를 보면, 성 특정 예산(gender-specific expenditures)과 성 형평 예산(expenditures promoting gender equity) 그리고 일반예산(mainstream expenditures)을 확보하기 위해 사용되는 예산으로 분류하고 있다. 일반 주류예산은 성 특정적 예산과 성 형평성 예산에 분류되지 않은 일반 예산을 의미한다(이계경, 국회 예산결산특별위원회 성인지 관련 재정연구를 위한 TF, 2006).

- 성 특정예산 : 성별 정책 수요에 따라 여성 혹은 남성만을 대상으로 투입되는 예산
- 성 형평 예산 : 보육예산이나 적극적 고용개선조치 예산처럼 성 불평등을 시정하기 위한 사업에 투입되는 예산
- 일반 예산 : 위의 두 가지 범주에 해당하지 않는 대부분의 예산

□ 국내

우리나라의 성인지 예산 편성은 양성평등정책 예산과 일반예산을 종합한 예산을 의미하고 있다. 여기에서 양성평등정책 예산이란 여성정책기본계획 사업과 기타 양성평등정책사업에 활용되는 예산을 의미하며, 일반예산이라 성별영향분석을 실시하는 예산을 포함시키고 있다. 이는 일반예산에 대한 성인지적 분석을 확대하는 방향으로 나아가고 있음을 의미하는 것으로 고무적인 일이다.

– 양성평등정책 예산 : 성 특정 예산과 성 형평 예산 범주를 함께 포함한 예산

· 1998년부터 실시하여 온 제1차 여성정책기본계획과 시행에서부터 성 특정사업과 성 형평사업이 특별한 구분 없이 목록화 되어 있음.

· 여성정책 기본계획 사업 이외에 양성평등을 목표로 새로운 사업이 개발될 수 있으므로 기타 양성평등을 목적으로 하는 예산사업도 여기에 포함됨.

– 일반예산은 양성평등정책과 직접적으로 관련이 없는 범주의 예산

· 여성정책 예산을 제외하면 99% 이상의 대부분의 예산임.

양성평등정책 예산 범주에 대한 성인지 예산 조치는 기존의 양성평등정책으로 분류되는 예산 사업일 경우, 양성평등의 목표와 상관없이 단순히 여성 혹은 남성을 대상으로 함으로써 성별 고정관념을 유지 · 강화시키는 측면이 있는 사업에 대해서 목표 적합성을 검토할 필요가 있다. 그러나 일반 예산 범주에 대한 성인지 예산편성 조치는 사람을 직접 지원 대상으로 하는 사업일 경우, 성별 영향이 사전에 분석되고 이 분석에 기초하여 평등한 기회나 효과를 고려하여 예산안을 편성할 필요가 있다. 그리고 사람을 직접 지원 대상으로 하지 않는 경우, 건축이나 도로 정비 등과 같은 사업 중 화장실의 설치나 유모차가 다니기 편리한 길의 조성 등과 같이 성별 효과가 중요한 사업이 있기 때문에 이에 대한 성별 영향을 사전에 고려하여 예산안을 편성해야 한다.

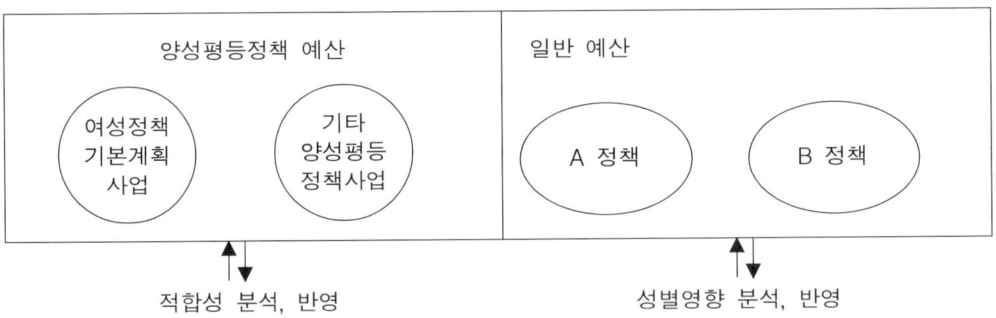

▎그림 3-5▎성인지 예산 편성 조치 개념도

자료 : 국회 예산결산특별위원회 성인지 관련 재정연구를 위한 TF, "성인지 예산 제도의 도입방안", 이계경(2006), 「성인지 예산제도의 도입방안」, 서울 : 국회 예산결산특별위원회.

2) 분석방법[14)]

성인지 예산의 분석은 6가지 분석도구를 활용하고 있다. 즉 정책평가, 수급평가, 성별 공공지출 분석, 성별 시간사용 분석, 성인지적 중기 경제정책틀, 성인지 예산결산 보고서 등이다(김경희, 2006).

가) 특정 정책과 관련된 예산이 어떻게 성불평등을 감소시키거나 증가시키는지에 주목하는 정책평가는 특정 정책의 예산 구성, 예산 사업의 내용, 예산 사업의 목표와 실제 집행결과 사이의 괴리, 정책효과가 성별에 따라 미친 영향을 분석하는 것이다.

나) 수급평가는 여론 조사나 태도조사를 통해 요구나 개선사항을 물어보는 방식이다. 여성과 남성의 다른 요구와 우선순위를 살펴 예산편성에 반영하는 방식이다.

다) 성별 공공지출 분석은 여성과 남성에게 각각 얼마나 할당되고 있는지를 수급현황을 분석하는 것이다.

라) 성별 시간사용 분석은 가사, 양육, 기타 보살핌 노동을 위해 여성들이 주로 수행한 무급노동이 갖는 거시 경제적 의미를 밝히기 위해 정부예산과 가구시간의 연관성을 밝히는 분석방법이다.

마) 성인지적 중기 경제정책틀은 경제활동에서 남녀의 상이한 역할을 통합하는 거시경제의 정책들을 만들고자 하는 의도로 개발되었다. 그러나 성별 영향을 염두고 두고 있지는 않다.

바) 성인지 예산결산 보고서는 전체 공공지출과 부서별 지출이 갖고 있는 성별 불편등의 문제를 드러내기 위한 것으로 성인지 정책과 예산 집행에 대한 결과 보고서의 형태를 띨 수도 있고, 예산안에 대한 것일 수도 있다.

위 성인지 분석도구 중 가)～라)는 예산 사업에 대한 성별 분석방법을 제시한 것이며, 마)～바)는 정책의 성인지적 분석과 경제정책 계획이 미치는 성별 효과를 분석하여 보고서를 작성하는 것이다. 주로 가)나)마)는 사전분석을 위한 것으로 예산서를 위해, 또한 마)는 예산안 편성지침을 제시하기 위해 활용된다. 그리고 다)라)는 사후분석으로 결산서를 위해 주로 사용되며, 바)는 사전과 사후분석을 모두 포함할 수 있어, 예산과 결산서를 제시할 때 활용될 수 있다.

성인지 예・결산 보고서에 포함되어야 할 지표들을 보면 다음과 같다.

---

14) 한국여성개발원・한국재정학회(2006),「정부 재정 운영과 성인지 예산・성별영향평가」, 서울: 한국여성개발원・한국재정학회 자료 중 발췌, 인용한 것임.

<표 3-15> 성인지 예 · 결산보고서에 포함되어야 할 지표들

지표	내 용
1	양성평등사업이 전체 세출에서 차지하는 비중
2	공공 부문 고용에서의 성별 균형
3	공공서비스에서 여성에게 우선 필요한 사업이 전체 세출에서 차지하는 비중
4	여성담당부서 및 평등관련 담당기구에 투입되는 세출
5	여성의 소득불평등 감소를 위해 소득이전에 투여되는 세출
6	기업지원에서의 성별 균형
7	공공부문 계약에서의 성별 균형
8	정부 훈련사업에서의 성별 균형

자료: Budlender et at. (2002), Gender Budgets Make Cents : Understanding gender responsive budgets, p.47. / 김양희 · 김경희(2006), "성인지 예산 · 성별영향평가 연계와 지원방안", 「정부 재정운영과 성인지 예산 · 성별영향평가」, 서울: 한국여성개발원 · 한국재정학회(재인용).

라. 예산 현황 15)

1) 연도별 성인지 예산 및 편성지침

가) 연도별 성인지 관련예산

2001년부터 2006년까지의 여성가족부가 집계한 여성정책 예산은 아래 제시된 표와 같다. 2001년은 2,955억 원에서, 2003년도 3,769억 원에서, 2005년에 6,906억 원으로 증가하였으며, 2006년에는 9,562억 원 규모로 증가해가고 있다. 여성정책을 총괄하고 있는 여성가족부가 매년 가장 큰 비중을 차지하고 있으며, 타 부처의 여성정책 예산 규모는 상대적으로 매우 낮은 수준이다.

2006년 현재 우리나라는 성인지 예산 제도의 전면적인 도입을 위해 관련법 제정을 서두르고 있으며, 현재 국회 운영위원회 소위원회를 통과한 상태이다. 여성가족부가 매년 「여성정책 예산」을 집계하여 발표하는 수준이다. 성인지 예산은 (1) 여성정책 예산은 중앙행정기관의 제2차 여성정책기본계획 시행계획 추진과 관련된 사업 예산 (2) 여성정책기본계획 시행계획에는 포함되지 않지만 여성정책 관련 사업이라고 판단되는 예산 (3) 일반회계 및 특별회계(기금 제외)의 주요사업비를 포함하고 있다.

15) 이계경(2006), 「성인지 예산제도의 도입방안」, 서울: 국회 예산결산특별위원회/ 한국여성개발원 · 한국재정학회(2006), 「정부 재정 운영과 성인지 예산 · 성별영향평가」, 서울: 한국여성개발원 · 한국재정학회 자료 중 발췌, 인용한 것임.

<표 3-16> 중앙행정기관 여성정책 관련 예산 (2001~2006)

(단위: 백만원)

기관명	2001	2002	2003	2004	2005	2006
여성가족부	31,779	42,735	43,548	444,149	633,277	861,872
국무조정실	-	-	-	7,360	9,877	10,248
청소년보호위원회	-	-	-	1,600	2,252	550
재정경제부	-	-	-	160	160	-
교육인적자원부	548	363	403	151	271	631
외교통상부	-	-	-	1,363	1,903	-
법무부	70	70	70	70	77	73
국방부	-	-	-	65	294	186
행정자치부	44	44	58	9,024	134	97
과학기술부		6,890	8,263	8,500	-	-
문화관광부	300	450	500	531	512	1,140
농림부	1,126	2,372	1,122	32,899	22,362	38,416
산업자원부	-	-	-	800	-	-
정보통신부	-	-	-	-	300	280
보건복지부	196,223	229,161	314,862	1,444	1,657	701
노동부	24,425	20,681	3,545	4,976	5,540	13,161
경찰청	-	-	-	104	2,685	2,423
농촌진흥청	-	-	-	1,982	1,510	10,982
중소기업청	4,960	5,450	4,600	4,680	4,800	7,600
특허청	-	-	-	500	618	820
합계	295,475	308,216	376,971	520,358	668,229	956,218

주: 2003년은 일반회계 기준/ 2005-2006년도는 일반회계+특별회계 기준

자료 : 여성가족부(각 년도), 「여성백서」/ 각 부처(2006), 「2006년도 예산서」/ 이계경(2006), 「성인지 예산제도의 도입방안」, 서울: 국회 예산결산특별위원회/ 김양희 · 김경희(2006), "성인지 예산 · 성별영향평가 연계와 지원방안", 「성인지 예산 · 성별영향평가」, 서울: 한국여성개발원 · 한국재정학회.

나) 2007년도 예산안 편성 지침

기획예산처가 마련한 「2007년 예산안 편성지침 및 기준」에서는 양성평등정책예산과 성별영향평가사업 예산을 성인지 예산에 포함시키고 있다(김경희, 2006).

- 양성평등정책예산 : 제2차 여성정책기본계획 추진사업
- 성별영향평가사업예산 : 2004년과 2005년에 성별영향평가를 받은 사업

Ⅲ. 2007년도 예산안 작성지침
1. 일반지침
1-3 세출관련 사항
ㅇ사업의 성격상 성별 영향에 대한 고려가 필요한 사업은 성별영향을 감안하여 예산 요구
2. 성인지 예산안 작성지침
2-1 대상사업
ㅇ「제2차 여성정책기본계획」 시행계획으로 추진되는 사업
－소관부처별 세부 사업 목록은 [별첨 2]을 통해 제시함
ㅇ성별영향평가 대상사업 추후 별도 통보
－2004년 및 2005년도 성별영향평가 대상 사업은 평가 결과를 사업계획에 반영하여 편성할 것
2-2 작성방법
ㅇ「사업 설명자료」 작성시, DB관리항목 중 관리항목에 양성평등정책 예산 해당여부와 성별영향평가 대상사업 해당여부를 표시

Ⅰ. DB관리항목
□ 관리항목

예비 타당성 실시 여부	총사업비 관리대상		총액 계상 예산 사업	예산 점검 관리 대상	R&D사업		양성평등 정책예산 해당여부	성별영향 평가 해당여부
	총 사업비	사업 기간			해당 여부	출연 기관 코드		
							"ㅇ"	"ㅇ"

ㅇ각 중앙관서의 장은 2004년과 2005년에 성별영향평가를 받은 사업에 대해서는 그 결과를 반영하여 예산요구
－성별영향평가결과를 외부기관 지적사항(사업별 설명자료 양식 참조)에 요약하고, 지적내용에 대한 부처의 검토의견 제시

성인지 예산의 개념은 성별 불평등이 발생되지 않도록 재정운용 전반에 걸쳐 성별 영향을 고려하는 재정 운용 제도를 의미한다. 성인지 예산 제도의 일부로서 여성가족부에서 집계하고 있는 여성정책 예산은 대상사업과 집계 기준, 성별영향평가의 반영, 성인지 예산에 대한 접근 방식 등에 보완되어야 할 문제가 있다(김경희, 2006/기획예산처, 각 년도/ 이계경, 2006). 즉 (1) 성인지 예산 개념 및 분류기준이 모호한데, 이를 보면 기존의 여성정책 예산은 성인지 예산 개념의 일부만을 적용한 것이며, 여성정책 예산의 내역도 대상사업 및 집계과정에서 준비가 부족하였다. 대상 회계도 일반회계 및 특별회계만 포함하고 기금은 제외되었다. (2) 성인지 예산 편성방안의 미흡을 들 수 있다. 성별 영향 평가와 평가 결과의 반영이 소

극적 · 형식적으로 이루어졌다. (3) 보육 중심의 재원 배분 방향의 문제를 들 수 있다. 2003년에서 2006년도까지의 예산안 편성지침을 분석해 보면, 저출산 · 고령화의 경제 · 사회 여건 변화에 대한 대응으로 보육부문의 투자가 확대되고 있다. 그러나 성인지적 관점에서 접근된 것은 아니며, 양성평등 및 여성 개발의 정책 목표가 매우 협소하게 취급된 것으로 볼 수 있다.

2) 국가재정법 제정

가) 제정 이유

2006년 10월 4일 공포된「국가재정법」(법률 제8050호)은「예산회계법」(1961년 제정)과「기금관리기본법」(2004년 1월 1일 제정)을 통합한 것으로 2007년 1월 1일부터 시행된다. 그리고 기존의 예산회계법(1961년 제정)과 기금관리기본법(2004년 1월 1일 제정)은 폐지된다.

국가 재정운용의 기본법을 제정함으로써 새로운 재정운용의 틀을 마련하고, 국가재정운용계획의 수립, 성과관리제도 예산총액배분 및 자율편성제도의 도입 등을 통하여 재정의 효율성을 도모코자 하는 것이다. 그리고 재정정보의 공표 확대 및 조세지출예산제도의 도입 등으로 재정의 투명성을 제고하고, 추가경정예산편성요건의 강화 및 국가재무관리계획의 수립 등을 통하여 재정의 건전성을 확보하려는 것이다.

나) 성인지 예산 관련 주요내용

국가재정운용계획의 수립, 성과중심의 재정운용 등 총 16개의 주요내용 중 "마. 성인지 예결산제도의 도입(법 제16조 제5호 · 제26조 · 제34조 제9호 · 제57조 · 제58조 제1항 제4호 · 제61조 및 부칙 제5조)"이 삽입되어 정책에서의 성인지 예산 책정의 중요성을 보여주고 있다. 즉 예산이 여성과 남성에게 미치는 영향을 분석한 성인지 예산서와 여성과 남성이 동등하게 예산의 수혜를 받고 예산이 성차별을 개선하는 방향으로 집행되었는지를 평가하는 성인지 결산서를 예 · 결산안 첨부서류로 국회에 제출하도록 하고, 이를 2010회계년도 예 · 결산안부터 적용하도록 하고 있다. 이는 성인지 예산제도의 획기적인 변화를 예고하고 있다.

성인지 예산 관련 주요 내용을 보면 다음과 같다(국가재정법, 2006).

「국가재정법」 성인지 예 · 결산 관련 조항

제16조 (예산의 원칙)

5. 정부는 예산이 여성과 남성에게 미치는 효과를 평가하고, 그 결과를 정부의 예산편성에 반영하기 위하여 노력하여야 한다.

제26조 (성인지 예산서의 작성)

①정부는 예산이 여성과 남성에게 미칠 영향을 미리 분석한 보고서(이하 "성인지 예산서"라 한다)를 작성하여야 한다.

②성인지 예산서의 작성에 관한 구체적인 사항은 대통령령으로 정한다.

제34조 (예산안의 첨부서류)

9. 성인지 예산서

제57조 (성인지 결산서의 작성)

①정부는 여성과 남성이 동등하게 예산의 수혜를 받고 예산이 성차별을 개선하는 방향으로 집행되었는지를 평가하는 보고서(이하 "성인지 결산서"라 한다)를 작성하여야 한다.

②성인지 결산서의 작성에 관한 구체적인 사항은 대통령령으로 정한다.

제58조 (결산보고서 등의 작성 및 제출)

①4. 성인지 결산서

제61조 (결산의 국회제출) 정부는 제60조의 규정에 따라 감사원의 검사를 거친 결산 및 첨부 서류를 다음 연도 5월 31일까지 국회에 제출하여야 한다.

부칙 제5조 (성인지 예산서 및 성인지 결산서의 작성 · 제출에 관한 적용례)

제26조의 규정에 따른 성인지 예산서의 작성 및 제34조 제9호의 규정에 따른 성인지 예산서의 제출, 제57조의 규정에 따른 성인지 결산서의 작성 및 제58조 제1항 제4호의 규정에 따른 성인지 결산서의 제출은 각각 2010회계연도 예산안 및 결산부터 적용한다.

제3절 정책과제 및 대안

1. 성별영향평가

여성가족부는 제도 운영 및 지원을 위해 평가도구를 개발하고 평가를 지원하며, 제도 및 운영체계를 구축하는데 역점을 두고 있다. 그리고 중앙행정기관 및 지방자치단체는 평가 수행을 하고 있으며, 시민 및 여성단체는 이를 모니터링 하는 작업을 함으로써 상호 보완 관계를 맺고 있다(김재인 외, 2003/ 김경희, 2006).

(1) 과제의 선정

성별영향평가가 구체성과 타당성을 가지고 이루어지기 위해서는 적절한 과제를 선정하는 것이 매우 중요하다. 사회적 파급효과가 크고 성별에 따라 수혜도의 편차가 클 것으로 예상되는 정책, 국제적으로 공인된 양성평등 지표에 영향을 주는 정책 등이다.

(2) 성인지 관련 문제의 확인과 지표 적용

지침에서 제시한 지표를 변용하여 사용하거나 새로운 지표를 추가하여 적용하는 등의 융통성을 가져야 한다.

(3) 관련 자료의 수집 및 분석

성별영향평가와 관련한 조사 자료가 분석되어야 한다. 이를 위해 성별 분리통계가 있어야 하고, 정책대상자 또는 수혜자 조사결과가 수집, 분석되어야 한다.

(4) 정책 및 예산 개선을 위한 제언과 평가결과의 환류

성별영향평가 결과의 활용방안을 제시, 정책 개선으로 환류시킬 수 있어야 한다. 법무부의 경우, 남성 수형자에게만 실시하던 정예직업훈련을 여성수형자에게 적용하는 조치를, 농림부는 농업경영정보화리더반의 교육생 모집 시 30%이내에서 여성을 우선 선발하고 녹색농촌체험마을사업 추진을 위한 마을 협정 체결 시 여성비율을 15%이상으로 규정하는 조치를 위하는 등의 성과를 제시하고 있다.

(5) 성별영향평가 전담부서의 설치

성별영향평가 업무는 여성가족부 내 여성정책본부 정책기획평가팀 성별영향평가 담당자를 두어 총괄케 하고 있다. 각 정부부처 및 시・도에서는 여성업무를 담당하는 부서에서 맡고 있다. 이처럼 당 업무에 전념할 수 있는 체계를 갖추지 못함으로서 증폭되고 있는 성별영향평가 업무의 실효성을 거두기 어려운 실정이다. 정부가 추진하고 있는 성 주류화 전략의 효과를 거두기 위해서 반드시 성별영향평가 전담부서가 각 정부부처 및 시・도에 설치되어야 한다.

(6) 전문교육 실시 및 전문가 양성

최근 공무원을 위한 성별영향평가 교육이 부분적으로 이루어지고 있다. 그러나 중앙정부 및 지방자치단체에서 추진되고 있는 정책의 성별영향평가 상황을 보면, 2004년 10개 과제를

시범으로 하여 2005년 85개 과제, 2006년 314개 과제가 수행되었다. 각 부처 및 시 · 도에서 실시되고 있는 정책의 성별영향평가를 위해서는 해당 전문가를 양성해야 한다. 담당공무원 및 관련 학자 및 연구자들이 전문교육을 통해 각 정부부처, 광역 및 기초단위의 지방자치단체에서 실행되고 있는 성별영향평가 업무를 지원할 있도록 하여 질적으로 높은 정책평가가 수행되도록 해야 한다.

(7) 전문가 상담 등 자문체계 마련

중앙정부 및 지방자치단체에서 정책의 성별영향평가가 실시될 경우, 담당자가 전문교육을 받는 것이 가장 중요하다. 그러나 필요한 경우 전문가의 도움을 받도록 하되, 수시로 상담을 받을 수 있는 체계가 갖추어져야 한다. 각 부처, 시 · 도, 시 · 군 · 구 단위에서 실행되고 있는 정책의 성별영향평가는 공무원, 전문가, 지역의 관심 있는 주민 등과 상호 연계하면서 실시되어야 정책의 실행효과를 높일 수 있기 때문이다.

2. 성인지 예산제도

성인지 예산은 이제 시작되는 제도라고 보아도 무리가 아니다. 2006년 10월 국가재정법이 제정되어 2010년부터 시행되도록 되어 있으나, 시행령과 시행지침 등이 제시되어 운용되기 까지는 아직도 많은 준비가 필요한 부분이기 때문이다.

성인지 예산책정을 위한 성인지 예산제도의 활성화 과제를 보면 다음과 같다(국회 예산결산특별위원회, 2006/ 김경희 외, 2006).

(1) 성인지 예산 제도 도입에 따른 재정운용 원칙 제시

국가재정법 제정 시 성인지 예산제도에 관한 조항을 포함되었는 바, 성별 형평성을 재정운용의 원칙에 포함시키고, 예 · 결산안에 성인지 예결산 보고서를 제출토록 하고, 성별영향평가 결과가 사업계획 수립과 집행에 환류될 수 있는 체계를 구축토록 하였다. 그리고 성별영향평가가 성과관리와 연결될 수 있도록 성과관리전략계획 혹은 연도별 시행계획, 성과관리제도 시행지침 등에 포함토록 한 바, 이를 운용하는 세부원칙이 마련되어 문제가 발생하지 않도록 해야 할 것이다.

(2) 성인지 예산 제도 도입에 따른 추진체계 정비

성인지 예산제도의 도입 및 정착을 위해서는 여성가족부뿐만 아니라 재정운용 담당 부처인 기획예산처의 적극적인 노력이 필요하다. 재정 운용과정의 성인지적 접근과 성별영향에 대한 평가 및 관리를 위해서 기회예산처와 여성가족부 관련 업무를 담당하는 인력을 배치하고, 각 부처의 여성정책 책임관의 역할을 강화해야 한다.

(3) 예산교육 및 성인지 교육에서의 교육 강화

공무원 예산교육 및 성인지력 향상교육에 성인지 예산교육을 편성하는 방안을 강구해야 한다. 예산관련 교육과정, 성인지 교육과정, 성별영향평가 교육과정의 일부 교과목으로 성인지 예산교육을 편성해야 한다. 그리고 성인지 예산교육 독립과정을 개설해야 한다. 즉 공무원 교육원의 교육과정에 시책과목으로 편성하고, 학습동아리 활동 및 직원 소용교육의 일부로 활용토록 해야 한다.

(4) 성인지 예산교육을 위한 전문가 양성 및 매뉴얼 개발

예산을 담당하는 공무원을 대상으로 하여 성인지 예산교육을 실시하는 것도 중요하지만, 모든 정책에서 성인지 예산을 책정하기 위해서는 성인지 예산교육을 담당할 전문가를 양성해야 한다. 이들이 성인지 예산실무에 관한 상담도 할 수 있도록 해야 한다.

(5) 성인지 교육제도 정착을 위한 인프라 구축

공무원의 성인지 관련교육을 강화하기 위해 사이버 교육에서도 성인지 예산교육을 실시하도록 해야 한다. 그리고 성인지적 접근의 기초 자료인 성별 분리 통계체계를 구축해야 한다.

성인지 예산제도의 도입을 위해 재정운용의 효율성을 제고해야 한다. 그리고 국정 전반에 걸친 양성평등 향상노력을 함으로써 여성가족부의 정책영역과 정책수단의 한계를 극복하고 양성평등정책의 수행을 국정 전반으로 확대하는 방안이 제시되어야 한다. 또한 양성평등정책의 실효성 제고를 위해 재정 DB관리, 성별영향평가의 예산안 편성과 성과관리에 반영하는 방안 등 실질적인 양성평등정책 효과를 기대할 수 있다.

요 약

본 장에서는 성별영향평가와 성인지 예산정책에 대해 살펴보았다. 성별영향평가는 개념을 비롯하여 발달과정, 주요 성 분석틀, 지표 및 사례를 중심으로 알아보았고, 성인지 예산정

책은 개념 및 의미, 제도화 과정, 분류형태 및 분석방법, 현황 및 문제 등을 살펴보았다. 성별영향평가와 성인지 예산정책에 대해 논의하되, 성별영향평가 및 성인지 예산정책의 현황과 문제, 그리고 성평등정책의 과제와 대안을 제시하였다.

이를 자세히 살펴보면 다음과 같다.

1) 성별영향평가는 여성의 의식, 요구와 경험을 고려하지 못한 정책의 개발과 집행은 여성은 물론 남성과 우리 사회 전체의 발전에 장애로 작용한다. 이에 정책수요자로서 여성 – 여성들의 남성과 차별된 요구와 관심, 삶의 경험 등 – 을 적극적으로 고려하며 남성과 여성 둘 다에게 긍정적인 영향을 미칠 수 있는 정책 개발과 집행의 도구로서 성별영향평가의 필요성이 대두되고 있다. 정책을 성 관점(gender-based)으로 분석하는 것으로, 성차와 성불평등을 드러내서 인식하게 해줌으로써 성평등적 정책이 개발될 수 있도록 하는데 있다.

우리나라에서는 2005년 현재 참여기관은 57개 기관에 적용(정부부처 41개, 광역시도 16개), 총 51개 기관이 참여(89.5%)하였으며, 평가 과제 수는 총 76개 과제이며, 성평등사회의 실현을 궁극적인 목표로 하고 있다.

2) 성인지 예산은 정책에 대한 성별영향평가에 근거하여 예산을 성인지적으로 편성, 집행하는 것으로 이를 위해 필수적으로 성인지적 통계와 지표가 요구되며, 양성평등에 대한 사회적 합의가 중요하다. 우리나라에서 성인지 예산에 대한 논의는 여성가족부에서 제시한 제2차 여성정책기본계획(2003～2007)에 "양성평등 관점의 통합"이 제시되었고, 세부과제로 여성정책 추진기구 확대 및 성인지적 예산 수립, 정책의 성별 분석을 위한 기반조성 등이 제시되면서 부터이다.

기획예산처 소관으로 되어 있는 '2004년도 국정감사결과 시정 및 처리 요구사항에 대한 처리결과보고서'에 의하면, '성인지적 관점을 반영할 수 있는 예산편성 방안 마련'이 제시되어 있다. 그리고 향후 추진계획을 보면, 여성가족부와 기획예산처가 협력하여 여성정책 관련 예산변동 추이, 내용분석 등을 통해 예산사업의 성인지성을 심층 분석하도록 되어 있다.

3) 성별영향평가와 성인지 예산정책의 발전과제 및 대안을 살펴보면, 성별영향평가는 평가과제의 선정, 성인지 관련 문제의 확인과 지표 적용, 관련 자료의 수집 및 분석, 정책 및 예산 개선을 위한 제언과 평가결과의 환류, 성별영향평가 전담부서의 설치, 전문교육 실시 및 전문가 자문체계 마련 등이 이루어져야 한다. 그리고 성인지 예산 정책과제는 전면적인 성인지 예산제도의 도입, 성인지 예산 제도 도입에 따른 법적 근거 마련, 성인지 예산 제도 도입에 따른 추진체계 정비, 예산교육 및 성인지 교육에서의 교육 강화, 성인지 예산교육을 위한 전문가 양성 및 매뉴얼 개발, 성인지 교육제도 정착을 위한 인프라 구축 등이 이루어져야 한다. 성인지 예산제도의 도입을 위해 재정운용의 효율성을 제고해야 하며, 여성가족부의

정책영역과 정책수단의 한계를 극복하고 양성평등정책의 수행을 국정 전반으로 확대하는 방안, 재정 DB관리 등 실질적인 양성평등정책 효과를 기대할 수 있다.

연구 및 토의과제

1. 성별영향평가와 성인지 예산의 개념과 의미에 대해 자세하게 설명하시오.
2. 성별영향평가는 성 분석을 의미하는 것으로 정책형성으로 환류 되도록 하기 위한 것입니다. 양성평등하고 성인지적인 정책을 형성하기 위해 성별 분리통계와 함께 매우 중요한 성 주류화 전략중 하나입니다. 성별영향평가를 수행하기 위해 필요한 지표를 제시하고, 실행된 사례를 들어 설명해보시오.
3. 성별영향평가 유형을 설명하고, 자체평가와 심층 평가의 세부 추진방법에 대해 논하시오.
4. 성인지 예산의 책정은 성별영향평가 및 성별 분리통계와 함께 성 주류화 전략을 펼치기 위해 반드시 요구되는 부분입니다. 성인지 정책의 효과성과 효율성을 위해서는 성인지 예산책정이 필수적입니다. 그러므로 우선, 성인지 예산의 분류형태와 분석방법에 대해 아는 것이 중요합니다. 이를 구체적으로 설명해보시오.
5. 우리나라가 성인지 예산제도를 도입하기 위해 준비되어야 할 성인지 예산 현황, 문제 그리고 과제에 대해 논하되, 추진방향에 대한 자신의 견해를 밝히시오.

참 • 고 • 문 • 헌

국무조정실 정책평가위원회(1999). 『정부업무 심사평가 결과 – 기관별 보고서(Ⅰ, Ⅱ)』.

국회 예산결산특별위원회(2006). 『성인지 예산 제도의 도입방안』.

김경희 · 김양희 · 송인자 · 이원희 · 김인순(2006). 「공무원의 성인지 예산 교육프로그램 개발」 연구용역 최종보고서. 서울: 여성가족부(미간행).

김명수 · 박경효(1996). 『정부업무 심사평가기능의 활성화 방안』. 서울: 한국정책학회.

김재인(2000). "주부와 정보사회". 한국전산원(편). 『정보격차 없는 사회 구현을 위한 심포지엄』. 서울: 한국전산원.

김재인 · 김성경(2000). 『여성정책 평가모형 개발』. 서울: 한국여성개발원.

김재인 · 박성정 · 정경아 · 정윤수(2001). 『정책의 성 분석 모형 개발』. 서울: 한국여성개발원.

김태홍 · 이정우 · 김용하(2000). 『성인지적 관점에서 본 보건복지정책 영향평가 연구: 국민연금제도를 중심으로』. 보건복지부.

김현희 · 최문경(2000). "정보사회와 젠더 – 과학, 기술, 그리고 컴퓨터 – ". 한국여성학회(편). 『제17차 춘계학술대회 자료집』. 서울: 한국여성학회. pp. 70-103.

노화준(1999). 『정책분석론』. 서울: 박영사.

문영세(2001). "정책평가의 이론적 고찰". 『정부업무 평가제도의 효율적 운영방안』. 한국정책분석평가학회 2001년도 춘계학술대회. pp.1-26.

보건복지부 여성정책담당관실 옮김(1999). 『여성정책 주류화에 대한 이해와 실천방안』. *Council of Europe, Gender Mainstreaming: Conceptual framework, Methodology and Presentation of Good Practice.*

보건복지부(2000). 『보건복지사업의 성 주류화를 위한 정책지침』. 서울 : 보건복지부.

에버트 비둥 지음, 이경옥 옮김(1995). 『정책평가개론』. 서울: 한울.

여성가족부(2006). 『성별영향평가 지침』.

여성가족부(2006/2007). 『양성평등정책 확산을 위한 성별영향평가 안내서』.

여성가족부(2007), 『2007년 성별영향평가 지침』.

여성부(2005). 『성별영향평가 추진계획』.

이계경(2005). 『2006년 정부예산 중 성인지 예산 얼마나 되나?』, 서울 : 국회.

이계경(2005). 『2006년 정부예산 편성의 현황과 과제』, 서울 : 국회.

장하진(1998). "여성정책의 발전적 방향 및 전망". 『새 정부의 여성정책』 공개대토론회 자료집. 서울: 한국여성유권자연맹, pp.71-90.

정정길(1997). 『정책학원론』. 서울: 대명출판사.

정정길 · 이장 · 성규탁 · 이윤식(1996). 『정책평가 : 이론과 적용』. 서울 : 박영사.

차의환(1999). 『정책평가의 이론과 실제: 기관평가제 접근모형과 전략』. 서울 : 한울 아카데미.

한국여성개발원 · 한국재정학회(2006). 『정부 재정 운영과 성인지 예산 · 성별영향평가』. 서울 : 한국여성개발원 · 한국재정학회.

행정자치부 여성정책담당관실 옮김(1999). 『공무원을 위한 여성정책 결정 가이드』. Status of Women Canada, *Gender-Based Analysis: A Guide for policymaking.*

『국가재정법』(2006).

『여성발전기본법』(1995/ 2006).

Fischer, F. (1995). *Evaluating Public Policy.* Chicago: Nelson-Hall Publishers.

Fox, R. L. & Schuhmann, R. A. (1999). "Gender and Local Government: A Comparison of Women and Men City Managers". *PAR,* 59(3): 231-242.

Miller, C. & Razavi, S. (1998). *Gender analysis: Alternative paradigms.* UNDP.

Ministry of Women's Affairs(Netherlands)(1997). *Gender Anaysis.*

Mohr, L. B. (1988). *Impact Analysis for Program Evaluation,* Chicago, Illinois : The Dorsey Press.

Moser, C. (1993). *Gender planning and development,* London: Routledge.

Shulock, N. (1999). "The Paradox of Policy Analysis: If It is Not Used, Why Do We Produce So Much of It?", *Journal of Policy Analysis and Management,* 18(2): 226-244.

Status of Women Canada(1995). *Setting the stage for the next century: The federal plan for gender equality.*

Status of Women Canada(1996). *Gender-Based Analysis : A Guide for Policy-Making.*

UN(1998). *National Machineries for Gender Equality,* United Nations Division for the Advancement of Women Department of Economics and Social Affairs.

UNDP(2001). *Learning and Information Pack.*

Williams, S. with Seed J., & Mwau. A(1994). *The Oxfam Gender Training Manual,* Oxfam.

Women's Unit Cabinet Office(UK)(1999). *Policy Appraisal for Equal Treatment.*

www.swc-cfc.gc.ca

www.mwa.govt.nz

제4장 여성인권증진을 위한 법 · 제도

윤 덕 경(한국여성개발원 연구위원)

제1절 정책추진 경향성

1. 여성인권증진을 위한 법 · 제도의 필요성

여성인권증진을 위한 법 · 제도란 사회에 만연되어 있는 남녀차별과 여성에 대한 폭력을 해소할 것을 목표로 하는 일체의 법과 제도를 말한다. 여기에는 법 자체의 목적이 남녀평등이나 여성의 인권증진인 경우가 있는가 하면(여성발전기본법, 남녀고용평등법, 성폭력범죄의처벌및피해자보호등에관한법률 등), 법 전체가 남녀평등을 목적으로 하지는 않지만, 일부 남녀평등에 관련된 조항이 포함되어 있는 경우(민법, 국적법 등)가 있다. 또한 사회의 구조적 차별의 결과 지속적으로 발생하는 불이익을 시정하기 위해 특별한 조치를 취하는 경우도 있다. 뿐만 아니라 기존의 남녀차별적인 법 규정을 남녀평등적인 내용으로 개선해 나가는 과정도 여성의 인권을 증진시키는 법의 한 부분으로 포함시킬 수 있다.

법은 그 사회의 시대적 사상을 반영한, 인간행위에 대한 사회윤리적 가치기준인 동시에 그 사회의 변화를 유도하는 영향력을 갖는다. 따라서 법은 사회의 산물인 동시에 사회는 법에 의해 영향을 받는다고 할 수 있다(김선욱, 2002: 274).

이와 같이 법은 그 사회에 통용되는 관념이나 가치관이 반영되어 나타나므로 우리 사회의 전통적인 가치로 자리잡았던 가부장성이나 공사영역 이분법적 사고 등이 법의 근간을 이루는 경우가 많았다. 그러나 남녀평등이나 여성인권증진 개념의 도입으로 소위 남녀차별법령의 형태로 존재하던 다수의 법들을 발굴하고 개선해 나가는 작업들이 지속적으로 이루어졌다.

그동안 법들은 가부장권이라고 하는 유교적 전통과 가족내에서의 2차적인 존재로 자리매김되었던 여성의 지위를 반영하고 있었으며, 그중 남녀차별법령으로 가장 최후까지 남아 있다가 최근에 폐지된 것이 민법상 호주제였다. 그동안 사회질서를 유지하기 위한 기본가치로서 존재하던 가부장적 사고가 민주적이고 평등한 가치를 추구하는 현 상황과는 맞지 않기 때문에 변화가 필요했던 것이다.

이러한 입법을 가능하게 하는 원동력의 하나로 국제사회에서 통용되는 규약과 여성의 인권증진을 위해 노력하는 단체들의 입법운동을 들 수 있다.

1979년 유엔에서 채택된 유엔여성차별철폐협약(Convention on the Elimination of All Forms of Discrimination against Women)과 1995년 북경에서 개최된 제4차 세계여성대회에서 채택된 행동강령(Platform of Action)은 세계 각국에게 여성인권과 남녀평등을 보장하기 위한 법제와 정책의 형성과 시행을 촉진하도록 상당한 영향력을 미치고 있으며, 특히 유엔 여성차별철폐협약은 가입국에게 협약의 이행에 관한 국가보고서의 제출을 요구함으로써 협약의 이행을 의무화하고 있다. 이 두 가지 문서는 그야말로 여성관련법과 정책의 국제화・보편화의 중요한 촉진제로 작용하고 있다(여성부, 2002: 5).

또한 1993년 유엔에서 채택한 여성폭력철폐선언(Declaration on Violence against Women)은 국제문서사상 처음으로 여성에 대한 폭력의 정의와 유형을 규정하였고, 여성에 대한 폭력의 범주를 가족내 폭력, 일반사회에서의 폭력, 국가에 의한 폭력으로 나누고 있다. 그리고 여성에 대한 폭력은 여성차별에 해당함을 선언하였다.

이와 같이 유엔여성차별철폐협약 등 국제규범이 각 국가에게 국제수준에서 이루어져야 할 기준을 제시하고, 각 국가는 여성입법문제를 정책적으로 수용하는 노력을 함으로써 국가의 입법이나 적극적 조치의 수행을 가능하게 한다.

또한 국가의 입법정책에 영향력을 행사하는 또 하나의 경로는 가정, 사회에서의 여성에 대한 각종 차별과 불합리한 대우의 문제점을 인식한 여성들의 조직화된 입법운동이 그것이다. 남존여비와 성차별적 고정관념에 근거한 가족법 개정을 요구하거나, 우리 사회에 만연된 성희롱과 '김부남사건', '김보은・김진관사건' 등으로 나타난 심각한 성폭력문제를 사회에 드러내고 가해자의 엄중한 처벌과 피해자 보호를 가능하게 한 「성폭력범죄의처벌및피해자보호등에관한법률」(이하 '성폭력특별법'이라 함)의 제정 등은 관련 단체의 조직적인 문제제기가 있었고 이를 통해 여성의 관점과 경험을 입법에 반영할 수 있었던 입법운동의 모델로 제시될 수 있다. 또한 '호주제 폐지를 위한 모임'을 중심으로 한 민법상 호주제 폐지에 관한 개정안 제출이나 한국여성단체연합이나 한소리회 등 성매매피해자지원단체를 중심으로 한 「성매매알선등행위의처벌에관한법률」안의 입법청원 등은 이러한 맥락에서 뚜렷한 업적으로 기록될 수 있다.

이러한 국제적인 동향과 1980년대 여성계의 활발한 입법운동은 1980년대 이후 다양한 입법이 이루어지는 계기가 되었다.

2. 주요 여성관련 입법의 추진경향

1980년대부터 2005년에 이르기까지 연도별 여성관련 주요 입법상황은 다음과 같다(표 4-1).

<표 4-1> 연도별 여성관련 주요 입법상황

연도		주요 내용
1980년대	1987	• 헌법의 여성근로자 양성평등과 모성보호, 여성의 복지와 권익향상 및 혼인과 가족생활에서의 개인의 존엄과 양성의 평등에 관한 규정 신설 • 남녀고용평등법 제정
	1989	• 모자복지법 제정
1990년대	1990	• 이혼배우자의 재산분할청구권 신설(민법 개정)
	1994	• 성폭력범죄의처벌및피해자보호등에관한법률 제정 • 윤락행위자의 선도보호시설 입소근거 마련(윤락행위등방지법 개정)
	1995	• 여성발전기본법 제정 • '정조에 관한 죄'를 '강간과 추행의 죄'로 변경(형법 개정)
	1997	• 가정폭력범죄처벌에관한특례법, 가정폭력방지및피해자보호등에관한법률 제정 • 부계혈통주의에서 부모양계혈통주의로 전환(국적법 개정)
	1999	• 남녀차별금지및구제에관한법률, 여성기업지원에관한법률 제정
2000년대	2000	• 국회의원, 광역 지방의회 의원선거시 각 정당이 비례대표 후보자 30% 이상을 여성으로 추천하도록 함(정당법 개정) • 청소년의성보호에관한법률 제정 • 출가한 딸과 손녀에 대한 차별규정 삭제(국가유공자등예우및지원에관한법률, 독립유공자예우에관한법률 개정)
	2001	• 국가인권위원회법 제정 • 간접차별 개념의 구체화(남녀고용평등법 개정) • 제대군인가산점제도 폐지(1999.12.23 제대군인가산점제도에 대한 헌법재판소의 위헌결정에 따른 제대군인지원에관한법률 개정) • 모성보호비용의 사회분담화 근거규정 마련 및 산전후휴가 60일에서 90일로 확대(근로기준법, 남녀고용평등법, 고용보험법 개정)
	2002	• 여성과학기술인력 채용목표제 법적 근거 마련(여성과학기술인육성및지원에관한법률 제정)
	2003	• 13세 미만, 장애인인 성폭력피해자에 대한 비디오 등 중계장치에 의한 증인신문제도 도입(성폭력범죄및피해자보호등에관한법률 개정)
	2004	• 영유아 보육업무의 여성부 이관(정부조직법 개정) • 핵심정책 성별영향분석·평가 등 여성정책 평가체계 구축조항 신설(여성발전기본법 개정) • 성매매알선등행위의처벌에관한법률, 성매매방지및피해자보호등에관한법률 제정 • 가정폭력행위자에 대한 구상권 행사시 국민기초생활보장법 수급자 등의 경우 구상권 면제조항 신설(가정폭력방지및피해자보호등에관한법률 개정) • 공중화장실등에관한법률, 유아교육법, 생명윤리및안전에관한법률, 농림어업인삶의질향상및농산어촌지역개발촉진에관한특별법, 건강가정기본법 제정
	2005	• 호주제 폐지(민법 개정, 2008년부터 새로운 신분등록제도 시행예정)

위 표에 제시된 1980년대부터 현재에 이르기까지 연도별 여성인권증진에 관한 법률의 제・개정 상황을 통해 변화의 흐름을 엿볼 수 있다.

1987년 개정된 헌법에서는 경제생활, 가족생활, 복지부문, 공적 영역 등 사회 전반적인 영역에서의 양성평등보장을 규정하고 있으나 이와 관련된 입법의 속도는 각 분야에 따라 편차가 있다. 가장 먼저 입법화된 영역이 고용현장에서의 차별해소이고, 공적 영역, 가정생활, 복지부문 등에 대한 차별해소로 이어졌으며, 구조적 차별의 결과를 해소하기 위한 적극적 조치의 도입으로 전개되었다. 다른 한편으로 1990년대에 성폭력특별법의 제정을 시작으로 가정폭력, 성매매범죄의 처벌 및 직장내 성희롱금지도 입법화되기에 이르렀다. 또한 1995년 「여성발전기본법」의 제정은 정치・경제・사회・문화 등 모든 영역에서의 남녀평등의 촉진과 여성발전의 도모를 가능하게 하였으며, 모든 정책에서의 성주류화 전략을 구축하기 위한 도구로서 성별영향평가, 성인지적 통계, 공무원의 성인지력 향상훈련 등을 사용하도록 하고 있다.

이러한 여성인권증진에 관련된 입법의 전체적 흐름과 함께 몇 가지 특징을 보면 다음과 같다.

첫째, 여성인권증진에 관련된 법률들이 1980년대까지는 여성이라는 이유로 남성과 달리 차별받아서는 안된다고 하는 여성중심적 관점(WID)에 근거하였으나 1990년대를 지나 2000년이후에는 젠더중심적 관점(GAD)으로 변화되는 것을 볼 수 있다. 예를 들어 1987년에 제정된 「남녀고용평등법」은 모집 및 채용과 관련하여 '여성에게 남성과 평등한 기회'를 주도록 하였으나 2001년 개정시에 "남녀를 차별해서는 안된다"로 개정함으로써 고용상 남녀평등한 대우와 관련하여 여성차별금지에서 남녀차별금지로 그 목표를 전환하였다. 또한 육아휴직 규정도 적용대상을 여성근로자에서 남성근로자에게로 확대하였다(2002년).

이러한 예로는 「모자복지법」(1989년)을 「모・부자복지법」(2002년)으로 법명칭을 변경한 경우라든지, 공무원임용에 관한 여성공무원채용목표제[1])를 양성평등채용목표제[2])로 바꾼 것을 들 수 있다. 또한 여성가족부의 영문명칭을 성평등가족부(Ministry of Gender Equality & Family)로 한 것에서도 찾을 수 있다.

둘째, 여성폭력에 대한 관심이 증대되고 있다. 성폭력, 가정폭력, 성매매 등 여성에 대한 인권증진을 위한 입법들이 1990년대 이후 증가하였다.

---

1) 여성채용목표제는 5급 행정직・외무직, 7급 행정직・공안직 채용시 여성채용목표율을 설정하고, 이 목표에 도달할 수 있도록 하는 제도이다. 여성채용목표비율은 1996년(10%), 1997년(13%), 1998년(15%), 1999년(18%), 2000년(20%)로 계획하였고, 초과달성하였다.

2) 공직내 성비균형과 행정서비스 제공의 양성평등제고를 위해 공무원채용시험시 어느 한 성(性)의 합격자가 일정한 채용목표비율에 미달할 경우 그 성에 대하여 추가합격선 범위내에서 채용목표율에 달할 때까지 추가채용하는 적극적 조치이다 : 여성부(2002), 「제2차 여성정책기본계획」, p.45.

셋째, 적극적 조치의 도입이 활발해 지고 있다. 초기에는 공무원시험에서의 여성공무원채용목표제를 시작으로 여교수임용목표제, 정당의 여성공천할당제 등의 적극적 조치가 취해졌으며, 최근에는 여성의 진출이 현저히 부진한 영역인 과학기술분야에 할당제를 도입하였다.

넷째, 모성보호비용의 사회분담화 이행을 위한 구체적인 방법들이 강구되고 있다.

다섯째, 직장과 가정생활의 양립지원에 관한 관심이 증대되고 있다.

제2절 정책현황

여기서는 남녀평등을 규정한 헌법과 여성발전기본법의 내용을 시작으로 적극적 조치, 성차별 금지, 성희롱 금지, 여성에 대한 폭력, 모성보호, 가정과 직장생활의 양립, 여성복지증진에 관한 입법현황을 살펴보기로 하겠다.

1. 헌법의 여성관련규정과 여성발전기본법

가. 헌법의 여성관련규정

국가의 기본법인 헌법에서 남녀평등에 관해 어떻게 규정하고 있는가는 헌법이 한 국가운영의 기본방향을 정한다는 점에서 매우 중요한 의미를 가지며, 국가가 여성발전을 위해 기본적으로 수행해야 할 책무를 정한 여성발전기본법은 헌법의 남녀평등이념을 구현하여 구체적인 여성정책의 방향을 제시한다는 점에서 또한 중요한 의미를 가진다.

헌법은 국민의 기본적 권리와 국가의 운영원칙 및 권력구조를 규정한 법이며, 입법 · 사법 · 행정의 모든 국가활동은 헌법에 위배되지 않도록 이루어져야 한다.

1948년 제헌헌법이래 평등권은 중요한 기본권으로 보장되어 왔으며, "모든 국민은 법앞에 평등하다. 누구든지 성별, 종교 또는 사회적 신분에 의하여 정치적 · 경제적 · 사회적 · 문화적 생활의 모든 영역에 있어서 차별을 받지 아니한다"고 규정한 헌법 제11조 제1항은 평등원칙의 기본규정이다.

그 후 1987년 제9차 개헌에서는 경제생활, 가족생활, 복지부문, 공적 영역에서의 양성평등보장에 관한 헌법규정이 신설되거나 수정되었다. 이것은 당시 여성단체의 입법운동이 적극적으로 반영된 결과이다.

헌법 제32조 제4항이 "여자의 근로는 특별한 보호를 받으며, 고용 · 임금 및 근로조건에 있어서 부당한 차별을 받지 아니한다"고 규정함으로써 여성의 신체적 · 생리적 특성에 따른 모성보호와 여성의 근로에 대한 특별보호 및 근로관계에서의 성차별 금지를 명문화하였다. 이러한 헌법적 기본정신은 「근로기준법」, 「노동조합법」, 「남녀고용평등법」 등 노동관계법에서 구체적으로 나타나고 있다. 앞으로 여성의 경제적 생활영역에서의 평등을 위한 세법상의 평등이 보장되어야 할 필요가 있다.

제34조 제3항은 "국가는 여자의 복지와 권익의 향상을 위하여 노력하여야 한다"고 규정하여 현실적으로 사회적 약자인 여성에 대한 국가의 의무를 명문화한 규정으로 「국민연금법」, 「의료보험법」, 「국민기초생활보장법」, 「모 · 부자복지법」 등이 여기에 해당되고, 제36조 제1항은 "혼인과 가족생활은 개인의 존엄과 양성의 평등을 기초로 성립하고 유지되어야 하며 국가는 이를 보장하여야 한다"고 규정함으로써 혼인과 가족생활관계에서의 평등을 보장하는 근거를 명문화하였다. 민법 중 친족, 상속법에 해당하는 「가족법」과 「국적법」, 「섭외사법」 등이 이 헌법정신에 합치되도록 규정되어야 한다.

또한 제24조, 제25조는 "모든 국민은 법률이 정하는 바에 의하여 선거권과 공무담임권을 가진다"고 함으로써 정치 및 공적 생활영역에서의 남녀평등의 참여기회를 보장하고 있다. 이와 관련하여서는 「대통령선거법」, 「국회의원선거법」 등 정치관계법이나 「국가공무원법」, 「지방공무원법」, 「교육공무원법」 등 공무원관계법이 시행되고 있다(이은영, 1995:157-159).

나. 여성발전기본법

1995년 제정된 「여성발전기본법」은 헌법의 남녀평등이념을 구현하기 위한 국가와 지방자치단체의 책무사항을 규정하여 정치 · 경제 · 사회 · 문화 모든 영역에서의 남녀평등의 촉진과 여성발전의 도모를 목적으로 하고 있다.

이 법은 제1장 총칙, 제2장 여성정책 기본계획 등, 제3장 여성정책의 기본시책, 제4장 여성발전기금, 제5장 여성단체의 지원 등, 제6장 보칙으로 전체 6개의 장과 부칙, 총 35개의 조항으로 구성되어 있다.

이 법은 5년마다 수립하도록 한 여성정책 기본계획과 연도별 시행계획 수립, 소관 정책 수립 · 시행과정에서의 정책의 분석 · 평가, 여성정책조정회의, 여성정책책임관의 지정, 성별분리통계 작성과 '정책결정과정 및 정치참여' 등 16개 분야로 구성된 여성정책의 기본시책, 여성발전기금의 설치와 용도, 여성단체 지원, 여성관련시설 설치 등에 관한 주요한 내용을 포함하고 있다.

법 개정은 제정이후 7차례 이루어졌으며, 그중 2002년 12월과 2005년 12월의 개정이 내용적으로 주요한 개정이다. 2002년 12월에는 '잠정적 우대조치'라는 용어를 '적극적 조치'로 변경하였고, 정책의 성별영향분석평가규정, 여성정책조정회의 설립과 여성정책책임관 지정에 관한 조항을 신설하였으며, 인적 통계작성시 성별을 주요 분석단위에 포함되도록 하였고, 직장과 가정생활의 병행을 위해 영유아 보육시설의 확충, 방과후 아동보육의 활성화, 육아휴직제의 정착을 포함하도록 한 것 등의 개정이 이루어졌다.

2005년 12월 개정에서는 「남녀차별금지및구제에관한법률」의 폐지에 따라 성희롱방지교육 등에 관한 내용을 「여성발전기본법」에서 규정하도록 하였고, 정책분석 · 평가지원기관의 지정과 함께, 양성평등 전문교육기관인 한국양성평등교육진흥원의 설립근거를 명시하였다.

이 법의 주요 효과는 남녀평등과 여성발전을 위한 법의 제 · 개정의 촉진, 여성정책수립의 촉진, 여성관련 행정기구 및 조직설치의 확대, 여성발전기금의 설치 · 운용과 여성단체사업의 활성화에 기여한 것으로 평가된다(김엘림 외, 2004: 47-150).

그러나 이 법의 한계점으로, 이 법 제정당시 국내외의 여성정책의 관심이 여성중심의 접근(WID)에서 젠더중심의 접근(GAD)으로 나아가 성주류화 전략으로 변화되고 있던 상황에서 이 법은 여전히 여성중심의 접근에 치중하고 있다는 점, 성평등 · 성주류화 · 성인지 개념에 관한 정의가 없고, 성매매정책의 언급이 없으며, 평화 · 통일 · 환경 · 문화에서의 성주류화나 장애인여성 · 비정규직여성 · 외국인여성의 인권침해방지대책이 없다는 점 등이 지적되고 있다(김엘림 외, 2004: 153-161).

2. 적극적 조치에 관한 입법현황

가. 적극적 조치의 정의

적극적 조치(affirmative action)란 사회구조나 사회구성원들의 특정한 태도, 행동 등으로 인해 한 성(性)에 대해 차별이 지속되고 불이익이 지속적으로 발생하는 현상에 대해 이를 시정할 목적으로 특정집단에 대해 특별한 조치를 취하는 것을 말한다(여성부, 2002d: 72).

현재 「여성발전기본법」 제6조에서 "국가와 지방자치단체는 여성의 참여가 현저히 부진한 분야에 대하여 합리적인 범위 안에서 여성의 참여를 촉진함으로써 실질적인 남녀평등이 이루어질 수 있도록 관계법령이 정하는 바에 따라 적극적 조치를 취할 수 있다"고 규정하고 있다. 동 법 제정당시에는 '잠정적 우대조치'라는 용어를 사용하였으나, '우대조치'라는 용어는 성별 불균형을 시정하기 위한 적극적 조치의 취지에 부합하지 않는 것으로 판단되어 개정이 요구되었고, 그 후 2002.12.11에 개정되었다.

이러한 여성의 참여가 현저히 부진한 분야에 대한 적극적 조치의 도입은 각 분야에서의 입법을 촉진시켰다. 가장 먼저 도입된 것은 「공무원임용시험령」의 여성공무원채용목표제였다. 그 후 이 제도는 양성평등채용목표제로 변경되었고, 이 분야이외에도 「정당법」상 여성공천할당제, 「여성과학기술인육성및지원에관한법률」의 여성과학기술인력채용목표제, 「교육공무원법」상 여교수임용목표제가 추진되었다.

나. 여성공무원채용목표제

여성공무원채용목표제는 1995.12.12. 개정된 「공무원임용시험령」에서 신설된 제도이다. 이 제도는 1996～2002년까지 한시적으로 운영되었으며, 5급행정·외무고시와 7급 행정·공안직·외무행정직의 공개채용시험 대상으로 실시되었고, 1999년에는 9급 행정직에도 적용되었다.

여성채용목표율은 1996년 10% → 1997년 13% → 1998년 15% → 2000년 이후 20%로, 이에 미치지 못하는 경우에 적용되었다. 이에 따라 5급은 －3점, 7급은 －5점까지 합격선을 낮추어서 목표비율만큼 여성을 정원외로 추가합격시키는 것이었다.

1996～2002년까지의 여성공무원채용목표제 시행이후 2002.12.26 동 시험령개정시 양성평등채용목표제로 전환하였다. 그 내용으로는 제11조의 3의 제목을 '여성의 합격'에서, '여성 또는 남성의 선발예정인원 초과합격'으로 변경, 조항의 내용 중 '여성'을 모두 '여성 또는 남성'으로 변경하였다. 공무원임용시험에 있어 공직내 양성의 평등을 제고하고 직렬 또는 기관별로 남녀의 성비가 균형을 이룰 수 있도록 하려는 것이다. 실시기한은 2003～2007년이며, 특정성의 채용목표 비율은 30%로 정하였다.

다. 여성공천할당제

여성공천할당제는 여성의 정치참여 확대를 위한 정치관련 3법(정당법, 공직선거및선거부정방지법, 정치자금에관한법률)의 개정에 의해 이루어 졌다. 이 정치관련 3법은 서로 연계되어 있다.

우선 「정당법」개정을 보면, 2000.2.16 정당법 개정을 통해 정당이 비례대표 전국선거구 국회의원 후보자와 비례대표선거구 시·도의회 의원선거 후보자 중 30% 이상 여성으로 추천하도록 하였고, 2002.3.7 개정에서는 정당은 시·도의회의원선거 비례대표후보자 중 50% 이상을 여성으로 추천하되 후보자명부 순위에 따라 매 2인마다 여성 1인이 포함되도록 하고, 시·도의회의원선거 지역구후보자 중 여성을 30% 이상 추천하도록 노력하여야 하며,

이를 준수한 정당에 대하여는 추가로 보조금을 지급할 수 있도록 하였다.

이어서 제17대 국회의원 선거를 앞두고 이루어진 2004.3. 개정에서는 국회의원 비례대표의 50% 이상을 여성으로 추천하도록 하고 지역구의 30% 이상을 여성으로 추천하는 경우에는 보조금을 추가 지급할 수 있도록 하여 제17대 국회에서 여성의원의 수를 늘리는데 결정적으로 기여하였다.

「공직선거및선거부정방지법」은 2002.3.7 개정에서 시·도의회의원선거에서 지역구 후보자와 비례대표 후보자에게 각각 1표씩을 투표하는 1인 2표제를 도입하였으며, 정당이 시·도의회의원선거에 비례대표 후보자 명부를 등록할 때 「정당법」에 의한 여성후보자 추천비율과 순위를 위반한 등록신청은 수리하지 않도록 하였다.

또한 「정치자금에관한법률」은 2002.3.7 개정 시 공직후보자 여성추천보조금을 신설하여 국회의원 총선거의 선거권자 총수에 100원을 곱한 금액을 임기만료로 인한 시·도의회의원 선거가 있는 연도예산에 계상하도록 하고, 이 보조금을 지역구 시·도의회의원선거의 후보자 중 30% 이상을 여성으로 추천한 정당에 대하여 지급하되, 50%는 정당별 국회의석수 비율에 따라, 나머지는 국회의원 총선거의 득표율에 따라 선거일 후 1월 이내에 배분·지급하도록 하였다.

이어서 2004.3.12 개정에서는 지급받은 국고보조금의 10%를 여성정치발전을 위하여 사용하도록 하는 규정이 신설되었다.

라. 여성과학기술인력채용목표제

2002.12.18에 제정된 「여성과학기술인육성및지원에관한법률」은 지식기반사회를 맞이하여 우수한 여성과학기술인력을 적극 양성하고 활용을 촉진함으로써 국가의 과학기술발전에 여성인력을 적극 활용하려는데 목적이 있다.

주요 내용을 보면, 관계중앙행정기관의 장 및 특별시장·광역시장·도지사는 여성과학기술인의 육성 및 지원에 관한 기본계획을 수립하고 과학기술부장관은 이러한 시책 등을 종합하여 5년 단위로 기본계획을 세우도록 하였으며, 국가 및 지방자치단체는 여학생의 이공계 대학 진학 및 진출을 촉진하도록 하고, 여성과학기술인의 진출이 부진한 과학기술분야에는 잠정적으로 채용목표비율을 설정하는 등 적극적 조치를 취할 수 있도록 하였다.

또한 여성과학기술인의 재직자가 많은 공공기관에는 여성과학기술담당관을 지정하여 채용촉진 및 지위향상 등의 협력업무를 수행하게 하였으며, 여성과학기술인의 육성 및 지원을 위하여 국가와 지방자치단체는 '여성과학기술인 지원센터'를 설치할 수 있도록 하였다.

과학기술부에서는 이미 2002년부터 과학기술계 정부출연연구기관 25개소에 대하여 '여성과학기술인력채용목표제'를 시행해온 바 이 법률의 제정으로 법적 근거를 마련하게 되었다.

마. 여교수임용목표제

교육을 통하여 국민전체에 봉사하는 교육공무원의 직무와 책임의 특수성에 비추어 그 자격·임용·보수·연수 및 신분보장 등에 관하여 교육공무원에 적용할「국가공무원법」 및「지방공무원법」에 대한 특례를 규정한「교육공무원법」은 2003.7.25 개정시 양성평등을 위한 임용계획의 수립 등 적극적 조치를 도입하였다(제11조의 3 신설, 2004.10.15 제11조의 4로 이동).

즉, 국가 및 지방자치단체는 대학의 교원임용시 양성평등을 제고하기 위한 정책을 수립·시행하여야 하고, 대학의 장은 대학교원임용시 특정성별에 편중되지 않도록 3년마다 계열별 임용목표비율이 명시된 임용계획 등 적극적 조치의 시행을 위하여 필요한 계획을 수립·시행하여야 하며, 매년 추진실적을 교육인적자원부장관에게 제출하도록 하였다. 또한 국가 및 지방자치단체는 임용계획 및 그 추진실적을 평가하여 행정적·재정적 지원을 할 수 있도록 하였다.

또한 대학인사위원회의 위원의 일정비율은 여성으로 하도록 하고 있다(제5조).

바. 기타 적극적 조치 관련입법

이하에서는 법에 적극적 조치를 직접 표현한 것은 아니지만, 여성의 참여가 현저히 부족한 분야에 대한 지원을 법에 정한 것으로, 넓게는 적극적 조치의 일환이라 하겠다.

우선, 1999.2.5 제정된「농업·농촌기본법」은 국가 및 지방자치단체가 농업정책의 수립·시행시 여성농업인의 참여를 확대하는 등 여성농업인의 지위향상과 전문인력화를 위하여 필요한 시책을 수립·시행하도록 여성농업인 육성규정을 두고 있다. 또한 같은 해에 제정된「여성기업지원에관한법률」은 여성기업의 활동과 여성의 창업을 적극적으로 지원함으로써 경제영역에 있어 남녀의 실질적인 평등을 도모하고 여성의 경제활동을 제고하여 국민경제발전에 이바지할 목적으로 제정되었다(1999.2.5).

「장애인고용촉진및직업재활법」은 여성장애인 지원규정(2000.1.12 개정)을 두어 국가 및 지방자치단체는 장애인 직업재활조치와 고용촉진을 도모하기 위한 시책을 추진하여야 하며, 이 경우 여성장애인에 대한 고용촉진 및 직업재활을 중요시할 것을 규정하고 있다.

2001.12.31 제정된「여성농어업인육성법」에 의하면, 정부가 여성농어업인육성기본계획을 수립·시행하고, 여성농어업인의 생활실태, 노동실태를 정기적으로 조사하는 등 여성농

업인 및 여성어업인의 권익보호 · 지위향상 · 삶의 질 제고 및 전문인력화를 적극적으로 지원함으로써 건강한 농어촌가정 구현과 농어업의 발전 및 농어촌사회의 발전에 이바지하도록 하고 있다.

2004.3.5에 제정된 「농림어업인삶의질향상및농산어촌지역개발촉진에관한특별법」은 국가 및 지방자치단체가 농촌 · 산촌 · 어촌여성의 모성보호를 위해 적극 지원하도록 하는데 입법취지를 두고 있다. 따라서 이 법에서는 농산어촌 여성의 모성보호 및 사회적 · 경제적 지위향상을 위해 국가 및 지방자치단체가 적극적으로 지원할 것을 규정하고 있다.

3. 성차별금지에 관한 입법현황

가. 고용분야에서의 성차별금지에 관한 입법

고용분야에서의 성차별을 금지한 법 중 가장 기본적인 법은 「남녀고용평등법」이고, 그 이외에 「근로기준법」, 「파견근로자보호등에관한법률」, 「고용정책기본법」 등이 있다. 고용평등은 「여성발전기본법」상 여성정책의 기본시책 중 하나이다.

1987년에 고용상 남녀차별을 금지할 목적으로 제정된 「남녀고용평등법」은 여성이 고용시장에 진입하는 모집 · 채용에서부터 임금, 교육 · 훈련 · 배치, 정년 · 퇴직 · 해고와 관련된 차별을 금지하고, 직장내 성희롱을 규율하며 육아휴직을 가능하게 함으로써 여성의 고용시장 참여를 지원하기 위한 기본법으로서의 역할을 담당하고 있다.

동 법은 제정이후 6차례 개정이 이루어졌으며, 이 중 1, 2, 3, 4, 6차가 성차별 금지와 관련된 내용을 포함한다(표 4-2).

<표 4-2> 남녀고용평등법 개정내용

연도	개정내용
1차 개정 (1989.4.1)	• 차별의 정의 및 동일가치노동 동일임금규정 신설 • 분쟁시 차별입증책임을 사업주에게 부과하는 규정 신설
2차 개정 (1995.8.4)	• 여성근로자 모집 · 채용시 직무수행에 필요하지 않은 신체적 조건, 미혼조건 등 제시하는 행위 금지 및 벌칙규정 신설 • 임금외의 생활보조금품과 자금융자 등에서의 여성차별금지규정 신설
3차 개정 (1999.2.8)	• 간접차별개념 도입 • 직장내 성희롱관련규정 신설

4차 개정 (2001.8.14)	• 직장과 가정생활의 양립지원을 위한 육아휴직제도의 개선 • 직장내 성희롱 예방교육 강화 • 고용평등상담실 설치, 운영 및 명예고용평등감독관제도 도입
5차 개정 (2005.5.31)	• 유산, 사산휴가 인정 • 국가의 산전후휴가급여 지급에 관한 규정
6차 개정 (2005.12.30)	• 적극적 고용개선조치 도입근거 마련 • 직장내 성희롱과 관련된 피해근로자 보호강화를 위한 법적 근거 마련 • 육아휴직신청요건 확대

이러한 남녀고용평등법의 성차별 금지이외에도 「근로기준법」과 「파견근로자보호등에관한법률」에서는 경영상 이유에 의한 해고대상자 선정시 남녀의 성을 이유로 차별하거나 파견근로자의 성별을 이유로 근로자파견계약을 해지하여서는 안된다는 규정을 둠으로써 고용현장에서의 성차별금지를 보장하고 있다.

또한 「고용정책기본법」은 2004.12.8 개정시 사회전반의 차별문제를 개선하기 위해서는 고용 및 직업생활의 차별을 먼저 해소시켜야 하며, 이에 따라 취업기회의 균등한 보장을 위하여 차별금지 사유에 혼인 · 임신 또는 병력을 추가함으로써 다양한 형태의 차별금지를 규정하고 있다.

한편, 고용분야 중 공직부문의 여성참여확대와 관련하여, 제대군인가산점제도에 관한 큰 변화가 있었다. 1999.12.23 제대군인이 국가 · 기업체 등의 채용시험에 응시한 경우 필기시험의 각 과목별 만점의 5% 범위 안에서 가점을 주도록 하는 동 제도가 위헌결정[3]됨에 따라, 이를 대체하기 위하여 제대군인에 대한 채용시험의 응시상한 연령을 3세의 범위 안에서 연장하도록 「제대군인지원에관한법률」이 개정되었다(2001.1.4). 그 결과 여성들이 민간기업보다 성차별이 덜한 공무원시험에 대거 응시하게 되었고, 7 · 9급 공무원시험에서 높은 합격률을 보였다.

3) 헌법재판소는 제대군인가산점제도가 헌법에 근거를 둔 것이 아니고, 가산점제도로 인해 여성, 병역면제자, 보충역복무자를 현역복무나 상근예비역으로 소집근무할 수 있는 신체건장한 남자와 차별하고 있으며, 가산점제도의 평등위반여부를 심사함에 있어 엄격한 심사척도가 적용되어야 하고, 가산점제도로 여성, 신체장애자 등의 평등권과 공무담임권이 침해된다는 이유에서 재판관 9인의 일치된 의견으로 위헌을 결정하였다(헌법재판소 1999.12.23, 98헌마363 전원재판부 【제대군인지원에관한법률 제8조 제1항 등 위헌확인】).

나. 교육분야에서의 성차별금지에 관한 입법

1997.12.13에 제정된 「교육기본법」은 모든 국민은 성별 · 종교 · 신념 · 사회적 신분 · 경제적 지위 또는 신체적 조건 등을 이유로 교육에 있어서 차별을 받지 않는다는 교육의 기회균등조항을 명시하였다(제4조).

또한 2000.1.28에 이루어진 일부개정은 남녀평등정신을 보다 적극적으로 실현할 수 있는 교육시책을 수립 · 실시하여야 할 의무를 국가 및 지방자치단체에게 부여하고, 이와 관련한 교육부장관의 자문에 응하도록 하기 위하여 교육부에 남녀평등교육심의회를 설치하기 위한 것이었다.

한편, 교육과 관련하여 「여성발전기본법」은 가정 · 학교 · 평생교육시설에서의 남녀평등이념 고취 및 여성의 교육기회 확대를 규정하고 있다(제19조~제21조).

다. 가족생활분야에서의 성차별금지에 관한 입법

우리나라의 가족관계를 규율하고 있는 법은 「민법」제4장 친족편, 제5장 상속편이며, 일반적으로 '가족법'이라 부른다.

1958년 제정된 「민법」은 가계계승에 있어서의 남계혈통주의와 동성동본불혼의 원칙을 근간으로 하는 전통적 가족제도의 골격을 유지함으로써 제정당시부터 남녀차별적인 규정을 두고 있었다. 계모자와 적모서자관계, 남편의 혈족 아닌 직계비속의 입적, 혈족 · 친족의 범위에 있어서의 남녀불평등, 호주제도, 자녀의 성과 본의 부계혈통우선주의, 동성동본혼인금지, 여성의 재혼금지기간, 부부동거장소, 처의 부가입적, 귀속불명재산의 남편재산 추정, 부부공동생활비용의 남녀부담, 이혼 시 자녀양육책임의 아버지우선주의, 친권행사의 부권(父權)우선, 기혼여자의 후견인의 순위, 생존배우자의 상속순위의 차등, 남녀, 기 · 미혼에 따른 상속분의 차등 등이 이에 해당된다.

그 후 가족법은 3차례 개정되었으며, 남녀평등의 획득과 민주이념의 확보에 관한 개정내용은 다음과 같다(표 4-3).

2005년 법 개정 결과 호주제가 폐지됨으로써 이에 따른 새로운 신분등록제도의 마련이 요구되는 바, 기존의 호적제도를 대체할 새로운 가족관계 등록제도를 마련하여 국민 개개인별로 출생 · 혼인 · 사망 등 가족관계의 발생 및 변동사항을 기록 · 관리할 수 있는 「가족관계의 등록 등에 관한 법률」이 제정(2007. 5.17)되었다.

<표 4-3> 민법 개정내용

연도	개정내용
1차 개정 (1977.12.31)	• 부모의 친권공동행사 • 귀속불명재산의 부부공유제 • 법정재산상속분의 균등화
2차 개정 (1990.1.3)	• 부계 · 모계혈족을 각각 8촌 이내로 하는 등 친족의 범위 조정 • 호주상속제도를 호주승계제도로 변경 • 적모서자관계와 계모자관계를 인척관계로 전환 • 이혼 시 자녀의 양육책임은 부모의 협의에 따르고, 면접교섭권 신설 • 부모의 친권행사 조정 • 이혼배우자의 재산분할청구권 신설 • 배우자의 상속에서의 남녀평등 확대 • 자녀의 균분상속의 강화
3차 개정 (2005.3.31)	• 호주제도 폐지 • 자녀의 성(姓)과 본(本)은 모(母)의 성과 본도 따를 수 있고, 자녀의 복리를 위한 자녀의 성과 본 변경 가능 • 동성동본금혼제도 폐지, 근친혼금지제도로 전환 • 여성에 대한 재혼금지기간 폐지 • 처(妻)의 친생부인의 소 제기 가능 • 친양자제도 신설 • 부모 등 친권자의 친권행사시 자의 복리를 우선적으로 고려하도록 함

한편, 국적법과 국제사법에 있어서도 기존의 남녀차별적 조항을 개선하는 작업이 이루어졌다. 먼저 「국적법」은 1997, 2001, 2004년의 3차례 개정을 통해 남녀차별적 요소들이 남녀평등의 원칙에 부합되는 방향으로 정비되어 가고 있다. 1997년 개정에서는 출생당시 아버지가 대한민국 국민인 경우 그 자녀에게 우리 국적을 부여하는 부계혈통주의에서 부 또는 모 어느 한쪽이 대한민국 국민이면 그 자녀에게 우리 국적을 부여하는 부모양계혈통주의로 전환하였다. 또한 남편이 우리 국적을 취득하면 그 처도 자동으로 대한민국 국민이 되는 수반취득 조항과 처의 단독귀화를 금지하는 조항을 삭제함으로써 혼인한 여성에게 독자적인 국적선택권을 보장하였고, 부모양계혈통주의를 채택함에 따라, 외국인 부와 한국인 모 사이에 출생한 자녀는 모의 성과 본을 따를 수 있고 모의 호적에 입적할 수 있도록 민법의 내용을 일부 정비하였다.

2001년의 「국적법」 개정은 1997년 개정시 부계혈통주의가 부모양계혈통주의로 바뀜에 따라 동법이 시행된 1998.6.14 현재 10세 미만인 자로서 대한민국의 국민을 모로 하여 출생한 자에 대하여 신고로써 대한민국의 국적을 취득할 수 있는 특례를 인정하였으나, 2000.8.31 헌법재판소에서 모계출생자에 대한 국적취득의 특례를 10세 미만인 자에 한정하여 적용하는 것은 평등원칙에 위배된다는 취지의 헌법불합치 결정[4])을 함에 따라 모계출생자에 대한 국적취득의 특례를 동법이 시행된 1998.6.14 현재 20세 미만인 자로 확대하기 위해 이루어졌다.

2004년의 「국적법」 개정은 대한민국 국민과 결혼한 외국인이 국적법에 의한 간이귀화요건을 충족시키지 못한 때에도, 대한민국 국민인 배우자와 혼인한 상태로 대한민국에 주소를 두고 있던 중 그 배우자가 사망 · 실종되거나 자신의 귀책사유 없이 혼인생활을 계속할 수 없었던 경우 또는 혼인에 의하여 출생한 미성년 자녀의 양육 등의 필요가 있는 경우에는 외국인 배우자의 인권보장과 아동보호 차원에서 국적취득을 허용하려는 것이다.

「국제사법」은 외국적 요소가 있는 법률관계에 관하여 국제재판관할에 관한 원칙과 준거법을 정함을 목적으로 하는 법으로, 1962년 「섭외사법」으로 제정되었다.

그 후 2001년의 개정시 법 명칭을 현재 국제적으로 널리 통용되고 있는 「국제사법」으로 변경하였고, 종전에는 친족분야에 있어 부(夫) 또는 부(父)단독의 본국법을 준거법으로 지정하였으나 향후 부부공통의 본국법이나 상거소지법(常居所地法) 등을 준거법으로 지정하도록 함으로써 국제사법에 남녀평등원칙을 구현하게 되었다.

가족생활분야에서의 성차별 금지와 관련하여 주요한 판례로는 헌법재판소의 호주제 헌법불합치결정과 종래 성년남자로만 한정했던 종중회원자격을 성년여자에게도 확대한 대법원 판결이 있다.

우선 헌법재판소는 호주제 헌법불합치 결정[5])을 내리면서, 호주제는 성역할에 관한 고정관념에 기초하여 호주승계 순위, 혼인, 자녀 등의 신분관계 형성에 있어 정당한 이유없이 남녀를 차별함으로써 가족들의 불편과 고통을 초래하고, 또 개인을 가족내에서 존엄한 인격체로 존중하는 것이 아니라 가의 유지와 계승을 위한 도구적 존재로 취급, 양성평등 및 개인의 존엄을 천명한 헌법 제36조 제1항에 위배된다고 하였다.

또한 대법원은 종중회원확인판결[6])에서 남녀평등원칙을 새로운 사회관습으로 인정하면서, 종래의 판례인 '종중이란 공동선조의 분묘수호와 제사, 종중원 상호간 친목을 위해 성년남자로 구성되는 종족의 자연적 집단'으로 규정했던 종례의 판례를 폐기함으로써 여성의 종중원 자격을 인정하였다.

---

4) 헌법재판소 2000.8.31 선고, 97헌가12 【국적법 제2조 제1항 제1호 위헌제청】

5) 헌법재판소 2005.2.3 선고, 2001헌가9 등 전원재판부 【민법 제781조 제1항 본문후단부분 위헌제정 등】

6) 대법원 2005.7.21 선고, 2002다13850 전원합의체 판결 【종중회원확인 등】

4. 성희롱금지에 관한 입법현황

성희롱금지에 관해서는 「여성발전기본법」이 최초로 명시한 이래, 「남녀고용평등법」, 「남녀차별금지및구제에관한법률」 등에서 규정하였다.

「여성발전기본법」에서는 국가와 지방자치단체와 사업주가 평등한 고용환경의 조성을 위해 성희롱 예방조치를 할 것을 규정하고 있다.

「남녀고용평등법」은 1999.2.8 개정시 '직장내 성희롱'의 개념정의와 함께 사용자에게 성희롱의 예방교육의 실시, 성희롱행위자에 대한 징계 기타 제재조치, 피해자에 대한 불이익 금지의 의무를 부과하였다. 2001.8.4 개정시 '직장내 성희롱'을 '사업주 · 상급자 또는 근로자가 직장내의 지위를 이용하거나 업무와 관련하여 다른 근로자에게 성적인 언동 등으로 성적 굴욕감 또는 혐오감을 느끼게 하거나 성적 언동 기타 요구 등에 대한 불응을 이유로 고용상의 불이익을 주는 것'으로 개정하고, 사업주 · 상급자 · 근로자의 직장내 성희롱금지의무와 의무위반시 1천만 원 이하의 과태료를 부과하도록 하였다.

「남녀차별금지및구제에관한법률」은 성희롱의 개념정의와 성희롱을 남녀차별로 보고, 공공기관의 종사자, 사용자 및 근로자의 성희롱행위를 금지하였다. 그 이후 성희롱 구제업무의 국가인권위원회 이관으로 동 법이 폐지되었으며, 「여성발전기본법」 개정을 통해 성희롱 방지를 위한 교육 등의 조치를 여성가족부가 관장하는 것으로 하였다(여성발전기본법 제17조의 2 신설).

「아동복지법」과 「노인복지법」은 아동, 노인에 대한 학대행위의 하나로 성적 수치심을 주는 성희롱행위를 금지하며, 위반시 5년 이하의 징역 또는 1천 5백만 원의 벌금형에 처해 지도록 하였다.

한편, 직장내 성희롱과 관련된 2개의 중요한 판례가 있어 소개한다.

하나는 서울대 우조교 성희롱 사건으로, 우리나라 최초로 '직장내 성희롱'을 문제삼아 1993.10.18 제기된 민사소송 사건으로 약 6년간에 걸쳐 재판이 진행되었다. 원고는 서울대 화학과 실험실의 1년간 유급계약직으로 근로했던 여성으로, 실험기기 관리책임자인 남자교수로부터 업무상 불필요하거나 난처한 신체접촉이나 성적 언동을 지속적으로 받아 오다가 둘만의 산책제의를 분명하게 거부하자 남자교수는 비우호적인 태도를 보이며, 당초 약속한 재임용계약의 추천을 하지 않았다. 원고는 교수의 행동을 보복적 성희롱행위로서 헌법, 근로기준법, 남녀고용평등법 위반의 원고의 인격권 침해를 초래하였다고 주장하면서 담당교수, 서울대총장, 대한민국을 피고로 하여 5천만 원 손해배상 청구소송을 제기하였다. 이에 대해 피고교수는 자신의 행동은 친밀감의 표시였으며, 재임용을 추천하지 않은 것은 원고의 불성실한 업무처리 때문이었다고 주장하였다.

이에 대해 제1심은 교수의 성적 언동이 고용상 성차별이고, 여성의 인간존엄을 해치는 행위로 인정하였으며, 피고교수에게 3천만 원 손해배상지급을 명령하였다. 제2심은 교수의 조교에 대한 성적 언동은 경미한 것이고, 중대하고 반복적인 '성적 괴롭힘'이 되지 않아 손해배상의 대상이 되지 않는다고 판결하였다. 대법원은 성희롱이라는 용어를 사용하였으며, 가해자의 언동은 분명한 성적인 동기와 의도를 가진 것으로 판단, 불법행위성이 인정된다고 보아 피고교수 부분에 대해 파기환송하였고, 서울고법은 피고의 성희롱행위는 원고에 대한 불법행위를 구성하므로 피고에게 원고의 정신적 손해에 대한 배상책임으로 500만 원의 손해배상을 지급할 것을 명하였다.[7)]

또 하나의 판례는 롯데호텔 성희롱 사건이다. 사건개요는 2000.8. 롯데호텔 여직원 40명이 "회사 임직원에게 상습적으로 성희롱을 당했다"며 회사의 대표이사, 가해 임직원을 상대로 서울지법에 2억 2천 2백여 만 원의 손해배상 청구소송을 제기하였고, 재판부는 "피고들은 원고 19명에게 각각 100~300만 원씩 모두 2,900만 원을 지급하라"는 원고 일부승소판결을 내리고, 21명의 청구는 기각하였다.[8)]

이 판결은 성희롱의 판단기준을 피해자의 관점을 고려하여 제시하고, 사용자의 성희롱 방지의무를 근로계약에 내재된 의무로 보며, 사용자의 채무불이행책임과 불법행위책임에 대한 손해배상을 인정함으로써 미국 · 독일 · 일본 등 외국법과 판례의 논리적 근거에 기초하고 있다는 점에 의의가 있다.

5. 여성폭력에 관한 입법현황

가. 가정폭력에 관한 입법

가정폭력을 규율하는 법에는 가정폭력범죄의 처벌 등에 관련된 「가정폭력범죄의처벌등에관한특례법」과 가정폭력피해자에 대한 사회복지서비스를 내용으로 하는 「가정폭력범죄의방지및피해자보호등에관한법률」이 있다. 또한 「여성발전기본법」은 가정폭력범죄와 성폭력범죄의 예방 및 피해자 보호에 관한 국가, 지방자치단체의 의무를 규정하고 있다(제25조).

1997.12.13에 제정된 「가정폭력범죄의처벌등에관한특례법」은 그동안 가정폭력이 가정

7) 서울민사지법 1994.4.18 선고, 93가합77840판결 ; 서울고법 1995.7.25 선고, 94나15358판결 ; 대법원 1998.2.10 선고, 95다39533판결 ; 서울고법 1999.6.26 선고, 98나12180 판결.

8) 서울지방법원 2002.11.26 선고, 2000가합57462 손해배상.

내의 문제로 간주되어 사회적으로 방치되어 왔으며 가정폭력이 지속적이고 상습적으로 행하여지고 있다는 문제점을 인식하고 가정폭력에 사회와 국가가 적극 개입하여 해결해야 한다는 취지하에 만들어졌다. 이 법은 가정폭력범죄의 형사처벌절차에 관한 특례를 정하고, 가정폭력범죄자에 대한 환경의 조정과 성행의 교정을 위한 보호처분을 행함으로써 가정의 평화와 안정을 회복하고 건강한 가정을 육성하는 것을 목적으로 한다.

법의 내용은 가정폭력범죄자의 환경의 조정과 성행의 교정을 위한 보호처분제도를 비롯한 가정보호사건에 관한 절차와 경찰의 응급조치, 임시조치, 보호처분, 배상명령 등에 관하여 규정하고 있다.

그 후 4차례 개정이 이루어졌으며, 직무상 비밀엄수의무자의 범위에 아동의 교육을 담당하는 교사, 교장을 포함시켜 이들이 전학 등 직무상 알게 된 비밀을 누설하지 않도록 규정하였고(1차 개정, 1999.1.21), 아동복지지도원을 별정직공무원에서 사회복지전담공무원으로 그 신분을 변경하고, 아동학대에 대한 정의와 금지유형을 명확히 규정하였다(2차 개정, 2000.1.12).

또한 임시조치 위반자에 대한 경찰관서 유치장, 구치소 유치를 청구할 수 있도록 하였고, 보호처분의 변경 · 취소와 그에 대한 항고를 공익의 대표자인 검사도 청구할 수 있도록 하였으며, 법의 목적에 가정폭력범죄로 파괴된 가정의 평화와 안정을 회복하여 건강한 가정을 육성하는 것 외에 피해자와 가족구성원의 인권보호를 추가하였다(3차 개정, 2002.12.18).

4차 개정(2005.1.27)에서는 가정폭력범죄 중 친고죄나 반의사불벌죄에 해당하는 범죄는 피해자의 고소가 취소되거나 불처벌의 의사가 표시된 경우에도 보호처분을 할 수 있는 명시적 근거를 마련하고, 보호처분의 불이행시에 이에 대한 실효성을 확보하기 위하여 과태료를 부과할 수 있도록 하였다.

이와 함께 「가정폭력방지및피해자보호등에관한법률」(1997.12.31 제정)은 가정폭력의 예방과 가정폭력으로 인한 피해자를 보호함으로써 건전한 가정을 육성하려는데 목적을 두고 있다. 그 내용은 가정폭력의 예방과 피해자의 보호를 위한 법적 · 제도적 장치를 마련해야 할 국가와 지방자치단체의 책무, 가정폭력상담소와 가정폭력피해자보호시설의 설치 · 운영에 관한 규정, 경비보조, 의료기관의 치료보호 실시와 치료비용에 관한 구상권행사, 벌칙규정 등으로 이루어져 있다.

그 후 치료비용 구상권 행사와 관련하여 피해자가 보호시설 입소 중에 치료보호를 받은 경우나 가정폭력행위자가 「국민기초생활보장법」 제2조의 규정에 의한 수급자이거나 「장애인복지법」 제29조에 의하여 등록된 장애인일 경우, 구상권 행사를 면제하도록 개정되었다(2003.12.18).

가정폭력에 관한 특례법과 보호법 제정의 가장 큰 의미는 가정내의 문제로 여겼던 가정폭력을 명백한 범죄문제이자 국가가 적극적으로 개입해야 할 공적 문제로 자리매김했다는 점이다. 그러나 이 법의 시행에도 불구하고 가정폭력의 발생은 줄어들지 않고 있으며, 현행 특례법이 가정보호라는 입법목적에 입각하여 보다 경미한 제재수단인 보호처분제도를 도입함으로써 지속적 위험성과 심각성을 지닌 가정폭력범죄를 '경미한 범죄'로 취급하게 되는 불합리함을 초래함과 아울러 퇴거명령, 접근금지 등 피해자보호조치가 제대로 기능을 발휘하지 못하는 등의 문제점이 드러나고 있다. 이에 대해 이를 개선하기 위한 법 개정안이 마련되었으며, 법적 근거없이 시행되고 있는 가정폭력범죄에 대한 상담조건부 기소유예제도의 도입에 관한 검토가 이루어지고 있다.

나. 성폭력에 관한 입법

1953년 제정된 「형법」은 폭행 · 협박으로 부녀를 간음하는 강간죄를 비롯하여 강제추행죄, 강간상해 · 치상죄, 미성년자의제강간죄 등 성폭력범죄에 관한 규정을 두고 있다.

당초 「형법」에서는 강간죄 등을 '정조에 관한 죄'로 규정함으로써 정조를 보호법익으로 설정하였으나 강간죄 등의 보호법익은 성적 자기결정권으로 보아야 한다. 이에 따라 1995년 「형법」 개정시 '강간과 추행의 죄'로 항목을 변경하였다.

그 후 1994.1.5에는 각종 성폭력범죄가 점차 흉폭화 · 집단화 · 지능화 · 저연령화되고 있을 뿐만 아니라 전화 · 컴퓨터를 이용한 음란행위 등 새로운 유형의 성폭력범죄가 빈발하여 기존의 법체계로는 적절히 대처하기 어려우므로 성폭력범죄에 대한 처벌규정을 신설 또는 강화하고 성폭력범죄에 대하여는 수사 · 재판 등 사법처리절차에 있어서 특례를 인정하도록 하며 성폭력피해상담소 및 성폭력피해자보호시설을 설치 · 운영하도록 함으로써 특히 여성과 미성년자를 성폭력범죄의 위협으로부터 보호하고 건전한 사회질서를 확립하기 위해 「성폭력범죄의처벌및피해자보호등에관한법률」이 제정되었다.

이 법의 주요 내용은 성폭력범죄의 범위를 형법상 강간범죄 이외에 공연음란죄 등의 성풍속을 해하는 죄, 통신매체이용음란행위, 몰래카메라 등 이용촬영행위 등으로 확대한 것이다. 새로운 범죄유형으로 존속 등 연장의 친족에 의해 강간 · 추행, 신체장애자에 대한 추행, 전화 · 우편 · 컴퓨터 등 통신매체이용 음란죄와 버스 · 지하철 · 극장 등 공중밀집장소에서의 추행죄를 추가하였다. 또한 성폭력범죄자에 대한 선고유예 또는 집행유예시 보호관찰을 명할 수 있도록 하였고, 피해자의 신원과 사생활비밀누설 금지와 심리 비공개 등과 성폭력상담소 및 성폭력피해자보호시설의 설치 · 운영에 관해 규정하고 있다.

그 후 4차례의 법 개정이 이루어졌으며, 그 내용은 다음과 같다(표 4-4).

<표 4-4> 성폭력특별법 개정내용

연도	개정내용
1차 개정 (1997.8.22)	• 제5조 제1항의 가중처벌대상에 야간주거침입절도 등의 미수범에 의한 강간과 주거침입강간 추가 • 친족관계에 있는 자에 의한 강간 등의 범죄에서 친족의 범위를 '존속 등 연장의 4촌이내의 혈족'에서 '4촌 이내의 혈족과 2촌 이내의 인척'으로 범위 확대 • 장애인에 대한 준강간 처벌시 장애인의 범위를 신체장애 외에 정신상의 장애까지 확대 • 13세 미만의 미성년자에 대한 강간·강제추행 등의 죄 가중처벌 • 수사 · 재판과정에서의 피해자 보호를 위한 신뢰관계에 있는 자 동석규정 • 18세 미만자의 보호, 교육담당자들의 성폭력범죄 사실 신고의무화 • 성폭력범죄 피해자 치료전담의료기관 지정시 민간진료시설 포함
2차 개정 (1998.12.28)	• 카메라 등 이용촬영죄 신설
3차 개정 (2003.12.11)	• 13세 미만이나 장애인인 피해자의 진술내용과 조사과정을 비디오녹화기 등 영상물 녹화장치에 의한 촬영·보존 및 증거 사용 • 13세 미만이나 장애인인 피해자에 대한 신뢰관계 있는 자의 동석 의무화 • 비디오 등 중계장치에 의한 중계를 통한 신문제도 도입 • 증거보전 청구에 관한 규정 신설
4차 개정 (2006.10.27)	• 13세 미만의 사람에 대한 유사강간행위의 처벌 • 장애인 보호시설의 장 또는 종사자의 장애인에 대한 성폭력행위 처벌 • 통신매체이용음란죄의 법정형 상향조정 • 본인 의사에 반하여 촬영된 성적 촬영물의 유통행위에 대한 처벌 • 피구금자추행죄 등에 대한 친고죄의 범위 축소 • 성폭력범죄 피해자의 인적사항 등 공개 금지 • 성폭력범죄 피해자 전담조사제의 도입 • 진술녹화제의 적용대상 확대 • 피해자와 신뢰관계 있는 자의 동석의무 강화

한편, 2000.2.3 제정된 「청소년의성보호에관한법률」은 청소년(18세 미만)에 대한 강간, 강제추행이나 위계 또는 위력에 의한 간음, 추행에 대한 가중처벌 및 청소년에 대한 성폭력 범죄자에 대한 신상공개제도를 두고 있다.

성폭력특별법은 성폭력범죄의 범위를 형법상의 강간, 강제추행죄 이외에 친족관계에 의한 강간 등 가중처벌규정과 함께 공중밀집장소에서의 추행죄, 컴퓨터이용음란죄 등 최근에 많이 발생하고 있는 성에 관련된 범죄도 포함시킴으로써 보다 광범위하게 성폭력문제를 규율하려 했다는 점에서 그 의의를 찾을 수 있다. 또한 피해자에 관한 수사 · 재판과정에서의 보호와 상담, 의료지원 등 사회복지서비스 지원에 관해서도 함께 규정함으로써 법 체계상의 일관성문제를 지적하는 견해도 있으나 피해자보호에 관한 종합적인 장치를 마련하려했다는 점을 긍정적으로 평가할 수 있다.

다만, 범죄에 대한 단속 또는 규제일변도나 범죄에 대한 가중처벌이 잠재적인 범죄자의 범죄를 예방하려는 일반예방의 효과가 크다는 것은 증명된 바 없으며, 법의 실효성 담보를 위해 피해자의 신고와 적극적인 소추가 필요하다고 할 것이다. 그리고 보다 근본적인 문제로 여성만을 강간죄의 객체로 설정하고 있는 형법규정과 관련하여, 강간과 강제추행의 죄의 보호법익을 성적 자기결정권으로 자리매김하기 위한 형법의 재정비가 요청된다.

다. 성매매에 관한 입법

1961.11.9 제정되고 1995.1.5에 개정된 「윤락행위등방지법」은 사회의 이면에서 만연되고 있는 윤락행위를 방지하여 국민의 풍기정화와 인권존중에 기여하는 것을 목적으로 하였다. 그러나 이 법은 윤락의 문제를 성을 파는 행위에만 초점을 맞춰 처벌되고 선도되어야 할 주요 대상으로 설정한 점에서 기본적인 한계를 갖고 있으며, 법적으로 금지주의를 채택했음에도 불구하고 정부가 특정지역을 인정하는 정책을 견지함으로써 실질적인 법 집행이 이루어지지 못한 채 성매매업소의 난립으로 성산업이 팽창하는 결과를 초래했다.

그런 과정에서 성매매종사여성들의 선불금 구조에 묶인 인권침해사례들이 드러나면서 새로운 법의 탄생을 요구하기에 이르렀다.

이에 2004.3.22 제정된 「성매매알선등행위의처벌에관한법률」은 성매매 공급자와 중간매개체를 차단하기 위하여 성매매 목적의 인신매매를 처벌하고, 성매매알선등행위로부터 취득한 금품 그 밖의 재산상 이익은 몰수 · 추징하도록 하는 등 성매매알선등행위와 성매매의 근절을 위한 제도적 장치를 마련하려는데 주요 목적을 두고 있다.

이 법의 가장 큰 특징은 성매매피해자 개념을 도입한 것으로, 이들은 처벌되지 않을 뿐만 아니라 신뢰관계에 있는 자의 동석, 심리의 비공개 등의 형사절차상의 보호를 받을 수 있도록 한 것이다. 성매매피해자는 위계 · 위력 등에 의해 성매매를 강요당한 자, 업무 · 고용관련의 보호 · 감독자에 의해 마약에 중독되어 성매매를 한 자, 청소년 · 장애인 중 성매매를 하도록 알선 · 유인된 자, 성매매목적의 인신매매를 당한 자 등이 해당되며, 이러한 성매매피해자로 하여금 성매매관련 불법행위의 신고를 유도함으로써 성산업의 붕괴를 목표로 하고 있다.

또한 성매매알선등행위를 한 자가 성을 파는 행위를 하였거나 할 자에게 가지는 채권을 무효로 하는 불법원인채권무효 규정을 보다 구체화하였고, 수사기관에서 성을 파는 자의 채무불이행사건을 수사할 때 당해 채권이 불법원인채권인지 여부를 확인하여 수사에 참작하도록 하였으며, 외국인 여성에 대한 피해자보호규정과 성매매를 한 자에 대한 성매매장소

출입금지, 보호관찰, 사회봉사·수강명령, 상담위탁, 치료위탁 등 보호처분에 관한 규정을 두고 있다. 2005.3.24에는 보호처분의 종류의 하나였던 감호위탁을 삭제하는 법 개정이 이루어졌다.

2004.3.22에 함께 제정된「성매매방지및피해자보호등에관한법률」은 성매매피해자 및 성을 파는 행위를 한 자의 사회복귀를 돕기 위하여 지원시설 및 상담소의 설치 및 운영을 활성화하고, 이용자의 의사에 따라 지원시설 및 상담소에서 제공하는 의료지원·취업교육 및 법률지원 등을 자유롭게 이용할 수 있도록 하는 등 원활한 사회복귀와 성매매행위의 재발방지에 목적이 있다.

이 법은 성매매방지 등을 위한 국가와 지방자치단체의 조사·연구·교육·홍보, 성매매피해자 지원시설의 설치·운영에 대한 법적·제도적 장치마련 및 행정적·재정적 조치를 취할 책임에 관한 규정, 초·중·고등학교에서의 성매매 예방교육, 지원시설·상담소의 설치 및 운영에 관한 규정을 두고 있다. 성매매피해자 지원시설에는 일반지원시설, 청소년지원시설, 외국인여성지원시설, 자활지원센터의 4가지 종류가 있다. 또한 상담소의 장은 성매매피해자를 구조할 긴급한 필요가 있는 때에는 관할 경찰관서의 장에게 그 소속 직원의 동행을 요청할 수 있도록 하였다.

2005.12.29 법 개정시에는 성매매피해자 등이 일반지원시설에 입소할 수 있는 기간을 6월에서 1년으로 연장하고, 성매매피해자 등의 의료지원을 위해 성폭력특별법에 의하여 지정된 전담의료기관을 성매매피해자등의 치료를 위한 전담의료기관으로 지정할 수 있도록 하였다.

성매매처벌법과 피해자보호법의 시행으로 성매매 및 성매매알선 등의 행위가 범죄라는 사실을 사회적으로 인식하는 계기가 되었고, 강요에 의한 성매매피해자들에게 도움이 된 점 등은 긍정적인 측면으로 이해된다. 반면에 집결지 위주의 성매매단속으로 산업형 성매매가 상대적으로 활성화된다든지, 손으로 한 성행위에 대한 성매매인정에 일관성이 결여된 법원의 판결이 나오고 있고, 보다 근본적으로 성문제에 관한 중형주의의 폐단이나 강요당하지 않은 자발적 성매매에 대한 비범죄화 문제를 주장하는 견해도 존재하는 것이 현실이다.

6. 모성보호에 관한 입법현황

'모성보호'란 임신, 출산, 수유 등과 같은 여성근로자가 갖는 특유한 기능 때문에 행해지는 제반 조치들로「근로기준법」상 생리휴가, 산전후휴가, 육아시간, 유해·위험사업 제한, 임산부에 대한 야간·휴일·연장근로 제한 등이 포함된다(여성부, 2002d: 27).

모성보호 조항의 근거는 「헌법」(1987.10.27 개정)에 의해 "국가는 모성의 보호를 위해 노력하여야 한다"는 규정에서 출발한다. 특히 모성보호는 국제협약에 의해 준수되도록 규정되어 있으며, 1952.6. ILO총회에서 채택되고, 2000.6. 개정 · 강화된 「모성보호에 관한 협약」이나 「모성보호에 관한 권고」(95호) 등이 여성근로자의 출산에 따른 모성보호를 목적으로 하고 있다.

이러한 국제협약 등을 수용하여 「여성발전기본법」에서는 여성의 임신 · 출산 및 수유기간 동안에 대한 특별한 보호와 이에 대한 불이익금지를 요구한 국가 · 지방자치단체, 사업주의 의무와 국가 · 지방자치단체가 취업여성의 임신 · 출산 및 수유와 관련된 모성보호비용에 대해 사회적 부담을 높여 나가는 방안을 수립할 것을 요청하고 있다(제18조).

이보다 훨씬 앞선 1953.5. 제정된 「근로기준법」은 '여자와 연소자'의 보호의 장에서 임산부에 대한 출산휴가와 수유시간, 경미한 근로에의 전환 등을 규정하였으며, 그 외 여성의 위험유해업무의 사용금지와 갱내근로의 금지, 시간외 근로의 제한, 야간 · 휴일근로의 금지 등의 여성보호규정은 여성의 취업기회 확대라는 측면에서 완화되고, 모성보호규정은 강화되고 있다(2001.8.14, 2003.9.15).

또한 「남녀고용평등법」은 1987년 제정당시 여성근로자의 모성보호를 목적의 하나로 설정하였으며, 1989.4. 법 개정시 모성보호는 차별로 보지 않는다는 규정을 추가하였다.

그 후 계속적인 개정을 통해 모성보호규정의 강화와 이를 통한 구체적인 실효성 전략을 추구하고 있으며, 그중 하나가 모성보호비용의 사회분담화 전략이다.

즉, 「고용보험법」에서는 「남녀고용평등법」의 규정에 의한 산전후휴가급여와 근로자의 육아휴직급여를 고용보험에서 지급할 수 있도록 하는 근거규정을 마련하였으며(2001.8.14 개정), 그 후 노동부장관은 피보험자가 산전후휴가를 받은 경우뿐만 아니라 유산 · 사산휴가를 받은 경우에도 급여를 지급하도록 하고, 산전후휴가 및 유산 · 사산휴가급여는 종전 30일에서 근로자 300인 이상의 기업에서는 90일 전체에 대해 지급하도록 법을 개정하였다(2005.5.31).

이러한 모성보호에 관한 근로관계법상의 규정들은 특수한 영역의 근로자를 위한 특별법에서도 도입되고 있다. 국가공무원복무규정상 모성보호의 강화나 교육공무원법상 임신 · 출산휴직제의 강화, 군인사법의 임신 · 출산휴직제의 신설 등이 그 예이다.

한편, 모성보호는 여성근로자 뿐 아니라 일반여성에 대한 지원에서도 중요하다. 2004.2.9 제정된 「건강가정기본법」상 국가 및 지방자치단체가 출산과 육아에 대한 사회적 책임을 인식하고 모성보호와 태아의 건강보장 등 적절한 출산환경을 조성하기 위하여 적극적으로 지원하도록 한 규정이나 「농림어업인삶의질향상및농산어촌지역개발촉진에관한특별법」상 국가 및 지방자치단체는 농산어촌 여성의 모성보호를 적극적으로 지원할 것을 규정하고 있다. 또한 「여성농어업인육성법」은 여성농어업인의 모성보호 지원을 목적의 하나로 설정하고 있다.

이와 더불어 「행형법」상 임산부는 질병에 걸린 수용자에 준하여 처우하고(제30조), 신입의 여자가 출산한 유아를 교도소 등의 안에서 양육할 것을 신청한 때에는 상당한 이유가 있는 경우에 한하여 생후 18월에 이르기까지 당해소장이 이를 허가할 수 있도록 하고, 수용중의 여자가 출산한 유아에 대하여도 이를 준용하도록 함으로써(제8조) 미흡하나마 모성보호에 관한 규정을 두고 있다.

7. 가정과 직장생활의 양립지원에 관한 입법현황

'가정과 직장생활의 양립지원'이란 기업측에서 근로자들로 하여금 직장과 가정일을 조화롭게 병행하도록 제도적으로 지원하는 것을 말하며, 가족친화적 직장문화를 수반하게 된다. 이에 관한 제도로서는 육아휴직, 가족간호휴직, 탄력근무제도 등이 있으며, 따라서 임신, 출산, 수유기능과 관련된 모성보호와는 달리 여성에게만 인정되는 것은 아니다.

1995년 「여성발전기본법」이 가정과 직장생활의 양립지원에 관한 국가와 지방자치단체의 의무를 선언하면서 이에 관한 입법이 보다 활성화되는 계기가 되었다. 동 법은 국가와 지방자치단체에게 1. 영유아 보육시설의 확충, 2. 방과후 아동보육의 활성화, 3. 육아휴직제의 정착, 4. 직장내 수유시설의 확충 등 가정생활과 직장생활을 조화시킬 수 있도록 하는 시책을 규정하였다.

이보다 앞서 이미 1987년 「남녀고용평등법」에서 육아휴직제가 도입되었고, 1991년 「영유아보육법」이 제정되어 보육지원조치를 종합적이고 체계적으로 수립・추진되도록 하였다.

그러나 「남녀고용평등법」 제정 당시의 육아휴직제도는 대상을 여성근로자로 함으로써 여성이 '육아담당자'라는 고정관념을 벗어나지 못하였다. 유엔 여성차별철폐협약이나 북경여성행동강령은 가정과 직장생활을 양립할 수 있도록 지원하는 조치를 국가와 기업이 행하도록 각 국가에게 촉구하였다.

이러한 국제기준 등에 힘입어 「남녀고용평등법」상 육아휴직 대상자의 범위를 '근로여성과 그를 대신한 배우자'에 이어 2001.8. 개정시 '생후 1년 미만의 영아를 가진 모든 근로자'로 확대하였고, 육아휴직 기간 중 해고금지 규정을 신설하였다. 또한 「고용보험법」상 육아휴직급여를 신설(2001.8.)하여 종래 무급으로 진행되던 육아휴직을 유급화하였으며, 이러한 고용보험에서의 급여충당은 육아에 대한 사회적 기능의 중요성을 인식하고 그 비용을 사회분담화했다는 데 의미가 있다. 또한 이어 2005.12.30 「남녀고용평등법」 개정 시에는 '1년 미만의 영아'를 '3년 미만의 영유아'로 하여 육아휴직 대상범위를 더욱 확대하였다.

이와 더불어 국가 및 지방공무원, 교육공무원, 군인, 경찰 등 공무원영역에서도 육아휴직제의 도입이 활발해졌다.

우선, 「국가공무원법」의 경우를 보면, 여러 차례의 법 개정을 통해 육아휴직 대상과 범위를 확대해 가고 있다.

「국가공무원법」은 1994.12.22 법 개정시 핵가족시대의 공무원들의 자녀양육을 돕고 공무원 가정의 건강관리를 위하여 1년 이내의 무급육아휴직 및 무급가사휴직의 기회를 부여하고 있다. 특히 공무원이 1세 미만의 자녀를 양육하기 위하여 필요한 때에는 1년 이내의 무급육아휴직을 허용함으로써 남녀공무원 모두 자녀양육을 위한 육아휴직을 가능하도록 하며, 이것은 공공부문에서의 선도적인 시도가 민간부문에 미치는 영향이 지대하다는 점에서 그 의미가 크다.

1999.12.31 법 개정시에는 종전에는 국가공무원의 육아휴직신청시 휴직허가여부가 임의적이고 그 휴직기간에 대하여는 승급기간에 산입하지 않았던 것을 특별한 사정이 없는 한 휴직신청시 휴직을 명하도록 하고, 휴직을 이유로 한 불리한 처우의 금지와 휴직기간의 5할에 해당하는 기간을 호봉간의 승급기간에 산입하도록 하였다. 이후 법 개정에 따라 육아휴직대상자녀를 1세 미만에서 3세 미만으로 확대하였고(2002.1.19), 여성공무원의 모성보호를 위하여 경력직 공무원에만 적용되던 육아휴직을 특수경력직공무원에게도 적용하되, 계약직 공무원에 있어서는 남은 계약기간이 1년을 초과하는 경우에 한하여 이를 적용하도록 하였다(2004.3.11).

이러한 육아휴직 관련 제도의 도입은 「지방공무원법」, 「교육공무원법」, 「경찰공무원법」, 「군인사법」을 통해서도 나타난다.

휴직기간의 5할에 해당하는 기간을 호봉간의 승급기간에 산입한 것(지방공무원법 1999.12.31 개정, 교육공무원법 2000.1.28 개정, 군인사법 2004.1.20 개정), 육아휴직 대상 자녀의 나이를 3세 미만으로 확대한 것(지방공무원법 2002.12.18 개정), 특수경력직 공무원에 대한 육아휴직제도 도입(지방공무원법 2005.1.27 개정, 교육공무원법 2005.1.27 개정, 경찰공무원법 2004.3.11 개정) 등에서 각종 공무원의 육아휴직제도의 도입상황을 보여 준다.

육아휴직의 대상범위 확대와 고용보험에서의 임금지급 등은 국가가 직장과 가정의 양립지원정책의 실효성을 제고하기 위한 방안으로 평가된다.

이와 관련하여 「건강가정기본법」에서는 국가 및 지방자치단체가 가정에 대한 지원조치의 하나로 '직장과 가정의 양립'을 명시하고 있다.

8. 여성의 복지증진에 관한 입법현황

「헌법」은 "국가는 여자의 복지와 권익향상을 위해 노력하여야 한다"는 규정을 두었고, 「여성발전기본법」에서는 '여성복지증진'에 관하여 국가 및 지방자치단체는 지역·연령 등에 따른 여성복지수요에 부응하기 위한 시책을 강구하고, 저소득 모자가정, 미혼모, 장애인여성, 가출여성 그밖에 보호를 요하는 여성에 대한 지원을 위해 필요한 조치를 하도록 하고 있다.

또한「건강가정기본법」에서는 국가 및 지방자치단체는 모·부자가정, 노인단독가정, 장애인가정, 미혼모가정, 공동생활가정, 자활공동체 등 사회적 보호를 필요로 하는 가정에 대하여 적극적으로 지원하도록 하고 있다.

여성의 복지증진에 관한 규정을 두고 있는 법으로는「장애인복지법」,「여성농어업인육성법」,「모·부자복지법」 등을 들 수 있다.

「장애인복지법」은 국가와 지방자치단체가 여성장애인의 권익을 보호하기 위하여 필요한 시책을 강구하도록 하고 있다.

「여성농어업인육성법」은 국가 및 지방자치단체에게 여성농어업인의 삶의 질 향상을 위하여 1. 모·부자복지법에 의한 모·부자가정 중 농어업을 경영하는 모자가장에 대한 지원, 2. 농어업을 경영하는 노인여성에 대한 지원, 3. 농어촌지역 아동에 대한 보육 및 방과후 아동지도, 4. 출산을 전후한 여성농어업인의 모성보호와 건강증진을 위한 지원, 5. 그 밖에 여성농어업인에 대한 복지증진에 관한 사항의 시책을 수립·시행하여야 할 책무를 부과하고 있다.

「모·부자복지법」은 모·부자가정이 건강하고 문화적인 생활을 영위할 수 있게 함으로써 모·부자가정의 생활안정과 복지증진에 기여할 것을 목적으로 한다.

이 법은 모·부자가정의 복지증진을 위해 복지에 관한 상담서비스, 복지급여의 실시, 복지자금 대여, 고용의 촉진, 공공시설내 매점 및 시설설치, 아동의 공공시설 우선이용, 전문사회사업서비스의 제공, 국민주택의 분양 및 임대에 관한 모·부자가정에 대한 복지조치와 모·부자복지시설에 관해 규정하고 있다.

그리고 종래「모자복지법」을「모·부자복지법」으로 명칭을 변경하였는데, 원래 배우자를 상실한 여성, 노동능력을 상실한 배우자를 가진 여성, 미혼여성이 세대주인 모자가정에 대해서만 국가 등이 경제적·사회적 지원을 하도록 하고 있으나, 앞으로는 이를 확대하여 같은 조건의 남성이 세대주인 부자가정에 대하여도 지원하도록 하려는 것이었다. 여기서 같은 조건을 가진 모자가정 뿐 아니라 부자가정도 지원대상으로 확대함으로써 성인지적 관점에서의 입법이 이루어진 것을 알 수 있다.

제3절 정책과제 및 제안

이상에서 살펴 본 여성인권증진을 위한 법 · 제도에 관해 향후 개선되어야 할 과제들을 제시해 보면 다음과 같다.

첫째, 법 규범과 현실간의 괴리현상에 대한 개선방안이 모색되어야 한다.

1980년대 고용현장에서의 남녀차별을 해소하기 위한 남녀고용평등법의 제정을 시작으로 1990년대 성폭력 · 가정폭력관련법, 여성발전기본법 등의 제정, 2000년대 성매매방지법 등의 제정에 이르기까지 개개의 법의 완성도는 차치하더라도 여성의 삶과 관계되는 다양한 분야에서의 여성의 인권증진을 목표로 하는 규범이 정립되었다는 점과 또 수적인 측면에서 실로 괄목할 만한 성장을 이루었다는 점은 부인할 수 없다. 그러나 현실적으로 그 법들이 실효성있게 집행되고 있는가 하면 쉽게 긍정하기 어려운 부분이 있다.

예컨대 1997년 제정된 가정폭력특별법의 시행은 가정폭력에 대한 국가의 개입에 따라 궁긍적으로는 가정폭력이 감소하는 것을 목표로 하고 있지만, 2004년 여성부의 '전국 가정폭력실태조사'에 의하면 가정폭력의 발생이 계속적으로 증가하고 있고 가정폭력특별법에 대한 인지도도 그리 높지 않는 것으로 나타남으로써 이 법의 효과에 의문을 갖게 한다. 또한 신고비율이 높지 않은 이유로 여전히 경찰의 미온적인 대응을 지적하고 있다.

따라서 법의 철저한 집행을 위해서는 법 집행담당자들의 철저한 집행의지가 요구됨과 아울러 여성인권증진에 관한 법의 홍보를 통해 일반국민들이 가정폭력을 범죄로 인식하는 계기를 제공해야 할 것이다.

둘째, 남녀차별적 관점에서 입법화된 법령의 개정이 요구된다.

이전에는 남녀차별적 관점에 근거하는 법들이 다수 존재하였으나 계속적인 법 개정을 통해 개선되어 가고 있다. 민법 중 친족, 상속편에 특히 많이 분포되어 있었던 이러한 규정들, 예컨대 계모자, 적모서자관계의 폐지, 재산상속시 딸과 아들의 상속분 차등지급 폐지 등이나 군복무가산점제도의 폐지 등은 그 좋은 예이다. 이에 관해 최후까지 남아 있던 호주제가 2005년에 폐지됨으로써 헌법상 가족생활에서의 양성평등 조항의 실현에 기여할 수 있게 되었다.

그러나 이러한 남녀차별적 관점이 반영된 입법들이 모두 개선된 것은 아니며, 형법상 강간죄의 객체를 부녀로 하고 있는 문제라든지, 재해등급산정기준을 여성은 외모, 남성은 성기중심으로 하는 등의 규정은 개선이 요구된다.

셋째, 성인지적 관점에서의 입법이 이루어져야 한다.

여성발전기본법에서 도입한 정책의 성별영향 분석은 정책의 수립 · 집행 · 평가의 모든 단계에서 성별을 고려한 평가를 통해 정책을 수립 · 집행할 것을 요청하는 것으로 여성정책에만 국한되어 행해지는 것은 아니다. 여기서 더 나아가 입법단계에서의 성별영향분석, 평가가 이루어져야 하며, 이를 위해 입법단계에서부터 성인지적 관점의 도입을 시행하고 있는 외국사례들을 연구할 필요가 있고, 입법기관인 국회의 국회의원들 대상으로 한 성인지력 향상교육이 함께 이루어져야 할 것이다.

요 약

여성인권증진을 위한 법 · 제도란 사회에 만연되어 있는 남녀차별과 여성에 대한 폭력을 해소할 것을 목표로 하는 일체의 법과 제도를 말하며, 여기에는 법 자체가 남녀평등이나 여성의 인권증진을 목적으로 하는 경우, 일반법 중 일부 남녀평등에 관련된 조항이 포함되어 있는 경우, 사회의 구조적 차별의 결과 지속적으로 발생하는 불이익을 시정하기 위해 특별한 조치를 취하는 경우, 기존의 남녀차별적인 법 규정을 남녀평등한 내용으로 개선하는 경우 등이 포함된다.

여성인권증진에 관한 법이 본격적으로 도입된 것은 1980년대 이후라고 할 수 있다.

1980년대에는 헌법의 여성근로자 양성평등과 모성보호, 여성의 복지와 권익향상을 위한 국가의 의무 및 혼인과 가족생활에서의 개인의 존엄과 양성의 평등에 관한 규정이 신설되었고, 「남녀고용평등법」과 「모자복지법」의 제정(1987년) 및 이혼배우자의 재산분할청구권 신설 에 관한 「민법」 개정(1990년)이 있었다.

1990년대에 들어서는 「성폭력범죄의처벌및피해자보호등에관한법률」(1994년), 「여성발전기본법」(1995년), 「가정폭력범죄처벌에관한특례법」, 「가정폭력방지및피해자보호등에관한법률」(1997년), 「남녀차별금지및구제에관한법률」, 「여성기업지원에관한법률」(1999년)이 제정되었고, '정조에 관한 죄'를 '강간과 추행의 죄'로 바꾸기 위한 형법개정(1995년)과 국적취득에 관해 부모양계혈통주의로 전환하기 위한 「국적법」의 개정(1997년)이 있었다.

2000년대에는 1990년대에 비해 양적으로 더 많은 법의 제・개정이 이루어졌다.

우선 법이 제정된 경우는 「청소년의성보호에관한법률」(2000년), 「국가인권위원회법」(2001년), 「여성과학기술인육성및지원에관한법률」(2002년), 「성매매알선등행위의처벌에관한법률」과 「성매매방지및피해자보호등에관한법률」(2004년)의 제정이 이루어졌다.

또한 주요 개정사항으로는 국회의원과 광역 지방의회 의원선거에서 각 정당이 비례대표 후보자 30% 이상을 여성으로 추천하도록 하기 위한 「정당법」 개정, 출가한 딸과 손녀에 대한 차별규정을 없앤 「국가유공자등예우및지원에관한법률」 및 「독립유공자예우에관한법률」의 개정, 간접차별 개념을 구체화하기 위한 「남녀고용평등법」 개정, 제대군인가산점제도 폐지에 관한 「제대군인지원에관한법률」개정, 피해자가 13세 미만이거나 장애인인 경우 피해자의 특성을 고려하여 비디오 등 중계장치에 의한 증인신문을 가능하도록 한 「성폭력범죄및피해자보호등에관한법률」개정, 모성보호비용의 사회분담화 근거규정 마련 및 산전후 휴가를 60일에서 90일로 확대하기 위한 「근로기준법」, 「남녀고용평등법」, 「고용보험법」의 개정, 핵심정책 성별영향분석・평가 등의 여성정책 평가체계 구축을 위한 「여성발전기본법」의 개정이 있었다.

이상의 1980년대부터 현재에 이르기까지 연도별 여성인권증진에 관한 법률의 제・개정 상황은 일정한 변화의 흐름을 엿보이게 한다.

1987년 개정된 헌법에서는 경제생활, 가족생활, 복지부문, 공적 영역 등 사회 전반적인 영역에서의 양성평등보장을 규정하고 있으나 이와 관련된 입법의 속도는 각 분야에 따라 편차가 있다. 가장 먼저 입법화된 영역이 고용현장에서의 차별해소이고, 공적 영역, 가정생활, 복지부문 등에 대한 차별해소로 이어졌으며, 구조적 차별의 결과를 해소하기 위한 적극적 조치의 도입으로 전개되었다. 다른 한편으로 1990년대에 성폭력특별법의 제정을 시작으로 가정폭력, 성매매범죄처벌의 입법과 직장내 성희롱금지도 입법화되기에 이르렀다. 또한 1995년 「여성발전기본법」의 제정은 정치・경제・사회・문화 등 모든 영역에서의 남녀평등의 촉진과 여성발전의 도모를 가능하게 하였으며, 모든 정책에서의 성주류화 전략을 구축하기 위한 도구로서 성별영향평가, 성인지적 통계, 공무원의 성인지력 향상훈련 등을 사용하도록 하고 있다.

한편, 여성인권증진에 관한 법은 헌법의 양성평등과 여성의 복지증진에 관한 법과 여성발전기본법을 기본으로 하여, 적극적 조치, 고용・교육・가족생활분야에 있어서의 성차별금지, 성희롱금지, 가정폭력・성폭력・성매매 등 여성폭력, 모성보호, 가정과 직장생활의 양립지원, 여성의 복지증진 등 다양한 분야에서의 여성인권증진에 관한 내용으로 이루어진다.

그리고 여성인권증진을 위한 법・제도에 관해 향후 개선되어야 할 과제로 법 규범과 현실간의 괴리현상에 대한 개선방안이 모색되어야 하고, 남녀차별적 관점에서 입법화된 법령의 개정이 이루어져야 하며, 성인지적 관점에서의 입법이 이루어지도록 해야 할 것이다.

연구 및 토의과제

- 법 규범과 현실의 괴리가 나타나는 실례를 들어 보고, 이를 해소하기 위한 방안에는 어떤 것이 있는지 논의해 보시오.
- 여성인권증진을 위한 법 중 가장 효과가 있었다고 생각하는 법을 제시하고 그 이유에 대해 말해 보시오. 또 그 반대의 경우에 대해서도 논의해 보시오.
- 사회구조의 불평등을 이유로 누적된 차별현상을 해소하기 위한 적극적 조치와 관련하여 한편에서는 역차별의 문제도 제기되고 있습니다. 이에 대해 어떻게 생각하는지 논의해 보시오.
- 법은 현실을 반영하는 기능을 하지만, 새로운 현실을 반영하지 못해 문제점을 야기하기도 한다. 이와 관련된 사안들을 제시해 보시오(예: 성전환자의 호적정정 문제 등).

참·고·문·헌

김선욱(1998). "여성과 법, 이룬 것과 이루지 못한 것". 「여성과 사회」제9호. 창작과 비평사. pp.40-63.

김선욱(2000). "유엔여성차별철폐협약과 한국여성입법정책". 「법학논총」. 2000년 2월. 이화여자대학교 법학연구소. pp.139-162.

김선욱(2002). "법여성학의 연구동향과 과제". 「서강법학연구」제4권. 2002년 5월. 서강대학교 법학연구소. pp.259-276.

김엘림 · 윤덕경 · 박현미(2000). 「20세기 여성인권법제사」. 한국여성개발원.

김엘림 · 윤덕경 · 김은희(2004). 「여성발전기본법의 효과 및 발전방향」. 여성부.

박선영 · 김진(2005). 「현행 법령상 남녀차별 규정 발굴 · 정리」. 여성부.

여성부(2002a). 「2002 여성백서」.

여성부(2002b). 「제5차 유엔여성차별철폐협약 이행보고서」.

여성부(2002c). 「제2차 여성정책기본계획」.

여성부(2002d). 「여성정책용어사전」.

여성부(2003). 「'남녀차별금지및구제에관한법률' 해설서」.

여성부(2004). 「2004 여성백서」.

이은영(1995). "여성의 법적 지위". 「한국여성발전50년」. 정무장관(제2)실. pp.153-180.

정무장관(제2)실(1998), 「제1차 여성정책기본계획」.

조형 편(1996). 「양성평등과 한국 법체계」. 이화여자대학교 출판부.

한국여성의전화연합 편(1999). 「한국 여성인권운동사」. 한울 아카데미.

제5장 정책결정과정에서의 여성대표성

김 원 홍(한국여성개발원 연구위원)

제1절 정책추진 경향성

여성의 정책결정과정참여 확대를 위하여 그간 정당 및 정부에서 추진한 정치부문 및 행정부문의 정책을 소개하면 다음과 같다.

1. 정치부문

가. 정당법에 여성공천할당제 도입

정치권은 여성의 정치참여 확대를 위한 제도 개선방안 등의 연구를 통하여 2000년 제16대 총선을 앞두고 국회의원 비례대표제 여성할당 30% 정당법을 명문화하였고, 2002년 제3차 동시 지방선거를 앞두고 국회에서 여성의 정치참여 확대를 위하여 광역의회 비례대표제 당선권 범위 내 여성 50%이상을 공천하고, 광역의회 지역구 할당제 30%를 노력사항으로 공천할 것으로 정치관계법에 명시하도록 하였다. 이후, 정치권은 2004년 4월 15일 실시한 제17대 총선을 앞두고, 정당법 31조의 개정을 통하여 국회의원 지역구 30%, 비례대표제 50% 여성할당을 명시하였다. 2006년 5월 31일 제4차 동시 지방선거를 맞아 정치권에서는 과거 내천제로 운영하였던 기초의회를 정당공천제로 전환하고, 지역구 중선거구제와 10% 수준의 비례대표제를 도입하고 50% 이상 여성을 공천하도록 명시하였다<표 5-1>.

<표 5-1> 여성의 공직참여 확대와 관련된 선거법 조항

구 분	조 항	내 용
공직참여 확대	공직선거법 제47조제3항	정당이 비례대표국회의원선거 및 비례대표지방의회의원선거에 후보자를 추천하는 때에는 그 후보자 중 100분의 50 이상을 여성으로 추천하되, 그 후보자명부의 순위의 매 홀수에는 여성을 추천하여야 한다.
	공직선거법 제47조제4항	정당이 임기만료에 따른 지역구국회의원선거 및 지역구지방의회의원선거에 후보자를 추천하는 때에는 각각 전국지역구총수의 100분의 30 이상을 여성으로 추천하도록 노력하여야 한다.
	공직선거법 제52조제1항2호	비례대표시도의원선거에 있어 여성후보자의 추천의 비율과 순위를 위반한 경우에는 당선무효에 해당된다.

나. 국가차원의 여성지도자 육성 교육

정부는 여성발전기본법 제15조(정책결정과정 및 정치참여) "정부와 지방자치단체는 다양한 방법을 통하여 여성의 정치참여 확대를 지원하기 위하여 노력해야 한다"에 근거하여 2000년 이후 여성의 정치참여 확대를 위한 예산을 확보한 후 여성의 정치참여 확대를 위한 여건조성을 위하여 국민의식 개선을 위한 교육프로그램 개발을 위한 지원사업과 여성후보 발굴 및 유권자 의식교육 등을 위해 활동하는 여성단체와 공동협력사업을 실시하였고, 2001년부터 차세대 여성지도자 육성을 위한 지도자 훈련 프로그램의 운영지원을 하고 있다. 아울러 여성단체들도 여성의 정치참여 확대를 위한 정치지도력 향상 프로그램 및 차세대 여성지도자 육성 프로그램을 운영하고 있다. 그리고 주요 정당에서도 여성정치인 육성프로그램을 운영하고 있다. 이러한 노력결과 여성들의 정치적 지위는 제한된 가운데 증가하고 있다.

다. 정당 내 여성정치발전기금의 운영

정부는 매년 정당에 국고보조금으로 경상보조금을 지급하고 있는데, 2004년부터 정당에 지급하는 국고보조금 중 10%를 여성정치발전기금으로 의무적으로 활용하도록 되어 있다. 그간 여성들이 국회의원 선거나 지방선거에 출마하기를 꺼리는 가장 큰 이유로 '돈과 조직의 부족'과 '정당의 지원부족' 등을 가장 많이 들고 있는 것으로 나타났다. 그럼에도 불구하고 그간 어떤 정당도 여성후보육성 및 선거지원을 위한 여성정치발전기금을 가지고 있지 못하였다. 그러나 제17대 총선을 앞두고 정부가 매년 정당에 지급하는 국고보조금 중 경상보조금 중 10%를 여성정치인 육성 기금으로 활용하도록 하였다. 정당에 지급하는 국고보조금은 경상보조금과 선거보조금으로 지급되는데, 경상보조금은 분기별로 1년에 4번, 선거보조금은 대통령 선거, 국회의원 선거, 또는 정당의 후보 추천이 가능한 지방선거가 있는 해에 지급하고 있다. 계상 근거는 가장 최근에 실시했던 국회의원 선거의 선거권자x800원으로, 2005년 각 당에 지급한 여성정치발전기금은 31억 4천 8백만 원인데, 이중 열린우리당은 약 11억 9천만 원, 한나라당의 경우 14억 5천만 원, 민주당의 경우 2억 원, 민주노동당의 경우 2억 3천만 원, 자민련은 7천8백만 원 등이다. 정당에 지급된 보조금 중 경상보조금의 경우 ① 인건비 ② 사무용비품 및 소모품비 ③ 사무소설치 · 운영비 ④ 공공요금 ⑤ 정당개발비 ⑥ 당원 교육훈련비 ⑥ 조직활동비 ⑦ 선전비 ⑧ 기타 정당 활동에 소요되는 경비 ⑨ 선거관계비용 ⑩ 여성정치발전기금 등으로 사용하게 되어있다<표 5-2>. 선거보조금의 경우는 후보의 기탁금, 선거지원 경비로 사용할 수 있다. 아울러, 정치자금법 제78조의 3(여성추천보조금)에 근거하여 국회 및 광역의회 여성공천 30% 이상을 지킨 정당이 있는 경우와 없는 경우로 나누어 선거권자 총수에 100원을 곱한 금액을 지급하고 있다<표 5-3>.

<표 5-2> 여성정치발전기금과 관련한 조항

여성정책 개발 및 정치참여와 관련한 제도	정치자금법 제28조제2항	경상보조금을 지급받은 정당은 그 경상보조금을 총액의 30% 이상은 정책연구소에, 10% 이상은 시도당에 배분·지급하며, 10% 이상은 여성정치발전을 위하여 사용하여야 한다.
	정치자금법 제28조제3항	여성추천보조금은 정당추천 여성후보자의 선거경비로 사용한다.

<표 5-3> 여성추천보조금의 배분 기준

구 분	내 용
1. 여성후보자를 100분의 30 이상 추천한 정당이 있는 경우	가. 여성추천보조금 총액의 100분의 50은 지급 당시 정당별 국회의석수의 비율에 따라 배분·지급 나. 그 잔여분은 최근 실시한 임기만료에 의한 국회의원선거에서의 득표수의 비율에 따라 배분·지급
2. 여성후보자를 100분의 30 이상 추천한 정당이 없는 경우	가. 여성후보자를 100분의 15 이상 100분의 30 미만을 추천한 정당 • 여성추천보조금 총액의 100분의 50을 제1호의 기준에 따라 배분·지급 나. 여성후보자를 100분의 5 이상 100분의 15 미만을 추천한 정당 • 여성추천보조금 총액의 100분의 30을 제1호의 기준에 따라 배분·지급 (이 경우 하나의 정당에 배분되는 여성추천보조금은 가목에 의하여 각 정당에 배분되는 여성추천보조금 중 최소액을 초과할 수 없음)

2. 행정부문

가. 정부 각종위원회에 여성참여 지원정책

정부는 1989년 이후 국무총리 지시에 의해 정부위원회 여성위원 비율을 높여나갔고, 1995년에는 국무총리 지시('95. 11. 9)에 의해 여성위원 참여 목표율을 2005년까지 30%로 잡았다. 1998년 현정부 출범 이후 정부위원회 여성위원 참여확대를 국정과제(57-2-6)로 선정하고, 그동안 국무총리 지시사항으로 추진하던 여성위원 참여확대 사업을 대통령 지시사항('98. 5. 12～10. 27)으로 전환하고 목표율 달성시기도 당초 2005년에서 2002년으로 앞당겼다. 그 후 2002년 12월 10일 제2차 여성정책기본계획 과제로 포함하고, 위원회 여성참여율을 2007년까지 40%로 확대하였다. 당초 및 변경된 여성위원 참여 목표율과 실적은 <표 5-4>와 같다.

<표 5-4> 당초 및 변경된 연도별 여성위원 참여 목표율 및 실적

구 분	1998년	1999년	2000년	2001년	2002년	2005년	2006년	2007년
당초*	15%	18%	20%	22%	25%	30%		
변경**	20%	23%	25%	28%	30%	36%	38%	40%

출처 : 여성가족부 각 년도 내부자료.
당초* : 1995년~2005년까지 30% 목표 수립.
변경**: 1998년~2002년까지로 30% 목표 변경 및 2002년~2007년까지 40%로 목표 변경.

나. 여성공무원 지원정책

현재 정부가 여성공무원 확대를 위해 실시하고 있는 정책은 다음과 같다. 첫째, 양성평등채용 목표제이다. 「양성평등채용 목표제」는 여성채용 목표제가 2002년 말로 그 적용시한이 만료됨에 따라 그간 실시된 여성채용 목표제에 대한 시행효과 분석을 바탕으로 이를 발전적으로 개선 · 보완하여 공직 내 성비의 균형유지와 양성평등을 제고할 수 있는 새로운 제도로 도입된 것이다. 「양성평등채용목표제」는 공무원 채용시 어느 한쪽 성의 합격자 비율이 30% 미만일 때 합격선 범위 내에서 해당 성의 응시자를 추가 합격시키는 제도로 2003년부터 2007년까지 한시적으로 운영된다. 「양성평등채용목표제」가 적용되는 직급은 5급, 7급, 9급 공채시험으로 여성채용 목표제가 10명 이상 뽑는 직렬을 대상으로만 적용됐던 것과 달리 모집단위 5명 이상을 뽑는 행정 · 외무 · 기술고등고시 및 7급 · 9급 공채시험을 대상으로 하되, 교정 · 소년보호 · 검찰사무직 등 일부 직렬은 적용대상에서 제외하였다<표 5-5>.[1)]

<표 5-5> 양성평등채용목표비율

<table>
<tr><th>구분</th><th>2003년</th><th>2004년</th><th>2005년</th><th>2006년</th><th>2007년</th></tr>
<tr><td>5급</td><td colspan="5" rowspan="3">30%
(단, 행정고시 재경직의 경우 2003년 25%, 2004년 28%, 2005년 이후 30%)</td></tr>
<tr><td>6 · 7급</td></tr>
<tr><td>8 · 9급</td></tr>
</table>

이에 따라 소규모 인원 선발로 여성의 진출이 어려웠던 기술직 분야에 여성진입이 확대될 것으로 보이며, 아울러 최근 들어 여성합격자 비율이 급격히 증가하고 있는 일부 직종에서의 성비 불균형 해소에도 큰 도움이 될 것으로 기대된다.

둘째, 여성관리자 임용확대 5개년 계획(2002년~2006년)이다. 행정자치부는 중앙인사위

1) 행정자치부(2003), 「여성과 공직 2003」, pp.28-29.

원회와 함께 국가의 중요 의사결정과정에 참여할 수 있는 관리직 여성비율의 확대를 위한 구체적 실천계획으로 「여성관리자 임용확대 5개년 계획」을 수립하였다. 이 계획에 따라 중앙부처 및 지방자치단체와의 협의조정을 통해 5급 이상 여성관리자의 비율을 2006년까지 10% 이상 되도록 하는 연도별 여성관리직 목표비율을 설정하였다<표 5-6>.

<표 5-6> 여성관리직 임용확대 5개년 계획 연도별 목표율

구분	2001년	2002년	2003년	2004년	2005년	2006년
중앙	4.8%	5.5%	6.5%	7.5%	8.7%	10.0%
지방	5.3%	5.5%	6.4%	6.9%	7.8%	10.4%

출처 : 행정자치부 내부자료(2002)

이외에도 정부는 「1기관 국 · 과장급 여성관리직 1인 이상」 배치를 위하여 중앙행정기관별로 국 · 과장급 여성공무원을 1인 이상 배치토록 추진하고 있다. 추진방법으로 자체 5급 여성공무원 중 적극적인 승진을 배려하고, 승진대상자가 없는 경우 타기관 영입 또는 개방형 직위나 계약직 충원 등의 방법으로 적극 유치해 나가도록 권고했다. 시 · 군 · 구의 경우 지속적으로 5급 이상 여성관리직을 1인 이상 배치를 추진하여 각 기관별로 자체보유 6급여성공무원 중 적극적인 승진을 배려하거나 승진대상자가 없을 경우 타기관 또는 상급기관 희망자 전입을 추진하며, 5급 공채여성합격자를 적극 유치토록 권고했다.

제2절 정책현황

1. 정치부문

가. 국회의원

제헌국회 이래 현재의 16대 총선까지 역대 여성의원 평균비율은 2.5%에 머무르고 있었다. 그런데 하나 재미있는 것은 대통령선거를 직선으로 전환한 제13대 대선 이후 대통령후보들은 여성유권자의 표를 보다 인식하고, 여성의 정치참여 확대를 하나의 대선 공약으로 제시하였고, 민주화의 진전과 함께 여성의 국회참여율이 늘어나게 되었다는 것이다. 실제

13대 총선시 여성의원 비율은 2.0%(6명)이었던 것이, 14대 2.7%(8명), 15대 3.0%(9명), 16대 5.9%(16명), 17대 13.0%(39명)로 늘어났다<표 5-7>.

이처럼 17대 총선에서 여성의원 수가 늘어난 것은 정치권에서 정당법 개정을 통하여 비례대표제 여성할당 50%를 명시하였고, 정당들이 과거에 비해 여성들을 보다 많이 지역구에 후보로 공천한 데서 비롯된 것이라 할 수 있다.

나. 지방의원 및 지방자치단체장

한국에서 지방자치제는 1952년에 처음으로 실시되어 3차례 지방의회를 구성하였으나 1961년에 중단하였다가, 1991년 다시 재개된 이래 1995년부터 지방선거를 통합하여 실시하고 있다. 1991년 지방자치제 재개 이후 당선된 여성의원 수를 살펴보면 <표 5-8, 9>와 같다. 기초의회의 경우 1991년 0.9%, 1995년 1.6%, 1998년 1.6%, 2002년 2.2%, 2006년 15.0%로 늘어났다.

<표 5-7> 역대 여성국회의원 비율

대	의원 정수	남성의원(명)	여성의원수 (명, %)
1	200	199	1(0.5)
2	210	208	2(1.0)
3	203	202	1(0.5)
4	233	230	3(1.3)
5	291	290	1(0.3)
6	175	173	2(1.1)
7	175	172	3(1.7)
8	204	199	5(2.5)
9	292	275	17(5.8)
10	231	223	8(3.5)
11	276	267	9(3.3)
12	276	268	8(2.9)
13	299	293	6(2.0)
14	299	291	8(2.7)
15	299	290	9(3.0)
16	273	257	16(5.9)
17	299	260	39(13.0)

출처 : 중앙선거관리위원회(1982), 「제1대-제11대 국회의원 선거총람」; 중앙선거관리위원회(1985), 「제12대 국회의원 선거총람」; 중앙선거관리위원회(1988), 「제13대 국회의원 선거총람」; 중앙선거관리위원회(1992), 「제14대 국회의원 선거총람」; 중앙선거관리위원회(1996), 「제15대 국회의원 후보등록 및 당선자 상황」; 중앙선거관리위원회(2000), 「제16대 국회의원 후보등록 및 당선자 상황」; 중앙선거관리위원회(2004), 「제17대 국회의원 후보등록 및 당선자 상황」.

이처럼 2006년에 여성의원 비율이 15.0%로 늘어난 것은 이번 지방선거를 맞아 정치권에서는 과거 내천제로 운영하였던 기초의회를 정당공천제로 전환하고, 지역구 중선거구제와 함께 10% 수준의 비례대표제를 도입하고, 정당도 과거에 비하여 많은 여성을 공천한 결과에 기인한 것이라 할 수 있다.

광역의회의 경우 여성의원 수는 1991년 0.9%, 1995년 5.8%, 1998년 5.9%, 2002년 9.2%, 2006년 12.0%를 차지하고 있다. 1995년 광역의회 여성의원 비율이 과거 0.9%에서 5.8%로 늘어난 것은 여성들이 지방의회에서 의정활동을 잘하다보니, 1995년 전체의석 중 10%를 비례대표제로 정하고, 이중 30%이상을 여성으로 공천한 가운데 여성의원이 증가한 것이다. 2002년 광역의회 여성의원 비율이 9.2%로 증가한 것은 정당법에 광역의회 비례대표 중 50%를 지퍼식으로 여성으로 공천하도록 의무조항을 두고, 이를 지키지 않을 경우 선거관리위원회에서 접수하지 않도록 한 데서 비롯된 것이다. 2006년에 12%로 증가한 것은 정당들이 지난 선거에 비해 지역구 및 비례대표제에 보다 많이 여성을 공천한 데서 비롯된 것이다.

여성기초자치단체장의 경우 1995년 1명, 1998년 0명, 2002년 2명(0.9%), 2006년 3명(1.3%) 당선되었다. 2006년의 경우 기초자치단체장 여성후보 23명, 광역단체장 여성후보 5명이 나왔다.

<표 5-8> 1991, 1995, 1998, 2002, 2006 기초의회 의원선거 여성후보자 및 당선자 수

연도	전체 후보자수				당선자수			
	전 체	여 성		여성/전체(%)	전 체	여 성		여성/전체(%)
1991년	10,151	123		1.2	4,303	40		0.9
1995년	11,970	206		1.7	4,541	71		1.6
1998년	7,450	140		1.9	3,490	56		1.6
2002년	8,373	222		2.7	3,485	77		2.2
2006년	12,213	1,141	지역구 (391)	11.5	2,888	434	지역구 (107)	15.0
			비례 (750)				비례 (327)	

<표 5-9> 1991, 1995, 1998, 2002, 2006 광역의회 의원선거 여성후보자 및 당선자수

연도		후보자 수						당선자 수					
		전 체		여 성		여성/전체(%)		전 체		여 성		여성/전체(%)	
1991년		2,885		63		2.2		866		8		0.9	
1995년	지역구	2,627	2,449	119	40	4.5	1.6	972	875	56	13	5.8	1.5
	비례		178		79		44.3		97		43		44.3
1998년	지역구	1,755	1,571	91	37	6.1	2.4	690	616	41	14	5.9	2.3
	비례		180		54		30		74		27		36.5
2002년	지역구	1,740	1,531	164	48	3.1	3.1	682	609	63	14	9.2	2.3
	비례		209		116		55.5		73		49		67.1
2006년	지역구	2,279	2,068	243	107	10.7	5.2	733	655	88	31	12.0	4.7
	비례		211		136		64.5		78		57		73.1

다. 정당 내 주요 당직에 여성참여

당간부들이 각종 선거에 있어 후보 공천권을 행사하기 때문에, 당 고위직에 여성의 대표성을 확보하는 일은 중요하다. 열린우리당, 한나라당 등 주요 정당에서의 여성당원은 전체 당원 중 과반수 이상을 차지하고 있음에도 불구하고, 정당 내 당간부인 부총재, 당무위원, 당고문, 자문위원, 사무총장 및 부총장, 원내총무 및 부총무, 정책위원회 의장 및 부의장, 대변인 및 부대변인, 국회내 상임위원회 위원장 및 부위원장, 중앙위원회 임원, 각종위원회 임원 등의 당직에 있어 여성 비율은 10~20% 수준으로 낮다. 정당 내 여성의 저대표성은 정치참여의 시작부터 여성이 소외되고 있다는 증거로서, 정당 내 여성의 고위당직 참여 확대를 위하여 보다 많은 노력이 요구되고 있다.

2. 행정부문

가. 정부 각종 위원회에 여성참여

현재 정부 각종 위원회에 여성의 참여확대를 위하여 업무를 담당하고 있는 부서는 여성가족부이다. 여성가족부는 정책결정과정에 여성참여를 확대하여 여성의 요구를 국가정책에 반영하고 사회전반에 여성참여 분위기를 조성하고자, 정부 내 각종 위원회에 여성의 참여를 확대시키는 사업을 추진하여 왔다. 동사업은 정부 국정과제와 대통령지시사항으로 선정하여 꾸준히 노력한 결과 '98년 6월 말에 10%에 불과하던 여성참여율을 2005년도에는 32.4%로 증가시키는 성과를 거두었다. 2005년 위촉직 여성참여율은 32.4%로 전년에 비해 0.2%p 증가하였으나, 목표율 36%에는 미치지 못한 것이다<표 5-10>. 보다 구체적으로 43개 중앙행정기관 362개 위원회 위촉직 여성위원 현황으로는 전체 7,742명 중 여성 위원은 2,157명(27.9%)으로 전년에 비해 0.7%p 증가하였지만, 목표율(36%)에는 크게 미달된 것으로 나타났다. 중앙행정기관 43개 기관 가운데 소방방재청(7.2%), 문화재청(10.9%), 건설교통부(14.3%), 비상기획위원회(18.2%), 국가청렴위원회(20.0%) 등 31개 기관이 목표율 미달기관으로 나타났다. 반면 해양경찰청(50%), 국민고충처리위원회(50%), 국가보훈처(44.4%), 식약청(41.8%), 중앙인사위원회(40%) 등 12개 기관이 목표율을 달성한 것으로 조사되었다. 16개 광역자치단체 1,069개 위원회 위촉직 여성위원은 위촉직 위원 12,226명 중 여성위원은 4,313명(35.3%)으로 전년에 비해 0.5%p 증가해 목표율에 근접한 것으로 조사되었다. 광역자치단체의 경우에는 전라남도가 29.5%의 참여율로 가장 저조했으며, 강원도가 40.5%로 가장 높은 참여율을 기록했다. 여성가족부는 참여율 저조기관에 대하여 자체특별 이행방안계획을 수립 추진토록 하여 위원회 여성 참여를 확대하도록 하고, 여성인적자원의 부족으로 인한 여성위원 위촉문제를 해소하기 위해 여성인력개발계획 수립 등 다양한 방안을 수립할 예정이다. 그동안 여성가족부는 국가정책결정과정에 여성의 관점과 요구를 반영하여 남녀평등적 정책을 실현하기 위하여 여성 인재 풀(pool)을 데이터베이스(DB)화하여 각종 위원회에 여성위원을 추천하는 등 여성참여 확대를 위해 노력하였으며, 향후 각 부처 홈페이지에 여성참여율을 게시할 계획이다.

<표 5-10> 중앙 및 지방정부위원회 여성위원 참여 현황(2005년 12월 현재)

구 분	위원회 수	전체위원수(A)	여성위원수(B)	여성참여율(B/A)
전 체	1,431개	19,968명	6,470명	32.4%
중앙행정기관	362개	7,742명	2,157명	27.9%
지방자치단체(16)	1,069개	12,226명	4,313명	35.3%

출처 : 여성가족부 성별영향평가과 내부자료

나. 여성공무원

1) 여성장·차관

우리나라에서는 1948년 초대 상공부장관에 임영신 씨를 임명한 이래 역대 정부는 여성장관을 임명하고 있다. 특히 여성장관이 늘어난 것은 14대 김영삼 정부부터의 일로 1993년 새 정부 조각 때 3명의 여성장관[정무장관(제2), 환경처장관, 보건사회부장관]을 임명하여 당시 각료 24명 중 여성은 12.5%를 차지하였다. 노무현 정부는 16대 대선공약 때 여성장관을 30%이상 임명하겠다고 약속한 바 있으며, 이의 이행조치로서 첫 조각에 전체 장관 18명 중 4명(22.2%)을 임명하였다(<표 5-11> 참조). 2005년 10월 현재 여성 장차관으로는 장관급에 장하진 여성가족부 장관과 김선욱 법제처장 2명(0.6%)이 있으며, 차관급에는 7명(9.1%)이 있다.

<표 5-11> 여성장관 현황

	전체 장관수	여성 장관수	비율(%)
1985	23명	1명(보건사회부)	4.3
1993	24명	3명(정무장관(제2), 환경처, 보건사회부)	12.5
1994	24명	2명(정무장관(제2), 교육부)	8.3
1997	21명	1명(정무장관(제2))	4.8
1998	17명	2명(보건복지부, 문화관광부)	11.8
2002	18명	2명(환경부, 여성부)	11.1
2003	18명	4명(법무부, 보건복지부, 환경부, 여성부)	22.2
2005	18명	1명(여성가족부)	5.6

※ 장관급은 2명(여성가족부, 법제처)

2) 지방자치단체 여성부단체장

1995년 민선자치제가 실시된 이후 자치단체들은 여성의 삶의 질 향상을 위해 지역주민의 여성정책 욕구가 증가된 상황에서 종전의 여성관련 행정조직을 개편하고, 여성정책의 활성화를 기하여 왔으나, 아직 여성의 지방자치단체내 부단체장의 비율은 낮은 수준이다. 2005년 12월 현재 여성부단체장은 기초자치단체에 3명(1.3%) 있다.

3) 관리직 여성공무원

가) 여성공무원 현황

우리나라는 2004년 현재 전체 공무원 836,411명 중 여성은 298,912명으로 전체의 35.7%를 차지하고 있다. 공무원의 여성비율의 추이를 보면 1983년의 21.4%에서 1990년은 24.2%, 1995년에는 27.3%, 2000년은 31.5%, 2002년 32.9%로 일관되게 상승하였다. 최근 들어 여성공무원들은 기획, 인사, 감사 등 주요 보직에도 배치되고 있으나, 여성은 가정, 여성복지, 민원, 세무, 전산 등 여성성을 상징하는 특정 분야에 편중되고 있다. 9급, 7급 등에서는 그래도 여러 직무 분야에 여성이 배치되고 있으나, 6급 이상의 상급직으로 갈수록 여성들의 보직배치는 특정분야에 집중되는 현상을 볼 수 있다. 즉, 규정상 명시되어 있지 않지만 '여성 T/O' 보직이라는 것이 묵시적으로 있어서, 여성들은 이례적인 경우를 제외하고는 거의 제한된 직종에만 배치된다. 우리나라의 여성공무원의 현황은 <표 5-12>와 같다.

<표 5-12> 연도별 여성공무원 현황

구 분	1995	1996	1997	1998	1999	2000	2001	2002	2003	2004
전체인원 (명)	903,823	913,104	923,714	888,217	865,650	849,152	859,329	869,030	891,949	834,109
여 성 (명)	246,468	253,917 (+7,449)	265,162 (+11,245)	263,853 (-1,309)	258,347 (-5,506)	267,647 (+9,300)	282,028 (+14,381)	286,074 (+4,046)	302,830 (+16,756)	298,352 (-4,478)
여성비율 (%)	27.3	27.8 (+0.5)	28.7 (+0.9)	29.7 (+1.0)	29.8 (+0.1)	31.5 (+1.7)	32.8 (+1.3)	32.9 (+0.1)	34.0 (+1.1)	35.8 (+1.8)

출처 : 여성가족부 성별영향평가과, 「2005 여성가족통계연보」.

나) 관리직 여성공무원 현황

이처럼 여성공무원의 지속적 증가에도 불구하고 대부분의 여성공무원들은 하위직에 머물러 있고 5급 이상 관리직 비율은 낮은 편이다. 2005년 현재 1～5급 여성공무원은 1,203명으로 전체 16,344명의 7.4%를 차지하고 있다<표 5-13>. 현재 여성들의 승진에 눈에 보이지 않는 장벽이 있는 것으로 파악되는 직급은 신규 임용 직급이 7급 이하인 여성공무원의 경우 6급에서 5급으로의 승진이 어렵고, 5급으로 신규 임용된 여성의 경우에는 4급으로의 승진이 어려운 것으로 보인다.

<표 5-13> 일반직 직급별 여성공무원 현황

구 분	합계	1급	2급	3급	4급	5급	6급	7급	8급	9급
전체인원 (명)	269,146	82	376	1,036	6,522	21,858	63,109	92,355	43,720	20,056
여 성 (명)	67,341	1	3	15	222	1,177	6,379	26,076	18,137	12,616
여성비율 (%)	25.0	1.2	0.8	1.4	3.4	5.4	10.1	28.2	41.5	46.6

출처 : 여성가족부 성별영향평가과, 「2005 여성가족통계연보」.

제3절 정책과제 및 대안

1. 정치부문

가. 지역구 강제할당제 도입 및 비례대표제 비율 확대

현재 정당법에 총선 및 광역, 기초의회선거의 경우 노력사항으로 지역구 30% 여성공천할당을 명시하였고, 5% 이상 여성후보를 공천하는 정당에 대하여 비율에 따라 여성추천보조금을 지급하도록 되어 있다. 이번 선거에서 민주노동당이 지역구 20% 강제할당을 한 결과 여성후보가 증가한 것을 보았듯이, 현재 노력사항으로 되어 있는 지역구 30% 여성공천할당 조항을 강제조항으로 바꾸고, 지역구 여성공천 30%를 지키지 못하는 정당에 대하여 프랑스식으로 정당에 지급하는 국고보조금을 50%까지 삭감하는 방향으로 정당법을 개정하는 것이 필요하다. 아울러, 지방의회 비례대표제 비율이 10% 수준인데, 앞으로 정책정당의 실현을 위하여 비례대표제를 가급적 50% 수준까지 확대하고, 여성은 50%이상 공천하고, 홀수번에 반드시 여성후보를 공천하고 이를 지키지 않을 경우 선관위에서 접수를 하지 않도록 하는 것을 제도화하는 것이 필요하다.

나. 전문인력 풀 구성

우리나라도 이제는 정당 차원에서 당선 가능성이 높은 지역구에 여성후보를 공천하는 방법을 당헌 · 당규로 명시하는 방안을 채택할 필요가 있다. 2008년 총선에서 이러한 제도를 실용화시키기 위해서 중앙당의 후보공모방식을 개선할 필요가 있다. 지역구 후보의 경우, 기존 방식은 후보자들이 자신이 원하는 지역구를 사전에 선정하여 공천을 신청하고 있다. 이러한 「지역구별 공천신청」제도는 지역구에 조직과 연고가 없는 여성후보의 경우 대단히 불리하다. 따라서 이러한 제도 대신에 「전문분야별 공천신청제」를 채택할 필요가 있다. 즉, 선거에 출마하고자 하는 사람들은 특정 지역을 정해서 신청하는 것이 아니라 자신이 가장 경쟁력 있고 전문적인 분야를 선택하여 신청하는 것이다.[2] 한 예로 영국의 노동당은 1971년 보수당이 집권한 이후 28년간 지속적으로 집권한 보수당이 타락하는 것을 보고, 영국 노동당은 1993년 전당대회에서 “노령으로 은퇴한 지역구 위원장과 당선가능성이 높은 지역구

2) 김형준(2006년 6월 26일), “5.31 지방선거와 여성의 정치참여 – 공천에서 당선까지 –”, 「여성공천 평가와 향후 과제」, 한나라당 중앙여성위원회, pp.12-13.

후보 공천에 있어 50% 이상 여성후보를 공천할 것"을 당헌 · 당규에 명시했다. 아울러, 참신한 후보로서 여성후보를 발굴하여 공천하자는 취지하에 1997년 총선을 앞두고, 여성인재 전문인력 풀을 구성하여, 분구 및 노령으로 은퇴하는 여성후보를 지역구 위원장과 당선가능성이 높은 지역구에 일부를 공천하는 방법을 사용하였다. 아울러, 토니 블레어는 부패한 보수당 정권의 대안으로 참신한 여성후보를 많이 낸 노동당을 지지해 줄 것을 요청한 결과 노동당이 정권을 재창출하였다. 결과적으로 영국하원 여성의원 비율은 1992년 9%에서 97년 18.2%로 거의 2배 증가했다.

다. 전략 공천 확대

현재 열린우리당과 민주당은 후보 선출에 있어 경선을 하는 경향이 크다. 민주노동당의 경우는 지역구 여성할당 20%를 의무적으로 하는 상황이 되다보니, 전략 공천을 하는 경우가 있다. 그런데 문제점으로는 여성들의 경우 아직 신인이 많은 상황에서 20~25%의 가점을 주어도 기본적으로 불리할 수밖에 없는 상황이다. 왜냐하면 대부분의 여성후보 발굴차원에서 처음 출마하는 사람들이 많아서 지역 내 인지도가 낮은 상황이었다. 따라서 경선을 통하여 여성이 지역에 출마하는 사례가 많지 않았다. 따라서 여성후보에 대하여 어느 정도 인력 풀이 구성될 때까지 경선보다는 전략 공천을 하는 방향으로 나가는 것이 필요하다.

라. 공천관련위원회(예: 후보자 자격심사위원회, 후보자 선정위원회, 공천순위 확정위원회)에 30% 이상 여성위원 참여 의무화

17대 총선 이후 각 정당들은 후보공천과 관련하여 총재가 낙점을 찍는 방식을 개선하고자, 일정비율 당내외 인사가 포함된 공천관련위원회(예: 상임위원회, 후보자 자격심사위원회, 후보자 선정위원회, 공천순위 확정위원회)를 구성하여, 지도자 일인만의 의중이 아니라 유권자들의 다양한 요구를 공천과정에 반영하려는 노력이 확대되었고, 공천심사위원회에 일정 비율 여성위원을 참여시켜 공천과정에 여성의 대표성을 보장하려는 노력을 기울인 것은 바람직한 일이다. 현재 한나라당의 경우 공천심사위원 중 30%를 여성으로 하도록 제한하고 있는데, 각급 선거의 공천관련위원회에 30% 이상 여성위원이 참여할 수 있도록 당헌 · 당규에 규정을 두는 것이 필요하다.

마. 여성의 당직활동 기회 확대

한국여성개발원이 2003년 연구한 "지방의회 여성의원의 국회진출 활성화 방안 연구"를 보면, 15대, 16대 국회의원 중 당선된 사람 중 과반수가 초선이었고, 이들의 직업은 대체적으로 정치/정당인의 경우가 많은 것으로 나타났다. 그러다 보니 기회가 있으면, 국회의원 후보로 공천 받는 일이 다른 직업에 비해 보다 용이한 것으로 보였다. 반면, 여성들의 경우 지구당에서 비중의 정도가 적은 당직을 담당하고 있으며, 중앙당차원의 당직을 맡는다 해도 형식적 수준으로 비중이 낮은 당직을 맡는 경우가 대부분이다. 그러다 보니 여성들은 공천과정에서 누락될 가능성이 컸고, 그것이 현실로 작용하는 것으로 나타났다. 이러한 현실은 정당에서 여성들이 자기발전을 하는 데 한계를 가지면서, 주요 당무나 국정 운영에 영향력을 미칠 수 없게 되고, 또한 공직 선거 시 여성들이 공천과정에서 배제되어 여성의 의회진출에도 장애요인으로 남게 된다. 따라서 정당들은 주요 당직자에 일정비율 여성을 포함시키는 정책을 의무적으로 가지는 것이 필요하다.

바. 선거보조금의 10%를 여성정치발전기금에 포함 여성후보의 선거비용 지원

정부는 매년 정당에 국고보조금으로 경상보조금을 지급하고 있는데, 2004년부터 정당에 지급하는 국고보조금 중 10%를 여성정치발전기금으로 의무적으로 활용하도록 되어있다. 그간 여성들이 국회의원 선거나 지방선거에 출마하기를 꺼리는 가장 큰 이유로 "돈과 조직의 부족"과 "정당의 지원부족" 등을 가장 많이 들고 있는 것으로 나타났다. 그럼에도 불구하고 그간 어떤 정당도 여성후보육성 및 선거지원을 위한 여성정치발전기금을 가지고 있지 못하였다. 그러다, 제17대 총선을 앞두고 정부가 매년 정당에 지급하는 국고보조금 중 경상보조금의 10%를 여성정치인 육성 기금으로 활용하도록 되었다. 정당에 지급하는 국고보조금으로 경상보조금과 선거보조금이 지급되는데, 경상보조금은 분기별로 1년에 4번, 선거보조금은 대통령 선거, 국회의원 선거, 또는 정당의 후보 추천이 가능한 지방선거가 있는 해에 지급하고 있다. 2005년 각 당에 지급한 여성정치발전기금은 31억 4천 8백만 원이다. 주요 정당들은 여성정치발전기금의 용도를 교육훈련비와 여성조직 운영경비로 사용하고 있는 것으로 나타났다. 이외에도 대통령 선거, 국회의원 선거, 또는 정당의 후보 추천이 가능한 지방선거가 있는 해에 지급하는 선거보조금 중 10%를 여성정치발전기금으로 확보하여 선거시 여성후보의 경선 및 공탁금, 선거지원경비로 활용할 수 있도록 개선하는 것이 필요하다.

사. 남성 정치인의 의식변화를 위한 성 인지 프로그램 도입

각급 의회 및 주요 당직에 여성의 참여가 낮은 이유 중의 하나는 바로 기득권을 가진 남성 정치인들이 여성에 대한 이해 부족, 때로는 성고정관념에 근거한 여성비하 의식 때문이라는 것을 지적하지 않을 수 없다. 이의 극복을 위하여 여성문제에 대한 이해를 돕고 정당 내 남성정치인의 의식을 변화시킬 수 있는 프로그램을 정당 연수원의 교과과정에 도입하여 정기적으로 여성문제에 대해 학습하고 토론의 장을 마련해 주는 것이 필요하다.

2. 행정부문

가. 정부 각종 위원회에 여성참여 확대 및 내실화 추구

1) 정부위원회의 여성참여 현황 및 운영상황을 정기적 점검 및 개선조치

정부위원회에 여성참여를 확대하기 위하여는 기본적으로 기능이 중복되고, 운영이 활발치 못한 정부위원회는 정비하고, 현재 정부가 하는 업무에 대해 ① 각종 위원회에 여성참여 현황(목표율 달성 및 위원참여의 중복여부)을 조사 분석하고, ② 위원회별로 여성위원 참여 목표율을 단계별로 설정하여, ③ 위원회를 신설하거나 위원회 위원 교체시 여성이 균등하게 참여할 수 있도록 관리하며, ④ 연도별로 각종 위원회의 운영상황을 점검하여, 부진한 위원회에 대하여 여성의 위원회 참여가 확대되도록 개선조치 하는 것이 필요하다. 아울러 정부위원회의 목표율 설정의 효율적 운영을 위하여 정부 내 여성인력은행을 구성하고, 지속적으로 자료를 보완하는 것이 중요하다.

2) 정부위원회의 위원장, 부위원장, 간사 등 간부에 여성 확대

우리나라 정부위원회의 위원장, 부위원장 및 간사 등의 직책은 비중 있는 직책이나, 현재 여성들은 극소수인 상황이다. 이의 개선을 위하여 정부위원회 위원장, 부위원장 내지 간사 등의 간부직에 위원장이 남성일 경우, 부위원장내지 간사는 여성으로 하도록 하는 정책을 도입하는 것이 필요하다.

3) 정부위원회 추천심사위원회에 여성 포함

정부위원회 위원을 추천하는 추천심사위원회가 있는 경우 여성의 참여를 의무화하여 여성의 입장을 대변하는 것이 필요하다.

4) 정부위원회 당연직 여성위원 확대

정부위원회의 당연직 위원에 여성이 적은 것은 무엇보다도 고위직 여성공무원의 부재에서 비롯된 것이다. 정부는 고위직 여성공무원 확대를 위해 정무직(장관, 차관, 부단체장),

3급 이상 고위직, 5급 이상 관리직에 여성공무원 발굴 및 육성을 위한 채용, 승진할당제 도입의 적극 검토와 함께 당연직 위원으로 참여하는 직급을 하향 조정하여 보다 많은 여성공무원들이 당연직 위원으로 참여하도록 하여야 할 것이다.

나. 여성공무원 확대 방안

1) 장 · 차관 등 정무직과 지방자치단체 부자치단체장에 여성 확대

우리나라는 여성의 정치 · 정책결정과정에의 참여와 관련하여 여실히 후진국이다. 이와 관련하여 정부는 공직분야의 고위 임명직에 여성의 참여를 확대해 나가야 할 것이다. 특히 공무원의 최고위직인 장 · 차관 및 부자치단체장은 공무원이기보다 정치인으로서의 성격이 더 강하므로 여성의 정치참여 증진차원에서 보다 고려되어야 할 조치이다. 장 · 차관 및 부자치단체장의 여성참여 비율을 30% 수준으로 확대해 나가면서, 정부 부처내 여성차관 및 여성부단체장을 신설하는 방안을 적극적으로 마련해야 할 것이다.

2) 관리직 여성공무원 확대

가) 여성관리직 임용확대 20% 5개년 계획(2007～2011년) 도입

2004년 현재 우리나라의 5급 이상 여성공무원 비율은 7.4%로 낮으며, 2006년에 여성관리직 임용확대 10% 5개년 계획이 끝났는데, 정부는 2007년부터 5년간 여성관리직 임용확대 20% 5개년 계획으로 전환하여 운영하는 것이 필요하다.

나) 여성공무원 리더십 훈련 강화

일반적으로 여성 공무원의 승진에 가장 큰 장애요인으로 리더십 부족을 들고 있다. 이러한 주장을 불식하기 위해 여성공무원 리더십 훈련프로그램을 운영하여 여성공무원들의 능력을 함양하는 일이 필요하다. 기존의 여성공무원 대상 교육프로그램이 실시되고 있으나, 여성공무원들이 승진에 필요한 리더십, 관리기술 등을 익힐 수 있는 체계적인 관리학교를 운영, 관리학교 이수자들에게 승진혜택을 주는 것이 바람직하다.

다) 인사결정부서에 여성참여 확대

이것은 공무원의 인사와 관련하여 주요한 결정을 하는 인사부서나 중앙승진심사위원회, 보통승진심사위원회, 지방 인사위원회 및 근무성적평가위원회 등의 위원회 조직에 일정비율의 여성공무원을 임명하는 제도로서, 현재는 여성공무원이 참여하는 경우가 극히 드물다.

이는 여성공무원의 경우 상위직 공무원이 적은 데서 비롯된 것으로 상위직 여성공무원이 증가되면 자연히 해결될 수 있는 문제이다. 따라서 우선적으로 이들 위원회에 적어도 현재는 여성이 적어도 한 명 이상 들어가는 것으로 시작하여 여성공무원의 비율만큼 참여토록 하여야 할 것이다. 만일 해당직급에 해당하는 여성공무원이 없을 경우 민간 여성위원의 위촉과 함께 차하위직 여성공무원을 위원으로 위촉하도록 하는 것이 필요하다.

라) 남성고위공무원 및 인사권자 대상의 양성평등 교육 실시

일반적으로 양성평등 문제에서 나타나는 현상은 여성보다 남성이 양성평등의 측면에서 보수적이라는 점이다. 여성공무원의 승진 및 임용에 있어서도 최종 결정권자 혹은 부서내 책임자인 남성공무원의 경우 여성공무원의 승진에 부정적이거나 반대하는 경우가 많다. 이런 경우에 여성공무원의 승진은 좌절된다. 양성평등의 문제가 여성만의 문제가 아니고 사회의 전체적인 문제로 생각되어야 하며 남성들의 이해 및 협조와 더불어 이루어져야하는 문제임을 생각할 때, 남성고위공무원들의 양성평등 교육은 필수적이다. 최종적으로 승진 혹은 임용에 관여하는 고위직에 있는 혹은 인사권자인 남성공무원을 대상으로 하는 양성평등 교육을 통해서 이들의 의식을 전환할 수 있고 장기적으로 여성공무원의 승진에 도움이 될 것이다.

마) 직장과 가정 양립정책 강화

① 육아휴직제의 강화

여성공무원들의 전문성을 확보하기 위해 가장 우선적으로 중점을 두어야 할 부분이 육아문제에 대한 배려이다. 많은 여성공무원들이 산후 휴가의 연장보다도 몇 년간 지속되는 육아단계에서 사회적 배려가 절실함을 호소하고 있다. 따라서 단순히 휴직제를 허용하는 차원에서 이 문제를 풀려고 하기보다는 보다 많은 예산지원을 통해 적극적인 탁아시설의 확충 및 지원프로그램이 보완되어야 한다. 육아휴직제의 강화와 함께 공무원들의 자녀양육을 지원하는 방법으로는 정부가 탁아 및 육아서비스를 제공하는 장소에 대한 정보 제공 및 업소와의 연계를 통한 공무원 자녀 할인혜택 부여, 탁아 및 육아를 위한 경제적 지원을 위해 바우처(voucher)를 지급하는 등이 있다.

② 가사휴직제의 강화

육아휴직제와 함께 도입된 가사휴직제, 특히 가사휴직제 중에서도 질병휴직은 고령화 사회에 접어들면서 그 중요성이 더해지고 있다. 간병을 여성의 일로 간주하는 가부장적 문화 속에서 여성공무원들의 전문적이고 지속적인 직업활동을 위해서는 가족간병에 대한 정부 차원의 지원이 필요하다.

③ 탄력적 업무시간조정

가사와 양육 부담을 가진 여성들이 가정생활과 직업활동을 양립할 수 있도록 육아기간 등 가정상의 특별한 사유가 있을 경우 근로시간을 단축하거나 조정할 수 있도록 해주어야 한다.

3. 맺음말

이상으로 우리나라 여성의 정치 · 행정부문의 정책경향과 여성참여 현황과 향후 정책과제를 살펴보았다. 우리나라에서 여성정책적 차원에서 정당이 여성의 정치참여 확대를 위하여 여성공천할당제를 정당법에 도입한 것은 2000년 제16대 총선 때의 일로 정치권은 여성의 정치참여를 확대시키기 위해 각급 선거의 비례대표제 30% 할당제를 도입하였고, 2004년 제17대 총선 때 비례대표제 50% 할당제를 도입하고, 과거에 비해 정당들이 여성후보를 많이 공천해 준 결과 여성국회의원은 13.0%(39명) 늘어났다. 제4대 지방선거에서 여성의원 비율이 광역의회 12.0%, 기초의회 15.0%로 과거에 비해 많이 늘어난 것은 2002년 제3차 동시 지방선거를 앞두고 국회에서 여성의 정치참여 확대를 위하여 광역의회 비례대표제 당선권 범위 내에 여성을 50% 이상 공천하고, 광역의회 지역구 할당제 30%를 노력사항으로 공천할 것을 정치관계법에 명시한 결과에 기인한 것이 크다. 2006년 5월 31일 제4차 동시 지방선거를 맞아 정치권에서는 과거 내천제로 운영하였던 기초의회를 정당공천제로 전환하고, 지역구 중선거구제와 10% 수준의 비례대표제를 도입한 결과가 크며 정당도 과거에 비하여 많은 여성을 공천한 결과에 기인한 것이라 할 수 있다. 2005년 UNDP가 발표한 인간개발지수를 살펴보면 인간개발지수(HDI)는 177개국 중 28위, 여성개발지수(GDI)는 140개국 중 27위를 차지하였으나, 여성권한척도(GEM)는 80개국 중 59위를 차지하여 그간 경제발전 속도에 비하여 여성권한척도는 아직은 낮은 실정이다. 향후 국가차원에서 여성권한척도를 높이기 위한 다양한 방법을 모색해야 할 것이다. 그러나 국회 및 지방선거에서 비례대표제의 의석이 지극히 한정적이어서, 비례대표제의 비율을 확대하면서, 지역구에서 여성정치가 활성화되어야 한다는 과제가 남아있다. 비례대표제의 경우 여성비율을 국회의원 정수의 50% 이상으로 높이고, 지역구의 경우도 국회의원, 광역의회, 기초의회 선거에 있어 여성할당제를 도입하는 것이 필요하다. 이와 더불어 정당의 주요당직에 있어 여성할당제를 도입하는 것은 당연한 일이다. 최근 정당들은 정당의 민주화라는 명목하에 정당법에 명시된 여성공천할당제의 상황을 고려하지 않고, 경선제를 도입하여, 여성들이 후보경선에 나선 경우 상당수가 공천과정에서 탈락한 것을 볼 수 있었다. 경선과정에서의 여성의 대표성을 보장하기 위하여 정당의 당헌, 당규에 여성후보에 대한 전략공천을 의무화하는 것이 필요하며, 공천심의위원회에 30% 이상 여성이 참여하도록 하는 것이 필요하다. 따라서 여성계는 여성의 정치적 대표성이 확대되도록 정당의 여성공천할당제의 활성화를 위하여 여성정치인은 물론 여성부, 시민단체, 학계, 매스컴 등과 연대하여 정치권에 영향력을 행사하는 것이 필요하다. 아울러 정부 또한 여성공무원의 불균형한 상황을 개선하고 고위직에 여성공무원을 확대해나가기 위하여 관리직 임용목표제를 확대 도입하는 등 적극적인 인사정책을 마련하는 것이 요구된다. 아울러, 일반적으로 여성 공무원의 승진에 가장 큰 장애요인으로 리더십 부족을 들고 있는데, 이의 불식을 위해서도 여성공무원 리더십 훈련프로그램을 운영하여 여성공무원들의 능력을 함양하는 일이 필요하다. 공무원의 인사와 관련하여 주요한 결정을 하는 인사부서나 중앙승진심사위원회, 보통승진심사위원회, 지방 인사위원회 및 근무성적평가위원회 등의 위원회 조직에 일정비율의 여성공무원을 임명하는 것이 필요하다. 또한 남성고위공무원 및 인사권자를 대상으로 양성평등 교육을 실시하는 것이 필요하다.

요 약

한국의 정치권에서 여성의 정치참여 문제에 관심을 가진 것은 최근의 일이다. 1987년 제13대 대통령선거가 과거 간접선거에서 직접선거로 바뀌고, 여성문제가 사회문제의 중요한 하나의 이슈로 나타나면서, 정치권이 여성유권자의 표를 보다 인식하고, 여성의 정치참여 확대를 하나의 공약으로 제시하였고, 민주화의 진전과 함께 여성의 정치참여율이 늘어나게 되었다. 실제 1998년 13대 총선시 여성의원 비율은 2.0%이었던 것이, 1992년 14대 총선시 2.7%, 1996년 15대 총선시 3.0%, 2000년 16대 총선시 5.9%(16명), 2004년 13.0%(39명)으로 늘어났다.

이처럼 여성국회의원 수가 늘어난 것에 대하여, 여성후보자의 관심이나 가족의 지원, 여성단체의 지원, 유권자의 여성에 대한 인식변화 등의 영향도 있었으나, 보다 중요한 것은 법・제도적인 측면의 변화의 영향이 컸다. 실제, 정치권에서는 2000년 제16대 총선을 기하여 정당법에 비례대표제 30%를 명시하였고, 2004년 50%로 수정하였고, 정당들이 과거에 비해 여성들을 보다 많이 지역구에 후보로 공천한 데서 비롯된 것이라 할 수 있다. 이는 지방선거에서도 비슷한 상황이다. 지방선거의 경우 여성의원 진출도 최근 들어 늘어났다. 실제,

1991년 지방자치 재개 이후 여성의원 비율은 기초가 1991년 0.9%에서 1995년 1.6%, 1998년 1.6%, 2002년 2.2%(77명), 2006년 15.0%(434명)로 늘어났고, 광역의회의 경우 1991년 0.9%, 1995년 5.8%. 1998년 5.9%, 2002년 9.2%(63명), 2006년 12.0%(88명)로 늘어났다. 2006년 현재 지방자치단체장의 경우 1.3%(3명)가 있다. 특히, 2006년 선거에서 기초의회 여성의원 비율이 늘어난 것은 이번 지방선거를 맞아 정치권에서는 과거 내천제로 운영하였던 기초의회를 정당공천제로 전환하고, 지역구 중선거구제와 함께 10% 수준의 비례대표제 50%를 여성 홀수번 공천제를 도입하고, 정당도 과거에 비하여 많은 여성을 공천한 결과에 기인한 것이라 할 수 있다. 현정부는 정부부처 위촉직 여성위원의 확대를 위하여 노력하고 있는데, 2005년 12월 현재 위촉직 여성참여율은 32.4%로 전년에 비해 0.2%p 증가하였으나, 목표율 36%에는 미치지 못하고 있다. 2005년 10월 현재 여성 장차관으로는 장관급에 장하진 여성가족부 장관과 김선욱 법제처장 2명(0.6%)이 있으며, 차관급에는 7명(9.1%)이 있다. 2005년 12월 현재 여성부단체장은 기초자치단체에 3명(1.3%)이 있다. 정부는 2006년까지 5급 이상 관리직 여성공무원 10% 이상 확대 등의 계획을 수립하고 있는데, 2004년 현재 5급 이상 관리직 여성공무원의 비율은 7.4% 수준이다. 앞으로 보다 적극적인 여성공무원 지원정책이 요구된다.

앞으로 정치권 및 정부는 보다 여성의 정책결정과정에의 참여 확대를 위하여 노력하여야 한다. 여성의 정치참여 확대를 위한 정책과제로서 첫째, 지역구 강제할당제 도입 및 비례대표제 비율 확대, 둘째, 여성정치인 전문인력 풀 구성 및 당선가능성이 높은 지역구에 공천, 셋째, 여성후보에 대한 전략 공천 확대, 넷째, 공천관련위원회(예: 후보자 자격심사위원회, 후보자 선정위원회, 공천순위 확정위원회)에 30%이상 여성위원 참여 의무화제 도입, 다섯째, 여성고위 당직자 확대 및 당직 활동 기회 확대, 여섯째, 선거보조금의 10%를 여성정치발전기금에 포함 여성후보의 선거비용 지원, 일곱째, 남성 정치인의 의식변화를 위한 성인지 프로그램 도입 등을 들 수 있다. 다음은 정부 각종 위원회에 여성참여 확대 및 내실화 추구를 위한 과제이다. 첫째, 정부위원회의 여성참여 현황 및 운영상황의 정기적 점검 및 개선조치 강화, 둘째, 정부위원회의 위원장, 부위원장, 간사 등 간부에 여성 확대, 셋째, 정부위원회 추천심사위원회에 여성 포함, 넷째, 정부위원회 당연직 여성위원 확대 등이다. 다음은 여성공무원 확대를 위한 과제이다. 첫째, 장·차관 등 정무직과 지방자치단체 부자치단체장에 여성 확대, 둘째, 여성관리직 공무원의 확대를 위하여 첫째, 여성관리직 공무원 임용확대 20% 5개년 계획(2007~2011년) 도입, 둘째, 여성공무원 리더십 훈련 강화, 셋째, 인사결정부서에서의 여성참여 확대, 넷째, 남성고위공무원 및 인사권자 대상의 양성평등 교육 실시, 다섯째, 여성친화적인 가정정책을 지속적으로 전개하는 것도 필요하다.

연구 및 토의과제

1. 한국의 정당들이 취한 여성의 정치참여를 위한 정책은 어떤 것이 있는가 말해보시오.
2. 한국에서 여성의 정치참여 확대를 위한 향후 과제는 무엇인지 논의해보시오.
3. 한국에서 각종 위원회에 여성참여 확대를 위하여 어떠한 노력을 해왔는지 말해보시오.
4. 한국에서 각종 위원회에 여성참여 확대를 위한 향후 과제는 무엇인지 논의해보시오.
5. 한국에서 여성공무원 확대를 위하여 어떠한 정책을 전개해왔는지 말해보시오.
6. 한국에서 여성공무원 확대를 위한 향후 과제는 무엇인지 논의해보시오.

참·고·문·헌

김원홍 · 윤덕경 · 김은경(2006년 6월 13일). “5. 31 지방선거와 여성”. 「제31차 여성정책포럼자료집」.

김형준(2006년 6월 26일). “5.31 지방선거와 여성의 정치참여 – 공천에서 당선까지 –”. 「여성공천 평가와 향후 과제」. 한나라당 중앙여성위원회.

백영옥 · 김원홍(2000). 「공공부문의 여성참여 확대 방안」. 중앙공무원 교육자료집.

여성가족부 성별영향평가과(2005). 「2005 여성가족통계연보」.

중앙선거관리위원회 홈페이지.

행정자치부(2003). 「여성과 공직 2003」.

행정자치부(2006). 「지방자치단체 여성공무원 통계」.

제6장 남녀고용평등과 여성 경제활동

김 태 홍(노동부 고용평등심의관)

제1절 정책 추진 경향성

산업화 과정에서 우리나라는 경제정책을 최우선으로 했던 정책기조로 인해서 고도성장을 달성했다. 따라서 여성고용정책의 변화 추이와 원인은 근로여성을 둘러싼 사회 경제적인 환경 및 경제정책의 변화와 연계해서 살펴볼 때 보다 정확하게 파악할 수 있다. 아래에서는 여성정책의 변화를 시기별로 구분하여, 근로여성을 둘러싼 사회 및 경제 환경 변화와 여성고용정책의 특징과 경향을 살펴보았다.[1]

1. 여성고용문제 방임시기

우리나라는 1960년대 초반까지 농업을 근간으로 하는 전근대적인 산업구조를 가지고 있었다. 이에 따라 근대적 산업부문에서의 노동수요는 남녀를 불문하고 극히 적어서, 상당수의 노동력은 주로 농업부문의 잠재적 실업자 또는 계절적 실업자로서 생계를 이어 갔다.[2] 이와 같은 무제한적인 노동공급 조건 위에서 수립된 1960년대의 경제개발정책은, 과잉노동력과 결합될 자본의 동원과 국내시장의 협소함을 감안하여 경공업위주의 수출 주도적인 정책이었다.[3] 과잉노동력은 저임금의 원천이었고 이들에 의해서 생산된 제품의 가격은 국제경쟁력을 가지기에 충분히 저렴하였다. 이에 따라 산업화 초기에 정부는 저임금의 단순노동력을 사용하는 경공업의 수입대체산업과 수출산업지원 정책을 실시하였고, 기업도 노동력 중에서도 가장 저렴한 젊은 여성노동력을 선호하였다. 기업은 1960년대와 1970년대 중반까지 여성인력을 저임금으로 계속해서 활용할 수 있었는데, 이것은 산업화와 도시화로 인해서 젊은 여성노동력이 농촌부문에서 도시부문으로 유입됨에 따라 가능했다. 우리 경제는 이와 같은 저임금 여성노동력을 바탕으로 경공업부문을 확장하면서 고도경제성장을 하는 계기를 마련하였고 그 결과 기업들의 여성인력에 대한 활용도 지속적으로 높아졌다.

---

1) 노동부가 근로여성정책을 시기별로 구분한 것을 보면, 1953～60년대를 특별보호기, 1970년대～80년대 중반 복지수혜기, 1987～2000년 평등기반구축기, 2001년 이후를 고용평등실현시기로 함. 노동부(2002), 「제3차 남녀고용평등기본계획」.

2) 박래영, "경제성장과 고용구조", 「한국경제 33과제의 인식」, 서울대학교 대학신문사편, 서울대학교 출판부, 1986, pp. 243-252.

3) 조순, 주학중 외, 「한국경제의 이론과 현실」, 서울대 출판부, 1990, pp. 207-234.

이에 따라 이 시기에는, ⓐ 정부주도형 경제성장우선정책의 기조 위에서 기업들은 거의 모두 여성인력을 저임금 하위단순노동력 내지는 부차적인 노동력(secondary labor-force)으로 활용하였고, ⓑ정부의 암묵적 내지는 명시적인 묵인 아래에 기업들은 인력을 남녀 차별적으로 활용하였고 인사관리제도나 관행 또한 남녀 차별적으로 운영되었다. 최근 연구에 의하면 이와 같은 여성고용차별과 여성인력활용 정책이 당시의 고도경제성장을 가능케 했던 한 요인인 것으로 나타났다.4)

1970년대 중반부터 우리나라 정부는 군수이관에 대응하여 방위산업을 긴급 육성해야 할 필요성을 느끼게 되었고, 그것은 산업구조고도화의 당위성과 직결되었다. 이에 따라 정부는 별다른 사전 준비 없이 단순노동력을 집중적으로 사용하는 섬유, 의복, 전자 등을 근간으로 하는 경공업구조에서 기계, 전자, 조선, 철강, 비철금속 및 석유화학의 6대 전략산업을 중심으로 하는 구조로 산업정책을 급선회시켰다. 뿐만 아니라 1975년을 기점으로 노동시장구조가 제한적인 노동공급시기로 접어들고, 중동특수와 인력의 해외진출로 인해서 대졸자 뿐만 아니라 기능인력, 그리고 건설업체 뿐만 아니라 서비스업종에까지 인력부족현상이 확산되어 부분적인 인력부족현상을 보였다. 이 당시 중화학공업에 속하는 기업들이 필요로 하는 인력들은 전문적인 능력을 갖춘 기능 및 기술공이었다. 이와 같은 인력양성은 많은 투자와 장기간의 훈련이 소요됨에 따라, 정부와 기업은 남성 중심적으로 이러한 인력을 양성하였다.

이에 따라 1970년대 중반에서 1980년대 초반까지 정부는 노동력 부족문제를 해소하기 위해서 미혼 및 기혼여성의 경제활동참가율 제고, 정년연장, 중 · 고령 노동력 활용, 전직훈련지원 등과 같은 정책을 수립, 시행하였다. 그 결과 여성인력은 사무직과 하위생산직, 남성인력은 중화학공업의 전문기술인력으로 활용되어, 남녀직종격리 현상이 심화되고 남녀임금격차가 확대되었다.5)

2. 소극적인 여성고용정책 시행시기

1980년대 접어들면서 경제성장률은 과거에 비해서 다소 둔화되었으나 산업구조가 제조업에서 서비스업으로 그리고 공업의 내부구조에서는 중화학공업에서 점차 기술 · 지식집약

4) S. Seguino(2000), 'Gender wage inequality and export-led growth in South Korea', Women's Studies Forum, Vol. 11, Korean Women's Development Institute, pp. 187-210. S. Seguino(2001), 'Accounting for Gender in Asian Economic Growth', Feminist Economics, Vol. 6. No. 3, pp. 27-58.

5) 김태홍, 문유경(1995), '해방이후 사무직 여성의 지위변화와 전망', 「여성」, 광복 50주년 기념 학술사업, 학술진흥재단.

적인 공업으로 전환되기 시작했다.[6] 이에 따라 사무직과 서비스직종에 대한 기업의 노동력 수요가 크게 증가하였다. 특히 1980년대 중반이후에는 전체 산업에 있어서 서비스업종의 비중이 급증하고, 1980년대 후반부터 부문별 인력부족현상이 발생함에 따라 여성인력에 대한 필요성이 더욱 커졌다. 또한 1980년대 중반 이후에는 격심한 노사분규가 발생하고 민주화운동이 전개됨과 동시에 여성(노동)운동이 강화됨에 따라 여성고용과 관련된 문제가 사회화되었다. 특히 1983년에 여성교환원이 정년을 낮춘 것에 대한 정년무효확인 소송을 제기한 것을 비롯하여, 여성단체들이 결혼 및 임신퇴직, 조기정년문제를 중심으로 연대사업을 하였다.

이와 같은 사회 경제적인 정책 및 환경변화로 인해서, 1980년대 중반 이후 정부는 여성고용문제를 해결하기 위한 일련이 정책들을 수립, 시행하기 시작하였다. 즉, 1984년에 정부는 여성정책을 종합적이고 체계적인 단일계획으로 정립 추진하기 위하여 「여성정책심의위원회」를 구성하였고, 여성정책심의위원회는 1985년에 남녀차별개선지침(안)과 여성발전기본계획 작성계획(안)을 원안 의결하였다. 1986년에는 '제6차 경제사회발전 5개년 계획(1987~1991)'에 여성개발부문을 처음으로 포함시켰다. 동 계획에는 여성고용촉진, 근로조건 개선, 여성 사회활동 지원 등과 같은 여성인력 활용부문이 포함되어 있다. 이 외에도 1988년에는 남녀고용평등법을 제정, 시행하였다. 이러한 정부의 여성고용정책은 기업의 여성인력활용 및 관리정책에도 영향을 주었다. 특히 남녀고용평등법의 실시와 그에 따른 행정감독은 기업의 여성관련 인사관리제도에 상당한 영향을 미쳤다.[7]

3. 적극적인 여성고용정책 시행시기

1990년대 초반에는 생산직인력에 대한 부족이 기업경영에 심각한 애로요인이 될 정도로 심각해짐에 따라, 제조업체를 중심으로 기업들이 여성인력의 활용에 적극성을 보이기 시작했다. 뿐만 아니라 경제의 개방화가 가속화됨에 따라 각 기업들이 인력의 질에 대해 관심을 보이고, 아직 활용되지 않고 있는 유능한 여성인력 활용에 대해서도 관심을 보였다. 이에 따라 기업들은 남녀고용평등법에 위배되지 않으면서 1960~70년대와 같은 형태로 여성인력

6) 세부업종을 기준으로 해서 보면, 1970년대 우리나라 선도산업은 석유화학, 조선, 건설, 신발, 섬유, 전자 등이었으나 1980년대에는 산업용전자, 정밀기계, 정밀화학, 컴퓨터 등으로 변화되었다.

7) 이와 같은 정책이 여성근로자의 지위에 미친 실질적인 영향을 분석한 자료는 없으나, 대략적인 효과를 분석한 자료로는 한국여성개발원, 「여성정책현황평가서(안)」, 미발간자료, 1994, 권영자, 「한국여성정책에 관한 연구」, 성신여자대학교 박사학위논문, 1995, pp. 94-106, 김태홍, 문유경, '해방이후 사무직 여성의 지위변화와 전망', 「여성」, 학술진흥재단, 1995.

을 활용할 수 있는 제도를 모색하거나 고학력 여성인력활용뿐만 아니라 다양한 직종과 분야에서 여성인력을 활용하고자 하는 경향을 보였다. 그리고 기업경쟁이 치열해짐에 따라 기존 재직 여성근로자의 생산성을 제고시키는 문제에 대해서도 많은 관심을 보였다.

정부도 여성인력활용을 제고시키고 남녀고용평등을 근절하기 위한 많은 정책을 수립, 시행하였다. 1992년 「제7차 경제사회발전 5개년 계획」에서는 여성발전부문이 독립된 부문으로 수립되었다. 동 계획에는 여성의 시간제 취업확대, 제조업 여성 기능인력 확보 등과 같이 인력난이 심각한 경제부문에 여성인력을 활용하기 위한 계획과 함께 전문 · 기술직에 여성취업을 확대하기 위한 계획들도 포함되어 있었다. 이외에도 여성 직업훈련 확대, 남녀고용평등 관행을 확립하기 위한 정책들이 포함되어 있다. 1993년에는 여성인력을 산업인력으로 적극 활용하고 사회적 생산성을 극대화할 수 있도록 남녀고용평등, 모성보호, 취업확대, 복지증진 등 근로여성과 관련된 총체적인 계획을 담은 「제1차 근로여성복지 기본계획(1994~1997)」을 수립, 시행하였다.[8] 그 결과 여성의 경제활동참가율이 크게 증가되었고, 남녀임금격차 개선 등 노동시장의 차별이 상당히 근절되었다.

1990년대 후반에는 1997년의 IMF 경제위기로 인해서 노동시장에 대량실업이 발생함에 따라, 여성고용문제는 새로운 양상으로 변화되었다. 경기침체와 기업의 구조조정으로 인해서 실업문제가 최우선되었는데, 이와 같은 과정에서 여성 우선해고, 여성정규직근로자의 비정규직으로 전환, 장기 여성실업자의 양산 등과 같은 여성고용문제가 대두되었다. 뿐만 아니라 1990년대 후반 경기가 회복되는 과정에서 핵심인력을 제외한 나머지 인력은 비정규직으로 채용하고 신규인력보다는 경력직을 우선적으로 채용함에 따라, 여성 비정규직근로자 수가 급격히 증가됨과 동시에 학교를 신규로 졸업한 여학생의 취업난이 심각한 문제로 대두되었다. 이외에도 1990년대 초반에 상당한 개선을 보였던 결혼 및 출산으로 인한 퇴직, 채용차별, 임금차별 문제 등이 다시 나타나기 시작하였다. 그리고 기업들이 능력 및 성과에 연동한 임금 및 인사관리제도를 도입함에 따라, 표면적으로 보면 성 중립적이나 결과적으로 성차별을 가져오는 간접차별이 늘어나는 특징을 보였다.

이 시기에 정부는 실업대책을 가장 우선적으로 수립, 시행하였다. 이에 따라 여성고용정책도 남녀차별적인 해고 신고창구, 여성가장실업자 채용장려금 제도, 여성가장 창업자금 지원, 공공근로사업에 여성비율을 제고시키는 등 여성실업문제를 해소하기 위한 대책을 중심으로 시행되었다. 그리고 여성실직자의 취업 및 보호와 관련한 여성가장실업자 특별훈련, 일하는 여성의 집 증설, 대졸여성 취업지원창구 설치, 실직자 가정의 아동보육 및 보호사업 등을 추진하였다. 이 시기에는 다양한 여성고용정책이 수립되고 이러한 정책들이 적극적으

8) 장하진 외(2002), 「근로여성 정책의 변화에 관한 연구」, 노동부.

로 시행되었다. 그러나 이 시기의 후반기에는 정부의 여성고용정책이 실업문제 해결에 초점을 둠에 따라, 여성차별문제가 상대적으로 소홀히 된 특징을 보였다.

4. 성인지적인 정책 도입 시기

2000년대 초반에는 우리 경제구조가 지식기반구조로 전환되고 기업의 국제경쟁력이 기술 혹은 품질에 의해서 결정됨에 따라, 여성인적자원의 활용이나 남녀차별은 우리나라의 국가경쟁력 즉, 경제성장에 부정적인 영향을 미치는 사회 경제적인 상황으로 변화되었다.[9] 이에 따라 정부나 기업은 성에 관계없이 우수하고 창의적인 인적자원을 적극적으로 활용하기 위한 제도 도입 및 기반 구축에 관심을 가지기 시작하였다.

이에 따라 정부는 2006년 적극적 고용평등조치(Affirmative Action Program)를 도입하여, 기업들이 자발적으로 성별에 관계없이 우수한 인적자원을 확보・활용할 수 있는 인적자원 관리제도와 정책을 도입・시행토록 유도하기 시작했다. 이외에도 정부는 노동부의 고용평등위원회, 여성가족부의 성차별개선위원회 등 남녀고용차별문제를 다루는 분쟁처리기구를 인권위원회로 일원화하였다. 뿐만 아니라 노동정책에 대한 성별 영향분석을 실시하기 시작하였고, 노동시장에서 여성들이 남성과 평등하게 능력을 발휘할 수 있도록 하기 위한 사회적 기반을 구축하는 초점을 맞추기 시작하였다. 즉, 보육, 출산 및 육아휴직, 일과 가정 병존이 가능한 근무 및 근로제도와 관련 정책과 제도들을 체계적으로 도입, 시행하기 시작하였다.

제2절 정책현황

여성고용정책은 시기에 따라서 정책목표와 전략, 세부과제가 각기 다르다. 이에 따라 우리나라의 여성고용정책이 본격적으로 수립・시행된 2000년 이후를 기준으로 여성고용정책의 현황과 특징을 살펴보았다. 그러나 최근의 정책에 영향을 주고 있는 여성고용관련 법제,

9) 김태홍 외(2002),「여성과 국가경쟁력」, 한국여성개발원.

과거에 수립되었으나 현재까지 계속 집행되고 있는 정책, 시기별 중장기 계획 등에 대해서는 특별히 과거부터 최근까지의 변화를 살펴보았다.

1. 여성고용관련 법 제정 및 개정

우리나라는 헌법에서 경제적 영역에서의 성차별을 금지하고 있으나,[10] 여성고용정책과 직접적으로 관련이 있는 법조항들은 1953년에 제정된 근로기준법에 담겨져 있다. 근로기준법에는 균등처우, 출산휴가, 수유시간, 생리휴가, 해고된 여성의 귀향여비, 여성의 갱내근로와 야간근로, 위험유해업무의 취업에 대한 금지, 시간외근로제한 등 여성근로자와 관련된 규정들이 있다. 초기의 근로기준법에는 고용평등, 모성보호와 같은 조항 이외에 여성보호조항들이 다수 포함되었다. 그 중에서 여성보호 조항 즉, 여성의 위험유해업무 취업에 대한 금지, 시간외근로제한, 여성의 갱내근로와 야간근로 조항 등은 여성의 경제활동참여가 증가되면서 여성고용을 저해하는 요소로도 작용하기도 했다. 이러한 근로기준법의 여성보호조항은 시대변화에 따라 벌칙이 상향조정되어 오다가, 2001년 근로기준법의 개정과 함께 일반여성근로자에 대해서는 근로시간의 제한을 완화한 반면에 임산부에 대해서는 규제를 계속 유지하는 방향으로 개정되었다. 또한 해고된 여성의 귀향여비와 관련된 조항도 1999년에 폐지되었다.

1980년대에는 여성고용과 관련된 주요한 법들이 제정되었다. 먼저 1981년 「직업훈련법」에 여성의 직업훈련을 중시하는 규정을 신설하였고, 1982년에는 「직업안정법」에 노동부장관은 여성취업기회 확대와 여성에 적합한 직종개발을 위해 노력할 의무규정을 신설하였다. 그리고 1982년에는 「선원법」을 개정하여 여성도 선원이 될 수 있게 하였다. 1987년에는 노동시장의 각종 남녀평등을 규정하는 「남녀고용평등법」을 제정하였다. 「남녀고용평등법」의 제1조 목적에 '헌법의 평등이념에 따라 고용에 있어서 남녀의 평등한 기회 및 대우를 보장하는 한편 모성을 보호하고 직업능력을 개발하여 근로여성의 지위향상과 복지증진에 기여'하는 것으로 규정되어 있듯이, 남녀고용평등법은 고용과 근로조건과 관련된 구체적인 영역에서의 남녀차별을 금지한 최초의 단행법이다.

「남녀고용평등법」은 1988년 제정 이후 여러 차례 개정을 하였는데, 1차 개정은 법이 시행된 지 1년만인 1989년에 이루어졌다. 1차 개정에서는 차별의 정의 규정(제2조의 2)과 동

10) 제헌 헌법 제8조 '모든 국민은 법 앞에 평등하며, 성별, …에 의하여… 경제적, …, 생활의 모든 영역에 있어서 차별을 받지 아니 한다'

일가치노동 동일임금 규정(제6조의 2), 분쟁해결시 차별의 입증책임을 사업주에게 부과하는 규정(제19조)이 신설되는 등 제정법의 문제점을 보완하였다. 1995년에는 2차 개정이 이루어졌는데, 2차 개정은 한국여성민우회 등의 여성단체와 전교조 등이 고졸여사원의 채용조건으로 일정한 키와 몸무게 등의 용모기준을 요구한 44개 기업을 검찰에 고발하는 사건에서 촉발되었다. 이 사건에 대해 검찰은 고졸 남녀사원을 모집하면서 여사원에게만 용모기준을 요구한 8개 기업에 대해서 이 법 위반으로 기소했고, 32개 기업에 대해서는 모집 · 채용대상에 비교대상이 되는 동일 학력과 동일 직종의 남자가 없다며 무혐의 처리를, 4개 기업에 대해서는 남자사원을 모집할 때도 신체적 조건을 부과하였다고 하여 불기소처분을 하였다. 이에 여성계와 노동계는 정부와 국회에 남녀고용평등법의 개정을 요구함에 따라 개정되었다. 2차 개정에서는 '사업주에게 여성근로자를 모집 · 채용하면서 직무수행에 필요로 하지 아니하는 용모 · 키 · 체중 등의 신체적 조건과 미혼조건 등을 제시하거나 요구하는 행위를 금지시키고 이를 위반하는 경우에 벌칙을 부과하는 규정(제6조 제2항)', '임금 외에 생활보조금품과 자금융자 등에서 여성차별을 금지하는 규정(제6조의3)'을 신설하였다. 이 외에도 고용문제조정위원회의 명칭을 고용평등위원회로 바꾸고, 조정기능 외에 여성의 고용촉진, 남녀 평등한 기회 및 대우, 모성보호, 기타 근로여성의 지위향상과 복지증진 등을 협의하는 기능을 추가하였다(제16조 제1항).

1999년에는 제3차 개정을 하였다. 3차 개정의 주요 내용은 차별의 정의 규정에 '사업주가 여성 또는 남성 어느 한 성이 충족하기 현저히 어려운 인사에 관한 기준이나 조건을 적용하는 것도 차별로 본다'라는 문구를 삽입하여, 간접차별의 개념을 도입하였다. 또한 노동부장관이 법 시행의 실효성을 확보하기 위한 수단으로써 필요한 경우 고용평등이행실태, 기타 조사결과 등을 공표할 수 있도록 하는 조항을 신설하였다. 영세사업장 근로자 보호를 위해 적용범위를 5인 이상 사업장에서 1인 이상 전사업장으로 확대하였으며, 남성도 육아휴직을 할 수 있도록 하고 육아휴직 후 복직보장, 육아휴직급여 신설, 해고금지 등 육아휴직제도의 실효성 확보를 위한 제도적 기반을 마련하였다. 그동안 간접차별의 개념이 모호하여 실제 적용에 어려움이 있었으나, ①사업주가 제시한 채용 또는 근로조건이 겉으로는 남녀를 차별할 의도가 없는 것처럼 보인다고 하더라도, ②남성 또는 여성이 그 조건을 충족하기가 곤란하고, ③그 조건으로 인하여 결과적으로 불리하게 되는 경우로써, ④그 기준이 차별이 아니고 정당한 것임을 입증할 수 없는 경우에는 이를 차별로 보도록 그 개념과 요건을 구체화하였다. 또한 사업주의 직장내 성희롱 예방의무를 강화하고, 예방교육을 위탁하여 실시할 수 있도록 하였으며, 명예고용평등감독관제도 도입, 민간단체 고용평등상담실 설치 · 운영 근거마련, 고용평등위원회의 기능 확대 등 고충과 분쟁의 사전예방 및 신속한 해결을 위한 제도적 장치를 마련하였다.

2005년에는 적극적 고용개선조치를 도입하기 위해서 남녀고용평등법을 개정하였다. 적극적 고용개선조치는 남녀차별 해소에 선도적인 역할을 수행하여야 할 공공기관 및 단체, 500인 이상의 기업으로 하여금 남녀근로자 현황 및 적극적 고용개선조치 시행계획을 수립, 시행하도록 하고 있다. 이와 함께 남녀고용차별과 관련된 분쟁조정기능을 국가인권위원회가 담당하도록 함에 따라 노동부의 6개 지방노동청에 설치 · 운영되고 있는 고용평등위원회 폐지와 관련된 법 조항을 폐지하였다.

2. 여성고용관련 중장기 계획

여성고용과 관련된 중장기 계획은 앞에서 언급한 제6차, 제7차 경제사회발전 5개년 계획, 1997년에 수립된「제1차 여성정책기본계획(1998～2002년)」등에서 경제사회정책 및 여성정책의 일환으로 수립 · 시행되었다. 여성고용과 관련된 체계적인 중장기계획은「제1차 근로여성복지기본계획(1994～1997년)」, 1995년「여성의 사회참여 확대를 위한 10대 과제」,「제2차 근로여성복지기본계획(1998～2002년)」, 그리고「제3차 남녀고용평등기본계획 (2003～2007년)」이라고 할 수 있다.

가. 제1차 근로여성복지기본계획

「제1차 근로여성복지기본계획(1994～1997년)」(이하 1차 기본계획)은 여성을 산업인력으로 적극 활용하고 이들이 능력에 맞는 처우를 받을 수 있도록 함으로써 사회적 생산성을 제고시킬 수 있는 방향으로 수립되었다. 1차 기본계획에는 고용과 근로조건에 있어서의 남녀평등을 보장하고, 여성의 직업능력을 개발하여 취업기회를 확대하며, 아울러 직장과 가정이 병존될 수 있도록 하고 모성보호를 강화하는 각종 정책이 포함되어 있다.

1차 기본계획의 세부과제를 보면 먼저 ① 남녀평등이념을 제고시키기 위해서 교과서 편찬 시에 남녀역할에 대한 편견 내용 시정, 국가 및 민간부문의 연수과정에 평등이념교과를 개선 · 확대, 대중매체 성차별 개선지표 마련이 포함되어 있다. 그리고 공공부문의 고용기회평등 실현을 위해서 정부정책수립에 영향을 미치는 여성공무원의 채용목표제를 1996년부터 도입하고 공무원 가족수당제도를 개선하여 배우자(여성)의 직계존속도 가족수당 지급대상에 포함하고, 공무원 육아휴직제도를 도입하였다. 남녀차별 관행 및 제도 개선과 관련된 세부 과제로는 남녀고용평등법에 대한 교육 및 홍보활동을 강화, 취업규칙 등에 나타난 성차별 규정의 시정, 매년 전국 45개 일간지에 게재된 모집 · 채용광고에 대한 모니터링 실시 및 시정 등이 있다.

② 여성의 직업능력개발을 통한 취업확대 과제와 관련된 세부 정책으로는 여자공업고등학교 신설, 공공직업훈련기관에 여성훈련비율 제고, 기혼여성의 직업능력 개발을 담당하고 있는「일하는 여성의 집」의 확대 설치, 여성의 취업알선 기능 강화, 시간제근로자의 보호규정 법제화, 선택적 근로시간제 도입, 이외에도 고용보험제를 통해서 임신・출산・육아를 이유로 자기 사업장에서 퇴직한 여성을 일정 기간 내에 다시 고용하는 기업주에게 장려금을 지급하는 여성 재고용장려금 제도 도입 등이 있었다. ③ 모성보호를 강화하는 대책에는 생후 만 1세 미만 영아를 가진 남녀근로자에게 육아휴직을 제공하는 사업주에 대해서 일정한 장려금을 지급하는 육아휴직장려금제도의 도입과 함께 직장보육시설에 대한 각종 지원제도 즉, 시설 설치비 지원, 근로복지공단을 통하여 전국 주요지역에 고용보험기금을 활용하여 공공보육시설 설치, 직장보육시설의 보육교사 인건비 지원 등과 같은 정책이 포함되어 있다. ④ 그리고 마지막으로 근로여성을 위한 체계적이고 새로운 정책을 개발, 시행하는「근로여성국」 신설과 지방노동청에「근로여성과」신설이 포함되어 있다.

나. 여성의 사회참여 확대를 위한 10대 과제

1995년에는 대통령자문기구인 '세계화추진위원회'에서「여성의 사회참여 확대를 위한 10대 과제」(이하 '10대 과제')를 수립하였다.[11] 10대 과제는 여성의 사회참여가 당시의 노동력 부족현상과 국민의 삶의 질 향성에 기여할 수 있는 과제임을 감안하여, 21세기 세계화・정보화 시대를 맞아 여성의 사회적 역할과 지위를 향상시키기 위해서 수립된 정책이다.

10대 과제는 지속적으로 시행되어 거의 모두 시행되었는데 이를 자세히 살펴보면, 먼저 여성의 가사활동을 경감시키기 위한 사회적 여건 조성을 위한 ①민간참여를 통한 보육시설의 획기적 확대, ②방과후 아동지도제도 도입, ③초등학교 급식의 전면적 실시 과제가 포함되어 있다. 또한 여성취업을 촉진하기 위한 보완적 제도를 마련하기 위한 ④여성의 공직참여비율 제고 목표 설정(여성합격자 비율이 연도별 목표비율에 달성되도록 합격점 3~5점 범위에서 추가 합격시키는 공무원 채용목표인센티브제도, 세무대학, 경찰대학 등 공무원 양성기관의 여성제한 할당 비율을 단계적 상향 조정, 각종 위원회 여성비율 제고), ⑤공기업 신규 채용 시 여성고용 인센티브제도(필기시험에서 남성 병역필자에게 부여되는 5점 가산점 부여 등) 등이 포함되어 있다. 이외에도 ⑥모성보호비용의 사회적 분담체계 확립(출산휴가급여의 공공부문에서 분담, 육아휴직장려금 제도 적용 기업체 범위의 확대), ⑦여성인력

---

11) 세계화추진위원회(1995),「여성의 사회참여 확대 방안」. 한국여성개발원(1995),「여성의 역할과 지위의 세계화」- 여성의 사회참여 확대 방안(초안).

양성체계 확충 및 개선(중 · 고등교육과정부터 다양한 직업 및 기술교육 강화, 기혼여성 대상 공공직업훈련기관의 단기직업훈련 실시, 여성회관 및 부녀복지관의 각종 직업훈련프로그램 내실화 등), ⑧여성관련 정보네트워크 구축(여성정보센터 설립, 중앙과 지방의 여성회관, 부녀복지관을 연결하는 정보통신체계 구축)과 같은 과제가 포함되어 있다. 그리고 마지막으로 성차별적인 관행 및 인식 개선을 위한 법 체제 정비 등 여건 조성을 위해서 ⑨여성발전기본법의 제정 추진, ⑩대중매체를 통한 성차별의식 개선(방송관련 위원회의 여성위원 비율 확대, 대중매체 프로그램의 성차별적 요소를 평가할 수 있는 기준 마련, 여성문제에 대한 공익광고 제작 및 보급)과 같은 과제가 포함되어 있다. 이와 같은 10대 과제는 이후 근로여성복지기본계획이나 여성정책기본계획에 포함되어 거의 실현되었다.

다. 제2차 근로여성복지기본계획

노동부는 1997년에 1차 기본계획이 완료됨에 따라 「제2차 근로여성복지기본계획 (1998～2000년)」(이하 '2차 기본계획')을 수립하였다. 2차 기본계획은 여성고용의 활성화를 위한 기반을 확충하고 노동시장에서 여성이 능력을 충분히 발휘할 수 있는 여건을 조성함과 동시에 차세대를 낳고 기르는 여성에 대한 모성보호 강화에 기본목표를 두었다. 이에 따라 2차 기본계획에는 고용기회균등의 실현, 여성의 직업능력개발, 고학력 여성취업지원, 가정과 직장 양립지원과 모성보호, 취약여성근로자 보호 및 복지 증진과 관련된 정책들이 포함되어 있었다.

정책항목별로 세부 정책내용을 간략하게 보면, ①고용기회 균등 실현 정책에는 구체적으로 고용차별 개선 지도 강화(1차 계획에서부터 실시해오던 취업규칙에 대한 점검을 영세사업장까지 확대하여 실시하고 성차별적인 모집 및 채용광고에 대한 모니터링 실시), 성차별 사례 공표제도 도입, 여성고용우수기업에 대한 지원, 공기업 여성고용촉진을 위한 인센티브 제도 도입, 여성의 공직진출 기회 확대 등이 포함되어 있다. ②여성능력개발과 관련된 과제로는 1차에 이어서 공공 직업훈련기관의 여성훈련 확대, 일하는 여성의 집 운영 활성화, 주부를 위한 훈련프로그램 개설 운영 및 여성 단기적응훈련과정 운영 등이 포함되어 있고 또한 여성의 경쟁력 우위분야 인력양성 정책(한국정보통신대학원대학교 정원의 일정 비율을 여학생으로 선발, 10대 과제에 있는 경찰대학 및 사관학교 등에 여성 입학률의 제고, 이공계 고교와 대학에 여학생 진학률 확대) 등이 있다.

그리고 ③고학력 여성취업을 지원하기 위해서 신규대졸여성의 취업지원 창구를 계속 운영함과 동시에 2차 계획에서는 우선 50대 그룹 기업의 면접위원에 여성을 포함시키도록 권고, 기업체와의 취업간담회 개최, 여성 채용박람회 지원 사업이 포함되어 있다. ④직장양립

지원과 모성보호와 관련된 정책에는 단시간 근로의 촉진 및 보호, 재택근무 활성화, 가족간호휴가제 도입, 육아휴직 및 여성 재고용장려제도 활성화, 사업장 보육시설 확충 및 운영지원 확대, 그리고 출산급여의 사회적 분담방안 강구, 근로여성의 특별 보호조항 합리화 등이 포함되어 있다. ⑤취약여성근로자 보호와 관련해서는 가내근로자 보호대책 수립, 파견근로자 보호, 여성근로자의 건강보호, 종합근로복지센터 건립 및 운영 등이 포함되어 있다.

라. 제3차 남녀고용평등 기본계획

노동부가 2003~2007에 추진할 중장기계획인 「제3차 남녀고용평등 기본계획」(이하 3차 기본계획)의 정책 기본방향은 적극적 조치 시행으로 시장기능 만으로 해결이 어려운 모성보호 제도와 성차별 문제 등을 해결하고, 취업지원체제와 훈련프로그램 강화를 통해서 주 5일제가 여성고용확산으로 연계되도록 하며, 임시 · 일용직 등 취약계층 여성근로자에 대한 사회통합적 대책을 마련하는데 있다. 3차 기본계획의 다수 정책은 2차 기본계획에 있는 정책을 지속적으로 추진하는 것으로 되어 있다. 그러나 2차 계획과는 다른 새로운 정책들도 다수 포함되어 있는데, 아래에서는 새로운 정책만을 소개하였다.

먼저 ①고용평등과 관련해서는 간접차별의 기준설정 및 지원체제 개선, 동일가치노동 동일임금과 관련된 정책의 실질적인 정착을 위한 대책 마련(동일노동, 동일임금 여부 판단 등 인사관리에 활용할 수 있는 직무평가모형 개발 등), 사업장단위에서의 분쟁 예방 · 조정 인프라 강화(지역별 명예고용평등감독관 협의회 구축, 고충처리기관의 고용평등협의회로 전환 운영) 등의 정책이 포함되어 있다. ②여성의 고용촉진 기반 구축과 관련해서는 여성친화적 고용정보망 구축, 고용지원센터에 기혼여성 취업지원 전담자 지정 및 활용, 공공부문의 여성근로자 채용 및 승진 목표제 실시(모집인원 중 일정 비율을 여성응시자에게 부여하는 여성고용할당제 실시, 과학기술계 정부출연연구기관에 여성채용목표제 유도 등), 예비근로자 직업능력 향상(학교급별 여학생용 적성검사척도 개발, 중등학교 대상 직업지도학교 사업 운영)과 같은 정책이 있다. ③모성보호와 직장 및 가정 양립지원과 관련해서는 모성보호제도의 조기 정착(노사협의회 협의사항에 모성제도 포함 등), 일용근로자, 사립학교 교직원에 대한 모성보호 혜택 부여, 임산부 건강체크를 위한 정기 건강검진제, 배우자 출산시 출산간호휴가제의 입법화, 모유수유와 관련된 제도 구비 사업체에 대한 지원 등의 제도가 있다. 또한 남성의 육아휴직 촉진방안 강구, 육아휴직장려금의 현실화, 남녀고용평등법에 의한 육아휴직요건을 완화(현행 1년 이상에서 180일 이상), 육아휴직기간을 만 3세미만으로 확대, 육아휴직자를 위한 직장복귀프로그램 개발 및 운영 등이 있다. 이외에도 양립지원 도우미 센터 설립, 가족간호휴가제 도입 등이 있다. ④취약여성근로자와 관련해서는 비정규직근로자에 대한 사회보험 적용 확대, 비정규직 여성근로자에게 직업훈련 우대 방안, 성인지적 관점에서의 취약여성근로자 실태조사, 창업희망 여성에 대한 창업진단(직업심리검사) 등이 있었다.

3. 최근 여성고용관련 정책

우리나라의 여성노동정책을 담당하고 있는 행정부처는 노동부이고, 정책부서는 여성정책국, 고용평등국, 고용평등심의관실로 변화되었다. 2006년 여성노동담당기구가 고용평등심의관실로 개편된 이후, 여성고용, 장애인고용 및 고령자 고용업무를 포괄해서 담당하고 있다. 그리고 여성의 경제활동이 다양화되면서, 여성가족부를 비롯하여 중소기업청 등 다른 부처에서도 여성의 경제활동과 관련된 정책을 수립, 집행하고 있다. 이와 같은 여러 부처의 정책 중에서 노동부의 여성노동정책을 중심으로 고용에서의 차별관행 및 제도개선, 여성의 직업능력개발과 취업촉진, 여성기업주 지원, 모성보호 및 직장과 가정의 양립기반 조성 등을 살펴보았다.

가. 여성고용촉진관련 정책

우리나라의 대표적인 여성고용촉진정책은 2006년에 도입한 적극적 고용개선조치이다. 적극적 고용개선조치란 적극적 조치(Affirmative Action)를 고용부문에 적용한 개념으로 사업주가 현존하는 고용상의 차별을 해소하거나 고용평등을 촉진하기 위하여 잠정적으로 취하는 모든 조치 및 그에 수반되는 절차이다. 적극적 고용개선조치는 능력주의나 업적주의를 침해하지 않는 방법으로 소수집단의 대표성을 확대시켜나가는 방식이다. 우리나라의 적극적 고용개선조치는 대통령령이 정하는 공공기관·단체 및 일정규모 이상의 근로자를 고용하는 사업주와 공기업 및 상시근로자 1,000인(2008년부터는 500인) 이상 기업을 대상으로 실시한다. 이와 같은 사업주는 「남녀근로자현황」 제출하고, 제출된 현황을 기준으로 여성근로자비율 혹은 여성의 관리자비율이 업종별 평균의 60% 수준보다 낮으면 해당사업체는 「적극적 고용개선조치 시행계획」 수립·제출해야 한다. 그리고 「시행계획」을 작성한 사업장은 1년 후에 이행실적보고서를 작성, 제출하고 평가를 받게 된다.

또한 노동부는 실직여성가장의 고용촉진을 위해서 자영업지원, 고용촉진장려금제도를 운영하고 있다. 실직여성가장의 경우 상당수가 창업을 희망함에도 불구하고 보증·담보 확보곤란으로 금융기관으로부터 사업자금을 대부받기가 곤란하다. 이에 정부는 1999년부터 이러한 문제를 해결하기 위해서 여성가장 자영업 창업지원 사업을 실시해오고 있다. 창업지원은 노동부산하 출연기관인 근로복지공단에서 실직여성가장이 희망하는 점포를 직접 임차(1억원 한도)하여 사용토록 하고, 사업성공률을 제고시키기 위해 컨설팅 전문가로 하여금 입지선정, 아이템선정, 상품진열 등을 지원하고 있다.

여성가장 실업자를 위한 또 다른 정책으로는 1999년부터 실시해오고 있는 여성가장 고용촉진장려금제도이다. 장려금제도는 재취업이 어려울 뿐만 아니라 생계비 확보마저 어려운 여성가장이 보다 쉽게 고용될 수 있도록, 직업안정기관에 구직 신청한 여성가장 실업자를 노동관서의 취업알선에 의하여 채용한 사업주에게 고용보험에서 6월간 월 50만원을 지원하는 제도이다. 사업초기에는 사업주의 관심이 부족하여 실적이 저조하였으나 지속적인 홍보를 통하여 '99년도부터는 점차적으로 동 제도를 활용하는 기업이 증가하였다.

나. 남녀고용차별과 관련 정책

1998년 경제위기 이후 기업의 고용조정이 본격화됨에 따라 명예퇴직이나 정리해고시 남녀차별을 하는 기업이 늘어났다. 이에 여성근로자의 고용환경 악화와 낮은 여성인력 활용문제를 해결하고자 정부는 사업주와 근로자를 대상으로 한 사전예방지도를 강화하기 위해 1999년 '여성부당해고방지 업무지침'을 각 지방노동관서에 시달하였다. 이와 함께 여성우선감원방지를 위해서는 사업장에 대한 예방지도가 중요하다고 판단하여 연 2회 '고용평등 특별점검'을 정례화 하였으며, 전국지방노동관서에 구조조정을 이유로 여성을 우선 또는 다수 감원하거나 그 우려가 있는 사업장, 경영상이유에 의한 해고계획 신고시 해고예정근로자 중 여성근로자 비율이 높은 사업장, 구조조정이 진행 중이거나 예상되는 사업장 중에서 여성이 다수 근무하는 사업장 등을 대상으로 지도점검을 실시하고 있다. 2000년에는 여성근로자가 많이 근무하고 있는 백화점, 대형유통업체, 종합병원 등 801개소를 특별 점검하여 401개소의 고용상 차별 및 모성보호 위반을 시정조치 하였으며, 2001년에는 여성이 다수종사하는 제조업체중 고용상 성차별 및 직장내 성희롱 발생이 우려되는 사업장 672개소를 점검하여 324개소를 시정지도 하였다. 2002년에는 개정된 근로여성모성보호관련 3법 시행을 맞이하여 병원 및 여성 300인 이상 사업장 1,034개소를 점검하여 611개소를 시정지도 하고, 2005년에는 건설업, 사회복지시설 그리고 대형할인마트 715개소를 점검하여 435개소를 시정지도하였다.

또한 모집 · 채용에 있어서의 남녀차별을 개선하기 위하여 1992년부터 전국 45개 일간지에 게재된 모집 · 채용광고에 대해 '신문광고 모니터링 기간'을 설정 · 운영하여 성차별적인 광고에 대하여 시정토록 지도하고 있으며, 모집 · 채용광고를 싣는 언론사와 긴밀히 협조하여 성차별 개선에 노력하고 있다. 2003년에는 중앙지, 지방지뿐만 아니라 지역정보지 34,070

건을 모니터링하여 성차별적 광고 393건에 대해 경고(76건) 또는 시정광고(317건)토록 조치하였다. 2004년 부터는 연1회 대기업을 대상으로 입직 및 퇴직차별사례를 모니터링하는 것으로 변경해서 시행하고 있다. 또한 채용과정에서 여성이 불이익을 받지 않도록 50대 그룹 및 공기업의 면접위원에 여성을 포함시키도록 권고하고 있다.

그리고 정부는 2000년에 고용평등상담전용 전국단일전화번호를 설치하여 고용상 성차별 및 직장내 성희롱 관련 상담을 실시하고 있다. 또한 민간단체의 상담역량을 적극 활용하여 피해자에 대한 신속한 권리구제를 위하여 한국노총, 한국여성민우회 등 15개 민간단체에 고용평등상담실을 설치・운영하고 있다.

이외에도 정부는 남녀고용평등의식의 사회적 확산과 고용평등제도의 홍보를 위해서 1995년부터 매년 10월을 『남녀고용평등의 달』로 정하여 기념식, 유공자포상, 토론회 개최 및 언론캠페인 등을 전개하여 왔다. 2001년부터는 4월 첫째주를 『남녀고용평등주간』으로 정하여 동일한 행사를 해오고 있다. 남녀고용평등주간에는 여성이 고용상 성차별적 불이익을 받지 않고 능력껏 일할 수 있는 고용환경을 조성하기 위하여, 남녀고용평등실현 및 여성고용촉진에 기여한 우수기업을 발굴하여 『남녀고용평등대상』을 시상해오고 있다.

다. 남녀고용차별 및 성희롱관련 분쟁처리 기구

우리나라에는 남녀고용차별 및 직장내 성희롱과 관련된 분쟁을 예방하고 조정하는 기구로 고용평등위원회가 있었다. 고용평등위원회는 과거 남녀고용평등법 제27조의 규정에 의하여 노・사・공익대표 각 5인을 위원으로 위촉하여 6개 지방노동청에 설치・운영하였다. 고용평등위원회는 사업장에서 모집・채용, 임금, 교육・배치, 승진, 해고 등에 있어서의 남녀차별 및 직장내 성희롱에 관련된 분쟁 등이 발생하여 자율적으로 해결이 되지 아니하여 동 위원회에 상정된 분쟁사항을 조정하고, 근로여성의 취업촉진 및 고용평등에 관한 사항을 협의하는 기능을 갖고 있었다. 그리고 2001년에는 분쟁 관계당사자가 고용평등위원회에 직접 조정을 신청할 수 있도록 함으로써 권리구제수단을 다양화하였다.

남녀고용차별과 성희롱과 관련된 분쟁은 이와 같은 기구 이외에 「남녀차별금지 및 구제에 관한 법률」에 의해서 설치된 남녀차별개선위원회를 통해서도 해결될 수 있었다. 여성가족부가 운영했던 남녀차별개선위원회는 위원장과 상임위원 1인을 포함한 11인 이내의 위원으로 구성하되, 위원 중 남성 또는 여성의 비율이 60%를 초과하지 않도록 하였다. 남녀차별개선위원회는 분쟁신청을 받고 남녀차별여부를 결정하기 전에 신청인과 피신청인에게 합의를 권고할 수 있고, 합의가 이루어지지 않은 경우에는 조정을 했다. 그리고 만일 남녀차별사항에 해당되면 시정을 위하여 필요한 조치를 권고할 수 있었다. 정부는 2001년에 국가인권위원회를 설립하였는데, 동 위원회도 남녀고용차별 문제를 다루었다. 인권위원회는 위원장 1인과 3인의 상임위원을 포함한 11인의 인권위원으로 구성되어 있다. 인권위원회는 당사자의 신청 또는 직권에 의하여 진정을 조정위원회에 회부하여 조정을 하고, 차별이 있는 경우에는 시정권고를 할 수 있다. 2005년에는 노동부의 고용평등위원회, 여성가족부의 차별개선위원회, 그리고 국가인권위원회 등으로 다원화된 남녀고용차별 구제기구를 국가인권위원회로 일원화하였다. 그러나 결혼・임신・출산 등을 이유로 해고, 직장내 성희롱으로 부당하게 해고・휴직・정직・감봉 기타 징벌을 당하였거나, 비정규직이 차별을 받은 경우에는 노동부의 노동위원회를 통해서도 구제를 받을 수 있다.

노동부는 이 외에도 남녀고용평등법 제24조에 의해 사업장의 남녀고용평등 이행을 촉진하고, 고용에서의 남녀차별 관행을 해소하며, 여성이 남성과 동등하게 자신의 능력을 발휘할 수 있는 근로환경을 조성하기 위해서 사업장의 근로자를 명예고용평등감독관으로 위촉하여 남녀고용평등법 이행에 대한 사업주와 근로자의 관심을 제고하고 남녀차별 관행에 대한 자율적인 개선을 유도하고 있다. 명예고용평등감독관은 당해 사업장의 근로자로서 성차별 및 직장내 성희롱 피해자의 입장을 대변하고 이를 개선할 수 있는 지위에 있는 고충처리기관의 구성원, 노사협의회 위원, 고충처리위원, 노동조합 임원 또는 인사・노무담당 부서의 관리자 등으로 1～2인을 위촉하여 활동을 지원한다.

라. 여성 능력개발 정책

우리나라는 가사나 육아 등으로 직업훈련을 받기 어려운 주부 등을 대상으로 직업훈련과 취업알선의 기회를 제공하고자 1993년부터『일하는 여성의 집』설립・운영을 지원하여 왔다. IMF이후 대량실업에 따라 취업을 희망하는 여성이 증가함에 따라 여성실업대책의 일환으로 설립을 확대하여 '97년에 17개소, 2000년에 47개소까지 확대되었다.『일하는 여성의 집』설립 및 운영에 관한 업무는 2001년 여성부가 신설되면서 노동부에서 여성부로 이관되었고, 명칭도 여성인력개발센터로 변경하였다. 2004년에는 전국의 51개 여성인력개발센터를 여성부에서 지방자치단체로 이관하였다. 이러한 여성인력개발센터는 대한YWCA연합회 등 여성직업훈련 등 취업지원의 경험을 가지고 있는 여성단체가 운영주체로 선정되어 지역별, 운영주체별 여건과 상황 등에 따라 컴퓨터, 텔레마케팅, 미용, 조리 등 6～40개의 여성적합직종을 개설하여 단기직업훈련을 실시하고 있다.

이와 함께 노동부는 저학력, 무기능으로 취업이 어려울 뿐만 아니라 생계유지 부담으로 정규직업훈련 참여가 어려운 여성가장실업자에게 특별직업훈련을 실시하고 있다. 이혼・사별 등의 사유로 배우자가 없는 여성, 배우자가 가출・행방불명・장애・학교 재학 등으로 인하여 부양할 능력이 없다고 인정되는 여성, 배우자가 부양책임을 유기하고 있음이 명백한 여성, 부모 모두 없거나 부모가 있더라도 모두 60세 이상이거나 근로능력이 없는 가구의 미혼여성을 대상으로 하여 여성가장의 취업 · 창업이 용이한 분야의 훈련과정(1년 이내)을 제공하고 훈련비 · 훈련수당을 지원하고 있다. 2005년에는 여성가장실업자 1,985명이 이와 같은 제도에 의해서 훈련을 받았다.

마. 여성기업인 지원 정책

우리나라는 여성경제활동참가를 다양화시키기 위해 1990년대 후반부터 다양한 여성창업 지원 정책을 실시해오고 있다. 2004년 여성이 대표로 있는 사업체는 115만개에 달한다. 그러나 여성에 대한 사회적 편견, 남성중심의 기업문화, 기타 차별적 관행 등으로 인해 아직은 여성기업인이 활동하는데 어려움이 많다. 이에 따라 1999년에 「여성기업 지원에 관한 법률」을 제정하여 여성기업을 육성 및 지원하고 있다. 주요한 여성기업 지원정책을 보면 먼저 여성기업에 대한 경영컨설팅 지원사업을 들 수 있다. 경영컨설팅 지원은 사전적 과정으로서의 기업진단과 본격적인 기업컨설팅으로 이루어진다. 기업진단을 거친 업체에 대해서는 진단결과에 따라 경영전반, 재무 · 회계시스템의 관리, 조직 · 인사 관리, 생산관리, 판매 · 마케팅 등에 대한 컨설팅을 하며, 컨설팅비용의 80%(4백만 원 이내)를 지원해 준다. 여성경제인, 여성기업 임직원, 여성창업자 등을 대상으로 급변하는 글로벌 경제시대에 걸맞는 경영능력을 함양할 수 있도록 경영연수와 정보화연수 사업을 하고 있다. 경영연수는 2006년 600명을 대상으로 경영혁신교육, 재무, 회계, 마케팅, 리더십 등을 그리고 정보화 연수는 인터넷, 전자상거래, EDI등과 관련된 능력을 배양하기 위한 것이다. 여성기업인들을 대상으로는 해외경영연수와 해외시장개척사업을 지원하고 있다. 해외경영연수단 사업은 지금까지 6회에 걸쳐 중국, 일본, 미국, 독일, 프랑스, 이태리 등에 해외경영연수단 총 130여명을 파견, 우수기업 사례를 벤치마킹하고 글로벌 네트워크를 형성할 수 있는 기반을 마련하였다. 해외시장개척단은 2000년부터 2002년까지 총 6회에 걸친 시장개척단 파견으로 약 6천만불 이상의 수출상담을 하였다. 시장개척단에 참여한 업종은 자동차부품, IT, 섬유, 잡화 등으로 다양하다. 이외에도 중소기업청은 여성디자이너 국내외 패션쇼 및 귀금속 전시회 개최, 여성기업의 우수한 제품을 발굴 · 홍보하고 브랜드 인지도를 제고하는 등 여성기업의 판로확대 지원하기 위한 여성기업 우수상품박람회 개최 등의 사업을 하고 있다.

여성기업인 지원과 관련된 또 다른 주요한 정책으로는 조달청이 실시하고 있는 여성기업의 생산제품 구매 및 공사계약 확대, 판로개척 · 자금지원, 조달제도상 우대 등을 들 수 있다. 조달청은 정부조달 기능을 통해서 여성기업의 생산 제품 구매 및 판로 지원, 여성기업과의 공사계약 등 여성기업을 실질적이고 체계적으로 지원하기 위하여 「여성기업지원 전담반」을 2000년에 설치하였다. 전담반에서는 여성기업지원계획 수립, 여성기업지원을 위한 각종 제도 안내, 여성기업 생산제품 계약 및 판로지원, 여성기업 지원방안 연구·개발 등에 관한 업무를 추진하고 있다. 또한 여성기업의 경우 물품구매 입찰 적격심사를 할 때에 우대하는 제도가 있다. 즉, 여성기업의 경우 물품구매 및 용역입찰 적격심사 평가시 별도의 가산점 0.5～1점을 부여하여, 조달계약에 있어 여성기업을 우대한다. 그리고 추정가격 3억 원 미만의 토목 또는 건축공사의 경우에도 대표자가 여성인 업체의 경우, 시공비율이 10% 이상인 때에는 경영상태 취득점수평가시 10%를 가산평가 한다. 이 외에도 여성벤처기업이 생산한 신기술제품(KT, NT, EM, 특허 등)을 조달청 「우수제품」으로 선정심사할 경우 행정평가 점수의 최고점인 10점, 여성기업이 생산한 물품에 8점을 부여하여 판로 개척을 지원하고 있다. 3,000만원 이하 소액의 물품구매 조달과 시설공사의 계약체결을 요청받은 때에는 한국여성경제인협회로부터 추천을 받아 수의계약을 체결하는 등 여성기업을 우대하고, 조달계약을 체결한 여성기업인에게 조달청 회전자금을 활용하여 「선금지급기준」의 최고 계약금액의 70%까지 선금을 확대 지급하여 자재확보 및 노임지급에 우선 사용토록 함으로써 여성기업의 자금부담을 덜어주는 제도도 있다.

바. 모성보호와 직장보육지원 정책

우리나라는 상당수의 여성취업자가 결혼 및 출산과 함께 퇴직을 함에 따라 연령별 여성경제활동참가율 곡선이 쌍봉형을 보이고 있다. 이에 따라 정부는 오래 전부터 결혼, 출산으로 인한 여성의 경력단절을 방지하고, 출산한 여성근로자와 아동의 건강을 보호하기 위해서 모성보호정책을 실시하여 왔다. 모성보호정책(maternity protection policy)이란 여성의 임신, 출산 및 육아 등에 관한 정책을 포괄적으로 의미하는 것으로서, 협의로는 산전후휴가, 태아검진휴가, 유·사산휴가 생리휴가, 야간·연장·휴일근로 제한 및 여성 사용금지직종 지정 등을 들 수 있고, 광의로는 육아시간, 육아휴직 및 배우자의 출산간호휴가제도 등이 포함된다.

앞에서 언급했듯이 2001년 우리나라는 근로기준법을 개정하여 산전후휴가기간을 60일에서 90일로 연장시켰다. 그리고 산전후휴가기간 중의 급여부담을 60일은 종전과 같이 사업주가 부담하고, 연장된 30일에 대해서는 고용보험에서 부담하는 것으로 개편하였다. 2006년부터는 우선지원대상 기업에 대해서는 휴가기간 90일에 대해 고용보험에서 급여(상한 135만원)을 부담하는 방향으로 개편되었다.

육아휴직제도는 1987년 남녀고용평등법의 제정으로 처음 도입되었다. 법 제정 당시는 생후 1년 미만의 영아를 가진 여성근로자만을 육아휴직 적용대상으로 하고, 사용자가 육아휴직을 이유로 근로자에게 불이익한 처우를 할 수 없게 하였으며, 육아휴직기간을 근속기간에 포함하도록 하였다. 그러나 적용대상을 여성근로자로 한정하는 문제점이 있어서 1995년에 개정하여 여성근로자 뿐만이 아니라 남성근로자도 육아휴직을 할 수 있도록 대상을 확대하였다.

<표 6-1> 산전후휴가 및 육아휴직급여 실시 현황과 추이

(단위 : 명, 백만 원, %)

구분 / 년도	산전후휴가급여		육아휴직급여				육아 휴직율 (B/A)
	인원(A)	금 액	인 원			금 액	
			계(B)	여	남		
2002	22,711	22,602	3,763	3,685	78	3,087	16.6
2003	32,133	33,522	6,816	6,712	104	10,576	21.2
2004	38,541	41,610	9,303	9,122	181	20,803	24.1
2005	41,104	46,041	10,700	10,492	208	28,242	26.0
2006	48,972	90,886	13,670	13,440	230	35,521	27.9

육아휴직제도는 2001년에 다시 개정하였는데, 2001년의 개정내용은 육아휴직제도의 적용대상을 모든 근로자로 확대, 휴직기간 동안 당해 근로자의 해고금지, 육아휴직 종료후 휴직전과 동일한 업무 또는 동등 수준의 임금을 지급하는 직무로 복귀시키도록 명문화, 근로자의 생활안정을 위해 육아휴직 중 소득의 일부를 보전하도록 하는 육아휴직급여 신설 등이다. 여기서 육아휴직급여란 당해 사업장에 1년 이상 재직한 근로자가 생후 1년 미만의 영아를 양육하기 위해 육아휴직을 원할 경우 여성근로자는 최장 10.5개월, 남성 최장 12개월까지 신청할 수 있고, 이 기간에 월 50만 원의 육아휴직급여를 지급한다.

또한 1995년부터 육아휴직을 활성화하기 위하여 육아휴직을 실시한 사업주에게 고용보험을 재원으로 육아휴직장려금을 지급하였다. 육아휴직 장려금은 고용보험 피보험자인 근로자에게 육아휴직을 30일 이상 부여하고, 휴직 종료 후 30일 이상 계속 고용한 사업주에 대해서 육아휴직 근로자 1인당 월 20～30만원을 지원하는 것이다. 그리고 육아휴직기간에 대체인력을 사용하는 사업주에 대해서 육아휴직개시일 90일 이전부터 신규로 채용한 경우까지 우선지원대상기업은 월 15만 원에서 월 30만 원으로, 그 외 기업은 월 10만 원에서 20만 원의 지원금을 제공한다.

남녀근로자의 직장과 가정 일 병존을 지원하는 주요한 정책 중의 하나가 직장보육과 관련된 정책이다. 직장보육시설이라 함은 남녀고용평등법 제21조와 영유아보육법 제7조의 규정에 의거 사업주가 당해 사업장 근로자의 육아를 지원하기 위하여 설치・운영하는 시설로서 여성근로자 300인 이상, 남녀근로자 500인 이상인 사업장은 의무적으로 설치하여야 하거나 보육시설 이용에 필요한 보육수당을 지급하도록 하고 있다. 우리나라는 1997년부터 직장보육시설을 설치하고자 하는 사업주에 대해서 시설비용과 운영비지원을 매년 확대 실시하였다. 정부는 사업주가 직장보육시설을 설치하기 위해 시설을 전환할 경우 2억 원 하도록 비용을 무상지원하고, 유구비품비도 5천만 원까지 지원한다. 또한 직장보육시설을 설치하는 사업주에게 연리 1.0~2.0% 수준으로 5억 원 한도로 설치비를 융자해주고 있다. 이 외에도 보육교사 1인당 80만 원의 인건비 지원을 하고 있다.

제3절 정책과제 및 대안

1. 여성 인적자원 활용율의 제고

여성 경제활동참가율은 산업화와 함께 지속적으로 증가하는 추이를 보였으나, 1990년 중반 이후 증가율이 둔화되었다. 우리나라 여성 경제활동참가율은 OECD평균(60.4%: 2005년)보다 낮은 54.5%이며, 대졸여성의 경제활동참가율은 OECD 회원국 30개국 중 가장 낮은 59.1%(OECD 평균 82.0%)이었다. 이와 같은 상황에서 여성인력활용율을 제고시키기 위한 주요한 고용정책대안은 2006년부터 도입, 시행하고 있는 적극적 고용개선조치(affirmative action)의 성공적인 정착이라 할 수 있다. 이와 같은 정책의 성공적인 정착을 위해서는 고용평등한 인적자원관리제도를 도입, 운영하고자 하는 기업에 대한 지원강화와 함께 기업의 자발적인 참여를 유도하기 위한 다양한 인센티브제도의 도입이라고 할 수 있다. 외국의 경우 제도 운영과 관련된 인센티브제도로서 정부조달계약제도와 연계시키고 있다.

(단위: %)

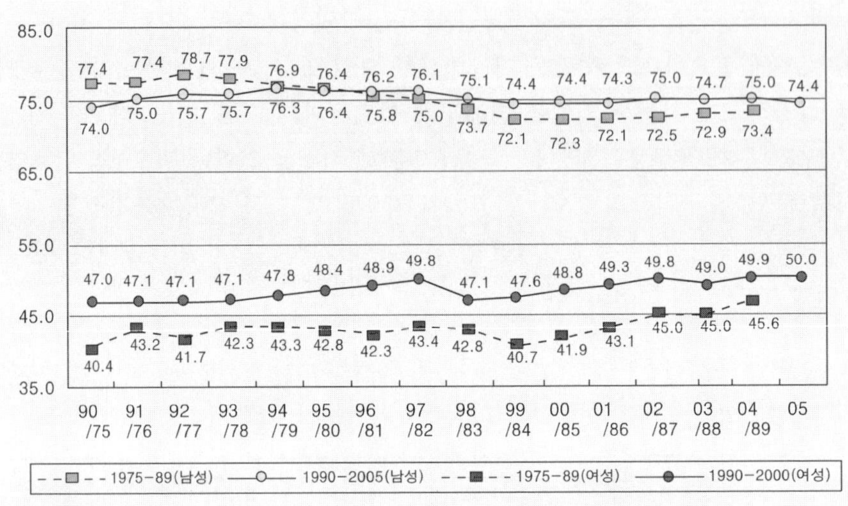

▎그림 6-1▎ 연도별 성별 경제활동참가율 변동 추이

출처 : 통계청(각 연도), 「경제활동인구조사」원자료 분석.

2. 출산 · 육아로 인한 경력단절 완화

우리나라 여성고용의 주요한 특징 중의 하나는 출산 · 육아로 인한 경력단절의 지속이다. 이러한 경력단절로 인해서 우리나라 연령별 여성 경제활동참가율 곡선은 다른 OECD 회원국과는 달리 M자형을 보이고 있다. 출산 및 육아로 인한 경력단절은 여성의 저임금 하위직 집중현상을 나타내는 수직적인 직종격리를 가져옴과 동시에 남녀임금격차를 가져오는 주요한 요인이다. 뿐만 아니라 이러한 경력단절은 기업으로 하여금 여성에 대한 직업능력개발 투자를 기피하게 만듦과 동시에 채용을 꺼리게 만드는 요인이 된다. 이에 따라 출산 및 육아로 인한 경력단절을 방지하기 위해서 보육시설의 양적 질적인 확충과 함께 산전후 휴가, 육아휴직제도, 육아휴직 동안 대체인력지원제도 등의 체계적인 확충과 함께 제도가 실질적으로 정착되도록 해야 할 것이다. 그리고 출산 · 육아를 여성 · 가족의 책임으로 인식하는 문화를 개선하고, 직장과 가정의 양립지원 문화를 조성하는 것이 필요하다.

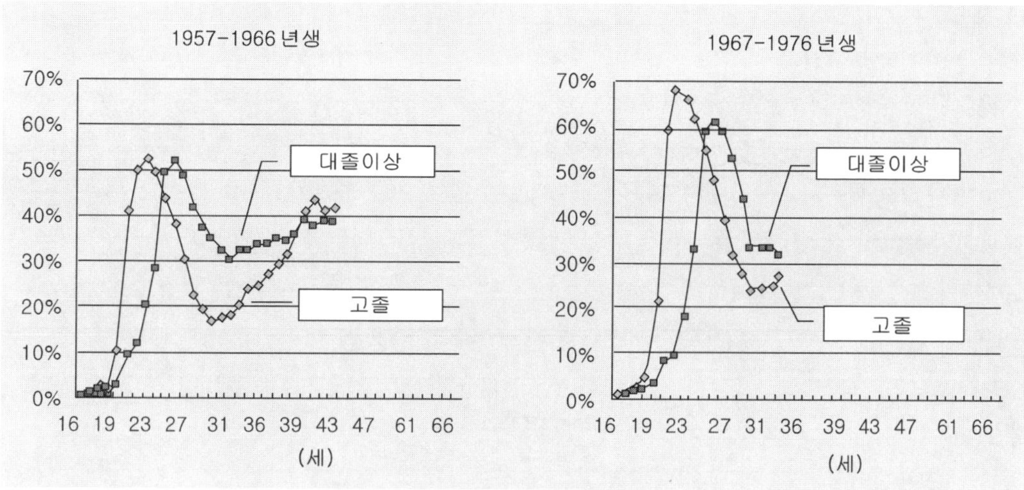

[그림 6-2] 세대별 여성의 연령별 경제활동참가율 곡선

출처 : 한국여성개발원, 여성취업실태조사 4차(2001)

3. 비정규직 중심의 여성고용구조 개선

우리나라 여성근로자의 종사상지위를 보면, 고용이 안정된 여성상용직근로자의 구성비가 1990년 중반에 약 42%이었으나, 이후 하락하는 추이를 보여 1999년 31.1%, 2006년 39.8%를 나타내었다. 즉, 2006년 여성임금근로자의 60.2%가 임시 및 일용직과 같은 비정규직근로자이다. 이와 같은 여성 비정규직근로자의 구성비는 연령에 구분 없이 그리고 고학력 집단까지 상당히 높은 특징을 보인다. 여성 비정규직의 근로조건을 보면 정규직과 비정규직 즉, 고용형태별 임금격차가 상당히 크고, 고용보험, 국민연금 등 사회보험가입율이 상당히 낮은 특징을 보인다. 이에 따라 여성 비정규직문제는 고용형태별 차별 해소, 근로조건보호, 실질적으로 정규직이 필요함에도 불구하고 인건비 절감을 위해서 비정규직을 남용하는 하는 문제, 부당하게 정규직 신분직에서 비정규직으로 전환시키는 문제, 일정 기간 이후에 비정규직이 정규직으로 탈출할 수 있는 제도 마련하는 것이 주요한 과제이다. 2007년에는 비정규직과 관련된 남용과 차별개선을 위해서 제정된 기간제 및 단시간근로자 보호 등에 관한 법, 개정된 파견근로자보호 등에 관한 법이 시행된다.

(단위: %)

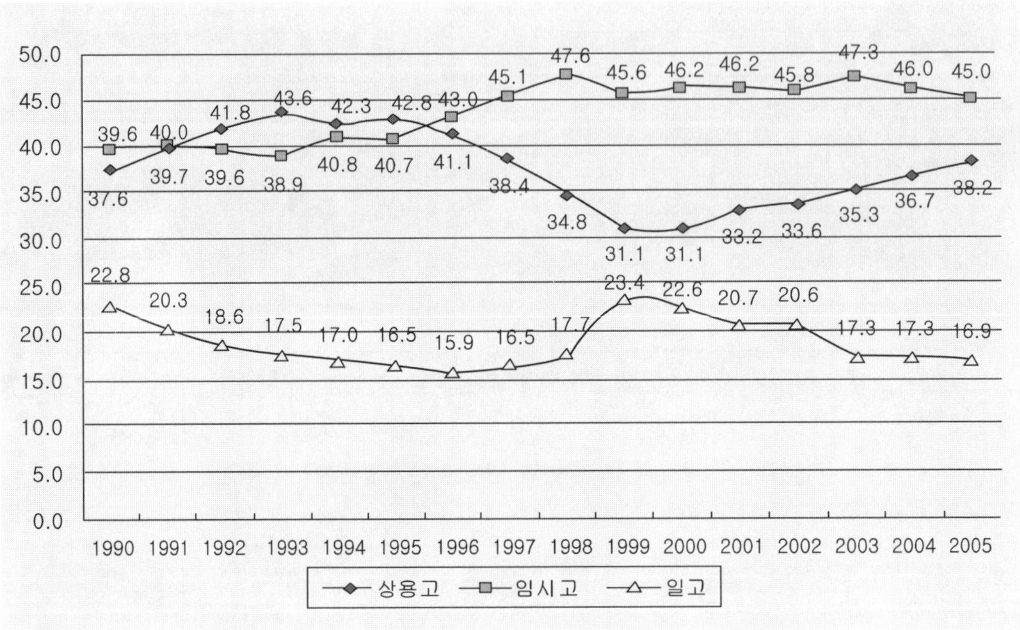

❙그림 6-3❙ 연도별 여성임금근로자의 종사상지위별 분포

출처 : 통계청(각 연도), 「경제활동인구연보」

4. 심한 남녀임금격차와 하위직 위주 취업구조의 개선

여성근로자의 임금수준은 2004년 1,320천원으로 남성근로자 임금수준의 64.5%이다. 우리나라의 남녀 임금격차는 OECD 회원국인 스웨덴 82%('00년), 영국 81.6%('02년), 미국 76.0%('00년) 등의 국가보다 훨씬 크다. 뿐만 아니라 우리나라 남녀임금격차는 주요 선진국과는 달리 합리적 요인에 의한 격차보다 차별과 같은 비합리적 요인에 의한 격차가 큰 특징을 보인다. 남녀임금격차를 개선하기 위해서는 동일가치노동 동일임금원칙의 정착과 함께 임금차별의 적극적인 개선을 위한 근로감독 지도 강화, 차별분쟁의 효율적인 처리 기반구축 등이 필요하다. 이 외에도 고임금 업종이나 직종에 여성채용확대, 여성의 장기근속 유도, 각종 남녀승진차별 제고 등을 통해서 간접적으로 임금격차를 좁히는 정책이 필요하다.

<표 6-2> 성별 임금격차 현황(월급여총액 기준)

(단위 : 천원, %)

구분	1995	1997	1998	2000	2001	2002	2003	2004
남	1,058	1,260	1,272	1,500	1,586	1,765	1,921	2,047
여	643	794	815	974	1,043	1,142	1,233	1,320
여/남	60.8	63.0	64.1	64.9	65.7	64.7	64.2	64.5

주 : 상용근로자 10인 이상 사업체, 월급여총액은 정액급여와 초과급여의 합계.
출처 : 노동부, 「매월노동통계조사보고서」, 「임금구조 기본통계조사」, 각연도.

우리나라 여성노동문제와 관련된 또 다른 문제는 여성의 전문관리직 비율이 상당히 낮다는데 있다. 여성의 전문관리직 비율은 단순한 고임금 직종에 여성취업을 제고시키는 것 이외의 의미를 갖는다. 즉, 여성의 의사결정직 참여의 확대는 기업의 인적관리제도나 문화를 남녀평등한 방향으로 전환시킬 수 있을 뿐만 아니라, 전략적 의사결정에서의 다각화(diversity)을 통해서 의사결정의 품질을 제고시키는 역할을 한다. 그러나 우리나라와 주요 선진국의 여성관리직 비율을 비교하면, 우리나라는 2002년 현재 5.6%(6.9%, 2004년)인데 비해서, 싱가폴 25.8%, 네덜란드 25.6%, 독일 34.5%, 영국 31.5%이다. 이에 따라 여성 관리직 진출 확대를 위한 승진차별 해소, 능력개발 등과 같은 정책을 실시하는 것이 필요하다.

5. 남녀임금차별 해소와 차별구제절차 강화

우리나라 노동시장에는 아직 여러 가지 유형의 남녀차별이 존재한다. 이에 따라 정부는 근로감독 강화를 비롯하여, 차별분쟁을 해결하기 위한 절차를 마련하고 있다. 먼저 사업장내에 자율적으로 분쟁을 해결하는 절차가 있다. 즉, 노동부는 사업장내 소속 근로자중 1~2인을 해당 사업장의 명예고용평등감독관으로 위촉하여 근로자에 대한 상담업무 및 노사 자율개선을 추진토록 지원하고 있다. 그리고 노사협의회를 통한 해결하는 방법이 있다. 즉, 사업주는 근로자로부터 고충의 신고를 받은 때에는 노사협의회에 고충처리를 위임하는 등 자율적인 해결을 하도록 하고 있다. 분쟁을 해결하는 또 다른 방법으로는 민간단체를 이용하는 방법이 있다. 노동부에서는 상담의 전문화 및 근로자의 이용 편의성을 높이기 위하여 전국 주요지역에 민간단체 고용평등상담실을 지원・운영하고 있다. 이에 따라 차별을 받은 여성근로자는 각종 여성단체 및 법률관련기관 등에 개설된 상담창구를 활용하여 대응 요령 등에 관한 상담을 받을 수 있다.

분쟁을 해결할 수 있는 또 다른 절차로는, 피해자가 지방노동관서에 시정요청을 하거나 사업주를 상대로 고소 및 진정을 하는 것이다. 이 경우 지방노동관서(고용평등과 · 근로감독과)는 사건을 조사하여 행정지도 또는 시정명령을 통해 분쟁을 해소하고, 시정하지 아니한 경우 사법 조치한다. 이와 함께 국가인권위원회나 노동위원회를 통해서 분쟁을 해결할 수도 있다. 국가인권위원회는 분쟁해결을 위한 신청을 받으면 조사를 하고, 조사가 완료되면 소위원회나 전원위원회에서 심의하여 의결한다. 그러나 인권위원회는 차별시정을 권고하는 권한만 있음에 따라, 권리구제에 한계가 있다. 노동위원회는 근로자위원 · 사용자위원 및 공익위원 3자로 구성된 합의제 행정관청으로서 노사간의 이익 및 권리분쟁에 대한 조정과 판정을 주 업무로 하는 독립성을 지닌 준사법적 기관이다. 이에 따라 결혼 · 임신 · 출산 등을 이유로 해고 등을 당하거나, 직장내 성희롱으로 인하여 부당하게 해고 · 휴직 · 정직 · 전직 · 감봉 기타 징벌 등을 당한 경우 노동위원회에 구제 신청을 할 수 있다. 마지막으로 사업주와 성희롱 행위자를 대상으로 정신적 · 물질적 고통을 입힌 데 대한 손해배상을 민사법원에 청구하는 방법도 있다.

요 약

1. 정책추진의 방향성

산업화 이후 우리나라의 여성노동정책은 시기별로 많은 변화를 보였는데, 이와 같은 변화는 일정한 경향성을 보인다. 즉, 1980년 후반 민주화운동과 격심한 노사분규가 발생하기 이전까지는 여성노동정책은 거의 수립, 시행되지 않았다. 이와 같은 현상은 산업화과정에서 정부주도의 경제성장우선 정책기조가 상당히 오랫동안 유지한데 기인한다. 그러나 1980년대 중반부터는 노동운동과 함께 여성운동이 활발하게 진행됨에 따라 여성노동문제가 사회문제화되기 시작하였고, 그 결과 정부는 남녀고용평등법과 같은 여성고용관련 법제 제정, 여성고용정책 등을 수립, 시행하기 시작했다.

1990년에 접어들면서 정부는 여성인력활용제고와 남녀고용평등을 위해서 경제사회발전 종합계획에 여성발전부문을 포함시켜서 수립하기 시작하였고, 1994년에는 여성고용을 위한 종합적인 계획으로 제1차 근로여성복지 기본계획을 수립, 시행하였다. 2000년에 접어들면서 정부는 적극적 고용개선조치 도입, 성인지적인 노동정책 평가, 근로여성국을 고용평등국으로 전환하는 등 성인지적인 노동정책 수립 및 시행하기 시작하였다.

2. 주요정책 현황

여성고용과 관련된 대표적인 정책은 2006년에 도입한 적극적 고용개선조치이다. 적극적 개선조치에 의해서 공공기관 · 단체 및 일정규모 이상의 근로자를 고용하는 사업주와 공기업 및 상시근로자 500인 이상 기업은「남녀근로자현황」제출하고, 제출된 현황을 기준으로 직종별 여성근로자의 비율이 산업별 · 규모별로 정한 기준에 미달하는 사업장은「적극적 고용개선조치 시행계획」수립 · 제출해야 한다. 그리고 시행계획을 작성한 사업장은 1년 후에「이행실적평가서」를 제출해야 한다. 또한 정부는 실직여성가장의 고용촉진을 위해서 자영업지원, 고용촉진장려금제도를 운영하고 있다. 여성가장 고용촉진장려금제도는 재취업이 어려울 뿐만 아니라 생계비 확보마저 어려운 여성가장이 보다 쉽게 고용될 수 있도록, 노동관서의 취업알선에 의하여 직업안정기관에 구직 신청한 여성가장 실업자를 채용한 사업주에게 고용보험에서 6월간 월 50만원을 지원하는 제도이다.

고용평등정책으로는 먼저 고용차별에 대한 행정부의 행정감독을 들 수 있다. 노동부는 매년 정례적으로 '고용평등특별점검'을 하고, 지도점검을 실시하고 있다. 노동부는 이 외에도 남녀고용평등법 제24조에 의해 사업장의 근로자를 명예고용평등감독관으로 위촉하여 남녀고용평등법 이행에 대한 사업주와 근로자의 관심을 제고하고 남녀차별 관행에 대한 자율적인 개선을 유도하고 있다. 또한 모집 · 채용에 있어서의 남녀차별을 개선하기 위하여 50대 그룹 및 공기업에 여성을 면접위원에 포함시키도록 권고하는 정책을 실시하고 있다. 또한 2000년에 고용평등상담전용 전국단일전화번호를 설치하여 고용상 성차별 및 직장내 성희롱 관련 상담을 실시하고 있다. 이외에도 정부는 남녀고용평등의식의 사회적 확산과 고용평등제도의 홍보를 위해서 4월 첫째주를『남녀고용평등주간』으로 정하여 기념식, 유공자포상, 토론회 개최 및 언론캠페인 등을 한다. 그리고 국가인권위원회가 제반 차별분쟁과 함께 남녀고용차별 분쟁처리를 담당하고 있다. 인권위원회는 당사자의 신청 또는 직권에 의하여 진정을 조정위원회에 회부하여 조정을 하고, 차별이 있는 경우에는 시정권고를 할 수 있다.

모성보호정책을 보면 우리나라는 산전후휴가기간을 90일을 제공한다. 사업주는 산전후휴가기간 중의 60일에 대해서 급여부담을 하고, 나머지 30일에 대해서는 고용보험에서 부담한다. 그러나 2006년부터 우선지원대상기업의 경우 휴가기간 90일 전부에 대하여 고용부담에서 통상임금수준으로 급여를 부담한다. 그리고 유산 · 사산휴가는 원칙적으로 자연유산인 경우에만 임신 16주 이후부터 임신기간에 따라 차등 부여하고, 해당기간에 산전후급여수준의 급여를 지급한다. 육아휴직은 생후 3년 미만의 영아를 가진 남녀근로자에게 12개월 제공된다. 육아휴직을 실시한 사업주에게는 고용보험을 재원으로 육아휴직장려금을, 육아휴직 실시 근로자에게는 월 50만원의 육아휴직급여를 지급한다. 또한 육아휴직 활용을 제고하기 위하여, 육아휴직기간에 대체인력을 사용하는 사업주에 대해서 육아휴직개시일 90일 이전부터 신규로 채용한 경우까지 우선지원대상기업은 월 30만 원, 그 외 기업은 월 15만 원의 지원금을 제공한다.

연구 및 토의과제

1. 여성고용 확대와 국가경쟁력간의 상관관계를 말해보시오.
2. 여성의 결혼 및 출산에 따른 경력 단절의 결과와 해소 방안을 논의해보시오.
3. 여성 비정규직근로자의 특성과 개선 방향을 논의해보시오.
4. 노동시장의 남녀차별을 근절하기 위한 효율적인 방향을 논의해보시오.
5. 적극적 고용개선조치(affirmative action)와 역차별 문제를 논의해보시오.
6. 노동시장에 존재하는 유리천정(glass ceiling) 제거 방법을 말해보시오.
7. 직장내 성희롱의 개인적, 사회적, 경제적인 효과를 말해보시오.
8. 남녀임금격차 중에서 차별부분의 측정방법과 대처 방법을 논의해보시오.
9. 성과중심 인적자원관리제도 확산과 여성고용의 질적 양적 구조를 말해보시오.

참 · 고 · 문 · 헌

권영자(1995). 한국여성정책에 관한 연구. 성신여자대학교 박사학위 논문.

김태홍 외(2002). 「여성과 국가경쟁력」. 한국여성개발원.

김태홍 · 문유경(1995). "해방이후 사무직 여성의 지위변화와 전망". 「여성」. 광복 50주년 기념 학술사업. 학술진흥재단.

노동부(2002). 「제3치 남녀고용평등기본계획」.

박래영(1986). "경제성장과 고용구조". 「한국경제 33과제의 인식」. 서울대학교 대학신문사편. 서울대학교 출판부.

세계화추진위원회(1995). 「여성의 사회참여 확대 방안」.

장하진 외(2002). 「근로여성 정책의 변화에 관한 연구」. 노동부.

조순 · 주학중 외(1990). 「한국경제의 이론과 현실」. 서울대 출판부.

한국여성개발원(1994). 「여성정책현황평가서(안)」. 미발간자료.

한국여성개발원(1995). "여성의 사회참여 확대 방안(초안)". 「여성의 역할과 지위의 세계화」.

Kim Tae-Hong(2006). 「Female Employment Structure between Korean and Australia - The Changes and Policy Implications」. Krivet Form. 한국직업능력개발원.

S. Seguino(2000). Gender wage inequality and export-led growth in South Korea. *Women's Studies Forum.* Vol. 11, pp. 187-210. S.

Seguino(2001). Accounting for Gender in Asian Economic Growth. *Feminist Economics,* Vol. 6. No. 3, pp. 27-58.

제7장 성평등교육정책과 인적자원개발

민 무 숙(여성가족부 여성인력기획관)

제1절 정책 추진 경향성

한국은 교육부문에서만큼은 아시아 국가 중에서도 이제 선진국 수준에 도달했다고 과언이 아니다. 초등학교는 물론이고 중등교육에 있어서도 1990년 이미 90% 이상의 취학률을 보이고 있으며, 고등교육 취학률 역시 60%를 상회하여 선진국 수준이 부럽지 않을 정도이기 때문이다. 남녀간의 교육수혜율의 격차 역시 많이 좁혀들어 이제는 중등교육 수준에서는 대부분의 남녀 학생이 취학을 하고 있으며, 고등교육 수준에서만 격차가 지속되고 있을 뿐이다.

그러나 교육의 평등이 단지 기회의 평등만에서 그치는 것이 아니라 교육의 과정의 평등, 그리고 결과의 평등까지를 의미한다는 것이 1960년대 이미 콜맨(Colmen)에 의하여 개념화된 이래 보편화된 점을 감안하여 본다면, 여전히 한국사회에서 성평등교육이 실질적으로 이루어지고 있다고 말하기는 이르다.

우리나라 성평등교육정책의 단계를 세 가지로 구분하여 고찰할 수 있다. 우선 첫번째로, 성별(gender)에 무관심한 단계가 있는데 이를 성맹적 단계(gender-blind)로 칭할 수 있다. 이 단계에서는 교육의 문제에 있어서 남녀의 사회문화적 성별(gender)의 문제 그 자체가 논의의 범주에 들지 못한다. 이 단계에서는 가치중립의 입장 하에서 기존의 교육방식에 이의를 제기하지 않으며, 따라서 성차별적인 교육의 문제에 전혀 관심을 갖지 않는 단계이다. 여성에 대한 기회의 제공이나 배려는 관심의 대상이 아니기 때문에 성평등교육이라고 하는 문제는 전혀 이슈화되지 않으며, 사실상 남성 위주의 교육만이 시행된다고 해도 무방하다. 이는 교육을 담당하는 사람이나 교육정책을 입안하는 사람들 대부분이 남성이기 때문에 여성이 처한 교육문제에 대한 인식이 자연히 없을 수밖에 없다는 점에서도 기인한다.

두 번째로는 성별(gender)를 무시하거나 주의를 기울이지 않는 단계인데 이를 성중립적 단계(gender-neutral)로 칭할 수 있다. 이 단계에서는 성차별을 없애기 위한 하나의 방식으로 성별을 무시하는 방식을 취한다(Huston, 1994). 역설적으로 교육대상자가 여성인가, 남성인가에 대하여 주의를 기울이지 않기 위하여 그러한 요소를 배제하는 단계라 하겠다. 교육자는 학습자의 발달단계나 심리특성에 대하여는 주의를 기울이지만, 그 사람이 남성인가, 여성인가에 대하여는 무시하거나 의미를 부여하지 않는 단계이다. 결과적으로 이 단계에서는 성별에 유의하여 기회를 차별적으로 제공하거나 관심을 달리 배려하는 활동 등은 자연히 배제된다.

세 번째로 성별 문제에 민감한 단계(성인지적 단계, gender-sensitive)를 들 수 있다. 여기에서는 성중립적 단계에서의 성평등 교육을 추구하는 정책이 양성의 기회균등에 공헌하였을는지는 모르나 실질적인 성평등 교육이 이루어졌다고 하기에는 미흡하거나 문제가 있다고 본다. 왜냐하면, 전체 사회구조가 성(gender)을 사회조직의 원칙으로 사용하고 있고, 그것을 구성원들이 의식하고 있거나 내면화하고 있는 상황에서 성에 무관한, 성을 무시한, 혹은 양성에게 단지 동일한 교육을 제공하는 것으로 문제가 해소되기 어렵다고 보기 때문이다.

예컨대 이 단계에서는 아무리 형식적으로 공평한 기회가 제공된다 하더라도 교육성취에 있어서 차이가 나타난다는 점을 주시하면서 그 원인에 보다 주목하는 단계라 하겠다. 남성과 여성의 사회적, 역사적 경험이 다르고, 그러한 누적적 경험의 차이로 인하여 학습방식 등의 차이가 발생할 수 있으며, 그것이 어떤 기제를 통하여 교육의 결과와 사회적 지위와 연결되는가를 주목한다는 점이 그 전 단계인 성중립적 단계와 다르다. 따라서 이 단계에서는 교육의 내밀한 과정과 학생들에게 전달되는 상징적 메시지 등에 대한 분석을 요구하며, 모든 학생의 자료를 성별로 분리하여 줄 것과 그것을 토대로 심층적인 분석을 할 것을 요구한다. 나아가 만일 원인이 발견된다면, 그에 대한 특별한 처치를 위하여 대안적인 교육프로그램이 개입되어야 함을 주장한다.

이러한 세 가지 단계의 분류 틀을 우리나라 교육정책의 변화에 적용해 볼 수 있다. 우선 우리나라 교육정책은 1980년대 초까지만 해도 부분적인 성맹적 단계라 할 수 있다. 특히 교육기회를 여성이라고 해서 제한하지는 않았기 때문에 여성의 교육문제가 정책입안에 있어서 큰 이슈가 되거나 관심의 대상이 되지 않았던 시기이다. 실제로 이 기간 동안 교육정책연구기관에서 여성이 메인 주제로 설정된 연구가 거의 없다는 점은 이러한 점을 반증하는 것이다.

1980년대 중반 이후 1990년대까지는 성중립적 단계로 옮겨왔다고 볼 수 있다. 이 시기는 교육정책 입안에 있어서 여성의 문제가 중요시되고, 교육의 과정에서 성편견을 강화하는 요소를 제거하는 노력을 실시하였던 기간이다. 동 기간중 교육과 여성문제에 있어서 가시적인 성과를 보인 것은 세 가지로 대별될 수 있다. 첫 번째는 일련의 학자 군에 의하여 교육에 있어서 여성문제가 거론되기 시작하면서 가장 관심을 끈 것으로 교과서 내용의 성차별적인 요소이다. 교육과정 개편 시마다 지속적으로 관련학자들은 성차별적 내용을 분석하고, 그것에 대한 시정을 요구하는 일이 반복되었는데 이로 인하여 정책입안자들은 성맹적 단계에서 성중립적 단계로의 전이를 요구받았다고 하겠다. 그 결과 6차 교육과정 때부터는 교육과정 및 교과서 집필지침과 2종 교과서 검정기준에 남녀역할에 대한 편견이 없도록 함을 강조하게 되었다(정무장관 제 2실, 1995).

두 번째는 1985년에 우리나라는 유엔의 [여성차별철폐협약]을 비준하면서 중등학교에서 실시되었던 남녀 분리교육을 남녀공학으로 전환할 것이 요구되었다. 이 또한 성별을 준거로 교육의 기회를 제한하거나 분리하는 정책의 철폐가 요구된 것이다. 그 결과 1990년 이후 신설되는 공립학교는 대부분 남녀공학을 권장하게 되었고, 그 결과 1985년에는 중학교의 52.3%, 고등학교의 33.9%만이 남녀공학이던 비율이 1998년에는 중학교 59.3%, 고등학교 47.7%로 증가하였다(교육통계연보). 세 번째로는 1995년 6차 교육과정이 적용되는 중학교 남녀학생에 대한 가정과 기술교과의 공통이수가 실시된 점이다. 여학생에게는 가정교과만을, 남학생에게는 기술교과만을 분리 이수하도록 한 것은 매우 오래된 교육과정 편제인데 이를 10여년의 노력 끝에 공통이수로 전환하게 한 것이다. 이러한 교육과정 편제의 변화로 기존의 학교지식과 삶의 영역을 남성의 영역/여성의 영역으로 분리하던 남녀학생들의 인식의 틀을 깨는 역할을 할 것으로 기대되고 있다.

1998년 국민의 정부가 들어서면서 여성정책 집행 기구의 틀에 획기적인 변화가 있었다. 여성문제를 전담하던 정무 제 2장관실이 폐지되고, 대통령직속 여성특별위원회가 설립되면서, 5개 정부 부처(행정자치부, 보건복지부, 법무부, 농림부, 교육부)에 여성정책담당관실을 신설하게 되었다는 점이다. 기존에 여성고용문제를 다루던 노동부 평등고용팀까지 포함한다면 6개 정부부처에 여성정책 전담기구가 설립된 것이다. 이후 여성특별위원회가 2001년 여성부(2005년 여성가족부로 개편) 로 바뀌면서 핵심적인 여성정책 추진기구로 등장하게 되었다.

교육정책과 관련하여 교육부내 신설된 여성정책담당관실은 성중립적 교육의 실질적인 시행과 함께 교육분야에 있어서 성인지적 정책을 시행할 것을 기대 받고 있다. 즉 기존의 성중립적이라 표방되는 교육의 제반 과정에 숨겨져 있는 문제의 진단과 시정을 요구하는 것이며, 나아가서는 여학생들에 대한 특별한 관심과 정책적 프로그램을 요구하는 것으로 나타난다. 예컨대 성중립적 교육정책을 표방하는 입안자의 관점에서는 남녀학생 모두에게 한 종류의 진로지도 프로그램만을 제공하는 것으로 성평등교육을 실현하였다고 생각한다면, 성별문제에 민감한 정책입안자는 여학생은 남학생들과 달리 향후 다른 사회적인 조건(예: 취업에서의 성차별, 가정과 직업의 이중역할 부담)에 처하게 되는 점을 중시하고, 이에 대한 현실적 인식과 대처능력을 교육프로그램에 반영하는 정책을 시행하는 차이가 있다. 최근에 들어 여학생들에게 보다 친화적인 수학과 과학 교육프로그램을 개발하고자 하는 연구들과 사업들이 진행되고 있는 것도 기존의 성중립적 방식에서 벗어나 성별에 민감한 교육방식이 필요하다는 공감대가 형성되었기 때문이라 하겠다. 이러한 점에서 우리나라의 성평등교육정책은 기존의 성차별을 없애는 소극적인 정책에서 한발 나아가 여성인적자원의 활용을 통하여 사회의 성평등의 실현을 중시하는 적극적인 정책으로 발전하고 있다고 볼 수 있다.

제2절 정책현황

결국 한국의 성평등교육정책의 방향은 여성들의 교육기회확대가 다양한 진로로 연결되도록 하는 것이고, 나아가 교육의 결과로 이어지도록 하는데 있다. 이를 위하여는 교육의 과정에서 전통적인 성고정관념에 의한 지도방식을 개선하고, 미래지향적인 의식을 가진 남녀학생들로 지도하는 것이 필수적인 과제이다. 이 절에서는 그동안의 한국의 성평등교육정책의 추진 내용과 변화를 살펴본다.

1. 성평등교육 관련법과 추진체계

가. 성평등교육 관련법

한국에서 이루어지고 있는 성평등교육의 제반 정책은 몇 가지 법적인 토대위에서 이루어지고 있다. 특히 성차별을 금지하고 평등한 교육을 실시해야 하는 필요성이 헌법 및 교육기본법에 잘 제시되고 있다.

1) 헌법

1948년 헌법제정시 이미 제 8조에서 남녀평등을 다음과 같이 법적으로 보장하고 있다. "모든 국민은 법 앞에 평등하며, 성별, 신앙, 사회적 신분에 의해 정치적, 경제적, 사회적 생활의 영역에 있어서 차별을 받지 아니한다."

2) 교육기본법

교육기본법은 제4조에서 교육에 있어서의 차별을 금지하고 있다. "모든 국민은 성별, 종교, 신념, 사회적 신분, 경제적 지위 또는 신체적 조건 등을 이유로 교육에 있어서 차별을 받지 아니한다."

1999년 말에는 교육기본법 중 '남녀평등교육의 증진'이라는 조항(17조의2)이 새로이 신설, 개정되었다. 이 조항은 의원들의 발의로 신설되었는데 기존의 교육기본법에 있는 '성별에 의한 교육기회의 금지'라는 소극적인 선언으로는 실질적인 남녀평등이 이루어지기 어렵다고 보고 보다 적극적인 방안을 마련하기 위해 만들어진 것이다. 이 조항은 다음과 같은 내용으로 구성되어 있다: ① 국가 및 지방자치단체는 남녀평등정신을 보다 적극적으로 실현할 수 있는 시책을 수립, 실시하여야 한다, ② 제1항의 규정에 의한 시책에는 체육·과학기술 등 여성의 활동이 취약한 분야를 중점 육성할 수 있는 교육적 방안이 포함되어야 한다, ③ 학교교육에서의 남녀평등증진을 위한 학교교육과정의 기준과 내용 등 대통령령이 정하는 중요사항의 수립과 관련하여 교육부장관의 자문에 응하기 위하여 남녀평등교육심의회를 둔다, ④ 제3항의 규정에 의한 남녀평등교육심의회의 위원의 자격 구성·운영 등에 관하여 필요한 사항은 대통령령이 정한다.

이러한 조항의 신설이 향후 교육정책에 있어서 실질적으로 얼마나 영향력을 발휘하여 젠더문제를 확산시킬 수 있을지는 두고 보아야 하지만, 교육법안에서 명시적으로 이러한 문제를 드러냈다는 점에서 의미가 크다 하겠다.

3) 여성발전기본법

동 법은 헌법상의 남녀평등이념을 모든 영역에 있어서 실질적으로 구현하고 여성발전을 도모하기 위하여 1995년에 제정한 것 국가 및 지방자치단체의 책임을 명시하고 있다. 동법 제 20조에서 "국가 및 지방자치단체는 학교교육에 있어서 남녀평등이념을 고취하고 여성의 교육기회를 확대하여야 한다"고 명시하였다.

4) 교육공무원법

「교육공무원법」은 2003년 7월 25일에 개정될 때 대학교수의 심한 남성편중의 현실을 개선하고, 여성의 교수임용기회를 확대하기 위해 양성평등임용을 위한 적극적 조치에 관한 조항(제11조의4)이 신설되었다. 그리고 대학인사위원회의 위원의 일정비율은 여성으로 임명하도록 하는 규정(제5조 제2항)도 두었다. 구체적으로는 국가 및 지방자치단체는 대학의 교원임용에 있어서 양성평등을 제고하기 위하여 필요한 정책을 수립·시행하여야 하며, 대학의 장은 대학의 교원을 임용함에 있어서 특정 성별에 편중되지 아니하도록 3년마다 계열별 임용목표비율이 명시된 임용계획 등 적극적 조치의 시행을 위하여 필요한 계획을 수립하여 시행할 것을 명시하고 있다.

5) 교육공무원임용령

「교육공무원임용령」은 2003년 11월 4일에 개정될 때, 「교육공무원법」 제11조의3의 규정에 의하여 대학의 교원임용에 있어서 양성평등을 제고하기 위한 정책의 수립·시행에 관하여 교육인적자원부장관의 자문에 응하기 위하여 교육인적자원부장관 소속하에 대학교원임용양성평등위원회를 두는 규정을 신설하였다(제6조의 2). 또한 대학의 장에게 교육인적자원부장관이 정하는 바에 따라 법 제11조의3제2항의 규정에 의한 양성평등조치계획의 수립과 추진실적을 교육인적자원부장관에게 제출하여야 할 의무를 부과하고, 교육인적자원부장관과 지방자치단체가 평가하도록 하는 규정(제6조의 3)도 신설하였다. 2005년 4월 15일의 개정시에는 양성평등조치계획의 수립과 추진실적의 제출시기에 관한 규정(제6조의3 제2항)이 개정되었다.

나. 성평등교육 추진체계

1) 여성정책 추진체계

한국의 성평등교육은 교육정책의 변화보다는 여성정책의 전체적인 흐름속에서 영향을 받고 진전되어 왔다. 특히 한국은 여성들의 교육기회가 급속히 확대되어 교육부문에서 여성들의 문제를 개선해야 할 필요성에 대한 인식이 별로 확산되지 못했기 때문에 교육정책에서 큰 비중을 차지하지 못하였다. 1980년대까지 주류 교육정책에 있어서 젠더 문제에 대한 관심은 전무하였다고 하여도 과언이 아니다. 그 단적인 예로는 정부의 교육정책을 거의 유일하게 입안하는 역할을 맡아왔던 '한국교육개발원'의 수많은 보고서 중에 성별의 문제를 다룬 보고서가 거의 없었다는 점이다. 1979년에 이루어진 [한국인의 남녀역할관]과 1982년에 이루어진 [여성인력양성 및 활용방안 연구] 정도가 유일하게 꼽을 수 있으며, 이후 현재까지 젠더 문제에 관심을 가지고 진행된 연구보고서는 하나도 없다(민무숙, 2002). 또한 이 당시 진행되었던 교육개혁에 대한 여러 정부계획안이나 정부의 정책자문위원회 종합보고서 등에도 역시 여성에 대한 정책과제나 관심은 찾아볼 수 없다. 따라서 이 시기까지의 교육정책은 성맹적 단계(gender-blind)에 있었다고 할 수 있다.

이시기에 교육분야에서 여성의 문제나 성별의 문제는 1983년도에 설립된 '한국여성개발원'에 의하여 거의 유일하게 진행되어왔다고 할 수 있다. 그러나 이시기에 여성개발원의 성격은 정책연구기관이라기보다는 교육이나 취업알선의 기능까지 갖는 등 종합적인 기관의 성격을 가지고 있어서 본격적인 연구물의 수는 매우 적다. 특히 교육분야의 연구는 당시 상위기관이던 보건사회부의 관할기관인 여성회관의 업무개발을 위하여 성인여성의 복지와 관련된 프로그램개발 연구가 주를 이루었으며, 학교교육과 관련하여서는 교과서 내용에 나타난 성역할 연구가(김정자 외, 1985, 1986) 주된 것이었다.

따라서 1990년대 중반까지의 성평등교육 정책은 여성정책의 틀 속에서 이루어졌다고 볼 수 있다. 즉 여성정책을 담당하던 정부 부처(보건사회부→정무 제2장관실→대통령 직속 여성특별위원회)가 관여하고, 정부소속 출연연구기관인 한국여성개발원에서 이루어지는 연구를 통하여 정책이 교육부에게 전달되는 형태로 이루어졌다. 특히 1996년도에 만들어진 [제1차 여성정책기본계획](1997～2002)안에 양성평등교육과 관련한 정책들이 제안되었으나, 그러한 정책들을 교육정책 안에 영향력을 발휘할 수 있는 정책통로나 기구가 없었기 때문에 교육분야에서 젠더 문제를 중요한 관심사로 부각시키지 못하였다.

2) 교육인적자원부의 추진체계

한국의 교육부내 성평등교육 추진체계는 1998년 이전까지는 공식적인 기구가 없었다. 단지 교육부가 사안별로 관련문제에 대한 정책이나 개선책을 마련하는 정도였다. 예컨대, 여교원 복지 문제같은 것은 교원복지과에서 담당하였고, 교과서의 성차별성 개선의 문제는 교육과정심의관실에서 다루어졌다. 따라서 학교의 전반적인 양성평등교육의 문제나 프로그램 시행같은 것은 총괄적으로 입안하거나 모니터링하는 추진부서는 없었다.

1998년 정권이양이 되면서 여성정책 집행 기구의 틀에 획기적인 변화가 있었다. 이러한 변화는 양성평등교육 추진체계에도 영향을 미쳤다. 그 전의 여성문제를 전담하던 정무 제2장관실이 폐지되고, 대통령직속 여성특별위원회가 설립되면서, 5개 정부 부처(행정자치부, 보건복지부, 법무부, 농림부, 교육부)에 여성정책담당관실이 신설되었다. 기존에 여성고용문제를 다루던 노동부 직제까지 포함한다면 6개 정부부처에 여성정책 전담기구가 설립된 것이다. 이후 2000년에는 여성특별위원회가 여성부(Ministry of Gender Equality)로 바뀌면서 핵심적인 여성정책 추진기구로 등장하게 되었다.

교육정책과 관련하여 교육부내 신설된 여성정책담당관실은 성중립적 교육의 실질적인 시행과 함께 교육분야에 있어서 성민감한 정책을 시행할 것을 기대 받고 있다. 이 부서의 역할과 기능은 다음과 같다: ① 여성교육관련 정책 수립과 조정, ② 여학생의 진로교육 및 진로지도에 관한 사항, ③ 여교사의 권익보호에 관한 사항, ④ 여성의 직업능력개발에 관한 사항, ⑤ 여성의 사회교육 및 직업교육에 관한 사항, ⑥ 여성의 교육참여 확대 계획 등이다. 이러한 변화는 실질적인 정책수립의 기능을 부여하는 것으로서 이후부터 교육정책에 젠더 문제가 본격적으로 담론화되기 시작하였다고 할 수 있다. 여성정책담당관실의 신설은 교육정책분야에서 젠더 문제에 대한 연구를 정책과제로 채택함으로써 이 분야의 연구를 촉발시키는 계기가 된 동시에, 연구에서 나온 결과물을 실질적으로 교육정책 시행과정 속에 포함시킬 수 있는 수단을 가지게 되었다는 두 가지 면에서 매우 의의가 큰 전환점이다.

2. 성평등교육 촉진 정책

본 절에서는 위의 각종 법적 근거와 계획들을 가지고 이제까지 성평등교육을 촉진하기 위하여 한국정부가 노력한 정책사례들을 간략히 제시하고 향후의 과제를 제시하고자 한다.

가. 교육기회에서의 차별요소 제거

교육기회에 접근에 있어 특정집단을 배제하는 것은 가장 일차적인 성차별의 모습이다. 한국의 경우 흔히 교육기회의 성차별은 완전히 사라진 것으로 인식되고 있지만, 최근까지도 이러한 일차적인 교육기회의 불평등은 여전히 남아있었다.

1990년대 후반까지도 한국에서는 군인장교를 양성하는 각종 사관학교에서 여학생을 받아들이지 않았다. 즉, 육군, 공군, 해군사관학교 모두에서 여학생을 사관생도로 입학시키는 일은 상상하기 어려운 일이었다. 뿐만 아니라 세무대학이나 철도전문대학, 경찰대학 등 공무원 양성 특수전문교육기관(교육부가 관할하지 않는 특수기관들임)등에도 여성은 입학자격조차 없었다. 그러한 입학제한의 배경에는 군인중에서 장교가 되는 것은 통솔력을 요하는 것이고, 그러한 직무에 여성은 능력이 부족하다는 전제가 깔려 있는 것이었다. 또한 세무사나 철도기관사, 혹은 경찰 등의 직업은 일반인을 대상으로 세금을 걷거나 치안을 유지하고, 철도를 운행하는 등의 거칠고 힘든 업무를 수행하는 것이므로 왠지 여성이 적합하지 않다라는 선입견이 있었고, 그러한 가정하에 여성의 교육기회와 직업선택의 기회를 원천적으로 차단해왔던 것이다.

1990년대 말 이후 사회적으로 다양한 분야에 여성의 진출이 가능하다는 인식의 확산과 양성평등의 사회적 여론의 형성으로 인하여 각종 사관학교는 마침내 여학생에 대한 문호를 조금씩 개방하게 되었고, 여학생의 입학비율을 초기 10%에서 점차적으로 증가시키기에 이르렀다. 최근에는 사관학교 졸업생중에 1등을 여학생이 차지하는 일이 빈번하게 발생하여 뉴스거리로 등장하기도 하였다.

뿐만 아니라 2001년까지 특정 미술대학이나 음악대학의 경우, 입학정원의 일정비율을 여성에게 차단함으로써 성적이 남성보다 우수함에도 불구하고 여성의 입학기회가 제한되었다. 예술계 진학에 있어서 이러한 제한은 여성이 예능 교육을 마친 후, 결혼이나 출산으로 전문 예술인으로 성장하지 못하고 중도에 경력을 개발하지 못해 그만두는 경우가 많았던 경험을 바탕으로 여성의 입학기회를 제한한 것이었다. 사회적으로는 여성의 사회활동과 참여가 활발해지고 있음에도 불구하고 여성에 대한 예능계의 문호제한은 상당히 시대착오적인 것이었다. 1995년 [남녀차별금지및구제에 관한 법률]이 시행된 이후, 이러한 교육기회의 제한이 모두 성차별로 간주됨에 따라 당시 여성정책 추진부처이던 대통령직속의 [여성특별위원회]는 각 대학에 시정권고를 내렸고, 이러한 권고를 받아들여 예능대학의 여학생 입학제한은 사라지게 되었다.

다음으로는 교육기회를 남녀 공히 부여한 정책의 하나로 중고등학교 단계에서의 남녀공학의 확대정책을 들 수 있다. 한국은 1985년에 유엔의 [여성차별철폐협약]을 비준하면서 중등학교에서 실시되었던 남녀 분리교육을 남녀공학으로 전환할 것이 요구되었다. 이 또한 성별을 준거로 교육의 기회를 제한하거나 분리하는 정책의 철폐가 요구된 것이다. 사립학교들은 설립재단의 전통과 이념에 의하여 그대로 유지되었지만, 1990년 이후 신설되는 공립학교는 대부분 남녀공학을 권장하게 되었고, 그 결과 1985년에는 중학교의 52.3%, 고등학교의 33.9%만이 남녀공학이던 비율이 1998년에는 중학교 59.3%, 고등학교 47.7%로 증가하였다(교육통계연보).

그러나 여전히 교육기회의 차별이 존재하는 곳도 남아있다. 특히 초등학교 예비교원을 양성하는 전국의 11개 교육대학은 여교원의 급속한 증가를 방지하기 위하여 1980년대 중반 이후 현재까지 입학정원에 있어서 특정 성비가 25～30%를 넘지 못하도록 규제하고 있다. 교육대학 입학을 원하는 학생들 중의 절대수가 여성인 것이 현실인 점을 고려해 볼 때, 대학별로 이러한 입학정원의 비율을 성별로 규제하는 것은 성적이 우수한 여학생들로 하여금 교육기회의 형평성을 제한하는 것이다. 법적으로는 이러한 조치가 남녀차별조항에 해당하지만, 초등학교에 남성교원을 유인하고자 하는 이러한 정책이 국민의 정서와 어느 정도 부합되고 있어 현재까지 위헌소송이 제기되고 있지 않은 상태이다.

나. 교육과정편제 및 교과서 내용의 성평평성 제고 노력

실질적인 성평등교육은 기회의 평등을 넘어서서 교육과정상의 평등이 진행되는 모습이라 할 수 있다. 그러한 점에서 한국에서는 남녀 성 고정적인 교육과정편제의 개선과 교과서 내용의 성차별적 요소의 제거를 위한 노력을 기울여왔다.

그동안 가장 가시적으로 이루어진 성평등교육정책의 결과는 성차별적인 교육과정의 개선이다. 다른 나라들에서 그러했듯이 한국 역시 실과교육에 있어서 중학교와 고등학교 단계에 이르기까지 가정과 가사과목은 여학생에게만 가르치고, 기술 및 공업이나 상업, 농업과목은 남학생에게만 가르친 교육과정의 분리가 지속되어왔다. 1980년대 이후 일련의 학자 군에 의하여 교육에 있어서 여성문제가 거론되기 시작하면서 이러한 교육과정의 분리와 교과서 내용의 성차별적인 요소가 문제시되었다. 교육과정 개편 시마다 지속적으로 관련학자들은 이러한 성분리적인 교육과정의 개편과 성차별적 교육내용에 대한 시정을 요구하는 일이 반복되었는데 이로 인하여 교육정책입안자들은 성맹적 단계(gender-blind)에서 성중립적 단계로(gender-fair)의 전이를 요구받았다고 하겠다.

이러한 지속적인 비판과 지적의 결과 교육부는 1992년 확정, 고시된 제 6차 교육과정에서는 남녀 모두가 가정과 기술과목을 배우도록 하는 획기적인 변화를 가져오게 되었다. 변화된 교육과정의 실제 적용은 중학교가 1995년부터 시작되었기 때문에 이때부터 중학교 남녀 학생에 대한 가정과 기술교과의 공통이수가 실제로 실시된 셈이다. 당시 이러한 교육과정 편제의 변화로 인하여 남학생들이 요리, 가사실습 등을 하는 학교 현장의 모습들이 신문에 뉴스기사로 등장하기도 하였다. 한편, 고등학교 단계에서는 실과교과 영역에 개설되어 있는 모든 교과를 시 · 도 교육과정 편성지침에 의거하여 남녀 구분없이 필요한 과목을 선택하여 이수하도록 하였다. 그러나 고등학교 단계에서는 대체로 여학생은 가정 · 가사과목을, 남학생은 기술 · 공업을 선택과목으로 이수하는 경향이 있어 완전한 공통이수가 이루어지지 못하였다.

1997년도부터 진행되어 교육과정개정 작업의 적용이 초등학교는 2000년, 중학교는 2001년, 고등학교는 2002년도부터 적용되는 7차 교육과정에서는 교육과정 편제에 있어서 '기술 · 산업' 교과와 '가정 · 가사' 교과를 '기술 · 가정' 교과로 통합하여 국민공통기본교육과정의 제 10학년(고교 1학년에 해당)에 남녀공통으로 필수적으로 이수하도록 변화시켰다. 즉, 그전에는 고등학교 단계에서 두 과목중 하나를 선택하게 하던 것을, 남학생이나 여학생 모두 필수적으로 이수케 함으로써 교육과정에서 실과교육의 남녀분리 이수가 완전히 사라지게 되었다.

실과교육에서 지속되어왔던 남녀분리적 교육과정의 문제는 해소되었으나, 기존의 중앙집중적인 교육과정결정권이 점차 시 · 도교육청과 개별학교, 나아가 개개 학생의 자율적인 선택권으로 확대됨으로써 학생들의 성에 따른 교육과정 편성의 차별성이 야기될 수 있다는 점이 과제로 남아 있다. 학생에게 교육과정 선택권을 부여하는 것은 개인의 흥미와 관심, 적성을 고려한 교육과정의 운영이 될 수 있다는 장점은 있으나, 성별에 따라 더욱 성정형적(sex-stereotyped)인 교과 선택을 강화시킬 수 있다는 점에서 향후 주목해야 할 사항이다. 이미 외국의 경우 여학생들의 경우 고단위의 수학이나 과학과목을 이수하지 않음으로써 학업성취의 차이로 이어지고, 그것이 결국 진로결정에 결정적 영향을 미친다는 연구결과들이 많음은 매우 시사적이다.

교육과정의 형식적인 측면 못지않게 교과서 내용 속에 스며 있는 교육내용의 성차별적 요소에 대한 지적 역시 매우 강하고 지속적으로 제기되어 왔던 점이다. 1980년대 들어 교과서 분석은 여러 학자들과 뜻있는 교사집단들에 의하여 진행되어왔는데, 이러한 분석결과들은 각급학교 교과서가 학생들에게 성별 고정관념을 강화시키며, 한 성에 편파적인 내용으로 제시되는 등 성차별적이고 여학생들의 진취적 사고를 제한하고 있음을 밝히고 있다(김정자 외, 1985, 1986; 주경란, 1985; 한명희 1983; 김재인 외, 1993). 특히 변화하는 직업세계에서 여성들의 사회진출이 활발하고 다양화되어가고 있음에도 불구하고, 교과서에는 여전히 전업주부로서의 여성들의 모습이 강조되거나 특정 직업군에 종사하는 여성들의 모습만이 묘사되는 비진취적인 요소가 지속되고 있다는 비판을 받아왔다. 이러한 교과서내용의 성차별적 요소는 결국 한국의 여학생들이 아무리 교육을 많이 받아도 사회적 성취로 이어지지 못하고 사회참여율이 저조한 원인으로 작용하는 중요한 지점이라는 것이다.

학자들의 이러한 지적을 받아들여 교육부에서는 6차 교육과정 때부터는 각급학교 교과내용면에서의 평등을 추진하였는데, 대표적인 교육과정 및 교과서 집필지침과 2종 교과서 검정기준에 남녀역할에 대한 편견이 없도록 함을 강조하게 되었다(정무장관 제 2실, 1995). 그러나 여전히 교과서의 삽화나 기술방식에 있어 개선되어야 할 여지는 많다고 지적되고 있다(정해숙, 정경아, 1998).

다. 교사의 성평등의식 제고

학교현장에 성평등 교육이 실질적으로 이루어지기 위해서는 학생들을 지도하는 교원들의 이에 대한 인식이 높아져야 하고, 성평등교육을 실제로 실시하기 위한 다양한 교육활동이 이루어져야 할 것이다. 특히 교수활동에서 뿐만 아니라 다양한 특별활동이나 생활지도 등에 이르기까지 여학생과 남학생의 문제를 파악하고 이를 개선하기 위한 성평등한 지도가 일관되게 진행되어야 할 필요가 있다. 그러나 아직까지 이에 대한 연구나 활동이 활발하지는 못하다.

교원에 대한 성평등의식교육은 주로 각 시・도의 교육연수원 및 각급 학교현장에서 이루어지고 있으나 그리 활발하다고 할 수는 없다. 특히, 교육인적자원부 여성교육정책담당관실이 설치된 이후 2001년도부터 양성평등 연구시범학교를 운영하고 있으며, 이외에도 성교육 교사연수, 양성평등교육 기초모델 및 프로그램 개발과 보급 등을 추진하고 있다. 2002년도에는 대전 신탄중앙중학교, 대구 남산여자고등학교, 전북 무주고등학교, 제주 한림고등학교, 서울 언남고등학교, 구미 신평중학교 등 6개교를 양성평등 연구시범학교로 지정, 운영하여 교원들에 대한 의식교육과 학교 교육과정 전반에 걸친 개선노력 등을 시행하고 있다.

국가전문행정연수원 및 각 시・도 교육연수원에서는 양성평등 연수교육이 운영되고 있으나 주로 교양강좌로 2～3시간 정도만이 할애되고 있고, 표준화된 교육프로그램이 실시되는 것이 아니라 강사별로 교육내용 역시 다양하여 큰 효과가 있다고 말하기는 어렵다. 교직원에 대한 학교 자체 연수는 주로 교무실에서 교직원을 대상으로 실시되고 있는데, '남녀차별금지 및 구제에 관한 법률' 시행 이후, 공공기관에서 성희롱예방교육이 의무적으로 이루어져야 함에 따라서 학교 내 성희롱예방과 남녀차별 금지 관련 법령에 대한 교육이 많이 이루어지고 있다.

라. 남녀 학생의 진로 다양화 촉진 정책

한국 여학생들의 문제중의 하나는 앞에서 보듯이 진로가 여전히 특정 분야로 편중된다는 점이며, 이를 개선하기 위한 노력들이 1990년대 이후 시작되었다. 예컨대, 실업계 고등학교에서 여학생들이 상업계 고교로의 진학으로 편중되는 것을 지양하고, 공업계 고등학교로의 진학유도를 위하여 기존의 남자공업고등학교를 남녀공학학교로의 전환을 유도하였으며, 다른 한편으로는 여자공업고등학교를 설립하고 학과 역시 중공업계열에서 경공업계열로의 다양화시키는 노력을 꾀하였다. 그 결과, 성별 분리현상이 해소된 것은 아니지만, 1990년에 1.2%에 불과하던 여학생비율이 2003년에는 15.6%까지 증가하였다.

전통적인 성역할에 치중된 남녀 학생들의 진로 선택을 다양화하기 위한 정책은 크게 두가지로 나누어 진행되어 왔다. 하나는 과학분야로 여학생들의 진로를 유도하는 정책이며, 다른 하나는 남녀 학생들에게 진로선택시 성별 고정관념을 해소시키고, 다양한 진로정보제공을 목적으로 하는 프로그램 개발과 보급 사업이다.

과학분야에 여성유입을 촉진하기 위하여는 중고등학교 시절부터 여학생들을 보다 과학에 친밀하도록 구체적인 교수학습 장면을 변화시켜야 한다는 연구와 논의가 있어왔다. 그러한 논의의 결과 1999년 여성특별위원회(현재 여성가족부)는 중고등학교를 대상으로 '여학생친화적인 과학 프로그램'을 개발하고 2000년도부터 전국의 23개교를 대상으로 시범운영을 실시하였다. 또한 교육부와 함께, 이 프로그램의 지도교사를 대상으로 한 웍샵을 개최하고 학생을 대상으로 한 과학캠프도 실시하는 등 활성화를 꾀하고 있다.

이와 함께, 과학기술부는 이공계 분야 우수 여성과학기술자와 여학생간의 1대 1 후견인 연계체제(mentoring)를 통하여 우수 여성과학기술자의 전문지식, 가치관 등을 여학생들에게 전수하여 과학기술 분야로 진출을 유도하기 위한 WISE(Women into Science and Engineering) 프로그램을 2001년도부터 실시하고 있다. 이 프로그램은 현직 여성과학자들과 과학자를 꿈꾸는 여학생들간의 온라인 및 오프라인상의 개별 만남을 주선하고, 지식과 경험을 전수하도록 하고 있다. 또 과학탐구 프로젝트를 함께 수행하거나 1년에 한 두번 학회나 세미나에 직접 참가하는 기회도 제공하고 있다.

2001년도에는 이화여자대학교에 프로그램 시범사업을 1억원의 예산을 지원하여 실시한 바 있으며, 2002년도부터는 그 범위를 전국단위로 확대하고 있다. 주요 추진사업은 다음과

같다: ①멘토링 워크샵: 멘토링(mentoring) 개념에 대한 이해교육 ②과학캠프 실시: 여학생 친화적인 과학 프로그램을 도입하여 과학내용을 실생활과 연계시키고, 조별 실험 협동학습 체제로 운영, 고등학생 대상의 캠프 및 초·중학교 방문 캠프 운영 ③연구소 탐방: 연구소의 역할, 연구 활동, 실험실 방문을 통하여 과학의 영향력, 중요성을 이해하고, 여성연구원을 역할모델로 제시하고 전문인으로서의 모습을 보고 배울 수 있는 기회를 제공 ④ 멘토와의 하루: 여학생이 여성과학자와 함께 과학기술관련 세미나 또는 심포지엄에 참여하여 과학자의 하루를 함께 체험하고 과학기술분야로의 진출 동기를 유발 ⑤ 인턴십 프로그램: 이공계 여학생들이 산업체에서 직접 직업 경험을 체험하게 함으로써 그 분야로의 진출 동기를 부여하고, 산업체와 여학생들의 연계를 형성 ⑥ WISE 기자단 운영: 여학생들로 구성된 WISE 과학기자단을 구성하여 역할모델과의 직접적인 접촉을 통하여 자신들이 과학기술분야로의 동기유발을 갖게 됨은 물론, 동료학생들에게 생생한 체험을 전달하는 등의 내용이다.

이러한 진로교육 프로그램 개발과 보급 정책은 2001년도 교육부가 교육인적자원부로 전환되면서 여성인적자원개발이라는 상위의 정책목표 하에서 보다 체계적으로 추진되기 시작하였다. 특히, 2002년에 들어서서 교육인적자원부는 보다 체계적인 여학생 진로지도의 틀 하에서 진로교육이 활성화될 수 있도록 하기 위한 목적을 가지고 '중등학교 여학생용 진로지도 교사지침서'를 개발하였다(정철영 외, 2002). 이 지침서는 이전에 개발된 프로그램과 달리 교사들의 활동전개에 대한 자세한 안내 및 지도자료와 더불어 학생들이 직접 교육시간에 수행할 수 있는 활동지를 함께 개발함으로써 현장의 활용도를 높이는데 주안점을 두었다. 2003년도에는 이의 연속선상에서 '초등학생용 양성평등한 진로지도 프로그램'을 개발, 보급하였다(민무숙 외, 2003). 기존의 프로그램들이 주로 여학생들을 대상으로 하였던 점에 비하여 초등학생용 진로지도 프로그램은 남학생의 진로다양화 문제도 함께 고려하여 양성평등의식에 기반하여 자신의 진로를 계획할 수 있도록 도움을 줄 목적으로 개발한 프로그램이라는 점이 특징적이다. 나아가 2004년도는 학부모를 대상으로 한 진로지도 프로그램(신선미 외, 2004)을 개발, 보급한 바 있다.

이러한 진로 다양화 정책들은 아직 프로그램들이 실시 초기 단계이기 때문에 그 효과를 정확히 평가하기에는 이르나 여학생들의 진로를 다양화하고 과학분야에 여성인력을 양성시켜야 한다는 중요성을 확산시키는데 공헌하고 있다.

마. 국공립대 여성교수 임용목표제

1990년 말 이후 2000년에 접어들면서 여성 고급인적자원의 활용 문제가 사회적으로 이슈화되기 시작하였다. 대학의 여대생 비율은 2000년 이후 이미 1/3을 넘어섰고, 학문 각 분야에서 배출되는 여자박사 비율 또한 20%를 상회하는 수준에 이르렀으나 여전히 교수 채용시 여성에게 높은 문턱은 낮추어지지 않았다. 대학교수 채용시 여성에 대한 잠재적인 배제의 문제는 암암리에 있어왔으나 가시화되어 사회문제화되지 못하다가 2000년도 이후 사회 전반에서 여성인적자원 활용의 문제가 보다 본격적으로 제기되면서 수면 위로 떠오르게 된 것이다. 우리나라 4년제 일반대학의 2003년도 전체 교수는 45,272명이며 이 중 여교수는 6,731명으로 14.9%만을 차지하고 있다. 특히 국공립 일반대학의 여교수 비율은 2003년 9.2%로 사립대학 16.9%의 절반 정도 수준이며 1985년 이후 계속해서 8%대에 머무르고 있었다. 이러한 비율조차 간호대나 가정대 등의 여교수의 숫자가 상당부분 지탱해주는 것이다.

저조한 여교수 비율은 고학력 여성 인력의 사장의 문제와 함께, 날로 증가하고 있는 여대생에 대한 역할모델 설정 및 동기부여 저해 등의 문제를 제기하게 되었다. 나아가 남녀교수의 불균형적인 분포는 대학내 양성평등문화 형성을 어렵게 하는 요인이 됨을 대학구성원이 인식하게 되는 계기도 되었다. 특히 이러한 문제인식은 교육부가 교육인적자원부로 전환하면서 여성인적자원 활용에 대한 인식이 높아진 것도 정책입안과 실행에 중요한 계기가 되었다. 그러한 점에서 이 정책이 국회의원 발의가 아닌 정부 입법으로 마련되어진 점 등은 매우 의미있는 일이었다.

우선 본 제도의 기본방향은 4년제 국·공립 일반대학교에 여성교수 임용목표제를 도입하여 우수한 여성인력 활용을 OECD 수준으로 제고한다는 것으로, 단계별 여성 임용목표를 설정하여 점진적으로 달성하는데 두고 있다. 이를 위하여 법령에 최소한의 근거규정을 마련하고, 대학이 적극적으로 참여할 수 있도록 다양한 지원방안을 강구하고, 사립대는 평가 및 인센티브 부여 등으로 자율적인 참여를 유도하는 것을 기본 방향으로 삼고 있다.

이러한 기본방향하에서 추진된 주요성과는 무엇보다도 법적 기반을 마련하였다는 점이다. 즉, 교육공무원법과 임용령에 대학교원 임용의 양성평등을 위한 대학의 계획수립·시행 및 이에 대한 평가 및 지원 조항을 신설하였다. 2003년 개정된 교육공무원법의 주요내용은 다음과 같다. 우선 대학인사위원회 위원의 일정비율을 여성으로 한다는 조항(제5조의 2)이 삽입되었다. 두 번째, 대학(국공립 일반대학교)의 장은 대학의 교원을 임용함에 있어서 특정 성별에 편중되지 아니하도록 3년마다 임용목표 비율이 명시된 임용계획 등 적극적 조치를 수립, 시행하여야 한다는 조항(제11조 3의 2항)이 신설되었다. 이 경우 당해 추진실적을 매년 교육인적자원부 장관에게 제출하여야 한다. 세 번째로는 국가 및 지방자치단체는 제2항의 규정에 의한 계획 및 그 추진실적을 평가하여 행정적, 재정적 지원을 할 수 있다(제11조 3의 3항). 이 법에 따라 교육공무원임용령 역시 개정되어 교육인적자원부 내에 '대학교원임용양성평등위원회'를 설치하여 대학의 추진계획과 실적평가, 그에 따른 행정·재정적 지원에 대한 사항을 심의하도록 기능을 부여하였다. 이러한 위원회의 구성 및 운영은 대학의 계획과 추진현황을 모니터링하는 기구가 필요하다는 점에서 추진된 것이다.

본 정책의 실효성을 확보하기 위하여 교육인적자원부는 2003년 국공립대학의 교수 정원 증원시 여성교수 정원을 배정한 바 있다. 즉 2003년 국립대 교수정원 1,000명 증원 시 20%(200명)범위 내에서 희망대학에 한하여 대학이 제출한 여교수 채용증대 계획에 따라 정원을 배정하였다. 즉 증가된 정원의 일정비율에 대하여 여성의 몫을 할당한 것이다. 이와 함께, 본 제도에 대한 실질적 뒷받침을 하기위하여 교육인적자원부는 법에 명시된 바에 의하여 국공립대학의 여교수 채용에 대한 향후 3년간의 채용계획과 실적을 보고받아 이에 대한 평가를 통하여 재정적 지원을 하고 있다. 즉 교수(전임강사 이상) 신규채용 시 양성간 균형을 제고하기 위하여 대학이 자체적으로 일정 비율 이상의 여성교원 채용계획을 수립하여 제출하도록 한 바, 대학별 목표비율은 당해 대학의 연간 전체 채용인원을 기준으로 매 3년을 단위로 하여 추진하도록 하였다. 이 때, 단과대학 또는 학과(학부)별 목표비율은 대학별로 본부 산하 위원회(예시: 대학교원임용양성평등추진위원회) 등의 심의를 거쳐 대학이 자체 설정·적용하도록 하였다. 이러한 계획수립과 추진실적을 교육인적자원부내 설치될 '대학교원임용양성평등위원회'에서 평가하여 재정적 인센티브를 주고 있다.

이 정책은 2001년도부터 본격적으로 가시화되기 시작하여 2년여에 걸친 사회적 여론 수렴과정과 법안 심의절차를 걸쳐 2003년도 10월부터 시행되는 결실을 맺게 되었다. 이 정책의 실제 이행효과에 대한 평가는 몇 년 후 이루어져야 하겠으나 이와는 별개로 이러한 정책 입안과정에서 사회의 여론이 많이 환기되었다는 점, 그리고 여성인력의 활용의 문제가 해결해야 할 국가적인 문제라는 점을 부상시킴으로써 대학구성원들의 인식변화를 이끌어내는 동인이 되었다는 점 등 또한 매우 중요한 공헌이라 평가할 수 있다.

제3절 정책과제 및 대안

1. 한국 여성교육기회의 발전

가. 여성의 고학력화

한국의 교육기관의 증가 및 그로 인한 교육기회의 확대는 전 국민의 교육연한의 증가와 나아가 여성의 교육기회의 확장을 가져왔다. 특히 지난 30여년에 걸쳐 지속적인 고학력화가 진행되어왔다는 점이 가장 큰 특징이다. 그동안의 고등교육기관 진학률을 보면 1990년 33.2%에서 2001년 70.4%로 십년 사이에 두 배 이상 증가하였다. 이러한 고등교육기관으로의 진학률은 남녀를 불문하고 지속적으로 증가하여왔는데, 특히 여학생의 진학률 증가가 남학생보다 높게 이루어졌다. 고등교육기관에 대한 이러한 진학률 증가는 특히 1980년 대학 졸업정원제 도입이후 고학력 인적자원의 급속한 증가로 이어지고 있다.

다음 <표 7-1>에서 보듯이 2000년 현재 총 대학생수는 260만 명에 달하고 있으며, 인구만 명당 대학생수는 550명이다. 여자대학생은 인구 만 명당 406명을 차지하고 있고, 남자의 경우는 692명을 차지한다. 1980년에 인구 만 명당 대학생수가 여성 73명, 남성 221명인 것에 비하면 급속히 성장한 것이다. 특히 1990년대 후반에 들어서서 남성의 증가는 다소 주춤하고 있으나, 여성의 경우는 크게 증가하는 추세를 보이고 있다.

<표 7-1> 인구 만 명당 대학생수

(단위 : 명, %)

	총대학생수		여 자		남 자		여대생
		인구만명당	대학생수	인구만명당	대학생수	인구만명당	비율
1980	563,603	148	138,240	73	425,363	221	24.5
1990	1,379,951	322	425,764	200	954,187	442	30.9
1995	1,777,205	394	607,415	271	1,169,790	515	34.2
2000	2,599,578	550	950,654	406	1,648,924	692	36.6

주 : 전문대, 대학교, 교육대학 포함

출처 : 교육인적자원부, 「교육통계연보」, 통계청, 「장래인구추계」각년도.

이러한 여성들의 고학력화 추세는 여성 자신들의 생애직업의식을 빠르게 확산시킬 것으로 전망된다. 즉 예전에는 결혼이나 출산을 기점으로 하여 경력을 단절하고 노동시장에서 퇴장하는 것을 당연시하였다면, 향후 여성들은 생애 전반에 걸쳐 직업 경력을 개발, 유지하고자 할 것이며, 동시에 사회 전반에 참여하는 것을 중시하는 의식구조를 더욱 강하게 가지게 될 것이다. 따라서 학교교육 체제나 사회 전체적인 구조도 여성들의 이러한 의식구조변화를 뒷받침할 수 있도록 개선되어야 여성들의 이러한 요구를 충족시켜줄 수 있을 것이다.

나. 여교원의 증가

여학생의 취학률 급증과 고학력화와 함께 이루어진 또 하나의 특징은 각급학교별로 여교원의 양적인 증가가 빠르게 이루어졌다는 점이다. 이것은 한국이 산업화 시대를 맞이한 이후

<표 7-2> 연도별 여교사구성비

단위: 명(%)

연도	초등학교		중학교		고등학교	
	교원총수	여교원수(%)	교원총수	여교원수(%)	교원총수	여교원수(%)
1965	79,164	20,207 (25.5)	19,067	3,078 (16.1)	14,108	1,250 (8.9)
1970	101,095	29,428 (29.1)	31,207	5,805 (18.6)	19,854	1,784 (9.0)
1980	119,064	43,792 (36.8)	54,858	6,225 (32.8)	50,948	8,729 (17.1)
1990	136,800	68,604 (50.2)	89,719	41,718 (46.5)	92,683	21,229 (22.9)
2000	137,615	90,825 (66.0)	90,562	51,407 (56.8)	104,351	31,030 (29.7)
2005	160,143	113,751 (71.0)	103,835	64,659 (62.3)	116,411	44,387 (38.1)

출처 : 교육인적자원부, 「교육통계연보」, 각년도.

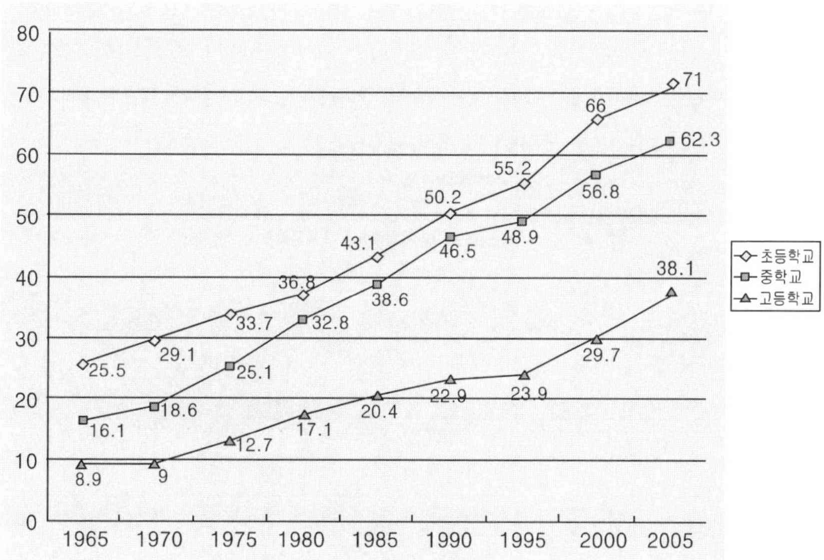

▌그림 7-1▌ 연도별 여교사 구성비

남성들은 사회 다른 분야로 진출할 수 있는 기회가 많아진 반면에 고학력 여성들은 여전히 성차별적인 고용관행을 가진 노동시장 속에서 취업할 수 있는 직종이 다변화되지 못했고, 상대적으로 교직이 안정된 직종으로 여겨졌기 때문이다. 그러나 다른 국가들과 마찬가지로, 초등학교 단계에서 여교원 구성비가 가장 높고, 학교급이 높아질수록 여교원 구성비가 낮아지고 있다.

초등학교는 여교사가 1965년 20,207명에서 2005년 160,143명으로 8배 가까이 증가하였고, 구성비 또한 동기간중 25.5%에서 71.0%로 45.5%포인트 증가하였다. 특히, 1995년에서 2000년까지는 10.8%포인트라는 높은 증가율을 보이고 있다. 중학교는 '65년 16.1%(3,078

명)에 비해 2005년 46.2%포인트 증가한 62.3%의 구성비를 보인다. 이것은 초등학교 증가율을 능가하는 높은 증가 추이이다.

고등학교는 여교사 구성비가 2005년 현재 38.1%로 초등학교와 중학교에 비해 낮다. 1965년 당시도 8.9%로 낮았고, 2005년까지 기간 중 29.2% 포인트가 증가한 것이다. 여교사구성비나 증가율 모두 초, 중학교의 절반수준으로 고등학교 단계에의 여교사 진입이 상대적으로 완만히 진행되었음을 알 수 있다.

그러나 이러한 높은 여교원의 증가율에도 불구하고, 학교행정을 책임지고 관리하는 여교장, 여교감 비율은 극히 미미한 정도로 남아있다. 지난 30여 년간 여성관리직의 비율은 10% 미만을 맴돌고 있으며, 2005년에 들어서 초등학교와 중학교, 교감직에만 10%를 넘고 있다(<표 7-3>참조). 이러한 여교장, 여교감의 비율은 지역간 격차가 커서, 주로 서울 및 부산의 광역시와 수도권인 경기지역은 학교수가 많고, 고경력 여교원이 축적되어 20%의 여성관리직이 포진하고 있지만, 그 이외의 시나 도지역의 경우는 승진점수에 도서벽지점수 반영비율이 있어서 상대적으로 여성이 불리하여 증가비율이 매우 낮다(민무숙, 2002).

〈표 7-3〉 초중고의 관리직내 여성비율 변화

단위: 명, %

연도	초등학교				중학교				고등학교			
	교장		교감		교장		교감		교장		교감	
	총수	여자(%)	총수	여자(%)	총수	여자(%)	총수	여자(%)	총수	여자(%)	총수	여자(%)
1965	5,068	24(.5)	4,159	62(1.4)	841	23(2.7)	894	21(2.4)	597	35(5.9)	508	11(2.2)
1970	5,904	50(.8)	5,659	102(1.8)	1,179	44(3.7)	1,314	30(2.3)	687	40(5.8)	643	17(2.6)
1980	6,448	115(1.8)	6,353	255(4.0)	1,745	66(3.8)	2,027	118(5.8)	1,207	57(4.7)	1,286	22(1.7)
1990	6,325	159(2.5)	7,134	311(4.4)	2,165	136(6.3)	2,503	139(5.6)	1,617	64(4.0)	1,791	27(1.5)
2000	5,231	367(7.0)	5,467	489(8.9)	2,357	206(8.7)	2,402	213(8.9)	1,872	84(4.5)	1,908	52(2.7)
2005	5,614	490(8.7)	6,120	892(14.6)	2,582	255(9.9)	2,684	474(17.7)	2,017	132(6.5)	2,137	100(4.7)

출처 : 교육인적자원부, 교육통계연보, 각년도.

2. 한국 여성교육의 문제점

가. 교육과정의 성별분리 지속성

여성교육의 기회확대와 그로 인한 학업성취도 등의 효과가 이전 시대에 비하면 비약적으로 발전하였음에도 불구하고, 이들이 선택하는 분야나 취업률에 있어서 크게 달라지지 않았거나 남녀간 격차가 지속되는 징후가 여러 단계에서 발견된다. 성별 정형화된 진로 및 직업 선호는 민무숙 외(2003)가 조사한 초등학생의 경우에서 발견된 바 있다. 예전보다는 직업 선호 경향이 다변화되었지만 여전히 성별 차이가 지속되고 있는데 여학생들이 선호하는 직업은 교사(24.8%)가 압도적으로 많으며, 예술계 직업(15.9%), 의사-한의사-약사(14.2%), 연예계 직업(13.1%)에 집중되어 있다. 이 네 가지 그룹에 속한 직업을 희망하는 여학생이 전체의 68%이다. 이에 비하여 남학생들이 선호하는 직업은 스포츠계 직업(16.5%), 학자-과학자-연구자(14.6%), 의사-한의사-약사(12.3%), 경찰-군인(12.0%)이며, 이 네 그룹에 속한 직업을 희망한 남학생은 전체의 55.4%이다. 남학생이 두 번째로 많이 택한 학자-과학자-연구자를 선택한 여학생의 비율은 불과 3.2%에 그쳐 남녀별로 직업선호도의 뚜렷한 차이를 보이고 있다. 결국 초등학교 단계에서부터 남녀간 진로선택의 차이는 전체 인력양성부분에 있어 편포된 경향을 지속하게 될 것임을 추측하게 한다.

중등학교단계 역시 여학생들이 기존의 전통적으로 여성 점유 비율이 높은 직업을 선호하는 경향이 있고 그러한 직업의 직업위세나 임금수준 등이 저조하다는 점은 오랫동안 지적되어 온 바 있는데, 실제로 7차 교육과정이 시행된 이후, 일반계 고등학교 2, 3학년 학생이 택하게 되는 선택중심교육과정에서 학생들의 전공 선택은 성별로 더욱 분화되는 양상을 보이고 있다. 아래 <표 7-4>를 보면, 인문-사회 전공과 자연-공학과정을 선택하는 데 있어서 남녀 학생 모두 자연-공학과정을 선택하는 비율은 감소하는 가운데 남녀 학생간의 성별 차이가 더욱 심화되고 있음을 알 수 있다. 2001년에는 여학생의 자연-공학과정 선택이 31.3%였으나, 2002년 이후 그 비율이 감소하기 시작하여 2005년에는 29.2%까지 줄어들고 있다. 이는 기존의 중앙집중적인 교육과정결정권이 점차 시·도 교육청과 개별학교, 나아가 개개 학생의 자율적인 선택권으로 확대됨으로써 학생들의 성에 따른 교육과정 편성의 차별성이 더욱 야기될 수 있다는 점을 예고하는 것이다.

<표 7-4> 일반계 고교 2,3학년 학생의 성별 선택중심교육과정 이수 변화

연도	남학생			여학생		
	인문사회	자연공학	기타	인문사회	자연공학	기타
2001	42.7	55.9	1.4	67.9	31.3	0.8
2002	45.8	52.7	1.5	69.7	29.5	0.7
2003	49.0	49.8	1.3	69.7	29.6	0.7
2004	49.5	47.4	0.7	65.5	29.5	5.1
2005	50.4	46.9	2.7	66.5	29.2	4.3

자료: 교육통계연보 해당연도

한편, 실업고등학교 재학생비율은 매년 감소하고 있으며, 계열분포에 있어서 남녀의 뚜렷한 분리가 지속되고 있다. 즉 고졸여성 인력의 양적인 증가에도 불구하고 실업교육의 경우 구조적인 면에서는 과거와 큰 변화가 없이 '남학생 공업계, 여학생 상업계'와 같은 계열별 성별 격리현상을 뚜렷이 드러내고 있다. 2003년 현재 여학생은 전통적으로 높은 분포를 가진 상업계 재학생 비율이 전체의 76.7%를 자치하고 있고, 남학생의 비율은 공업계 분포가 전체 고등학교 재학생 분포의 84%를 상회하고 있다(그림 2참조).

공업교육과 달리 상업교육은 지난 20년 전에 비하여 빠르게 여성화하는 모습을 나타내고 있다. 1980년에는 상업교육 재학 남학생비율이 31.9%에 달하였으나 그 후 지속적으로 감소하고 있다. 상업교육에서 남학생 비율이 지속적으로 감소한 데는 상고 졸업자의 지위하락과 맥을 같이하는 것이다. 즉, 1970~1980년대 초까지도 상고 졸업자가 금융권에 진출할 수 있는 길이 많으면서 회계 준전문가로 자리잡고 관리직으로의 진출도 가능하였으나, 이후 점차 사회구조의 변화와 고등교육기회의 확대로 상고 졸업생의 일자리가 사무보조직으로 위상이 하락하면서 상업교육의 대다수 재학생이 여학생으로 채워지게 된 것이다. 결국 중등단계의 실업교육은 기능인력이나 관리직은 남성에게 보다 적합하고, 사무보조직은 여성에게 적합한 것이라는 성고정적 분리현상을 계속 반영하고 있다.

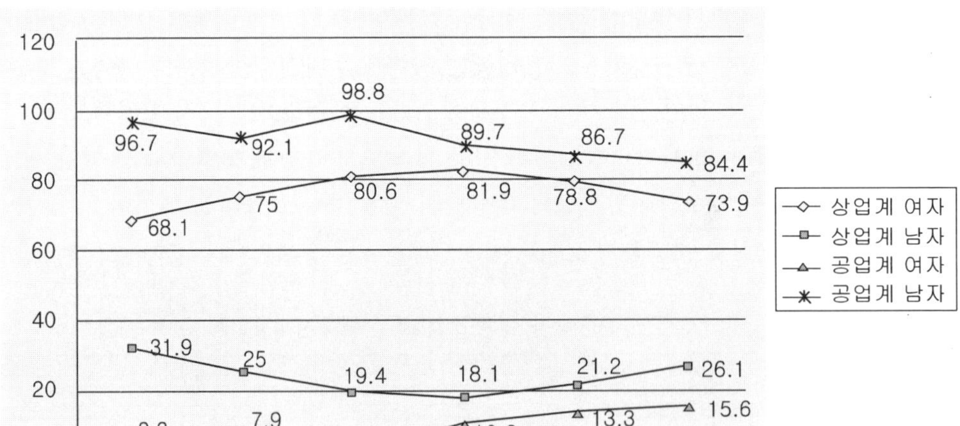

【그림 7-2】 상업 및 공업계 고등학교 남녀학생 구성비 변화

대학 단계 역시 전공 선택의 다양화는 더 시간이 요하는 부분이다. 학위자 취득자 중 여성비율로 볼 때, 1990년 37.5%에서 2003년에는 48.8%, 2005년에는 취득자 중 절반을 넘어선

50.5%로 증가하였고, 석사 재학생중에서도 40%를 훨씬 넘어서고 있는 등 여성인적자원의 질은 상당히 제고되어왔으나 아래 <표 5>에서 볼 수 있듯이 이들의 진출분야는 크게 다양화

<표 7-5> 계열별 여자대학생 비율 변화

계 열		1990년	1995년	2000년	2003년
전 체	여비율	28.5	31.9	35.8	36.8
	계열비	100.0 (296,129)	100.0 (378,418)	100.0 (596,389)	100.0 (665,259)
어문계	여비율	49.8	56.5	60.8	63.3
	계열비	20.0	18.3	14.5	14.6
인문계	여비율	36.2	40.1	48.2	48.9
	계열비	4.6	4.7	6.7	7.2
사회계	여비율	17.7	25.5	35.8	37.0
	계열비	17.2	20.6	26.7	26.8
이학계	여비율	32.6	33.4	40.0	36.5
	계열비	10.4	12.2	10.6	10.1
공학계	여비율	6.1	7.3	12.7	13.3
	계열비	5.0	5.7	10.7	10.5
가정계	여비율	93.2	87.9	77.2	75.7
	계열비	7.1	6.5	4.0	4.6
농림계	여비율	23.3	29.2	28.3	32.0
	계열비	4.3	3.9	1.5	0.5
수해계	여비율	7.9	16.3	30.2	14.7
	계열비	0.2	0.3	0.3	0.04
의학계	여비율	22.1	25.2	33.4	36.0
	계열비	2.3	2.3	2.2	2.4
간호계	여비율	99.9	99.7	99.1	98.5
	계열비	1.2	1.3	1.8	1.9
약학계	여비율	69.4	69.1	48.6	58.3
	계열비	1.3	1.0	0.9	0.6
예능계	여비율	63.4	63.8	65.4	64.2
	계열비	11.3	10.5	11.4	12.0
체육계	여비율	35.0	32.7	29.1	25.4
	계열비	1.9	1.9	1.7	1.8
사범계	여비율	57.6	65.4	62.8	62.0
	계열비	13.2	10.8	7.0	6.9

자료: 교육인적자원부, 교육통계연보, 각년도

되지 못하고 있다. 사회계와 의약계가 지난 10년간 여성비율이 고무적으로 증가한 계열로 볼 수 있어 여성들이 취업이 용이한 분야로 자신이 진로를 선택하는 경향이 높아졌다고 볼 수 있다. 그러나 이 분야가 차지하는 인력양성부분이 많지 않아 전체 점유율은 크지 않을 것으로 보인다. 여성은 여전히 가정계, 어문계, 인문계, 예능계, 사범계 등에서 50~70% 넘게 강세를 보이고 있고, 인력양성비율이 가장 높은 공학계나 수해양계, 농림계 등 기존의 남성비율이 높은 분야로는 증가추세를 크게 보이지 않고 있다.

현재 실시되고 있는 학부제로 인하여 복수전공을 하거나 전공 선택이 보다 자유로워졌지만, 학부제 역시 계열에 한하여 제한되고 있기 때문에 인문계열로 집중 양성되고 있는 여학생들의 분포현상은 당분간 지속될 것이다. 이러한 편포현상은 여성들에 대한 오랫동안의 전통적인 성역할고정관념에 근거한 사회화방식으로 인한 결과이다. 즉, 소위 '여성에게 적합한 분야'라는 고정관념에 근거한 진로지도방식이 인력수요와는 무관하게 여성을 교육시킨 것이다. 그리고 종국적으로 여성 대졸인력의 취업난이 심각하게 대두되는 원인의 하나로 작용하고 있다. 따라서 여성 인력양성구조를 현재의 교육 및 가정 및 보건관련 전문직과 같이 여성집중 직종 중심에서 지식기반경제에서 수요로 하는 전문직으로 유도하는 교육정책이 요구된다.

나. 교육결과의 미흡함

여성의 높은 취학률과 고학력화에도 불구하고 한국의 여성인력은 지속적으로 저활용되고 있는 점이 한국사회에서 매우 큰 문제로 인식되고 있다. 즉 교육기회의 열매가 교육결과로 연결되지 못하고 있는 것이다.

한국 여성의 경제활동참가율은 1960년 37.0%에서 IMF 직전인 1997년에는 49.5%를 거쳐 2005년 현재 50.1%를 보이고 있다. 그러나 이러한 여성 경제활동참가율은 선진국의 여성 경제활동참가율과 비교하면 상당히 낮다. 그리고 앞으로도 현행 여성취업을 위한 각종 사회지원제도와 노동시장의 차별 구조가 변화되지 않는다면 여성의 경제활동참가율의 증가는 일정 수준 이상으로 증가되지는 않을 것으로 보인다.

특히 한국 대졸 여성인력의 활용율은 다음 <그림 7-3>에서 보듯, 59.1%로 매우 낮다. OECD 국가들의 대졸 여성의 평균 경제활동참가율이 82.0%인 것과 비교하여 보면 거의 24%포인트 정도의 격차를 보이는 것이다. 특히 한국과 여러 면에서 비슷한 일본의 경우에도 여성들의 인력활용이 67.0%인 것과 비교하여 볼 때 한국의 대졸 여성인력의 활용이 얼마나 저조한 수준인가를 한눈에 알 수 있다.

한국 여성 경제활동참가율의 주요한 특징 중의 다른 하나는 여성의 연령별 경제활동참가의 패턴이 선진국과는 달리 20대 후반과 30대 초반의 참가율이 현저히 낮은 M자 커브형태

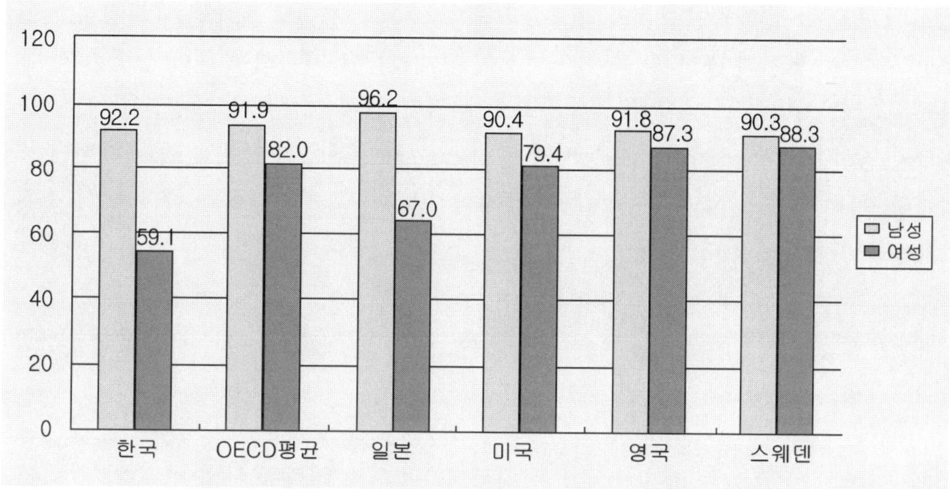

그림 7-3 대졸 인력 경제활동참가율 남녀 차이 국가 비교

출처 : OECD(2006). Employment Outlook.

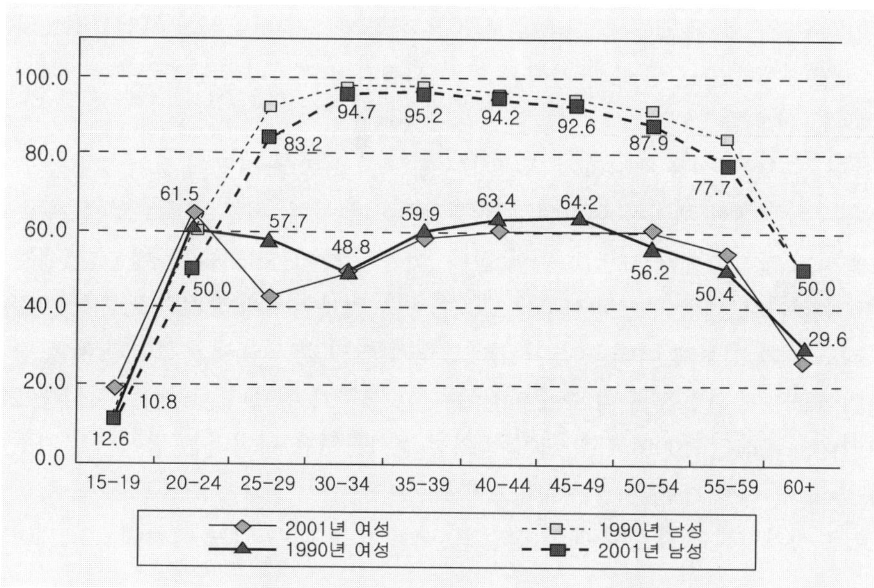

그림 7-4 여성의 연령계층별 경제활동참가율의 추이

출처 : 통계청, 「경제활동 인구연보」(1991,2002).

를 띄고 있다는 점이다. <그림 7-4>에 나타나 있듯이 1980～1990년에는 그러한 고저 현상이 뚜렷하였고 2000년에 가까이 올수록 그러한 현상이 줄어들고 있지만 여전히 M자 커브곡선을 탈피하지 못하고 있다. 즉 생애주기에서 초혼을 이루고 초산을 경험하게 되는 25～29세와 육아시기인 30～39세 연령층의 경제활동참가율이 54～5%로 급속하게 하락하고 있음을 보여준다. 이는 혼인과 출산 및 육아가 여성이 경제활동을 지속하는 데에 상당한 장애를 유발시키는 것을 의미하는 것이며, 자녀양육의 부담이 개별 여성에게 집중되고 있는 현실을 그대로 반영하는 것으로 여성의 노동시장 경력(career)이 짧을 수밖에 없거나 단절되는 것을 의미한다. 특히 대졸 여성의 경우 노동시장에서 이탈한 후 재진입율이 매우 낮아 소위 L자 커브형태를 지속하고 있다.

3. 결론

이제까지 대략적으로 살펴본 한국의 성평등교육정책의 변화를 통하여 몇 가지 향후 과제를 도출할 수 있다.

우선은 성평등교육이 실질적으로 교육의 전 과정에서 실행되기 위해서는 무엇보다도 이에 대한 교사들의 의식제고가 필수적이다. 그러나 현재까지 성평등교육의 필요성에 대한 교사들의 인식수준은 매우 낮은 상태이다. 이것은 여학생들의 전반적인 학업성취도가 남학생에 비하여 떨어지지 않으며, 대학 진학률 역시 성별간의 격차가 감소되는 등 외형적인 측면에 기인한다.

교사들의 성평등의식을 제고하기 위하여는 우선 교육 활동 전반에 걸쳐 성평등 교육에 반하는 교육요소에 대한 세밀한 현장연구가 축적되어야 하며, 이를 바탕으로 실제 활용할 수 있는 교육지도 지침을 제공, 보급하여야 한다. 이를 위하여는 교육활동에 대한 세밀한 관찰연구가 필수적이나, 한국의 교육정서상 교육활동을 외부인에게 장기간 노출하는 일은 교사들이 꺼리고 있기 때문에 이러한 참여관찰 연구가 거의 축적되지 못하였다. 부분적으로 교사들의 의식조사에 관한 연구나 교수지침에 대한 연구가 있으나 (김재춘, 왕석순, 2000: 정해숙 외, 1998: 곽삼근, 1999) 직접 관찰에 의한 결과물들은 아니라는 점에서 보완될 필요가 있다. 향후 교수 학습 장면뿐만 아니라 특별활동이나 학생들의 생활지도 과정 전반에 걸쳐 구체적으로 성차별적인 요소에 대한 점검 및 이를 교정할 수 있는 지침내용이 개발될 필요가 있다.

두 번째의 과제는 교육정책을 직접적으로 입안하거나 시행하는 교육인적자원부 공무원들의 성평등교육 정책에 대한 인식수준을 어떻게 높일 것인가 하는 점이다. 양성평등 교육정책이 그동안 실행되어왔지만, 부분적으로는 교육정책을 입안하는 담당부처의 주도적인 노력보다는 여성정책을 입안하는 다른 부처의 담당기구나 여성계의 압력에 의한 외부의 정치적 영향이 많이 작용했다. 1998년 김대중 정부 수립이후 여성정책 체계 변화의 일련선상에서 교육부 안에 여성교육정책담당관실 신설이 계기가 되어 비로소 본격적인 정책수립과 이행이 가동되기 시작했지만, 그 영향력을 높이는 것이 향후의 과제이다.

이러한 점이 중요한 이유는 교육분야 내부의 자발적인 정책의지가 반영되어 출발하지 않는 경우, 정책의제의 채택에 있어 그 내용이나 대상 집단의 범위라든지, 집행수단의 선정이나 이행에 있어서 실효성이 보장되기 어려울 수 있기 때문이다. 이 경우 Stromquist(1997)의 지적처럼 양성평등 관련 교육정책이 교육의 핵심에는 영향을 주지 않는 상태에서 수사학적이고 상징적인 정책에 지나지 않을 가능성을 배제하기 어렵다. 또한 Coombs(1984)의 지적처럼 정책담당자들의 자발성이나 정책의 필요성에 대한 동의가 없으면 정책이 제대로 집행되기 힘들다는 점에서 교육 담당부처의 공무원들의 인식수준은 매우 중요한 문제이다.

세 번째의 과제는 여성교육의 기회가 결과로 이어질 수 있게 하는 문제이다. 2001년에 교육부가 교육인적자원부로 개편된 이후, 범 부처 차원에서 인적자원개발과 관련된 정책이 지대의 과제가 되고 있다. 이와 더불어 여성인적자원의 활용에도 관심이 모아지고 있는데 이 역시 여성들에 대한 교육기회의 확대를 사회적 성취로 이어지게 할 수 있는 중요한 수단이 될 것이다. 특히, 여성들이 결혼과 육아라는 인생행로에서 자신들의 경력을 개발하지 못하고 노동시장에서 빨리 퇴장함으로써 질 높은 인력의 낭비를 초래하고 있다는 점을 교육프로그램이나 인프라를 구축할 때 반드시 고려해야 한다. 아직 남녀평등적인 사회구조가 마련되지 못한 상황에서 여성들이 아무런 준비태세나 대응방안을 강구하지 않은 채 시장으로 진입함으로써 쉽게 포기하는 현실을 개선할 수 있도록 해야 할 것이다. 특히 이러한 점에서 학생들을 지도할 때 남성과는 다른 여성의 생애경로를 감안한 인지적(gender-sensitive) 지도와 추가적 개입이 필요하다는 점을 관련 당사자들에게 인식시키는 것과 동시에 이에 대한 정부의 활발한 정책이 이루어져야 할 것이다.

연구 및 토의과제

1. 성평등교육이란 무엇을 의미하는지 토의해봅시다.
2. 한국교육에서 성차별적 요소는 어떤 것이 있는지 사례를 들어봅시다.
3. 여성의 인력이 사회에서 충분히 활용되지 못하는 원인이 어디에 있는지 그리고, 그 해결을 위한 방안이 무엇이 있는지 토의해봅시다.

참・고・문・헌

교육부(1998).「교육 50년사」.

교육인적자원부.「교육통계연보」.

곽삼근 외(1999).「남녀공학 운영 실태 및 내실화 방안 연구」. 교육부 정책보고서.

김정자 외(1986).「중등학교 교육과정에 나타난 성역할 연구」. 한국여성개발원.

김정자 외(1985).「국민학교 교과서에 나타난 성역할 연구」. 한국여성개발원.

김재인 외(1993).「초 중등학교 교육과정에 나타난 남녀역할연구」. 한국여성개발원.

김재춘・왕석순(1999).「제7차 교육과정에서의 양성평등실현방안 연구」. 한국교육과정평가원.

민무숙(2002).「교직의 성균형성 제고를 위한 정책방안 연구 – 관리직을 중심으로」. 교육인적자원부 정책보고서.

민무숙(2002). "한국 교육정책에서 젠더문제의 의미와 과제".「교육사회학연구」. 12(2), pp. 81-98.

민무숙・신선미 외(2003).「초등학생용 양성평등한 진로지도지침서」. 교육인적자원부 정책보고서.

신선미(2005).「학부모용 양성평등한 진로교육 교재개발・보급」. 교육인적자원부 정책보고서.

정무장관 제2실(1995).「여성백서」.

정해숙・정경아(1998).「성인지적 관점에 기초한 제6차 교육과정 운영 및 교과서 분석」. 한국여성개발원.

정해숙 외(1998).「학교내 성차별 실태조사 및 남녀평등의식 고취방안」. 교육부 정책보고서.

정철영 외(2002).「중등학교 여학생용 진로지도 지침개발」. 교육인적자원부 정책보고서.

주경란(1985). "교육기회의 남녀불평등".「교육학연구」, 23(2). 한국교육학회, pp. 17-34.

주경란 외(1982).「여성인력 양성 및 활용방안 연구」. 한국교육개발원.

한명희(1983). "국민학교 어린이의 성역할의식과 교육의 과제".「동국대논문집」, 22.

Arnot, M. (1993). 'A Crisis in Patriarchy?: British Feminist Educational Politics and State Regulation of Gender', *Feminism and Social Justice in Education: International Perspectives,* The Falmer Press, pp. 186-209.

Coombs, F. (1984). 'The bases of noncompliance with a policy.' *Policy Studies* Journal. 8(6).

Eyeston, Robert(1978). *From Social Issues to Public Policy.* NY: John Willy and Sons.

Huston(1985). 'Should public education be gender free?' in Lynda Stone(Ed.), The Education Feminism Reader, pp. 122-134, Routledge.

OECD(2001b). Employment Outlook.

Stromquist, Nelly P. (1997). 'Gender Policies in American Education: Reflections on Federal Legislation and Action.' Marshall, Catherine(ed.). *Feminist Critical Policy Analysis.* The Falmer Press. pp. 54～72.

Yates. L. (1987). 'Theorizing Inequality Today.' *British Journal of Sociology of Education.* 7(2), pp. 119-34.

UNDP(2003). *Human Development Report 2003.*

제8장 성평등한 가족정책

변 화 순(한국여성개발원 선임연구위원)

제1절 정책 추진 경향성

1. 가족정책의 정의

가족정책의 정의는 포괄적인 성격을 내포한다. 가족정책은 분류방식에 따라서 매우 협소한 내용을 담을 수도 있고 광의의 내용을 담을 수도 있는 신축적인 개념이다. 각국의 가족정책에는 분명 가족과 직접적으로 연관이 있거나, 가족에 직 · 간접적으로 영향을 미치는 각종의 복지정책이나 사회보장제도, 조세제도 등이 존재한다. 그러므로 가족정책을 다룰 때는 가족정책을 무엇으로 정의하고 어디까지 포함시킬지 그 범위를 정하는 작업이 필요하다.

동일한 특정정책이 사회정책에서, 여성정책에서 개별대상을 목표로 한 정책으로, 혹은 단위로서 가족정책으로 다루어지고 있는 것을 쉽게 볼 수 있다. 따라서 동일한 정책에 대해 사회정책, 여성정책 및 가족정책 범주로 구분하는 명확한 개념구분이 필요하다. 예를 들어 아동보육정책은 동일한 정책이라도 정책을 평가하는 과정에서 여성정책 혹은 가족정책의 범주에 포함되며, 국민기초생활보장제도와 같은 사회보장정책은 사회정책 혹은 가족정책 범주에 포함되는 것을 볼 수 있다. 이는 사회정책, 여성정책, 그리고 가족정책의 구분이 명확히 정의되지 않기 때문으로 사료된다.

사회정책이란 '국가가 개인의 기본적 요구를 충족시키기 위한 궁극적 책임을 지기 위한 정부의 행동지침'(김상균, 1988)으로 정의할 수 있다. 여성정책은 정치, 경제, 사회, 문화 등 제반분야에서 여성의 지위와 권익을 향상시켜 남녀가 평등한 사회를 이룩하려는 포괄적인 국가정책'으로 정의한다(변화순, 1992). 따라서 가족정책의 정의를 어떠한 틀과 기준에 의해, 어디까지 정할 것인가에 따라 가족정책, 사회정책, 그리고 여성정책간의 구별이 명확해 질 것 이다.

요약해 보면, 사회정책은 개인을 대상으로 한 정책, 여성정책은 양성평등을 지향하기 위한 수단으로 집행되는 정책으로, 가족정책은 단위로서 가족을 대상으로 하는 정책으로 구분된다.

학자들은 가족정책을 다음과 같이 정의하였다. 캐머만은 "정부가 가족에게 그리고 가족을 위해 행하는 모든 활동"으로 밝혔다(Kamerman & Kahn, 1978). 모엔과 숄(1987)은 "가족을 위한 광범위하게 동의된 일련의 목적을 국가가 의도적으로 프로그램과 정책을 통해 실현하는 것"이라 정의하였다(변화순, 1995 재인용). 짐머만(1988)은 "가족의 안녕과 복지를 다른 가치보다 최우선적인 정책목적으로 선택하는 가족과 관련시켜 정책을 바라보는 하나의 관점인 동시에 모든 가족관련 프로그램들을 포괄하는 하나의 영역"이라고 정의하였다. 즉, 가족정책은 "가족을 강화하고, 가족을 단위로 하여 대부분의 가족구성원이 제대로 생활할 수 있는 여건을 만들어 주기 위한 정책"으로 말할 수 있다(변화순 외, 1990). 가족정책의 정의를 '가족의 안녕과 복지를 다른 가치보다 최우선적인 정책으로 선택하고자 하는 목적'으로 정책의 기획에서부터 시행과 집행의 결과를 가족과 관련시키는 관점(perspective)을 가지는 정책인 동시에 모든 가족관련 프로그램들을 포괄하는 하나의 영역(field)으로 보고자 한다.

2. 가족정책의 범주와 방향성

가족정책은 유럽에서 대두되기 시작하였다. 인구감소에 위기의식을 느낀 유럽(특히 프랑스)에서 대가족 제도를 장려하기 위한 소득재분배(예를 들면 기족수당, 소득조세정책)와 인구정책 및 장기적 인구계획과 관련하여 시행되어 왔다. 또한, 고아, 빈민, 장애인, 노인, 무의탁자와 같은 요부양 가족 성원에게 지지적이고 대리적인 사회적서비스를 제공하는 공공정책으로도 받아들여졌다. 기존에는 관심대상이 문제가족 또는 요보호가족 중심으로 국한되었지만 최근에는 가족의 변화 경향에 따라 정책대상을 보는 관점이 선별주의에서 보편주의로 변화되고, 복지의 영역이 확대되고 있다. 이제는 특정한 이념성을 지향하는 가족의 지원에서 탈피하여 법적, 생물학적, 사회적 관계에 토대를 두고 생활현실로 존재하는 모든 가족들이 정책적 개입의 단위로 고려되어야 함이 강조되고 있다(이진숙, 2004).

최근에는 산업사회가 초래하는 여러 사회문제를 예방하고 일반가족에게 서비스를 제공하는 프로그램의 형태도 포함한다. 가족을 원조하기 위해서는 아동의 삶의 상황을 향상시켜 주는 방법이 가장 효과적임을 인식하면서 아동에 관한 서비스에 관심을 갖게 되었다. 또한 여성을 위한 사회정책이 가족정책의 중요한 구성요소로 포함되고 있다(취업모나 가정주부를 위한 사회 보험 급여; 아동보호를 위한 아동보호 프로그램과 사회복지 급여; 취업모를 위한 광범위한 지지적 서비스들; 일반 여성들의 사회보장대우와 소득, 조세의 변화; 고용에 있어서 파트타임과 근무시간 자유선택제 등을 다룰 수 있다).

따라서 가족정책은 정책의 대상을 가족구성원 개개인에게 두는 것이 아니라 가족전체성의 시각을 가지고 가족구성원 전체를 집합적으로 다루거나, 개인을 다루더라도 개인을 가족과 연계시켜 다루고 있다.

캐머만과 칸(Kamerman & Kahn, 1978)이 가족정책에 대해 내린 정의를 살펴보겠다. 관례상 가족정책은 자녀를 가진 가족에 대해서 시행하므로, 노인정책은 가족정책의 범위에서 제외되는 경향이 있다. 또한 행위자의 측면에서 볼 때 주로 정부의 정책 집행을 가리키지만 기업이나 교회, 정당, 기타 조직들의 정책 시행도 가족정책의 하위범주로 포함될 수 있다. 캐머만과 칸은 가족정책의 분류 기준으로 명시성(explicit) 대 묵시성(implicit)으로 나누고, 정책의 결과를 의도성(intended) 대 비의도성(unintended), 직접성(direct)과 간접성(indirect), 명백성(manifest) 대 잠재성(latent)을 제시하고 있다. 또한 정책의 대상에 따라 활동영역(field)과 관점(perspective)으로서 가족정책을 나누고 있다.

명시성 대 묵시성은 가족들을 위한 목적과 목표가 관찰되는 경우에 적용되는 기준으로 가족을 위해 정부가 하는 모든 것을 가족정책으로 보고 다음과 같이 구분할 수 있다. 명시적 가족정책은 가족을 위한 체계적인 활동을 취하는 것으로 언급되어질 수 있다. 즉 가족이 함께 있도록 여건을 조성하고, 부모가 가정 밖에서 일을 하는 동안 사회가 그들의 자녀를 돌볼 수 있도록 아동보육시설을 확대하고, 성인자녀들이 노인 부모를 돌보도록 노인보호시설 설립 등의 정책을 시행하거나, 부모가 그들 자녀들에 대한 재정적인 책임감을 갖도록 하는 정책 등을 말한다. 여기에 아동보육, 아동복지, 가족 상담, 가족계획, 소득유지, 조세 급여와 주택 정책 등이 포함될 것이며, 이런 경우 가족은 정부 정책의 명백한 주체가 된다. 명시적 가족정책은 다음의 두 가지 하위범주로 나누어 볼 수 있다. 정책과 프로그램들이 가족을 위한 명시적인 목적을 가지고 이를 달성하기 위해 설계된 경우와 정책과 프로그램들이 가족을 위해서 체계적으로 행해지지만, 가족에 관한 전반적인 목적들에 대한 의견이 일치되는 것과 아닌 경우 이 두 가지이다.

묵시적 가족정책은 정부 활동과 정책들이 가족에 우선적인 목적을 두고 있는 것은 아니지만 간접적으로 결과를 가져오는 정책을 가리킨다. 명시적 가족정책과 대조적으로 묵시적 가족정책은 임시적, 간접적 또는 다른 목표를 달성하기 위해 수립된 정책의 예측되지 않은 결과를 포함한다. 예를 들어 산업단지 선정, 도로건설, 무역과 관세규제, 이민 정책 등을 들 수 있다.

따라서 가족정책은 각 국가마다 다르지만 일반적으로 명시적 혹은 묵시적 가족정책에 포함되는 범주는 다음과 같다.

첫째, 소득전이 프로그램(사회보장, 조세정책, 사회보험, 공공수당, 자산조사 주택 수당, 가족수당 등), 둘째, 가족법(결혼, 부양, 이혼, 별거, 입양, 위탁, 재산분배, 가족계획, 후견인, 청소년독립, 학대받는 아동과 성인의 치료, 무의탁자, 양성평등, 개인 권리보호), 셋째, 아동보육서비스(의무교육, 데이케어, 유치원, 유아원등), 넷째, 개인적 사회적 서비스(실직 가정 부모의 출산, 아동유기 가족, 부모－자녀관계의 갈등, 방임, 학대, 결혼해체, 위탁, 입양 프로그램, 젊은 미혼모를 위한 서비스 등), 다섯째, 다른 기타 정책 도구들(가족에게 영향을 주는 명백한 목표를 가진 가족정책: 주택, 교육, 건강 / 묵시적으로 공헌하는 가족정책: 교통, 무역, 문화업무, 군사, 소비자 업무) 을 살펴볼 수 있다.

가족정책의 결과에 따른 분류를 보자면 시행결과에 따라 명백하거나 잠재적일 수 있다. 또한 가족정책의 목표에 따라 의도적이거나 비의도적으로 수행할 수 있으며, 혹은 직접적이거나 간접적으로 수행결과를 가져올 수 있고, 가족정책간의 상호 일치되거나 불일치될 수 있다. 의도적으로 가족에게 영향을 미치는 명시적 가족정책으로는 조세정책, 연금정책, 주택정책 등이 있다. 예를 들면, 위스콘신의 학습페어(Learnfare)프로그램이 있다. 이것은 자녀가 학교에 정기적으로 나가는 것을 장려하기 위한 목적으로 부모가 자녀를 학교에 보내지 않으면 AFDC 수당을 감소시키는 방법을 사용하는 것이다. 의도하지 않은 방법으로 가족에게 영향을 미친 예로는 네바다주의 핵실험으로 인해 1950년과 1960년대의 많은 가족 구성원들이 암 관련 병으로 죽음을 당한 경우가 있다.

가족정책의 영역의 관점에서 살펴보면 가족정책은 공공정책을 개발하는 기준과 목적의 근원으로서 또는 목표로서 "가족의 안녕(family well-being)"을 위한 노력이나 가족에 영향을 주는 모든 활동들과 관련되어 있다. 가족정책은 가족과 관련된 확실한 목표들을 수립한 영역 (대가족 제도 유지, 건강한 아동 양육, 아동양육의 재정적 부담 감소, 여성을 위한 평등, 아동을 위한 만족할만한 보살핌 등)과 이들 목적을 성취하기 위해 개발된 다양한 정책들과 수단으로 정의할 수 있다. 영역으로서 가족정책은 인구정책과 가족계획, 현금과 현물 급여, 고용, 주택, 영양, 건강정책이 포함됨. 영역의 부분으로서 개인적 사회적 서비스, 아동보호, 아동발달과 여성을 위한 모든 사회정책 영역이 포함되어 질 수 있다.

가족정책의 관점으로서 가족정책을 살펴보면 직접적으로 가족과 관련된 영역으로 다루어지지는 않지만, 가족에 대한 영향(효과)이라는 기준으로 볼 때 가족정책에 포함될 수 있는 정책을 보고 있다. 그러한 접근은 가족에 대한 정책결정을 위한 기준의 하나로서 "가족의 안녕"의 원칙 하에 모든 정책영역(조세정책, 교통, 군사정책, 토지 등)에 적용하고 그 정책의 결과를 사정하기 위한 결과로서 사용될 수 있다.

짐머만(Zimmerman, 1995)의 가족정책 분류에 대하여 알아보도록 한다. 짐머만은 케머만과 칸의 가족정책분류에 가족정책의 직 · 간접성 분류기준에 초점을 맞추고 있다. 직접성과 간접성은 정책들과 프로그램의 결과가 가족에 직접적인 영향을 미쳤는가 아니면 간접적인 영향을 미쳤는가에 따라 구별된다. 가족을 위한 정책의 결과가 중요한데 다시 말하여 가족을 변화시키기 위한 직접적인 목표를 표방한 것은 아니지만 정책수행의 결과 가족에게 일정한 영향을 미칠 수 있는 정책들이 있다. 사회보장, 이민정책, 산업정책 등으로 이러한 종류의 정책도 넓게는 가족정책의 범주에 속할 수 있다고 보았다.

짐머만은 관점의 측면에서 가족정책이란 '직접적으로든 간접적으로든 가족에게 영향을 미치며, 정부에 의해서 조장되거나 제지되는 모든 활동'을 가리킨다고 보았다. 여기서 가족정책이 여타의 정책과 다른 점은 개인이 아닌 가족원으로서의 개인, 즉 가족에 주안점을 둔다는 것이다. 관점으로서의 가족정책을 보는 시각은 매우 포괄적이지만 제반 정책을 대상을 중심으로 각기 분리된 것으로 접근하지 않고 그 내적 연결성을 통합적으로 볼 수 있게 해준다는 점에서 일정한 효용성을 가진다고 보이며, 바로 그러한 점 때문에 가족정책을 다룰 때 중요한 접근법으로 등장하고 있다(장혜경 외, 2002).

3. 관점으로서 가족정책의 정의와 전제조건

관점으로서 가족정책이란 정책의 범위 또는 범주를 분석하기 위한 하나의 접근방법으로, 그 개념 틀의 기저에는 잔여가 아닌 보편주의적인 가족정책으로 접근하고자 하는 방향을 내포한다. 또한 광범위하게 널려있는 사회정책들을 가족 친화성이라는 가치적 요소에 의해 내적인 통합성을 이루도록 하는 것을 전제로 한다(이진숙, 2004). 정책이 제도적 혹은 발달적 개념을 지향하는 것은 보편주의적 가족정책의 입장에서 낙인 없이 가족에 대해 보호와 치료적 서비스와 더불어 예방과 지원서비스를 하는 것을 목표로 하고 환자나 클라이언트보다는 시민 이용자로서 시각을 갖는다는 의미이다.

관점으로서 가족정책을 보는 시각은 매우 포괄적이지만 제반 정책이 대상을 중심으로 각기 분리된 것으로 접근하지 않고, 그 내적 연결성을 통합적으로 볼 수 있게 해줌으로 일정한 효용을 가진다고 보면서, 가족정책을 다룰 때 주요한 접근방법으로 사용된다고 보고 있다(장혜경 외, 2002).

관점으로서 가족정책을 수립하고자 할 때 전제조건으로, 첫째, 국가 가족정책의 수립시 궁극적으로 어떠한 방향을 모색할 것인가? 둘째, 이를 추진하기 위한 가치관과 신념은 무엇인가? 셋째, 가족구조의 다양성의 맥락에서 가족구조와 기능, 그리고 가족의 삶의 질을 분석함에 있어서 어떠한 원칙을 가질 것인가? 넷째, 가족정책이 가족에 미치는 효과는 어떠한가?에 대하여 고려해야 할 것이다. 이 네 개의 질문은 상호연관성이 있는 것으로 첫째와 둘째는 국가의 가족정책에 대한 철학내지는 신념과 가치관 추구와 그 맥락을 같이하고, 셋째는 가족을 둘러싼 제반 체계와의 관계에서 가족생태학적인 접근과 연결된 가족의 구조와 기능에 대한 원칙을 수립할 수 있으며, 넷째는 가족정책의 집행의 결과가 가족의 삶의 질 향상에 어떠한 영향을 미쳤는가를 분석 평가하고, 그리하여 가족정책수행에 대한 기본적인 원칙과 기준을 다시 제시함으로써 국가의 가족정책에 대한 신념과 방향설정에 다시 영향을 미칠 수 있다.

가족정책은 가족을 바라보는 관점에 따라서 국가의 가족정책을 방향을 달리하게 한다(Benokraitis, 2000; 변화순, 2003). 그러나 후기근대사회(post-modern society)는 다양한 가치가 공존하고 인정되는 사회임을 감안해 볼 때 가족정책 및 사회정책의 수립에 있어서 총체적 혹은 획일적으로 보수주의 혹은 진보주의로 특징지어질 수 없다. 따라서 가족정책의 방향성 역시 총체적인 개념으로 접근할 것이 아니라 개별가족정책의 방향이 어떤 입장을 취할 것인가로 접근되고 분석되어야 할 것이다. 예를 들면 공적 부조와 같은 거시적 복지정책의 관점과 가정폭력에 관한 미시적 복지정책의 관점은 그 문제의 성격이 근본적으로 다르기 때문에 한 가지 형태의 관점으로 접근하기 어렵다는 것이다.

각 정책은 다음과 같은 방향으로 분류될 수 있다. 보수주의적(conservative) 관점에 의하면 생물학적 의미의 부모-자녀로 이루어진 가족으로서 전통적 성역할이 가치 있다고 간주한다. 또한, 전통적 가족은 더 이상 제도로서 존재하지 않게 될지도 모른다는 회의적인 시각이 내재되어 있다. 중도주의적(centrist) 관점에 따르면 혼인한 부부-자녀로 이루어진 가족을 강조하고 있으나 전통적인 성역할을 전제하고 있지는 않다. 책임 있는 온전한 가족이야말로 "아동의 도덕적, 사회적 형성"을 위한 초석이므로, 정부는 부모가 자녀에 대해 양질의 보호를 할 수 있도록 친가족으로 정의되는 경제정책의 집행, 혼인생활의 안정성 증대, 부모의 책임 강화, 미성년의 혼전 성교제지, 개인주의의 억제 등을 제안하고 있다. 자유주의적(liberal) 관점은 가족구성원에 대한 다양성을 받아 들여야 한다는 입장이다. 이념적 측면에서 현대사회는 인구의 다수가 보여주는 다양한 가족의 모습과는 다른 전통적 이미지의 가족을 그리고 있어 현실과 많은 괴리현상을 보이고 있다는 것이다. 따라서 그동안 가족과 관련된 우상 혹은 신화를 폐기하고 실제 사람들이 모여 있는 다양한 가족의 모습을 인정해 주어야 한다고 본다. 마지막으로 여권주의적(feminist) 관점은 진보주의자와 마찬가지로 다양한 가족의 형태가 존재함을 인정하면서, 남자들도 가사와 자녀양육의 임무를 공유해야한다고 주장한다. 가족의 복지증진에 정부가 개입해야한다는 전제조건을 가지고 있고, 어떤 영역에 어떻게 여성의 관점이 이해될 것인가에 초점을 맞추고 있다. 즉, 정책방향이 성평등적이고 여성이 불이익을 당하는 구조적 측면을 우선적으로 개선하는 데 목적을 둔다.

정부나 사회가 정책을 선택할 때, 국가의 정책의 목적과 제약조건, 우선순위, 그리고 차선책을 고려해야 한다. 인구정책, 노동정책, 사회화 등과 같은 제반의 정책에는 국가나 사회의 가치적 선택이 밑바탕에 전제하고 있다. 가족정책은 정부의 가족에 대한 이념의 선택에서 출발한다. 즉 비록 특정한 유형의 가족정책을 "동일하게" 채택한다 할지라도 이를 바라보는 이념과 시각의 차이는 매우 다른 일련의 가치에서 나올 수 있으며, 그 결과 매우 다른 정책적 세부영역을 만들게 된다. 따라서 목적의 선택에서 가족정책은 근본적인 사회적 목적과 목표에 대한 토론을 요구하게 된다. 미국에서는 공공정책 선택의 방향설정에 대한 토론에서 이해당사자의 이념적 차이가 갈등적 상황을 초래하기도 하였다(Kamerman & Kahn, 1978).

한 예로 2004년 미국의 대통령 선거시 후보자들의 논쟁에서 가족에 대한 가치적 논쟁은 중요한 이슈 중의 하나로 다루어지고 있다. 공화당의 부시 후보는 가족지향주의적 입장을 취하고 있으며, 캐리 후보는 자유주의적 시각을 견지하였다. 가족지향주의자는 낙태는 인정되어서는 안 되고, 어머니는 가정으로 돌아가서 자녀를 돌보고, 정부의 역할을 가능한 한 최소화하는 것이 바람직하다고 믿고 있으나 자유주의자는 결혼을 강화하는 것보다 이혼의 결과를 편하게 받아들이고, 10대의 자율권에 관심을 두며, 가족에 대해 정부가 관여하는 것이 가족의 위험성을 감소할 수 있다고 본다. 이러한 상반되는 견해가 팽팽하게 대립됨에도 불구하고 가족정책의 수립과 시행에 있어서 관점으로서 가족정책 접근방법이 필요하다. 그 이유는 가족과 관련된 다각적이고 구체적인 가족지원시책들이 긴밀한 상호 연관적 체계 속에서 선택, 계획, 시행되어야 하기 때문에 이들 체계간의 관계를 분석함에 있어서 구체적인 틀과 방법론이 개발되고, 제시되어야 한다.

4. 가족영향평가

가족정책의 시행과 가족영향평가(FIA)에 관련성에 관하여 살펴보면 1970년의 캐머만과 칸이 의미하는 영역과 관점으로서의 가족정책 기준부터 살펴볼 수 있다. 이 분류 틀에 바탕을 두고 짐머만 등의 학자들은 가족정책 평가 도구를 발전시켰다. 따라서 관점으로서의 가족정책의 의미를 설명하는 작업은 가족영향 평가도구로서 FIA의 성격을 이해할 수 있는데 도움을 줄 수 있다.

1960년대와 1970년대 미국에서는 가족을 단위로 하는 정부프로그램의 확장과 정부정책에 대한 인식이 확산되었고, 정책의 시행으로 인한 평가를 위한 분석적 연구 도구로서 FIA의 출현은 가족정책의 발달을 위한 연구에서 필수적인 사항이었다. FIA는 1970년대 가족을 위한 정부정책의 결과를 예측할 수 있는 잠재적인 연구도구로서 개발되었다(Dempsey, 1981). 그러한 분석은 자연환경내의 공적행동과 사적행동의 결과를 예측하는데 목표를 둔 환경 영향분석을 모델로 하였다. 또한, 이러한 개념은 의도적인 사회행동을 예측하기 위한 울프(1976)의 사회영향 분석 모델(SIA)에 공헌하였다.

캐머만과 칸(1978)은 가족과 관련된 공적행동에 체계적 분석을 적용하면 그들의 행동 결과들을 명시적으로 만들어 가족영향평가서로 발전시킬 수 있다고 주장하였다. 그러한 평가서는 모든 관련 연방 법률을 평가하고 대안적인 가치들을 확인하는데 필요하였고, 주어진 행동 과정을 어느 정도 현실적으로 보여주는 것을 가능하게 하였다. 다른 일련의 가치들을 위한 대안적인 행동 과정들의 잠재적인 결과를 확인하는데 필요한 것으로 보이는데, 가족 안녕, 개인 권리, 평등, 사회통합 등등이 있다. 가치갈등이 어디에서 발생하든 마지막 결정은 정치적인 영역에서 이루어졌다.

가족 영향 평가서의 궁극적인 목적이 가족들을 위한 상황을 향상시키는 것일지라도 더 즉각적인 목적은 가족과 그 구성원들의 생활에 영향을 주는 정책들에 대한 국가적인 의식을 높이는 데 있다. 가족영향평가는 가족정책 평가를 위한 준거 틀로서 이용될 수 있다.

FIA의 주요한 목적은 다른 제도와 가족이 함께 유지될 수 있기 위해서는 어떻게 유기적인 관계를 가져야 하는가를 검증하는 것이다. FIA를 수행함으로써 가족 정책과 프로그램의 민감성과 지지도를 심층적으로 검증하는 기회를 제공하게 된다. 정해진 목적을 수행했는지 아닌지를 사정하는 평가와는 달리 FIA는 이들 목적이 의도적이든 비의도적이든 가족에게 긍정적이거나 부정적인 결과를 가져 왔는지를 검증하는 의미도 있다. FIA는 정책, 프로그램, 서비스가 가족의 안녕에 과거, 현재, 미래에 미치는 영향을 거시적 혹은 미시적으로 검증할 수 있다.

제2절 정책현황

한국의 가족정책 관련법은 건강가정기본법에 근거를 두고 있다. 건강가정기본법에서 건강가정사업은 건강가정기본법의 제 3장에 제시되어 있는데, 제 21조 가정에 대한 지원에서부터 제 33조 자원봉사활동지원에 이르기까지 총 13조 항으로 구성되어 있다. 이를 크게 보면, 가정에 대한 지원과 자녀양육지원, 가족단위 복지증진, 가족의 건강증진, 가족부양지원, 민주적이고 양성평등한 가족관계 증진, 가족단위의 시민적 역할증진, 가정생활 문화발전, 가정의례, 가정봉사원, 이혼예방 및 이혼가정지원, 건강가정교육, 자원봉사 활동 지원 등으로 제시되어 있으며 그 세부 내용은 아래와 같다. 정부는 동법에 따라 매 5년 마다 건강가정기본계획을 수립하도록 되어있다.

또한 저출산・고령화 사회에 대비하여 정부는 기본계획으로서 '새로마지 2010'을 수립하였다.

1. 제1차 건강가정기본계획(2006~2010)의 정책 비전과 목표[1)]

가. 정책 비전과 목표

정책비전과 목표는 크게 다음과 같이 세 가지로 나누어진다.

1) 가족에 대한 사회적 책임성 강화

가족은 인적자본 형성을 통해 사회발전에 크게 기여해 왔으며 고령화 및 글로벌 경쟁의 심화됨에 따라 가족의 이러한 역할이 더욱 중시되고 있다. 그러나 여성의 사회참여 확대와 가족규모의 축소 등 가족의 변화로 가족은 아동 양육 및 노인 부양 등 돌봄기능을 가족의 자발적 책임으로 해결하지 못하는 한계에 이르렀다.

또한 가족 내에서 제 기능을 수행하기 어려운 다양한 가족이 증가하고 고용불안정 및 사회양극화의 심화에 따라 이들 가족에 대한 지원망 부재가 사회통합에 저해를 가져오고 있다. 따라서 가족에 대한 지원을 확대하고 더 나아가 가족이 수행하는 기능을 보완하는 적극적 가족정책의 수행이 요구되고 있다. 특히 한부모가족, 재혼가족, 결혼이민자가족 등 날로 증가하는 다양한 가족의 아동들이 다른 가족의 아동들과 마찬가지로 차별받지 않고 행복하게 살 수 있도록 사회적 지원을 강화해야 할 것이다.

2) 통합적 접근을 통한 정책 조정 및 가족지원체계 강화

가족과 가족을 둘러싼 변화는 경제・사회・문화적 요인과 복합적인 작용을 통해 나타나므로 노동・복지・여성정책 등 다양한 인프라와 연계하여 종합적으로 접근・추진할 것이 요구된다. 가족정책과 개별 사회정책과의 유기적 통합을 통해 가족지원 체계를 강화하고 가족 및 가족구성원의 삶의 질을 제고하도록 한다.

1) 여성가족부(2006), 「제1차 건강가정기본계획」(2006~2010) 공청회」를 참고하였음.

3) 형평성과 다양성의 지향

가족구성원들의 다양한 이해가 존중, 보장되는 가족문화 조성을 통해 양성평등하고 민주적인 가족관계의 형성을 지원하도록 한다. 가족 내에서의 관계 뿐 아니라, 독신가족, 한부모가족, 재혼가족, 입양가족, 더 나아가 국가간 이주의 확대에 따른 결혼이민자가족, 다문화가족 등 다양한 가족 간의 형평성 제고와 다양성을 인정하는 사회적 여건을 조성할 것을 목표로 한다.

비전	가족 모두 평등하고 행복한 사회	
정책목표	가족과 사회에서의 남녀간·세대간 조화 실현	가족 및 가족구성원의 삶의 질 증진
정책과제	가족 돌봄의 사회화	1-1 보편적 아동양육 지원체계 구축 1-2 가족 돌봄에 대한 사회적 지원 강화
	직장·가정의 양립 지원	2-1 남성의 가족생활 참여 지원 2-2 가족구성원의 경제활동 참여 기반 구축 2-3 가족친화적 직장환경 조성
	가족의 경제적 안정성 강화	3-1 가족의 경제적 안정 지원 3-2 가족의 비용 부담 경감
	다양한 가족에 대한 지원	4-1 한부모 가족에 대한 포괄적 지원 체계 구축 4-2 결혼이민자가족에 대한 포괄적 지원 체계 구축 4-3 다양한 가족에 대한 지원 확대
	평등한 가족문화 및 가족친화적 사회환경 조성	5-1 평등하고 친밀한 가족관계 증진 5-2 안전한 가족생활 환경 조성 5-3 가족친화적 사회환경 조성
	가족정책의 인프라 확대	6-1 가족정책의 총괄·추진체계 정비 6-2 가족관련 법·제도의 정비

나. 주요 지표 전망

분 야	주 요 지 표	2005		2010
돌봄의 사회화	영유아 육아지원시설 이용율	46.0%	→	60.0%
	보육·교육비 지원아동 비율	45%		77%
	방치아동 비율	6.5%		4.5%
	중풍·치매 등 노인요양시설 충족율	45%		100%
직장·가정 양립 지원	30대여성 경제활동참가율	54.6%	→	60.0%
	육아휴직 이용율	26.0%		36.0%
	남성 육아휴직 이용율	1.9%		5%
	직장보육서비스 제공 비율	45%		65%
가족 지원 확대	GDP 대비 가족관련 공공지출 비율	0.1%	→	0.2%
	주관적 삶의 만족도	47.3% 1)		60.2%
	한부모가족 빈곤율	36.1%		32.5%
	저소득 한부모가족 자녀양육비 지원 아동수	23,251명		46,016명
	건강가정지원센터 수	16개소		200개소
	결혼이민자가족 지원센터 수	51개소 2)		250개소
평등한 가족문화 조성	부부 가사분담 비율	8.1% 1)	→	15%
	가족생활교육 및 상담 건수	30,655건		50,000건
	위기청소년비율	3.6%		3%
	가정폭력 발생 건수	11,595건		10,435건

1) 2002년 수치
2) 2006년 수치

정책비전

영역1. 가족돌봄의 사회화

1-1. 보편적 아동양육 지원체계 구축

보편적 아동양육 지원체계의 구축을 통해 자녀가 있는 가족의 양육부담을 경감하고 돌봄의 사회화를 이룩할 수 있는 자녀양육 지원서비스 및 가족돌봄에 대한 사회적 지원서비스를 마련한다.

1-1-1. 보육의 사각지대 해소를 위한 자녀양육 지원서비스 제공

· 가정내 자녀양육 지원을 위한 '아이돌보미' 지원
· 아이돌봄 서비스의 사회적 기업화
· 자녀양육지원수당 도입
· 소규모 전문 보육서비스 제공기반 구축

1-1-2. 보편적 자녀양육 지원을 위한 서비스 기반 확충

· 보편적 아동양육을 위한 법적근거 마련
· 보육시설 확충
· 민간보육시설 서비스 수준 개선
· 다양한 보육서비스의 제공
· 지역사회의 아동 공동보육 활성화
· 방과후 프로그램 활성화

1-2. 가족돌봄에 대한 사회적 지원 강화

개별가족이 주로 담당해온 노인, 중증질환 가족원에 대한 돌봄 등 가족의 돌봄부담을 사회가 분담할 수 있는 지원체계를 마련하기 위하여 돌봄 인프라를 확충하고 지원서비스를 확대한다.

1-2-1. 간병 · 수발지원 등 돌봄 인프라 확충 및 제도개선

· 노인 돌봄부담 완화를 위한 지원체계 구축
· 가족돌봄 지원을 위한 제도적 기반 구축

1-2-2. 가족돌봄 지원서비스 제공 확대

· 가족돌봄부담 경감을 위한 레스파이트(Respite) 서비스 제공

영역 2. 직장 · 가정의 양립 지원

2-1. 남성의 가족생활 참여 지원

여성 중심의 일과 가족생활 양립은 장기적으로 노동시장에서의 여성의 낮은 지위와 빈곤을 야기할 수 있다. 이에 남성의 가족돌봄 참여의 제도화를 통해 가정과 노동시장에서의 양성평등 실현에 기여하기 위하여 아버지 출산휴가제 · 육아휴직제 등을 도입하는 등 남성의 가사 · 양육에 대한 참여 여건을 조성하고자 한다.

2-1-1. 아버지 출산휴가제 · 육아휴직제 도입

· 아버지 출산휴가제 도입

· 아버지 육아휴직제(할당제) 도입 검토

2-1-2. 남성의 가사 · 양육 참여 여건 조성

· 남성의 가사 · 양육에 대한 이해도 제고

· 남성의 육아휴직 이용여건 조성

2-2. 여성의 경제활동 참여 기반 구축

모성보호제도 개선, 경력단절 여성의 고용지원 등을 통해 여성의 경력단절을 방지하고 여성의 경제활동 권리를 보장하고자 한다.

2-2-1. 출산 · 육아기 여성의 경력단절 방지

· 모성보호제도 이용 활성화를 위한 제도적 기반 조성

· 모성보호제도 이용여건 조성

2-2-2 경력단절 여성에 대한 경제활동 참여 지원

· 경력단절 여성의 직업훈련 다양화

· 경력단절 여성의 고용기회 확대

2-3. 가족친화적 직장환경 조성

기업의 참여확보를 통하여 가족친화적인 근무환경과 근무여건 등 직장 · 가정 양립 가능한 직장환경을 조성함으로써 부모가 가족생활에 참여할 수 있도록 지원한다.

2-3-1. 가족친화적 근무여건 조성

· 탄력근무제 등 가족친화적 근무제도 활성화

· 직장보육시설 설치 확대 등 가족친화적 근무환경 조성

2-3-2. 기업연계 가족친화 직장문화 확산

· 가족친화기업 인증제 도입 검토

· 가족친화 모범기업 사례 발굴 및 확산

2-3-3. 부모의 가족생활 참여 지원

· 부모의 자녀교육 참여 지원

· 직장문화 개선을 통한 가족시간의 확보 지원

영역 3. 가족의 경제적 안정성 강화

3-1. 가족의 경제적 안정 지원

가족의 빈곤 및 사회양극화 완화하기 위하여 국민기초생활보장제도 등 사회보장제도의 정비, 세제개편 및 저소득가족에 대한 경제적 지원체계 확립을 통해 사회적 안전망을 정비하고 경제적 지원을 확대하도록 한다.

3-1-1. 가족 빈곤예방을 위한 사회적 안전망 정비

· 국민기초생활보장제도 및 사회보험제도의 정비

· 안정적인 노후소득보장체계 구축 지원

3-1-2. 가족에 대한 경제적 지원 확대

· 가족의 경제적 지원을 위한 세제개편 검토

· 저소득 가족에 대한 경제적 지원 확대

· 농어촌 거주 가족에 대한 경제적 지원 확대

3-2. 가족의 비용 부담 경감

가족 비용부담의 큰 비중을 차지하는 주거와 교육에 대한 비용부담 완화를 통한 가족의 경제적 부담 완화 지원하도록 한다.

3-2-1. 가족의 주거 안정 지원

· 가족의 주거안정 지원을 위한 주택공급체계 개선

· 저소득 가족 및 다자녀 가족 등에 대한 주거 안정 지원

3-2-2. 가족의 교육비 부담 경감 지원

· 가족의 사교육비 부담 완화 지원

영역 4. 다양한 가족에 대한 지원

4-1. 한부모가족에 대한 포괄적 지원 체계 구축

한부모가족의 빈곤예방 및 아동보호를 위하여 다양하고 통합적인 지원체계 구축하여 다양한 지원을 확대한다.

4-1-1. 한부모 가족에 대한 종합적 지원제도 마련

· 포괄적 지원을 위한 제도적 기반 구축

· 이혼가정의 자녀양육비 확보 지원제도 마련

4-1-2. 한부모 가족에 대한 다양한 지원 확대

· 저소득 한부모가족 아동양육비 지원 확대

· 저소득 한부모가족에 대한 생활지원 강화
· 한부모가족의 가족기능 강화를 위한 종합서비스 제공
· 미혼 양육모의 경제적 자립 및 양육 지원 강화

4-2 결혼이민자가족에 대한 포괄적 지원체계 구축

결혼이민자가족에 대한 포괄적 지원체계 구축을 통해 결혼 이민자가족의 사회적응과 경제적 안정 및 사회통합을 도모하도록 한다.

4-2-1. 결혼이민자가족의 사회문화적 적응지원

· 결혼이민자가족의 사회문화적 적응지원 체계 구축

4-2-2. 결혼이민자가족의 생활보장 지원 확대

· 결혼이민자가족의 인권 보호
· 결혼이민자가족의 자녀양육 지원
· 결혼이민자가족의 경제적 생활보장 및 지원 강화

4-3. 다양한 가족에 대한 지원 확대

다양한 가족유형의 경제적 지원 및 사회적 소속감, 심리적 유대 등 가족의 특수한 욕구와 필요를 고려한 정책 추진을 위해 장애인 가족에 대해 지원을 확대하고 새터민 가족에 대한 지원을 모색한다.

4-3-1. 장애인가족에 대한 지원 확대

· 장애인가족의 경제적 자립 지원
· 장애인가족의 가족생활 환경 조성 지원

4-3-2. 새터민가족에 대한 지원 확대

· 새터민가족의 초기 생활 지원
· 새터민가족 자립・자활 지원
· 새터민가족 자녀교육 지원 확대
· 새터민 청소년 지원 확대

4-3-3. 다양한 가족유형에 대한 지원 확대

· 노인가족 지원
· 입양 가족 지원
· 위탁가정 지원
· 재소자 가족 지원

영역 5. 평등한 가족문화 및 가족친화적 사회환경 조성

5-1. 평등하고 친밀한 가족문화 조성

가족유대 및 가족관계 증진을 위한 교육・상담, 여가문화 조성 등을 강화함으로써 가족내 친밀감을 증진하고 남녀간, 세대간 조화를 실현한다.

5-1-1. 평등하고 친밀한 가족문화 조성기반 구축

· 가족의미 재발견 문화사업 추진
· 호주제 폐지에 따른 대체입법 추진
· 가족생활교육 내실화
· 가족상담 서비스 내실화
· 소외가족 가족관계 회복 지원

5-1-2. 건전한 가족 여가문화 조성

· 가족여가를 위한 문화기반 조성
· 취약계층 문화체험 기회 확대

5-2. 가족친화적 사회 환경 조성

안전한 가족생활을 저해하는 각종 사회적・문화적 요인들을 제거하고 다양한 정보와 서비스 제공을 통해 안전한 가족생활을 영위할 수 있는 기반 조성을 위하여 사회 환경과 더불어 가족친화적 사이버환경을 조성하도록 한다.

5-2-1. 가족친화적 사회 환경 조성

· 가족친화환경조성을 위한 법적 근거 마련
· 아동・청소년의 유해환경 정비
· 가족친화적 마을공간 조성
· 가족친화적 마을공간 조성을 위한 주민참여 기반 조성
· 이웃과 지역 공동체가 함께하는 가족문화 확산
· 문화의 다양성 존중 및 사회통합 분위기 조성

5-2-2. 가족친화적 사이버환경 조성

· 건전한 정보문화 확산 추진
· 사이버 상의 유해환경 관리・감독 강화
· 가족친화적 사이버 공동체 활성화

5-3. 안전한 가족생활 환경 조성

안전한 가족생활을 저해하는 각종 사회적 · 문화적 요인들을 제거하고 다양한 정보와 서비스 제공을 통해 안전한 가족생활을 영위할 수 있는 기반 조성하기 위하여 가족 폭력을 예방하고 피해자를 보호하는 면을 강화하며 아동 · 청소년 보호와 안전한 임신 · 출산환경을 조성한다.

5-3-1 가정폭력 예방 및 피해자 보호 강화

- 가정폭력 예방체계 실효성 강화
- 가정폭력 유형별 보호 · 지원서비스 확대 및 전문화

5-3-2 아동 · 청소년 보호활동 강화

- 청소년 가출예방 및 보호체계 확립
- 청소년 성보호 강화

5-3-3 안전한 임신 · 출산환경 조성

- 임신 · 출산 · 육아 관련 종합정보서비스 제공
- 임신 · 출산 비용 및 의료비 지원 확대
- 산모 · 신생아 도우미 파견 지원

영역 6. 가족정책 인프라 확충

6-1. 가족정책의 총괄 · 추진체계 정비

중앙건강가정정책위원회 및 건강가정지원센터 등 정책추진체계의 정비 및 내실화를 통해 범정부적 가족정책 추진체계 구축하고 건강가정기본계획을 수립 및 추진하여 민 · 관 및 중앙 · 지방 간의 협력을 촉구하도록 한다.

6-1-1. 건강가정기본계획의 수립 · 추진 및 평가

- 건강가정기본계획 수립 · 추진
- 시행계획 수립 및 추진실적 평가

6-1-2. 민 · 관 및 중앙 · 지방간 협력 · 조정 강화

- 중앙건강가정정책위원회 운영
- 민 · 관의 다양한 협력체계 구축

6-1-3. 가족서비스 인프라 확충과 내실화

- 건강가정지원센터 확대 및 서비스 다양화
- 센터 종사자의 전문능력 배양 및 센터간 네트워크 구축

6-2. 가족관련 법 · 제도의 정비

다양한 형태의 가족 등장, 평등한 가족관계로의 변화 등 가족현실에 부응하여 가족과 관련된 법 · 제도 정비 추진하여 가족관련 실태 및 정책 욕구를 파악하도록 한다.

6-2-1. 가족관련 법 · 제도의 정비

· 가족관련 법 · 제도의 정비

6-2-2. 가족관련 실태 및 정책욕구 조사 · 연구

· 전국 가족실태조사 실시

· 가족영향평가제 도입을 위한 기반 조성

2. '새로마지 2010' 저출산 · 고령화 대책2)

'새로마지 2010'에 의하면 저출산 · 고령화 대책 구체적인 목표는 여성의 자아실현과 결혼 · 출산 · 양육의 양립이 가능한 사회구축, 산전후 휴가 및 육아휴직제 활성화 등 일과 가정의 양립을 위한 정책지원의 강화, 부모의 여건에 따라 마음놓고 아이를 맡길 수 있는 다양하고 질 좋은 육아 인프라 확충, 탄력근무제 등 다양한 근무형태 확산, 출산 육아기 이후 재취업 가능성 제고로 정리된다.

구체적으로 가족과 사회 · 국가가 함께 아이를 낳고 키우는 시스템을 확립하고, 가족의 책임영역으로 남아있는 출산과 자녀양육에 대한 국가 · 사회적 지원체계 확립이 필요하며, 양성평등적이고 가족친화적인 사회적 분위기 조성 및 국민의 인식전환을 위해서는 일과 가정의 양립의 정책으로 육아지원 등 정책의 실효성 제고의 기반이 되는 사회문화적 여건과 국민인식 전환을 유도한다는 것이다.

장기적이고 일관성 있는 정책을 추진하기 위해서는 안정적 재정지원이 필수적인데, 자녀를 출산하고 양육하는 모든 가정에 대해 안정적 재정을 지원하고자 계획을 수립하였다. 영유아 보육료 교육비 지원 확대, 다자녀 가정에 대한 인센티브 강화, 임신 · 출산비용 국가지원 확대를 계획하고 있다. 노동력 부족에 대한 대책으로서 외국적 동포 및 외국인력 활용 방향을 모색하고 있다.

사회적 여건의 개선을 위해서는 영유아기 자녀 양육 지원에 5년간 10조원 투자하여 방과후 학교를 대폭 확대하여 사교육 부담의 경감, 일 · 가정 양립을 위한 인프라 외 입양제도를 획기적으로 개선하는 계획을 수립하고 있다.

---

2) 보건복지부(2006), 「새로마지 2010」을 참고하였음.

<표 8-1> '새로마지 2010' 과제

비 전	모든 세대가 함께 하는 지속발전 가능사회	
목 표	2011～20: 출산율 회복 및 고령사회 성공적 대응 2006～10: 저출산 · 고령사회 대응기반 구축	
	저출산 · 고령사회대응 사회적 분위기 조성	정책추진체계의 효과성 제고

추진과제	출산과 양육에 유리한 환경조성	고령사회 삶의 질 향상 기반 구축	미래 성장 동력 확보
	• 출산 · 양육의 사회적 책임 강화 • 일-가정 양립가능 사회 시스템 구축 • 가족친화 · 양성평등 사회문화 조성	• 노후소득보장체계 구축 • 건강 · 의료보장체계 구축 • 노인친화적 사회기반 조성	• 여성 · 고령 인력 활용 • 인적자원의 경쟁력 제고 • 고령친화산업 육성

저출산을 사회적 문제로 여기는 가장 중요한 근거는 경제성장률을 떨어뜨리게 한다는 시각에 있다. 우리나라의 경제성장률은 2006년 현재 5% 내외이지만 인구의 감소로 인해 앞으로 20년 후에는 3%대, 그리고 40년 후에는 1%대로 떨어지게 될 것으로 예상된다는 것이다. 급속한 인구구조 고령화에 의하여 심각한 문제가 발생된다. 즉 고령인구의 비율이 높아지게 되면 수급자와 납부자의 불균형으로 인하여 연금재정이 위험하게 되며 건강보험의 재정 역시 악화된다. 현재 정부는 2020년까지 출산율을 1.6까지 끌어올리는 것을 목표로 하고 있지만 이러한 목표가 달성된다고 하더라도 우리나라의 고령화 문제가 해결되는 것은 아니다. 이러한 목표가 실현되더라도 앞서 말한 고령층 부양비로 본다면 2050년에 65%로 낮아지는데 불과하기 때문이다(관계부처합동, 2006).

저출산으로 인해 국가의 노동력 수급에 차질을 보이는 것은 예측할 수 있지만, 노동력 부족으로 인한 국가 재정의 악화와 더불어 일자리의 부족 및 수급의 불균형으로 인한 문제도 간과해서는 안 된다. 서구의 많은 국가들이 저출산 · 고령화로 인한 노동력 수급 불균형 문제를 노동력의 양적 투입 구조를 개편해 노동의 질을 높이면서 정년을 연장하거나, 고령화 사회에 필수적인 보살핌을 요구하는 직종, 혹은 단순노동직에 있어서는 외국 노동력을 유입하는 방향을 채택하고 있다는 점은 우리에게 시사하는 바가 크다.

그러므로 이러한 대책의 일환으로 고령자의 경제활동 참여를 활성화하고, 수명연장에 맞추어 조기퇴직 유인을 줄이고 연금정년을 연장하는 정책을 적극적으로 고려해야 한다. 또한 외국의 노동력을 유입하는 방안도 진지하게 고려되어야 할 것이다. 개발적 이민정책을 시행하고 있는 미국 캐나다 호주가 다른 선진국에 비해 장기 실질소득이 훨씬 크게 증가하리라는 OECD의 예측이 이를 뒷받침한다(한국경제, 2006.6.1). 그러나 경제성장률과 노동력의 문제를 저출산으로 해결하려는 입장에 대해서 많은 이견이 존재한다.

3. 외국의 가족정책

외국의 가족정책으로는 독일, 프랑스, 미국, 일본의 사례를 들고자 한다. 이를 요약하면 아래의 표와 같다(변화순 외, 2004).

	독일	프랑스	미국	일본
가족문제	· 자녀양육 · 가족의 빈곤화 · 여성취업문제	· 실업증가 · 소외문제 · 여성노동	· 가족제도의 약화: 결혼률, 이혼률, 혼외출산, 한부모 가족의 비율이 높음	· 가족기능약화: 빈곤, 보육, 양호, 개호
가족정책 특징	· 혼인과 가족제도 보호: 가족강화 · 적극적이고 보편적인 가족정책: 보충성의 원칙 · 가족의 다양성 인정	· 선별적인 가족수당지급 · 가족구성원 개별에 대한 지원 · 가족과 고용을 조화	· 부성강화 · 가족강화	· 가족의 자조원칙이 암묵적 전제 · 선별주의적 원칙을 전제로 지원대상별 정책 추진 · 가족에 대한 국가의 공적 책임범위 제한. · 가족정책의 수립과 운용방식에서 재원의 효율적 배분과 세대간의 형평성 추구 · 가족정책이 사안별 대상별로 분산되어 있어 통합적 접근이 가능한 행정전담부서 부재
가족정책 및 프로그램	· 가계소득지원프로그램: 세금공제와 아동수당 · 양육 및 교육지원프로그램: 양육비 지급, 출산휴가, 주부연금제	· 소득지원정책: 가족수당, 가족소득보충급여, 주거수당, 이사보조금, 최저생계비 · 자녀양육지원정책: 자녀	· 소득유지정책: 근로소득세액 환급공제, 빈곤가족 한시부조 · 자녀양육지원정책: 가족의료휴가제도,	· 소득지원정책: 생활보호제도, 아동수당제도, 아동부양수당 · 모자가정 지원정책: 소득보장시책과 세제상

		관련수당과 보육정책 · 노인부양지원정책: 장기보호노인 및 환자를 돌보는 가정지원정책	보육관련 정책 · 노인부양지원정책: 가족간호, 가족의료휴가제도, 노인간호수당, 취약집단 노인보호	의 조치 및 자립지원 시책 · 자녀양육지원정책: 육아 · 개호휴직제도 · 노인부양지원정책: 개호보험 · 보육정책: 보육소
가족정책 기구와 역할	연방가족 · 노인 · 여성 · 청소년부(약칭 가족부) 역할: 가족, 노인, 청소년, 여성을 대상으로 하는 전반적인 정책 수립, 총괄 연방 정부조직: · 연방장관 1인, 차관 2인, 지도팀, 5국, 부속기관으로 구성 · 가족부 업무는 가족 · 복지보호 · 시민참여국(약칭 가족국)에서 담당: 가족부는 1부와 3팀으로 구성되어 있고 1부에는 7개 과가 있고 2팀은 복지보호업무와 시민참여업무를 담당하고 나머지 1팀은 가족복지이슈를 담당 지방정부조직: · 주정부차원 가족전담부서는 명칭, 업무가 동일하지 않음 · 주정부가 지향하는 노선에 따라 달라짐: 대부분 주는 주정부 조직내에 가족전담 부서를 설치하고 있음	고용연대부 역할: 사회적으로 위기상황에 있는 개인 및 집단을 지원하기 위한 사회통합정책을 수립, 시행 정부조직: 1. 가족관련 업무의 통합적 접근을 위해 국가위원회 구성 · 가족관련 부처간대표부(DIF): 가족관련 부처간 대표부 위임장관, 9개분과 · 국가기술지원실 · 가족관련 민간단체 및 기타 기구 자문단: 약 30개 민간단체 · 행정대표기관: 가족관련 업무를 하는 10개 행정기관 2. 프랑스 가족수당금고: 가족분야와 관련된 합법적인 수당 서비스의 재정적 지원 및 전략을 총괄 125개의 가족수당금고가 조직되어 있고 행정위원회의 통제하에 업무수행 3. 여성의 권리 및 평등국: 고용연대부에 귀속되어 있으며 4개부서가 있음	연방정부: 가족을 전담하는 부서가 없음: 여러 가지 부에서 나누어서 가족정책 수행: 부서간에 횡적인 유대가 발달되어 있음 지방정부: 주별편차가 크고 가족지원부와 같은 전담부서를 가지고 있는 주도 있음	중앙: 후생노동성: 고용균등 · 아동가정국, 노건국, 생활원호국 총리부의 남녀공동참획실 역할: · 고용균등 · 아동가정국: 고용과 아동 · 노건국: 노인복지와 개호보험 · 생활원호국: 생활보호 · 남녀공동참획실: 양성평등

제3절 정책과제 및 대안

가족정책의 중점적인 과제는 일과 가정의 조화와 양성평등의 가족문화 조성으로 압축될 수 있다. 그간의 '남성생계부양자' 모델에 기초를 둔 사회문화는 남성은 일을 중심으로 하여 가족으로부터 소외되게 만들며, 여성은 결혼·출산 및 양육 등의 가족생활로 인하여 경제활동으로부터 배제되는 문제가 있었다. 이에 있어 출산·육아기의 여성의 경제활동의 참여 기반 구축을 첫번째 과제로 한다. 모성보호제도를 활성화하여 산전후휴가나 육아 휴직의 시기나 기간 등을 현실화 하여 가족 생활 후 여성의 경력단절을 방지하기 위한 노력을 펼치도록 한다. 또한 아버지의 출산휴가제나 육아휴직제 등을 도입하여 남성의 가사 및 양육 참여의 여건을 조성하도록 한다. 이와 더불어 가족과 직장의 친화적인 문화를 조성하여 탄력근무제, 직장보육 시설 등으로 직장과 가정의 양립이 가능한 환경을 만들 수 있겠다.

또한 양성평등한 가족문화를 위한 노력이 필요하다. 현재 일어나는 아동학대, 청소년 가출, 가정 폭력 등의 위기를 극복하고 방지하여 가족의 의미를 재발견하여 소통이 이루어지고, 친밀한 가족문화가 조성될 수 있도록 해야 한다. 가족의 여가가 증가할수록 건전한 가족 환경에 대한 적극적인 관리와 가족단위의 문화활동 등을 참여할 수 있도록 분위기를 조성한다. 특히 취약계층의 가정에 대해 프로그램을 지원하는 방안도 있겠다. 이에 입각하여 정책 실현 과정이 체계적이고 장기적으로 이루어지는 것이 무엇보다 중요하다. 일과 가정의 양립환경의 조성 및 양성평등한 가족문화의 조성을 위한 플랜은 다음의 표와 같다.

<표 8-2> 일-가정 양립환경 및 성평등 가족문화 조성 플랜

1. 일과 가정의 양립 환경 조성
   가. 산전후휴가급여 등 지원 확대
   ◈ '06년부터 중소기업(고용보험법상 우선지원 대상기업)에는 산전후휴가 90일분에 대한 급여를 고용보험에서 지급(최고한도 월 135만원)
   ◈ 유산·사산휴가에 대한 급여 지원
   ◈ 배우자 출산간호휴가제 도입

   나. 육아휴직제도 활성화 및 근로형태 유연화
   ◈ 육아휴직 활성화
   ○ 육아휴직요건 완화: 만 1세 미만→만 3세 미만
   ○ 육아휴직급여 인상: '05년 월 40만원→'07년 월 50만원

○ 육아휴직 중 대체인력 채용지원요건 완화/지원금 인상
○ 여성근로자에 대한 모성보호체계 강화
○ 공무원의 육아휴직 활성화
◈ 육아기 근로시간 단축제도 도입
◈ 근로형태 유연화
○ 선택적 근로시간제 등 유연한 근로시간제도에 대한 홍보 및 우수사례 발굴 · 전파
○ 양질의 자발적 단시간 일자리 모델 개발 · 보급으로 경력단절 여성의 노동시장 재진입 촉진
○ 재택근로 관련 근로시간, 휴게 · 휴일 등에 대한 법적 규율방안 마련

다. 출산 · 육아기 이후 노동시장 복귀 지원
◈ 경력단절 여성근로자에 대한 '출산여성재취업장려금' 도입
◈ 비정규직 여성근로자를 위한 '출산후계속고용지원금' 신설
◈ 전업주부 노동시장복귀 프로그램 운영
◈ 경력단절 여성인재뱅크 운영

라. 가족친화적 기업인증제 도입 등 직장문화 개선
◈ 가족친화적 기업경영모델 개발
◈ 기업인증제 등 가족친화적 기업 지원
◈ 가족친화적 교육프로그램 개발 · 보급
○ 기업 · 시민단체가 함께하는 교육프로그램을 통하여 가족친화적 분위기 조성
-'가정의 날, 육아데이, 아버지 일찍 퇴근하기' 등 사회운동 전개

2. 학교 · 사회교육 강화 및 가족문화 조성
가. 가족가치관 확립을 위한 학교 · 사회교육 강화
◈ 학교교육과 사회교육, 다양한 홍보매체를 활용한 생애주기별 교육 · 홍보
○ 가치관 형성기인 아동 · 청소년에 대한 교육을 위해 교육과정 개정, 교과서 보완지도자료 발간 · 보급 등 추진
○ 직장인, 주부, 노인 등 성인 대상의 민간 교육사업 지원 및 민관 협력 사업 개발을 통해 사회교육 활성화

저출산 · 고령화 정책에 대비한 가족정책은 몇 가지 한계점을 극복하여야 한다. 구조적 차원에서 성평등적 관점과 국민 개개인의 삶의 질 향상을 위한 대책의 일환으로서 인구의 증가정책 철학이 반영되지 않고, 정부의 경제발전의 논리에 의하여 또 다시 자녀의 수를 증가시키는 인상을 주고 있다는 점이다. 1960년대 한국은 강력한 인구감소정책을 실시하였는데, 그 당시의 목표도 '경제적 발전'을 위한 노동력으로서의 인구의 질적 수준 향상을 위한 인구의 감소였다. 즉 '둘만 낳아 잘 살자'라는 목표에서 보여주듯이 잘 살자는 의미가 경제적으로 발전하자는 의미에서 가족이 도구화되었다는 점이다. 즉 인구증가 정책에 있어 출산과 양육의 적합한 사회환경을 조성하여 삶의 질 향상에 목표를 두기보다는 경제발전을 위해 자

녀를 많이 나아야 한다는 목표를 세워놓고 국민이 따라주도록 여건을 조성하고 있어, 궁극적으로 부모 개인이 책임지도록 한다면 이에 대한 사회적 합의가 이루어지지 않을 것이다. 즉 '정상가족' 규범이 전제된 인구증가 정책에서는 결혼과 출산이 여성에게 갖는 의미 고려가 미흡하고 지나친 경제주의와 물질주의로 인한 도구적 가족주의 관점이 우선되어 있는 것이다. 따라서 이를 극복할 수 있는 논리 및 정책개발이 필요하다.

또한, '새로마지 2010'에 의하면 자녀 출산과 양육을 결혼 관계에만 허용하고, 비혼모 여성의 출산 · 양육을 인정하기 보다는 입양을 활성화하는 정책을 제시하고 있다. 이는 합법적 혼인에 의한 자녀출산만을 국가의 정책으로 삼겠다는 기조인데 반하여, 인구증가 정책을 수립한 다른 선진 국가에 있어서는 비혼모의 자녀양육에 대한 정부의 기초생활보장의 지원이 막대하다는 점을 인식해야 한다. 정부가 이번에 밝힌 정책 대상은 정상 가족의 틀을 벗어나지 못하고 있다. 이제는 결혼을 통해 충족돼 오던 친밀성의 욕구는 후기 근대사회에서 구조적 변동을 일으키고 있는 우리의 삶을 성찰할 필요가 있다.

요 약

가족정책이란 포괄적이고 신축적인 개념이다. 가족에 직 · 간접적으로 영향을 미치는 각종 복지정책이나 사회보장제도, 조세제도 등을 포함한다. 학자들의 정의를 종합하여 보면, 가족정책을 '가족의 안녕과 복지를 다른 가치보다 최우선적인 정책으로 선택하고자 하는 목적'으로 볼 수 있다.

가족정책은 기존의 문제가족 또는 요보호가족 중심에서 일반가족에까지 최근의 가족의 변화 경향에 따라 정책대상을 보는 관점을 확대해 나가고 있다. 산업사회가 초래하는 여러 사회문제를 예방하고 일반가족에게 서비스를 제공하는 프로그램의 형태도 포함한다. 따라서 가족정책은 정책의 대상을 가족구성원 개개인이 아닌 가족 전체를 대상으로 집합적으로 다루거나, 개인을 다루더라도 개인을 가족과 연계시켜 다루고 있다.

가족정책을 관점으로서 보는 시각은 제반 정책이 대상을 중심으로 각기 분리된 것이 아닌 내적 연결성을 통합적으로 볼 수 있게 해줌으로 일정한 효용을 가진 것으로 평가되며, 가족정책을 다룰 때 주요한 접근방법의 하나로 사용된다. 가족을 바라보는 관점에 따라 국가의 가족정책은 방향을 달리 하는데, 보수주의적 관점에 의하면 생물학적 의미의 부모-자녀로 이루어진 전통적 성역할이 가치 있다고 간주한다. 중도주의적 관점의 경우에는 혼인한 부부-자녀로 이루어진 가족을 강조하며 전통적인 성역할을 전제하고 있지는 않다. 자유주의 관점은 가족구성원에 대한 다양성을 받아들여야 한다는 입장으로 이념적 측면에서 현대사회는 인구의 다수가 보여주는 가족의 모습과는 다른 전통적 이미지의 가족을 그리고 있다. 마지막으로 여권주의적 관점은 다양한 가족의 형태를 인정하고, 남자들의 가사와 자녀양육의 임무 공유를 주장한다. 정부나 사회가 여타 다른 정책을 선택할 때, 국가의 정책의 목표와 제약조건, 우선순위, 그리고 차선책을 고려해야 하듯이 가족정책의 선택 방향에서 근본적인 사회적 목표에 대한 토론을 요구한다.

가족정책을 시행할 때 구조적 측면에서 가족의 다양성의 맥락을 고려해야 하며, 기능의 측면에서 가족기능을, 그리고 가족의 삶의 질 향상을 위한 측면에서는 가족원의 만족도, 관계성, 평등성 등을 고려해야 할 것이다. 가족의 유형은 가족원의 교육수준, 직업 및 수입 등의 사회경제적 특성에 따라 그 삶의 형태가 달라지므로 다양성의 맥락에서 다루도록 한다. 가족의 기능 및 관계성에 관하여 생각할 때에는 가족의 사회적 기능과 역할을 가족구성과 구성원으로서의 소속감, 경제적 지원, 아동양육, 생활주기별 가족 보호, 조정이나 매개 역할 등의 기능의 범주로 나누어 살펴볼 수 있다.

가족정책의 시행과 가족정책 영향평가에 관련성에 있어서 가족정책 평가 도구(FIA)는 다른 제도와 가족이 함께 유지될 수 있기 위해 어떻게 관계를 가져야 할 것인지 검증하는 것을 목적으로 정책, 프로그램, 서비스가 가족의 안녕에 과거, 현재, 미래에 미치는 영향을 거시적 혹은 미시적으로 검증하도록 하고 있다.

우리나라에서는 가족정책에 있어 건강가정기본법을 실시하여 가족에 대한 사회적 책임성을 강화하고, 통합적 접근을 통한 정책 조정 및 가족지원체계를 강화하며 형평성과 다양성을 지향하도록 목표하고 있다. 이 내용은 가정에 대한 지원과 자녀양육지원, 가족단위 복지증진, 가족의 건강증진, 가족부양지원, 민주적이고 양성평등한 가족관계 증진, 가족단위의 시민적 역할증진, 가정생활 문화발전, 가정의례, 가정봉사원, 이혼예방 및 이혼가정지원, 건강가정교육, 자원봉사 활동지원 등을 제시하며 정부는 매 5년마다 건강가정기본계획을 수립하도록 되어 있다. 또한 저출산대책에 대하여 '새로마지 2010'의 대책으로 여성의 자아실현과 결혼 · 출산, 양육의 양립이 가능한 사회구축을 위하여 지원을 강화하고 있다.

가족 정책은 이와 같은 대책을 통하여 일과 가정의 양립이 가능하고 양성평등한 가족문화를 조성할 것을 중점적인 과제로 삼고 있다. 여성의 경제 활동을 제약하는 환경들을 개선하고 남성들의 가족으로의 참여, 직장과 가정의 친화적인 환경 등을 사회적으로 지원하는 노력을 펴야 할 것이다. 또한 다양한 환경의 변화 속에서 가족의 안전과 건강을 지켜갈 수 있는 건전하고, 세대간, 남녀간의 조화를 통하여 평등한 가족문화를 조성해 나가야 할 것이다.

연구 및 토의과제

1. 국가는 왜 광의의 가족정책을 수립할 필요가 있는 지 생각해 보시오.
2. 가족정책에서 기본적으로 다루어야 할 범주는 무엇인지 생각해 보시오.
3. 한국의 가족 변화를 고려해 볼 때, 가족정책의 내용 중 「건강가족기본계획」과 「새로마지 2010」 정책에서 보완할 내용은 무엇인지 생각해 보시오.
4. 외국의 가족정책(프랑스, 독일, 미국, 일본 등)의 각 내용에서 정책의 맥락과 배경에 대해 보다 깊이 생각할 점은 무엇인지 생각해 보시오.

참 · 고 · 문 · 헌

관계부처합동(2006). "제1차 저출산고령사회기본계획 시안 2006~2010".

김성천 · 안현미(2003). "참여정부의 가족정책의 기본 구성요소의 분석과 발전방향 모색". 한국가족사회복지학, 12호.

변화순 · 윤영숙 · 강선혜(1990). 「한국가족정책에 관한 연구」. 한국여성개발원.

변화순(1992). "국가정책과 여성". 여성연구 제 9권 3호.

변화순(1995). "가족정책 연구의 관점과 쟁점, 자리매김". 여성연구. 49호.

변화순 · 김현주 · 송다영 · 이진숙 · 김영란(2000). 「가족문제예방과 해결을 위한 가족정책 과제개발」. 여성특별위원회. 미간행.

변화순 · 조은희(2003). 「다양한 가족 출현에 따른 쟁점과 가족 관련법의 방향정립에 관한 연구」. 한국여성개발원.

변화순(2004). "관점으로서 가족정책이란 무엇인가". 「가족과 차이」. 2004년도 한국가족학회 추계학술대회. 한국가족학회.

변화순 · 최윤정(2004). 「가족정책 방향 정립 및 통합적 시행방안 연구」. 한국여성개발원.

보건복지부(2006). 「새로마지 2010」.

송다영(2004). "가족부양의 쟁점과 방향모색". 「가족정책의 새로운 틀짜기를 제안한다」. '일 · 가족 함께' 성평등 가족정책 마련을 위한 연속토론회2, 한국여성단체연합.

송혜림(2006). "건강가정론". 「건강가정사 양성교육 자료집」. 중앙건강가정지원센터.

여성가족부(2006). 「제1차 건강가정기본계획(2006~2010) 공청회」.

이삼식(2006). "가치관과 저출산". 「제11회 여성주간 기념세미나」. 여성가족부.

이진숙(2004). "가족정책의 방향성과 통합적인 시행방안". 「가족정책의 방향정립 및 통합적 시행방안 세미나」. 한국여성개발원.

이효재(1990). 「한국가부장제의 확립과 변형」. 한국가족론. 까치.

장혜경 · 김혜경 · 이진숙 · 김현주 · 장화경(2002). 「외국의 가족정책과 한국의 가족정책 및 전담부서의 체계화 방안 연구」. 한국여성개발원.

장혜경 외(2003). 「전국가족조사 및 한국가족보고서」. 여성부.

최재석(1978). 「한국가족연구」. 민중서관.

현정택(2006). "저출산 해결을 위한 사회문화적 접근". 「제11회 여성주간 기념세미나」. 여성가족부.

제 1회 성남여성포럼(2006). 「저출산 대처방안」. 성남시여성발전위원회.

통계청(2001). 「장래인구추계」.

통계청(2004). 「경제활동인구조사」.

통계청(2003). 「인구통계연보」.

「한국경제」 2006-06-01.

Barber, K. M., & Allen, K. R. (1992). *Women and Families: Feminist Reconstructions.* The Guilford Press. New York.

Benokraitis, N. V. (Ed). (2000). *Feuds about Families.* Prentice-Hall, Inc.. New Jersey.

Dempsey, J. J. (1981). *The Family and Public Policy*. Baltimore: Paul. H. Brookes.

Doherty, W. (1999). "Postmodernism and family theory". *Handbook of Marriage & the Family.* Economic Planning Agency.

Japanese Government(1992). "*The Arrival of the Society with a small Number of Children*", Annual Report on the National Life for Fiscal 1992.

Sussman, M., Steinmetz, S., Perterson, G. (Eds). Plenum Press. New York.

Gutis, P. (1989). "What makes a family? Traditional limits are challenged." *Star Tribune*. p. 150.

Kamerman, S. B. & Kahn, A. J. (1978). *Family Policy-Goverment and Families in Fourteen Countries.* Columbia University Press. New York.

Kamerman, S. B. & Kahn A. J. ed. (1997). *Family Change and Family Policies in Great Britain, Canada, New Zealand, and United States*. Clarendon Press, Oxford U.P.

Sussman, M. B., Steinmetz, S. K. & Peterson, G. W. (1999). *Handbook of Marriage and the Family.* A Division of Plenum.

Thone, B. & Yalom, M. (1982). *Rethinking the family: Some Feminist Questions*. Longman. New York.

Wolf, C. P. (1976). "Social impact assessment: The state of the art restated". *Sociological Practice*. 1. 56-69.

Zimmerman, S. L. (1988). *Understanding Family Policy*. SAGE Publication.

Zimmerman, S. L. (1992). *Family Policy and Family Well-being: The Role of Political Culture*. Newbury Park. CA: Sage.

Zimmerman, S. L. (1995). *Understanding Family Policy*. SAGE Publication.

제9장 여성복지정책

송 다 영(호서대학교 사회복지학과)

제1절 정책 추진 경향성

여성복지정책은 1995년 북경여성대회와 UN의 여성차별철폐협약 이후 증대된 여성복지에 대한 국제적 관심으로 우리나라에서도 주요한 하나의 정책분야로 부상하고 있으며, 1995년 제정된 여성발전기본법에도 여성의 건강과 복지, 인권증진이라는 의제로 포함되어 있다. 그러나 여성복지는 '여성'이 포괄하는 계층, 연령, 역할 등의 다양성과 '복지정책'이 포괄하는 범주의 외연성으로 인해 여러 가지 정의가 혼재되어 있다[1]. 대체적으로 여성복지정책은 여성의 인간다운 삶을 보장하기 위한 정책적, 실천적 차원의 모든 조직적 활동을 포함하며, 크게 여성의 사회적 차별과 배제로 발생하는 빈곤문제와, 여성에게 행해지는 갖가지 형태의 폭력을 포함한 인권문제가 주요한 두개의 축을 형성하고 있다.

역사적으로 우리나라의 여성복지정책은 해방이후 6공화국에 이르기까지 전통적으로 사용되어온 '부녀복지'라는 용어에서도 알 수 있듯이 매우 소극적인 차원에서 시작되었다. 역사적으로 부녀복지는 지난 50년 동안 여성의 모성 및 부인으로서의 기능과 역할에 초점을 맞추어 사용해왔는데, 그 대상은 미혼모, 저소득층 모자가정, 가출여성, 성매매여성 등이었다(김인숙 외, 2000). '부녀'라는 용어 속에 함축된 여성에 대한 인식은 여성을 하나의 독립적인 존재로서가 아닌 어떤 사람(남성)의 부인 혹은 어머니, 며느리, 딸로서만 바라보고 있으며, 동시에 결혼관계를 유지하거나 혹은 앞으로 가능성이 있는 여성만을 정상적으로 바라본다는 점에서 여성을 이차적인 존재로 규정하는 성차별적인 요소를 포함하고 있었다. 1980년대 이후 여성단체로부터 부녀복지 용어에 대한 비판이 거세어지고 여성들의 사회활동도 증가하면서 사회교육과 자원봉사활동과 같은 일반여성을 위한 사업을 포함, 확대하는 등 점차 범위가 확대되어가는 추세이다.

1998년에는 정부차원에서도 공식적으로 부녀복지사업을 '여성복지사업'으로 명칭을 변경하면서 남녀평등을 이루어나가는 과정에 있어서 여성들의 복지를 향상시킨다는 정책의 취지를 명확히 공표하게 되었다. 구체적으로 살펴보면, 여성복지정책은 여성을 어머니, 부인, 딸, 며느리 등과 같은 가족적 관계에 제한된 역할을 하는 존재로서가 아닌 하나의 독립적

1) 한국여성개발원(1990)에 의하면 '여성복지란 여성이 국가와 사회로부터 동등하게 보장받음으로써 여성의 건강, 재산, 행복의 조건들이 만족스러워지는 상태를 의미하여 동시에 가부장적 가치관과 이에 기초를 둔 법, 기타 사회제도를 개선하는 것 등으로 여성의 인간다운 삶을 실현하기 위한 모든 실천적 노력'으로 정의하였다. 김미혜(1997)는 '(생략)… 사회제도를 개선하여 양성평등의 사회를 실현하려는 모든 실천적 노력'으로 정의함으로써 여성복지의 주요목표가 양성평등에 있음을 초점으로 한다.

이고 주체적인 개체로서 파악해야 함을 강조하고 있다. 또한 정부를 포함한 제반 사회제도는 문제를 가진 요보호여성은 물론 모든 여성의 삶의 질을 적극적으로 향상시키는데 일차적 책임이 있으므로 여성 삶의 개선을 위해 조직적, 실천적 노력을 기울여야 한다고 제시하였다. 구체적으로는 여성복지정책은 요보호여성을 위한 자선이나 보호의 관점에서 벗어나 여성의 사회적 시민으로서의 권리로 받아들이는 차원으로 발전시켜가고 있으며, 이에 따라 현물 및 서비스 지급수준도 최저조건(minimum)에서 최적조건(optimal)으로 지급하며, 문제의 해결방안도 개인의 변화에 초점을 맞추기 보다는 사회적 변화를 강조하며, 민간지원과 함께 공공지원을 늘려가는 방향으로 나가고 있다.

그러나 이와 같은 정책기조의 전반적인 변화가운데에서도 아직도 대부분의 경우 요보호여성과 일반여성의 구분을 통해 사업의 방향이 결정되고, 전반적으로 요보호여성의 보호라는 잔여주의적인 사회보장제도의 틀 속에 머무르고 있으며 주요한 여성복지 관련 업무도 저소득모자가정, 미혼모, 성폭력피해여성, 가정폭력 피해여성 및 성매매 여성으로 집중되어 있다(박영란, 2000). 따라서 여성복지정책은 현실적으로는 특별한 욕구를 가진 대상으로서 저소득모자가구에 대한 생활보장, 성매매 여성에 대한 자립자활대책, 미혼모예방 및 보호대책, 성폭력 및 가정폭력피해자 여성에 대한 대책 등을 우선으로 하되, 향후 모든 여성의 복지를 보장하기 위한 제반 사회적 대책으로 방향을 잡아가야 할 것이다.

이와 같은 현실을 고려하여 본 연구는 여성복지분야의 주요 정책대상이 되고 있는 여성이 처하고 있는 빈곤문제와 여성을 향해 가해지는 사회적 갖가지 폭력문제를 중심으로 정책추진현황을 중점적으로 살펴볼 것이며 이에 덧붙여 최근 사회적 관심이 증대하고 있는 여성장애인에 대한 문제와 건강관련 정책현황을 검토하여보도록 하겠다. 이를 통하여 여성복지정책의 과제 및 대안을 제시하고 앞으로의 방향성을 재검토하고자 한다.

제2절 정책현황

1. 여성복지정책 발전과정과 현황

우리나라의 여성복지정책은 앞에서도 지적한 바와 같이 여성의 복지와 인권향상을 위한 국제적 차원의 구체적 노력과 변화의 모색과 맞물려 있다. 여성의 빈곤과 인권에 대한 의제는 1995년 3월 코펜하겐에서 개최된 사회개발정상회의를 비롯하여 같은 해 9월 북경에서 개최된 제4차세계여성회의에서 구체적으로 제기되었다. 이들 회의에서는 여성복지와 직간접적으로 연결된 주제로 빈곤퇴치, 건강증진, 폭력근절 등을 논의하였으며, 이에 따른 구체적인 행동강령 및 실천계획도 수립하였다. 이와 같은 국제적 차원의 노력은 우리나라 정부에도 영향을 미쳐 1995년 남녀평등, 복지증진, 인권보호 등을 골자로 한 여성발전기본법이 제정된다. 여성발전기본법은 남녀평등과 여성발전의 실현을 위한 전략의 하나로 여성의 복지증진을 명시하고 국가와 지방자치단체에게 저소득모자가정, 미혼모, 가출여성, 요보호여성의 발생예방과 선도보호 뿐만 아니라 사회구조의 변화에 따른 여성복지수요에 부응하기 위한 대책을 강구한 책임 및 의무가 있다고 명시하였다. 여성발전기본법과 함께 1962년에 제정된 윤락행위 방지법, 1989년에 제정된 모자복지법, 1994년에 제정된 성폭력범죄의 처벌 및 피해자 보호 등에 관한 법률과 1997년에 제정된 가정폭력범죄의 처벌 등에 관한 특례법과 가정폭력방지 빛 피해자보호 등에 관한 법률, 1986년 제정된 모자보건법은 우리나라 여성복지정책의 골격을 이루고 있다(박영란, 2000). 본 소절은 여성복지정책의 근간이 되는 여성복지관련법의 발전과정과 그의 결과로서 생겨나 여성복지 관련시설의 현황과 문제점을 고찰하도록 하겠다(<표 9-1> 참조).

가. 여성복지관련법 제정을 통해본 여성복지정책의 내용성

1) 여성복지를 위한 기본방향 제시

여성복지의 증진과 인권을 보장하기 위한 최고 상위법은 헌법에 명시되어 있다. 헌법 제34조 3항은 '여자의 복지와 권익의 향상'을 위하여 노력한다는 규정이, 제36조 제2항에는 '모성보호를 위한 국가의 노력'을 의무로 규정하는 내용이 포함되어 있다. 또한 1995년 제정되어 1996년부터 시행된 여성발전기본법은 남녀평등이념을 구현하기 위한 국가와 지방자치단체의 책무 등에 관한 기본적인 사항을 규정함으로써 정치, 경제, 사회, 문화의 모든 영역에서 남녀평등을 촉진하고 여성의 발전을 도모하는데 있어서의 기본방향을 제시하는 모법으로서 역할을 하고 있다.

2) 여성을 위한 빈곤퇴치와 자립환경 조성

1989년 제정된 모자복지법은 배우자와 사별, 이혼하거나 배우자로부터 유기된 여성, 정신 또는 신체장애로 인하여 장기간 노동능력을 상실한 배우자를 가진 여성, 미혼여성(사실혼 관계의 여성제외) 등이 18세 미만의 아동을 양육하는 일정한 수준이하의 저소득모자세대 가정을 대상으로 한다. 모자복지법은 2002년 모부자가정으로 정책대상이 확대되면서 이들 가정의 생활안정과 복지증진을 위해 생계급여, 양육 및 교육비 지원과 함께 취업훈련 및 알선, 영구임대주택의 제공 등 다양한 지원을 하고 있다. 또한 이외에도 성매매행위를 방지하고 성매매행위를 할 우려가 있는 자를 보호, 선도, 상담하는 성매매행위방지법, 일제에 의하여 강제동원되어 일본군 위안부를 했던 자들에 대한 생계지원을 목적으로 한 일제하일본군위안부에 대한 생활안정지원법이 여성들의 빈곤문제에 대처하여 이들이 사회적으로 자립할 수 있도록 환경을 조성하는 것을 주요목적으로 한다.

3) 여성에 대한 폭력예방과 여성인권의 확보

우리나라의 경우, 여성폭력에 포함된 여성인권의 문제는 1980년대 중반부터 여성단체들에 의해 꾸준하게 제기되기 시작하여 십수 년간의 활발한 운동을 통하여 성폭력 및 가정폭력에 관한 법률을 제정하기에 이르렀다. 구체적으로는 1994년에 제정된 성폭력범죄의 처벌 및 피해자보호등에 관한 법률, 1998년에 제정된 가정폭력범죄처벌등에 관한 특례법 및 가정폭력방지 및 피해자보호 등에 관한 법률 등이 그것이다. 1990년대를 넘어서면서 여성에 대한 폭력문제는 초기의 여성피해자에 대한 보호라는 차원을 넘어 점차 여성의 일상생활을 제약하고 여성의 권리를 침해하는 인권의 문제[2])로 인식되어가고 있다. 이와 같은 인식을 바탕으로 2000년대 이후로는 점차 여성장애인의 폭력과 인권문제가 사회적 관심으로 이슈화되고 있다. 구체적으로 여성장애인문제는 성폭력이나 가정폭력법의 조항에 구체적인 대상으

---

2) 여성인권이란 광범위하게는 여성에 대한 모든 차별, 즉 정치, 사회, 경제, 문화 등 모든 분야에서의 불평등을 다 포함하며, 협의의 개념으로 정의하면 여성폭력문제 및 불이익을 당하는 집단의 인권침해를 지칭한다. 최근에는 여성을 약한 자, 보호받는 자라는 인식에서 벗어나 주체적이고 독립적인 권리를 가진 존재라는 점을 부각하기 위하여 성폭력, 특히 강간을 당한 사람을 피해자(victim)로 표현하기보다는 생존자(survivor)로 바꾸어 표현하는 추세이다. 생존자라는 용어는 폭력을 당한 사람의 용기와 결정권을 반영하고, 신체적으로 생존했을 뿐만 아니라 심리적으로도 회복하였다는 의미가 내재되어 있다.

로 명시되기 시작하였으며 문제의 보다 근본적인 해결을 위해 여성장애인 성폭력상담소 설치 및 운영이 독자적으로 되기에 이르렀다.

4) 여성들의 모성에 대한 보호와 건강증진

모자보건법은 모성의 생명과 건강을 보호하고 건전한 자녀의 출산과 양육을 도모하기 위하여 1973년에 제정되었으나 유명무실하다가, 1985년 5월에 전문개정이 된 이후 모자보건사업을 제한적이나마 시행하고 있다. 우리나라는 1962년부터 경제개발계획을 추진해오면서 가족계획사업 위주의 인구증가 억제정책을 도입하였으며, 이에 따라 모자보건사업은 주로 자녀출산을 억제하기 위한 가족계획사업의 일환으로 전개되어왔다. 근래에 들어 출산율이 감소하면서 1996년 정부가 인구증가 억제정책을 폐지하고 인구자질 향상과 복지증진 정책으로 전환하고 있으나 현실적으로는 주로 가족계획협회나 모유수유협회 등에 의한 모유먹이기 운동 등의 형태로 제한적으로 실시되고 있다. 또한 우리나라 의료보험법은 임신, 출산한 여성에 대한 의료보험급여 혜택을 포함하고 있으나 분만수당제도가 미비하고 분만비용 중 본인의 부담금이 20% 이상이나 되는 등 기본적으로 여성건강 증진과 모성보호 관련된 사회보장으로서 문제가 제기되고 있다.

5) 아동보육과 사회활동의 양립

이외에도 영유아보육법은 영유아를 보호하고 있는 자가 근로, 또는 기타의 사정으로 인하여 보호하기 어려운 경우 영아 및 유아를 심신의 보호와 건전한 교육 등을 통하여 건강한 사회구성원으로 육성함과 아울러 보호자의 경제적, 사회적 활동을 원활하게 함으로써 가족복지 증진에 기여함을 목적으로 1991년에 제정되어 많은 변화를 거치고 있으며, 이에 대한 논의는 다음 장에서 자세히 소개될 것이다.

<표 9-1> 여성복지관련 주요법률의 제(개정)과 내용

정책부문	법률명	주요내용	제정(개정일)
기본방향	여성발전기본법	모든 영역에 있어서 남녀평등을 촉진하고 여성의 발전을 도모	1992.12.30 (1998.2.28)
빈곤/자립	모부자복지법	모부자 가족의 생활안정과 복지증진	1989.6.1 (2002.12.18)
	일제하 일본군 위안부에 대한 생활안정지원법	일본군위안부로 강요당한 자에 대한 생활안정지원	1993.6.11 (1997.12.13)

	성매매방지 및 피해자보호 등에 관한 법률	성매매 등의 방지와 성매매 여성의 선도	1961.11.9 (2004.9.23)
폭력/인권	성폭력범죄의 처벌 및 피해자보호 등에 관한 법률	성폭력범죄의 처벌 및 피해자상담보호	1994.1.5 (1997.8.22)
	가정폭력방지 및 피해자보호 등에 관한 법률	가정폭력 피해자에 대한 상담보호	1997.12.31 (2006.4.28)
모성보호/건강증진	모자보건법	모성의 생명과 건강을 보호하고 건전한 자녀의 출산과 양육도모	1973.2.28 (1986.5.10)
	국민건강보험법	임신, 출산 의료보험(보호) 급여	1994.1.7 (1999.2.8)
아동보육	영유아보육법	영유아의 심신보호와 건전한 교육을 통하여 건전한 사회구성원으로 육성	1991.1.14 (2004.1.29)

나. 여성복지정책의 현황 및 문제점

1) 현황

앞에서 지적한 바와 같이 우리나라의 여성복지정책은 '부녀복지사업'을 중심으로 시작되어 1980년대 이후 일반여성을 위한 사업을 확대하여 가면서 등 여성복지의 개념을 확대하여 가고 있으나 아직도 전반적으로 요보호여성의 보호에 보다 치중되어 있는 현실이다. 우리나라의 여성복지시설은 여성회관을 제외하고는 대부분 요보호여성을 대상으로 서비스를 제공하는 시설이 주를 이루고 있다. 또한 서비스 내용에 있어서도 예방적 차원보다는 문제가 발생한 이후 대처하는 사후치료적 성격이 강하다(이소희 외, 2001). 현재 우리나라에서 주요하게 다루는 여성복지와 관계된 업무는 주로 저소득모자가정, 미혼모, 성폭력피해여성, 가정폭력 피해여성 등에 대한 사회적 지원업무로 주로 피해여성에 대한 상담을 기반으로 하며 보호시설을 통한 생활자립기반의 조성, 자녀보육, 직업훈련, 취업알선 등이 여기에 포함된다.

그동안 보건복지부의 여성보건복지과에서 대부분 운영지원을 해왔으나, 2001년 여성부의 출범과 함께 여성복지정책사업은 보다 적극적이고 업그레이드된 방향으로 전환을 모색하고 있다. 이에 따라 모자보건사업의 업무를 제외하고 여성에 대한 폭력관련 업무는 여성부의 권익증진국, 저소득 모자가정에 대한 업무는 여성가족부의 가족정책국이 이끌어가고 있다. 이와 같은 보건복지부와 여성가족부를 중심으로 한 중앙정부차원의 여성복지사업은 지방정부조직, 민간여성복지조직과의 연계 속에서 여성복지시설 및 상담소의 구체적인 사업을 통해서 현실적으로 표출된다. 구체적으로 살펴보면 지방정부조직은 기본적으로 여성복지정책의 흐름 속에서 각 지방정부의 특수성을 고려하면서 여성복지업무를 수행하게 된다. 지방정부조직에서 여성복지업무를 관장하는 부서는 대부분 보건복지여성국이나 여성(가족)정책관실 등에서 관장하고 있다(<표 9-2> 참조). 민간여성복지조직은 1980년 이후 꾸준히 성장해온 여성단체 및 시민단체를 주축으로 발전된 법인이나 기관이다. 대부분의 민간여성복지조직은 사회복지법인, 재단법인, 사단법인 등의 비영리법인이나 종교기관, 등록단체 등으로 이루어져 있으며 국가로부터의 보조금이나 자체부담금, 민간의 기부금으로 사업을 꾸려가고 있다.

<표 9-2> 16개 시도 여성복지정책 관련부서

서울	여성가족정책관	여성정책담당관실
부산	여성가족정책관	여성정책담당관실
대구	보건복지여성국	여성정책과
인천	여성복지보건국	여성정책과
광주	복지여성국	여성정책과
대전	보건복지여성국	양성평등과
울산	복지여성국	여성가족정책과
경기	가족여성정책국	가족여성정책과
강원	보건복지여성국	여성복지과 도지사직속
충북	여성정책관실	여성정책담당
충남	여성정책관실	여성정책담당
전북	복지여성국	여성가족과
전남	복지여성국	여성가족과
경북	사회복지여성국	여성정책과
경남	사회복지여성국	여성정책과
제주	보건복지여성국	여성정책과

마지막으로 여성복지시설은 여성복지사업을 실시하는 최말단의 전달체계로서 여성이 당면하고 있는 문제를 해결하기 위해 상담, 보호, 교육, 알선 등의 사업을 제공하고 있다. 여성복지시설은 크게 일정한 시설에 거주하면서 자립을 도모하는 시설형과 기본적으로 시설을 오가며 상담 및 교육, 치료 등을 하는 통원이용형이 있다(<표 9-3> 참조). 시설형으로는 모자보호시설, 모자일시보호시설, 미혼모시설, 성폭력피해자보호시설, 가정폭력피해자보호시설이 있으며, 통원이용형으로는 성폭력상담소, 가정폭력상담소, 여성복지상담소, 여성복지회관 등이 있다. 2005년말 현재 우리나라의 여성복지서비스의 현황을 살펴보면 모자보호시설 40개소, 모자자립시설 4개소, 모자일시보호시설 14개소, 미혼모시설 12개소, 성폭력상담소 95개소, 성폭력피해자보호시설 16개소, 가정폭력상담소 182개소, 가정폭력피해자보호시

설 44개소, 여성회관 104개소가 있다. 이외에도 폭력에 노출된 여성이 언제나 전화를 통해 안내, 상담을 할 수 있는 체계를 구축하고, 상담을 통해 모든 문제 해결을 할 수 있는 원스탑 서비스(onestop service)를 추구한다는 취지로 개설된 1366도 최근 빠르게 증가하고 있다.

<표 9-3> 여성복지관련 시설별 개요 및 이용현황

시설명	대상	서비스내용	시설 숫자	보호 기간	주관부서
모자보호시설	18세 미만의 자녀를 양육하는 무주택저소득모자가정	생계비지원, 급식 및 상담, 일상생활의 편의제공, 퇴소시 200만원의 자립정착금지원	40	3년 (+2년)	여성 가족부
모자자립시설	18세 미만의 자녀를 양육하는 무주택저소득모자가정	급식 및 상담, 기타 일상생활의 편의제공	4	3년 (+2년)	여성 가족부
모자일시보호시설	학대받는 여성과 아동	숙식제공, 심리, 법률상담제공	14	6개월 (+3개월)	여성 가족부
미혼모시설	미혼의 임신여성 혹은 출산후(6월 미만) 보호를 요하는 여성	의료, 상담, 기술교육, 생활 및 인성교육	18	6개월 (+6개월)	여성 가족부
성폭력피해자보호시설	성폭력피해여성	성폭력상담 및 일시보호	17	6개월 (+3개월)	여성 가족부
가정폭력피해자 보호시설	가정폭력피해여성	가정폭력상담 및 일시보호	57	6개월 (+3개월)	여성 가족부
성폭력피해상담소	성폭력피해여성	성폭력피해 신고접수 및 상담, 병원 또는 보호시설로의 연계, 관련기관협조요청, 성폭력예방, 홍보, 조사, 연구	166[a]	이용시설	여성 가족부
가정폭력피해 상담소	가정폭력피해여성	가정폭력 대상으로 내용은 위와 상동	331	이용시설	여성 가족부
여성회관	일반여성	각종 교양교육 및 여가활동, 여성관련조사사업, 여성자원봉사활동	104[b]	이용시설	여성 가족부

출처 : 여성가족부(2006), 「여성복지사업안내」, 「모부자복지사업안내」.

a. 성폭력피해상담소, 가정폭력피해상담소는 통합으로 하는 29곳이 추가로 있음.

b. 여성회관의 숫자는 여성부 정보공개 요구에 의한 공무원의 답변자료에 근거함.

시설형 여성복지의 내용과 보호기간 등을 살펴보면, 모자보호시설은 모자복지법 제4조의 규정에 의하여 18세 미만의 아동(취학시는 20세 미만)을 양육하는 저소득모자가정, 미혼모시설 퇴소자중 스스로 아동을 양육하는 미혼모 모자가정이 시설에 입소할 수 있다. 모자자립시설은 모자보호시설에서 퇴소할 모자세대 중에서 자립준비가 미흡한 세대를 보호기간 3년 이내에 시설에 입소시켜 자립을 도와주는 시설이다. 모자일시보호시설은 배우자의 물리적, 정신적 학대로 아동양육과 건강에 지장을 초래할 우려가 있는 모와 아동, 또는 어머니로서 입소를 희망하는 경우에 해당된다. 보호기간은 6개월이며 필요시 3개월 연장가능하다. 미혼모보호시설은 미혼의 임신부 및 출산후 6개월 미만에서 보호가 요구되는 여성 중에서 분만혜택과 숙식보호가 필요로 하는 자를 대상으로 하며 6개월 보호를 원칙으로 하며 6개월 연장할 수 있다. 성폭력피해자보호시설은 성폭력피해 상담소의 일시보호, 성폭력 피해자의 신체적, 정신적 안정회복과 사회복귀, 기타 성폭력피해자에 대한 보호가 필요한 경우에 6개월 보호하며 3개월의 범위 안에서 연장이 가능하다. 가정폭력피해자보호시설은 가정폭력 피해자의 일시보호, 피해자의 신체적 · 정신적 안정 및 가정복귀를 지원, 기타 피해자의 보호가 필요한 경우 6개월을 보호하며, 추가적 보호가 필요하다고 인정되는 경우는 1회에 한하여 3개월의 범위 내에서 연장한다.

통원이용형 여성복지시설의 역할과 보호내용을 살펴보면, 성폭력피해상담소는 성폭력범죄의 처벌 및 피해자 보호 등에 관한 법률 규정에 의거하며 성폭력피해자에 대한 상담, 성폭력피해로 인해 긴급보호를 필요로 하는 사람에 대한 병원 또는 피해자보호시설로의 이송, 가해자에 대한 고소와 피해배상 청구 등 사법처리절차와 관련된 협조와 지원 요청, 성폭력범죄의 예방 및 방지를 위한 홍보 등의 업무를 담당하고 있다. 가정폭력피해상담소는 가정폭력을 신고받거나 이에 관한 상담, 가정폭력으로 인하여 긴급보호를 필요로 하는 피해자에 대한 임시보호 및 의료기관, 또는 가정폭력피해자보호시설로의 인도, 행위자에 대한 고발 등을 위한 관련 기관의 협조와 지원요청, 가정폭력의 예방 및 방지에 관한 홍보에 관한 업무를 담당한다. 한편 일반여성들이 지역사회 차원에서 활용할 수 있는 통원용형 여성복지시설로는 여성회관이 있다. 원래 여성회관의 목적은 사회교육과 복지라는 양대 기능을 수행하기 위해 설립되었으나 현재는 사회교육기관으로서 기능이 강조되고 있다.

2) 문제점

여성복지정책은 전체적으로 볼 때 1990년 이래 지속적으로 발전하여 오는 양상이지만 아직도 질 높고 광범위한 여성복지를 포괄하기 위해서는 더 많은 노력을 기울여야 하는 상황에 놓여 있다. 우선 보다 광범위하고 포괄적인 여성복지정책의 형성을 위해서는 여성의 빈곤퇴치, 폭력예방 및 근절, 건강증진을 전체적으로 아우를 수 있도록 주관부서(보건복지부-여성가족부)간 연계성을 유기적으로 해야 하며 성인지적 정책수립에 대한 지도와 감독이 되어야 하는데, 이에 대한 부분은 매우 미흡한 실정이다.

둘째, 여성복지사업에 대한 지방정부차원의 특수성이 반영되지 않고 있으며 이에 따라 지역별로 특화된 여성복지사업이 독자적으로 발전되기보다는 대부분 중앙정부의 사업이 하향전달되는 식의 전개방식에 의존되어 있다. 구체적으로 지역의 여성복지욕구가 대응한 서비스가 발전하기 위해서는 지방정부 차원의 역할과 분담은 매우 중요하다. 그러나 우리나라는 중앙집권화의 오랜 전통으로 지방의 재정자립도가 낮고, 또한 지방공무원의 여성복지사업에 대한 의식도 상대적으로 낮아서 여성복지사업에 대한 독자적인 사업전개는 매우 미미한 실정이다. 이외에도 지방정부간, 또는 지방정부 내부에서도 지역간 여성복지사업이나 여성복지시설분포가 격차가 있다. 지방정부 중에서 재정자립도가 낮은 곳은 여성복지사업에의 욕구가 더 많이 존재하고 있어도 이에 대한 대처를 하지 못하고 있으며, 지방정부의 내부지역간별로는 도시지역과 농촌지역의 격차가 크게 벌어지고 있다. 일례로 가정폭력피해자보호시설이나 성폭력피해자 보호시설은 최근 들어 지역별로 확대되는 추세를 보이고 있으나 여전히 도시지역에 집중되어 있어서 농촌지역은 이와 같은 여성복지사업의 혜택에서 소외되어 있다.

셋째, 여성복지사업은 양적으로 증대되고 있으나 이에 대한 재정적 지원이 현실화되지 않고 있어 여전히 부차적이고 단말적인 사업이나 프로그램으로 한정되는 문제점이 있다. 일례로, 대부분의 성폭력상담소나 가정폭력상담소는 국가로부터 재정적 지원을 받을 수 있게 되었으며 지원을 받을 수 있는 대상도 확대되었다. 그러나 우리나라 전체로 볼 때는 지원을 받는 상담소가 증가하여 국가로부터의 지원총액은 증가하였지만 개별 상담소별 지원액은 크게 증액되지 않아서 재정적 어려움에 처해있으며, 나머지 부족분에 대해서는 자체부담해야 하는 어려움에 처해 있다(박영란, 2000). 또한 일반여성을 대상으로 한 사회교육기관으로서의 역할을 하고 있는 여성회관은 시설의 수적 증가 외에 지역사회여성의 복지욕구를 반영한 프로그램은 별다른 변화없이 이루어지고 있어 일반여성들의 사회복지서비스 욕구를 충족시키는데 한계가 있다.

넷째, 모자보호시설, 미혼모시설, 성폭력보호시설, 가정폭력보호시설 등의 시설의 보호기간이 실질적으로 증가해야 한다는 비판아래 보호기간과 연장규정에 변화가 있었으나, 여전히 여성이 자립을 준비할 수 있는 보호기간으로서는 미흡하다. 특히 가정폭력의 경우 6개월 보호하고 1회 3개월 연장이 가능하며, 성폭력의 경우 6개월 보호하고 1회 3개월 연장할 수 있다. 그러나 이러한 기간은 폭력피해여성이 심리적 안정을 되찾고 자립을 하기에는 부족하다고 볼 수 있고, 기간이 만료되면 의뢰할 시설이 부족하여 제대로 서비스를 제공받지 못하는 상황에서 퇴소하게 된다. 이와 같은 보호기간의 부족과 연계할 지역서비스 자원의 부재는 많은 여성들이 재차 폭력적 상황에 노출되거나, 빈곤으로 빠져들게 하는 주요한 원인을 제공하고 있다. 장기간 폭력피해 여성을 시설에 거주할 수 있는 규정이 재정적 요인으로 어려울 수 있다는 것을 감안한다면, 상담소, 일시보호시설, 중기보호시설, 장기보호시설로 구분하고 전문화하는 방식을 고려해 볼 수 있다.

다섯째, 1990년대 후반 이래 지속적으로 저소득모자가정, 성폭력 및 가정폭력에 대한 여성복지사업의 외연이 확대되면서 수많은 여성복지시설들이 생겨나고 있으나 이들에 대한 사후 관리 및 교육이 제대로 이루어지고 있지 않아 여성복지인력의 전문화에 대한 요구가 높아지고 있다. 성폭력이나 가정폭력 상담원의 자격이 완화됨에 따라 상담원이 양적으로 늘어나는 긍정적인 결과를 낳기도 했으나 상담원의 전문화 및 체계화에는 역행하는 측면이 있다는 지적이 제기되고 있다. 대체적으로 상담원 훈련내용이나 훈련기관에 대한 규정은 완화되었지만, 일차적 훈련내용에 대한 평가나 관리감독이 이루어지지 않고, 이후 심화교육 혹은 보수교육 프로그램이 따르지 않아서 상담원이 전문성을 배양하고 자질을 높이는데 일정한 한계가 있다.

마지막으로, 여성복지사업이 정부조직 및 지역사회 자원간의 연계 속에서 체계적으로 이루어지지 못해서 사업의 효과가 1회성 시혜나 보호사업에 그쳐버리는 실정이다. 저소득모자가정, 미혼모, 성폭력피해여성, 가정폭력피해여성은 물론 일반여성에 이르기까지 보다 온전하고 실질적인 자립을 이루기 위해서는 여성복지사업이나 프로그램에 참여한 여성들이 현재의 빈곤이나 폭력문제가 발생하게 된 원인에 대해 근본적인 치료가 되어야 한다. 그런데 현재 여성복지사업은 대체적으로 이들 저소득모자가정, 미혼모, 성폭력피해여성, 가정폭력피해여성을 위한 일차적인 서비스 지원망(상담소나 보호시설 등) 구축에 중심을 기울여왔기 때문에 이들을 위한 지역사회 연계망 형성에는 상대적으로 소홀해왔다. 여성복지시설간 연계에 있어서도 그 수준은 약 30%내외에 머물고 있어 앞으로 많은 노력을 기울여야 할 분야이다. 이제까지 여성복지사업은 1차적인 안전망을 형성하는데 적지 않은 노력과 결실을 형성했으나, 이제 보다 실질적인 여성복지의 향상을 위해서는 여성들을 위한 2차적인 연계망, 즉 광범위한 지역사회 자원과 연계되는 여성복지로 나아가야 할 것이다.

2. 여성복지분야별 정책현황과 문제점

본 소절에서는 여성복지정책을 앞에서 나누었던 대분류를 기준으로 빈곤, 폭력예방, 건강증진으로 나누어 분야별 정책현황과 전개과정을 살펴보고 앞으로 개선되어야 할 문제점을 검토해보도록 하겠다.

가. 빈곤타파와 경제적 자립

1970년 사회복지사업법에서 사회복지사업에 저소득모자가정을 위한 복지가 언급되기는 하였으나 이들 가족을 지원할 독립적인 법이 마련되지 않았고, 주로 생활보호법을 통한 공적부조와 아동복지법을 통한 시설보호 등이 모자가정을 위한 주된 사업이었다. 1989년 모자복지법 제정되고 1991년 재가 모자가정 보호사업이 전개되면서 비로소 모자가정의 복지가 전면적으로 포괄되기 시작하였다. 또한 2002년 모부자복지법으로 개정되면서 정책의 수혜범위가 모부자가정으로 확대되었다. 우리나라에서 모부자복지법의 주요 정책대상은 사별, 이혼, 유기, 별거에 의하여 배우자가 없거나 존재해도 사실상 부재한 경우인 미혼모 및 기타 사유에 의해 실질적인 가장의 역할을 하는 경우이다. 모부자복지법은 저소득모부자가정 대상자를 세대주(세대주가 아니더라도 세대원을 사실상 부양하는 자를 포함)인 어머니 혹은 아버지 단독에 의하여 양육되는 18세 미만(취학시에는 20세 미만)의 자녀로 이루어진 가구로 규정하고 있으며, 구체적으로 (i) 배우자와 사별 또는 이혼하거나 배우자로부터 유기된 경우, (ii) 정신 또는 신체장애로 인하여 장기간 근로능력을 상실한 배우자를 가진 경우, (iii) 미혼(부)모(사실혼 관계에 있는 자는 제외), (iv) 배우자의 생사가 분명하지 아니한 경우, (v) 배우자 또는 배우자 가족과의 불화 등으로 인하여 가출한 경우, (vi) 배우자의 해외거주, 장기복역 등으로 부양을 받을 수 없는 경우 등이다.

근래에 들어 모(부)자가구의 전체가구내 비율이 증가하고 모(부)자가구를 구성하는 원인이 보다 다양하게 변화하면서 이들 가구에 대한 지원이 보다 다양화되어야 할 필요성이 제기되고 있으나, 이들을 위한 지원은 여전히 매우 낮은 수준이다. 즉 2005년 통계청 조사결과, 모자가구의 숫자가 전체 903,857가구로 증가하고 있는데, 이들 중 정부의 지원을 받는 법정 저소득모자가정 세대는 약 7만세대로 7% 정도에 이른다. 우리나라의 경우 아직까지는 남편과의 사별이 가지는 모자가구 비율이 가장 크나, 최근에 이혼, 사별 등이 증가함에 따라 이로 인한 저소득모(부)자가정이 함께 증가하면서 이들을 중심으로 한 빈곤문제가 다시 한번 주요하게 제기되고 있는 바 이들의 자립생활을 지원하는 복지정책이 마련되어야 하겠다.

저소득모(부)자가정은 기본적으로 자녀양육비와 학비지원을 통해서 기본적인 자녀의 양육에서 요구되는 비용을 제공받고 있다. 아동양육비는 종전 6세 이하 아동기준 한달 1만 5천원~1만 7천원 정도(1일 548원)에서 2005년부터 5만원으로 인상되었으나, 여전히 아동을 양육하는 비용으로 현실적이지 못하다. 또한 지원대상도 6세 이하의 아동이어서 초등학생은 지원대상에서 제외되고 있다. 지방자치단체에 따라서는 초등학생에 대하여 학용품비 등을 일부 지급하기도 하나 지급대상의 규모나 지급액수가 역시 제한되어 있다. 한편 중·고등학교 및 이에 준하는 교육기관 학생에게는 수업료와 입학금 전액이 제공된다. 그러나 학비지원에 있어 육성회비나 학교를 다니는데 필요한 학용품비나 교재비, 교통비 등이 포함되어 있지 않아서 이에 대한 저소득모자가정의 요구가 절실하다. 또한 최근에 들어 학비지원의 범위가 인문계 고등학교까지 포함하는 등 확대되는 양상이지만 아직도 전문대학교 이상의 교육에 대한 배려가 전혀 없다. 고등학력을 소재했느냐가 빈곤으로부터 벗어날 수 있는 해결방안 중 하나임에도 불구하고 전문대학 이상의 교육지원이 고려되지 않고 있어서 저소득모자가정이 경제적 자립을 해나가는 과정에 제약요인이 되고 있다.

이외에도 저소득모(부)자가정의 경제적 독립과 빈곤탈피를 위하여 복지자금 융자, 취업알선, 기술교육훈련, 영구임대주택입주, 복지서비스 등의 지원이 제공되고 있으나, 역시 지급수준이 현실적이지 못한 문제점이 있다. 예를 들어 복지자금 융자제도는 저소득 모(부)자가정의 조기자립 기반조성과 생활안정도모를 위해 정책적으로 시도되었다. 저소득 모(부)자가정은 원할 경우 2000만원 한도 내에서 연리 4%의 이자율로 5년 거치 5년 분할상환을 조건으로 하여 생업자금을 융자받을 수 있다. 그러나 이와 같은 복지자금 융자사업도 이를 실행할 기본적 조건이 형성되어 있지 않아 형식적인 조항에 그치고 있다. 우선 저소득 모(부)자가정의 경우 (i) 여성가구주는 융자신청이 까다로운데 금융기관의 융자조건에 따라 보증인을 세워야 하는 점이 이들의 융자신청을 제한시키고 있으며, (ii) 기본적으로 학력이나 기술조건이 떨어지는 여성가구주가 독립적으로 혼자서 사업을 추진하는 것도 어렵고 업종도 제한되어 있다. 영구임대주택은 1989년 이후 주거안정이라는 취지 하에 실시된 제도로서 저소득 모(부)자가정이나 무주택자들에게 많은 희망을 주고 있으나, (i) 수요에 비해 공급이 부족하고, (ii) 지역적으로는 도시지역에 한정되어 있으며, (iii) 영구임대주택의 게토화로 사회적 인식이 부정적이고 한편으로는 청소년비행에 가능성을 우려하여 신청을 꺼리는 경우까지 발생하고 있는 실정이다. 또한 저소득 모(부)자가정 가구주의 훈련이나 교육에의 참여를 높이고자 고용정책기본법 시행령에 의하여 저소득층 모(부)자가정에게 고용촉진을 위한 훈련기간 중 수당을 지원하고 있다. 그러나 대부분의 저소득 모(부)자가구주는 생계비가 부족하여 직업훈련을 받는 동안 생계를 이어갈 수가 없어서 직업훈련을 기피하고 있는 현실이다. 고용촉진법에 의하여 직업훈련을 받을 경우 훈련수당으로 6개월 동안 월별 40만원이 지급되지만, 이것으로는 생활을 꾸려가기에 힘들며, 직업훈련을 마친 후 자격증을 가졌더라도 취업이 되기 힘들다는 판단 하에 직업훈련을 꺼리는 경우가 적지 않다.

전체적으로 볼 때, 저소득모(부)자가정을 위한 자립지원서비스는 2005년 모부자복지법이 여성가족부로 이관되면서 양적 성장을 해왔으나 매년 한정된 예산범위에서 모(부)자지원 및 자립유도를 위한 사업을 제공하고 있기 때문에 이들 모(부)자가정이 생활안정과 빈곤탈피를 이룰 수 있는 기본토대가 되지 못하고 있다. 또한 인적자원이 취약한 저소득모(부)자가정은 경제적인 문제이외에도 건강문제, 자녀양육 및 사회심리적인 문제 등이 중층적으로 복합되어 나타나고 있음에도 불구하고, 이들에 대한 지원은 잔여적이고 임시방편적인 특성을 지니고 있어 포괄적인 지원체계로서의 역할을 하는데 근본적으로 한계가 있다.

나. 폭력근절과 인권보장

1) 가정폭력

한국에서 성폭력 및 가정폭력 피해자를 위한 정책이 형성되기 시작한 것은 1980년대부터이며 최근에는 가정폭력, 성폭력 여성에 대한 폭력문제를 해결하기 위한 정부와 민간단체들의 활동이 증가하고 있다. 가정폭력은 노인학대나 아동학대를 포함하나 대체적으로 여성배우자에 대한 남성가장의 물리적, 신체적, 정신적 폭력을 말한다 (조흥식 외, 2000). 우리나라에서는 가정폭력을 방지하기 위한 법으로 가정폭력 가해자에 대한 처벌은 '가정폭력범죄의 처벌 등에 관한 특례법'으로, 가정폭력 피해자에 대한 보호 및 예방조치는 '가정폭력방지 및 피해자보호 등에 관한 법률'로 제정되어 1998년 7월 1일부터 시행되고 있다.

우리나라 사회의 가정폭력 발생율은 통상 30%이상을 넘어설 것으로 추정되고 있다. 1990년대 이후 이루어진 가정폭력 실태조사에 의하면 조사대상자나 폭력의 개념정의 등이 연구마다 차이가 있어서 이를 우리나라 전체의 결과로 일반화하는데 한계가 있으나 전체적으로 약 28～45%로 나타났다[3](표 4 참조). 우리나라의 경우 가정문제의 노출을 꺼리고 숨기려는 체면문화의 특성을 고려할 때 이보다도 더 높을 가능성이 있다(여성부, 2004). 가정폭력이 발생한 상황을 분석해 보면 아내학대가 대부분을 차지하고 있었으며, 대부분 피해자의 신고로 출동하는 것으로 나타나 가정폭력에 대한 이웃의 소극적인 자세를 반영하다. 가정폭력 가해자의 평균연령은 43.4세였으며 19세에서 71세까지 전 연령대에 걸쳐 분포되어 있는 것으로 나타났다. 학력수준은 평균 고등학교 2년으로 나타났으며, 소득계층으로는 100～200만원대 34.5%, 200～300만원 21.1%, 100만원 이하 14.6%, 300～400만원 10.7% 등으로 가정폭력이 저학력층, 저소득층에만 국한된 현상이 아니라는 점을 보여준다(<표 9-4> 참조).

3) 서울시 1,200명을 대상으로 한 한국형사정책연구원(1992) 연구에 의하면 가정폭력발생율은 24.4%였다. 전국 1,523명을 대상으로 한 김재엽(1998)의 연구에서도 약 31.4%의 가정에서 가정폭력이 1회 이상 발생한 것으로 나타났다. 1999년 한국여성개발원 조사는 전국 1,100명을 대상으로 하였으며 전체적으로 35.6%로 보도하였으며, 2001년 한국여성개발원에서 서울, 경기지역의 기혼남녀 1,964명을 대상으로 한 연구에서는 30.8%로 집계되었다. 전국 성인남녀 6,000명을 대상으로 한 여성가족부 2004년 연구는 44.6%로 보고하고 있다.

<표 9-4> 가정폭력 피해자의 특성

기 준	내	용
연 령	20대 이하(4.1%)	30대(26.2%)
	40대(49.4%)	50대 이상(19.1%)
학 력	중졸 이하(36.3%)	고졸(37.2%)
	전문대졸 이상(25.3%)	
월 소득	100만원 이하(14.6%)	100만원~200만원(34.5%)
	200만원~300만원(21.1%)	300만원~400만원(10.7%)
	400만원~500만원(2.4%)	500만원 이상(4.8%)

출처: 여성부(2004), 『여성백서』.

1990년대를 거치면서 가정폭력에 대한 문제의식이 높아지면서 소위 '집안일' 혹은 '부부싸움'으로 여기던 가정폭력사건을 사회문제로 인식하고 이에 대해서 보다 적극적인 개입을 하는 방향으로 변화했으며, 가정폭력가해자에 대한 처벌 및 치료가 강화되고 동시에 가정폭력피해자에 대한 보호를 다각적인 차원으로 전개하고 있다. 가정폭력범죄의처벌등에 관한 특례법을 통해 변화한 내용은 (i) 폭행사실을 알게 된 누구라도 신고가 가능하며, (ii) 치료기관이나 아동, 노인을 보호하는 기관의 대표는 가정폭력에 대한 신고의 의무가 있으며, (iii)피해자나 법정대리인 혹은 검찰이 고소인 의무 지정할 수 있으며, (iv) 고소대상은 배우자나 배우자의 직계존속이 될 수 있으며 (v) 피해자 진술권은 변호사, 배우자, 직계존속, 상담소, 상담원 등의 대리진술을 통해서도 가능하며, (vi)가정폭력을 휘두른 사람에게 6개월 이내의 접근금지, 친권행사금지, 보호관찰과 100시간 이내의 사회봉사, 수강명령 등의 '보호처분'을 내릴 수 있고 그 기간은 최고 1년으로 늘릴 수 있다. 실제적으로 가정폭력범죄의 처벌등에 관한 특례법이 우리나라의 가정폭력에 대한 의식에 적지 않은 영향을 미치고 있다고 볼 수 있다.[4]

이와 더불어 가정폭력을 전담하는 국가기관 및 관련공무원에 대한 교육을 강조하고 이들이 가정폭력에 있어 보다 성인지적 대처를 할 수 있는 방향으로 가도록 조치하고 있다. 무엇보다도 가정폭력범죄의 처벌 등에 관한 특례법 제4조(신고의무) 제 1항에서 누구든지 가정폭력범죄를 알게 된 경우에는 이를 수사기관에 신고할 수 있다고 규정하고 있다. 그러나 신

4) 가정법률상담소가 1998년에 가정폭력특별법 시행 이후 가정폭력문제로 상담하러 온 사람들을 대상으로 실시한 조사에서, 법 시행사실을 알고 있는 가해자들의 행동이 '이전과 다를 바 없다'가 45.5%, '신체폭력은 줄었지만 언어폭력, 기물파손은 심해졌다' 15.6%, '폭력이 오히려 더 늘어났다' 11.4%로 나타나 고질화된 폭력습관이 법 시행만으로 하루아침에 고쳐지기 어려움을 보여주었다. 그러나 폭력을 행사하지 않으려고 한 경우는 가해자의 23.7%로 긍정적인 변화를 보인 것으로 나타났다.

고자의 비밀보장문제가 해결되지 않으면 신고의무는 실효성을 밝힐 수 없다(조홍식 외, 2000). 따라서 가정폭력 피해자 여성이 처한 상황에 대한 구체적인 고려 속에서 신고의무가 법제화되어야 하겠다. 또한 대부분의 경우 경찰은 가정폭력 사건을 가장 빨리, 가장 많이 만나는 국가기관이기 때문에, 경찰관들의 가정폭력에 대한 인식은 가정폭력사건을 해결해가는데 매우 중요한 역할을 한다는 점에 기초하여 경찰관의 가정폭력사건에 대한 현장내 처리지침을 구체화하였다. 가정폭력범죄의 처벌 등에 관한 특례법 제5조(가정폭력범죄에 대한 응급조치)에서 진행 중인 가정폭력범죄에 대하여 신고를 받은 사법경찰관은 즉시 현장에 임하여 폭력행위를 자제하고 범죄수사를 해야 하는 것으로 규정되어있다. 또한 제7조(사법경찰관의 사건송치)에서 사법경찰관은 가정폭력범죄를 신속히 수사하여 사건을 검사에게 송치하여야 하고, 이 경우 사법경찰관은 당해 사건이 가정보호사건으로 처리함이 상당한지의 여부에 관한 의견을 제시할 수 있다고 규정하고 있다. 이렇듯 법조항은 사법경찰관의 역할을 구체적으로 명시하고 있다.

그러나 사법경찰관들은 112신고 접수후 늦게 출동하고 또는 출동하지 않는 사례 등이 적지 않게 보도되고 있다. 또한 경찰관은 출동한 후에도 적극적으로 가해자를 제지하려고 하지 않고 가정의 일이라 간주하여 여전히 법으로 해결해주려는 노력을 하지 않았을 뿐만 아니라 피해자에 대해 오히려 위압적이고 문책을 하는 듯한 태도를 보였다고 한다.[5] 이와 같이 가정폭력방지법의 제정이후 경찰관을 대상으로 한 교육이나 홍보작업이 상당히 진전되어 있는 가운데에서도 여전히 일선 경찰관들의 인식이나 태도는 변화하지 않는 것으로 나타나 이에 대한 대책이 보다 더 구체적으로 마련되어야 할 것으로 보인다.

이와 더불어 가정폭력방지법의 구체적인 내용에 대한 교육의 필요성이 제기되고 있다. 정춘숙(1999)연구에 의하면 우리나라 사람들은 아직까지도 가정폭력에 대한 보수적인 인식이나 가치관을 내면화하고 있는 것으로 나타나고 있어 가정폭력전반에 대한 교육이 강화할 필요성이 있다. 일반인이나 피해자 모두 가정폭력방지법의 인지도는 높으나, 구체적인 내용에 대해서는 정확하게 알지 못하는 것으로 나타났다. 예를 들어 가정폭력방지법의 내용을 묻는 질문중 폭력남편을 신고하면 남편은 필히 실형을 받고 전과자가 된다고 알고 있는 경우가

5) 김혜선(1999)의 연구에서도 경찰관들이 가정폭력에 적극적으로 대처하고 있지 않은 것으로 나타났다. 가정폭력 신고를 한 경우에도 즉시 출동한 경우는 70.4%에 그치고, 아예 출동을 하지 않은 경우도 6.2%로 나타나 가정폭력방지 대책마련에 1차적인 책임이 있는 경찰관들이 가정폭력에 대해 상당히 소극적으로 대처하고 있는 것으로 나타났다. 실제적으로 경찰관의 태도는 가정폭력 피해자와 가해자의 관계에 결정적인 영향을 미치는 것으로 나타났다. 가정폭력을 신고한 후 경찰의 태도와 현장상황 처리는 가해자의 행동에 영향을 미쳤다. 경찰이 출동하여 남편의 말만을 듣고 간 경우는 가해자가 폭력적인 행동을 보일 가능성이 높은 반면(55.6%), 경찰이 양쪽의 말에 공정하게 경청한 경우(31.0%)나 경찰이 상황을 모두 기록하고 접수시킨 경우(28.1%)는 가해자의 폭력적인 행동이 현저히 줄어드는 것으로 나타났다.

일반인 24.3%, 피해자 29.6%로 높지 않게 나타났으며, 폭력남편을 신고하면 남편은 치료를 받을 수 있다는 질문에 대하여 일반인 15.9%, 피해자 37.3%가 그렇지 않다고 대답함으로써 가정폭력방지법의 주요한 내용이 제대로 이해되지 못하는 현실을 반영한다. 따라서 가정폭력방지법을 정확하게 이해하고 숙지할 수 있는 교육이 필요하다. 현행 교육법시행령 21조 3항에 의하면, '초등학교의 장은 학생의 학교생활의 부적응 또는 가정사정으로 인하여 학생의 교육환경을 바꾸어줄 필요가 있다고 인정한 때에는 학생의 보호자 1인의 동의를 얻어 교육장에게 해당 학생의 전학을 추천할 수 있다'라고 되어 있다. 이 법조항은 폭력가정 아동을 폭력가해자로부터 분리시켜 보호시킬 수 있는 조항으로, 폭력 피해자로서 전학이 불가피한 경우에는 교육법시행령 규정에 의하여 거주지 이전 없이 사실증명에 의해 전학이 가능하다고 되어 있다. 그러나 이와 같은 법령을 제대로 이해하는 해당 학교의 담당선생님과 교장선생님은 상당히 적은 실정이다. 따라서 일반인은 물론 가정폭력피해자 관련인들의 가정폭력에 대한 지식과 올바른 인식이 요구된다.

1998년 제정된 가정폭력범죄의 처벌 등에 관한 특례법은 가해자가 보호처분이 필요하다고 인정한 때에는 보호관찰 등에 관한 법률에 의한 사회봉사, 수강명령, 보호관찰, 의료기관에의 치료위탁, 상담소에의 상담위탁을 명령하고 있다. 그러나 가정폭력 피해자에 대한 상담과 치료 등에 대한 재정지원이 없는 상태로 사후관리(follow-up)가 제대로 이루어지지 않아 대체적으로 가해자에 대한 치료가 방치되고 있다. 이에 따라 가정폭력가해자들 가운데에는 알코올문제가 있는 경우 병원 등의 전문기관에서 치료를 받아야 하는데, 가해자가 경제적 능력이 없는 경우 국가가 이를 부담하도록 되어 있으나 정부의 예산이 확보되지 않아 가해자에게 치료와 상담 등을 제공하지 못하고 있다. 경우에 따라서는 가해자들이 상담명령만 받았지 접근행위제한 등은 받지 않아서 피해자들이 2차 가정폭력에 노출되는 문제가 있어왔다. 따라서 상담명령이나 보호처분을 받은 가해자들에게 피해자의 거주지로부터 떠나도록 한다든지 가해자가 피해자를 위협할 경우 형벌을 높이는 등의 특별한 조치가 필요하다.

2) 성폭력

우리나라에서는 1994년 성폭력범죄의 처벌 및 피해자보호등에 관한 법률이 제정된 이후 피해자를 위한 서비스 체계를 구축해왔다. 성폭력특별법은 '성폭력범죄를 예방하고 그 피해자를 보호하며, 성폭력범죄의 처벌 및 그 절차에 관한 특례를 규정함으로써 국민의 인권신장과 건강한 사회질서의 확립에 이바지함을 목적으로 하고 있다. 2006년 현재 전국의 성폭력상담소와 피해자보호시설은 대부분 정부의 예산지원으로 민간이 운영하고 있으며 서비스간의 연계기능 강화, 성폭력예방 프로그램 실시 및 상담서비스의 전문성 강화 등이 과제로 대두되고 있다. 성폭력상담소와 쉼터는 물론 관련 사법체계와 의료체계 등이 모두 피해자의 인권을 보호하기 위한 전문적인 대응체계를 구축해가고 있다. 그러나 이런 법적 제재에도 불구하고 우리나라 성폭력은 아직도 많이 발생하고 있으며, 향후 풀어야 할 많은 과제를 안고 있다.

성폭력은 1994년 성폭력범죄의 처벌 및 피해자보호에 관한 법률 시행이후, 신고건수가 급격히 늘어나는 추세이다. 1996년에는 7,026건에 이르렀던 성폭력 사건접수 건수가 1998년 7,846건, 1999년 8,565건, 2000년 9,775건으로 급속히 증가하고 있는 것으로 나타났다. 그러나 여전히 성폭력에 대한 신고율은 그리 높지 않은 것으로 나타났다. 강간의 경우에도 1988년 전체발생건수의 2.2%에 그쳤으나 1996년 조사결과 신고율이 14.3%로 크게 높아졌다. 성폭력 유형으로는 강간 41.1%, 성추행 40.2%, 기타 18.7%로 나타났으며, 성폭력 피해자의 연령을 기준으로 보면 19세 이하의 청소년 비율이 41.9%에 달해 여아에 대한 성폭력 예방과 이들에 대한 특수성을 고려한 피해자보호정책이 필요함을 보여주었다(<표 9-5> 참조).

〈표 9-5〉 성폭력 현황 및 연령분포

구분		
성폭력피해 유형	강간(41.1%)	성추행(40.2%)
	기타(18.7%)	
피해자 연령	7세미만(4.6%)	7~13세(10.5%)
	14~19세(26.1%)	20세이상(51.1%)

출처 : 여성부(2004), 『여성백서』.

1980년대 여성운동단체의 활동에 힘입어 법으로 제정된 성폭력특별법은 우리나라 성폭력 문제의 심각성을 알리고 이를 개선하기 위한 대책을 모색했다는 점에서 의의가 있음에도 불구하고, 여전히 문제점을 안고 있다. 첫째, 성폭력특별법이 규정하는 성폭력 범주규정은 문제가 있다. 성폭력특별법이 근간으로 하는 성폭력 범주는 주로 형법에 기초하고 있다[6].

6) 성폭력특별법은 성폭력의 범위를 따로 정의하지 않고 형법에서 규정하고 있는 성폭력 범죄 유형분류를 사용하고 있다.

- 형법 제22장 성풍속에 관한 죄 중 제 242조 음행매개, 제 243조 음화 등의 반포 등, 제244조 음화 등의 반포 등, 제245조 공연음란의 죄.
- 형법 제31장 약취와 유인의 죄 중 추행 또는 간음을 목적으로 하거나 취업에 사용할 목적으로 범한 제288조 영리 등을 위한 약취, 유인, 매매 등, 제292조 이의수수 및 은닉, 제293조 이의 상습법, 제294조 상습범의 미수범의 죄.
- 형법 제32장 강간과 추행의 죄 중 제297조 강간, 제298조 강제추행, 제299조 준강간, 준강간추행, 제300조 미수범, 제301조 강간 등 상해, 치상, 제301조 업무상 위력 등에 의한 간음, 제305조 미성년자에 대한 간음, 추행의 죄.

특히 형법에서 제32장 정조에 관한 죄 속에 강간과 추행에 관한 죄 등을 조항으로 담고 있어, 사실상 성폭력은 명시적으로 부녀의 정조를 침해한 죄의 성격을 담고 있다. 현재는 형법 제32장이 강간과 추행에 관한 죄라고 명시하고 있으나, 독자적으로 성폭력의 개념이 규정되어 있지 않아서 성폭력이 실제로 무엇을 침해하는 범죄이며 또한 어떤 윤리적 기준에서 판단, 통제되어야 하는지 등의 문제 등을 정확하게 파악할 수 없다. 다만 강간은 보호해야 할 정조에 대한 침해를 받은 것에 대한 범죄행위로 규정하는 것은 분명하여, 여성이 민주사회에서 시민권을 가진 주체라는 관점은 배제되어 있다(김인숙 외, 2000).

다음으로 성폭력의 법적 개념은 성폭력 행위들을 각각 분리된 것으로 보고 서로 다른 차원에서 여러 가지 형태의 성범죄를 포함시키고 있어, 보다 다양한 차원의 여성에 대한 성폭력이 법의 보호를 받지 못하고 있다. 성폭력특례법에서는 언어폭력이나 직장 내 성희롱 등 광범위한 성적 괴롭힘에 대한 범주포함이 애매한 것으로 보이며, 최근 새롭게 부각되고 있는 스토킹도 포괄할 수 없는 문제점이 있다.

이와 같은 문제점에 대응하면서 우리나라에서도 1997년부터 성희롱을 남녀차별금지 및 구제에 관한 법률 속에 명시하였으며 2002년 이후 스토킹에 대한 보호도 법적으로 받을 수 있도록 하자는 움직임이 일고 있다. 이에 따라 성희롱을 포함하여 성차별을 당했을 때는 피해당사자나 대리인이 신고나 조사 신청을 통해 보다 적극적인 조치를 취할 수 있게 되었다(이소희 외, 2001). 노동부에서는 취업여성이 보다 향상된 취업생활을 유지할 수 있도록 성희롱에 대한 대처를 도입하는 단계에 이르렀다. '직장내 성희롱 예방 지침'에 의하면 5인 인상 사업자에서 사업주는 직원연수교육, 정례조회, 시청각교육을 통해 연 1회 이상 성희롱 예방교육을 하도록 의무화하였으며 성희롱을 통해 성적 굴욕감을 주거나 고용상의 불이익을 초래하는 가해자는 사업주가 경고, 견책, 대기발령, 해고 등의 징계를 내려야 한다. 사업주가 성희롱예방교육을 하지 않거나 가해자에게 징계조치를 취하지 않을 경우 3백만원 이하의 과태료를, 피해를 당하고 문제를 제기한 근로자에게 고용주가 불이익을 줄 경우에는 5백만원 이하의 벌금을 부과하도록 되어 있다.

또한 성폭력상담소나 성폭력피해자시설이 증가하고 있으나 성폭력사건을 처리하기 위한 종합적이고 체계적인 연계가 아직까지도 부족한 실정이다. 우리나라 성폭력상담소의 연계에 대한 조사를 한 박영란 · 황정임(1999)에 의하면 상담소, 경찰, 의료기관 등이 일련의 종합적인 체계로 확립되어 있지 않아 성폭력사건의 처리과정상 연계성이 떨어진다고 한다. 예를 들어 의료기관은 대부분 상담소나 피해자 보호시설에서 자문위원이나 운영위원 등 자체적으로 구축한 인프라를 활용하여 의료서비스를 제공하고 있는 상황이다. 성폭력지정병원

- 형법 제339조 강도, 강간의 죄.
- 성폭력특별법 제5조 특수강도강간내지 제14조 통신매체 이용음란의 죄.

이 전국에 100여 개 있기는 하나, 성폭력문제를 다루고 있는 일선현장 상담소나 시설에는 그 명부도 배포되지 않고 있다. 성폭력지정병원의 선정과정에서도 일선상담기관과 긴밀히 협의하지 않음으로써 지정병원이 지역에서 너무 멀거나 혹은 적합한 병원이 아니어서 폭력피해여성들을 의뢰하기 곤란하다고 한다.

성폭력에 대한 일반인은 물론 성폭력피해자 혹은 가해자를 직접 만나는 경찰, 검찰, 의사, 간호사 등에 대한 교육이 시급하다. 경, 검찰의 성폭력 문제에 대한 올바른 인식과 적절한 수사지침을 수행할 수 있도록 교육을 시켜야 한다는 것은 북경행동강령에도 제시되어 있을 정도로 중요한 문제이다. 그동안 우리나라에서는 경찰, 검찰 교육을 실시하였으나, 극히 일부를 대상으로 특강형식으로 진행되었다. 또한 서비스를 제공하는 의료기관에서도 의료인력들의 성폭력 문제상황에 대한 이해가 부족하여 성폭력피해여성들에게 심리적 피해를 입히는 경우가 많다. 성폭력을 다루는 일선현장에 있는 인력들의 인식을 개선하고 교육시켜야 한다는 문제점이 제기되면서 1999년부터 법무부연수원에서 여성과 인권 교과목을 편성하기로 하는 등 정식교과목으로 자리잡기 시작하였으며, 경찰청에서는 성폭력수사지침을 만들어 일선경찰에 제공하였다. 2000년에는 경찰청계획에 여성형사기동대를 보강, 활성화시키고 여성상담실에 여경배치, 2002년에는 경찰청에 여성상담실을 신설하는 등 상당한 진전을 보이고 있다.

다. 모성권리와 건강증진

우리나라 여성들은 남성들에 비해 오랜 기대여명을 가지고 있으나 건강상태는 좋지 못한 것으로 나타나 여성의 건강증진에 대한 사회적 관심이 요구되고 있다. 보건복지부의 '1998년도 국민건강, 영양조사'에 의하며 우리나라 20세 이후의 여성은 청년, 중년, 노년의 모든 시기에 걸쳐 남성의 1.1~1.3배에 이르는 유병율을 가진 것으로 나타났다(보건복지부, 1999). 특히 45세 이상의 중고령 여성의 경우 관절염, 요통, 좌골통과 같은 근골격계 질환은 남성에 비해 2.5~3배 높고, 고혈압은 1.6배 정도 높은 것으로 나타났다. 여성노인의 경우도 만성질환으로 고통을 받고 있는 것으로 나타났다. 위 조사에 의하면 65세 이상 여성 노인 10명 중 9명은 한 가지 이상의 만성질환을 가지고 있었으며 일상생활수행능력(ADL)도 남성보다 떨어지고 있었다.

또한 여성의 생물학적 기능으로 인한 모성건강의 상황도 역시 좋지 않은 것으로 나타났다. 국민건강보험관리공단(1999)의 분만실태에 의하며 임신결과 인공유산으로 종결되는 결과가 약 30%에 이르며, 제왕절개분만율도 43%로 세계1위에 처해 있다. 이에 비해 모유수유는 출산휴가 및 육아휴가의 부재, 모유수유에 대한 잘못된 인식으로 인하여 전체 출산여성의 14%만이 하고 있는 것으로 나타나 여성과 아동 모두의 건강에 부정적인 영향을 미칠 것으로 전망된다.

그러나 여성에 관한 우리나라의 보건복지정책은 1960년대 이래 인구억제를 위한 가족계획사업의 일환으로 피임서비스 제공 및 임부에 대한 산전관리 서비스 등이 있었을 뿐, 여성건강의 출발인 임신, 출산, 수유 등의 생식건강분야에 대한 사회로부터의 지원은 거의 없었던 실정이다. 1973년 모자보건법 제정이후 보건소를 중심으로 출산여성과 영유아에 대한 의료서비스가 주어진 것이 우리나라 모자보건복지의 실체로 보인다. 여성복지의 빈곤이나 폭력 분야와 마찬가지로 우리나라 모자보건복지사업은 적극적이고 일반인 대상의 건강증진사업으로 진행되기 보다는 제공 인원이나 내용이 제한적이고 한정되어 온 현실이다. 2006년도 현재 미숙아 · 선천성 이상아에 대한 의료비 지원은 150억원에 달한 반면, 모자보건사업의 대표적인 사업인 임산부 · 영유아 건강검진은 5억 7천만원에 불과하다(<표 9-6> 참조). 모자보건사업이 성공적으로 정착하기 위해서는 일반 임산부와 영유아를 위한 건강증진과 향상을 위한 건강검진 및 사전예방적 사업에 대한 예산 지원이 확대될 필요가 있다.

<표 9-6> 모자보건사업 현황

(단위 : 천원)

시 · 도	임산부 · 영유아 건강검진			미숙아 · 선천성이상아 의료비지원		
	계	국 고	지방비	계	국 고	지방비
계	577,506	231,000	346,506	15,854,000	6,341,600	9,512,400

출처 : 보건복지부(2006), 「모자보건사업 안내」.

또한 정부는 '여성의 건강증진 및 성비불균형 해소'는 여성정책기본계획의 주요정책과제 중 하나로 상정한 바 있다(<표 9-7> 참조). 현재 우리나라에서 모성보호 관련하여 전개되는 것으로 가장 대표적인 것은 산전산후 휴가를 기존 60일에서 근로기준법상 90일을 쓸 수 있게 한 것과 육아휴직의 유급휴가화를 통하여 모성보호의 범위를 확대시킨 것이다. 임산부의 건강증진과 위생안전을 위하여 임신기간 중 보건소 체조교육비용을 건강보험에서 일부 지급하고 산전후진찰 보험 급여를 적용하도록 하고 있다. 그런데 이와 같은 모성보호 관련 규정은 여전히 임신 및 출산 전후한 여성들의 건강증진에 미흡한 점이 많다. 우선 출산휴가를 90일로 변화한 것은 모성보호와 여성건강 증진을 위해 매우 고무적인 사항이라 볼 수 있으나, 이러한 규정이 실제로 생산현장에서는 여전히 외면을 당하고 있는데 임산부가 출산휴가 사용할 수 없다거나 출산휴가를 마친 여성들의 복직이 보장되지 않는 사례들이 보고되고 있다. 육아휴직비용도 현실화되지 못하여 직종, 근무연한에 관계없이 40만원을 적용하여 육아휴직의 유급화 정책을 유명무실하게 만들기도 하였다. 최근 육아휴직휴가 비용산정에 대한 사회적 논의들이 되고 있는데 휴직비용의 현실화는 반드시 지켜져야 하겠다. 또한 여성의 산전후 진찰에 대한 건강보험의 지급이 이루어지고 있으나 여전히 초음파 검사나 기형아 검사 등과 같은 산전산후 진찰 항목은 건강보험의 적용을 받지 못하고 있으며 분만비용 중 본인분담금이 20% 정도를 차지하고 있어 이에 대한 재정적 지원이 마련되어야 할 것이다.

<표 9-7> 모성건강 증진을 위한 정책

분류	내용
임신출산에 대한 의료서비스 내실화	임산부 영유아 등록관리, 영유아 예방접종, 임산부 영유아 건강진단, 모유수유 운동전개, 신생아 선천성 대사이상 검사, 모자보건 선도보건소 확대운영, 산전진찰 사회보험 급여화, 근로여성의 모성보호 강화
성비불균형 해소	의료법시행규칙개정(1996)으로 태아성감별 의료인 처벌, 성비불균형 시정홍보전담기구로서 대한가족보건복지협회 · 성문화연구소설치

출처: 여성부(2006), 『제2차 여성정책 기본계획』.

또한 모성보호는 이제 단순한 보호를 넘어 모성권리로 재개념화해야 한다. 근로기준법에 의하면 여성은 신체적 생리적 특성에 따라 모성보호를 받는다고 언급하고 있다. 그러나 모성건강은 약자인 여성에 대한 보호가 아니라 여성만이 가진 고유한 재생산 기능에 대한 권리적 차원에서 이해가 되어야 하겠다. 모성기능에 대해 적극적인 건강관리를 할 수 있는 권리를 보장받게 된다면 이제까지 모성보호에 담긴 약자로서의 여성(근로자)에 대한 사회적 인식이 변화할 수 있을 것이다. 모성권리 측면에서는 산전후 건강보험 혜택 확대뿐만 아니라 분만수당 지급, 산전후 기초출산수당, 육아휴직 비용 현실화 등이 확보될 수 있을 것이다.

여성건강은 모성보호(권리)이외에도 생애주기별로 다양하게 나타나며 특히 여성들의 높아진 기대수명에 따른 여성노인의 건강 및 질환문제는 보다 다각적인 차원의 대책이 요구된다. 최근에는 여성의 생식건강에 대한 관심과 함께 여성의 생애주기별로 발생할 수 있는 고유한 건강문제에 대한 정책적 접근이 제기되고 있으나 아직까지 구체화되지는 못한 실정이다. 이와 함께 지금까지 여성의 보건의료 이용에 대한 형평성 제고, 여성의 건강한 여생 등을 위한 노력 등이 미흡했다는 점도 지적되면서 이에 대한 근본적인 대책마련이 요구되고 있다.

라. 기타

마지막으로 여성 중에서도 특히 사각지대에 있는 여성장애인에 대한 정책적 배려가 있어야 할 것으로 보인다. 여성장애인은 여성이자 장애인이라는 이중의 차별로 인하여 빈곤, 장애는 물론 성폭력이나 가정폭력의 피해자로 노출되어 있음에도 불구하고, 오랫동안 사회의 관심을 받지 못하였다. 구체적으로 한국여성장애인연합(2002)의 조사에 의하면 여성장애인은 장애인으로서의 차별과 장애인 중에서도 여성으로서 성차별을 받음으로써 남성장애인이나 장애가 없는 여성들에 비하여 교육과 취업의 기회가 제한되어 빈곤할 뿐만 아니라 사회적으로 고립되어 있다. 또한 우리나라에서는 아직까지 정확한 조사가 이루어지지 않고 있으나, 사회전반의 여성장애인에 대한 편견과 차별을 고려할 때 장애여성은 대개 비장애여성보다 폭력에 대해 더욱 취약할 것으로 추정된다. 성폭력뿐만 아니라 가정폭력의 경우에도 일반여성에게 가해지는 구타나 감금, 무시, 언어폭력 이외에도 장애와 관련한 비하 발언이나 약을 주지 않거나 보조장치를 망가뜨리는 등의 장애관련 폭력도 심각한 것으로 나타나고 있다(한국여성장애인연합, 2002).

장애여성인에 대한 관심은 1995년 8월 북경에서 개최된 세계여성대회에서 논의되기 시작하였으며, 우리나라에서는 1999년에 장애인복지법에 장애여성의 권익보장을 위한 조항이 신설되고, 1998년에 장애인 인권헌장에 장애여성의 권리를 포함시켜 여성장애인의 생활에 필요한 보호와 지원을 받을 권리를 명시하였다. 또한 여성장애인이 폭력에 취약할 수 밖에 없는 점을 고려하여 성폭력특별법안에 '신체적으로 항거불능인 자에게 성폭력을 할 경우 가중처벌한다'는 내용을 명시하고 여성장애인에 대한 성폭력은 가중처벌하는 조항을 추가하였다. 최근 들어서는 여성장애인의 성폭력, 가정폭력 문제가 가시화되면서 여성장애인에 대한 인권침해에 대한 비판적 의식이 높아지고 있다. 이러한 사회적 관심은 이들에 대한 여성복지사업의 지원으로 표출되어, 여성장애인을 특정화하여 성폭력상담소 설치하고 운영하는 방향으로 나가고 있다.

정부 차원에서는 보건복지부가 1998년 처음으로 '장애인복지관 사업지침'에서 장애여성에 대한 구체적인 사업내용을 명시하였다. 보건복지부가 명시한 장애여성복지증진 사업은 모두 5가지로서, 사회적 차별과 부당한 대우에 대한 사례접수와 상담지도를 하는 '여성장애인 상담실 운영', 여성장애인이 스스로 문제를 풀어나갈 수 있도록 자체 토론회와 외부강사 초청 간담회를 개최하는 '여성장애인 쉼터', '기혼장애여성 가사활동 지원', '미혼장애여성 결혼 주선사업', '여성장애인 취업알선과 사후지도' 등이 있다. 그러나 이와 같은 정부를 포함한 민간인 단체의 노력은 이제 시작단계에 머물러 있으며 앞으로 여성장애인의 안정적인 생활과 인권을 보장할 수 있는 보다 다각적인 노력이 있어야 하겠다.

제3절 정책과제 및 대안

여성복지정책은 근래에 들어 주요한 정책분야로 자리잡아 가고 있으며, 여성발전기본법은 여성의 건강과 복지, 인권증진을 여성복지정책의 주요의제로 포함하고 있다. 우리나라의 여성복지정책은 점차 잔여적이며 보호적인 차원의 소극적인 정책기조에서 벗어나 모든 여성의 삶의 질을 향상시키고자 하는 적극적인 방향으로 전환하고 있다. 또한 여성복지정책의 또하나의 커다란 흐름은 여성들이 경험하고 있는 빈곤, 폭력, 불건강 상태를 사회구조적 원인 속에서 파생하는 것으로 규정함으로써 이에 대한 적극적인 사회대책을 요구하는 추세이며, 문제를 지닌 피해자 혹은 약자라는 관점을 벗어나 여성의 삶의 침해하는 권리문제라는 차원에서 접근을 하고 있다는 것이다.

본 고는 이와 같은 여성복지정책의 현실과 방향성을 고려하면서 여성복지정책의 세 가지 흐름이라 할 수 있는 빈곤예방과 생활안정, 폭력근절과 인권보장, 모성보호와 건강증진의 정책 전개과정과 추진현황을 검토하였다. 이와 더불어 최근 사회적 관심이 증대하고 있는 여성장애인에 대한 정책적 고려를 간략히 소개함으로써 여성복지전반의 현황과 문제점을 짚어보았다. 이를 통하여 보편성, 성인지성, 포괄성을 여성복지정책의 정책적 방향성으로 제시하였으며 여성복지서비스의 발전을 위한 민관협력체계의 구축, 관련 공무원에 대한 교육, 사회일반에 대한 의식화 교육 등의 필요성을 제안하였다. 이를 구체적으로 제시하여 보면 다음과 같다.

첫째, 전반적으로 우리나라의 여성복지정책은 전통적인 성역할을 수행하며 배우자 또는 국가의 보호를 필요로 하는 요보호여성의 빈곤, 폭력, 건강 등의 복지욕구에 초점이 맞추어져왔다. 그러나 앞으로 여성복지정책의 대상은 요보호여성을 포함하지만 일반여성의 기본적인 삶의 질 보장까지 확대되도록 해야겠다. 또한 모자가정 여성가구주, 미혼모, 성폭력 피해여성, 가정폭력 피해여성, 장애인 여성, 노인여성 등에 대한 보호의 관점을 벗어나 기본적인 생활안정(빈곤탈피), 인권보장(폭력근절), 건강증진이 하나의 보편적인 사회적 권리로서 정착할 수 있도록 하여야겠다.

둘째, 여성복지정책이 보다 효과적이려면 정책의 개발이나 집행에 있어 모두 성인지적 지향성을 가져야 하겠다. 북경여성대회와 유엔의 여성철폐협약 등의 국제적 흐름과 여성정책에 대한 정부의 성주류화 정책으로 인해 여성복지정책에도 빈곤과 건강문제 등에 대한 성주류화, 성인지적 접근이 시도되고 있어서 매우 고무적이다. 앞으로 더욱 더 많은 여성복지정책 분야에서 성인지적 지향성을 가지도록 해야 할 것이다. 여성복지정책이 성인지적 지향을 갖게 되면, 여성빈곤이나 폭력의 문제는 여성인권의 문제로 접근되어 시혜차원을 넘어설 수 있으며, 개인적인 잘못이나 불행에 의해 일어나는 문제를 넘어서 성불평등사회에서 구조적으로 발생하는 문제로 인식하게 된다. 이에 따라 현재의 소극적이고 잔여적인 지원책을 넘어서 사회적, 문화적 변화를 이끌 수 있는 적극적 정책개발로 이어질 것이다.

셋째, 여성복지가 모두 포괄적이고 다면적인 차원으로 발전되어야 하겠다. 이혼, 사별, 별거, 유기 등으로 혼자서 자녀를 기르는 여성이나 다양한 유형의 폭력으로부터 고통받는 여성들이 사회로부터 낙인받지 않고 삶의 위기를 극복할 수 있도록 지원하려면 일회적이고 단편적인 서비스 제공을 지양하고 보다 포괄적이고 종합적인 지원이 있어야 하겠다. 즉 빈곤이나 폭력, 장애 등의 개별사안에 대한 개별적인 복지서비스의 제공을 넘어서 소득, 의료, 고용, 주거, 자녀양육 및 교육 등 중층적인 복지욕구에 부합할 수 있는 종합적 대책이 마련되어야 하겠다. 장기적으로는 이들 여성이 경제적으로 자립하고 심리적인 상처를 치료하고 사회적으로 완전하게 통합될 수 있게 하는 자활대책으로 정착되어야 하겠다.

넷째, 여성복지정책의 말단체계이자 여성들과 직접 창구가 열린 현장으로서 여성복지시설이나 상담소를 확충하고 이들에 대한 현실적인 지원이 이루어져야 하겠다. 또한 여성복지사업의 효율적 운영을 위해 정부, 민간인 단체, 여성복지시설/상담소, 지역사회 자원간의 역할분담이 보다 체계화되어야 하겠다. 정부-민간-여성복지기관간 종합적 체계가 형성된다면 모자가정 여성가구주, 미혼모, 성폭력 피해여성, 가정폭력 피해여성, 장애인 여성, 노인여성의 문제를 해결하는데 보다 효율적인 대처를 할 수 있을 것이다.

다섯째, 여성복지서비스 전달체계 속에 밀접하게 연결되어 있는 공무원, 의료기관, 경찰 및 검찰기관 등에 대한 교육을 강화하여야 하겠다. 경찰과 검찰은 물론 공무원 내부조직에서도 성폭력, 가정폭력의 문제가 대두되면서 자체인력의 전문성 고양을 위해 지침을 마련하고 교육훈련을 실시하고 있으나 여전히 미미한 수준이다. 또한 교육이나 지침이 형식적인 전달에 그치고 있어 관련 실무자 및 인력이 제대로 이해하지 못하는 경우가 많다. 앞으로 이들 관계자에 대한 지속적이고 실질적인 교육이 강화되어야 하겠다.

여섯째, 여성복지정책이 사회저변으로 확대되기 위해서는 지속적인 홍보와 사회의식 변화를 위한 교육이 필요하다. 성폭력이나 가정폭력에 대한 비판적 문제의식이 증대되고 있기는 하나, 우리나라 사람들은 가부장제적 의식이 강하여 여전히 여성의 권리나 요구에 대해 막연한 거부감이 강하다. 따라서 1회성 광고나 홍보는 가정폭력이나 성폭력에 대한 인식을 바꾸는데 어려울 것으로 보인다. 따라서 미디어를 통한 지속적이고 일상적인 홍보와 지역주민, 기업체 근로자, 학생, 군인 등 집단을 대상으로 한 교육이 되어야 하겠다.

참 · 고 · 문 · 헌

김미영(1998). "여성장애인의 사회참여를 위한 재활프로그램 개발". 「21세기 여성장애인의 복지와 정책방향 세미나 자료집」. 국립재활원.
김인숙 외(2000). 「여성복지론」. 나남.
김성경(1998). 「여성회관의 발전적 운영방안」. 한국여성개발원.
김재엽(1998). "한국 가정폭력의 실태에 관한 연구". 「한국사회복지학」, 35.
박영란 · 황정임(1997). 「여성복지서비스 전달체계 기능강화방안에 관한 연구」. 한국여성개발원.
박영란(1998). 「저소득모자가정의 자립방안 연구」. 한국여성개발원.
박영란 · 황정임(1999). 「여성에 대한 폭력 관련 서비스 연계방안」. 한국여성개발원.
박영란 · 황정임 · 정재훈(2000). 「외국의 여성복지서비스에 관한 연구」. 한국여성개발원.
변화순 외(2000). 「성폭력, 가정폭력관련법의 시행실태와 과제」. 한국여성개발원.
보건복지부(2002). 「여성복지사업안내」. (인터넷 자료).
여성부(2002). 「폭력방지 종합정보」. (인터넷 자료).
여성부(2004). 「2004 전국 가정폭력 실태조사」. (인터넷 자료).
이소희 외(2001). 「여성복지」. 형설출판사.
정춘숙(1999). "가정폭력방지법 시행1주년과 여성인권". 「가정폭력방지법, 그 평가와 대안」. 한국여성의전화연합회, pp. 36-44.
조흥식 외(2000). 「여성복지학」. 학지사.
최선화(1995). "여성복지의 발전방향에 관한 연구". 「한국사회복지학」, 25.
한국여성개발원(1990). 「여성복지법제에 관한 연구」. 한국여성개발원.
한국여성단체연합(2001). 「김대중 정부 여성정책 3년 평가 및 정책제안을 위한 토론회」. 자료집.
한국여성장애인연합(2002). 여성장애인과 인권(인터넷 자료).

제10장 아동보육정책

유 희 정(육아정책개발센터 연구위원)

제1절 정책 추진 경향성

가정의 자녀양육을 지원하는 보육정책이 빠르게 발전하고 있으며 특히 보육업무가 기존의 보건복지부에서 여성부로 이관되고(2004.6), 영유아보육법이 개정(2004.1)되는 등 보육에 대한 변화와 발전이 가속화 되고 있다. 어린 영유아들이란 양부모 가정에서 태어나든, 도시 빈민지역에서 태어나든, 오지 농촌에서 태어나든, 혹은 한부모 가정에서 태어나든 관계없이 잘 자랄 권리를 지닌다. 성인과 사회는 이 아이들이 행복하게 살아가고 자신이 지닌 잠재력을 최대로 계발시켜 나갈 수 있도록 지원하고 보장해 주어야 할 의무를 지닌다. 더욱이 사회가치관의 변화, 맞벌이 가정의 증가, 저출산 심화현상 등 사회환경의 급격한 변화에 따라 개별 가정에서 자녀양육에 문제가 발생하기 시작하면서 자녀양육의 지원방안으로써 보육서비스가 사회의 보편적 서비스로 제공되어야 한다고 주장되고 있다.

세계 여러 나라들에서는 여성의 사회참여를 적극적으로 지원하기 위하여 그리고 창의적 인력 개발로 자국의 국가간 경쟁력을 확보하고자 보육정책을 국가의 우선정책으로 수행하고 있으며, 이를 위하여 유아교육 및 보육의 공공성을 확대해 나가고 있다. 이는 영유아기의 중요성 때문이다. 영유아기는 아이가 태어나서 세상을 처음 접하는 시기로 세상을 바라보는 가치관, 세상을 살아가는 습관과 가치관을 형성하고 창의력 및 잠재력 계발의 기초를 확립하는 시기이기 때문이다. 이런 이유로 OECD 국가들을 중심으로 자녀양육에 대한 국가의 책임이 확대되고 있다. 일본의 엔젤플랜(1994～1999) 및 신엔젤플랜(2000～2004), 차세대육성법(2004), 영국의 Sure Start Project(1997), Child Challenge Project(1998), 미국의 Head Start Project(1965), Early Head Start Program(1994) 등이 그 예이다.

이미 보육선진국들에서는 영유아기 투자 효과에 대하여 분석연구를 수행하고 있다. Heckman은 연령대별 투자효과에서 영유아기 투자가 다른 연령대 인적자원에 대한 투자효과에 비하여 4～8배의 수익이 있음을 입증하였다(삼성복지재단 제 13회 국제학술대회, 2005.5, 101). 또한 다른 연구들에서도 영유아기에 대한 투자가 이후 4～8배의 경제적 효과가 있음이 입증되었다(삼성복지재단 제 12회 국제학술대회, 2004.6, 208).

우리나라 보육사업은 1921년 서울에서 태화사회복지관이 처음으로 탁아프로그램을 개설하면서 시작되었고, 본격적으로 활성화되기 시작한 것은 1991년 영유아보육법의 제정 이후라고 할 수 있다. 보육에 대한 수요가 높아지자 정부는 '보육시설 확충 3개년 계획(1995～1997)'을 실시하였으며 동 기간 내 보육시설 8,928개소가 증가하였다. 그러나 정부의 보육정책이 양적 확충에만 치중되었다는 문제가 지적됨에 따라 보육서비스의 수준 향상 등 보육사업을 발전시키기 위한 노력이 새롭게 전개되기 시작하였다. 2002년 보건복지부, 여성가족부, 노동부 공동으로 「보육사업 활성화 방안」이 발표되었고 이후 보육업무가 여성가족부로 이관되면서(2004. 6) 보육정책의 발전이 가속화되고 있다. 2005년 12월 말 보육시설은 총 28,367개소이고, 이곳에서 989,390명의 영유아들이 보육서비스를 제공받고 있다.

보육에 대한 사회적 요구가 높아지자 우리 정부 역시 보육 활성화 정책을 추진해오고 있다. 그러나 보육현장은 아직까지 많은 문제들을 안고 있으며, 보편주의를 표명하는 보육정책에서 정부 보육비용 부담이 낮은 문제, 민간에 의존하고 있는 보육현장에서 보육서비스의 질적 수준 보장 문제 등으로 인해 실제적으로 보육수요자가 보육시설을 적절하게 이용하고 있지 못하는 문제 등이다.

정부는 이와 같은 사회적 요구를 수렴하고자 보육의 발전을 모색해 오고 있다. 정부가 추진하고자 하는 보육정책은 보육의 공공성 강화, 보육서비스 유형의 다양화, 보육서비스의 질적수준 향상이 주요 방향으로 제시되고 있다. 한편 참여정부는 정부의 자녀양육 지원을 선거공략에서부터 명시하여 왔으며, 정책목표 중 "영유아 보육료의 50%를 국가가 지원하고, 방과후 보육을 확대하는 등 여성의 사회참여를 지원하겠다"고 명시한 바 있다. 참여정부의 12대 국정과제는 '보육문제 해결과 여성 사회참여 확대'를 포함하고 있다. 이어서 2004년도 정부 예산편성지침에 '보육을 국가재원 배분 중점 분야로 선정'하도록 한 바 있으며, 이에 따라 중앙정부 보육예산이 2004년도에는 2003년도 대비 29.4%가 증액되었고, 2005년도에는 2004년 대비 48.2%, 2006년 예산은 2005년 대비 31.8%가 증액되었다.

현재 보육사업은 미래 인적자원 개발 육성, 여성의 경제활동참가율 증진, 고령화 사회 대비 노동인력 확충, 저출산 문제 예방 등을 목표로 정부 주요 정책으로 추진되고 있다.

제2절 정책현황

1. 정부 보육정책의 추진방향 및 세부목표

여성가족부는 2006년 6월 '새싹플랜 – 중장기 보육계획(2006~2010)'을 발표하였으며, 동 보육정책의 추진방향은 다음과 같다.

가. 추진 배경

- 보육시설이 지속적으로 증가하고 있으나, 다양성과 서비스 수준에서 수요자가 만족하는 보육시설은 부족
- 보육예산의 지속적인 증가에도 불구하고, 정부지원 수준이 선진국에 비해서는 여전히 낮아 부모들의 육아부담은 여전히 높고, 보육교사의 처우도 열악

나. 추진방향

비전	함께 키우는 건강한 아동
정책 목표	□ 보육의 공공성 강화 □ 양질의 보육서비스 제공
정책 과제	□ 공보육 기반조성 ○중장기 수급계획에 따른 시설 확충 ○국공립 보육시설 확충 ○기본보조금제도 도입
	□ 부모 육아부담 경감 ○보육비용 지원 확대 ○영아보육 활성화 ○취업 부모에 대한 지원 강화
	□ 다양한 보육서비스 제공 ○보육시설 이용시간 다양화 ○장애아 보육 활성화 ○농어촌 보육서비스 확대

	ㅇ방과후 보육프로그램 활성화 ㅇ포괄적 보육서비스 등 활성화
	□ 아동 중심의 보육환경 조성 ㅇ보육시설 환경 개선 ㅇ건강 · 영양 · 안전관리 강화 ㅇ보육인력 전문성 제고 및 처우개선 ㅇ표준보육과정 개발 · 보급
	□ 보육서비스 관리체계 강화 ㅇ보육시설 평가인증시스템 구축 ㅇ보육행정시스템 구축 ㅇ지자체 보육정책 활성화 ㅇ지역사회 참여 및 시설운영 투명성 제고 ㅇ보육사업 추진관련 인프라 확충

다. 주요 지표 변화

주요지표		2005		2010	
보육비용 정부 재정분담률		35.8%		60.0%	
국공립 보육시설 수		1,352개소		2,700개소	
보육시설 이용 아동수		99만명		125만명	
보육료 지원아동 비율		41.1%		80.8%	
보육시설 종사자 수		137천명		180천명	
민간보육시설 보육비용/ 국공립보육시설 보육비용		80%수준('06년)		100%수준	
평가인증 대상 시설		1,000개소 (시범 운영)		전면 실시 (매년 1만 개소)	
영유아 육아지원시설 이용률	유아	47.0%	68.6%	60.0%	87.8%
	영아		21.1%		33.4%

2. 보육현황

본 절에서는 영유아 보육률, 보육 영유아 현황, 보육시설 현황, 보육시설 종사자 현황, 보육재정, 보육료 지원 현황에 대하여 살펴보았다.

가. 영유아 보육률

보육서비스는 그간 꾸준히 확대되어 2005년 12월 현재 28,367개소의 보육시설에 989,390명의 영유아가 취원해 있다. 보육영유아는 매년 4만~6만 명 정도 증가하고 있으나 아직까지 보육수요에 미치지 못한다는 지적이다. 특히 영아보육이 미흡하다. 영아보육율은 21.1%, 유아보육율은 37.1%이며 영유아 통합 보육율은 29.8%이다(2005).

* 3~5세 유치원 취원율 31.5%
* 3~5세 보육시설 · 유치원 통합 취원율 68.6%
* 0~5세 보육시설 · 유치원 통합 취원율 47.0%

<표 10-1> 영유아 보육률

단위 : 명, %

구 분	전체 영유아수1)	보육시설 이용 영유아수2)	보육시설 이용률
0세	479,102	33,647	7.0
1세	478,115	89,403	18.7
2세	479,029	179,301	37.4
0~2세(소계)	1,436,246	302,351	21.1
3세	513,930	223,628	43.5
4세	594,759	219,954	37.0
5세	613,603	195,455	31.9
3~5세(소계)	1,722,292	639,037	37.1
0~5세(총계)	3,158,538	941,388	29.8

* 6세 이상 39,224명

나. 보육영유아 현황

보육영유아는 2005년 12월 현재 총 989,390명으로 국공립시설 111,911명(11.3%), 민간법인 및 법인 외 182,194명(18.4%), 민간개인 552,360명(55.9%), 직장보육 12,985명(1.3%), 가정보육 129,007명(13.0%)이다.

<표 10-2> 보육아동 현황

단위 : 명, %

구 분	계	국공립 보육시설	법인 보육시설	단체 보육시설	개인 보육시설	부모협동 보육시설	가정보육 보육시설	직장 보육시설
이용 영유아수 (비율)	989,390 (100.0)	111,911 (11.3)	125,820 (12.7)	56,374 (5.7)	552,360 (55.9)	933 (0.1)	129,007 (13.0)	12,985 (1.3)

출처 : 여성가족부 보육지원과(2005. 12)

<표 10-3> 연도별 보육 영유아 현황

단위 : 명(%)

년도	총 영유아수	보육시설 취원아수	증가영유아수
1995	3,977,000	293,747 (7.4)	증 74,439
1997	4,002,000	520,959(13.0)	증 117,958
2000	3,969,179	686,000(17.3)	증 45,085
2001	3,854,184	734,192(19.0)	증 48,192
2002	3,720,013	800,991(21.5)	증 66,799
2003	3,598,194	858,345(23.9)	증 57,354
2004	3,497,255	891,028(25.5)	증 71,907
2005	3,158,538	941,388(29.8)	증 50,360

* 6세 이상 48,002명(2005)

출처 : 여성가족부(2006). 보육통계.

보육영유아는 2002년 66,799명 증가, 2003년 57,354명, 2004년 71,907명, 2005년 50,360명 증가하여 매년 영유아 수가 크게 늘고 있음을 알 수 있다.

다. 보육시설 현황

2005년 12월 현재 총 보육시설 수는 28,367개소로 이 중 국공립시설은 5.2%(1,473개소)이며 민간법인 및 법인외시설은 8.8%(2,474개소)로 전년대비 0.5%가 줄었다. 민간개인시설은 45.0%(12,769개소)로 전년대비 0.4% 줄었으며 반면 놀이방은 40.0%(11,346개소)로 2000년 이후 매년 비율이 높아지고 있다. 직장보육시설은 0.9%(263개소)를 차지하고 있다. 이와 같이 민간개인시설이 전체 보육시설의 86.0%(24,420개소)를 차지하는 것은 우리나라 보육현장이 민간에 의존한 운영 형태를 보이는 것으로 공보육 강화에 어려움을 초래하고 있다.

<표 10-4> 연도별 보육시설 설치 현황(1995~2004)

단위 : 개소(%), 명

년도	계	국공립	민간				직장	놀이방(가정)	아동수
			소계	개인	단체	법인			
1995	9,085 (100.0)	1,029 (11.3)	4,125 (45.4)	3,175 (34.9)	22 (0.3)	928 (10.2)	87 (1.0)	3,844 (42.3)	293,747
1997	15,375 (100.0)	1,158 (7.5)	8,172 (53.2)	6,388 (41.6)	150 (1.0)	1,634 (10.6)	158 (1.0)	5,887 (38.3)	520,959
2000	19,276 (100.0)	1,295 (6.7)	11,304 (58.6)	8,970 (46.5)	324 (1.7)	2,010 (10.4)	204 (1.1)	6,473 (33.6)	686,000
2001	20,097 (100.0)	1,306 (6.5)	11,794 (58.7)	9,490 (47.2)	313 (1.6)	1,991 (9.9)	196 (1.0)	6,801 (33.8)	734,192
2002	22,147 (100)	1,330 (6)	12,679 (57)	10,471 (47)	575 (3)	1,633 (7)	199 (1)	7,939 (36)	800,991
2003	24,142 (100.0)	1,329 (5.5)	13,644 (56.5)	11,225 (46.5)	787 (3.3)	1,632 (6.8)	236 (1.0)	8,933 (37.0)	858,345
2004	26,903 (100)	1,349 (5.0)	14,728 (54.7)	12,225 (45.4)	966 (3.6)	1,537 (5.7)	243 (0.9)	10,583 (39.4)	930,252

출처 : 여성가족부(2004. 12). 보육통계.

<표 10-5> 2005년도 보육시설 설치 현황

구 분	계	국공립 보육시설	법인 보육시설	단체 보육시설	개인 보육시설	부모협동 보육시설	가정보육 보육시설	직장 보육시설
시설수 (비율)	28,367 (100.0)	1,473 (5.2)	1,495 (5.3)	979 (3.5)	12,769 (45.0)	42 (0.1)	11,346 (40.0)	263 (0.9)

출처 : 여성가족부(2006. 3). 보육통계.

라. 보육시설 종사자

2005년 12월말 현재 보육시설 종사자는 시설장 28,367명, 보육교사 85,985명, 그 밖의 종사자 20,849명이다.

<표 10-6> 보육시설 종사자 현황

단위 : 명(%)

구분	계	시설장	교사		의사	간호사	영양사	기타
			1급	2급				
종사자수 (비율)	136,916 (100.0)	28,367 (20.7)	45,956 (33.5)	39,124 (28.6)	101 (0.1)	676 (0.5)	663 (0.5)	20,849 (16.1)

마. 보육예산

보육사업 활성화와 더불어 정부의 보육예산이 계속적으로 증가되어 왔으며 중앙정부와 지방정부를 합했을 때 2004년도에는 2003년도 대비 33.6%, 2005년도에는 2004년도 대비 52.6%, 2006년도에는 2005년도 대비 29.4%가 증가하였다.

<표 10-7> 중앙 및 지방정부 보육예산(2002~2006)

단위 : 억원

구분	2002년	2003년	2004년	2005년	2006년
중앙정부	2,102	3,120	4,050	6,001	7,910
지방정부	2,253	3,431	4,702	7,354	9,376
계	4,355	6,551	8,752	13,355	17,286

바. 보육료 지원 현황

보육료 지원 현황을 살펴보면 지원율이 매년 높아지고 있음을 알 수 있다. 2005년도 총취원아의 44.2%가 보육료를 지원받았으며 연령별 지원율은 영아 40.7%, 3~5세 44.7%이다. 2005년도 보육료 지원 영유아는 437천명이다.

<표 10-8> 보육료 지원 현황

단위 : 백만원(%)

구분	2002년		2003년		2004년		2005년	
	취원아	지원아 (지원율)	취원아	지원아 (지원율)	취원아	지원아 (지원율)	취원아	지원아 (지원율)
0~2세	206,494	33,901 (16.4)	241,559	43,468 (18.0)	262,916	60,772 (23.1)	302,351	123,051 (40.7)
3~4세	392,733	72,611 (18.5)	414,860	84,682 (20.4)	444,195	116,367 (26.2)	443,582	190,604 (43.0)
5세	159,393	50,513 (31.7)	172,225	68,059 (39.5)	183,917	82,877 (45.1)	195,455	95,000 (48.6)
6세 이상	42,371	12,286 (29.0)	29,701	14,434 (48.6)	39,224	19,866 (50.7)	48,002	28,949 (60.3)
합계	800,991	169,311 (21.1)	858,345	210,613 (24.5)	930,252	279,882 (30.1)	989,390	437,604 (44.2)

출처 : 여성가족부 보육지원과. 각년도 보육통계.

제3절 정책과제 및 대안

향후 보육정책은 수요자의 요구 및 만족도 향상에 초점을 두어 대안이 마련되어야 할 것이다. 대안으로는 기존 시설들을 중심으로 보육서비스 수준 향상에 중점을 두되 보육시설 증가 요구분에 대해서는 국공립시설로 확충하도록 하여야 할 것이다.

1. 보육의 공공성 강화

가. 정부의 보육비용 부담 확대

보육선진국의 특징은 정부의 보육비용 분담율이 높고 보육현장이 안정적이어서 부모들의 보육시설 활용이 만족스럽다고 나타난다는 점이다. 우리 정부의 보육비용 분담율은 34% 수준(2005)으로 스웨덴 89%, 호주 · 일본 50~60% 수준과 비교했을 때 매우 낮음을 알 수 있다. 이들 보육선진국에서 보육비용 분담률이 높은 것은 국가 발전을 위한 여성인력의 적극적 활용과 국가의 미래인적자원 개발 차원에서 영유아 보육에 정부가 투자를 지속적으로 늘려나가고 있기 때문이다. 정부의 GDP 대비 보육 · 교육비 부담률에서도 한국 0.27%(김현숙, 2005)로 영국 0.35%, 독일 0.55%, 프랑스 0.80%, 스웨덴 1.67%에 비하여 매우 낮아 정부의 재정지원 확대가 요구된다.

정부는 현재보다 가계 부담이 경감되도록 지원하되 소득수준별 차등지원한다는 계획을 제시하고 있다. 2008년까지 기초생활보장 수급자 및 차상위 계층의 보육료는 전액, 평균소득 50% 이하는 80%까지, 평균소득은 30%까지 지원하여 2008년까지 도시근로자 평균소득 계층 100% 가구(전체가구의 약 70%)까지 점차 지원대상을 확대한다는 것이다. 보육이란 보편적 서비스로 가정의 자녀양육에 어려움이 많은 경우 국가와 사회가 이를 지원해 준다는 개념이다. 2005년도에는 보육시설 이용 영유아의 43.4%가 보육료를 지원받았다.

그러나 OECD국가를 비롯한 선진국에서와 같이 보육이 미래인적자원 개발을 위한 기초의 장이라고 사고를 전환한다면 정부는 영유아 양육을 위한 국가 및 사회의 책임을 더욱 강화하여야 한다. 정부는 보육선진국에서와 같이 보육에 소요되는 비용 중 70~80%까지 정부가 부담하도록 비율을 점차 상향해 나가야 할 것이며, 부모의 소득에 기초한 차등보육료제도를 더욱 확대 적용해 나가야 할 것이다.

우리 정부도 자녀양육을 국가가 책임지겠다고 하고 있다. 그러나 요구되는 보육비용을 국가가 전액 부담할 수는 없을 것이다. 또한 재정 지원 이외에도 제공되고 있는 보육서비스와 관련하여 국가가 어디까지 책임질 것인가에 대한 정리된 사회적 합의가 필요하다. 참여정부는 보육비용의 50%를 지원하겠다고 선언한 바 있다. 여성가족부는 2005년 표준보육단가 산출에 대한 연구용역을 완료하였다. 이때 기준이 되는 서비스의 수준은 현재 국공립 및 법인 보육시설 수준의 서비스를 제공하는 데 소요되는 비용이라고 할 수 있다. 새로 산출된 표준보육단가(2005)의 77인기준 1안을 적용하고 보육영유아 989,390명을 기준으로 하였을 때 산출되는 보육비용은 약 4조 2천억원 정도이다. 이를 기준으로 하였을 경우 총 보육비용의 50%는 2조원이 넘는 수준이다. 정부는 보육료 지원을 우선 이 수준까지 높여야 할 것이다.

정부의 재정지원 확대계획에 따라 재정지원방식의 문제가 화두이다. 아직까지 현장에서는 유치원/보육시설, 국공립/민간(사립)에 따라 운영시간, 교사자격, 시설설비, 보육료(수업료) 등에서 각각 다르게 운영되고 있음에도 정부는 당장 2006년도부터 동일한 형태의 지원을 도입하고 있다. 세밀하지 못한 지원방식이 또 다른 비형평성을 초래할 수도 있음을 간과해서는 안될 것이다.

나. 국공립 보육시설의 확충

1) 민간개인보육시설 중심의 보육현장에서 시설의 재정운영문제

정부의 보육수요 확대에 따른 시설 확충은 민간개인시설 확대를 중심으로 추진되어 왔다(국공립시설 비율 : 11.3%, 1995; 6.7%, 2000; 5.2%, 2005). 그러나 시설유형에 따른 운영실태에서 큰 차이가 나타나 문제가 야기되고 있다. 국공립 및 법인보육시설은 시설설치에 필요한 재정투자는 물론 정부로부터 교사인건비를 지원받아 안정적으로 운영되고 있다. 그러나 민간개인시설의 경우 정부로부터의 지원금은 저소득층 영유아대상 차등보육료 지원만으로 국공립 및 법인보육시설에 비하여 지원이 낮기 때문에 운영수준이 상대적으로 어려울 수 밖에 없는 구조이다(05년부터 민간개인시설 영아반 인건비 지원, 06년도부터 영아기본보조금 지원 시작). 더욱이 민간개인시설들의 경우 임대율이 높아(자가율: 민간개인 39.9%, 가정 55.3%, 여성가족부, 2005) 보육시설 운영을 위한 보육료 수입에서 임대료를 지불한다면 이들은 서비스 수준이 낮게 운영될 수 밖에 없는 구조적 문제를 안고 있다. 전수대비 자가율은 52.1%로 총 28,367개소의 보육시설 중 자가 보육시설은 15천개소 수준이다. 재정운영이 열악한 보육현장은 낮은 임금의 보육교사를 선호하여 보육서비스 수준 하락이 악순환 되고 있다.

2) 민간개인보육시설이 보육의 공적 역할을 수행할 수 있도록 하기 위한 준비

정부는 국공립시설, 법인시설, 민간개인시설의 구분없이 보육시설을 이용하는 모든 영유아가 일정수준이 보장되는 동일한 수준 이상의 서비스를 제공받을 수 있도록 정책을 추진할 계획이다. 이를 위하여 지금까지 지원이나 관리감독이 제한적이었던 민간개인시설에서도 보육의 공적 기능을 수행할 수 있도록 할 계획이다. 그러나 이들을 공공시설로 간주하여 국공립시설과 동일하게 아무 조건없이 지원하는 데에는 선결되어야 할 많은 문제들이 있다. 보육시설 및 보육수요자 모두를 고려할 때 민간개인시설들을 어떤 방식으로 공공시설로써 자리매김 하도록 할 수 있을지, 또 이러한 정책이 성공 가능한 지 검토되어야 한다.

1995년 국공립보육시설은 1,029개소로 총 보육시설 9,085개소중 11.3%이었으나 2000년 6.7%(1,295개소), 2002년 6%(1,330개소), 2003년 5.5%(1,329개소), 2005년 5.2%(1,473개소)이다. 즉, 1995년(9,085개소) 대비 2005년(28,367개소)은 보육시설이 19,282개소 증가하였으나 이중 국공립시설은 444개소가 증가하였으며, 나머지 18,838개소는 민간 보육시설이다. 이는 그간 보육시설의 증가가 주로 민간시설에 의존하여 왔음을 말하고 있는 것으로 여러가지 문제를 야기시켜 왔다.

보육시설이란 초기 설치시 일정금액의 투자(토지매입 + 건축비)가 요구되며 이 투자액을 정부가 부담하느냐, 민간이 부담하느냐에 따라 시설운영에서 차이가 날 수 밖에 없다. 이 비용을 국공립보육시설은 국가가 부담한다는 점을 감안한다면 민간보육시설들에게는 투자한 시설설치 비용을 일정부분 정부가 양성화해 주어야 한다는 것이다. 특히 민간개인시설의 경우 임대율이 높아 이들이 보육운영만을 고려하여 책정된 보육료에서 임대료를 지불할 경우 보육서비스의 수준은 구조적으로 낮아질 수밖에 없다.

따라서 보육의 공적 책임을 감안할 때 시설의 안정적 운영을 위해서는 국공립보육시설이 일정비율 확보될 수 있도록 하여 시설의 장소이동을 최소화 하고 취약보육에 대한 적극적 참여 등 보육현장을 이끌어 나가는 주도적 역할을 국공립 보육시설이 담당하도록 하여야 할 것이다. 일부 보육전문가들은 이익 추구가 기본이 되는 민간개인시설이 보육의 공적 기능을 수행하는 데에는 한계가 있으므로 국공립, 법인시설과 민간개인시설 간의 불균형 문제 해결을 위해서는 국공립시설의 확충이 가장 우선되는 정책이어야 한다고 주장하고 있다. 현재 국공립보육시설 5%를 감안할 대 국공립보육시설의 비율을 최소 10%까지 확대할 것을 주장하고 있다(여성단체연합, 김종해, 2005; 노총, 2006).

국공립보육시설의 신규설치는 새로운 부지를 선정하여 신축할 수도 있으나 기존의 유휴 공공시설, 예를 들면 유휴 초등학교 교실, 주민자치센타, 마을회관, 기타 유휴 공공시설을 이용하여 현재 수요가 부족하거나 추가 수요가 요구되는 지역을 중심으로 소규모 국공립보육시설을 설치, 운영할 수 있다. 동시에 아파트 신축지 등 신규로 주택단지가 조성될 경우 국공립시설을 우선 설치하도록 할 수 있다. 혹은 종교법인 보육시설을 일정한 조건하에 확대 참여하도록 하여 보육현장의 안정적 시설공급을 도모할 수 있다.

2. 보육서비스의 일정수준 확보

가. 지도 · 관리감독 강화

지금까지는 정부가 보육현장에 대한 관리감독을 국공립 및 법인보육시설 중심으로 수행함으로써 민간개인시설들은 보육서비스의 질적 수준이 점검되지 못하였고, 때로는 여러 가지 문제를 발생한다고 지적되어 왔다. 구체적으로는 2만 8천여 개소의 보육시설에서 98만여 명의 영유아들이 보육서비스를 제공받고 있음에도 불구하고 이들이 어떤 환경에서 어떤 보육서비스를 제공받고 있는가에 대한 관리감독 시스템이 미흡하여 아직까지 시설의 운영 실태가 파악되지 못하고 있다. 시설장 및 보육교사 양성 · 관리, 시설 운영에 대한 지원 및 관리가 미흡하고 운영프로그램에 대한 점검이 이루어지지 못해왔다. 이로 인하여 보육현장의 서비스 수준 격차가 매우 심하다.

보육수요자들은 활용할 만한 보육시설이 부족하다고 문제제기하고 있고 보육시설들은 정원을 다 채우지 못하고 있다(정원충족률; 국공립 92.5%, 민간법인 84.8%, 민간개인 81.5%, 가정보육시설 67.4%, 2005). 그 원인으로는 수요자들의 불신에 기인한다. 즉 수요자들이 기대하는 보육서비스의 수준이 현재보다 높음을 알 수 있다. 보육전문가들 역시 현재 보육현장에서 제공되고 있는 보육서비스 수준에 문제가 있음을 제기하고 있다.

따라서 정부재정의 확대지원은 현장의 보육서비스 수준 향상과 직결될 수 있도록 하는 장치가 동시에 마련, 가동되어야 재정투여의 효과를 가져 올 수 있을 것이다. 정부재정지원 확대와 동시에 재정운영의 투명한 공개, 지원된 재정이 서비스 수준향상으로 연결되는가에 대한 관리감독 시스템이 가동되어야 할 것이다. 보육시설의 투명한 운영을 위한 조처로는 '보육시설 설치시 인가제도 강화', '보육시설 행정 지도 감독 강화', '표준보육과정 및 보육프로그램 개발, 보급', '보육행정 정보화', '보육시설 운영위원회 구성 및 운영 의무화', '시설장의 전문성 강화 및 관리', '보육교사 관리 및 보수교육 강화', '평가인증제도의 확대 실시', '예 · 결산 공개시스템 구축', '수요자의 참여 강화' 등이 제안되고 있다.

재정투자를 높이려는 방안과 동시에 재정투자의 효과성을 점검하기 위한 기재가 동시에 작동되어야 한다. 정부의 관리감독 강화와 더불어 보육현장에서 역시 공공의 역할을 수행하는 보육시설의 역할을 다양한 방법으로 명시할 필요가 있다.

나. 보육교사의 전문성 강화

보육과 관련된 많은 선행연구들은 보육서비스에 가장 영향력이 있어 보육정책 효과에 직결되는 요인으로 보육교사 요인을 규명하고 있다. 2005년 12월 보육종사자는 136,916명으로 시설장 28,367명, 보육교사 85,985명이다. 이들은 다양한 학력, 경력, 보수교육 경험이 있을 것이나 아직까지 총괄적으로 정리되어 있지 못하다. 따라서 이들이 전문적인 보육교사의 역할을 수행할 수 있도록 하기 위해서는 이들에 대한 자격 검증, 급여 체계, 보수교육 제도 등이 종합적으로 정비 · 개선되어야 한다.

다. 보육프로그램 개발, 보급

보육과 관련하여 논의되고 있는 쟁점들은 주로 시설의 운영주체가 누가 되어야 하는가, 그래서 어떤 시설들을 더 지어야 하고, 재정은 어떻게 더 늘려야 하나, 시설장과 교사들의 불만과 요구는 무엇인가 등등이다. 그러나 이러한 논의들은 한편 성인들의 이야기들이며 즉, 보육현장에서 아이들이 어떤 환경에서, 어떤 하루일과에 의하여 어떻게 보호서비스를 제공받고 있는가, 그래서 어린이들이 행복한가 혹은 아닌가에 대한 진지한 고려가 간과되고 있음을 지적한다. 보육이란, 보육현장에서 하루를 보내는 영유아들을 잘 살펴보아 아이들이 혹시 불편함을 겪지는 않는지, 그래서 하루 생활이 힘들지는 않는지, 나아가 이들의 성장발달을 보다 더 잘 지원하기 위하여 성인들은 무엇을 하여야 하는가의 순서로 진행되어져야 한다. 보육은, 보육현장에서 영유아들이 어떻게 살아가고 있는가를 민감하게 들여다보는 것에서부터 시작하여야 한다. 현재 많은 보육현장에서는 영유아들에게 제공되어야 할 바람직한 보육프로그램에 대한 합의 없이 다양한 프로그램을 중심으로 일상적인 양육과 특기교육 위주의 프로그램이 운영되기도 한다.

여성가족부는 2004년 1월 개정된 영유아보육법 제 29조 2항에 '여성부장관은 표준보육과정을 개발 · 보급'(제 29조 2항)해야 하고 보육시설은 '표준보육과정에 따라 영유아를 보육하도록 노력하여야 한다'(제 29조 3항)라는 조항에 따라 '표준보육과정'을 개발, 고시하였으며(2005.11), 이어서 2006년도에는 이에 기초한 보육프로그램을 개발하고 있다.

요 약

영유아보육법이 제정된 1991년도 이후 2000년까지는 시설확충에 중점을 둔 보육발전 준비기라고 할 수 있다. 그러나 보육수요가 늘어나면서 2000년을 전후하여 확대된 보육현장에 대한 점검과 발전 방안이 논의되기 시작하였다.

초기 보육시설이 빈곤층 가족 지원을 목표로 한 선별적 복지서비스로 출발하였다면, 지금은 맞벌이 가정의 증가 등으로 모든 영유아들이 보육서비스 제공의 대상이 되면서 보육이 보편적 서비스로서 자리매김하기에 이른다. 특히 어린 영유아들에 대한 투자는 미래인적자원 양성이라는 중요성과 여성인적자원 활용, 저출산 문제 등과 맞물려 국가가 자녀양육에 적극 참여, 지원하여야 한다는 사회적 합의가 이루어지고 있다.

그러나 그간의 보육정책이 시설 확충에 중점을 두었고, 이 또한 민간개인시설 확충이 중심이 되어 추진되어 현재 보육현장에서는 민간개인시설 중심으로 보육의 공적 목적을 달성하여야 하는 많은 문제를 안고 있다. 따라서 향후 보육정책은 미래 보육환경의 변화 예측에 기초하여 준비되어야 하지만 보육현장이 당면하고 있는 문제해결 역시 간과해서는 안 될 것이다.

아이들이란 중요한 국가 인적자원이라는 점을 감안할 때 정부가 추진하고자 하는 보육의 공공성 강화, 보육현장의 서비스 수준 향상 방향에 동의한다. 다만 이러한 정책들이 수요자 중심으로 성공할 수 있도록 하기 위한 세부 추진 계획이 마련되어야 할 것이다.

나아가 이러한 정부정책들이란 현장의 이해 및 참여 없이는 효과를 최대화할 수 없다. 보육현장이 서비스 수준 향상에 대한 사회적 요구를 이해하고 수용하여 스스로 정부의 보육의 공공성 강화 방안을 이해하고, 서비스 수준 향상 의지를 받아들여 이를 실천하고자 노력하도록 격려하여야 한다. 정부는 이를 위하여 계속적으로 전국의 보육현장 대상 정책설명회를 개최하여 현장의 참여를 독려하고, 지원하고, 지도 감독하여야 할 것이다.

참 • 고 • 문 • 헌

김종해(2002). "보육의 공공성 확보를 위한 정책 방향에 대해". 보육제도의 공공성 제고를 통한 일과 가정의 양립방안 마련을 위한 워크숍 자료. 한국여성단체연합.

김종해(2005). "보육서비스 전달 체계에 있어서 지역사회 연계방안".「보육정책의 공공성 강화와 지역사회의 역할」. 심포지엄 자료. 한국여성개발원.

김종해(2005).「여성부 보육정책 1년」. 평가토론회 토론문 자료집. 한국여성단체 등 주최.

김현숙(2005). 영유아 보육 · 교육과 정부의 역할. 영유아 보육 · 교육에 관한 정책토론회. 한국조세연구원.

나정 · 서문희 · 유희정 · 박기백 · 최수경(2003).「영유아 교육과 보육 발전 방안」. 교육인적자원부.

보건복지부, 한국여성개발원(2003). 보육시설 평가인증제도모형 개발.

서문희 · 김미숙 · 박세경 · 최은영 · 임정기(2004).「여성 사회활동 증진을 위한 보육환경 개선방안 연구」. 한국보건사회연구원 기본연구과제.

여성가족부(2006.7). 새싹플랜 - 제1차 중장기 보육계획.

여성가족부(2006). 2006년도 보육사업 안내.

여성가족부(2006). 보육통계.

여성가족부, 한국보건사회연구원(2005). 2004년 전국 보육 · 교육실태 조사.

여성부(2003). 2004년~2008년 보육정책 기본계획(안).

여성부(2003).「참여정부의 보육정책 추진방향과 주요 정책과제」.

유희정(2002).「보육정책 종합대책 수립 방안 연구」. 한국여성개발원.

유희정(2005). "보육정책의 현주소와 미래".「보육정책의 공공성 강화와 지역사회의 역할」. 심포지엄 자료. 한국여성개발원.

유희정 · 강정희(2002).「영유아 보육서비스 다양화 및 보육인프라 확충 방안 연구」. 한국여성개발원.

유희정 · 강정희(2003).「민간보육시설의 공공성 강화방안 연구」. 한국여성개발원.

유희정 · 김명순 · 현진권 · 곽해곤 · 이미화(2004).「영유아 보육서비스 확대를 위한 재정구조 및 제도 개선 방향」. 한국여성개발원.

유희정 · 이미화(2004).「참여정부의 보육재정 운영방안 연구」. 여성부.

유희정 · 이옥 · 서문희 · 윤선영 · 최영신 · 강정희 · 주재선 · 이미화(2003).「보육사업의 공공화 및 다양화 실행방안 연구」. 여성부.

최성지(2005).「여성부 보육정책 1년」. 평가토론회 토론문 자료집. 한국여성단체 등 주최.

통계청(2003).「장례추계인구」.

한국여성개발원(2005).「2005 여성통계연보」.

Deborah Lowe Vandell(2004). "영유아 교육 및 보육의 개선을 위한 정책과 전략". 삼성복지재단 제 12회 국제학술대회. "영유아 보육과 파트너쉽", pp. 173-214.

Douglas R. Powell(2001). "미국에서의 양질의 보육과 교육 프로그램들의 특성들". 제9회 국제학술대회 삼성복지재단, pp. 163 - 195.

OECD(2001). Early Childhood Education and Care Policy in America.

OECD(2001). Early Childhood Education and Care Policy in Sweden.

Pat Levitt(2005). "사회정서 발달과 학습 : 아이들을 위한 투자". 삼성복지재단 제 13회 국제학술대회. "영유아 정신의 성장과 보육", pp. 75-133.

全國保育團體連絡會(2003). 保育白書. 保育硏究所(日本).

제11장 사회 · 문화활동과 여성

정 현 주(서울시 북부여성발전센터 소장, 여성단체활동과 여성문화활동)
김 성 경(한국성서대학교 사회복지학과 교수, 자원봉사활동)

정부는 제1차 여성정책기본계획에 이어 제2차 여성정책기본계획에서도 사회 및 문화분야에서의 여성참여를 확대하기 위한 정책과제를 제시하고 있다. 사회분야는 다시 여성단체 활동과 자원봉사활동으로 나누고 있다. 이 장에서는 여성단체 활동, 자원봉사활동, 그리고 여성문화활동의 세 분야로 나누어 각각 정책 추진 경향성과 현황, 그리고 정책과제와 대안 등을 살펴보고자 한다.

제1절 정책 추진 경향성

1. 여성단체 활동 지원

21세기는 비정부조직(NGO)의 시대로 그동안 국가가 주도해온 정치 · 경제 · 사회 · 문화 등 다양한 분야에서 NGO의 영향력이 크게 성장할 것으로 전망된다. 1995년 제4차 세계여성회의(베이징)에서도 여성의 지위향상과 실질적인 권한 증대를 실현하기 위해 여성단체의 역할의 중요성을 강조하고 있다. 1980년대 세계 여성단체(NGO)의 활동이 여성정책을 주류정책에 통합시키는데 집중되었으며. 1990년대 이후에는 여성의 세력화를 강조하고 있다. 우리나라도 세계적 추세에 맞추어 정부가 여성단체와 힘을 합하여 주류화 정책의 실현과 여성의 세력화를 위해 노력해 왔고, 그 결실 중 하나가 1995년 여성발전기본법의 제정이다(한정자, 함인희, 2000: 227). 이 법의 제정으로 여성단체 활동 지원에 대해 명확한 법적 근거를 갖게 되었다. 그리하여 정부가 5년마다 수립하는 여성정책기본계획에는 여성단체 활동 지원과 관련된 세부적인 추진과제가 제시되고 있다.

법적 근거를 갖고 추진하고 있는 현재 정부의 여성단체 활동 지원정책은 다음의 경향성을 갖고 있다. 첫째, 여성단체 역량강화 사업이 지속적으로 추진되고 있다. 여성단체 역량 강화를 위해서는 단체활동프로그램의 활성화, 단체 지도자의 리더십 강화, 활동 재정의 지원 등이 필요하다. 이 가운데 특히 재정적 지원이 크게 확대되고 있다. 1990년대 후반부터 중앙과 지방자치단체에서 여성발전기금을 설치, 운영하면서 기금의 가장 큰 수혜자가 여성단체이며, 이는 여성단체의 활성화에 기여하는 바가 크다는 평가이다.

둘째, 정부와 단체간의 공동협력사업이 강화되고 있다. 2001년 여성가족부 출범 후 여성단체 공동협력사업이 적극적으로 추진되었다. 정책의 목적은 민간단체들의 정부 사업 참여 확대를 통해 효율적인 여성정책의 추진과 홍보를 도모하는 것이다. 공동협력사업은 정부의 일반회계로 운영되는 경우도 있으나, 많은 부분이 여성발전기금에서 충당되고 있으며, 사업 기간은 대개 1, 2년의 단기로 끝난다.

셋째, 정부사업의 여성단체 위탁운영이 증가하고 있다. 여성단체들이 관련법에 의해 설치된 여성관련시설이나 특정 사업을 정부로부터 재정보조를 받으면서 위탁받아 운영하는 사례가 늘고 있다. 이들 사업은 흔히 중앙정부와 지방자치단체의 매칭펀드로 운영되고 있는데, 중앙정부나 지방자치단체가 단독으로 발주하는 위탁사업도 늘고 있다. 성폭력・가정폭력 상담소, 성폭력・가정폭력 피해자보호시설, 성매매 피해자자활시설 등을 비롯하여 최근에 설치되고 있는 건강가정지원센터, 서울시의 여성발전센터 등을 들 수 있다. 이런 사업들은 앞에서 설명한 공동협력사업과는 달리 지속적 사업의 성격을 띤다.

이러한 정부의 여성단체 정책 추진의 경향성은 한마디로 여성단체와의 파트너십 구축이라는 전반적인 여성정책의 추진 전략, 그리고 최근 행정분야에서 제기되고 있는 협치(governance)와도 궤를 같이 하는 것이다.

2. 여성자원활동의 참여

「자원봉사활동기본법」이 2005년 8월 제정됨에 따라 국가와 지방자치단체는 자원봉사활동의 진흥에 관한 정책을 수립하여 국민의 자원봉사활동[1]을 권장・지원해야 하는 책무를 갖고 있다. 이에 자원봉사 관련 정책은 행정자치부, 여성가족부(2001년부터 여성부, 2005년 이후 여성가족부로 개편), 보건복지부, 법무부, 청소년위원회 등 정부부처에서 수립하고 있으며, 각 부처의 담당과와 부처별로 설립된 자원봉사센터를 중심으로 그 정책이 실행되고 있다.

「자원봉사활동기본법」은 자원활동자를 보호하며 우대하는 제도와 자원봉사의 종합적인 진흥제도를 규정하고 있는 전반적으로 자원봉사를 총괄하는 법이다. 우리나라에는 그 외에 여성자원활동을 지원하는 법으로「여성발전기본법」, 청소년자원봉사활동을 지원하는 법으로「청소년기본법」, 사회복지 자원봉사활동의 지원육성과 관련해서「사회복지사업법」등의 법도 제정되어 있다.

특히 여성자원활동 정책은 정책특성상 각 부처별로 다양하게 입안 추진되어 오고 있다.

1) 본 장에서는 자원봉사, 자원봉사활동, 자원활동이 동일한 개념으로 사용된다.

여성가족부의 경우 여성이라는 대상을 중심으로 자원활동정책을 수립 추진되어 오고 있고, 행정자치부와 보건복지부는 전 인구를 대상으로 자원활동정책을 수립하고 있으나 그중 성인 여성이 주요 인적자원을 구성하고 있다. 따라서 여성가족부, 행정자치부, 보건복지부 3개 부서에서는 각각 다른 법과 다른 자원활동센터 및 지원조직을 설립하여 여성자원활동을 육성하고 있다. 우리나라 여성자원활동정책의 내용을 종합적으로 검토하기 위해서는 세 부처의 정책을 검토해야 할 것이다.

3. 여성의 문화 활동 참여

현재 중앙정부(여성가족부 및 문화관광부)가 실시하고 있는 여성문화 활동 지원 정책의 방향은 제1 · 2차 여성정책기본계획에서 제시되고 있는 '여성의 문화 활동' 관련과제를 비교함으로써 도출할 수 있다고 본다. 전체적으로 볼 때, 제2차 계획이 1차 계획보다는 더 구체화되고 진전된 시각을 보이고 있다.

첫째, 정책에 대한 성별영향 평가의 의무화를 앞두고 문화정책에 대한 성별 영향 분석 평가가 활발하게 진행되고 있다. 한국여성개발원은 수년전부터 여성문화정책에 대한 연구결과를 내놓고 있으며, 최근에는 문화관광정책에 대한 성분석을 시도하였다. 여성가족부와 문화관광부는 문화기반시설과 생활체육시설의 성별 영향분석 평가를 시도했으며, 서울시는 서울시의 문화정책에 대한 성별 영향 평가 결과를 내놓았고, 경기도도 청소년문화존 사업의 성별영향평가를 시도하였다. 그리고 각종 문화예술 실태조사시 여성관련 평가요소를 도입하여 여성문화 현황 파악을 위한 기초자료로 활용하고 있다.

둘째, 지역문화활동의 활성화를 강조하고 있다. 제1차 계획과 마찬가지로 제2차 계획에서도 여성참여 문화프로그램의 개발과 보급을 포함하고 있는데, 지방자치제의 정착에 따라 제1차 계획에 없던 '여성의 지역문화활동 활성화' 과제가 포함되었다.

셋째, 여성문화 인력 양성을 강조하여 문화수용자로서의 여성역할을 뛰어넘어 문화생산자로서의 여성역할을 모색하고 있다. 이는 제1차 계획에서 보이지 않던 것으로 진일보한 것으로 평가된다. 사회 각 분야에서 여성할당제 등 여성의 참여를 촉진하는 '적극적인 조치'가 시행되고 있는 가운데, 미래 유망산업으로 손꼽히는 문화산업 분야에서의 여성의 참여 확대를 지원하는 정책을 수립, 문화분야에서의 여성역할 확대를 도모하는 것이 필요하다.

넷째, 한국 여성사에 관심을 표명하고 있다. 서구의 여성해방운동이 자국의 여성사 발굴에서 시작되었다고 한다. 우리의 여성운동과 여성정책은 주로 서구의 이론에 의존하여 추진되어 온 것이 사실이다. 우리 나름의 정책이나 운동방향을 모색하기 위해서는 우리 여성사에 대한 기초연구가 선행되어야 할 것이다. 이런 점에서 제2차 계획에서 비록 인물, 문화유산, 생활문화 등 한정적인 분야에 초점을 두고 있긴 하나 우리 여성사에 관심을 보인 것은 진일보한 정책으로 평가된다. 특히 2002년 말에 개관한 '여성사전시관'의 운영은 여성을 포함하여 일반에게 한국여성사에 대한 의식교육의 장으로서 활용될 것으로 기대된다.

다섯째, '경제로서의 문화'에 대한 사회의 인식이 확산되어 여성의 문화활동 지원정책에서도 생산성을 기초로 한 '문화경제' 또는 '문화산업'이라는 관점이 대두되고 있다. 이 점은 지역의 여성문화 유산 발굴을 관광산업화하는 사례에서 찾아볼 수 있다.

<표 11-1> 제1 · 2차 여성정책기본계획의 여성문화 관련 과제의 비교

구분	6대 기본전략	20대 정책과제	추진과제	세부 추진 과제
제1차 계획	5. 여성의 문화 · 사회 활동기반 구축	16. 여성의 문화활동 활성화	16-1. 여성의 문화 활동 지원	16-1-1. 각종문화 수준 평가시 여성관련 평가 요소 도입
				16-1-2. 다양한 여성참여 문화프로그램 개발 보급
				16-1-3. 문화시설의 보육서비스 제공을 위한 지원책 마련
			16-2. 여성의 문화교류 활성화	-
구분	**10대 핵심과제**	**추진과제**	**세부 추진 과제**	**추진내용**
제2차 계획	5. 사회 · 문화분야 여성참여 확대	5-3. 여성의 문화 예술활동 참여확대	5-3-1. 각종 문화예술 실태조사시여성관련 평가요소 도입	-여성문화 현황파악 및 여성의 문화예술 활동참여 기초자료로 활용
			5-3-2. 여성참여 문화 예술활동의 활성화	-여성문화예술인 창작활동 지원 -여성의 지역문화활동 활성화 -여성참여 문화 · 예술 · 체육활동 프로그램의 개발 · 보급 확대
			5-3-3. 문화산업분야 여성인력 양성 지원	-문화기획 및 문화예술 경영직, 문화행정직에의 여성 참여 기회 확대 -문화산업 및 콘텐츠 관련 여성전문직종 개발 및 양성지원
			5-3-4. 여성역사인물 및 여성관련 문화 재발굴 확대	-지역의 생활문화 복원 작업 지원 -여성인물 및 여성문화유산 발굴 지원 -문화재 애호운동에 여성참여 및 활동지원 -「여성사전시관」 운영

제2절 정책현황

1. 여성단체 활동지원

가. 여성단체 현황

1) 여성단체의 개념

여성단체를 어떻게 볼 것인지는 여성운동을 어떻게 보느냐의 문제와도 관련지어 많은 논의가 있다. 크게 보아 여성단체를 '여성의 단체'로 볼 것인지, 아니면 여성의 권익향상 나아가 여성해방운동을 전개하는 여성주의 단체만을 여성단체로 볼 것인지 등의 문제가 제기된다. 여성단체에 대한 통일된 견해는 없지만, 포괄적인 개념의 여성단체에서부터 협의의 개념까지 매우 다양한 견해가 있을 수 있다.

여성발전기본법에서는 "여성단체라 함은 남녀평등의 촉진, 여성의 사회참여 확대 및 복지증진을 주된 목적으로 설립된 법인 또는 대통령령이 정하는 단체를 말한다"라고 포괄적으로 규정하고 있다(법 제3조 제2호). 시행령에서는 "남녀평등의 촉진, 사회참여 확대 및 복지증진을 주된 목적으로 설립된 단체(제1호)"와 "기타 여성발전을 위한 사업을 수행하는 단체로서 여성가족부장관이 인정하는 단체(제2호)"로 명시하고 있다(시행령 제2조 제2항). 이 법에서는 여성단체에 대해 법인 등의 조직형태나 비영리여부, 정부등록여부, 일정한 규모 등에 대해 제한을 두지 않고, 설립 목적이나 사업수행목적에 대해서만 언급을 하고 있다. 다시 말해 여성문제를 다루는 단체를 여성단체로 정의한 것으로 보인다(김홍숙, 1998: 23).

그러나 여성부가 발간한 『여성단체현황』(2002)에서는 여성단체를 목적이나 사업내용보다는 '여성에 의한 단체'라고 정의하고 있다. 이 책에서는 중앙부처에서 허가받은 여성단체와 시도의 단체들의 현황을 수록하고 있는데, 여성문제를 주요하게 다루는 단체에서부터 여성문제를 직접적으로 다루지는 않지만 광의의 여성문제와 직·간접적으로 연결되는 단체, 심지어 여성문제를 다루지 않는 단체, 예를 들어 소비자보호단체에 이르기까지 다양한 단체들이 포함되어 있다.

결론적으로 여성단체에 대해 폭넓게 정의하는 것을 제안하고 싶다. 일부 학자나 여성운동가들은 "성차별적 남성지배체제의 모순의 타개와 남녀평등의 의지를 강하게 표출하여 조직적으로 행동하는 단체, 소위 여성운동단체와 여성들의 모임의 의미만을 지닌 여성단체를 구분하려 하였다(김홍숙, 1998: 27). 그러나 행정기관이나 학계, 여성계 등에서 여성단체를 보다 광의의 개념으로 정의한다. 즉, 여성운동단체 뿐만 아니라, 여성들로 구성된 단체, 여성들로 구성되었으나 여성문제보다는 사회문제 해결에 단체 목표를 둔 단체도 여성단체에 포함시키기도 한다. 이러한 경향은 여성의 권익향상이나 사회의 성차별을 해소하기 위해 여성운동을 전개하거나 정부가 여성정책을 집행하는데 있어 잠재적 지지자의 폭을 넓힐 수 있고, 성주류화나 파트너십이라는 정부 여성정책의 전략을 실현하는데도 유용하리라는 판단 때문이다.

2) 여성단체의 발전과정과 문제점

여성가족부가 발간한 『2004여성백서』(2005)에는 중앙부처에 등록된 여성단체가 85개 단체, 시 · 도의 352개 단체 등 총 437개 단체의 현황이 수록되어 있다. 부처별로는 여성가족부가 24개 단체로 가장 많고, 다음이 보건복지부와 노동부에 각각 8개 단체, 문화관광부와 외교통상부에 각각 7개 단체가 등록되어 있고, 이외에 통일부, 교육인적자원부, 행정자치부, 법무부, 과학기술부, 농림부, 산업자원부, 정보통신부, 환경부, 경찰청, 중소기업청, 특허청, 농촌진흥청, 국가보훈처, 국회사무처 등에 여성단체들이 등록되어 활동하고 있다. 시 · 도의 경우 부산광역시가 43개 단체로 가장 많고, 경기도가 38개 단체, 충청북도 34개 단체, 강원도 30개 단체, 전라북도 28개 단체, 경상북도 27개 단체 순이다. 그러나 이 책에 전국의 모든 여성단체의 현황이 다 실려 있는 것은 아니다.

약 10년 전에 간행된 한국여성개발원의 『전국여성단체명록』(1994)에는 전국의 4,052개의 여성단체 현황을 수록한 바 있다. 지자체의 경우만 보아도, 서울시의 경우 2004년 현재, 서울시 여성단체연합회 안에 28개 단체가 회원단체로 가입되어 있으며, 자치구의 여성단체연합회에는 총 320개 단체에 86,128명의 회원이 활동하고 있는 것으로 파악되고 있다(서울시, 2005a: 222). 경기도의 경우는 2004년 현재, 51개 단체에서 347,148명의 회원이 활동하고 있다(경기도, 2005: 362).

이들 여성단체들은 역사적 발전 과정과 단체의 성격 및 활동방향이 큰 차이가 있다. 이 중 많은 단체들이 두 가지 종류의 협의체에 소속되어 있다. 하나는 한국여성단체협의회로 1959년에 8개 단체가 모여 결성하였다. 2006년 현재, 35개 회원단체와 협동회원단체로 시도의 15개 여성단체협의회와 캐나다한인여성회과 소속되어 활동하고 있다(http://www. iwomen.or.kr). 대체로 단체의 역사가 비교적 오래된 단체, 주로 직능별 · 기능별 단체들로 구성되어 있다. 매년 전국여성대회를 개최하고, 여성문제에 대한 세미나 등을 통해 수렴된 건의사항을 정부에 전달하고 있다.

다른 하나는 한국여성단체연합으로 1987년도에 결성되었다. 80년대 등장하기 시작한 진보적 단체들의 연합체로 여성인권이나 여성문제의 제도적 해결에 초점을 맞추고 연대 활동을 활발하게 전개해 왔다. 2006년 현재, 6개 지부 28개 회원단체가 활동하고 있다(http://www.women21.or.kr). 양 협의체는 1990년대 이후에는 여성의 정치세력화나 호주제 폐지 등과 같은 공통의 관심사에 대해서는 힘을 합하여 정부에 건의하는 등 사안별로 연대활동을 전개하고 있다.

우리나라 여성단체의 시초는 1896년에 조직된 순성회로 본다. 이후 여성단체는 정치적 상황에 일정부분 영향을 받으면서 변모를 거듭했다. 일제치하에서는 서구의 여성해방의 이념이 유입되었으나, 여성단체의 당면과제는 국권회복이었다. 해방 후에는 근대국가의 수립과 남녀평등의 민주사회 건설이 당면과제였다. 그러나 해방공간의 이념대립과 분단의 상황에서 여성단체 활동 또한 영향을 받지 않을 수 없었다. 해방과 단독정부 수립기, 6・25전쟁, 제1공화국의 독재정치, 개발국가시대를 거치면서 여성은 계몽의 대상, 잔여적 복지의 대상, 국책사업의 동원 대상이었다. 이러한 경향은 해방 후부터 제1공화국기간에 형성되었던 것이다. 이 시기 정부조직에 참여했던 여성엘리트나 사회지도층 인사들의 여성에 대한 인식은 '무지한' 여성들을 계몽하여 국가건설에 이바지하도록 해야 한다고 생각했고, 이를 위해 정부가 여성단체를 조직하고 단체활동에 정부가 적극 개입하는 것을 당연하다고 생각했다.

이 시기 여성단체는 부녀대상 사업을 추진하는데 매우 유용한 정책수단이었다. 따라서 여성부서의 공무원이 여성단체의 임원으로 활동하였고, 국가는 국민들로부터 회비를 거두어 여성단체에 할당하기도 하였다.2) 새로운 국가건설이나 산업화가 최우선 과제였던 이 시기 여성단체들은 우리사회의 구조적인 불평등 구조를 시정하기 위한 운동보다는 정부시책에 적극 동참하는 활동을 전개하였다. 실례로 해방 직후 5・31선거참여운동, 6・25전쟁 직후의 전쟁미망인 구호사업, 생활개선사업, 부녀지도사업, 새마을 운동 등을 들 수 있다.

이후 80년대에 들어와 여성계의 가장 큰 변화는 민주화 운동의 활발한 전개와 여성정책 전담 국가기구의 설치이다. 이러한 변화와 더불어 전과는 다른 방식으로 여성단체를 육성하고 지원하는 국가적 차원의 정책들이 수립되었다. 즉 국책사업에 여성단체를 동원, 활용하기보다는 여성단체에 대한 실태조사와 연구를 바탕으로 다양한 정책들이 입안, 시행되기 시작하였다. 1983년 설립된 한국여성개발원을 중심으로 여성단체 활동 프로그램이 개발되었으며, 회원교육 및 조직관리 방안에 대한 워크숍이 진행되었고, 재정지원에 대한 방안들이

---

2) 미군정기 발족한 부녀국의 초대 국장이었던 고황경은 1946년 11월 당시 7개 단체와 함께 전국여성단체총연맹을 결성하였다. 또 정부수립 후 초대 부녀국장 박승호를 비롯해 부녀국 공무원들은 제1공화국의 대표적 관변단체인 대한부인회의 전국 조직화와 활동에 깊이 개입하였으며, 정부는 국민회 등 관변단체와 함께 대한부인회에도 일정액의 운영비를 지원했다: 정현주(2004), "대한민국 제1공화국의 여성정책 연구", 이화여대 대학원 박사학위논문, 참조.

논의되었다.[3] 또한 사회운동의 관점에서 남녀평등을 지향하는 여성운동을 전개하는 소위 진보적 여성단체가 출현하였다.

1980년대와 1990년대에 거쳐 여성단체의 활동내용이 다양화되면서 여성단체들은 양 협의체는 물론 일반 시민단체들과 연대하는 범시민운동을 전개하거나 여성의 권익향상을 위한 법률 제정을 요구하는 등 여성정책의 제도화에 일익을 담당하였다. 이 시기 중심 이슈는 여성의 정치세력화, 환경문제, 성폭력 및 가정폭력문제, 고용차별 폐지 문제, 호주제 폐지 문제 등이었다. 이런 문제들은 대부분 특별법의 제정이나 기존 법률의 개정, 정부의 행정적 조치 등으로 정책화되었다.

이러한 여성단체 활동의 성과에도 불구하고 여성단체는 다음과 같은 문제들을 안고 있다. 첫째, 여성단체의 지역적 편중을 들 수 있다. 농촌지역보다는 대도시에 집중적으로 분포되어있다는 점이다. 상대적으로 농촌지역 여성들이 여성단체 활동에서 소외되고 있다. 둘째는 많은 여성단체들이 여성운동단체 또는 순수한 여성단체로서의 이념이나 정체성의 빈곤 을 나타내고 있다. 이는 우리나라 여성단체의 역사적 뿌리에 기인하는 것이나 여성문제 해결을 위해 여성단체의 적극적인 역할을 기대하려면 반드시 해결되어야 할 문제이다. 셋째는 단체조직 내부의 문제로 비민주적 단체운영, 행정기관과의 유착관계 내지 의존성, 취약한 재정, 제한된 여성계층의 참여 등을 들 수 있다. 마지막으로 여성단체간의 사업의 획일성, 유사성, 중복성 등 단체활동의 비전문화의 문제를 들 수 있다(한정자, 함인희, 2000: 228).

나. 정책추진의 법적 근거

여성단체 정책의 법적 추진 근거는 여성발전기본법이다. 이 법 제5장 여성단체의 지원등의 제32조(여성단체 등의 지원)는 여성단체 지원을 정부의 책무로 명문화 하고 있으며, 제33조에서는 여성관련 시설에 대해 재정적 지원을 할 수 있다고 규정하고 있다.

3) 한국여성개발원은 개원 초창기부터 여성단체의 육성 지원에 관심을 갖고 실태조사와 연구회등을 개최하였으며, 단체활성화를 위한 연구를 지속해 왔다: 한국여성개발원(1985), 「여성단체운영에 관한 실태조사 : 재정을 중심으로」, 한국여성개발원(1985), 「여성단체활성화를 위한 연구회 보고서」, 이청자(1994), 「나이로비여성발전 미래전략과 우리나라 여성단체활동」, 한국여성개발원, 김홍숙(1998), 「여성단체에 대한 정부 재정지원의 평가 및 대안에 관한 연구」, 한국여성개발원, 김재인 · 정숙경(1998), 「여성의 문화활동 활성화방안 연구 : 여성단체 역할과 정책지원을 중심으로」, 한국여성개발원, 한정자 · 정숙경 · 고선주(2002), 「여성단체의 사이버 공간을 활용한 여성운동 활성화방안 연구」, 한국여성개발원.

<표 11-2> 여성발전기본법의 여성단체 지원 관련 조항

제4장 여성발전기금 제30조(기금의 용도) 기금은 다음 각 호의 사업에 사용한다. 1. 여성의 권익증진을 위한 사업의 지원 2. 여성단체사업의 지원 3. 여성관련시설의 설치 및 운영 지원 4. 여성의 국제협력사업의 지원 5. 그 밖에 남녀평등 실현, 여성발전 및 가족지원 등을 위하여 대통령령이 정하는 사업의 지원〈개정 2005.12.29〉 제5장 여성단체의 지원 등 제32조(여성단체 등의 지원) ①국가 및 지방자치단체는 여성단체가 추진하는 남녀평등의 촉진, 여성의 사회참여 확대 및 복지증진을 위한 활동에 필요한 행정적 지원을 할 수 있으며, 예산의 범위 안에서 그 활동 등에 필요한 경비의 일부를 보조할 수 있다.〈개정 2002.12.11〉 ②국가 및 지방자치단체는 비영리법인 또는 비영리단체가 남녀평등과 여성발전을 촉진하는 활동을 하는 경우에 필요한 지원을 할 수 있다.〈개정 2002.12.11〉 제33조(여성관련시설의 설치 · 운영) ①국가 및 지방자치단체는 여성의 권익 및 복지증진과 교육을 위한 여성과 관련된 시설을 설치 · 운영할 수 있다.〈개정 2002.12.11〉 ②국가 및 지방자치단체는 여성의 권익 및 복지증진과 교육을 위한 여성과 관련된 시설에 대하여 예산의 범위안에서 그 경비의 전부 또는 일부를 보조할 수 있다.〈신설 2001.1.29〉 ③ 국가 및 지방자치단체는 여성의 직업능력 개발 훈련을 위한 시설(이하 "여성인력개발센터"라 한다)을 설치 운영하거나 여성단체 등에 위탁하여 운영하게 할 수 있다.〈개정 2005.12.29〉 ④지방자치단체는 3항의 규정에 의하여 운영을 위탁하는 경우에는 예산의 범위 안에서 경비의 전부 또는 일부를 보조할 수 있다.〈신설 2005.12.29〉 ⑤지방자치단체가 제3항의 규정에 의하여 운영을 위탁하는 경우에 그 위탁운영에 관한 사항 및 제4항의 규정에 의한 경비 보조에 관한 사항 등 필요한 사항에 대하여는 당해 지방자치단체의 조례로 정한다.〈신설 2005.12.29〉

이외에 같은 법 제7조가 규정하고 있는 여성정책기본계획도 여성단체 지원 정책에 대한 법적 추진 근거가 된다. 여성발전기본법은 여성가족부가 5년마다 여성정책에 관한 기본계획을 세우도록 규정하고 있으며, 중앙행정기관의 장과 특별시장, 광역시장 및 도지사는 기본계획에 의한 연도별 시행계획을 수립, 시행하도록 규정하고 있다.

이 법에 의해 제1, 2차 여성정책기본계획이 수립되었는데, 이 계획에서 제시된 여성단체 지원정책은 다음의 표와 같다.

<표 11-3> 제1·2차 여성정책기본계획의 여성단체 관련 추진 과제 및 내용

<table>
<tr><td rowspan="6">제1차 여성 정책 기본 계획</td><th>6대 기본전략</th><th>20대 정책과제</th><th>추진과제</th><th>세부 추진 과제</th></tr>
<tr><td rowspan="5">5. 여성의 문화·사회 활동활성화를 위한 기반 구축</td><td rowspan="5">18. 여성단체 활동 지원</td><td rowspan="4">18-1. 여성단체 활성화를 위한 지원</td><td>18-1-1. 여성단체 활성화 프로그램 개발·보급</td></tr>
<tr><td>18-1-2. 여성단체 지도자 육성·교육 훈련</td></tr>
<tr><td>18-1-3. 여성단체관련 정보·자료 수집·보급</td></tr>
<tr><td>18-1-4. 여성단체 시설 및 재정지원 방안 강구</td></tr>
<tr><td>18-2. 여성단체 운동지원</td><td>-</td></tr>
<tr><td rowspan="4">제2차 여성 정책 기본 계획</td><th>10대 핵심과제</th><th>추진과제</th><th>세부 추진 과제</th><th>추진내용</th></tr>
<tr><td rowspan="3">5. 사회·문화 분야 여성참여 확대</td><td rowspan="3">5-1. 여성단체 지원 및 협력강화</td><td>5-1-1. 여성단체 역량 강화를 위한 지원 및보조</td><td>-여성단체 정보화 사업 추진으로 정보화능력 향상
-여성단체 활성화를 위한 행·재정적 지원
-여성단체지도자 육성 및 리더십 교육 훈련</td></tr>
<tr><td>5-1-2. 여성단체등과의 협력강화를 통한 여성정책의 효율적 추진</td><td>-공동협력사업을 통한 여성정책 확산
-공동협력 사업 지원시 투명성과 효율성 확보
-공동사업에 대한 평가를 통한 사업의 효율성 제고</td></tr>
<tr><td>5-1-3. 여성정책 추진 과정에 여성단체 참여 확대</td><td>-정부위원회 및 정책결정과정에 여성단체 참여 확대
-여성단체 실무협의회 운영을 통한 정책 과제 공동 발굴
-여성단체 관련 정보와 자료의 수집 및 보급</td></tr>
</table>

제1차 여성정책기본계획(1998～2002)과 제2차 여성정책기본계획(2003～2007)을 비교해 볼 때, 제2차 여성정책기본계획에 나타난 여성단체 정책의 가장 뚜렷한 변화는 정책형성과 집행에 여성단체의 참여를 강조한 점이다. 1차 계획에서는 단체의 활성화에 역점을 둔 과제를 추진하였으나(여성특별위원회, 1998: 155), 2차 계획에서는 단체와의 공동협력사업 확대와 정부정책에 여성단체 참여 확대를 통해 정책의 주류화를 꾀하고 있다.

다시 말해 제2차 여성정책기본계획에 나타난 정부의 대여성단체 정책의 핵심은 여성단체와의 파트너십 강화에 있다. 여성정책의 비전을 '실질적 남녀평등사회의 실현'에 두고, 추진전략으로 '성주류화'와 '협력체제 구축(partnership)'을 강조하고 있다. 여기서 여성단체는 정책 형성과 정책 추진의 파트너로서 정책의 민주성과 정책 환경 변화의 대응성을 높이는데 있어 중심 역할을 담당할 것이 기대되는 것이다(여성부, 2002b: 30).

이 밖에 여성단체의 역량을 강화하기 위해 여성단체에 대한 제도적 지원 시스템을 구축하는 것이다. 이러한 시스템 구축을 통해 여성정책의 민주적이고 효율적인 추진을 도모할 수 있다고 보았다.

지방자치단체 가운데 서울시, 부산시, 대구시, 대전시, 인천시, 경기도, 강원도 등이 여성발전기본조례를 제정하여 여성단체지원 정책을 명문화하여 추진하고 있다. 모든 시도가 여성정책기본계획이나 시행계획을 수립하여 여성단체 정책을 실시하고 있다(여성부, 2004a: 31-32).

다음에서 중앙 및 지방자치단체의 여성단체 지원정책을 여성단체 역량강화 사업, 공동협력사업, 정부시설 위탁운영사업의 세 가지로 나누어 살펴보도록 한다.

다. 여성단체 지원정책

1) 여성단체 역량강화 사업

정부의 여성단체 역량강화 사업의 핵심은 여성단체 지도자 육성을 위한 교육프로그램 실시이다. 제1, 2차 여성정책기본계획 중 정부는 매년 여성단체장이나 임원들을 대상으로 여성지도자리더십 향상을 위한 회의를 2, 3차례 개최하였다. 이 훈련은 전문적인 교육프로그램이라기 보다는 여성단체의 애로사항과 의견을 청취하는 간담회 성격이 짙어 본격적인 리더십 향상 교육으로는 한계가 있다.

이외에 여성단체 활성화를 위한 프로그램 개발과 사업, 여성단체 정보 자료 수집 및 보급, 그리고 여성단체의 시설 및 재정지원 방안 강구 사업 등을 들 수 있다. 여성단체 활동 프로그램 개발이나 재정지원 사업은 여성발전기금 사업의 개시로 어느 정도 성과를 거두었고, 여성단체 정보 자료 수립과 정보화 사업은 1차계획 기간에는 '여성단체 현황자료 발간'외에 크게 내실있는 사업은 추진된 바가 없었고, 이후 2002년 위민넷[4]의 구축으로 성과를 거두었다고 평가할 수 있다(김재인, 조연숙, 2002: 304-312).

또한 여성가족부는 매년 3월 8일 한국여성단체연합에서 개최하는 한국여성대회와 한국여성단체협의회에서 매년 10월 개최하는 전국여성대회와 같은 행사 개최를 지원함으로써 여성계의 새로운 이슈를 발굴하고 여성단체들이 여성들의 구심점 역할을 하도록 지원하고 있다. 여성단체 활동 분야별 간담회, 직능단체 간담회와 정책 설명회를 통해 여성정책의 추진방향에 대한 이해를 증진하고 민간의 참여 기회를 확대하도록 노력하고 있다(여성가족부, 2005: 320-321).

---

4) 위민넷(http://www.women-net.net)은 2002년 5월 공식 오픈한 여성들을 위한 공익 포털 사이트로서 여성단체 행사, 여성가족부 뉴스, 취업, 사회교육 등 각종 정보를 제공하고 있다.

2006년 여성가족부의 업무계획에서는 여성단체 활성화를 위한 별도의 과제 설정은 찾아볼 수 없다. 여성단체 자체 활동의 활성화를 위한 과제보다는 '시민단체와의 공동협력사업의 추진'으로 수렴되었다. 즉 여성의 생활정치 참여 확대나 저출산 해소와 같은 정책의 시너지 효과와 사회 통합을 위해 NGO사업을 지원하고 있다. 특히 지방에 있는 소규모 여성단체 사업지원을 확대하여 지역간 균형있는 정책의 확산을 도모하고 있다는 점을 강조하고 있다(여성가족부, 2006: 71). 이는 여성단체 공동협력사업에서 지방의 단체들을 선정하는 것으로 나타난다.

지방자치단체도 중앙의 여성단체 정책과 큰 차이가 없다. 여성단체 역량 강화 사업으로 여성단체 임원이나 지도자를 대상으로 연수프로그램을 실시하고, 여성단체 활동프로그램에 대한 재정적 지원을 위해 여성발전기금 사업을 실시하며, 여성단체와 공동으로 범 자치단체 규모의 행사를 개최한다.

서울특별시 정책을 살펴보면, 여성단체 정책의 추진방향을 첫째 여성단체 사회참여 확대를 위한 여성발전기금 조성 확대, 둘째 여성 NGO간 네트워크 구축 및 파트너십 강화, 셋째 여성단체 지도자 양성을 위한 프로그램 시행 등 세 가지로 정하고 있다. 구체적으로 여성발전기금을 2005년말 현재 160억 원에서 2006년 180억 원으로 확대하여 7억 원의 예산으로 여성단체 특성에 맞는 사업을 중점 지원하며, 여성단체 지도자의 능력 향상을 위해 매년 2회 연수프로그램을 실시하는데, 2006년에도 100명을 대상으로 실시할 계획이다(서울특별시, 2006:16). 여성단체 연수 프로그램의 내용은 단체활동 사례발표, 지역사회활동 탐색을 위한 분임토의, 타지역 여성단체와 상호교류 등이 있고, 서울시 여성정책 방향 소개와 문화탐방도 병행하고 있다.

서울시는 2002년 9월 서울시 소재 24개 단체가 가입하여 비영리사단법인으로 발족한 서울시 여성단체연합회와 공동으로 시의 정책을 추진하고 있다. 2004년 5월 '하이페스티벌' 축제에서 단체별로 먹거리 장터를 열었으며, 매년 여성단체 지도자 연수와 '서울여성 독후감대회'를 개최하고 있다(서울특별시, 2005a: 72).

경기도도 2006년 사업계획에서 여성단체 활동 지원 강화 사업으로 '경기여성 기·예 경진대회'와 '경기도 주부의 날' 기념행사, 『경기여성소식지』 발행을 들고 있다(경기도, 2006: "2006년도 가족여성정책설명자료", 참조). 이들 사업은 경기도 여성단체협의회에 위탁하여 추진하고 있다. 이외에 여성단체들로 하여금 여성발전기금 공모사업에 참여하도록 독려하여 여성단체 활동의 전문화에 기여하고 있다(경기도, 2005: 205). 여성단체 지도자를 포함하여 여성지도자의 리더십 강화를 위해 2006년에 '경기여성지도자 과정'(100명)과 '경기여성리더 워크숍(70명)'을 계획하고 있다(경기도, 2006).

2) 여성단체 공동협력사업

여성단체와의 공동협력사업은 2001년 여성가족부 출범과 함께 정부의 여성단체 정책의 핵심사업으로 부상하였다(여성가족부, 2005: 318). 이전에도 여성단체에 대해 정부가 행정적, 재정적으로 지원하여 대규모 행사나 정부시책을 공동으로 개최하는 경우가 종종 있었다. 국민의 정부 출범이후 민관의 협력이 국가 정책 주요 추진 전략으로 채택되면서 정부는 여성단체를 지원대상에서 국가 정책의 파트너로 간주하게 되었다.

○ 중앙정부의 공동협력사업

중앙정부(2001년부터 여성부, 2005년 이후는 여성가족부)의 여성단체 공동협력사업은 일반회계에서 재정을 부담하고 있으나, 지방자치단체의 경우는 여성발전기금에 의지해서 추진되고 있다.

중앙정부의 공동협력사업은 매년 지원실적이 늘어나는 추세이다. 2001년에는 4억 원의 예산으로 50개 사업을 지원했으나, 2004년에는 19억 8천만 원의 예산으로 119개 사업에 대해 예산을 지원하였다. 단체들의 신청 건수 또한 크게 늘어 2001년에는 50개 사업이었으나 2004년에는 7배 정도가 늘어난 345개 사업 신청 건수를 기록하였다. 2004년에 여성부는 단체의 신청과제를 기획과제, 일반과제로 이원화하였으며, 중앙의 단체 뿐 아니라 지역의 여성단체도 지원하였다. 기획과제는 여성의 인권증진사업, 여성의 사회참여 확대, 남녀차별개선 및 호주제 폐지, 양성평등한 가족문화 기반 조성, 재외동포 및 외국인(탈북)여성지원사업 등이었으며, 일반과제는 단체의 고유사업을 포함하면서 여성가족부의 공동협력사업 목적에 부합하는 사업이었다. 2004년도 기획과제로 104개 사업(17억 원), 일반과제로 15개 사업(2억 8천만 원)이 선정되었으며, 중앙소재 단체가 53개 단체인데 비해 지방소재 단체가 66개 단체로 지방단체의 비중이 더 컸다. 여성가족부는 사업의 효과적인 관리운영과 투명성 확보를 위해 민간위원과 당연직 위원으로 구성된 '공동협력사업선정위원회'에 심사와 선정을 맡기고 있으며, 현장점검과 사업평가를 실시하여 사업의 성과를 높이는 데 노력하고 있다.

기획사업이 일반사업보다 비중이 더 컸던 것은 중앙과 지방의 정책의 연계성을 강화하기 위한 것이었다. 앞으로도 여성가족부는 기획과제를 중심으로 사업을 추진할 계획이며 지방소재 여성단체의 육성을 위한 공모기회를 확대하고, 가족문화 · 보육사업 · 여성소외계층 등으로 사업범위를 확대할 예정임을 밝혔다. 또한 중장기적인 의식변화가 요구되는 사업이나 연차적인 사업추진 시 사업성과가 높아질 사업에 대해서는 다년도 사업으로 지원하는 방식을 택하였다. 즉, 사업지원 방식을 단년도 사업과 다년도 사업으로 이원화할 방침을 세웠다(여성가족부, 2005: 318-320).

2006년도 여성가족부는 20억 7천만 원 예산으로 공동협력사업을 공모하였다. 기간도 단년도 사업과 2개년도 사업으로 구분하여 신청을 받았다. 사업 신청자격은 여성단체 뿐 아니라 비영리민간단체, 남녀평등과 여성권익신장을 위해 활동하는 단체 · 기관 등으로 범위를 넓혔다. 그리고 지원사업의 유형으로는 양성평등 문화 확산 등 7가지이었다(<표 11-4> 참조). 이들 사업 가운데 영유아보육과 가족 관련 사업은 여성부가 2004년 6월 보건복지부로부터 영유아보육 업무를 이관 받았고, 2005년 6월, 여성가족부가 출범하면서 여성가족부의 주력 사업으로 부상한 것이다. 최종적으로 단년도 과제 117개 사업, 2년 과제로 6개 사업 총 123개 사업이 선정되었다.

<표 11-4> 여성가족부 공동협력사업 지원사업 유형(7개 유형)

유 형	사업내용 (예시)
양성평등문화 확산	–사회 각 분야의 남녀 차별적 문화개선 등에 관한 사업
여성 사회참여 확대	–여성 일자리 창출 및 인력개발, 지역사회 정치참여, 자원봉사, 환경보전 등에 관한 사업
소외계층 여성 지원	–여성장애인, 노인여성, 농촌여성 등에 관한 사업
여성 인권증진	–성폭력, 가정폭력, 성매매 예방 등에 관한 사업
영유아 보육 지역사회 참여	–포괄적 보육서비스, 육아데이 홍보, 보육시설 시간제 보육도우미 양성 및 파견, 보육시설 장애아동 이색체험활동 등에 관한 사업
가족에 대한 사회적 지지기반 조성	–돌봄의 사회적 분담, 저출산 해소, 한부모 가족 지원사업 등에 관한 사업
여성 남북교류 확대	–남북관계 발전, 탈북여성 정착 등에 관한 사업

출처: http://www.mogef.go.kr.

이상의 공동협력 사업 외에 여성발전기금도 여성단체와의 공동협력사업 추진의 재원이 되고 있다. 중앙부처는 물론이지만 많은 지방자치단체에서도 자체적으로 기금을 조성하여 여성단체 사업에 대해 재정적 지원을 담당하고 있다.

○ 여성발전기금 사업

중앙정부는 여성발전기본법에 법적 근거를 두고 1997년부터 정부출연금 50억 원으로 여성발전기금을 조성하기 시작하여 1998년 7월, 기금사업을 개시하였다. 이후 민간출연금, 복권기금의 전입으로 2004년말 현재, 기금의 순조성 규모가 545억 원에 이르게 되었다(여성가족부, 2005: 418).

중앙정부의 기금사업은 해를 거듭하면서 운영방식도 변화하였다. 여성가족부는 여성발전기금 지원사업이 기금의 특수성을 고려하여 일반예산 사업과는 차별되어야 하며, 정부예산으로는 시행이 어려운 장기적 사업을 위주로 여성정책기본계획에 포함된 사업을 구체적으로 실현시킬 수 있는 방향에서 시행되어야 한다고 평가하였다. 또한 사업의 효과성과 파급성을 분석하여 효율성이 큰 사업을 위주로 선정, 사후 평가를 철저히 하여 다음 연도 사업에 반영한다는 것이다(여성부, 2002b).

이런 방침의 실현을 위해 여성발전기본법을 개정하였다. 2002년 12월 법 개정으로 여성의 참여가 현저히 부진한 분야에 대하여 여성의 참여를 촉진함으로써 실질적인 남녀평등이 이루어질 수 있도록 적극적 조치를 취할 수 있게 되었고(동법 제6조), 2003년 3월에는 여성발전기본법시행령을 개정하여, 여성인력 양성을 위한 사업, 양성평등 교육이 체계적 실시를 위한 사업도 기금의 용도로 규정하는 지원 사업의 범위를 확대해 나갔다. 2004년에는 복권기금이 유입됨에 따라 성폭력 가정폭력 및 성매매 피해여성들에 대한 복지사업을 위한 재원으로 확보, 사업의 지속적 실시를 도모하였다. 즉, 초창기에는 공모 사업 위주로 사업을 시행하였으나, 기금목적에 부합하는 사업을 부서가 개발하여 직접, 지원하는 형식으로 개선하여 추진하였다.

2004년도 기금운용계획의 기본 방향을 보면, 기금사업과 자산운용의 효율성을 높이고, 일반예산사업과의 차별화에 역점을 두며, 여성인력의 양성과 활용, 여성피해 구제, 여성창업 지원을 위한 융자사업에 집중하는 것이었다. 2004년도 여성발전기금사업 총사업비는 27,606백만 원으로 이중 18개 기금사업에 총 25,222백만 원을 지출하였다. 여성인적 자원개발 분야[5](여성인력양성과 활용)에 4,145백만 원, 권익증진 및 차별개선 분야[6](여성권익증진, 여성차별개선)에 10,383백만 원, 여성창업지원[7]에 13,000백만 원의 사업비가 배정, 집행되었다. 이 중 여성신직업진로박람회와 여성디지털콘텐츠대전 사업은 종료되었고, 여성가장 창업자금 대출사업과 복권기금사업 등 4개 사업은 신규사업으로 11,967백만원으로 전체 사업비의 43.4%에 이른다(여성가족부, 2005: 417-423).

---

5) 구체적으로 내용을 보면 한국양성평등교육진흥원운영 지원, 전업주부재취업훈련 지원, 국제전문여성인력 양성, 여대생커리어개발 지원, 여성신직업진로박람회 개최, 여성디지털콘텐츠대전, 차세대여성지도자 육성, 여성자원봉사자전문교육지원, 여성자원봉사자 보험가입 지원, 여성자원봉사자 네트워크 구축 등이다.

6) 복권기금사업으로 추진되었는데, 폭력피해여성무료법률 구조, 가정성폭력피해자 보호 프로그램 운영, 가정폭력가해자교정치료 프로그램 운영, 성매매 피해자 구조 지원, 비입소 탈성매매여성 지원 등이다.

7) 여성기술인창업자금 대출, 여성가장창업자금 대출 등이다.

이들 사업 중 여성단체들이 참여한 사업을 보면, 전업주부재취업훈련 지원은 여성단체들이 운영법인으로 참여하고 있는 전국의 여성인력개발센터에 중점적으로 지원되었으며, 권익증진 관련 사업 추진 단체들도 대부분 여성단체들이었다.

중앙정부의 여성발전기금은 여성발전기본법 제29조에 의무사항으로 규정하고 있으나, 지방자치단체에게는 의무사항으로 규정하고 있지 않다(김엘림, 1996: 49-50). 그러나 중앙부처의 여성발전기금 조성은 시・도의 여성발전기금 조성을 유도했다. 전국적으로 모든 광역자치단체가 기금을 조성하고 있다. 그러나 기금의 편차가 심해 50억 원이 넘는 곳은 강원도, 부산시, 경기도, 서울시 등 4곳에 불과하고 나머지는 그 이하이다(여성부, 2004a:37). 기초자치단체도 기금조성을 시작하였는데, 서울시를 예로 들면, 25개 자치구 가운데, 2004년 현재 여성발전기금을 조성한 구는 13개 구로 50%를 상회한다. 이들 자치구의 기금 규모는 11.8억 원에서 0.5억 원 사이이다[8](서울특별시, 2005a: 71).

광역자치단체 가운데 서울시가 가장 큰 규모의 여성발전기금을 조성하였다. 서울시는 1996년부터 1999년까지 100억 원을 조성하였는데, 2006년에 160억 원의 기금에서 20억 원을 더 출연하여 180억 원으로 증액할 예정이고, 앞으로 200억 원까지 확대할 계획이다(서울특별시, 2006:16). 서울시는 1998년부터 여성단체에 대한 사업비를 지원하기 시작하였다. 자유공모사업과 지정공모사업으로 나누어 신청을 받고 있는데, 자유공모사업은 단체 고유의 특성에 맞는 사업으로 다수 단체의 참여기회 부여에 역점을 두고, 지정공모사업은 서울시의 역점 추진사업으로 사업의 효과성 제고에 중점을 두고 있다. 1998년부터 2005년까지 총 417개 단체, 521개 사업에 5,255백만 원을 지원하였다. 2004년도에는 지정공모사업으로 25개 사업, 자유공모사업으로 32개 사업을 지원하였다. 지정사업은 성매매근절, 건강가정 지원사업, 노년기 여성을 위한 사업 등이었다. 기금지원 사업에 대해 서울시는 외부기관에 객관적인 평가를 의뢰하였으며, 우수한 단체에 대해서는 시상도 하고 있다(서울특별시, 2005a: 66-70).

경기도도 1997년부터 2000년까지 100억 원을 조성하였다. 2004년도 사업실적을 보면 185개 사업이 접수되어 49개 사업이 선정되어 총 463,685천 원을 지원하였다. 지원대상 기관은 2001년부터 여성단체에서 일반단체, 대학교, 연구소, 비영리법인 등으로 확대했다(경기도, 2005: 205). 2005년에는 800백만 원을 지원하였으며, 2006년에는 510백만 원을 예상하고 있다(경기도, 2006). 2006년도에는 운용규모를 510백만 원으로 예상하고 있다. 일반공

8) 2004년 자치구의 여성발전기금의 규모를 보면 양천구가 11.8억 원으로 가장 많고, 다음이 도봉구로 5억 원, 은평구가 4억 원, 강서구가 3억 원, 동작구, 송파구, 강동구, 중구가 2억 원, 강북구, 관악구가 1억 원이고, 종로구가 0.8억 원, 성북구가 0.6억 원, 중랑구가 0.5억 원이다. 서울특별시(2005), 『2004 서울여성백서』, 71쪽.

모사업과 기획공모사업으로 나누어, 기획공모사업은 여성경제활동 지원사업, 취약계층 지원사업, 여성자원봉사자 전문교육 등 9개 영역으로 구성되어 있다. 2006년 사업의 운용규모는 18개 사업에 510백만 원이다. 이 중 지원단체의 신청에 따른 일반공모가 7개 사업에 150백만 원, 도가 중점 제시한 사업에 대한 기획공모에 5개 사업에 215백만 원, 도가 직접 수행하는 자체사업 및 일반운영에 6건 145백만 원이 계상되어 있다(경기도, 2006).

중앙과 지방자치단체의 여성단체에 대해 여성발전기금을 통한 재정적 지원은 여성단체 활동 프로그램의 활성화와 단체 전문화에 기여한 것으로 평가된다(김재인 · 조연숙, 2002: 304-312).

3) 정부시설 위탁운영

마지막으로 중앙 및 지방정부의 여성단체 정책의 또 다른 유형으로 여성문제를 해결하고 여성의 지위향상을 위한 여러 가지 시설을 여성단체에 위탁을 주어 운영하는 것이다. 소위 이들 대부분의 사업은 여성단체들이 법률제정운동을 통해 제정된 법에서 지정하고 있는 법정 시설이고, 때로는 정부가 자체 사업소로 운영하다가 조직의 구조조정과 사업의 효율성을 위해 민간 여성단체에 위탁 운영하는 예이다. 사업 내용별로 볼 때, 여성인권 사업 · 여성직업능력개발 사업 · 가족지원사업 · 여성사회교육 사업의 네 가지로 분류할 수 있다.

앞으로 여성단체는 전문화가 진척되고 유능한 여성인력풀이 강화될 것이다. 또한 정부는 작은 정부와 효율성이 강화되고 민간센터와 협치가 더욱 강조될 것이다. 이러한 추세가 지속되는 한 정부의 여성단체 위탁운영 사업은 계속 확대될 것으로 보인다.

○ 여성인권 사업

여성단체들의 줄기찬 요구로 제정된 대표적인 법률이 소위 여성인권 3법이다. 성폭력, 가정폭력, 그리고 성매매를 방지하는 법이다. 1994년 1월에 제정된 성폭력범죄의처벌및피해자보호등에관한법률, 1997년 12월에 제정된 가정폭력범죄의처벌등에관한특례법, 가정폭력방지및피해자보호등에관한법률, 그리고 2004년에 제정된 성매매알선등행위의처벌법과 성매매방지및피해자보호법 등이 그것이다.[9] 이들 법을 근거로 여러 가지 시설들이 설치되었는데, 여기에 관련 여성단체들이 참여하였다.

9) 1990년대 이후 제 · 개정된 여성관련 법률을 보면, '영유아복지법'(1991), '성폭력범죄처벌및피해자보호법'(1994), '가정폭력범죄처벌특례법'과 '가정폭력방지및피해자보호법'(1997) 등의 제정, '남녀고용평등법', '근로기준법', '고용보험법' 등의 개정(2001), 여성할당제 강화를 위한 '정당법' 개정(2002), '성매매알선등행위의처벌법'과 '성매매방지및피해자보호법'의 제정(2004), 민법 개정을 통한 호주제 폐지(2005) 등을 들 수 있다.

성폭력특별법을 근거로 한 성폭력상담소는 1998년 45개소가 설치된 이래 매년 꾸준히 늘어나 2006년 현재, 전문상담소가 95개소, 통합상담소가 29개소 등 총 124개소가 설치되어 있다. 124개소 가운데 정부가 예산을 지원하는 상담소는 62개소(2002)이다.

성폭력 상담소 재정 부담은 대개 국비 50%+시비25%+시군비25%, 국비 50%+시도비 50%, 시비 100%, 국비 70%+도비 15%+시군비 15% 등 다양하다.

가정폭력방지법을 근거로 설립된 가정폭력상담소는 1998년 26개소가 설치된 이래 매년 그 수가 늘어 2006년 6월 현재 전문상담소는 182개소, 통합상담소는 29개소로 총 211개소 상담소가 설치되어 있다. 가정폭력피해자보호시설의 경우 피해자 보호인원을 기준으로 정부에서 운영비를 지원하고 있다.

서울시의 경우, 가정폭력상담소 6개소, 성폭력상담소 9개소, 가정폭력보호시설 9개소, 성폭력보호시설 3개소, 여성긴급전화 1366개소 등 총 28개 기관에 대해 시설운영비, 인건비, 피해자치료비, 상담・치료프로그램 운영에 대해 예산을 지원하고 있다. 2006년도에 성폭력 및 가정폭력 피해자 보호와 관련된 총예산이 4,656백만 원이다.

경기도를 보면, 가정폭력 성폭력 통합상담소가 53개소, 가정폭력・성폭력 피해자 보호시설이 8개소이고 여성긴급전화 1366 1개소가 운영중이다. 이 가운데 2006년도 23개소 통합상담소에 804백만 원(국비 439백만 원, 도비365백만 원), 가정폭력성폭력 피해자 보호시설 8개소에 387백만 원(국비 233백만 원, 도비 154백만 원)을 지원할 계획이며, 여성긴급전화 1개소에 182백만 원(국비 91백만 원, 도비 91백만 원)을 지원할 계획이다.

성폭력 및 가정폭력 관련 시설을 맡아 운영하고 있는 여성단체는 여성의 전화, 여성민우회, YWCA, 가정법률상담소 등이 대표적인 여성단체이다. 이외에 한국성폭력상담소, 지역의 성폭력상담소, 가족보건복지협회, 기타 비영리단체들이 참여하고 있다.

정부는 성매매방지법의 효율성을 높이기 위해 여러 가지 시설을 설치하였다. 통칭 성매매방지법은 성매매알선등행위의처벌에관한법률(처벌법)과 성매매방지및피해자보호등에관한법률(보호법)로 구성되어 있다. 이 중 성매매피해자 지원시설 설치의 법적 근거는 처벌법 제3조에 근거를 두고 있다.[10] 2005년 현재 39개소가 설치되어 있는데, 2006년에 41개소로 확충할 계획이다. 성매매피해자 상담소도 2005년 18개소인데, 2006년에 26개소로 지원을 확대할 예정이다. 성매매피해자자활지원센터도 설치하였다. 자활여성의 사회복귀를 지원하기 위한 그룹홈도 현재 4개소에서 8개소로 확대 설치할 계획이다(여성가족부, 2006: 60).

성매매피해자 지원시설은 2006년 6월 현재 전국에 일반인 대상으로 하는 시설은 25개소, 청소년을 대상으로 하는 시설은 15개소로 모두 40개소가 설치되어 있다. 지역적으로 서울에

10) 국가와 지방자치단체는 성매매, 성매매알선 및 성매매 목적의 인신매매의 예방과 근절을 위한 교육 및 홍보 등에 관하여 법적, 제도적 대책을 마련하는데 필요한 재원을 조달하여야 한다.

일반인 대상이 10개소, 청소년대상이 5개소 등 15개소로 가장 많이 설치되어 있으며, 다른 지역은 1～3개소가 설치되어 있다. 그 외 성매매피해상담소가 28개소, 탈성매매여성자활지원센터가 2개소, 외국인쉼터가 3개소 설치되어 있다(http://www.mogef.go.kr).

서울시는 성매매여성쉼터로 15개소(일반쉼터 10개소, 청소년 쉼터 5개소), 성매매피해상담소 5개소, 그룹홈 5개소를 운영하고 있다. 또한 성매매 집결지 성매매여성 자활지원 사업도 추진하고 있다. 이와 관련된 2006년도 사업의 총예산은 2,567백만 원이다(서울시, 2006: 33-34).

경기도는 성매매피해여성 현장상담센터 및 지원시설이 4개소가 있는데, 인건비 운영비 · 운영비 · 피해여성 치료회복 프로그램 운영에 445백만 원, 그리고 성매매집결지 현장지원센터가 1개소 있는데, 운영에 대해 인건비 · 활동비 · 관리운영비 · 사업비 · 기능보강비 등을 합하여 899백만 원 등을 지원한다(경기도, 2006).

성매매 관련 시설은 성폭력이나 가정폭력 상담소와는 달리 여성단체보다는 복지법인이나 종교법인이 위탁을 받아 운영하는 예가 많다. 여성단체라 해도 이 분야의 전문성이 있는 단체들이 참여하고 있다.

대표적인 여성단체로 '성매매 근절을 위한 한소리회', '새움터', '두레방'을 들 수 있다. 한소리회는 성매매근절을 위해 활동하는 민간단체들의 연합체이며 1986년 각 지역의 쉼터와 개인들이 연합하여 만든 단체이다. 2003년 서울시로부터 '다시함께 센터'를 위탁받아 운영하고 있다. 이곳에서는 24시간 상담, 긴급구조활동 · 보호, 법률 · 의료 · 심리치료 지원, 여성학 강의 등 탈성매매를 위한 교육과 정보를 주는 등 다양한 서비스를 제공하고 있다. 새움터는 1996년 동두천에서 기지촌여성들과 함께 기지촌여성들의 문제를 해결하기 위하여 기지촌여성운동단체로서 출발하였다. 현재 성매매자활지원센터와 성매매피해상담소를 정부의 지원을 받아 운영하고 있다. 두레방은 지촌여성들의 인권문제에 관심을 가지고 1986년 의정부기지촌에서 개원하여 전업사업으로 두레방빵사업을 펼쳤다. 2006년 현재, 두레방은 성매매피해상담소를 운영하고 있다.

2004년 9월 성매매방지법 시행이후 성매매 여성들에 대한 긴급구조, 자활긴급구조, 자활지원, 상담, 일시 보호 등의 서비스가 정부의 책임아래 체계화되고 확대되며 질적으로 향상되어야 한다는 것이 시급한 과제로 지적되었다. 특히 성매매여성지원 현장단체 및 활동가들을 위한 효율적인 프로그램 개발 및 전문성 향상을 위한 허브(HUB) 기능이 요구되었다. 한편, 이러한 필요성에 동감하는 이들이 모여 2005년 10월 (사)여성인권을지원하는사람들이라는 단체를 조직, 발기인 총회를 가졌다. 여성가족부는 탈 성매매 방지대책의 실효성을 확보하기 위해 2005년 11월 여성인권중앙지원센터를 설치하였다. 2005년 11월 여성가족부와 (사)여성인권을지원하는사람들은 여성인권중앙지원센터 위탁운영협약체결을 체결하고

2005년 11월 25일 여성인권중앙지원센터 개소식을 가졌다. 센터의 업무는 단체 및 활동가의 역량강화, 성매매 여성인권향상 종합지원 프로그램 개발 및 제공, 성매매 여성 인권 침해 방지 정책 및 교육프로그램 개발, 네트워크 구축과 교류 활성화, 정보제공 서비스 등이다(http://www.stop.or.kr).

○ 여성직업능력 개발 사업

정부가 민간여성단체를 운영주체로 지정하여 여성의 직업생활과 가정생활의 양립을 지원하는 기관으로 운영하고 있는데, 그것이 '여성인력개발센터'이다. 2006년 7월 현재, 전국의 여성인력개발센터는 총 50개소가 운영되고 있다. 이 중 대한YWCA연합회가 운영하는 센터가 25개소로 반을 차지하고 있다. 한국부인회(3개소), 온터두레회(3개소), 여성중앙회(2개소), 여성의전화(2개소), 여성노동자협의회, 한국여학사협회, 대한주부클럽연합회, 전국주부교실중앙회, 한국여성경영자총협회 등의 민간 여성단체들이 참여하고 있다. 지역별로는 서울이 14개소로 가장 많이 설치되어있으며, 경기도가 7개소이며 나머지 시도는 1~3개소의 여성인력개발센터가 설치되어 있다.

현재 여성인력개발센터의 설치 운영의 법적 근거는 여성발전기본법 제32조(<표 11-2> 참조)이며, 그 밖에 여성인력개발센터설립 · 운영규칙 등이다. 이에 따르면, 여성인력개발센터의 업무는 여성의 능력개발 및 사회경제적 지위향상을 위하여 직업능력개발훈련사업, 취업정보제공 및 취업알선 사업, 여성의 고충상담 및 각종 후생복지 · 문화활동의 지원사업을 수행하는 것이다.

여성인력개발센터의 전신은 '일하는 여성의 집'이었다. '일하는 여성의 집'은 남녀고용평등법[11] 및 보조금의예산및관리에관한법률에 근거하여 비영리법인인 민간여성단체를 운영주체로 1993년 서울, 부산, 광주에 3개소가 처음으로 설치되었다. 외환위기 이후 설립이 급증하여 1997년 5개소, 1998년 18개소, 1999년에 9개소가 설립되었다. 이는 여성실업자(특히 여성가장 실직자)에 대한 사회안전망 확충이라는 정책목표가 추가되었기 때문이다.

2001년 여성인력개발센터 관련 업무가 노동부에서 여성부로 이관되었다. 여성부장관은 설립과 운영기준의 설정, 설립 지역 및 설립 운영 주체의 선정, 예산의 확보 및 시도 배정, 운영 실적 심사 및 차등지원을 수행하며, 여성인력개발센터의 소재지를 관할하는 시 도지사는 보조금 교부 신청의 접수 및 교부 결정과 같은 사항을 여성부 장관에게 보고하도록 하였다.

11) 이 법에는 국가와 지방자치단체는 근로여성의 능력의 개발 및 향상을 위하여 모든 직업훈련에 있어서 남성과 평등한 기회를 보장하고 근로여성을 위한 직업훈련 시설과 장비의 확보, 기타 필요한 조치를 하여야 한다고 되어 있다. 이 법에 따라 '일하는 여성의 집' 설립 · 운영 및 국고보조금 지침이 마련되었고, 노동부장관이 이 기관을 관장하도록 되었다.

여성인력개발센터 사업은 관련 사업을 수행하는 비영리법인에게 신규 설립 시 설립비의 전액 또는 일정액을 보조하고, 연간 운영비 중 일부를 국가가 보조하는 보조금 사업이었다. 신규 설립비는 약 7억 원에서 10억 원 규모로 현재까지 설립비로 지원된 총액은 438억 원이다. 센터별 연간 총 운영비중 약 40%정도가 국고에서 지원되고 있으며, 2002년 기준으로 센터별 운영비 지원 규모는 연간 9,800만 원 정도이다(여성부, 2003a: 210-212). 현재 '근로자직업훈련촉진법'에 의해 여성인력개발센터는 기타 직업능력개발훈련 시설의 범주에 속해 있다.

이러한 여성인력개발센터의 국가보조금 사업으로서의 성격은 2005년 12월, 여성발전기본법의 개정으로 정부 위탁사업으로 변화하게 되었다. 그리고 정부업무의 지방분권화 방침에 따라 여성인력개발센터의 업무가 시도지사로 이양되었다. 개정 기본법 제32조에서 여성인력개발센터를 "국가와 지방자치단체가 직접 운영하거나 여성단체 등에 위탁운영할 수 있다"고 규정하였다. 위탁 운영할 경우 경비보조 등 필요한 사항은 지방자치단체의 조례로 정하게 되는 것이다.

<표 11-5> 여성인력개발센터의 변천 과정

명칭	년도	법적 근거	소관 부처	사업의 성격
일하는 여성의 집	1993	남녀고용평등법/보조금의예산및관리에관한법률	노동부	국가보조금 사업
여성인력개발센터	2001	여성발전기본법 제33조제2항, 시행령 제34조의2 및 제37조, 여성인력개발센터설립·운영규칙	여성부/시도지사[12]	국가보조금 사업
	2006	여성발전기본법 제33조제3항-5항(2005. 12 개정)	시도지사	위탁사업

여성인력개발센터는 1993년 처음 설립된 이래 여성의 취업 관련 사업을 추진해 오면서 여성인력의 양성과 활용에 크게 기여하였다. 특히 1998년 이후 외환위기 상황에서 지역내 실직여성가장 등 저소득층여성에 대한 취업 훈련에 큰 역할을 했다. 서울시의 경우만 보아도 연간 약 3만 명의 여성 직업훈련 수료자를 배출하고 있다(서울시, 2005a: 82).

앞으로의 과제라면 직업훈련의 내용을 전문화하여 지식정보화시대의 변화에 부응하도록 개편하고, 지역노동시장 수요에 부응하는 특성화된 프로그램을 운영하는 것이다. 또한 인력개발센터의 안정적이고 효율적인 운영을 위한 제도적 장치 마련도 풀어야 할 과제이다. 특히 개정 여성발전기본법에 근거한 위탁운영으로 전환에 대해 2006년 7월 현재, (사) 여성인력개발센터연합회가 반대의견을 내고 있는 상황이다.

12) 보조금 교부신청의 접수 및 교부 결정에 대해 시도지사는 여성가족부장관에 보고한다.

○ 가족 지원 사업

다음은 가족지원 사업이다. 2004년 2월, 건강가정기본법의 제정으로 이 법 제35조[13]와 시행령 제14조를 근거로 건강가정지원센터가 설치되었다. 위탁참여 기관은 지역민간 여성단체를 비롯해 대학, 법인 등이다. 업무는 주민대상의 가정문제 상담, 가정교육, 주민대상의 가족문화 개선 및 홍보 문화사업 추진, 지역적 특수성 및 수요를 고려한 다양한 가족지원 서비스, 주민의 가족서비스 욕구조사, 지역사회 가족관련 정보제공 및 네트워크 구축, 최적의 건강가정 관련 프로그램 개발 및 운영 등이다.

현재 중앙가정지원센터는 2005년 1월 24일 보건복지부와 (사)가정을 건강하게 하는 시민의 모임이 위탁협약 체결을 가졌고, 같은 해 3월 4일에 개원하였다. 중앙지원센터의 업무는 프로그램 개발 및 시범사업, 건강가정지원센터 지원 및 평가, 교육사업, 문화운동, 정보제공, 조사연구사업, 결혼이민자가족지원센터 운영 등이다. 2005년 6월 여성가족부가 출범하면서 건강가정지원법 및 건강가정지원센터 관련 사업이 보건복지부에서 여성가족부로 이관되었다. 2006년 7월 현재, 서울시가 10개소, 경기도가 4개소, 울산, 인천, 전남, 전북, 제주, 충남이 각각 1개소로 총 20개소의 건강가족지원센터가 설치되어 있으며, 현재 여러 기초자치단체에서 설치 중에 있거나, 준비 중이다 (http://www.familynet.or.kr).

서울시는 2006년에 자치구에 22개소의 건강가정지원센터를 개소할 계획이며, 관련예산은 총 2,172백만 원이다(서울시, 2006: 41-42). 경기도는 2006년에 총 12개소의 건강가정지원센터를 설치할 계획으로 개소당 140백만 원의 운영비를 지원한다. 국고지원사업이 8개소인데, 총사업비가 1120백만 원이다. 이중 국비 140백만 원, 도비 490백만 원, 시군비 490백만 원이다(경기도, 2006).

○ 여성 사회교육 사업

이상의 사업은 국가 차원에서 제정된 법률에 의거하여 조직되고 운영되는 시설에 대해 여성단체들이 중앙 또는 지방정부로부터 위탁받아 운영하는 경우이다. 다음은 지방자치단체가 사업소 운영을 민간위탁으로 전환하면서 여성단체들이 이를 운영하는 경우이다.

서울시의 여성발전센터를 예로 들 수 있다. 서울시는 여성발전센터의 효율성과 전문성 향상을 위해 점차적인 민간위탁을 추진하였다. 1997년 서부여성발전센터가 건립되면서 (사)여성자원금고에 위탁하였고, 2002년부터 대한어머니회서울시연합회에서 위탁받아 운영하고 있다. 2002년에 건립된 동부여성발전센터는 (재)서울여성에게 위탁되었고, 중부여성발

13) 국가 및 지방자치단체는 가정문제의 예방, 상담 및 치료, 건강가정 유지를 위한 프로그램 개발, 가정문화 운동의 전개, 가정관련 정보 및 자료제공을 위하여 시군구에 건강가정지원센터를 둔다.

전센터는 1986년 마포부녀복지관으로 건립되어 사업소로 운영되다가 2003년에 (사) 청년여성문화원에 위탁하였다. 남부여성발전센터는 1979년 서울시부녀복지관으로 개관하여 운영되다가, 2004년 (사)가정의 건강을 생각하는 모임에게 위탁되어 운영되고 있으며, 북부여성발전센터 또한 1989년 노원부녀복지관으로 개관하였으나, 2004년 (사)한국여학사협회가 위탁 운영하고 있다. 이로써 5개의 여성발전센터 모두가 민간기관(여성단체 및 (재)서울여성)에 위탁되었다. 서울시는 여성발전센터의 민간위탁을 추진하면서 민간부문의 사회교육기관과 차별화하고자 직업교육의 비중을 2004년까지 60%에서 70%로 강화하여 전문직업교육기관으로 발전시킬 것을 주문하였다(서울시, 2005a: 78).

서울시 여성발전센터의 설립 및 운영 근거는 서울시여성발전기본조례와 여성발전센터조례이다. 각 센터는 9억～10억 원 정도의 시 보조금과 자체 수강료 수입 등의 재정으로 운영하고 있다. 또한 센터들은 직업교육, 생활문화교실, 지역복지사업, 취업지원, 창업지원 사업 등을 기간사업으로 하면서, 각 운영주체의 역점사업과 지역여건에 따라 각기 특색있는 사업을 발전시키고 있다. 2004년 직업교육수료생이 약 2만 명으로 매년 증가추세에 있다(서울시, 2005a: 80).

서울시의 여성발전센터의 여성단체 위탁 운영 사례는 지방자치단체가 운영하고 있는 전국의 100여개에 달하는 여성회관, 여성복지회관 등에 발전방향을 제시해 주는 실례이다.

2. 여성자원봉사활동의 참여

가. 여성가족부의 자원봉사활동정책 현황

1) 여성가족부의 자원봉사활동정책의 내용 및 특성

여성가족부에서 자원봉사활동을 육성하고 지원하는 법적 근거는 「여성발전기본법」에 두고 있다. 동법 제28조의2에서 여성자원봉사활동의 활성화를 위하여 정부의 지원을 언급하고 있고, 동법 시행령 제28조의2에서 여성자원활동센터의 설치 및 운영에 대한 명확한 근거를 언급하고 있다.

- 여성발전기본법 제28조의2(여성자원봉사활동의 지원) : 국가 및 지방자치단체는 여성의 자원봉사활동의 활성화에 필요한 지원을 할 수 있다.
- 여성발전기본법시행령 제28조의2(여성자원활동센터의 설치 · 운영)

① 여성가족부장관은 법 제28조의2의 규정에 의하여 전국단위의 여성자원봉사활동을 지

원하기 위하여 전국여성자원활동센터를 설치 · 운영할 수 있다.

② 지방자치단체의 장은 여성자원봉사활동을 촉진하기 위하여 여성자원활동센터(이하 이 조에서 "센터"라 한다)를 설치 · 운영할 수 있다.

③ 여성가족부장관은 센터를 운영하는 지방자치단체에 대하여 예산의 범위 안에서 그 경비의 전부 또는 일부를 보조할 수 있다.

④ 센터를 설치 · 운영하는 지방자치단체의 장은 센터운영계획을 수립 · 시행하고, 센터의 운영현황 및 운영계획을 여성가족부장관에게 보고하여야 한다.

여성발전기본법에 따르면, 여성자원봉사활동의 활성화를 위한 지원의 책임은 국가 및 지방자치단체에 있으며, 여성자원활동센터의 설치 및 운영의 책임은 지방자치단체에 두고 있다. 그리고 지방자치단체장이 지역별 · 센터별 제반사정을 고려하여 여성자원활동센터의 운영계획을 수립 · 시행하도록 되어 있다.

여성가족부에서 여성자원활동 업무를 담당하는 부서는 여성정책본부 협력지원팀이며, 시 · 군 · 구의 여성자원활동센터를 중심으로 여성자원활동을 육성하고 있다. 과거 여성인력개발과 사회참여 기회의 확대의 시각에서 접근하였던 여성자원활동을 2001년 여성가족부로 조직개편된 이후 '민주시민으로서 여성의 사회봉사'로 접근하고 있다. 여성자원활동은 여성에게 지역사회 발전과 공공의 복지증진을 위한 사회참여 기회와 잠재적 능력을 발휘할 수 있는 기회가 된다는 점에서 중요성을 갖고 있다.

특히 여성가족부에서는 「제2차 여성정책기본계획」(2003~2007)에서는 10대 과제 중 하나로 '사회 · 문화분야 여성참여 확대'를 제시하였고, 이 과제 중 세부과제의 하나로 여성자원봉사 활성화 과제가 추진되고 있다.

이를 자세하게 보면, 다음 <표 11-6>과 같다.

<표 11-6> 제2차 여성정책기본계획의 여성자원활동 활성화 과제

정책과제 5-2 여성자원봉사 활성화

여성자원활동의 전문화와 다양화를 통해 그 중요성이 더욱 커지고 있는 여성 자원봉사활동을 적극 활성화하고 여성의 사회참여 확대 및 능력개발을 촉진

필요성

○ 여성들의 자원활동이 기존의 "여성유휴인력의 활용"이라는 관점에서 국제행사 지원 등 적극적인 자원활동 양상을 띄게 되고 전문지식과 기술을 가진 여성들의 자원활동 참여도 확대되는 추세임
○ 이에 따라 이러한 사회적 환경에 부응하는 제도적 뒷받침을 통해 여성자원봉사자들이 전문적인 능력을 발휘하고 발전할 수 있는 기회를 제공하여 여성의 사회참여 확대 및 능력개발을 촉진할 필요성이 있음

추진계획

5-2-1. 여성자원봉사 전문성 강화
- 여성자원봉사 활성화를 위한 전문영역 프로그램 개발 · 보급
- 여성자원봉사자 전문교육 및 여성자원봉사 관리자 교육 지원
- 여대생 자원봉사 프로그램 공모

5-2-2. 여성자원봉사자 인정 · 격려
- 여성자원활동 유공자 포상
- 자원봉사자 상해보험가입 지원

5-2-3. 여성자원활동센터 운영 · 지원
- 전국여성자원활동센터 설치 · 운영
- 자원봉사 네트워크 구축
- 여성자원봉사자 발굴 및 수급 연계체계 구축
- 자원봉사활동의 전문적인 활동 지원을 위한 인프라 구축

여성발전기본계획에 따라 여성정책본부 협력지원팀과에서 실시하는 여성자원활동 지원 정책은 다음과 같다.

첫째, 여성자원봉사의 전문화 정책으로 여성자원봉사자 및 관리자의 전문성 강화를 위한

교육을 지원하고, 여대생 자원봉사프로그램 공모 사업을 실시하고 있다.

둘째, 여성가족부 특성에 맞는 여성자원활동 영역을 구축하고 기능을 특화하는 정책을 실시한다. 특히 여성자원활동 프로그램을 보육 및 가족지원 분야로 특화하여 여성전문분야 활동영역으로 개발 및 보급하고 있다. 구체적으로 양육·돌봄분야를 지원하는 자원활동 프로그램과 가족이 공동으로 참여할 수 있는 자원활동 프로그램을 개발·보급을 통한 건전한 가족문화 조성 및 자원활동 활성화를 도모한다.

셋째, 여성자원봉사자 격려 및 인정 정책으로 여성자원봉사활동 유공자를 포상하고 여성자원봉사자 상해보험 가입을 지원하고 있다.

2) 여성자원활동센터의 현황

여성자원활동센터는 우리나라 최초 정부지원의 자원봉사센터로서 1991년 4월, 국무총리 지시 제7호 '지역별 여성자원활동센터 설치·운영에 관한 지침'에 의거하여 설치되었다.

여성자원활동센터는 2004년 12월 현재 157개에 달하고 있으며(여성가족부, 2005), 정부기관 내에 설치되고 있어 설치비가 필요없고, 운영비는 지방비에서 지원받고 있는데, 설립유형상 가장 적은 비용이 소요되고 있다.

여성자원활동센터 설립유형은 두 가지의 양상을 보이고 있다.

첫째, 지방자치단체의 가정복지과(계) 혹은 여성복지과(계)의 담당공무원이 곧, 자원활동관리자의 역할을 담당하며 이를 여성자원활동센터라고 명명한 유형이 있다.

둘째, 지역 내 여성회관, 여성문화회관, 여성발전센터 등에 여성자원활동센터를 설치하는 유형으로 회관 내의 담당공무원이 자원활동관리자로서 활동한다.

따라서 여성자원활동센터의 인력은 담당공무원으로 여성자원활동센터의 관리업무가 부수적인 업무로 수행되고 있다. 여성자원활동센터는 현재 전국 157개의 센터가 있으며, 조직과 구조가 없이 담당공무원으로 운영되고 있다.

여성자원활동센터의 문제점은 다음과 같다.

첫째, 조직과 구조가 없이 담당공무원이 곧 자원활동관리자로서 다른 업무와 병행하고 있어 전담인력이 없는 것이 가장 큰 문제이다. 타 자원봉사센터에서는 전담인력이 2～5명이 있어도 인력부족을 문제로 내세우고 있는데, 여성자원활동센터의 인력구조는 센터의 발전에 가장 심각한 문제로 나타난다.

둘째, 여성자원활동센터는 모집, 교육·훈련, 배치, 프로그램 개발, 지도 및 평가 등의 관리과정이 체계적으로 이루어지지 않고 있다.

나. 행정자치부의 자원봉사정책

1) 행정자치부의 자원봉사정책의 내용 및 특성

자원봉사 육성을 위한 행정자치부의 역할 및 정책에 대한 법적 근거는 「자원봉사활동기본법」이다. 행정자치부는 특히 자원봉사활동의 진흥에 관한 국가기본계획을 5년마다 수립하여 자원봉사활동을 지원하도록 되어 있다.

- 「자원봉사활동기본법」 제4조(국가 및 지방자치단체의 책무)

국가와 지방자치단체는 자원봉사활동의 진흥에 관한 시책을 강구하여 국민의 자원봉사활동을 권장 · 지원하여야 한다.

- 「자원봉사활동기본법」 제9조(자원봉사활동의 진흥에 관한 국가기본계획의 수립)

① 행정자치부장관은 관계중앙행정기관의 장과 협의하여 자원봉사활동의 진흥을 위한 국가기본계획(이하 "기본계획"이라 한다)을 5년마다 수립하여야 한다.

② 기본계획에는 다음 사항이 포함되어야 한다.

1. 자원봉사활동의 진흥에 관한 기본방향
2. 자원봉사활동의 진흥에 관한 추진일정
3. 관계 중앙행정기관의 자원봉사 활동에 관한 추진시책
4. 자원봉사활동의 진흥을 위하여 필요한 재원의 조달방법
5. 그 밖에 자원봉사활동의 진흥을 위하여 특히 필요하다고 인정되는 사항

행정자치부에서의 담당부서는 균형발전지원관 참여여성팀이며, 자원봉사제도의 개선 및 운영, 자원봉사센터의 활성화 지원 등을 주요 업무로 하고 있다. 행정자치부의 자원봉사 지원은 자원봉사센터를 중심으로 체계화되어 있으며, 자원봉사센터에 대하여 재정적 · 행정적 지원을 하고 있다.

행정자치부의 자원봉사 관련 주요 정책은 다음과 같다(행정자치부, 2006b).

첫째, 시민사회의 참여기반 조성의 하나로 자원봉사 활성화를 통한 민관 파트너십 형성을 주요 정책으로 한다.

둘째, 세부사업으로 자원봉사 진흥 기본계획(5개년) 및 시행계획 수립한다. 그리고 자원봉사센터 · 단체간 정보네트워크를 구축, 참여의 접근성을 증진한다.

2) 자원봉사센터의 현황

자원봉사센터는 1996년 서울 7개 구청에 설치된 이래, 2005년말 현재 전국 250개소가 운영되고 있다. 운영형태로는 지방자치단체 직영형 139개소, 민간단체 위탁형 95개소, 별도법인형 16개소로 나타난다(행정자치부, 2006a). 현재 자원봉사센터는 전형적인 지역 자원봉사센터(local volunteer center)의 유형으로 시작되었으며, 자원봉사자를 모집하고 배치하는데 주력하고 있다. 자원봉사센터의 근거법으로는「자원봉사활동기본법」제19조(자원봉사센터의 설치 및 운영)와「자원봉사활동기본법 시행령」제14조(자원봉사센터 장의 자격요건 등), 제15조 (자원봉사센터의 조직 및 운영 등)이다.

현재 자원봉사센터의 문제점으로는 다음과 같다.

첫째, 자원봉사센터의 운영비가 지방비로 지원되고 있어 지역간 예산의 차이가 나타나고 있으며, 시·군·구 센터 중에는 어려운 지방재정으로 기능이 침체되는 곳도 나타나고 있다. 제정이 취약한 경우 대부분 전문인력도 취약해 조직과 구조를 갖고 있음에도 불구하고 제 기능을 발휘하지 못하고 있다.

둘째, 자원봉사센터 대부분은 예산 뿐 아니라 전문인력, 지역사회 네트워크 등도 제대로 갖추지 못해, 기능 수행에 어려움이 있는 것으로 나타나고 있다.

다. 보건복지부의 자원봉사정책

1) 보건복지부의 자원봉사정책의 내용 및 특성

보건복지부에서 자원봉사를 육성시키는 정책을 수립할 수 있는 법적 근거는「사회복지사업법」제9조와 동법 시행령 제25조 제2항에 마련되어 있다.

- 「사회복지사업법」제9조(사회복지 자원봉사활동의 지원육성) :

① 국가 및 지방자치단체는 사회복지 자원봉사활동을 지원육성하기 위하여 다음 각호의 사항을 실시하여야 한다.

1. 자원봉사활동의 홍보 및 교육
2. 자원봉사활동프로그램의 개발보급
3. 자원봉사활동중의 재해에 대비한 시책의 개발
4. 기타 자원봉사활동의 지원에 필요한 사항

② 국가 및 지방자치단체는 제1항 각호의 사항을 효율적으로 수행하기 위하여 사회복지법인 기타 비영리법인단체에 이를 위탁할 수 있다.

- 「사회복지사업법시행령」 제25조(권한의 위임위탁)

② 법 제52조제2항의 규정에 의하여 보건복지부장관의 업무중 법 제9조의 규정에 의한 자원봉사활동의 지원육성에 관한 업무와 법 제10조의 규정에 의한 사회복지사업에 종사하는 자(공무원을 제외한다)에 대한 지도훈련업무는 중앙협의회에, 법 제11조의 규정에 의한 사회복지사자격증의 교부업무는 협회에 위탁한다.

보건복지부에서 자원봉사 지원업무를 담당하고 있는 부서는 사회복지정책본부 민간복지협력팀이며, 자원봉사정책은 한국사회복지협의회와 각 시 · 도사회복지협의회에 사업을 위탁하여 자원봉사를 육성하는 정책을 갖고 있다(보건복지부, 2006).

첫째, 한국사회복지협의회의 자원봉사인증사업을 지원하여 사회복지봉사활동의 인증관리사업 및 정보관리 DB 운영을 실시하고 있다.

둘째, 한국사회복지협의회의 자원봉사전산망(복지넷)을 육성하고 있다.

셋째, 사회복지봉사활동 인증센터의 자원봉사자를 대상으로 상해보험 가입사업을 지원하고 있다.

넷째, 자원봉사활동 마일리지 카드 등 인센티브를 제공하고 있다.

따라서 보건복지부의 자원봉사정책은 사회복지협의회를 지원함으로써 간접적으로 자원봉사를 육성하는 정책을 실시하고 있다.

2) 사회복지봉사활동 인증센터의 현황 및 문제점

사회복지봉사활동 인증센터는 지역자원봉사센터의 역할을 하는 센터로 한국사회복지협의회 및 시도사회복지협의회가 기존의 사회복지분야 법인, 단체, 시설 중에서 지정하도록 되어 있다. 2006년 5월 현재 2,512개소가 지정되어 있고, 사회복지봉사활동 인증요원 7,168명이 위촉되어 있다. 사회복지봉사활동 인증센터의 역할을 다음과 같다.

첫째, 자원봉사자의 교육 및 훈련

둘째, 사회복지봉사활동 실적 및 등록관리

셋째, 사회복지봉사활동 인증서 발급

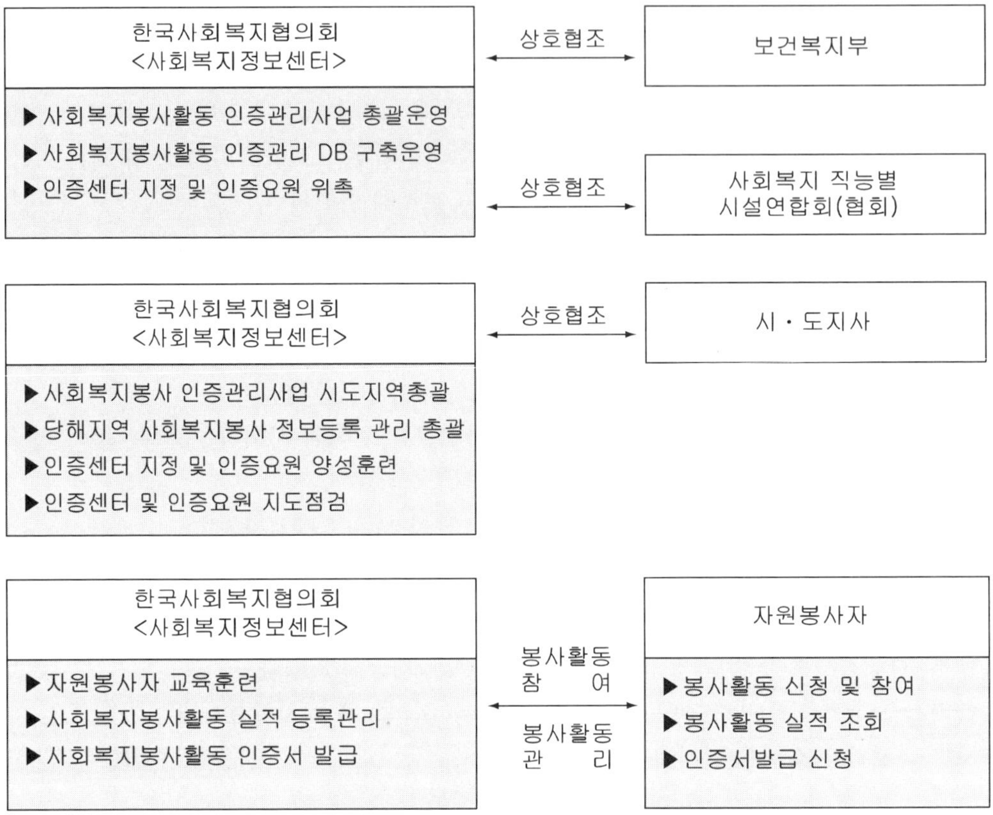

❙그림 11-1❙ 사회복지봉사활동 인증관리사업 체계도

출처 : 복지넷(http://www.bokji.net)

따라서 자원봉사자의 모집은 전산망(복지넷)을 통해 이뤄지고 있으며, 일단 전산망을 통해 모집된 자원봉사자를 사회복지봉사활동 인증센터가 교육 및 훈련을 제공하고 있다. 그리고 자원봉사자가 자원봉사활동을 수행하고 나면, 사회복지봉사활동 인증센터에서는 사회복지봉사활동 실적을 관리하고 사회복지봉사활동 인증서를 발급하고 있다.

사회복지봉사활동 인증센터 및 전산망의 문제점으로는 다음과 같다.

첫째, 전산망에서는 자원봉사 관련 정보를 제공하는 것을 주요 사업으로 하고 있으므로, 모집과 배치가 사이버 공간에서 임의적으로 이뤄진다는 점이다.

둘째, 자원봉사자 교육 · 훈련, 배치, 프로그램 개발, 지도 및 평가 등을 하는 자원봉사센터의 주요 관리과정을 수요처인 사회복지관, 사회복지시설에서 수행하게 되므로, 수요처의 부담이 커지고 매우 미흡한 실정이다.

셋째, 사회복지봉사활동 인증사업은 사회에 자원봉사활동의 공헌을 강조하고 자원봉사자에 대한 포상에서 중요한 공식적인 자료가 될 수 있으며 또한 시민들의 자원봉사활동에의 참여에 영향을 미칠 수 있다는 점에서 유용한 측면이 있다. 그러나 자원봉사활동의 인정과 보상이 시간만을 고려하는 기준이 된다는 점, 기존의 다양한 인정 및 보상제도에 대한 가치가 떨어질 위험이 있고, 비공식적 인정도 매우 중요한 인정방법인데도 불구하고 이보다 공식적인 보상제도가 그 가치를 훼손시킬 우려가 있다는 점에서 문제가 있다.

3. 여성의 문화 활동 참여

가. 여성문화의 개념14)

제1, 2차 여성정책기본계획에서 제시된 추진과제로는 여성문화가 무엇인지 그 개념을 정확하게 파악할 수 없다. 대체로 이들 과제에서는 여성문화의 정의와 관계없이 문화활동이나 문화산업에 여성의 참여를 확대하는 데에 역점을 두고 있다. 다만, '각종 문화예술 실태조사시 여성관련 평가요소 도입'이라는 과제의 경우, 문화정책에 '성인지적 관점'이 도입되어야 함을 의미하는 것으로 해석된다.

여성문화정책의 현황을 살펴보기 전에 여성문화 개념에 대해 정의를 내려보고자 한다. 여성문화라 하면 '여성의 문화(women's culture)'와 '여성주의 문화(여성해방적 문화, feminist culture)'로 대별할 수 있다. 전자는 여성들의 문화활동이다. 이 입장에서의 정책은 다양한 문화영역에 여성을 보다 많이 참여하도록 이끄는 것이다. 후자는 '여성의 목소리', 즉 여성의 독특하고 개인적인 경험을 사회와 연관하여 문화적으로 표현하는 것이다. 이러한 입장의 문화정책은 여성문제를 정치적 이슈화하여 여성의 주체성 확립과 여성문제에 대한 일반의 인식을 높이는 것과 양성평등 및 남녀통합의 대안문화 창출까지도 포함하게 된다(김양희 외 2인, 1994: 18-19).

우리나라의 여성 문화 활동 지원정책은 이 양자의 입장을 다 포괄하고 있다고 볼 수 있다. 여성들의 문화 욕구에 부응하여 여성들의 문화활동 참여 확대 정책을 실시해야 한다. 여기

14) 유네스코는 1998년 스웨덴에서 열린 '문화정책에 관한 정부간 회의'에서 '여성과 문화정책(Women and Cultural Policies)'을 주요의제로 다룬 바 있다. 여기서 제시된 여성문화정책의 기본 방향은 평등(equality, 문화분야에서의 동등한 보수와 대우), 다양성(diversity, 여성간의 비동질성 인정 및 자유로운 표현), 인식(recognition, 과거 및 현재의 여성의 문화적 성취의 기여에 대한 인식), 투명성(transparency, 편견없는 정보 생산과 여성의 접근 보장), 생산성(productivity, 여성의 재능과 창조성 보장) 등이다: 양현미(2003), "성인지 관점에서 본 문화정책의 현황과 과제 – 문화관광부를 중심으로 –", 『2003년도 제13차 춘계학술대회 자료집』, 473-474쪽.

에는 문화향수자는 물론 문화창조자로서의 참여자 모두가 포함되는 것이다. 다른 한편으로는 우리사회에 잔존하는 남녀불평등의 인식과 사회구조를 타파하기 위한 대안문화로서의 여성주의 문화의 활성화를 위한 정책도 수립, 시행되어야 한다.

나. 정책 추진의 배경

'문화분야에 여성참여 확대' 정책은 여성정책의 여러 분야 가운데, 그다지 주목을 받는 분야는 아니다. 첫번째 이유는 문화업무 담당부처가 문화관광부로 여성정책의 주무부처인 여성가족부가 집행의 의지를 실현에 옮기는 데는 한계가 있기 때문이다. 두 번째는 여성문화가 아직 대중성을 확보하지 못했다는 점이다. 여성문화의 개념 또는 정의에 관한 충분한 논의가 이루어지지 못했고, 여성(주의)문화 활동이 소수의 인사나 여성문화단체를 중심으로 전개되고 있다. 이런 점에서 여성문화 정책은 아직 초보 단계라 말할 수 있다.

그러나 여성문화 지원 정책은 여성정책의 한 분야로서 중요성이 부각되고 있다. 첫째는 한국사회가 전반적으로 삶의 질의 향상에 대한 관심이 높아지면서 아울러 문화적 가치에 대한 의식도 크게 높아지고 있기 때문이다. 즉, 산업구조의 변화와 정보기술의 급속한 발전으로 개개인의 창조적인 시간 사용과 개성의 다양성을 추구하는 문화적 욕구가 증대되고 있다.

둘째는 이러한 사회적 변화 가운데 주목되는 것은 여성들의 문화적 욕구 증대에 부응한 정책적 관심 또한 높아지고 있다는 사실이다. 여성 특히 중산층 주부들의 취업률이 낮은 현 상황에서, 이들 가운데 취업의 대체 수단으로, 취업의 전 단계로서, 또는 순수한 문화적 요구 등을 이유로 문화에 대한 수요가 급속하게 늘어났다. 이러한 여성들의 문화적 수요에 부응하여 중앙이나 지방자치단체에서는 각종 여성대상의 문화시설을 증설하거나 프로그램을 확대 실시하고 있는 것으로 나타나고 있다. 소위 교양 취미 교육이 주류를 이루고 있다. 여기서 여성문화 활동은 '여성들의 문화활동'을 의미한다.

셋째, 그간의 여성정책 시행의 한계에 대한 근본적인 인식에서 여성문화 정책의 필요성이 증대되고 있다. 1980년대 이후 현재까지 우리사회는 양성평등을 향한 제도적 기반을 구축하는데 상당부분 성공했다는 평가이다. 그럼에도 불구하고, 사회적으로 성차별 현상은 그대로 남아있다. 이러한 현상의 원인은 사회구성원의 의식과 행동, 생활태도 등이 평등지향의 여러 제도적 변화를 따라가지 못했기 때문이다. 이것은 하나의 문화현상으로 문화적 대응이 필요한 부분이다. 문화적 대응은 '양성평등 실현'이라는 목적을 의도적으로 부여한 문화활동 또는 프로그램으로 구체화된다. 이는 여성의 문화라기보다는 '여성주의 문화'의 범주에 포함되는 것이다. 특히 생활속의 문화는 그 역사적 뿌리로 인해 단기간 내에 변화하기 어려운 점이 있다. 이런 의미에서 여성문화 정책은 사회구성원의 '의식 전환', 즉 일종의 파라다임의 전환을 목적으로 한다(김재인, 정숙경, 1998:11).

넷째, '문화는 여성적'이라는 편견도 일정부분 작용하는 것 같다. 음악 · 미술 등 문화 분야 종사자나 전공자들이 다른 어느 분야보다도 여성의 비율이 높으며, 문화 향수기회에서도 남성보다 여성들이 더 많을 것이라는 인식이다. 실제로 대학의 예술 문화 관련학과의 여학생비율이 남학생보다 훨씬 높으며, 각종 문화시설이나 프로그램에 여성참여율도 남성보다 훨씬 높은 것이 사실이다. 직장생활이 바쁜 남성들은 문화를 누릴 여유가 없는데 반해, 주부나 남성보다 '덜 일 중심적인' 직장여성들이 문화를 향수할 기회가 많다는 것이다. 대체로 이러한 배경에서 여성정책기본계획에서 여성의 문화활동 지원정책이 여성정책의 한 분야로 자리잡고 있다.

다. 여성문화 정책 추진 계획

현재 여성문화 정책은 정책 추진의 주체에 따라 두 가지 방식으로 실시되고 있다. 첫째 문화정책의 주무부처인 문화관광부, 그리고 시도의 문화관광관련 부서가 실시하는 정책이고, 둘째는 여성(가족)부나 시도의 여성 정책 담당 부서가 실시하는 사업이다.

우선 전반적인 여성정책 추진의 근거가 되는 여성발전기본법에는 여성문화 활동 지원에 대한 명백한 규정은 없다. 다만, 여성의 문화활동을 제4조(국민의 책무)와 제5조(국가 및 지방자치단체의 책무)에서 규정하고 있는 '남녀평등의 촉진 사업의 일환'으로 보아 이를 위한 제도적 장치와 재원을 조달해야 한다고 볼 수 있다. 그리하여 정부는 제1차 여성발전기본계획(1998~2002)에서는 6대 기본전략의 하나로 '여성의 문화 · 사회활동 활성화를 위한 기반구축', 제2차 여성발전기본계획(2003~2007)에서도 10대 기본전략의 하나로 '사회 · 문화 분야 여성참여 확대'를 제시하고 있다. 이 계획을 정책 추진의 법적 근거로 중앙과 지방자치단체의 여성정책 부서에서 여성문화 정책을 추진하고 있다.

여성문화활동의 주무부처인 문화관광부는 최근 여성문화 활동과 관련된 두 가지 계획을 제시하였다. 첫째, 2003년 9월 성인지적 문화정책 수립을 위해 구성되었던 '여성문화TF팀'이 제시한 '양성평등문화 실현을 위한 2004년 정책과제'가 있으며, 이어서 성인지 문화정책을 향한 2005년도 주요업무 계획이 있다.

<표 11-7> 성인지 문화정책을 향한 문화관광부 여성TF팀의 2005년 주요업무계획

목표	여성문화 정책 기반 조성			
4대 전략 목표	여성문화 정책 환경 진단 및 네트워크 활성화	여성문화 전문인력 양성	새로운 정책영역 개발	성인지 정책 총괄
사업	-여성문화활동 종합 실태조사 -여성문화정책 연구포험 운영 -문예진흥기금 지원제도의 성인지적 분석	-여성문화아카데미 운영, 동아리 활동 지원 -여성문화예술프로그램 창작 지원	-장애여성과 함께 하는 문화예술 치유 여행 -여성과 여행관광작품화를 위한 국제 심포지움 -동남아시아 여성문화 정책 국제워크숍 및 아시아 소녀들의 디스토리 페스티발	-각 실국 정책 및 법령에 대한 성인지적 검토 -정책 담당자 대상 성인지 교육

출처: 신경희(2005), 『서울시 문화정책의 성별 영향 평가 연구』, 40쪽.

다른 하나는 2004년 문화관광부가 21세기 새로운 문화비전으로 발표한 계획 '창의 한국'의 추진 과제에 포함된 '양성평등 문화확립'이 세부 추진과제로는 양성평등문화정책 추진 기반 조성, 양성평등문화예술 환경 조성, 여성의 문화적 표현과 향유 확대, 여성문화 창조 지원, 여성문화유산의 발굴 · 계승과 아시아 문화교류의 거점 조성 등 5개 과제를 제시하였다. 또한 '양성평등 문화 확립'의 예시사업으로 ①창의적인 여성문화 전문인력 양성 적극 지원, ②여성문화 · 관광연계 프로젝트 개발, ③여성의 문화 참여와 활동 여건 보장 강화, ④여성문화예술복합센터 건립 등 네 가지를 제안하였다(신경희, 2005: 42).

서울시는 2005년 9월에 수립한 '문화로 행복한 서울을 위한 문화비전 서울 2015'에서 '계층별 문화격차 해소와 특성화된 문화프로그램 확대' 방침의 일환으로 네 가지 여성관련 정책과제를 제시하였다. ①여성문화예술의 거리를 지정하여 여성문화예술 작품 전시, 여성문화 축제 상시 운영, ②여성발전기금 지원을 통한 여성단체의 문화사업 지원 확대, ③여성문화프로그램 전문가 과정 운영, 여성영화제 및 여성백일장 개최, ④소외 십대 여성의 문화적 상상력과 긍정적 자기 경험을 채워주는 문화체험단 운영 등이다. 또한 '가족과 함께 하는 여가여건 조성'과제에서는 추진 사업으로 성별, 연령별, 체력별 특화된 생활체육프로그램 개발과 보급을 제안하고 있다. 그리고 서울시 문화국의 2005년도 사업계획의 48개 주요사업의 하나로 '서울여성 영화제 지원'이 포함되어 있다(신경희, 2005: 148-149).

라. 여성의 문화활동 지원 정책

1) 여성문화 활동의 인프라 구축

여성들이 문화적 잠재력과 창조 욕구를 발휘하기 위해서는 일차적으로 문화향수자로서 문화행사나 기관에 참여하는 기회를 확대할 수 있는 인프라 구축 사업이 필요하다. 문화관광부, 여성가족부, 서울시 등은 여성개인이나 단체의 문화 활동 증진을 위한 인프라 구축 사업을 추진하고 있다.

첫째, 정부는 성인지적 관점의 여성문화활동 지원 정책 수립의 기반이 되는 각종 연구 및 조사사업을 전개하고 있다. 문화관광부는 3년 주기로 '국민문화향수실태조사' 및 '문화예술인 실태조사'를 실시하여 남녀별 실태를 파악하고 있다(여성부, 2003a: 195). 2004년에는 여성부가 수행한 "문화기반시설과 생활체육시설의 성별영향평가"에 대한 연구를 계기로 남녀의 요구와 특성을 반영한 운영 방안이 마련되기도 했다. 또한『여성문화정책 수립을 위한 기초연구: 성인지적 관점에서 본 문화정책』에서는 문화관광부가 수행한 다양한 문화정책 사업이 여성의 입장과 관점을 어느 정도 반영하고 있는 지를 조사하고, 기본적인 여성문화 정책 과제나 구체적인 사업을 제시하였다. 이를 바탕으로 여성문화정책의 추진전략의 하나로 '제1차 여성문화정책 종합계획: 2005～2009'(가칭)이 제안되기도 했다.

둘째, 문광부는 여성들의 문화시설을 찾아 문화를 향유하는데 불편이 없는 여건을 조성하는데 주력하였다. 이를 위해 문광부는 2003년 산하 7개 문화기관이 중심이 되어 여성편의시설 실태조사를 실시했다. 조사결과, 여성들이 이들 문화기관을 남성보다 많이 이용하는 등 실제적인 주인이나 남녀화장실 비율은 63:37, 60:40으로 나타났다. 이에 비해 기관 이용자 및 관람객의 남녀비율은 28.8 : 71.2로 여성들이 70% 이상을 차지하였다. 여성의 평균 화장실 사용시간이 남성의 2배 이상인 점을 고려할 때 시설 설계 시 여성의 편의를 전혀 반영하지 않았던 것이다. 이에 따라 문화관광부는 이들 기관의 여성편의 시설을 개선했고, 이 외에 보육서비스 강화를 위해 수유시설, 놀이방의 설치와 확대를 추진하고 있다(여성가족부, 2005: 406).

셋째, 여성문화인식 확산을 위한 '여성문화포럼'이 개최되었다. 2004년 5월 문화관광부 주최로 여성문화, 예술 현장의 활동가와 연구자들이 참여하여 앞으로의 양성평등 문화정책의 추진 방향에 대해 토론을 펼쳤다. 여기서 문화정책담당자들의 여성문화에 대한 인식을 높이고, 예술가들이 양성평등 관점에서 문화 예술 창작을 지원할 수 있는 프로젝트가 제안되었다. 이것이 '양성평등 문화 확산을 위한 창작활동 지원사업'이라는 이름으로 공모하여 선정된 5개 단체와 개인을 중심으로 추진된 공동창작 개발 워크숍이었다. 2004년 10월에 '행복한 파문 만들기'라는 행사명의 체험퍼포먼스, 공연 등이 펼쳐졌는데, 양성평등, 소수자문제, 여성문화인물 발굴 부재 등 문화적 다양성에 대한 관심을 촉구하는 계기가 되었다.

넷째, 가정문화 행사와 여성의 체육활동 지원도 여성의 문화활동의 인프라 구축의 일환으로 추진되었다. 2002년도에 14개 단체를 대상으로 가정문화 관련 행사를 지원하였다. 문화예술 행사나 활동이 일반적으로 여성만을 대상으로 하기보다는 전체 주민을 대상으로 하는 것이 주류를 이루고 있으나, 행사의 성격이나 내용상 주된 참여자가 여성인 경우도 적지 않다. 특히 일부 전문적인 문화예술활동은 물론 생활문화 분야에서 여성들의 참여가 활발하다. 이러한 여성들의 참여는 한 사회 내 문화수준을 향상시키는데 기여하고, 생활문화의 발전에 기여하므로 지속적인 지원이 필요한 것이다. 뿐만 아니라 전통적으로 국제경기에서 두드러진 활동을 보인 여성들의 체육활동을 활성화하기 위해서 여성생활체육 행사에 대해 경비를 지원하였다. 구체적으로는 전국어머니 탁구대회, 생활체육지도자 교육, 여성생활체육 강좌, 여성축구 활성화를 위한 지원, 전국어머니 종합생활체육 대회 개최, 한국여성스포츠회 지원 등을 들 수 있다. 그 외에도 YWCA 등의 여성청소년의 문예활동도 지원하였다(여성부, 2003a).

다섯째, 문광부는 여성들의 문화향수의 기회를 증대시키는 각종 사업도 전개하였다. 즉 여성의 참여가 높은 프로그램에 지원을 하고자 하였다. 문화소외지역인 농어촌 지역에 2002년에 총81개 민간문화예술단체가 참여하여 약 400만 명에게 문화향수의 기회를 주었다. 구체적으로 보면 문화관광부는 1991년부터 지역에 문화학교를 설치하여 2002년 9월말 현재, 전국에 310개가 운영되고 있다. 310개의 문화학교 가운데 박물관이 26개교, 문화원은 150개교, 기타 기관에 76개교가 설치되어 있다. 이 가운데 284개교에 국비 8억 9천 6백만 원을 지원하였다. 강좌내용은 주부 문화강좌, 자녀독서지도 및 문화교양강좌, 주부서예교실, 꽃꽂이, 가정의례, 생활 메이크업 등 여성을 대상으로 하는 분야가 많은 부분을 차지하고 있다. 문화관광부는 여성들이 부업으로 활용할 수 있는 과목을 보강하고 컴퓨터 등 여성들에게 보다 실용적인 문화강좌를 쉽게 접근할 수 있도록 한다는 방침이다(여성부, 2003a).

한편 여성가족부의 문화관련 정책은 가족정책의 일환으로 추진되고 있다. 즉, '돌봄의 사회화 및 직장과 가정 양립 지원'이라는 과제를 추진하기 위한 '가족 문화 확산' 사업을 추진하고 있다. 구체적으로 가족관계 증진을 위한 가족 문화콘텐츠 개발, 저소득 가족 문화체험 및 가족친밀감 프로그램 운영, 새로운 관혼상제 문화운동이 포함되어 있다. 또한 가족친화적인 직장문화 확산을 위해 '가족사랑 일터 만들기' 캠페인, 지역특성에 맞는 가족친화 공동체 형성 등의 과제를 추진하고 있다. 그리고 앞으로 성장 가능성이 있는 일자리로 사회문화 서비스직을 전망하고 인력양성을 계획하고 있다(여성가족부, 2006: 43).

서울시는 여성문화 예술 활동 확대 사업으로 '서울여성문화 축제'와 '양성평등의식 확산 공연'의 두 가지로 나누어 추진되었다. 서울여성문화 축제 사업은 '시민참여 여성문화예술

프로젝트'와 '유쾌한 치맛바람'이라는 대규모 문화사업으로 구분된다. '시민참여'사업에는 수다콘서트 공연 1회, 여성 섹슈얼리티, 장애여성 정체성 찾기 워크숍 1회, 가상의 딸 1회를 실시하였다. '2004 여성문화 축제 유쾌한 치맛바람' 에서는 '보살핌풍'이라는 주제로 공모 절차를 거쳐 선정된 24개 여성 소모임 공연과 5개의 초청사업(공연 2개, 전시 3개)을 실시하였다.

'양성평등의식 확산 공연'사업으로는 세계여성의 날 기념 '여자가 넓힌 세상', 평등가정 문화축제 '나란한 우리', 여성주간 기념행사 '역사속의 그녀들을 찾아서' 등 세 가지 문화행사를 기획, 실시하였다. 마지막으로 서울시는 내방동의 여성플라자 시설을 매주 금요문화 예술페스티벌을 개최하여 여성을 위한 문화 복합공간으로서의 역할을 하고 있다. 2004년에 총 48회 공연이 있었으며, 참여인원은 9,090명이다(서울시, 2005a: 105).

2) 여성의 문화 창조 활동 지원

문화관광부는 문화적 감수성과 창조력 그리고 전문성을 갖춘 문화산업분야의 인력양성을 위해 문화예술 교육 강사풀제와 문화산업 분야별 공공 아카데미를 지원하고 있다. 문화예술교육 강사풀제는 예술가들에게 활동기회를 제공하는 것으로 여성강사의 비율이 객원문예교사제, 국악강사풀제, 연극강사풀제에서 각각 33%, 71.5%, 52.5%로 비교적 높은 것으로 나타났다(8,200백만 원의 예산). 2005년 만화와 애니메이션, 무용분야의 강사풀제가 실시되면, 여성의 비율이 더욱 증가할 것이다.

'문화산업 분야 여성인력 양성지원'은 문화예술 분야에 종사하는 여성의 능력을 배양하기 위해 문화예술 연수과정의 여성참여를 확대하고, 문화산업분야에 여성인력을 양성하기 위해 문화콘텐츠 교육, 문화콘텐츠 특성화 교육, 사이버 방송영상아카데미 구축 등의 사업을 실시하고 있다. 2004년도 문화산업분야 아카데미 운영 결과, 여성비율이 30.1%에서 37.4%로 늘어났다. 구체적 내용을 보면, 게임아카데미 19.6%, 영화 · 애니메이션 아카데미 52%, 방송영상 PD 및 마케터 양성 아카데미 31%, 잡지 아카데미 85%, 문화콘텐츠아카데미 36%가 여성이었다(여성가족부, 2005: 412).

한편, 경기도는 지역사회의 문화인력 양성을 위해 '문화기획과정'을 운영하고 있다. 2004년 (사)여성문화예술기획에 위탁하여 44명의 수료생을 배출하였다(경기도, 2005: 209).

3) 여성단체의 문화활동 지원

문화관광부는 등록한 단체 중 여성관련 법인에 대한 경비지원과 행사 후원을 하였다. 여성관련 법인이라 하면 문화예술관련 단체 중 여성이 주요회원이거나 여성관련 사업목적을 가지고 활동하는 법인을 말한다. 이들 단체는 여성이 문화활동에 참여하는 기회를 확대하여 문화예술의 기반을 조성하는데 기여하고 있다. 이 중에는 꽃꽂이 문화, 공예 등 생활문화 관련 여성법인과 여성스포츠 관련법인 그리고 전통예술관련 법인도 포함되어 있다.

문화관광부는 이러한 단체들의 문학, 미술, 연극, 공연, 세미나 등의 순수예술분야와 생활문화 관련 행사를 지원하였다. 지원내용은 재정지원, 시상 및 후원명칭 지원이 주류를 이루고 있다. 매년 약 10여개 단체에 대해 지원하는데, 전국 주부 백일장이나 주부연극제, 신사임당의 날 기념행사, 한복의 날 행사, 여성미술제, 페미니즘 대중문화예술대상 시상식 등을 들 수 있다. 또한 여성의 체육분야 활동도 지원하였다. 전국어머니 탁구대회와 여성축구 활성화를 위해 연간 6개 행사에 대해 행사경비를 지원하였다. 마지막으로 한국걸스카우트 연맹과 대한 YWCA연합회 등의 연간 9건의 행사에 대해서도 경비를 지원하였다(여성부, 2003a: 196).

2004년도에 지원한 여성단체의 문화예술 행사를 보면 다음과 같다. (사)여성문화예술기획의 여성과 공간문화축제(후원), 제6회 서울여성영화제(300백만 원), 서울세계여성지도자회의 한국조직위원회의 서울세계여성지도자회의 문화행사(20백만 원), 한복사랑협의회의 제8회 한복의날 기념행사(300백만 원), 세계여성불자대회 한국조직위원회 제8회 세계여성불자대회(200백만 원), 대전서구문화원의 제6회 대한민국여성미술대전(장관상1 상금), (주)여성신문사의 제3회 여성마라톤대회(후원) 등이었다(여성가족부, 2005: 411).

4) 지역사회 여성문화 유산의 발굴과 관광산업화 추진

'여성 역사 인물 및 여성관련 문화재 발굴 확대'에 대해서는 지역의 생활문화를 복원하는 작업을 지원한다는 관점에서 다양한 사업들이 논의되고 있다. 난, 다도, 꽃꽂이, 종이접기 등 여성선호 생활문화 활동을 지원하고, 지방문화원 등 단체의 사업을 지원함으로써 지역 향토문화를 조사・연구하도록 하며, 여성 생활문화유산을 발굴하고, 전시하는 사업이 추진되고 있다. 중요무형문화재 공예기능 중 여성관련 종목 대상으로 한산모시짜기, 매듭장 등을 들 수 있으며, '여성사전시관'에 중요무형문화재 기능보유자의 여성관련 전통공예작품 전시방안도 검토하고 있다.

최근 한류열풍과 여성의 세기인 21세기의 도래는 '여성과 관광'을 새로운 문화정책의 관심분야로 부각시키고 있다. 문화관광부는 2004년, 기존 여성문화단체들이 이미 실시하고 있는 '시인 고정희 추모여행'을 문화제와 연계, 지역문화의 관광 상품화를 논의하는 '여성문화 테마관광 개발을 위한 전문가 워크숍'을 시범 지원하였다. 이런 사업은 지역의 여성문화유산과 지역여성의 문화활동을 관광사업과 연결하는 새로운 문화정책의 모델을 제시해주는 것이었다(여성가족부, 2005: 409).

문화관광부의 여성문화유산에 대한 관심은 '이달의 문화인물'에 여성 문화예술가를 선정하는 것으로 나타났다. 1990년부터 2004년까지 총 175명의 문화인물을 선발했으나, 여성 문화인물은 4인(신사임당, 정부인 안동장씨, 나혜석, 허난설헌)에 불과했다. 그러나, 2005년에는 3인(강경애, 임윤지당, 강정일당)이 신정되어 총7명의 여성문화인물이 선정되었다. 이는 전체 187명 중 7명으로 3.7%에 불과한 것이다.

여성가족부는 '여성사전시관'의 상설전 운영을 통해 기획전시회, 남녀평등 체험프로그램 등 다양한 교육문화프로그램 운영하고 있다. 또 여성사전시관은 2003년도 특별 전시회로 호주제 홍보 전시회를 개최했으며, 학생들의 남녀평등 현장 학습의 장으로 적극 활용하고, 여성의 역사 관련자료 발굴을 위한 연구용역 과제도 추진하였다. 이들 과제들은 2004년 이후에도 지속적으로 추진될 예정이다.

이상의 여성문화정책에 대해 다음과 같은 비판을 할 수 있을 것이다. 문화관광부가 문화향수의 기회를 확대한다는 점에서 문화학교 지정을 확대했으나 여성문화프로그램을 많이 실시하고 있는 여성회관과 같은 기관을 문화학교로 지정하지 않은 점, 전국문화관련 시설에 '여성주의' 측면에서의 여성문화 강좌 개설이 부족한 점, 지원프로그램이 여성들의 문화향수기회 확대에 주력하여 여성들이 주체적으로 문화활동에 참여하여 문화창조자로 발전할 수 있는 프로그램의 모형 개발에는 소홀했다는 점을 지적할 수 있다(김재인 외 1인, 2002: 288). 그리고 문화관광부와 중앙과 지자체 여성정책 담당부서의 여성문화 정책은 계획이나 실제 추진 실적에 있어 서울시외에는 평가할 만한 것이 거의 없을 정도로 지자체의 여성문화 정책에 대한 낮은 관심도 앞으로 풀어야 할 과제이다.

제3절 정책과제 및 대안

1. 여성단체 활동 지원

이상에서 정부의 여성단체 지원정책의 현황과 내용 등에 대한 것을 기반으로 정책과제를 제시하면 다음과 같다.

첫째, 여성단체의 역량 강화를 위한 실효성 있는 조치가 마련되어야 할 것이다. 단체의 지도자의 리더십 향상, 회원확보, 재정확충, 사무인력의 확보, 단체 활동의 방향 설정 등을 핵심 과제로 단체와 정부가 문제를 해결할 수 있는 방안을 모색해야 할 것이다. 여성가족부 출범 이후 정부의 여성단체 정책이 지나치게 공동협력사업에 치중하면서 여성단체의 발전방안에 대한 연구나 지원은 소홀했다고 볼 수 있다.

비록 많은 여성단체가 정부로부터 재정지원을 받아 사업을 추진할 수 있어 전보다 여건이 좋아졌다고 볼 수 있지만, 앞에서 제시한 문제점은 여전히 남아 있다. 따라서 지방자치시대와 분권화시대를 맞이하여 여성단체들이 기존 여성단체의 한계를 넘어 자발적인 회원을 확보하고, 대중성을 갖도록 방안을 모색하며, 지역사회에 기반을 둔 새로운 소규모 여성단체의 결성과 발전을 격려하는 방안도 모색해야 한다.

둘째, 개별 여성단체와의 공동협력사업 과제에 대한 재정 지원의 규모를 확대해 나가는 방안을 모색해야 한다. 여성가족부의 공동협력사업의 비중이 커지면서 사업의 선정과 평가에 대한 공정성 확보가 중요하므로 이를 위한 충분한 제도적 장치를 마련하여야 한다. 또한 사업에 소요되는 재정의 규모를 합리적으로 늘려서 사업의 효율적 수행을 도모해야 한다.

여성단체의 사업에 대한 재정지원과 관련해서 지방자치단체의 경우 중앙부서와 달리 여성단체의 사업에 대해 일반예산의 확보보다는 여성발전기금사업에 의지하는 비율이 매우 크다. 앞으로 여성발전기금 사업의 일반예산 사업으로 전환을 도모하고 여성발전기금 사업은 특별사업으로 그 방향을 전환하는 것도 검토해야 한다.

셋째, 여성단체에 대한 정부사업 위탁 분야를 성주류화 사업 부문으로 확대해 나간다. 지금까지 정부의 여성단체 위탁사업은 여성정책의 범주에 포함되는 사업들이었다. 그러나 앞으로 여성정책 과제는 성주류화의 본격적인 추진에 있다. 즉, 여성정책에 대한 성분석과 성별영향 평가가 중요한 과제로 제기되고 있다. 이 분야에 대한 연구는 아직 초기 단계에 있음에도 불구하고 여성단체와 연구기관, 그리고 정부가 힘을 합하여 법적인 근거를 마련하는 데 성공했다.15) 성주류화 정책의 성공적 추진을 위해서 여성단체의 적극적인 개입이 필요하다. 정부는 여성단체 가운데 성주류화를 모니터링하는 단체를 육성하고 이 분야에 대한 위탁사업을 확대해 나가는 것도 방안의 하나이다.

2. 여성자원봉사활동의 참여

전술한 우리나라 여성자원봉사정책의 내용과 특성을 통해 정책과제 및 대안을 제시하면 다음과 같다.

첫째, 우리나라에서 자원봉사에 대한 사회적 관심이 높아지고 영역도 확대되고 있지만 자원봉사 인프라가 부족해 지역자원봉사센터가 제 기능을 하지 못하고 있으므로, 지역자원봉사센터의 인력 및 예산이 확보되어야 할 것이다.

행정자치부 지원의 지역자원봉사센터의 경우 센터 운영비가 지방비로 지원되고 있어 지역간 예산의 차이가 나타나고 있으며, 시 · 군 · 구 센터 중에는 어려운 지방재정으로 기능이 침체되는 곳도 나타나고 있다. 그리고 여성가족부 지원의 여성자원활동센터의 경우 전담인력과 예산이 전혀 없으며, 보건복지부 지원의 사회복지봉사활동 인증센터 역시 기존의 사회복지분야 법인, 단체, 시설에서 담당하면서 대부분 전문인력 및 예산이 취약해 제 기능을 발휘하지 못하고 있다. 따라서 지역자원봉사센터들이 정상화되기 위해서는 전문인력과 예산의 확보가 요구된다.

둘째, 자원봉사관리자 및 자원봉사 중간지도자를 위한 교육훈련 체계가 강화되어야 할 것이다. 자원봉사센터 자원봉사관리자의 전문화는 센터의 전문성 확보를 위한 전제조건이므로, 자원봉사관리자의 전문성과 지도력을 강화하기 위한 교육훈련 체계가 강화되어야 할 것이다. 그리고 여성자원봉사자 중 경력 자원봉사자인 여성자원봉사 중간지도자의 양성 또한 중요한 정부의 과제이다. 중간지도자의 양성은 여성의 지도력 개발의 하나의 방법이 될 수 있으므로 정부에서는 여성 중간지도자의 양성을 위한 프로그램을 개발하고 센터의 중간지도자 교육을 위한 예산을 지원해야 할 것이다.

셋째, 자원봉사센터에 대한 평가제도 실시가 요구된다. 현재 정부부처 지원 자원봉사센터가 전국적으로 분포되어 있으며, 운영비는 지방자치단체에서 지원되고 있는데, 아직 자원봉

15) 성별영향평가를 규정한 여성발전기본법이 개정되었고, 통계법전부개정법률(안)이 2006년 3월에 의결되었으며, 성인지 예산서 작성을 의무화한 국가재정법안도 개정되었다.

사센터에 대한 평가는 서울특별시 등 일부 지방자치단체에서 실시되고 있을 뿐이다. 자원봉사센터에 대한 평가는 자원봉사센터의 발전을 위해, 자원봉사센터의 책임성을 입증하기 위해 필수적인 것이다. 또한 자원봉사센터가 계속 증가하고 있으며, 민간위탁의 센터도 증가하고 있으므로, 자원봉사센터가 발전하고 위탁기관의 책임성과 효과성을 입증하기 위해서는 합리적이고 객관적인 기관평가와 사업평가를 도입하여야 할 것이다.

넷째, 여성자원봉사자에 대한 전국조사 실시 및 경제적 가치가 조사되어야 한다. 우리나라는 여성자원봉사자에 대한 전국적인 조사는 제한적으로 이뤄지고 있는 실정이므로 통계청을 통한 정기 조사가 이뤄져야 할 것이다. 자원봉사 활동 여부 및 활동내용, 활동시간 포함하여 정기적으로 참여율 및 경제적 가치를 산정함으로써 여성자원봉사이 사회에 기여하는 정도를 전국적으로 파악하는 연구가 정기적으로 시행되어야 할 것이다.

다섯째, 자원봉사 전산망이 통합화되어야 할 것이다. 자원봉사 전산망을 통해 자원봉사 실적관리를 하는 것의 장단점이 있으나 이미 보건복지부에서 시행한 이후 이의 확산이 예상되므로, 각 부처에서 전산망을 분리하여 구축하는 것보다 통합화의 필요성이 제기된다. 또한 각종 양식의 개발 및 일원화도 요구된다.

3. 여성의 문화 활동 참여

여성의 문화활동 활성화와 관련하여 정부의 정책적 지원은 여성의 문화적 잠재력을 인식하고 이를 개발 신장시키는데 역점을 두어야 한다. 여성의 문화활동이 지역이나 공간, 활동영역, 활동내용에 따라 지원부서가 각기 다르므로 이에 대한 효과적인 정책지원이 필요하다. 더구나 정책지원의 주요 방향이었던 문화향수 기회 확대라는 측면은 '경제로서의 문화'에 대한 인식의 확산이 세계적 추세가 되었다는 점에서 생산성을 기초로 한 '문화경제' 혹은 '문화산업'이라는 관점으로 대체되고 있다는 점에서 여성의 문화활동을 생산적 방향에서 활성화하기 위한 방향 모색이 필요한 것이다(김재인 외, 1998: 12).

여성의 문화활동을 단순히 여가시간의 활용이나 취미활동, 혹은 문화적 소비의 일환이라고 보는 견해의 한계를 지적하고 다양한 형태로 이루어지는 여성의 문화활동의 생산적이고 창조적인 잠재력을 부각시킬 필요가 있다. 생산적 문화활동을 통해 여성의 문화적 잠재력을 사회자원으로 유도할 수 있는 방법이 없는지를 모색하는 것이 핵심이다. 이러한 관점에서 제2차 여성정책기본계획에서는 문화산업에 여성참여 확대를 과제에 포함하여 여성의 문화창조자로서의 역할을 강조한 것은 올바른 방향이다.

여성문화정책과 관련해 몇 가지 제안을 하면 다음과 같다.

첫째, 문화정책에 양성평등의 관점을 통합하기 위한 제도적 기반을 조성한다. 2003년도부터 각 부처에 여성정책책임관제를 시행하고 있으나, 문화부문에 대해 성인지적 분석에 기초한 양성평등의 여성문화정책을 시행하기 위해서는 이를 담당할 기구가 갖추어져야 한다. 다시 말해 양성평등 문화정책 전담기구를 설치하여야 한다. 이때 일정한 비율의 여성 전문가의 참여를 할당해야 한다.

인원과 예산이 확보된 기구와 같은 하드웨어 갖춘 후에 여성문화정책 추진을 위한 기초 소프트웨어를 갖추어 가는 작업이 진행되어야 한다. 현재의 문화정책에 대한 비판적 토대 위에 문화분야에서 양성평등 실현을 위한 중장기 계획을 수립하여야 할 것이다. 그리고 성인지적 관점의 실태조사와 문화통계를 계속 확대, 구축하고 동시에 이와 관련한 정책연구, 정책개발, 정책평가가 추진되어야 할 것이다.

둘째는 여성 문화 전문 인력 양성 정책을 추진해야 한다. 예술교육에서 양성평등교육을 확대하고, 문화산업분야, 문화재, 문화행정, 예술경영 등 여러 분야에서 여성인력을 양성하고 활용을 확대해야 할 것이다. 문화예술연구과정에 참여하는 여성의 비중을 반으로 끌어올리기 위해 할당제와 같은 제도적 장치를 마련하는 것도 고려해야 한다. 이들에 대한 실무교육은 물론 문화생산자 교육도 실시해야 한다. 또한 전통여성문화 종사자에 대해 국가적인 문화산업자원이고 관광자원이라는 점에서 재조명하고, 연수 및 후계자 양성을 지원한다.

셋째, 여성들의 문화예술 활동을 실질적으로 지원해야 한다. '여성주의 문화'적 관점에 의한 창작 진흥을 위해 작업 공간을 지원하고 발표 기회 또한 일정부분 확보해 주어야 한다. 더불어 여성주의 문화에 대한 비평 활동에 대한 지원도 고려해야 한다. 특히 여성정책담당부서의 여성문화 정책의 비중을 높여 나가기 위해서는 여성문화활동 프로그램의 재정적 지원이 확대되어야 한다(주로 여성발전기금). 중앙 및 지역의 문예진흥기금 지원시 여성할당제나 여성목표제를 운영한다. 그리고 여성예술가 발굴과 지원을 위한 여성복합문화센터를 건립하는 것도 검토해야겠다.

넷째, 지역사회 중심으로 여성문화정책을 추진하는 것을 제안한다. 그리고 거점기관은 지역사회에서 여성문화교육을 포함해 각종 여성대상 사업을 추진하는 기관인 여성(문화)회관, 여성발전센터(또는 문화의 집) 등을 지정한다. 거점기관에서는 여성문화단체나 동아리, 각 지자체와의 교류나 연계를 맡아 한다.

다섯째, 지역사회내 여성문화자원봉사자 제도를 활성화 시킨다. 주부를 중심으로 지역사회내 동아리를 조직, 운영하여 40, 50대 지역사회 고학력 주부 인력을 활용을 도모한다.

여섯째, 지역사회 여성문화유산을 발굴한다. 담당부처와 연계하여 전문가 그룹의 도움과 연구과제 발주, 또는 재정 지원으로 특히 여성사와 여성문화유산 관련 연구과제를 수행한다.

현재는 '여성사 전시관'을 중심으로 여성사 관련 과제가 추진되고 있으나, 학계와 협력하여 여성사연구 과제도 추진해야 한다. 여성인물의 발굴이나 여성문화유산에 대한 교육 등은 학문적 연구를 하지 않고는 내실있는 결과를 얻을 수 없기 때문이다.

일곱째, 지역사회내 소그룹을 발굴하고 이들을 문화예술동아리로 육성한다. 이들을 인적자원화하여 필요로 하는 기관에 파견하고, 역량을 향상시켜 점차 취업이 가능한 전문 인력으로 키운다.

요 약

1. 여성단체 활동 지원

정부가 여성단체 지원 정책을 추진할 수 있는 법적 근거는 여성발전기본법과 이 법에 의거한 여성정책기본계획이다. 이 법에는 여성단체에 대한 재정적 지원과 위탁운영의 근거를 제시하고 있으며, 여성정책기본계획에서는 여성단체의 활동 지원과 협력 강화를 위한 세부 추진 과제와 내용이 제시되고 있다. 제1, 2차 여성정책기본계획에서 정부의 여성단체 정책이 단체의 활성화 정책에서 공동협력사업의 확대를 통한 정부정책에 여성참여 확대로 바뀌었다. 여성단체를 동원이나 계몽의 대상에서 성주류화와 협력체계 구축을 통해 여성정책을 형성하고 추진하는 파트너로 인식하게 되었다.

정부의 여성단체 지원 정책은 크게 세 가지 형태로 추진되었다. 첫째 여성단체 역량강화 사업으로 나타난다. 중앙 및 지방자치단체는 유사한 사업을 실시하였다. 즉, 여성단체 지도자의 리더십 향상 교육, 단체 활성화 프로그램 실시, 여성단체 정보 자료 수집 및 보급을 위한 소식지 발간이나 위민넷 개통, 여성발전기금 사업을 통한 여성단체 사업의 재정 지원 등을 실시했다.

둘째로 여성단체 공동협력사업을 들 수 있다. 중앙정부에서는 일반회계사업으로 추진한 반면, 지방정부에서는 주로 여성발전기금사업으로 추진하였다. 대개 기획과제와 일반과제로 이원화하여 여성단체와 유관 단체로부터 공모를 해서 사업을 선정, 실시하고 후에 평가도 한다. 중앙의 사업은 지역 균형 발전 차원에서 지방단체의 사업도 포함하여 한 해에 100개 넘는 사업이 실시되는 성과를 거두고 있다. 여성발전기금 사업도 중앙과 지방이 동시에 실시하였는데, 중앙과 지방이 차이가 있다. 중앙의 경우 일반예산으로 시행하기 어려운 장기적인 사업으로 여성정책기본계획에 포함된 사업을 실현하는 방향에서 사업이 선정 시행되고 있는데, 이에 반해 지방자치단체의 발전기금 사업은 기획사업과 일반사업으로 나누어

공모를 통해 선정, 실시하고 있다. 여성발전기금은 16개 시도는 모두 조성하였으며, 기초자치단체는 많은 단체가 조성 중에 있다.

셋째, 정부시설 위탁운영을 들 수 있다. 여성문제를 해결하고 여성의 지위향상을 위한 여러 가지 시설을 여성단체에 위탁을 주어 운영하는 것이다. 이들 대부분의 사업은 여성단체들이 법률제정운동을 통해 제정된 법정 시설이고, 때로는 정부가 자체 사업소로 운영하다가 조직의 구조조정과 사업의 효율성을 위해 민간 여성단체에 위탁 운영하는 예이다. 성폭력·가정폭력상담소, 성폭력·가정폭력 피해자보호시설, 성매매 피해자자활사업 등을 비롯하여 최근에 설치되고 있는 건강가정지원센터, 서울시의 여성발전센터 등을 들 수 있다. 사업내용별로 볼 때, 여성인권 사업·여성직업능력개발 사업·가족지원사업·여성사회교육사업 등 네 가지로 분류할 수 있다. 앞으로 여성단체는 전문화가 진척되고 유능한 여성인력풀이 강화될 것이다. 또한 정부는 작은 정부와 효율성이 강화되고 민간부문과 협치(governance)가 더욱 강조될 것이다. 이러한 추세가 지속되는 한 정부의 여성단체 위탁운영 사업은 계속 확대될 것으로 보인다.

마지막으로 여성단체 지원정책에 대한 정책 대안으로 첫째, 여성단체의 역량 강화를 위한 실효성 있는 조치가 마련되어야 하며, 둘째, 개별 여성단체와의 공동협력사업 과제에 대한 재정 지원의 규모를 확대해 나가며, 셋째, 여성단체에 대한 정부사업 위탁 분야를 성주류화 사업 부문으로 확대하는 것을 들 수 있다.

2. 여성자원봉사활동의 참여

우리나라에서 정부가 자원봉사활동을 지원·육성하기 위한 법적 근거로 「자원봉사활동기본법」이 있으며, 이 법에서는 자원활동자를 보호하거나 우대하는 제도와 자원활동의 종합적인 진흥제도를 규정하고 있다. 그 외에 여성자원활동을 지원하는 법으로 「여성발전기본법」, 청소년자원활동을 지원하는 법으로 「청소년기본법」 등 일부 인구집단에 관련된 법, 사회복지 자원봉사활동의 지원육성과 관련해서 「사회복지사업법」 등의 법도 제정되어 있다.

여성자원활동을 지원·육성하기 위한 공공정책은 여성가족부, 행정자치부, 보건복지부 3개 부처에서 각각 다른 법과 다른 자원봉사센터 및 지원조직을 설립하여 여성자원활동을 육성하고 있다.

여성가족부에서는 여성정책본부 협력지원팀과에서 여성자원활동 지원 정책은 담당하고 있으며, ①여성자원봉사의 전문화 정책, ②여성가족부 특성에 맞는 여성자원활동 영역을 구축하고 기능을 특화하는 정책, ③여성자원봉사자 격려 및 인정 정책으로 여성자원봉사활동 유공자를 포상하고 여성자원봉사자 상해보험 가입을 지원하고 있다.

행정자치부에서 여성자원활동 지원 정책을 담당하는 부서는 균형발전지원관 참여여성팀이며, ①시민사회의 참여기반 조성의 하나로 자원봉사 활성화를 통한 민관 파트너십 형성 ②세부사업으로 자원봉사 진흥 기본계획(5개년) 및 시행계획 수립, 자원봉사센터 · 단체 간 정보네트워크를 구축, 참여의 접근성 확보 등을 주요 정책으로 하고 있다.

그리고 보건복지부에서 자원봉사를 육성시키는 정책을 수립하는 법적 근거는 「사회복지사업법」 제9조와 동법 시행령 제25조 제2항에 마련되어 있다. 보건복지부에서 자원봉사업무를 담당하고 있는 부서는 사회복지정책본부 민간복지협력팀이며, 자원봉사정책은 한국사회복지협의회와 각 시 · 도사회복지협의회에 사업을 위탁하여 자원봉사를 육성하는 정책을 갖고 있다

보건복지부의 자원봉사정책은 사회복지협의회를 지원함으로써 간접적으로 자원봉사를 육성하는 정책을 실시하고 있다. 주요 정책은 ①한국사회복지협의회의 자원봉사인증사업을 지원하여 사회복지봉사활동의 인증관리사업 및 정보관리 DB 운영 실시, ②한국사회복지협의회의 자원봉사전산망(복지넷) 육성, ③사회복지봉사활동 인증센터의 자원봉사자를 대상으로 상해보험 가입사업 지원, ④ 자원봉사활동 마일리지 카드 등 인센티브 제공 등이다.

3. 여성의 문화 활동 참여

여성문화활동 지원 정책은 문화관광부가 주무부처로 여성가족부와 지방의 여성정책 담당부서의 업무 가운데 비교적 비중이 적은 업무라 할 수 있다. 그러나 앞으로 문화의 세기, 여성의 시대를 맞아 그 중요성이 커지고 있다.

여성문화지원 정책은 여성문화정책에서 성별영향 평가가 강화되고 있으며, 지역사회내의 여성문화 활동을 강조하고 있으며, 여성문화인력 양성을 강조하여 문화생산자로서의 여성의 역할을 모색하고 있다. 또한 한국 여성사에 관심을 표명하고 있으며, 여성문화 지원정책에 있어서도 문화산업으로서의 발전을 모색하고 있다.

여성문화는 '여성의 문화'와 '여성주의 문화'라는 두 가지 개념을 모두 포괄하였다. 여성문화정책 업무에 대해 문화관광부와 서울시가 구체적인 계획을 수립한 것으로 나타난다. 문화관광부는 2004년의 '창의 한국'에 추진과제로 '양성평등 문화 확립'이 포함되었으며, 서울시도 2005년 '문화로 행복한 서울을 위한 문화비전 서울 2015'에서 특성화된 네 가지 여성 관련 문화정책과제를 제시하였다.

여성의 문화활동 지원 정책은 여성문화 활동의 인프라 구축, 여성의 문화 창조 활동 지원, 여성단체의 문화활동 지원, 지역사회 여성문화 유산의 발굴과 관광산업화 추진 등으로 나누어 추진되었다. 우선 정부는 문화 향수자로서의 여성의 문화 참여 기회를 확대하기 위한 행

사, 프로그램에 참여할 수 있는 기회를 제공하였으며, 실태조사와 연구를 통해 여성들을 위한 편의시설 등을 개선했으며, 성별 영향 평가 분석을 실시하였다. 문화창조자로서 여성의 능력을 배양하기 위해 강사풀제와 문화산업 아카데미를 실시했다.

문화관광부에 등록한 여성단체를 대상으로 이들의 문화활동에 대해 재정적 지원을 하였다. 지역사회 여성문화 유산을 발굴하고 이를 관광산업과 연결함으로써 새로운 문화정책의 모형을 제시했다.

여성문화정책은 문화관광부를 주무부처로 하여 추진되고 있는데 아직 궤도에 오르지 못했으며, 여성가족부나 지자체는 부진하다고 평가할 수밖에 없다. 이에 대해 정책과제를 제안하면 다음과 같다. 문화정책 전반에 양성평등의 관점을 통합하기 위한 담당기구 정비 등 제도적 기반을 조성하며, 여성문화 전문인력 확대를 위해 관련 교육에서 여성 할당제와 같은 제도적 장치를 마련하고, 여성의 문화예술 활동을 실질적으로 지원하기 위해 복합예술문화센터를 설립한다.

마지막으로 지역사회 중심의 여성문화 지원 정책을 추진해 나간다. 지역사회의 여성회관 등을 거점기관으로 지정하고, 이곳을 중심으로 문화 관련 교육, 자원봉사활동, 여성문화유산 발굴, 여성문화예술동아리 육성 등이 이루어질 수 있도록 지원한다. 이를 통해 지역사회 내 여성들의 문화활동이 단순한 취미 활동을 넘어 자아실현의 기회가 되어 인적 자원으로 발전하는 것이다.

연구 및 토의과제

1. 여성단체 활동 지원

1) 여성단체 활동에 대한 인지도를 알아보기 위해 현재 활동하고 있는 여성단체의 이름을 열거해보고 그들의 활동내용에 대해 조사하고 토론한다.
2) 지역사회의 발전과 여성단체의 역할에 대해서 생각해 본다.
3) 최근 여성단체가 제기하는 사회적 이슈는 어떤 것이 있으며, 이들의 문제제기 방식이나 이에 대한 일반의 여론 반응에 대해 토론한다.
4) 정부와 여성단체의 올바른 관계정립을 위해서는 선행되어야 하는 것들에 대해 토의한다.
5) 우리나라 여성운동과 여성단체 활동의 특색을 살펴보고 외국의 그것과 비교해본다.

2. 여성자원활동의 참여

1) 우리나라 여성가족부, 행정자치부, 보건복지부의 여성자원봉사정책을 비교하시오.
2) 지역자원봉사센터의 사례를 통해 운영상의 문제점에 대해 토론하시오.
3) 자원봉사 인증관리사업의 유용성 및 문제점에 대해 토론하시오.

3. 여성의 문화 활동 참여

1) 우리 주변의 여성들이 많이 참여하고 있는 문화 프로그램에는 어떤 것들이 있으며, 이들이 이런 프로그램에 참여하는 이유, 프로그램의 내용, 참여의 효과 또는 결과에 대해 알아본다.
2) '여성주의 문화'의 범주에 들어가는 영화나 공연, 행사를 찾아본다.
3) 여성들에게 유망한 문화산업분야는 무엇이며, 이것이 여성에게 유망한 이유가 무엇이며, 구체적으로 어떤 직종들이 있는지 살펴보자.
4) 정부가 여성들의 문화활동과 문화산업 참여 확대를 위해 지원해야 하는 이유가 무엇인지, 또 어떤 지원이 있는지 생각해 본다.

참 • 고 • 문 • 헌

고토 카즈코 엮음, 임상오 옮김(2001). 「문화정책학」. 시유시.
경기도(2003a). 「2003년도 주요업무 보고」.
경기도(2003b). 「2002 경기여성백서」.
경기도(2003c). 「경기도 여성발전5개년 시행계획」.
경기도 제2청사(2003). 「2003년도 주요시책 회의자료」.
경기도(2005). 「2004 경기여성백서」.
경기도(2006). "2006년도 가족여성정책설명자료".
김성경(1999). 「여성자원활동의 현황과 육성방안」. 한국여성개발원.
김양희 · 이춘아 · 김이선(1994). 「여성의 문화활동 현황과 발전방향에 관한 연구」. 한국여성개발원.
김엘림(1996). 「여성발전기본법의 내용과 과제」. 한국여성개발원.
김재인 · 정숙경(1998). 「여성의 문화활동 활성화 방안 연구 – 여성단체 역할과 정책 지원을 중심으로 – 」. 한국여성개발원.
김재인 · 조연숙(2002). 「여성정책 수행평가에 관한 연구」. 한국여성개발원.
김홍숙(1998). 「여성단체에 대한 정부 재정지원의 평가 및 대안에 관한 연구」. 한국여성개발원.
류정아 · 김이선(2004). 「여성문화정책 수립을 위한 기초연구: 성인지적 관점에서 본문화정책」. 한국문화관광정책연구원.
보건복지부(2006). 「2005 보건복지백서」.
서울특별시(2005a). 「2004 서울여성백서」.
서울특별시(2005b). 「2005 통계로 보는 서울여성」.
서울특별시 여성가족정책관(2006). 「서울, 세계 일류도시 2006 주요업무계획」.
신경희(2005). 「서울시 문화정책의 성별영향평가 연구」. 서울시정개발원.
양애경 · 이춘아(2003). 「여성문화정책의 방향과 실행과제 개발 연구」. 한국여성개발원.
양현미(2003). "성인지 관점에서 본 문화정책의 현황과 과제 – 문화관광부를 중심으로 – ". 「2003년도 제13차 춘계학술대회 자료집」.
여성가족부(2005). 「2004 여성백서」.
여성가족부(2006). 「2006년도 주요업무계획 여성에게 도약을 가족에게 희망을」.
여성부(2002a). 「여성단체 현황」.
여성부(2002b). 「2003～2007 제2차 여성정책기본계획」.
여성부(2003a). 「2002 여성백서」.
여성부(2003b). 「제1차 여성정책기본계획('98～2002) 주요 추진 성과(중앙행정기관)」.
여성부(2003c). 「제2차 여성정책기본계획(2003～2007) 2003년도 시행계획」.
여성부(2004a). 「지자체 성 주류화 기반분석 및 여성부와의 연계방안」.
여성부(2004b). 「문화기반시설과 생활체육시설의 성별영향 분석 평가」.
여성특별위원회(1998). 「제1차 여성정책기본계획 1998년도 시행계획」.

이수연 외 3인(2005). 「문화관광정책의 성 분석 및 성 주류화 방안」. 한국여성개발원.
정현주(2004). "대한민국 제1공화국의 여성정책 연구". 이화여대 대학원 박사학위논문.
조경원(1997). "한국 문화의 현대적 변용과 여성교육의 과제: 양성평등한 문화 발전을 위한 여성교육의 방향". 「교육철학」, 18, 한국교육학회 교육철학연구회.
한국여성개발원(1994). 「전국여성단체명록」.
한정자 · 함인희(2000). "지역여성단체 현황과 활성화 방안연구". 「여성학논집」제17집. 이화여대 한국여성연구원.
한국자원봉사단체협의회(2001). 「한국자원봉사단체 현황 연구조사」.
행정자치부(2002). 「여성정책우수사례집('99～2001년) 여성정책 벤치마킹 해보자!」.
행정자치부(2006a). 「2005년 자원봉사센터 현황」.
행정자치부(2006b). 「2006년도 업무계획」.
Connors, R. D. (ed.)(1995). *The Volunteer Management Handbook*, John Wiley & Sons, Inc.
Hall, M., McKeown, L. & Roberts, K. (2001). *Caring Canadians, Involved Canadians Highlights from the 2000 National Survey of Giving, Volunteering and Participating*, Ottawa : Statisics Canada.
Independent Sector(2001). Giving and Volunteering in the United States.
Salamon, L. M. et. al. (eds.)(1999). *Global Civil Society : Dimensions of the Nonprofit Sector*, Baltimore, MD, Johns Hopkins University Center for Civil Society Studies.
Smith, J. D. (1998). The 1997 National Survey of Volunteering, London : The National Cetre of Volunteering.
http://www.mogef.go.kr(여성가족부)
http://www.mogaha.go.kr(행정자치부)
http://www.mohw.go.kr(보건복지부)
http://www.kncsw.or.kr(한국사회복지협의회)
http://www.bokji.net(복지넷)

제12장 정보화와 여성

임 선 희(충남대학교 인문대학 교육학과 교수)

제1절 정책 추진 경향성

지식정보사회에서는 지식과 정보를 어떻게 활용하느냐에 따라 개인의 소득과 삶의 질이 달라지고 지식과 정보의 활용 격차는 사회경제적 문제가 되고 있다.

우리나라의 여성정보화 정책은 1983년 여성정책심의회가 설치되고 1988년 정무장관(제2)실과 1998년 여성특별위원회가 설치되고 법무부, 행정자치부, 교육부, 노동부, 보건복지부, 농림부 등 6개 중앙부처에 여성정책담당관실이 설치되면서 여성정책은 사회의 모든 분야에서 여성의 지위와 권익을 향상하고 남녀가 평등한 사회를 이루려는 적극적이고 포괄적인 정책으로 발전하는 가운데 시작되었다.

이는 정보화의 급속한 진전으로 인해 계층간, 지역간, 연령간, 성별간 정보접근의 불균형과 정보이용능력의 불균형으로 인한 정보격차 문제가 심각한 사회문제로 대두됨과 동시에 지식정보사회에 여성인력이 주류화될 수 있도록 고용상의 평등을 이룩하고 모든 영역에서의 여성활동을 확대해 나가고자 하는 배경에서 여성정보화 정책의 필요성이 대두되게 되었다.

여성부가 설립된 2001년 이후 여성정보화에 대한 체계적인 정책이 필요해짐에 따라 2002년 「여성정보화촉진기본계획」(2002～2006)을 마련하였고, 2002년 여성정보화추진분과위원회가 신설되면서 여성정보화촉진 시행계획 수립, 여성정보화 추진실적 평가에 관한 사항, 국가의 여성정보 촉진을 위한 사항을 심의 · 의결하고 있다. 2004년 7월 직제 개편 이후 여성부의 여성정보화 업무는 총무과 내에 정보화업무 총괄 기능을 두고 공보관실에서 사이버 홍보 업무를 담당하고 있다.

1997년에 발표된 제1차 「여성정책기본계획(1998～2000)」에서는 “건강한 가정을 구현하고 국가와 사회발전에 남녀가 공동으로 참여하고 책임을 분담하는 사회시스템 구축”을 목표로 삼고 이를 실천하기 위한 20개의 여성정책과제 중 여성정보화와 관련된 과제가 포함되었고, 제 2차 「여성정책기본계획(2003～2007)」에 의해 진행되고 있다.

또한 여성부(여성가족부)의 제 1차 여성정책기본계획, 제2차 기본계획과 2002년 여성정보화촉진기본계획에서 제시한 여성정보화 정책 방향에 따른 추진과제들 외에 중앙정부 수준에서 여성정보화는 여성을 대상으로 하고 있기 때문에 교육, 노동, 복지 등 기능별로 여러 분야를 포함하고 있다. 즉 정보통신부, 교육인적자원부, 행정자치부, 노동부, 산업자원부 등 각 부처와 기관들에서 정보화교육, 여성정보체계 및 정보네트워크 구축 등에 중점을 두고 여성정보화 정책이 동시에 추진되고 있다.

지방자치단체들에서는 1990년대 후반부터 2000년대에 이르면서 각 시 · 도별로 지역여성을 위한 중장기발전계획 수립이 이루어지면서 지역여성들을 위한 여성정보화정책들을 추진하는 경향이 나타나게 된다.

우리나라의 여성정책 추진체계는 여성가족부, 중앙행정기관, 지방자치단체들로 구분될 수 있으며, 여기서도 여성정보화 정책 현황을 3개 여성정책 추진기구를 중심으로 살펴보고자 한다.

제2절 정책현황

1. 국가수준의 여성정보화 정책과제

가. 「여성정책기본계획」과 여성정보화

1995년 여성발전기본법(정무장관(제2)실, 1995)이 제정되면서 여성정책에 대한 기본계획을 5년마다 수립하도록 하는 규정이 신설되었으며, 이에 따라 1997년 제1차 여성정책기본계획(1998~2002)(정무장관(제2)실, 1997)이 발표되었다. 이 계획에서는 "건강한 가정을 구현하고 국가와 사회발전에 남녀가 공동으로 참여하고 책임을 분담하는 사회시스템 구축"을 목표로 20개의 정책과제를 제안하고 있으며, 3개 과제가 지식정보사회에 대비하여 여성의 경쟁력을 강화하기 위한 정보화과제들을 포함하고 있다.

<표 12-1> 여성정책기본계획 중 정보화 관련 과제

20대 정책과제	주요 세부과제
1. 사회전반의 성차별적 제도 및 의식의 개선	- 여성정보체계 구축 - 여성관련DB 구축 및 국내외 여성계와의 연계체제 구축 - 여성대상 정보교육 프로그램 실시

8. 여성전문인력의 적극적 양성	-여성에 대한 정보화교육 지원
9. 여성의 평생교육 지원	-여성사회교육프로그램 및 교육자료 개발, 보급 -여성사회교육관련 자료를 공유할 수 있는 정보망 구축

출처 : 정무장관(제2)실 (1997). 「제1차 여성정책기본계획(1998~2000)」

제2차 여성정책기본계획의 추진 기간은 2003년부터 2007년으로 5년간 중앙부처 및 지방자치단체의 분야별 여성정책의 목표와 방향을 제시하였는데 정부정책에 양성평등 관점을 통합하기 위한 정책 및 양성평등한 가족정책의 기반조성 등 새로운 정책환경에 부응한 정책을 포함하고 있다. 10대 핵심 정책과제중 "여성인적 자원의 개발과 활용"에서 3-1.여성과학기술인력 육성 및 지원, 3-2.여성농업인의 능력개발 및 전문인력화, 3-3.여성창업활성화 및 여성기업 경쟁력 제고, 3-4.여성정보화 촉진, 3-5.여성의 평생교육 참여여건 강화 등의 추진계획이 제시되고 있다. 2003년에는 중장기 정보화 전략계획(ISP)을 수립하여 여성정보화를 종합적 · 체계적으로 추진하기 시작하였다.

나. 여성정보화촉진기본계획의 여성 정보화 정책

여성가족부의 여성정보화정책의 중점 과제들은 저변화를 위한 여성의 정보접근 및 기반구축, 전문화를 위한 여성의 정보능력 제고, 활성화를 위한 민간부문 정보화 활성, 평가를 위한 여성정보화 실태 조사에 따른 정책평가, 국제협력을 위한 국가간 정보화 협력 등이 있다.

중점과제 및 세부 추진과제는 각각 다음과 같다.

<표 12-2> 여성정보화추진 기본계획(2002-2006)중점 과제

구 분	중점과제	세부 추진과제
저변화	여성의 정보접근 및 기반구축	-Women-net 구축 · 운영 -자원봉사 네트워크 구축
전문화	여성의 정보능력 제고	-여성 IT전문인력 양성 -사이버 여성IT전문교육
활성화	민간부문 정보화 활성화	-여성단체 IT분야 활성화 사업 지원
평 가	여성정보화 실태 조사에 따른 정책평가	-여성정보화 실태조사 및 지표개발
국제협력	국가간 정보화 협력	-아 · 태지역 온라인 교육센터 구축 · 운영 -여성 정보통신 기술능력 배양을 통한 중소기업 및 영세기업의 활성화

1) 여성의 정보접근 및 기반구축

가) Women-net 구축 및 운영

▶필요성

○ 여성들이 인터넷을 일상에서 적극 활용할 수 있는 공익적인 사이트를 개설하여 여성의 정보화 역량을 자극하고 지식정보화 사회에 참여할 수 있게 할 필요성 증대.

○ 디지털 여성부 구축을 통한 남녀평등사회 실현과 여성관련 각종 on-line 단체들의 허브사이트 역할을 수행할 수 있는 네트워크 구축의 필요성 대두.

▶추진목표

○ 여성인력의 전문화 · 고급화를 통한 여성의 사회참여확대

○ 여성의 국내 · 국제 연대의 허브기능 수행

○ 잠재인력 양성을 위한 온라인 상담 등 전문인력 네트워크 체계 구축

나) 자원봉사 네트워크 구축

▶필요성

○ 증대하는 자원봉사의 수요에 능동적으로 대응하고, 자원봉사의 체계적인 발전과 활성화를 위해 전국적으로 체계적인 자원봉사관리를 위한 자원봉사 종합정보시스템 구축

▶추진목표

○ 자원봉사활동의 다양한 프로그램을 개발하고 보다 전문적인 활동 영역을 확보하는데 필요한 인프라 구축과 자원봉사인증제 도입을 통한 자원봉사활동 활성화 지원

2) 여성의 정보능력 제고

가) 여성 IT전문인력 양성

▶필요성

○ 우리나라 여성의 경제활동 참가율의 주요한 특징 중 하나가 20대 후반과 30대 초반의 참가율이 현저히 낮은 M자 형태를 띠고 있다는 점임. 이는 자녀양육의 부담이 개별 여성에게 부가되고 있으며, 여성의 노동시장 경력이 출산과 양육으로 인하여 단절되는 것을 의미함. 이에 따라 재취업을 원하는 주부 등을 대상으로 IT분야 교육의 필요성이 대두되고 있음.

▶추진목표

○ 결혼, 임신, 육아 등의 이유로 비경제 활동인구에 포함되어 있는 여성을 대상으로 여성유망직종(PC 정비사 등)을 발굴하여 이에 대한 재취업 교육 실시
○ 교육훈련체제 수립
○ 교육용 교재개발
○ 위탁교육기관 공모 및 계약
○ 교육생 모집 홍보 및 선발
○ 교육실시

나) 사이버 여성IT전문교육

▶필요성

○ 정보통신의 발달로 시간 · 비용을 절감할 수 있는 보다 효율적인 사이버교육을 가능하게 하고 있어 지식 정보사회에 부합하는 여성인력양성을 위한 통합적이고 체계적인 시스템을 마련할 필요가 있음.
○ 기존에 여러 기관에서 수행하고 있는 정보화 교육의 경우 교육 이수 후 관련분야의 취업과 연계되지 못하거나 교육내용이 현장 수요를 제대로 반영하지 못하는 경우가 많아 IT산업 현장에서 즉시 활용 가능한 교육프로그램 개발이 절실해 지고 있음.

▶추진목표

○ 사이버 여성IT전문교육 체계를 구축하여 여성의 경제 및 사회 활동 참여를 증진시킴.
○ 단계별 세부추진목표

▶세부 추진과제

○ IT분야 개설과정 수요조사
○ 사이버 여성IT전문교육 훈련 체제 개발
○ 온라인 시스템 구축
○ 온라인 교육 S/W 개발
○ 오프라인 교육을 실시할 실습교육기관 3～5곳 선정
○ IT분야 코스웨어 개발
○ 온라인/오프라인 교육 및 평가
○ OJT 교육 및 취업 연계

3) 민간부문 정보화 활성

가) 여성단체 IT분야 활성화 사업지원

▶ 필요성

○ 예산 및 전문인력 부족으로 다른 분야에 비해 뒤처진 여성단체 정보화 역량을 제고

○ 궁극적으로 IT 관련분야로 여성단체의 활동영역을 확장시키는데 기여하고자 함.

▶추진목표

○ NGO의 IT사업 역량강화 및 자활능력 배양

○ Cyber를 통한 공익활동 및 남녀평등의식 확산

○ GO와 NGO 협력네트워크 기반구축

▶세부 추진과제

○ 공모대상

– 2001 여성단체IT사업 선정 단체

– 여성관련 사업을 하는 여성단체 및 일반시민단체

○ 공모주제 : 여성단체IT사업 활성화 사업

○ 선정 : 여성단체IT사업선정 심사위원회 구성

4) 여성정보화 실태 및 지표에 따른 정책평가

가) 여성정보화 실태조사 및 지표개발

▶필요성

○ 여성이 지닌 사회적 특성을 고려하지 않는 일반적인 정보화정책의 시행으로 오히려 남녀간 정보격차가 더욱 심화되는 원인이 될 수 있다는 점에서 정보화에 있어서 여성 각 부문의 현황 및 문제점을 분명하게 드러낼 수 있는 지표를 개발하여 여성정보화정책 수립에 반영하고자 함.

▶추진목표

○ 여성정보화 실태 및 여성 내 각 부문별 정보격차 현황 파악

○ 여성정보화 지표 개발과 시계열 분석을 통한 변화 추이 분석

▶세부 추진과제

○ 격년 간격으로 여성정보화 실태조사

5) 국가 간 정보화 협력

가) 아 · 태지역 온라인 교육센터 구축 · 운영

▶ 필요성

○ 지식정보화 사회에 부응하여 아 · 태지역 여성의 정보화 역량을 제고하고자 IT분야 지식 및 노하우를 서로 공유할 수 있는 네트워크 구축 및 운영

▶ 추진과제

○ 아 · 태지역 온라인 교육센터 구축

○ 각국 IT 트레이너를 대상으로 워크숍을 개최하여 요구사항 수렴

○ 각국 여성단체나 여성 트레이너들이 보유하고 있는 Know-how나 자료를 데이터베이스에 저장

○ 저장된 자료를 온라인 교육센터 웹사이트를 통해 다른 여성이나 여성단체가 참고하여 교육을 하거나 ICT를 활용하는데 이용

○ 온라인 교육센터에서 교육을 마친 여성이나 여성단체들은 다시 자신들의 경험을 웹사이트에 입력

나) 여성 정보통신 기술능력 배양을 통한 중소기업 및 영세기업의 활성화

▶ 필요성

○ 중소 · 영세기업이 대부분인 여성기업인에게 IT기반의 기업역량을 강화하기 위한 APEC 사업을 여성부가 주도하고자 함.

○ IT기반의 경제경영 활동에 핵심적인 역량을 배양할 수 있는 한국형 여성IT 모델을 개발하여 APEC에 확산 · 전파시킴으로써 국제사회에서 IT 리더국으로서의 역할을 수행하고 여성의 경제활동을 강화함.

▶ 추진계획

○ IT 전문업체, IT인력개발기관(학계, 연구소), APEC 지역전문가 등으로 구성된 컨소시엄 형태로 연구개발

○ 2002년 APEC 여성장관회의 및 관련 회의기구를 통해 연구 프로젝트 발표 및 시범사업 추진

2. 정부부처별 여성정보화 정책

정부부처별로 실행되고 있는 여성정보화 정책들은 다음과 같다.

<표 12-3> 정부부처별 여성정보화사업의 내용 및 추진현황

소관부처	추진 사업의 내용
정보통신부	▷ 정보통신 여성전문인력양성을 위한 사업추진(1998년부터) -여자대학부설 교육기관 및 창업지원센터 지원 -계층별 · 지역별 정보통신 전문교육 지원(초중고학생/대학생 및 대졸미취업자/전업주부/여성단체종사자 등) -여성/시민단체의 컴퓨터교육, 정보화마인드 확산을 위한 과정, 문화행사 등 지원(정보통신부 산하 정보문화협의회 주관으로 1998년 32개 단체) ▷ 주부인터넷교육사업(2000.3~2001.12) ▷ 여성정보화교육 지원 -여성인력개발센터 등에 교육기자재 지원: PC, 네트워크 장비, S/W 등 교육용 기자재 지원 ▷ 우체국 정보교육센터 확대 ▷ 온라인 정보화 교육 시스템 "배움나라" 운영(2001년 9월부터) ▷ e-Korean 정보화중급교육과정 운영(2001년 10월부터)
행정자치부	▷ 지역주민에 대한 정보화교육 확대 -시군구, 동사무소 등에 정보화교육장 확충(2000년부터) -전업주부, 자영업자 등에 대한 정보화교육 확대
교육인적자원부	▷지역주민에 대한 정보화교육 지원 -학부모 및 지역주민의 정보화교육을 위한 방과후 또는 방학중 학교 컴퓨터실 습실 개방 -학부모 인터넷 교실 -여학생정보화 능력 신장사업
여성부	▷ 여성인력개발센터를 통한 교육 -여성대상 무료 기초정보화교육 실시 -실직여성가장 취업훈련(웹마스터, 홈페이지 제작 등) -IT분야 주부 재취업과정 운영 ▷ 사이버 여성IT전문교육(2002년부터)
노동부	▷ IT분야 직업훈련교육
산업자원부	▷ 여성 e 비지니스 사이버 아카데미

가. 정보통신부

1) 초중고 여학생 정보화 교육 사업

1998년 여성이 초중고 때부터 정보화에 소외되지 않도록 하기 위해 한국걸스카웃연맹 서울 및 대전 · 충남회관에 정보교육원 구축을 지원하여(총 5억원) 컴퓨터교육을 실시하고 방학기간 중 사이버캠프 등을 개최하여 여학생의 정보마인드 향상을 도모하였다.

2) 주부인터넷교육 지원사업

남성에 비해 정보화교육을 받을 기회가 적은 여성을 대상으로 정보화교육을 시행함으로써 정보격차의 해소를 위해 2000년 3월부터 2001년까지 전국 1,057개 컴퓨터학원을 지정하여 주부대상의 '주부인터넷' 교육을 시행하였다. 당초에는 100만 주부를 목표로 하였으나 주부들의 호응에 따라 목표를 200만 명으로 상향 조정하고 지정학원도 추가하였다. 교육은 월 20시간(1개월)과정이며 교육비는 월 1～2만원으로 저렴하며 정보통신부는 수강료 인하분에 대하여 기존에 40%로 할인되고 있던 학원 인터넷 전용선 요금을 60%로 확대하고, 소프트웨어 및 하드웨어 구매를 지원하였다. 교육내용은 컴퓨터 기초교육과 E-mail사용하기, 주부들의 일상생활과 밀접한 관련이 있는 인터넷홈쇼핑, 전자우편, 취미생활 정보검색과 자녀교육을 위한 음란물차단법 등을 위주로 구성되어 있다.

3) 우체국 정보교육센터 운영

국민들에게 정보화 마인드를 제공하고 정보기기와 정보활용능력을 향상시켜 정보격차를 해소하기 위한 목적으로 정보화교육기회가 적은 중소도시 및 농촌지역 주민들에게 교육기회를 제공할 수 있는 우체국 「정보교육센터」가 운영되고 있다. 전국 각 지역에 골고루 분포되어 있고 지역주민들이 쉽게 접근할 수 있는 우체국을 지역주민들의 정보화교육 거점으로 활용할 목적으로 1999년부터 2002년까지 중 · 소도시의 4 · 5급 관서 우체국(233개소)중 여유공간을 활용할 수 있는 곳을 대상으로 2002년까지 전국적으로 100개의 정보교육센터를 설치하고 36만 명에 이르는 지역주민에게 정보화교육 실시계획을 세웠다.

우체국 정보교육센터의 교육내용은 대개 4주 단위의 종합과정(총 40시간/1일 2시간씩) 과 1주 단위의 기본과정으로 수요자의 편의에 맞춰 주야간으로 나눠 실시되었으며, 교육과목은 윈도우, 워드, 스프레드시트, PC통신, 인터넷 등 일상생활에 필요한 기초교육 중심으로 운영되고 있다. 정보교육센터는 지역주민들의 정보이용능력 향상을 위하여 부대시설로 "인터넷 플라자"를 갖추고 있으며, 여기에서는 무궁화위성과 초고속인터넷망을 이용해 지역주민들이 초고속 인터넷 서비스를 받을 수 있는 휴식공간을 제공하고 있다.

4) e-Korean 교육사업

정보화의 저변화 및 확대를 위해 지금까지 실시해온 초급수준의 정보화교육에서 벗어나 중급수준의 정보화교육을 목적으로 2001년 10월부터 e-Korean교육사업이 실시되고 있다. e-Korean정보교육사업은 컴퓨터와 인터넷을 활용하여 가정, 직장에서 생산성을 향상시키고 건전한 정보윤리 의식의 함양과 인터넷 중독 등 정보화 역기능을 스스로 예방 할 수 있는 능력배양을 목적으로 하고 있다.

2001년 10월부터 컴퓨터학원, 정보처리학원, 대학부설평생교육원 등 500여 개 기관을 선정하여 2001년에는 총 7만 5천 명이 교육을 받도록 하였다. 교육대상은 학생을 제외한 정보화 기초소양을 갖춘 20세 이상 성인으로 1～2개월 단위로 모두 40시간 운영되며, 구체적인 교육내용은 컴퓨터 관련 과목의 단순 기초교육이 아닌 워드·엑셀 활용, 인터넷 활용, "e-LIfe" 실습, 정보윤리 등 심화된 교육과정으로 구성되어 있다. 구체적인 교육내용의 예를 들면, 여성과 관련된 교육내용으로는 워드와 엑셀을 활용하여 가계부 등의 문서를 직접 만들고, 실생활에 직접 활용할 수 있는 인터넷의 다양한 정보의 검색과 활용 및 교육, 계좌이체·조회 등 인터넷뱅킹, 사이버민원실 이용과 각종 공공요금 조회 등을 할 수 있는 전자정부 체험, 주말여행 등을 위한 숙박시설·교통편 예약 등의 내용이 포함되어 있다. 또한 사진·동영상 등 디지털 자료를 유용하게 다룰 수 있는 멀티미디어 활용과 기초적인 그래픽 S/W 활용법, 간단한 홈페이지를 직접 만들어 보는 'e-Life' 실습과 정보화 역기능을 스스로 예방하는 능력을 키우기 위한 네티켓, 인터넷중독 예방법 등 정보윤리 교육도 함께 실시하고 있다.

나. 교육인적자원부

교육인적자원부에서는 학부모 및 지역주민의 정보화교육을 위한 방과후 또는 방학중에 학교 컴퓨터실습실을 개방하고 학부모 인터넷 교실을 여는 등 지역주민에 대한 정보화교육을 지원하고 있다.

교육인적자원부의 「중장기 국가 인적자원개발 기본계획」(2001)에 의하면 "여성 인적자원의 전략적 양성과 활용" 부문에서 1.IT분야 여성인력양성, 2.고등교육기관에서 여성인력 양성체제 재구축, 3.주부인력의 사회적 활용영역 확대 등의 정책 방향을 수립하였다.

다. 행정자치부

행정자치부에서는 2000년부터 광역단체 및 시군구, 동사무소 등에 정보화교육장을 확충하여 전업주부, 자영업자 등에 대한 정보화교육사업을 추진하고 있다.

3. 지방자치단체의 여성정보화 정책

가. 자치단체의 여성정보화 정책방안

광역자치단체와 기초자치단체들도 지식정보사회에서 여성 정보화 정책의 중요성을 인식하고 여성정보화를 위한 정책방안이 제시되고 그에 따른 과제들이 추진되고 있다.

나. 지역주민 정보화 무료교육

지방자치단체에서 실시하는 지역주민정보화 사업은 주민을 대상으로 무료로 실시되는 정보화교육이다. 지역주민 정보화무료교육은 정보사회의 선진화를 앞당기기 위해서 특히 정보소외계층으로 분류되는 집단이 대상이므로 여성정보화 사업이 추진되고 있다.

교육주관의 주체로는 지방자치단체에서 주관하는 지역주민정보화교육, 도서관 및 사회복지관의 정보화교육, 정보통신부에서 관할하는 우체국 정보교육센터의 정보화교육, 기타 중앙정부에서 지역의 여성단체나 여성평생교육기관들을 지원하는 사업들이 운영되고 있다.

<표 12-4> 지방자치단체의 여성정보화 정책 현황

지역	추진실적('98~'02)
경기도	○ 도·시·군 여성회관 담당자 정보화 교육: 51명 ○ 경기여성정보화 교육: 9개과정 11개반 540명('00년) 24개 과정 24개 반 460명('02년)
강원도	○ 정보기기 및 생활기기 활용교육: 216명
충청북도	○ 여성정보화교육 실시: 도 여성회관 -컴퓨터 기초: 4회 80명 -인터넷 기초: 4회 80명
충청남도	○ 여성대상 정보교육프로그램 운영
전라북도	○ 여성정보화교육실시: 71명('99년) ○ 여성전용 정보화교육장 시설: 25석 (여성회관) ○ 여성정보화교육실시 200명(컴퓨터기초 100명, 전문기술 75명, 인터넷활용 25명)
전라남도	○ 여성정보화능력 배양 교육: 3,390명(도 448명, 시군 2,942명) -도: 여성정보화 마인드 교육 -시·군: 컴퓨터 기초교육, 심화교육(1개월 교육과정 실시) -인터넷 정보검색 및 전자상거래, D/B 구축 요령 등 ○ 여성PC이용경진대회: 2회 200명

경상북도	○ 시·군 정보교육장 활용 여성정보화교육 실시 -컴퓨터 기초, 문서작성, 엑셀, 인터넷 정보 검색 등 ○ 여성정보화 교육: 여성단체 회원, 주부, 농촌여성 등 6,032명 ○ 주부 컴퓨터활용능력 경진대회
경상남도	○ 여성 정보화 교육 -교육인원: 528,447명 중 여성 63,267명 -전 도민대상 무료 사이버 정보교육 실시
제주도	○ 여성 대상 정보화교육 -도 여성교육문화센터 및 시·군별 교육 실시

출처 : 한국여성개발원(2004).「여성정보화정책 추진 현황 분석 및 평가」중에서 정보화교육 관련 내용을 발췌하여 재구성

4. 여성 정보화 수준과 사업추진 현황

우리나라에서 여성의 정보화 수준은 남성에 비해 상대적으로 떨어져 있어 정보사회에서도 소외계층이 될 수 있다. 여성들이 지식정보사회에서 주도세력이 될 수 있도록 하고 동시에 여성인력의 효율적 활용과 이를 통한 국가경쟁력 향상을 도모하고 있다. 특히 정보통신 분야는 여성 특유의 섬세함이 발휘되어 여성이 진출할 수 있는 대표적 분야라고 할 수 있고, 게임, 애니메이션, 영상 등 멀티미디어 콘텐츠 분야와 전자상거래 분야는 여성인력의 적극적 양성과 참여를 통해서 발전할 수 있다고 전망된다.

가. 여성의 정보이용 및 정보격차

2005년 현재 우리나라 만 6세 이상 가운데 컴퓨터를 사용할 수 있다고 응답한 비율은 78.9%이며 인터넷 이용 가능자는 83.1%(2004년)에 이르고 있다.

성별에 따른 컴퓨터 사용가능 비율은, 남성이 2004년 80.3%에서 2005년 84.6%로 증가하였으며 여성은 69.4%에서 73.3%로 증가한 것으로 나타났다. 인터넷 이용가능자의 비율을 살펴보면, 남성의 경우 2003년에는 74.3%에서 2004년 81.5%로 증가하였고, 여성의 경우에는 79.1%에서 85.0%로 증가한 것으로 나타났다(통계청, 정보화 실태조사결과, 2001, 2002). 남성에 비해 여성의 컴퓨터 사용 가능자의 비율은 여전히 낮게 나타나고 있지만 남성에 비해 여성의 인터넷 사용가능 비율이 다소 높게 나타나고 있다.

<표 12-5> 컴퓨터 부문별 사용 비율

단위 : 년, %

			인터넷	자판 연습	게임 오락	멀티 미디어	업무 수행	정보 관리	교육 관련	그래픽, 프로그램 작성	기타
전국		2003	76.5	12.1	59.0	-	25.3	41.0	31.0	4.5	1.2
		2004	83.1	7.8	45.5	23.2	16.6	32.1	17.8	3.1	1.3
전국	남	2003	74.3	10.2	63.1	-	31.2	42.6	24.5	5.8	1.1
		2004	81.5	6.9	47.7	21.9	21.5	35.2	14.7	3.6	1.1
	여	2003	79.1	14.3	54.0	-	18.2	39.1	38.9	3.0	1.4
		2004	85.0	8.8	42.9	24.7	10.9	28.5	21.3	2.4	1.4

출처 : 정보통신부 한국 인터넷진흥원. 하반기 정보화 실태조사 2003, 2004. * 중복응답

여성들이 가장 많이 사용하는 컴퓨터 부문은 인터넷으로 전국 여성의 85.0%가 사용하고 있으며, 그 다음으로 사용용도가 많은 것은 게임 및 오락으로 42.9%이며, 정보관리 관련으로 사용하는 용도는 28.5%인 순으로 나타났다. 남성들이 가장 많이 사용하는 부문은 인터넷(81.5%)과 게임 및 오락(47.7%), 정보관리(35.2%)로 나타났다.

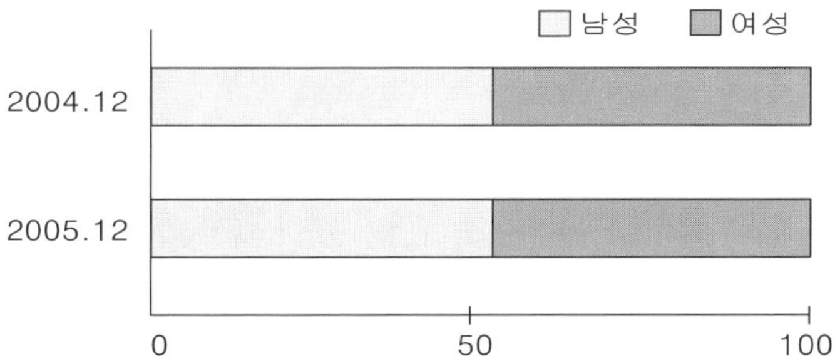

<그림 12-1> 성별 인터넷 이용자 구성비 (단위:%)

출처 : 정보통신부, 한국인터넷진흥원(2005 하반기), "2005년하반기 정보화실태조사"

2005년 성별 인터넷 이용률은 남성 78.5%, 여성 67.2%이며, 이용자수는 남성이 17,780천 명, 여성은 15,230천 명으로 나타나고 있다. 2004년 12월 대비 남성의 인터넷 이용률은 2.6%, 이용자수는 720천 명 증가했으며, 여성은 2.6%, 710천 명 증가했다. 또한 인터넷 이용자의 성별 구성비는 남성 53.9%, 여성 46.1%로 2004년 12월(남성 54.0%, 여성 46.0%)과 유사하게 나타났다.

<표 12-6> 여성의 정보이용 및 정보격차

	인식 지수	접근 지수	역량 지수	이용 지수	불평등 지수	컴퓨터 보유율	인터넷 가입률	인터넷 이용률
남자	100.0	100.0	100.0	100.0	100.0	67.8	42.8	45.1
여자	86.4	78.0	81.2	55.8	80.9	64.1	35.5	28.8
격차	13.6	22.0	18.8	55.8	44.2	3.7	7.3	16.3

출처 : 한국정보문화센터(2000), "국민생활 정보화실태 및 정보화인식조사", 한국전산원(2000), "정보격차 해소를 위한 종합방안 연구보고서".

컴퓨터 보유율과 인터넷 가입률에 있어서 성별 격차는 각각 3.7과 7.3으로 근소하며, 정보 인식지수와 접근지수의 성별 격차에 있어서도 각각 13.6과 22.0으로 그리 큰 차이는 보이지 않지만, 정보이용지수에 있어서는 성별 격차가 55.8로 큰 차이를 나타내고 있다.

나. 여성의 정보화 교육 현황

통계청이 2001년 만 6세 이상 가구원 80,000명을 대상으로 지난 6개월 동안 정보화교육을 받았는지의 여부를 조사한 결과는 조사시점으로부터 지난 6개월간 정보화교육을 받은 사람은 전체응답자의 10.4%에 해당하며 성별 교육이수 비율의 차이는 전국평균의 경우 남자 10.9%, 여자 9.8%로 나타나 남자에 비해 여자의 정보화교육 이수율이 약간 낮은 것으로 나타났다. 또한 학교에서 정규교육과정으로 받는 정보화교육 이외의 교육을 비정규교육으로 볼 때, 비정규교육을 받았던 기관에 대해 중복응답을 하게 한 결과, 공공기관을 이용하여 정보화교육을 받은 사람은 남자에 비하여 여자가 상대적으로 조금 높았고(여자 53.2%, 남자 47.7%), 또한 독학으로 정보화에 대비한 전체 응답자 가운데 소수이지만 여자보다는 남자가 2배(남8.8%, 여4.7%)정도 많은 것으로 나타났다.

제3절 정책과제 및 대안

우리나라의 정부지원 여성정보화정책사업은 주로 여성정보시스템구축과 여성정보화교육이 핵심을 이루고 있다. 그러나 실질적인 여성정보화 과정에서 그 대상이 정보취약계층으로 분류되는 주부 및 여성 노인 등으로 이제는 여성일반으로 정보화의 대상을 넓혀가는 적극적 방법을 강구하여야 할 것이다.

지식기반사회에서 요구하는 여성정보화의 발전 방향은 저변화, 전문화, 세계화를 지향하고 있다. 특히 최근 경제위기에 직면한 우리나라의 성장전략의 중요한 축이 인적자본에 있다고 볼 때, 지식정보사회에 부응하는 여성의 정보화 능력 제고와 미개발인력층인 여성인력의 정보통신분야로의 장·단기 인력양성방안과 활용을 위한 적극적 정책방안이 마련되어야 할 것이다. 동시에 여성과 관련된 정보기술과 질적 인력 기반을 확보하고 여성의 다양한 활동을 지원할 수 있는 정보화 환경을 구축하므로 여성인적자원의 양성을 통한 생산성을 향상시킬 수 있을 것이다.

이러한 발전방향에서 우리나라 여성정보화와 정책의 추진현황과 문제점을 기초로 국가수준, 중앙행정기관, 지방자치단체, 교육기관 및 관련 전문기관들의 여성정보화 발전을 위한 정책과제와 추진전략을 위한 방안을 제안하고자 한다.

1. 여성의 정보 접근 기반 구축을 통한 저변화

▶ 정보능력 수준에서 성별 격차 해소 방안 제시

- 성별 정보이용지수 격차 해소
- 여성을 여학생, 성인여성, 노인여성 등 생애주기별 대상집단으로 분류하여 집단별 정보화교육 지원
- 여성의 정보능력문해 기본교육 실시 및 확대
- 교육의 연계성을 통한 전문과정교육 확대
- 대상별·수준별 정보화교육 방법의 다양화

2. 여성정보화의 전문화를 위한 정책 강화

▶ 직업능력 개발을 위한 전문 프로그램 개발 및 제도적 지원

- 취업
- 창업 연결

▶ 정보통신 분야 여성인력 양성

- 여학생의 정보리터러시 교육 강화
- 여성의 정보통신 관련 직무영역의 확대
- 여성 과학기술 학사인력에 대한 쿼터제 실시
- 여자대학생에 대한 인턴십 제공

▶ 직업교육훈련 기관에서의 정보통신 여성인력 양성 확대

- 정보통신기술분야의 고급훈련 및 경력형성에서의 동등한 교육훈련 기회 제공
- 정보통신분야의 대졸여성 중 실업 또는 유휴인력에 대한 재교육 및 재훈련
- 기업체의 여성인력 재교육 실시를 통한 교육강화

3. 여성정보화 정책의 추진력 강화

▶ 교육, 고용, 복지, 산업, 행정 등 관련분야 정책과 연계 추진

- 여성정보화 추진을 위한 타 부처 간의 연계 강화
- 정보화 정책결정과정에 여성정보화 전문가 참여 확대

▶ 정책 및 사업의 평가 통한 여성정보화 정책 방향의 재설정

▶ 정보화 예산의 효율적 사용을 통한 효과 극대화

▶ 민간단체와의 연계를 통한 여성정보화 효과 극대화

▶ 지방자치단체와의 연계를 통한 정책 효율화 및 실효성 제고

- 여성정보화의 지역 격차 해소를 위한 방안 개발
- 여성농업인을 위한 인터넷 농업경영 후원 사업

4. 여성정보DB와 여성정보네트워크 구축

▶ 위민넷(http://www.women-net.net) 활성화

- 여성의 미진출 분야에서 사이버멘토링 활성화
- 온라인 상담 제공

▶ 여성관련기관간 정보네트워크 구축

- 국내여성관련 기관간의 정보네트워크 구축 강화
- 국제적 여성네트워크의 결성

5. 여성정보화 환경의 혁신

▶ 정책 및 사업의 평가 통한 여성정보화 정책 방향의 재설정

▶ 여성정보화 기관 · 조직이 주체가 되어 새로운 지식의 창출 · 공유 · 확산

- 여성의 정보 접근과 이용의 편의성에 관한 정보 제공의 다양화
- 여성의 정보교류 활성화

요 약

지식정보사회에서 정보재나 정보서비스의 생산 · 가공 · 공급하는 정보산업은 육체적 노동력을 많이 요구하지 않는 반면, 다양성, 창의력 등이 요구되므로 여성노동력에 유리하다고 전망되고 있다. 우리나라의 여성정보화의 수준은 성별 격차를 보이며, 특히 정보통신분야에서 여성인력의 양성과 활용은 여전히 저급한 상태에 있다.

여성정보화를 위한 정책과제로는 첫째, 여성의 정보 접근 기반 구축을 통한 저변화를 위해 정보능력 수준에서 성별 격차 해소 방안 제시, 둘째, 여성정보화의 전문화를 위한 정책 강화를 위해 직업능력 개발을 위한 전문 프로그램 개발 및 제도적인 지원, 정보통신 분야 여성인력 양성 및 직업교육훈련 기관에서의 정보통신 여성인력 양성 확대, 셋째, 여성정보화 정

책 추진상의 타 부처와의 연계를 위해 교육, 고용, 복지, 산업, 행정 등 관련 분야 정책과 연계 추진, 민간단체와의 연계를 통한 여성정보화 효과 극대화, 지방자치단체와의 연계를 통한 정책 효율화 및 실효성 제고, 넷째, 여성정보DB와 여성정보네트워크 구축을 위해 위민넷(http://www.women-net.net)활성화, 여성관련기관간 정보네트워크 구축, 다섯째, 여성정보화 환경의 혁신을 위해 정책 및 사업의 평가 통한 여성정보화 정책 방향의 재설정, 여성정보화 기관 및 조직이 주체가 되어 새로운 지식의 창출 · 공유 · 확산 등이 있다.

특히 최근 경제위기에 직면한 우리나라의 성장전략의 중요한 축이 인적자본에 있다고 볼 때, 지식정보사회에 부응하는 여성의 정보화 능력 제고와 미개발인력층인 여성인력의 정보통신분야로의 장 · 단기 인력양성방안과 활용을 위한 중앙정부와 지방자치단체의 적극적 정책방안이 마련되어야 할 것이다.

동시에 여성과 관련된 정보기술과 질적 인력 기반을 확보하고 여성의 다양한 활동을 지원할 수 있는 정보화 환경을 구축하므로 여성인적자원의 양성을 통한 생산성을 향상시킬 수 있을 것이다.

연구 및 토의과제

1. 여성들이 정보화 시대의 한 축이 될 수 있도록 교육하기 위한 방안은 무엇인가?
2. 지역의 여성 정보화 수준을 제고할 수 있는 지방자치단체의 정책을 제안하시오.
3. 정보통신분야 여성인력 양성 및 활용방안에 대해서 논의하시오.

참 • 고 • 문 • 헌

김혜경 · 백영주(2004). 「여성정보화정책 추진현황 분석 및 평가」. 한국여성개발원.
대전광역시(2002). 「대전여성백서」.
심영희(2000). "지식기반사회와 여성정보화 모델". "여성정보화 지식기반 전략: 저변화, 전문화, 세계화" 발표자료.
여성부(2002). 「여성백서」.
여성부(2004). 2003년도 정보화 지원사업- 여성정보화 촉진을 위한 정보화 전략 계획 수립 완료 보고서.
여성특별위원회(1999). 「여성백서」.
여성특별위원회(2000). '99 여성발전기금 지원사업 사업보고서.
유홍림 · 이영애(1998). 「정보화의 진전이 여성의 역할 증대와 지위 향상에 미치는 영향」. 단국대학교.
임선희(2003). 「성과 학교교육」. 충남대학교 출판부.
임선희 · 한인수(1999). 「정보화사회와 여성인력」. 세종문화사.
정무장관(제2)실(1997). "제1차 여성정책기본계획(1998～2002)".
정보통신부(1999). "2000년 정보통신 인력양성계획", 「정보통신부 정책자료」.
정보통신부 · 한국인터넷진흥원(2005). 2005년 하반기 정보화 실태조사.
정보통신정책연구원(2000). 「정보통신산업 중기전망」.
충남여성정책개발원(2002). 「충남여성 정보화 실태와 정보화능력 향상 방안 연구」.
충청남도청(2001). 「충남여성발전중장기계획」.
한국여성개발원(1997). 「여성백서」.
한국여성개발원(2004). 「2004 여성통계연보」.
한국전산원(1999). 「국가정보화백서」.
한국전산원(2000). 「한국인터넷백서」.
한국정보문화센터(1998). 「국민 정보화인식 및 정보생활 실태 조사」.
한국정보문화센터(1999). 「국민생활 정보화실태 및 정보화인식 조사」.
Greenbaum, J. (1994). *Windows on the Workplace: The Temporization of Work,* In A. Adams et. al. (eds). Women, Work and Computerization: Breaking Old Boundaries-Building New Forms. Amsterdam: North-Holland.
Hartmann, Heidi I, Robert E. Kraut, and Louise A. Tilly(Ed.)(1986). Computer Chips and Paper Clips, *Technology and Women's Employment.* National Academy Press.
Hemenway, K. Human nature and the glass ceiling Commun.ACM 38. 1. (Jan.1995).
Perry, Ruth and Lisa Greber(1990). Women and Computers : An introduction. *Signs*, 6(1).
The Office of Science & Tecnology(1995). Making The Most : Women in Science, *Engineering & Technology.* United Kingdom.
UNCSTD(1995). Science and Technology for Sustainable Human Development : The Gender Dimension.

제13장 평화 · 통일과 여성

장 혜 경(한국여성개발원 선임연구위원)

제1절 정책 추진 경향성

세계의 국가들이 이념대립을 종결하고 탈 냉전시대로 접어들면서 평화공존체제로 전환해 오고 있다. 그러나 남북의 오랜 분단 상황은 가부장적 군사문화의 고착과 문화적, 심리적, 사회적 상황 등의 단절을 심화시켜 남북평화통일을 위한 노력은 여전히 그 고리가 쉽게 풀리지 않고 있다. 이러한 가운데 6 · 15 남북정상회담은 국민들로 하여금 평화통일에 대한 염원과 그 중요성을 갖게 하였고 구체적으로 통일국가를 이룩하기 위해 무엇을 실천해야 하는가에 대한 실질적인 방안을 기대하게 하였다. 이후 정부 및 비정부기구들은 통일기반확립을 위해 다각도로 노력을 기울여 왔고 남한정부는 화해협력단계, 남북연합단계, 그리고 통일국가단계를 설정하여 이를 적극적으로 추진해 오고 있다. 3단계 통일론 중 남북한의 실질적 통합방안은 통일준비의 최종단계로 남북 상호 이해를 도모하고 통일역량을 구축, 실행해나가는 것을 목적으로 하고 있다.

이러한 가운데 여성들이 평화를 유지하고 평화문화를 형성하기 위해 수행해 온 역할에 대한 관심이 높아지면서 통일과정에서 평화운동이 갖는 중요성이 강조되고 있다.[1)] 이는 폭력을 사용하지 않은 평화적인 방법이라는 점에서 남북한 주민들의 평화의식을 갖게 할 수 있는 선결조건이 될 수 있으며, 남북한의 실질적 통합이 여성들 간의 통합으로 보다 빨리 진행될 수 있음을 의미한다. 따라서 남북한 여성들 간에 서로 밀접하게 연계되어 있는 부분들(생활문화 등)의 담론을 시작으로 상호이해를 증진시키고, 통합과정에서 여성들의 적극적 역할을 위한 구체적인 프로그램 개발과 관련 정책의 제도화 작업은 통일과정에서 매우 중요하다. 현재 유엔에서는 각 분야에의 여성참여를 중시하고 성 주류화(gender mainstreaming) 방안을 강구하고 있다.

이러한 흐름 속에서 김재인 · 장혜경(2000)의 「여성비정부기구의 남북교류협력 활성화 방안연구」는 통일과정에서 여성과 여성비정부기구들의 역할을 강조하였는데 여성들의 원

---

1) 세계여성들은 오래전부터 전쟁을 방지하고 평화문화를 확산하기 위한 활동을 적극적으로 전개해 왔다. 유엔의 북경세계여성회의 이후 평화구축에서의 여성의 역할 중에서도 특히 갈등해결과 평화협상에서의 여성참여가 강조되어 왔고, 남아프리카 공화국과 북아일랜드의 사례들은 여성연대가 갈등의 종식과 평화구축에 핵심적인 역할을 한 실증적 사례가 되고 있다 (Anderlini, 2000). 독일 또한 동서독여성들이 통일과정과 통일 후 실질적인 사회통합을 이루는데 중요한 평화적 역할을 한 국가사례로 벤치마킹되고 있는 국가이다. 이러한 사례들은 지속적인 불안정과 폭력의 세계에서 평화와 안보확립은 분쟁예방과 해결을 위한 모든 과정에서 여성의 완전한 개입을 통해 이루어질 수 있음을 보여준다고 하겠다.

활한 남북교류협력 도모가 평화적 통일실현의 주요 전략이 될 수 있음을 부각시켜 주었다. 이러한 여성역할의 중요성은 남북연합단계에서 구체적인 여성정책추진을 강조하고 있으며[2] 남북통합단계에서는 여성의 역할수행을 위한 보다 실질적인 여성정책의 제도화 방안이 강구되고 있다 (김재인 · 장혜경 외, 2002).

민족공동체통일방안

우리 정부의 통일방안으로 확립된 「민족공동체통일방안」은 통일과정을 3단계(화해 · 협력단계→남북연합단계→통일국가완성단계)로 설정하고 있다. 이 중 남북통합단계는 화해 · 협력단계에서 구축된 상호신뢰를 바탕으로 하고, 남북연합단계에서 남북 간의 교류와 협력이 더욱 활발해지고 제도화되는 단계로서, 남북통합단계는 통일된 민족국가의 형성에 이르는 동안 남북한간 민족동질성을 회복하기 위한 사회문화 · 경제적 민족공동체 형성을 그 목표로 하고 있다. 남북통합은 남북한 간의 민족공동체 의식의 회복, 공동생활권의 형성, 통일국가 형성을 위한 조직과 기능을 갖는 과도적인 협의체의 성격을 갖는다고 할 수 있다. 따라서 남북통합은 상이한 이념과 체제를 가진 남북한의 민족동질성 회복을 위한 단계설정이 필요하다는 점과 남북한의 평화적 공존이란 과정을 통하여 하나의 통일국가를 이루어야 한다는 현실인식을 바탕으로 하고 있다. 이러한 맥락에서 남북통합은 완전한 통일국가 직전 단계로서 '사실상의 통일상황'을 구현하는 단계를 의미한다.

남북간 이질화 심화, 급격한 통일시의 후유증 등을 감안할 때 통일과정은 점진적 · 단계적으로 추진되어야 할 것인 바, 「화해 · 협력 → 남북연합 → 통일국가」의 3단계 통일구도를 설정하고 있다. 먼저 「화해 · 협력」단계는 남북한이 냉전구조의 산물인 적대와 불신관계를 청산하고 신뢰 속에서 남북간 평화를 정착시키고 교류 · 협력을 활성화 · 제도화하는 「기본합의서」의 이행 · 실천단계를 의미한다. 「남북연합」단계는 「화해 · 협력」 단계를 통하여 증진된 남북 상호간의 신뢰를 바탕으로 「1민족 2국가」의 「남북연합」을 실현하고 사회 · 문화 · 경제공동체의 민족공동생활권을 구축하는 단계로서 「남북연합헌장」 또는 「민족공동체헌장」의 실천단계를 의미하고 있다. 「통일국가」 단계는 「남북연합」단계에서 구축된 민족공동생활권을 바탕으로 남북한 두 체제의 기구와 제도를 완전히 통합하여 정치공동체인 「1민족1국가」 단계로서 「통일헌법」의 실천단계를 의미한다.

---

2) 김재인 · 장혜경 외(2001), 「남북연합단계에서의 여성정책 추진방안」, 국무총리실 산하 인문사회연구회 협동과제

제2절 정책현황

1. 기본방향

남북한 실질적 통합을 위한 여성정책의 기본방향은 성인지적 관점의 통일정책수립과 집행, 통일교육강화, 남북한 여성교류협력의 활성화, 평화운동의 강화와 확대의 차원에서 모색되어져야 하며 이러한 과정에서 유사경험이 있는 베트남, 중국, 독일 등 외국의 여성그룹들과의 연구와 교류가 활성화되어야 한다.

첫째, 성인지적 관점으로 통일정책이 추진되어야 하며 이를 위한 예산이 확보되도록 한다. 남북한의 실질적 통합단계에서 여성들의 적극적인 활동이 실질적 통합으로 이끄는데 견인차 역할을 할 수 있도록 하며 남북한 사회가 공통으로 제기할 수 있는 여성의제의 발굴과 적극적인 작업의 착수 및 이를 위한 예산을 확보하도록 한다. 이를 통해 남북한의 실질적 통합을 이루는데 가장 중요한 남북한간 동질성 회복과 이질성을 극복하는데 여성들의 역량을 최대한 증진시키도록 한다.

둘째, 남북한의 실질적 통합 실현을 위한 연구 및 교육을 강조한다. 북한지역 여성 및 통일정책 전반에 대한 심층적인 연구나 준비를 체계적으로 해야 하고, 북한여성이해교육이 이루어져야 한다. 특히 이질감 극복 및 남북지역간 교류협력을 위한 시범프로그램을 개발하여 실천해 나가도록 한다.

셋째, 남북한간 교류협력을 보다 활성화한다. 남북한지역 여성간의 직 · 간접적 교류협력 방안을 강구하도록 하며, 남북한 지역의 여성간 및 지역단체간 교류 · 협력사업을 펼칠 수 있도록 한다.

넷째, 북한지역 내에 자율적인 여성조직이 형성될 수 있도록 하고, 이념을 초월하여 남북한 여성간의 원활한 대화를 위해 일정한 기간까지 제3국 여성과의 협조체제를 구축하도록 해야 한다. 즉 국제기구 및 국제여성비정부기구들과 협조체제를 구축하여 전세계적인 성 관점(gender-based)의 정책을 이슈로 북한여성들을 위한 구체적인 지원사업을 실시하며 남북한지역에서의 전국 또는 지역에 맞는 여성문제해결협의체를 구성하도록 한다.

다섯째, 남북통합추진의 핵심적 역할을 할 수 있는 여성평화운동을 강화하며 통일문화를 적극적으로 전개하도록 한다. 21세기의 발전, 안보와 평화 수립을 위한 새로운 비전은 평등과 인간안보에 기반을 두어야 하기 때문이다. 불평등과 폭력을 배제하고, 다양한 갈등상황에서 지속 가능한 발전을 이룰 수 있도록 하기 위해 여성들이 평화수립과 정책결정의 통합적 역할을 수행해 나가도록 해야 한다.

2. 효과적인 정책수행을 위한 기반구축

남북한의 실질적 통합을 이루기 위하여 남한이 준비해야할 가장 기본적인 과제는 세계화, 정보화에 대응하는 여성정책의 구축이며, 이를 통한 남한의 여성정책역량이 북한의 여성문제를 함께 해결할 수 있는 것이라고 할 수 있다. 즉 실질적 통합을 이루기 위한 여성정책은 우선적으로 현재까지 이루어 놓은 여성정책에 관한 입법들이 평등사회실현을 위하여 제대로 기능할 수 있도록 함으로써 통일을 준비할 수 있는 여성정책적 역량을 도모하는 것이다.

남북한의 실질적 통합을 이루기 위하여 위의 기본방향에 따라 여성정책을 효과적으로 추진하기 위하여 필요한 입법적, 행정적 조치는 다음과 같으며, 이들 내용은 여성발전기본법에 근거한 여성정책기본계획에 담겨져야 한다.

가. 성인지적 통일정책을 위한 조치

성인지적 관점의 통일정책수립과 집행을 위하여 남북 각료회의, 남북평의회, 공동사무처 등 통일관련 모든 회의와 조직에 여성을 30%이상 참여시키는 것을 모든 관련법령에 명문으로 규정하는 것이다. 또한 통일헌법제정준비과정과 관련조직에 여성의 30%이상 참여를 관련법령에 규정하고 통일 후의 여성관련법통합연구회를 설치하도록 하는 것이다. 특히 여성관련통합연구회는 실질적 통합단계에서 남북한의 여성관련 법에 대한 연구를 치밀하게 하여 통일후의 통합된 법체계에서의 여성관련법을 준비할 수 있기 위한 것이다. 이를 위한 연구회가 국회 여성상임위원회를 중심으로 구성될 필요가 있다.

나. 여성정책담당 행정조직의 강화조치

남한 여성정책의 역량을 강화하고 실질적 통합을 위한 정책을 개발하기 위하여 모든 국가조직과 지방자치단체에 여성정책담당 행정조직을 강화하여야 한다. 또한 모든 국가조직에 여성정책책임관(GEO)을 설치하는 것인데 남북의 실질적 통합을 위한 여성정책을 책임질 행정조직을 새로 설치하거나 기존의 조직의 기능을 강화하고 조직간의 연대를 활성화하도록 해야 한다. 국가차원에서 북한여성의 의식, 현황, 여성문제 등의 대규모 조사연구와 그에 대한 정책적 연구 및 프로그램의 개발이 필요한데 이 기능은 현재의 한국여성개발원이 담당할 수 있다. 그리고 지방자치단체들이 그 지역의 여성문제연구, 교육에 관한 정책 및 프로그램개발을 그 지역에 맞게 실시하면서, 특히 지역차원에서의 북한과의 교류 내지 결연 등의 프로그램을 활성화하여 생활문화 속에서의 주민간의 이해를 증진하는 것이 매우 중요하다. 따라서 지방자치단체차원의 전담부서 설치 및 기능강화가 요구된다.

다. 여성 민주정치/평화교육을 위한 조치

오랜 세월의 분단은 군사블럭, 경제제도, 이데올로기뿐만 아니라 생활감정까지도 갈라놓았으므로 이러한 생활감정의 간격은 남, 북 양쪽의 사람들 머리속의 편견과 몰이해를 극복해야만 좁혀질 수 있다. 따라서 남, 북한 두 사회의 실질적 통합을 위한 체계적인 민주교육과 평화교육이 필요하다. 독일은 1989년 이후 동, 서독 두 사회의 재결합을 위한 정치교육을 성실히 수행하여 왔는데, 이 교육의 제일 목표는 서로 귀 기울이고 진지하게 대함으로써 수십년 간 쌓인 정보 및 의사소통 장애를 인간적 접촉을 통해서 극복하려는 마음의 자세를 갖게 하는 것이었다고 한다. 민주적 사고와 행동, 평화적 사고와 행동을 습득할 수 있는 시민정치교육이 그 어느 시기보다 요청되므로 이를 위한 프로그램의 개발과 교육이 성실히 체계적으로 수행될 수 있는 정책이 필요하며 이를 위한 기관설치와 담당자의 교육과 프로그램개발이 요구된다.

라. 교류협력과 여성평화운동을 위한 비정부기구(NGO) 지원조치

오랜 세월의 분단에 의해서 다르게 조건 지워진 남 · 북한의 정치적, 경제적, 사회적, 문화적 차이와 이로 인한 남, 북한 사람들의 심성적 차이를 극복하기 위하여 북한 사람들은 종전의 획일주의를 청산하고 지구화 시대의 다원주의를 이해하고 훈련해야 하며, 남한사람들은 세계화시대의 민주적 문화를 통일시대에 맞게 새롭게 발전시켜야 한다. 또한 세계화, 정보화라는 세기적 변화를 통일의 과제와 함께 극복해야하는 남 · 북한은 실질적 통합을 이루기 위한 상호간의 교류와 협력을 통한 이해와 신뢰의 구축이 무엇보다 중요하며, 이는 정부 주도이기보다는 민간활동이 활성화되는 것이 더 효과적이다. 따라서 민간의 이러한 활동을 지원하는 네트워크 조직이 필요하며 이에 대한 재원의 지원이 요구된다. 특히 북한은 오랫동안 민간단체활동의 경험이 없으므로 여성문제에 대하여 민간차원의 운동이 형성될 수 있도록 조직과 활동을 지원하는 것이 필요하다. 이를 위한 공동의 작업과 지원을 위한 재원의 조치를 구체적으로 가능하게 하기 위하여 여성발전기금 및 교류협력기금 등을 활용하는 방안도 마련할 수 있다. 그리고 현재 남북한이 체결한 합의서는 "남북사이의 화해와 불가침 및 교류협력에 관한 합의서" 및 "남북사이의 화해와 불가침 및 교류협력에 관한 합의서"의 제3장 남북교류협력의 이행과 준수를 위한 부속합의서를 들 수 있는데, 이 두 합의서는 사회문화교류협력 부분에 대하여 교육, 문학, 예술, 보건, 체육과 신문, 라디오, TV 등 다각적인 분야에 교류협력을 포함하면서도, 여성부문이 명문화되어있지 않다. 따라서 남북합의서 및 교류협력관련 법 등에 여성교류를 명문화하여 지원할 수 있는 근거를 만드는 것이 필요하다.

마. 북한에서의 여성연구와 여성학의 활성화지원조치

이화여대 한국여성연구원 등 대학의 연구기관과 연구자들이 북한대학에서의 여성연구를 활성화하고 여성학을 개설할 수 있도록 연구자교류, 양성 및 공동연구 등의 프로그램을 지원하는 조치가 필요하다.

바. 북한여성들의 새로운 노동시장에의 적응을 위한 직업교육 특별 프로그램 지원 조치

세계화, 정보화의 시대적 변화에 그들이 직업능력을 발휘할 수 있도록 다양한 프로그램을 통하여 훈련할 수 있는 기회를 제공하는 것이 필요하다. 이러한 프로그램을 담당할 수 있는 기업이나 단체를 지원하는 조치가 요구된다.

제3절 정책과제 및 대안

남북한의 '실질적 통합'은 남북한간 제 분야에서의 다원화된 상황을 상정하고 상호 인정하고 이해해나가는 절차를 밟아 가는 것을 의미한다. 또한 분야 및 여건에 따라 이질성을 극복하고 동질성을 회복하여 "민족공동체"를 형성해 나감으로써 진정한 의미의 통일을 맞이하는 길을 여는 단계이다. 남북한의 '실질적 통합'은 '분단상태로부터의 통일'이라는 결과적 측면보다 '분단상태의 극복과 해소'라는 과정을 중요시하는바 제 분야에서의 공동체 구성과 공동체 의식함양이 뒤따라야하는 것이 중요하다. 따라서 이를 중심으로 여성관련 영역에서 이질성을 극복하기 위한 전략들이 모색되어야 한다.

남북한의 이질적 현황을 전반적으로 살펴보면 먼저 남북한의 정치, 사회, 경제적으로 차이가 있다. 즉 이념, 체제, 선거, 입법 · 사법 · 행정부, 정당, 여성관련 독립기구 등/ 남북한의 소유제도, 배분원리, 경제원리, 경제정책/남북한의 사회특성, 주거, 종교/ 남북한의 어문정책, 맞춤법, 표준말, 한자여부, 외래어, 두음법칙/ 남북한의 교육이념, 교육정책방향, 학교제도, 의무교육, 대학입학제도, 교원양성, 성인교육기관, 영재교육, 가치체계 등이다. 다음으로 남북한 주민의 의식구조 측면이다. 구체적으로 보면 북한의 권위주의적, 남한의 다원주의적 구조이며, 남한은 현대적 성역할관, 북한은 사회주의 여성관이다.

이러한 측면을 고려해볼 때 남북한의 실질적 통합을 위한 여성정책 과제들은 먼저 지금까지 제시된 정책들에서 남북이 공동으로 추진할 수 있는 사업의 적극적 추진과 구체적으로 여성관련 영역들의 이질성 극복을 위한 과제들이 우선적으로 추진되어야 하며 동질성의 부분들이 보다 확대되고 공감될 수 있도록 하는 노력이 동반되어야 할 것이다.

1. 실질적 남북통합 이전단계 과제의 지속적 추진

이는 남북화해협력단계와 남북연합단계에서 제시된 과제들의 적극적 추진을 말한다. 구체적으로 제시하면 다음과 같다.

가. 법 및 제도 도입을 위한 추진과제

1) 통일관련기구 및 위원회 30%이상 여성참여 확보
2) 통일 여성부의 설치
3) 통합 여성관련법 제정
4) 통일여성기금 적립 (여성발전기금)

나. 통일의식 함양교육의 추진과제

1) 민주시민교육실시
2) 일방적 주입교육을 탈피하고 교육자와 피교육자간에 쌍방향 교육방식, 상대지역 주민(분야별, 세대별 등 주제와 관련된 대상)들을 초청하여 대화, 관심 있는 상대지역 답사
3) 공동여론조사(표본조사), 공동연구 및 발표, 집체교육, 각종 세미나 등

4) 남북한 여성간 상호 이해교육 및 여성능력 개발교육 : 남북한 상호 사회적 여건 및 생활문화영역 이해교육, 여성지도력향상교육, 여성직업능력향상교육 및 창업교육, 여성문제해결교육, 남북통합을 위한 여성의 역할창출교육 등을 통한 통일의식 함양
5) 자녀교육토론회(정보교류)등을 통한 공감대 형성

다. 남북여성의 교류활성화 추진과제

1) 북한의 각종 여성단체들과의 접촉창구 늘이기
2) 단체, 조직, 분야별 자매결연 맺기
3) 올림픽, 월드컵, 장애인 올림픽 및 사회복지시설 등에서 실현되고 있는 자원봉사 활동 활성화
4) 공동세미나 개최 및 참가를 통한 인적교류와 학문적 경험 공유, 공동연구소 설립 및 상주 연구원 파견 · 교환, 공동 인터텟 홈페이지 개설(일반인들의 질문에 대한 답변제도 활용), 여성지도자들의 직접왕래와 간담회 개최 등 상대측 여성들과의 대화 · 교류 증진
5) 남북한 여성의 생활문화 등의 교류협력
6) 남북한 공통의 문화상품개발 및 국제화
7) 남북 여성교류 협력기구 설치
8) 민박교류 활성화
9) 국제기구와의 교류 활성화

라. 여성평화운동활성화 추진과제

1) 남북통일이 여성인권에 미칠 부정적 영향 방지방안 마련 : 전국규모의 성폭력 상담소 개설 등
2) 정치나 군사적 측면에서의 당위론이 아닌 사회적 측면 특히 개인의 생활과 직결(통일과 나의 관계, 통일과 내 자녀의 관계, 통일비용에 대한 이해, 통일이 가져올 실질적인 혜택사례 등)시켜서 구체적인 내용의 캠페인을 전개하거나 포럼 개최.
3) 공동 학술세미나 개최 및 공동선언 채택, 남북정부에 보내는 건의문 채택 및 각각의 정부기관에 공동방문, 간담회 실시, 언론사와의 공동인터뷰 등을 통한 평화운동 및 관련 여론 확산 등
4) 남북한 여성교류협력기구 설치후 회의 등 모임 정례화.
5) 체육분야의 남북한 단일팀 구성 및 남북여성 응원단 구성

2. 여성관련 분야별 추진과제

가. 생활문화 분야

1) 남북한의 이질적 생활문화 산출하는 체제 차이 이해교육 실시: 남북한간 상호 다름에 대한 관용
2) 여성발전기금 활용, 종교 및 사회단체 지원
3) 남북한의 생활문화 교류 활성화 및 남북한의 생활문화의 공공 및 국가 서비스로 전환
  ① 식생활 부문 : 전국 주부 김치 담기 박람회, 지방 된장 만들기 경연대회, 지방 특유 음식 심포지엄, 밑반찬 요리 경연, 수산물 요리 박람회, 남북 지방산 주류 교류전, 남북 감자 요리 경연
  ② 의생활 부문: 생활한복 또는 조선옷 전람회: 소재, 디자인, 한복 품평회, 패션쇼, 주부 폐의류 활용 창안대회/ 남북 도-농간 자매 결연, 폐의류 및 생활용품 교류, 남북 노동자 및 사무직 작업복 전람회 및 패션쇼: 같은 산업계통의 작업복 또는 의복디자인, 민간 처방의 화장수 교류전: 지방 특색, 지방 재료 중심, 머리단장 경연 대회
  ③ 주생활 부문 : 좁은 공간 활용 디자인 경연 대회, 환경 친화적인 주택 디자인 전시회: 환경과 어울리는 주택, 풍부한 자연소재 주택, 아름답고 편리하며 저렴한 농촌 주택 디자인 전시회, 새로운 집합 주택 디자인 전시회, 탁아소 · 유치원 디자인 전시회, 노인이 살기 좋은 양로원이나 노인회관 건물 디자인 전시회

나. 가족 분야

1) 남북한간 가족문화의 상호 보완 및 전통유지 노력(법적, 의식적 개혁 노력)
2) 동등한 부부관계 정립
3) 여성의 지위 존중 및 역할 확대
4) 가족기능의 사회화 및 인성교육 실시
5) 가부장적 여성상의 극복: 가족문제 상담/신가족 캠페인
6) 남북한 여성단체들의 가족문제와 여성문제에 대한 논의의 장 마련
7) 양성평등적 가족관 정립
8) 가족의 구조 및 구성원의 역할변화에 따른 가족정책 수립
9) 상담소 설치
10) 국내거주 북한이탈주민가족 및 중국동포여성가족과의 정기적 만남, 교류실시

다. 교육 분야

1) 남북한의 여성교육기회 확대 및 남녀평등교육 실시
2) 교육제도 보완책 마련
3) 남북한간 점진적 개선을 위한 여성교육 프로그램 개발 및 보급: 갈등해결프로그램
4) 남북한 지역간 교육 내적인 문제 해결방안 마련: 계급간, 지역간 차별해소와 교육 질의 제고와 과제, 취업문제, 예산확보, 통합교육비 등의 과제해결
5) 남북한 상호 이념교육의 비중 축소 및 통합이념 개발, 홍보(공교육화 시도)
6) 여교사의 질적 및 양적 제고(교사 재교육 방안)
7) 공교육의 강화 및 의무교육의 확대
8) 교직에서의 여성행정직 및 전문직 확대
9) 남북한 교육제도 통합을 위한 교육관련자, 학부모, 학생 대표들이 협의회를 만들어 토론과 의견수렴
10) 여성평생교육기관 교류협의체 구성
11) 여성 리더십 훈련 강화
12) 남북통합을 위한 범 국민적 이해교육 실시
13) 남북한의 실질적 통합을 위한 전문인력 및 자원활동자 양성
14) 남북한 지역의 여성 · 가정교육의 비교 및 실천방안 제시

라. 노동 분야

1) 남북한 여성의 노동가치에 대한 교육, 인본주의적 노동 인식 제고
2) 여성지위 향상 및 인식에 대한 재교육
3) 여성의 고용확충과 여성노동력 평가를 위한 사회적, 국가적 보장
4) 능력에 따른 차등임금제도 도입으로 여성차별 해소
5) 여성자신의 경쟁력 강화
6) 여성일자리 창조
7) 기술취업 재교육
8) 보육시스템 확대
9) 여성창업자 지원제도 도입
10) 최저임금의 제도화
11) 남북한 지역의 경제적 차이와 빈부격차를 감안한 사업 전개와 지원
12) 북한지역 경제개발 시의 여성 · 생태주의적 관점 고려

마. 복지 분야

1) 남북한 여성 복지체계의 상호장점 융합
2) 국가 의료보험제도의 보장, 확대를 통한 여성혜택 강구
3) 여성대상 실업보험제도 확대
4) 여성복지의 확대: 여성고용불안정의 문제, 빈곤여성탈피를 위한 공공부조제도 기능 강화
5) 남북한 여성을 위한 분만 등 건강보험 처리, 연금권 확대
6) 보육시설의 확충을 통한 여성근로인력의 사회진출 확대
7) 남북한 여성들을 위한 직장과 거주지 또는 직장과 보육기관의 효율적 운영 및 통합
8) 남북한 여성을 위한 보육비용의 분담방안 강구
9) 양질의 보육교사 양성
10) 남북한 여성의 건강권 확보
11) 북한지역 여성건강의 질적 향상 도모
12) 시민단체, 종교단체, 정부 등의 배려를 통한 남북한 여성주민의 건강진단 및 유지
13) 여성건강에 대한 사회 및 국가적 관심 확대: 의료보장체계에서 여성보건의 비중 높임
14) 북한지역에 여성대상 의약품 및 식량 계획

바. 여성단체 분야

1) 여성시민교육 활성화
2) 남북한 여성역량 강화를 위한 전국 규모의 사업 활성화
3) 여성단체의 남북한간 상호 교류 확대: 여성단체의 수평적 연대와 수직적 연계의 균형
4) 각 정부의 여성단체 통제 금지 및 완화: 자율성과 조직성의 조화
5) 남북한 여성의 자발적인 결사체 인정 확대
6) 남북한 여성소모임 활동 활성화
7) 여성시민운동의 활성화
8) 여성학 연구 센터 공동 운영
9) 제 외국의 한민족 여성네트워크 강화
10) 동북아 평화를 위한 여성들의 국제연대 강화

요 약

이상으로 여성관련 영역에서의 정책과제들을 모색해 보았다. 남북한의 실질적 통합을 위해서는 이질성의 많은 측면들이 무엇보다도 극복될 필요가 있음은 분명하다. 그러나 어느 정도까지 이질성의 측면들이 동질화되어야하는가는 또 하나의 과제이다. 왜냐하면 다양성의 수용이라는 점에서는 상호 이질적인 측면들이 조화를 이룬다면 유지되는 것도 또한 통합의 한 부분이 될 수 있을 것이기 때문이다.

실질적으로 남북한이 갖고 있는 동질적인 부분에서도 지켜야 할 부분과 동질적인 부분이라고 하더라고 남북이 함께 버려야할 부분에 대한 적극적인 노력도 요구된다. 지켜야할 부분이라고 본다면 조국애, 가족의 중요성, 인정 · 협동정신 · 공동체정신, 전통생활문화 · 의식주문화(온돌주거문화), 전통적 민족의 풍습 및 문화, 단아하고 우아한 여성의 기상, 여성의 학구열 등을 들 수 있을 것이다. 반면 버려야할 부분으로는 적과 동지의 이분법적 사고, 역기능적 유교적 관습 (가부장적 권위주의, 남존여비 등), 맹목적 · 감정적 애국주의 (반 외세중심적 폐쇄적, 편협한 민족주의 (종파적 성향 및 분영주의), 배타적 행동, 공과 사의 혼동, 가부장제의 극복 등을 들 수 있을 것이다. 남북한의 실질적 통합을 위한 여성정책 방안은 분야별로 정부는 적극적으로 비정부기구의 활동이 활성화될 수 있도록 지원, 제도화방안 강구 노력을 기울여나가야 할 것이다.

지금까지 논의되었던 과제들은 과제의 성격에 따라 실행주체가 정부 혹은 여성단체가 될 수 있으며 과제의 범위에 따라서는 우선적으로 해결해야할 과제와 앞으로 지속적으로 해결해 나가야 할 과제로 분류할 수 있다.[3] 본 장에서는 그 예로 '생활문화와 여성단체분야'를 제시해 봄으로써 글을 맺고자 한다.

3) 통일을 위한 여성정책들은 2000년 「여성비정부기구를 통한 남북한 교류협력 활성화방안연구」와 2001년의 「남북연합단계에서의 여성정책추진방안」 및 2002년의 「남북한의 실질적 통합을 위한 정책방안」에서 제시된바 있다.

[예(1) 생활문화 분야의 실행주체와 단기 · 중장기과제]

정부	과제
단기	1) 남북한의 생활문화 교류 활성화 및 남북한의 생활문화의 공공 및 국가 서비스로 전환 2) 남북여성 생활문화 교류 활동에 대한 지원
중장기	1) 실질적 통합단계에서의 남북 생활문화의 차이와 동질성 조화 방안에 대한 모색 2) 실질적 통합단계에서의 남북 생활문화의 질 제고를 위한 방안 모색 3) 실질적 통합단계에서 남북여성단체들의 생활문화 증진 프로그램 개발 및 활동 지원
여성 NGO	과 제
단기	1) 남북한의 이질적 생활문화 산출하는 체제 차이 이해교육 실시: 남북한간 상호 다름에 대한 관용 2) 여성발전기금 활용, 종교 및 사회단체 지원 3) 남북여성 생활문화 교류 및 활성화 프로그램: 남북의 공통적인 생활문화 교류 ▪ 식생활 부문 : 전국 주부 김치 담기 박람회/ 지방 된장 만들기 경연대회/지방 특유 음식 심포지엄/ 밑반찬 요리 경연/ 수산물 요리 박람회/ 남북 지방산 주류 교류전/ 남북 감자 요리 경연 ▪ 의생활 부문 : 생활한복 또는 조선옷 전람회: 소재, 디자인, 한복 품평회, 패션쇼/ 주부 폐의류 활용 창안대회/ 남북 도-농간 자매 결연, 폐의류 및 생활용품 교류/ 남북 노동자 및 사무직 작업복 전람회 및 패션쇼: 같은 산업계통의 작업복 또는 의복디자인/ 민간 처방의 화장수 교류전: 지방 특색, 지방 재료 중심/ 머리단장 경연 대회 ▪ 주생활 부문 : 좁은 공간 활용 디자인 경연 대회/ 환경 친화적인 주택 디자인 전시회: 환경과 어울리는 주택, 풍부한 자연소재 주택/ 아름답고 편리하며 저렴한 농촌 주택 디자인 전시회/ 새로운 집합 주택 디자인 전시회/ 탁아소 · 유치원 디자인 전시회/ 노인이 살기 좋은 양로원이나 노인회관 건물 디자인 전시회 4) 남북의 이질적인 생활문화 적응 방안 ▪ 의, 식, 주생활문화에 있어서 남북, 지역적 차이가 있는 문화에 대한 이해와 남북 교류 ▪ 계층별, 세대별 차이있는 생활문화의 이해와 남북 교류: 무조건적 수용이 아니라, 폭력문화, 사치문화 등과 같은 상호 조화를 해치는 문화에 대해 자율적 운동을 통한 화합의 생활문화로 전환
중장기	1) 실질적 통합단계에 있어서 여성단체에 있어서 전업주부의 가치 제고와 생활문화 교류 증진의 주체화 2) 생활문화 교류단계에서 적응단계에서 여성단체들이 주도적 역할 수행, 남한의 여성단체들은 북한의 생활문화를 일반여성들에게 적극 소개하고 이해를 증진 3) 실질적 통합단계의 통합기구의 예산 지원하에 남북여성 생활문화 증진의 집과 같은 생활관을 설립 · 운영하여 보다 구체적으로 여성들의 생활문화 적응과 새로운 생활문화 창조 방안 모색

[예(2) 여성단체분야의 실행주체와 단기 · 중장기과제]

정부	과 제
단기	1) 정부와 여성단체와의 의사소통기구 모색과 예산지원 2) 각 정부의 여성단체 활동의 통제모델에서 협조모델로의 전환 ▪ 정부의 여성단체 활동에 대한 직접적인 통제 방식보다는 정부의 예산 및 정보 등의 지원을 통한 협조체제 도출 ▪ 여성단체들의 자율성을 증진시키는 방향에서 정부와의 유기성 획득 ▪ 정부 중심의 여성문제 연구활동과 여성단체의 여성문제 연구활동의 공동연구과제 모색 3) 남북한 여성의 자발적인 결사체 인정 확대 4) 정부의 남한내 여성단체들간의 연대와 공조 활동에 협조
중장기	1) 실질적 통합단계에서 남북한 최종 의사결정 기구 내에 설립된 여성 기구와 여성단체와의 협의기구 설립 2) 실질적 통합단계에서 모든 기구 내에 할당제를 도입하여 여성단체와의 협의기구 설립 및 운영 ▪ 노동/실업, 행정, 군축과 여성복지, 여성인권, 정보와 여성기술 등 3) 실질적 통합단계에서 여성단체 지원의 예산 책정과 심의 기구
여성 NGO	과 제
단기	1) 여성운동의 활성화 ▪ 여성주류화 관점 수립과 실천 목표-여성적 관점에서 여성, 시민, 민족, 세계인의 상호 유기적 관계 인식과 운동 목표 제시 ▪ 중앙/지역민과의 유기적 협조체제와 의사소통 체제 구축 ▪ 남남대화를 위한 유기적 협조체제와 의사소통 체제, 연대운동의 전개 - 가부장제 철폐 운동 - 한반도 평화 정착과 군축 - 여성 및 사회적 소수자 등에 대한 복지운동 - 여성직능단체간 의사소통을 위한 활동--학술회, 운동, 친목모임 등 2) 여성시민교육, 평화교육, 통일교육의 유기적 프로그램 개발 및 운영 3) 남북한 여성소모임 활동 활성화 4) 여성학 연구 센터 공동 운영 ▪ 남북 공조적인 의제 개발 및 실천 방안 모색 –한반도 평화 정착과 여성의 역할 –여성의 삶의 질제고를 위한 각종 방안
중장기	1) 여성단체의 남북한간 상호 교류 확대: 여성단체의 수평적 연대와 수직적 연계의 균형 ▪ 남북여성대회를 정례화시키되, 부문별 모임을 활성 ▪ 남북의 직능별 여성단체 모임 활성 ▪ 남북의 지역간 여성단체 모임 및 지역간 여성들의 결연 활동 2) 남북여성단체 협의체기구 모색 ▪ 공동의제 개발 ▪ 하위 직능별 여성기구 설립 ▪ 도-농 여성기구 설립 ▪ 국제적인 여성 문제 공동 대책 ▪ 실질적 통합단계의 남북통합기구의 모니터역할

연구 및 토의과제

1. 우리나라의 전반적 평화 · 통일정책 추진과정을 정리해 보시오
2. 우리나라의 평화 · 통일정책을 양성평등시각에서 조명해 보시오
3. 평화 · 통일과정에서 여성참여의 의미와 구체적 실현방안을 모색해 보시오
4. 본 장에 제시된 정책과제가 효율적으로 추진될 수 있는 구체적 방안을 모색해 보시오
5. 가족, 교육, 노동, 복지 분야의 정책과제를 실행주체와 시기별로 작성해보시오

참 • 고 • 문 • 헌

김양희(2000). 「한국여성평화운동에 대한 의식과 발전방향」. 한국여성개발원.

김윤옥(2000a). "평화개념의 변천과 한반도 여성의 현실". 「21세기 평화운동과 여성」. 평화 만드는 여성회 평화교육자료집.

김재인 · 장혜경 외(2002). 「남북한의 실질적 통합을 위한 여성정책 방안」. 인문사회연구회. 통일연구원.

김재인 · 장혜경 외(2001). 「남북연합단계에서의 여성정책 추진방안」. 인문사회연구회 · 통일연구원.

김재인 · 장혜경 외(2000). 「여성비정부기구를 통한 남북한 교류협력 활성화 방안」. 인문사회연구회. 통일연구원.

여성가족부(2005). 「여성백서」.

장혜경 · 김영란(2000). 「북한이탈주민가족의 가족안정성 및 사회적응과 여성의 역할」. 한국여성개발원.

장혜경 외(2005). "통일대비 북한의 여성복지인프라 개발방향". 「평화를 위한 우리의 한반도정책 대구상 자료집」. 통일문제협의회 · 경기개발연구원 광복 60주년 기념 공동학술회의 발표문. (2005년 7월 26일~27일). 일산 컨텍스.

정현백(2000a). "남북정상회담에 대한 여성의 요구와 역할". 「남북정상회담: 여성, 무엇을 할 것인가」. 제1회 여성평화통일포럼.

정현백(2000b). "여성평화운동의 과제와 전망". 「21세기 평화운동과 여성」. 평화를 만드는 여성회 평화교육자료집.

통일부(2004). 「통일백서」.

Anderlini, S. N. (2000). *Women at the peace table: Making a difference.* N.Y.: The United Nations Development Fund for Women.

Foster, C. (1989). *Women for all seasons: The story of the women's international league for peace and freedom.* Athens: The University of Georgia Press.

International Allert(2000). "*Women, conflict and peacebuilding, a preliminary audit*". The review paper of the Beijing Platform for Action: Achievements and emerging challenges.

Stiehm, J. H. (2000). Peacekeeping: "A new role for women seeking peace". In I. Breines, D. Gierycz & B. Reardon(eds.). *Towards a women's agenda for a culture of peace.* UNESCO Publishing.

찾아보기

【가】

가사노동의 산업화 33
가사휴직제 205
가정과 직장생활의 양립지원 178
가정폭력 171, 303, 304, 306, 306, 309, 310, 311, 314, 314, 315, 316, 317, 323, 325
가정폭력방지및피해자보호등에관한법률 365
가정폭력범죄의처벌등에관한특례법 365
가정폭력상담소 366
가족 문화 384
가족관계의 등록 등에 관한 법률 167
가족돌봄 281
가족법 156
가족생활관련법 22
가족영향평가 277
가족정책 271, 403
가족정책의 범주 272
가족친화적 사회환경 조성 286
간접성 273
간접차별 219
건강가정기본법 278
건강가정지원센터 350, 370
경제적 안정성 강화 284
경제활동참가 264
경제활동참가율 232
고용보험 233
고용촉진장려금 237
고용평등 218
공공정책(public policy) 21
공동협력사업 350, 360
공익활동 406
관리감독 339
관리감독 시스템 341
관리직 여성공무원 198
관점 272, 273, 275
광역의회 여성의원 195
교육공무원법 247
교육공무원임용령 247
교육과정 244
교육기본법 246
국가인권위원회 220
국공립보육시설 339, 340
국적법 168
권리구제 226
규범적 처방 24
근무성적평가위원회 207
글로벌 여성주의 28
기업역량 407
기초정보화교육 408
기회균등 244

【나】

남녀고용평등법 155, 218
남녀임금격차 234
남녀차별 155
남녀차별금지및구제에 관한 법률 250
남녀평등 155
남녀평등교육심의회 247
남북교류협력 424
남북평화통일 423
남북한 여성교류협력 425
네트워크 404, 407
노동생활관련법 22
노동정책 18

【다】

다양성 280
다양한 가족에 대한 지원 284
대학교원임용양성평등위원회 256

찾아보기

대학부설평생교육원 410
동북아 평화 433
동일임금 219

【마】

마르크스 여성주의 34
매칭펀드 350
명백성 273
명시성 273
모(부)자가정 304, 312, 313, 314
모성보호 18, 176, 221, 303, 305, 306, 321, 322, 324
모자보건사업 305, 306, 321
모자복지법 303, 304, 304, 309
묵시성 273
문화생산자 351
문화수용자 351
문화학교 384
민주정치/평화교육 427

【바】

베티 프리단(Betty Friedan) 32
보살핌 제도 20
보수주의적 관점 276
보육 시스템 20
보육교사 341
보육료 지원 현황 336
보육발전 준비기 342
보육비용 분담율 338
보육서비스 338, 339, 340, 341
보육수요자 341
보육시설 종사자 335
보육시설 현황 334
보육시설 확충 3개년 계획 329
보육영유아 현황 333
보육예산 336
보육의 공공성 337
보육프로그램 342
보육현황 333
보통승진심사위원회 207
보편적 서비스 342
복합문화 여성주의 28
부녀복지 301
부녀지도사업 355
북경 155
비공식적 경제(informal economies) 26
비의도성 273
비정규직 233
빈곤의 여성화 26

【사】

사이버멘토링 417
사회복지사업법 350, 376
사회시스템 401
사회정책 271
사회주의 여성주의 33
산전후휴가 229
새로마지 2010 288
새마을 운동 355
새싹플랜-중장기 보육계획 331
생물학적 불평등 34
생태여성주의 38, 39
생활개선사업 355
서울여성 영화제 382
선거보조금 208
선별적 복지서비스 342
성 인지 프로그램 202
성(sex) 19
성매매 175, 301, 304
성매매방지및피해자보호법 365
성매매알선등행위의처벌법 365
성매매여성쉼터 367
성매매피해자 상담소 366
성매매피해자자활지원센터 366
성맹적 단계(gender-blind) 243, 244
성별 영향분석 평가 351
성별(gender) 243
성역할 고정관념 19, 264
성의 변증법 34

성의 정치학 34
성인지적 단계(gender-sensitive) 243
성정형적(sex-stereotyped) 252
성주류화 158
성중립적 단계(gender-neutral) 243, 244
성차별 246
성차별금지 165
성차별주의 26
성평등 제도 18
성평등교육정책 243
성평등사회 17
성평등정책 17
성평등정책 연구 18
성평등정책의 의미 22
성평등정책의 형성 요인 25
성폭력 173, 303, 304, 306, 309, 310, 311, 314, 317, 318, 319, 320, 323, 324, 325
성폭력범죄의처벌및피해자보호등에관한법률 365
성폭력상담소 366
성폭력특례법 319
성폭력특별법 317, 318
성폭력특별법안 323
성희롱 225
성희롱금지 170
소득전이 프로그램 273
순성회 355
시설 확충 339
시설형 307, 309
실존주의 여성주의 28
실질적 통합방안 423

【아】

애니메이션 412
양성평등 403
양성평등 교육 205
양성평등 연구시범학교 253
양성평등임용 247
양성평등채용목표제 192
양성평등한 가족문화 292
여교수임용목표제 164
여권운동 28
여권주의적 관점 276
여성 권리의 옹호 32
여성 노동력의 쟁취 28
여성 억압 39
여성개발지수(GDI) 206
여성경험의 주변화 17
여성고용성책 213
여성공무원 197
여성공무원 리더십 훈련 204
여성공무원 현황 198
여성공무원채용목표제 162
여성공천할당제 162, 189, 206
여성과 공직 192
여성과학기술인력채용목표제 163
여성관련 행정기구 22
여성관리자 임용확대 5개년 계획 193
여성교수 임용목표제 256
여성국회의원 207
여성권한척도(GEM) 206
여성기업 228, 403
여성기초자치단체장 195
여성긴급전화 366
여성농업인 403, 416
여성단체현황 353
여성당원 196
여성문화 379
여성문화유산 387
여성문화TF팀 381
여성발전기금 360
여성발전기본법 22, 155, 190, 247, 303, 303, 305, 324, 350
여성발전센터 350
여성백서 354
여성복지정책 301, 302, 303, 303, 306, 309, 311, 324, 325
여성부 249
여성분리주의 시각 41
여성사전시관 352
여성시민교육 433

찾아보기

INDEX

여성시민운동 433
여성에 대한 사고 17
여성운동 17, 18
여성유권자 193
여성유망직종 405
여성의 복지증진 180
여성의 세력화 349
여성의 신비 32
여성의 정책결정과정참여 189
여성인권 18
여성인권증진 155
여성인력 213
여성인력개발센터 227, 364, 408
여성인력은행 203
여성인적자원 256, 263
여성자원활동센터 372
여성장 · 차관 197
여성장관회의 407
여성장애인 302, 304, 323
여성정보화 정책 401
여성정보화촉진기본계획 401
여성정책 23, 271, 424, 426
여성정책 집행 기구 245
여성정책 추진기구 245
여성정책기본계획 357, 401
여성정책담당관실 245
여성정치발전기금 190
여성주의 이론 27
여성지도자 190
여성집중 직종 264
여성차별철폐 29
여성차별철폐협약 251
여성추천보조금 191
여성친화적인 가정정책 208
여성특별위원회 245, 401
여성평화운동 427
여성할당제 351
여성회관 306, 308, 309, 310, 411
여성후보에 대한 전략 공천 208
여학생정보화 408
역량강화 406
연도별 보육시설 설치 현황 335
연도별 여성공무원 현황 199
영유아 보육률 333
영유아기 투자 효과 329
영유아보육법 329
온라인 407
외국의 가족정책 290
운영주체 341
웹마스터 408
웹사이트 407
위민넷 417
유엔여성차별철폐협약 155
유휴인력 416
육아휴직 223
육아휴직제 205
음란물차단법 409
의도성 273
인간개발지수(HDI) 206
인권관련법 22
인력 기반 418
인사결정부서 204
인적자원개발 267
인종차별주의 26
인터넷 중독 410
인터넷홈쇼핑 409
인턴십 416
인프라 확충 287
일반직 직급별 여성공무원 현황 199
일하는 여성의 집 368
임대율 339, 340

【자】

자연 억압 39
자원봉사 404
자원봉사센터 376
자원봉사인증사업 377
자원봉사인증제 404
자원봉사활동기본법 350, 375
자유주의 여성주의 32
자유주의적 관점 276

잠재성 273
잠재인력 404
재정지원방식 338
저변화 415
저출산 289
저출산 · 고령화 정책 293
적극적 고용개선조치 224
적극적 조치(affirmative action) 161, 351
적극적인 인사정책 207
전국여성단체명록 354
전국여성대회 354
전자상거래 411
전쟁미망인 구호사업 355
접근지수 414
정당법 162
정보검색 409
정보격차 406
정보관리 413
정보교육센터 408, 409
정보기술 415
정보네트워크 401
정보능력문해 415
정보리터러시 416
정보마인드 409
정보산업 417
정보서비스 417
정보소외계층 411
정보윤리 410
정보이용능력 401
정보이용지수 414
정보인식지수 414
정보재 417
정보접근 401
정보화 역기능 410
정보화 환경 415
정보화마인드 408
정부 각종 위원회에 여성참여 196
정신분석 여성주의 28
정원충족률 341
정책에 대한 여성주의적 접근 25
정책환경 403
제1물결 페미니즘 29
젠더(gender) 19
젠더 개혁(reform) 31
젠더 개혁 여성주의 31
젠더 반란(rebellion) 여성주의 31, 35
젠더 저항(resistance) 31
젠더 저항 여성주의 31
젠더 평화(peace) 여성주의 31, 38
주류화 401
주류화 정책 349
주부인터넷 409
중도주의적 관점 276
중앙승진심사위원회 207
중앙정부 보육예산 330
지도 · 관리감독 340
지방 인사위원회 207
지방자치단체 여성부단체장 198
지역구 30% 여성공천할당 200
지역주민정보화 411
직업 선호 261
직업능력 415
직업능력개발 221
직장과 가정 양립정책 강화 205
직장보육 230
직장 · 가정의 양립 지원 282
직접성 273
짐머만 274
(재)서울여성 370

【차】

차등지원 338
차별 246
창업지원 224
채용목표제 220
청소년기본법 350
청소년문화존 351
취약보육 340
취업 연계 405
취학률 243

찾아보기

【카】

캐머만 271
쿼터제 416

【타】

탄력적 업무시간조정 206
통원이용형 307, 309
통일방안 424
통일의식 429
통일정책 426

【파】

평등한 가족문화 286
평생교육 403
평화운동 423
포스트모던 여성주의 36, 37
표준보육과정 342
표준보육단가 338
프랑수아 듀봉 38

【하】

하나의 영역 272
한국사회복지협의회 377
한국여성개발원 355, 412
한국여성단체연합 355
한국여성단체협의회 354
한국여성대회 359
행동강령 155
허브기능 404
현장연구 266
협력네트워크 406
형평성 280
호주제 167
활동영역 273

【기타】

APEC 407
Buker 27
e 비지니스 408
e-Korean 410
Fainstein 26
Fainstein과 Servon 19
Kathleen Staudt 26
L자 커브형태 266
M자 커브형태 264
OJT 405
Ungerson 27
Williams 26
WISE 254

공저자 소개(집필순)

⊙ 김재인
중국 연변대학교 대학원 객좌교수
전 한국양성평등교육진흥원 원장
이화여자대학교 대학원 문학박사(교육사회학 및 평생교육 전공)
여성평생교육의 이론과 실제(공저)(교육과학사, 2005)
여성정책평가모형개발(공저)(한국여성개발원, 2000)

⊙ 곽삼근
이화여자대학교 교수
미국 Mchigan State University 철학박사(성인교육학 전공)
일상의 여성학(공저)(박영사, 2004)
한국 평생교육의 사회철학적 과제(집문당, 2005)

⊙ 윤덕경
한국여성정책연구원 연구위원
이화여자대학교 대학원 박사과정 수료(형사법 전공)
20세기 여성인권법제사(공저)(한국여성개발원, 2000)
성폭력 피해아동 보호대책에 관한 연구(공저)(한국여성개발원, 2004)

⊙ 김원홍
한국여성정책연구원 연구위원
건국대학교 대학원 정치학박사
(증보)오늘의 여성학(공저)(건국대학교 출판부, 2004)
H. J 라스키의 국가론(한국학술정보, 2006)

⊙ 김태홍
노동부 고용평등정책관
성균관대학교 대학원 경제학박사
여성고용구조의 변화와 향후 정책방향(한국여성개발원, 2001)
Reconciling work and family(ILO, 2004)

⊙ 민무숙
한국여성정책연구원 선임연구위원(기획조정실장)
미국 University of Illinois at Urbana-Champaign 교육정책학 박사
공학 분야 여성고급인적자원 개발 지원방안(공저)(한국여성개발원, 2002)
국민통합을 위한 차별해소 방안 연구(공저)(한국여성개발원, 2004)

⊙ 변화순
한국여성정책연구원 선임연구위원
프랑스 파리 제V대학교, 인구 및 가족사회학 박사
가족정책 방향 정립 및 통합적 시행방안 연구(공저)(한국여성개발원, 2004)
한국가족의 변화와 여성의 역할 및 지위에 관한 연구(공저)(한국여성개발원, 2000)

⊙ 송다영
인천대학교 사회복지학과 교수
미국 University of Pennsylvania 사회복지학 박사
한부모가족과 여성사회권(사회복지정책, 2006)
가족부양쟁점에 관한 고찰(한국사회복지학, 2005)

⊙ 유희정
한국여성정책연구원 연구위원, 유아정책개발센터 정책연구팀장
이화여자대학교 대학원 유아교육학 박사
유아지원기관의 공공성 제고방안 연구(육아정책개발센터, 2006)
영유아 보육서비스 확대를 위한 재정구조 및 제도개선 방향(공저)(한국여성개발원, 2004)

⊙ 정현주
서울시 북부여성발전센터 소장
이화여자대학교 대학원 사학과 문학박사(한국여성사 전공)
제1공화국 여성정책에 관한 연구(박사학위논문, 2004)
2006 동작구 여성정책중장기발전계획 수립을 위한 연구(공저)(동작구청, 2006)

⊙ 김성경
한국성서대학교 사회복지학과 조교수
이화여자대학교 대학원 사회복지학과 박사
아동복지론(양서원, 2005)
가족복지론(공동체, 2006)

⊙ 임선희
충남대학교 인문대학 교육학과 교수
이화여자대학교 대학원 문학박사(교육사회학 전공)
성과 학교교육(충남대학교 출판부, 2003)
정보화사회와 여성인력(공저)(세종문화사, 1999)

⊙ 장혜경
한국여성정책연구원 선임연구위원
미국 University of California Los Angeles(UCLA) 철학박사(사회학 전공)
저출산시대 여성과 국가대응전략(한국여성개발원, 2004)
북한이탈주민 가족의 가족안정성 및 사회적응과 여성의 역할(한국여성개발원, 2000)

성평등정책론

2007년 6월 15일 1판 1쇄 발행
2008년 8월 15일 1판 2쇄 발행

저　자 : 김재인 · 곽삼근
윤덕경 · 김원홍
김태홍 · 민무숙
변화순 · 송다영
유희정 · 정현주
김성경 · 임선희
장혜경

발행인 : 김　동　규

발행처 : 교육과학사

경기도 파주시 교하읍 문발리
파주출판문화정보산업단지 514-5
전화 (031) 955-6956～8 / FAX (031) 955-6037
Home-page : www.kyoyookbook.co.kr
E-mail : kyoyook@chol.com
등록 : 1970년 5월 18일 제2-73호

잘못된 책은 바꾸어 드립니다.
Printed in Korea.

정가 17,000 원
ISBN 978-89-254-0074-7